"十四五"时期国家重点出版物出版专项规划项目 世界马克思主义与左翼研究论丛　主 编　李慎明　于海青

重任在肩

汉斯·莫德罗
与1989—1990年德国剧变

［德］奥利佛·迪科普　　［奥］米歇尔·盖勒　主编

王建政　王 梓　译

IN VERANTWORTUNG
HANS MODROW UND DER DEUTSCHE UMBRUCH 1989/90

U0783313

当代中国出版社
Contemporary China Publishing House

版权合同登记号　图字：01-2024-5684

图书在版编目 (CIP) 数据

重任在肩：汉斯·莫德罗与 1989—1990 年德国剧变 /
（德）奥利佛·迪科普，（奥）米歇尔·盖勒主编；王建
政，王梓译 . -- 北京：当代中国出版社，2024.12
（世界马克思主义与左翼研究论丛 / 李慎明，于海
青主编）
ISBN 978-7-5154-1346-4

Ⅰ . ①重… Ⅱ . ①奥… ②米… ③王… ④王… Ⅲ .
①莫德罗 (Modrow, Hans) —传记 Ⅳ . ① K835.167

中国国家版本馆 CIP 数据核字 (2024) 第 059096 号

出 版 人	蔡继辉
责任编辑	周显亮
责任校对	贾云华　康　莹
印刷监制	刘艳平
封面设计	宋　涛　鲁　娟
出版发行	当代中国出版社
地　　址	北京市地安门西大街旌勇里 8 号
网　　址	http://www.ddzg.net
邮政编码	100009
编 辑 部	（010）66572180
市 场 部	（010）66572281　66572157
印　　刷	北京润田金辉印刷有限公司
开　　本	700 毫米 ×1000 毫米　1/16
印　　张	45 印张　2 插页　575 千字
版　　次	2024 年 12 月第 1 版
印　　次	2024 年 12 月第 1 次印刷
定　　价	158.00 元

"世界马克思主义与左翼研究论丛"
总　序

　　新中国成立 70 多年来，特别是改革开放 40 多年来，伴随着我国社会主义建设和改革事业的发展，我国的世界马克思主义研究经历了从起步到初具规模再到迅速发展的过程，也取得了一系列重要研究成果。国内译介了大量国外马克思主义流派和思潮的代表著作，推出了一批批具有真知灼见的研究成果，对促进我国的马克思主义研究发挥了重要作用。在不断引进、吸收国外著述和成果的同时，我国有关领域的学者坚持"引进来"和"走出去"相结合，不断把当代中国马克思主义研究成果推向世界，从国际视野出发坚持和发展马克思主义。对于世界马克思主义研究，不同领域、不同学科的研究者从不同的研究视角出发，着眼于不同的研究主题，见仁见智地提出了各自不同的观点，甚而进行了针锋相对的思想碰撞。在这样的争论中，世界马克思主义研究视域不断拓展，研究主题逐渐丰富，问题意识日趋明晰，为发展当代中国马克思主义服务的作用也日益凸显。

进入 21 世纪以来，世界正经历百年未有之大变局。当前，新旧国际秩序加速更替，"东升西降"的发展趋势日益明显，世界发生着有利于马克思主义和社会主义的深刻转变。处于新一轮衰退期的世界资本主义与处于新一轮上升期的世界社会主义之间的竞争和博弈更趋激烈，中国特色社会主义成为世界马克思主义的旗帜和世界社会主义的中流砥柱，且引领示范作用不断上升。我们就是在这样的时代背景和世界形势下推动世界马克思主义和世界社会主义研究，恢复并提振马克思主义真理的力量，提升运用马克思主义研究和解决实际问题的能力，不断推动 21 世纪马克思主义丰富发展。

总的来说，我国的世界马克思主义研究取得了较大成绩，但同时代和实践发展的要求相比，同发展 21 世纪马克思主义的时代任务和要求相比，世界马克思主义研究需要全面提升和加强，世界马克思主义学科需要建立、完善和发展，需要从整体上提升世界马克思主义研究水平。从研究层面看，应该从整体上把握世界马克思主义发展趋势，关注世界马克思主义研究的重大理论和现实问题，加强对当代世界前所未有之大变局的研究，加强对当代世界社会主义新情况、新特点的研究，加强对当代资本主义新变化、新趋势的深入研究，加强对当代中国马克思主义、21 世纪马克思主义的研究，为在新时代发展马克思主义做出原创性贡献。为了更好地加强对世界马克思主义和西方左翼的研究，中国社会科学院马克思主义研究院策划出版了这套"世界马克思主义与左翼研究论丛"。

本套丛书涉及的研究范围广、问题多，包括马克思主义基本理论，现实社会主义国家发展，发达国家与发展中国家的马克思主义和社会主义，国外左翼政党和社会运动，世界马克思主义流派和思潮，等等。在研究中着重体现了以下方面的原则和特点：

一是加强对世界范围内马克思主义发展的全面系统研究。世界马克思主义流派众多，如何看待这些流派的性质和内容，如何在研究中以我为主、为我所用，是至关重要的问题。我们研究世界范围内的马克思主义，目的是服务于发展当代中国马克思主义、21世纪马克思主义，所以要以科学、辩证的态度，挖掘有价值的资源，吸收有益成果，拓展我们的视野，得到有意义的启示。习近平总书记指出："对国外马克思主义研究新成果，我们要密切关注和研究，有分析、有鉴别，既不能采取一概排斥的态度，也不能搞全盘照搬。"[①]国外马克思主义研究内容庞杂，价值取向多元。有的思潮流派从总体上看是在马克思主义框架中研究问题，基本上属于马克思主义范畴；有的虽以"马克思主义"自称，但从实质上看偏离了马克思主义基本原理和价值取向；有的以"创新马克思主义"为旗号，实际上歪曲和否定马克思主义。为此我们要真正坚持马克思主义立场观点方法，区别根本性质，辨析基本观点，挖掘积极内容，并在具体的历史和社会条件下具体对待各个流派和思潮，用科学辩证的态度来研究和认识国外马克思主义。同时，结合当代马克思主义发展的理论需要和现实需要，坚持问题导向，注重吸收有益资源为我所用，通过比较鉴别获得启示，积极推动马克思主义的理论创新，推动21世纪马克思主义的发展。研究中应避免单一化、碎片化、片面化、抽象化、凝固化，秉持批判精神，既深度挖掘国外马克思主义和左翼思潮的合理内核，又分析其立场和方法的局限，认真吸收有益资源，为继续丰富发展马克思主义服务。

二是加强对重大理论和现实问题的研究。当前，全面推进世界马克思主义研究，有三个方面是相互联系、密不可分的：一是世界资本主义研究，二是世界社会主义研究，三是中国特色社会主义研究。只有坚持问题导向，把这三方面研究有机结合起来，才能全面地看问题，深刻掌握世界马克思主义和社会主义的发展现状和趋势。还有，研究中把关注的焦点集中在21世纪

---

① 《习近平谈治国理政》第二卷，外文出版社2017年版，第67页。

初世界资本主义与世界社会主义的新发展、新变化、新特征，关注两大制度之间在新的力量对比格局下的合作、竞争态势和趋势，关注资本主义危机对两大制度及其关系的影响，关注世界格局和世界体系的演变及走向，关注国外左翼及进步力量的应对战略策略新变化与实践活动新走向，等等，在研究重大理论和现实问题中推动世界马克思主义研究的发展。

三是加强对资本主义发展变化及其新特征的研究。习近平总书记在中共十八届中央政治局第四十三次集体学习时强调指出："当代世界马克思主义思潮，一个很重要的特点就是他们中很多人对资本主义结构性矛盾以及生产方式矛盾、阶级矛盾、社会矛盾等进行了批判性揭示，对资本主义危机、资本主义演进过程、资本主义新形态及本质进行了深入分析。这些观点有助于我们正确认识资本主义发展趋势和命运，准确把握当代资本主义新变化新特征，加深对当代资本主义变化趋势的理解。"[①] 当前，资本主义在经历新的危机后出现了许多全局性、根本性的变化，资本主义各种矛盾激化并深刻影响着世界政治经济格局。要通过全面深刻的研究，把握资本主义变化发展规律及其新特点，在"中国之治"和"西方之乱"的比较研究中，坚定中国特色社会主义的道路自信、理论自信、制度自信、文化自信。

四是加强对世界社会主义及其在 21 世纪新发展的研究。东欧剧变、苏联解体近30年了，经过时间沉淀、实践检验和历史过滤，在今天不断形成并凸显反映历史真相、趋于客观理性、揭示深层规律的经验教训的总结，意义重大，为 21 世纪世界社会主义的新发展和走向振兴提供了宝贵的历史借鉴。加强对国际共运史和东欧剧变、苏联解体的研究，可以以史为鉴，从世界社会主义的曲折发展中吸取教训，坚持和发展新时代中国特色社会主义。当前，中国特色社会主义成为世界社会主义发展的最大亮点，成为世界社会

---

① 《习近平谈治国理政》第二卷，外文出版社 2017 年版，第 67 页。

主义的标志性参照系。社会主义中国在世界东方的崛起，正在充分展示着社会主义的优越性、感召力和吸引力。中国在发展崛起中，最重要的是集中精力办好自己的事情，不断提高我们的综合国力，不断改善人民的生活，不断建设比资本主义具有优越性的社会主义，不断为我们赢得主动、赢得优势、赢得未来打下更加坚实的基础。在这样的时代背景下，加强中国特色社会主义与世界社会主义关系的研究，深入研究新时代中国特色社会主义的世界意义，对于 21 世纪马克思主义和世界社会主义的发展具有重大意义和贡献。

是为序。

编者

2020年5月1日

目　录

译者序

　　莫德罗是一位世纪老人。他出生于 1928 年 1 月 27
日，如今已经 93 岁半。他于 1959 年第一次访问中国，最
后一次访华是 2019 年，时隔整整 60 年。他亲身经历了民
主德国的建立与衰亡，目睹了中国特色社会主义的发展与
巨变。

　　我与莫德罗总理相识相知超过了 20 年。1987—1990
年，我在中国驻民主德国大使馆担任武官助理，亲历了柏
林墙被推倒的历史性时刻，有着特殊的东德情结。在两德
统一、中国驻东德大使馆即将关闭之前一个月，我奉命转
任驻奥地利大使馆武官助理，在维也纳继续关注统一后德
国局势的进一步发展。

　　莫德罗的第一部政治回忆录《起点与终点》于 1991
年发表时，我在瑞士大使馆担任副武官。我在工作之余突
击完成了此书的中文翻译工作。1998—2003 年，我再度
到中国驻柏林大使馆工作，开始了与莫德罗总理的直接交
往。2009 年，我第三次在柏林任职，与莫德罗总理的关系

更加密切，也多次为他访华牵线搭桥。

2013 年我回到北京之后，担任中国国际战略学会高级顾问。2016 年 9 月，战略学会邀请莫德罗总理和前东德国家人民军总参谋长施特雷利茨上将访华，我受学会委托突击翻译了他们合著的新书《古巴：起步还是止步？》，配合两位老人的访华之行。

2018 年 10 月，奥地利学习出版社出版发行了新书《重任在肩——汉斯·莫德罗与 1989—1990 年德国剧变》。这是该出版社为莫德罗 2018 年九十大寿策划出版的巨著，篇幅长达 70 多万字，史料性和内幕性史无前例。我历时 22 个月完成了翻译工作。

2020 年新冠肺炎疫情席卷全球，莫德罗总理无法按计划来京出席中国社会科学院举办的世界社会主义论坛。感谢中国社会科学院马克思主义研究院和当代中国出版社联袂出版"世界马克思主义与左翼研究论丛"，我们将收录了莫德罗《起点与终点》主文的《汉斯·莫德罗回忆录》和本书《重任在肩》纳入论丛与广大读者见面，作为我们献给中国共产党建党百年的一份厚礼。

王建政

2021 年 7 月 1 日于北京

发行人的序言和感谢语

2014—2018 年，我们在柏林多次拜访汉斯·莫德罗，总共采访他超过了50个小时。[①] 在 20 世纪 80 年代末，无论西方还是本国，都把他视为赞成民主德国开放与改革的、政治上的"希望承载者"，但是今天他已经不像当年那样被称为"东部的戈尔巴乔夫"了，而且他本人也不愿意接受这样的称谓。然而在德国统一一年后，他曾被称为"头戴光环的社会主义者"[②]。他或许更愿意接受这个评价。

原本是与时代见证人的一些谈话片段，初衷是想聊一聊 1989—1990 年间民主德国与奥地利两国间的关系，而

---

① 我们的会面时间分别是 2014 年 11 月 21 日、2015 年 1 月 30 日、2015 年 4 月 24 日、2016 年 4 月 1 日、2016 年 6 月 3 日、2017 年 5 月 12 日和 2018 年 2 月 9 日。

② "头戴光环的社会主义者汉斯·莫德罗"是恩斯特·埃利茨给出的符合时代典型特点的称谓。参阅此人所著《他们是参与者——从贝贝尔·博莱到洛塔尔·德梅齐埃的东德人物》，1991 年出版于斯图加特，第 70—79 页。

且确实也是这样做的。[①] 然而，那些针对性的话题越来越延伸出去，以至于最终汇成了这部篇幅较大的时代文献。

1990 年 2 月，正值喧嚣动荡的时候，他开启了执政时期的第一个百天。[②] 1998 年，汉斯·莫德罗公开发表了一系列回忆录及其对苏联改革的反思文章。这些文字可以作为判断其生平和政策的基础，可以额外充实更多的信息。[③] 本书所包含的一些事件，原本并不需要为了这本出版物而重新展开细节赘述，但是却可以作为答复读者探究缘由的基础。

与汉斯·莫德罗进行谈话的，我们并非第一批。恩斯特·埃利茨、加布里埃莱·厄特尔和汉斯－迪特尔·许特，早就为采访这位时代见证人做了先期工作。[④] 我们只是出于研究的特殊目的，出于对某些时期的特殊兴趣，才对此一件事或彼一件事探问究竟，却较少受到各种各样观点的强烈影响，例如较少谈及关于两德关系、欧洲局势、国际局势以及在此背景下德国剧变的进程。正是在这样的谈话中，我们获得了一系列新的看法和认识。

仅仅局限于国内政治角度、政党政治角度以及两德内部角度来看问题，既不能系统地分析，也不能全面地理解东德的终结。东德历史的各个事件，这个统一社会党领导下的国家权力结构中的人物情况，包括 1980 年下半年，

---

① 参阅《与时代见证人汉斯·莫德罗的谈话》，收录于米歇尔·盖勒、Andrea Brait（发行人）所著《剧变时代的事件现场·1989 年前后政界与外交生涯回忆录》（《欧洲历史研究》第 17 卷第 3 分卷），2017 年出版于希尔德斯海姆、苏黎世、纽约，第 699—744 页。

② 参阅 Karl-Heinz Arnold 所著《汉斯·莫德罗的第一个百天》，1990 年出版于柏林。

③ 汉斯·莫德罗（与汉斯－迪特·许特合著）《我原本是要建设一个新德国》，1998 年出版于维也纳，该书前面附有汉斯－迪特·许特对他的一个采访录，见第 10—24 页；参阅同一作者所著《我眼中的改革·对改变世界之十年的个人回忆与分析》，1998 年柏林第 2 版；此外参阅同一作者所著《起点与终点》，2013 年出版于柏林。

④ 参阅《并非漂流的木头——汉斯－迪特尔·许特与汉斯·莫德罗的谈话》，收录于汉斯·莫德罗所著《我原本是要建设一个新德国》一书，1998 年出版于柏林，第 10—24 页；汉斯·莫德罗与加布里埃莱·厄特尔合著《汉斯·莫德罗说出实情》，2010 年出版于柏林，其中对许多问题给出了值得一读的答案，作为此书的辅助读物则值得推荐。因此，厄特尔书中已经覆盖的某些观点，本书就较少谈；福克尔·海姆斯多夫与汉斯·莫德罗所著《铁砧或铁锤·关于古巴的对话》（2015 年出版于柏林）一书则围绕着其他话题展开。因此，上述话题均不包含在本书内容之中。

尤其是 1989—1990 年间苏联局势乃至欧洲共同体的态势发展，都应当予以综合分析。

本书不应视为莫德罗 2018 年 1 月 27 日在柏林庆祝其九十诞辰的生日礼物，而是对其政治生涯某种形式的最终定论。他详尽地、坦诚地回答了关于他生平、东德历史以及关于波恩共和国和柏林共和国的 500 多个问题。他谈到了他的经验、经历、同路人以及重大事件，尤其是 1989 年 11 月 13 日—1990 年 4 月 12 日他担任民主德国部长会议主席时的执政时期。

莫德罗总结了他的政策，对部分悬疑的问题和有几分尖锐的问题都给出了答案。本书呈现的谈话内容，是他留下的重要口述文献，其中描述了他个人在经历德国乃至欧洲历史时所作出的重大历史性决策。

莫德罗回忆的许多细节，较少来自他的童年、青年时代和父母、家庭，有关这些细节已经拥有足够的书面资料和口头讲述。他所回忆的多是来自他的政治生涯。他谈到了东德历史的各个事件和事态发展：1949—1971 年瓦尔特·乌布利希时代，1971—1989 年埃里希·昂纳克时代，1949 年民主德国的成立，1949 年的德国自由青年联盟（FDJ），1952 年的斯大林照会，1953 年的工人与群众骚乱，1956 年的匈牙利武装暴动，1961 年的柏林墙建造，1968 年的"布拉格之春"，1981 年波兰的团结工会与宣布战争法，1975 年 8 月 1 日赫尔辛基欧安组织的最终决议以及与此有关的后续会议。莫德罗谈到了巴伐利亚州长弗兰茨 – 约瑟夫·施特劳斯，1982—1983 年间谋划而来的数十亿贷款，1985 年起米哈伊尔·S. 戈尔巴乔夫追求的"改革"与"公开化"，以及埃里希·昂纳克 1987 年 9 月 11 日对联邦德国的访问。

谈话的重点围绕着 1989—1990 年间发生在东德境内和境外的革命性事变和剧烈事件，以及与之相关的欧洲层面乃至国际大背景："铁幕"最终残余的象征性剪切之举，乃是匈牙利外长霍恩·久洛与奥地利外长阿洛伊斯·莫克于 1989 年 9 月 11 日打开匈奥边界，和 10 月间在东德越来越多游行示威者公开质疑统一社会党政权的普遍明朗化。

莫德罗在担任统一社会党德累斯顿专区第一书记的任上，不得不于1989年10月4/5日间克服布拉格大使馆东德出逃者乘坐专列通过萨克森都市时面临的困难。对于在共和国庆典活动结束后紧跟着发生的一系列事件，莫德罗的评价均提供了给人启发的多视角内幕：10月18日昂纳克辞职，11月9日"柏林墙被推倒"，11月13日当选总理，以及将国家安全部（MfS）改编为国家安全局（AfNS），酝酿成立东德"宪法保卫局"（为此于1989年12月27日决定成立了一个文职"安全工作小组"），努力阻止解散统一社会党等举措，以及会见米哈伊尔·戈尔巴乔夫、詹姆斯·贝克、弗朗索瓦·密特朗、赫尔穆特·科尔、埃贡·克伦茨、洛塔尔·德梅齐埃、弗兰茨·弗拉尼茨基等国内和国际知名人士。

在1989年12月7日至1990年3月12日的"中央圆桌会议"上，莫德罗通过演讲和决议，对和平的、无暴力的权力过渡作出了重要的贡献。他早就察觉到了这一形式的必要性，因此身体力行。当示威者于1990年1月15日冲击柏林诺曼能大街的斯塔西总部时，他亲自出面前往处理了紧张局势。

1990年1月9/10日在索菲亚经互会（RGW）会议上留下的印象，1月30日访问莫斯科时的经历，"承担民族责任的新政府"的成立，以及2月4日达沃斯世界经济年会的出席，是莫德罗走过的一个个重要站点，在此进程中，他逐步认识到民主德国的继续存在已经越来越困难，最终甚至已经毫无前景。2月13日、14日在波恩与赫尔穆特·科尔的会晤结局，加速了局势发展，于是在7月1日建立经济、货币与社会联盟之后，快速导向1990年10月3日的民主德国亡国。1990年3月16日加入布鲁塞尔欧共体之举——在人民议院自由选举之前两天——是维持民主德国主权，尤其是维持独立性的最后一次徒劳的努力尝试。然而此刻已经为时过晚，回天乏术，何况即使提前努力也未必能够奏效。

第一次自由民选产生的、也是东德最后一任总理德梅齐埃执政时期所招致的尖锐批评和评论，经济、货币与社会联盟和"二加四条约"以及 1990 年 10 月 3 日德国统一及其后果所招致的尖锐批评和评论，细节丰满地还原了两德统一的真实画面。1991 年，莫德罗还经历了苏联的解体，并在发生针对戈尔巴乔夫的政变时做客苏联。

作为德国联邦议院的议员（1990—1994）和欧洲议会的议员（1999—2004）[①]，作为欧洲社会主义左翼党的联合发起人，以及在德国社会主义政党"左翼党"[②]元老委员会内，莫德罗在政坛上又活跃了很长时间。

他在一生中经历了很多有疑点的决策、有争议的事件和政治上的分歧与失败，也经历了个人生活上的打击。例如，他因被指控参与篡改选举结果受到"审判"，因在处理布拉格大使馆东德逃亡者专列过境东德领土而在德累斯顿火车站发生骚乱事件的分歧，因容忍销毁档案以及 2017 年 5 月徒劳地写律师信给俄罗斯外交部索要"据信是被掠走"的有关他个人的斯塔西档案之举，这些事例都值得一提。最近，在经过数十年徒劳的努力之后，莫德罗得以在 2018 年 2 月 28 日获得莱比锡联邦行政法院判决的弥补——档案必须予以提供，他有权阅读被告联邦情报局针对自己的档案。尤其给他内心沉重打击的是：他深爱的女儿伊丽娜的过早病逝——在他 89 岁生日之前两天，失去他女儿。

本书所展开的话题，已经拥有丰富的专业文献（见本书结尾），例如各种出版物、文献资料、回忆录、谈话记录，以及莫德罗参与的各种会议的发言备忘录。这些材料可以作为旁证，用于参考或者平行审读。他在 1989—

[①] 参阅汉斯·莫德罗所著《从什未林到斯特拉斯堡·对半个世纪议会工作的回忆》，2001 年出版于柏林。

[②] 见乌尔里希·毛雷尔、汉斯·莫德罗（发行）所著《从左侧超越·左翼党能干什么，想干什么，应干什么？》，2005 年出版于柏林。

1990年间那惊心动魄的革命时期所作的各种讲话，可以在本书附件中找到。本书有关人物和事件的注解，有关生平与简介以及历史数据的详细列表，有关私人珍藏的照片资料与一系列出版物，勾勒出一段不同寻常的时间漫游，将两德关系的剧变再度呈现在读者眼前。

自2014年以来，莫德罗已经在联邦档案馆调阅了第一批240多个文件夹。通过"Invenio online"网站得以获取的网上重点资料，构成了莫德罗1989年11月—1990年4月担任总理期间的资料文件。此外，本书还收入了莫德罗1945—2013年几乎所有生活阶段的资料文件。他在联邦议院和欧洲议会中所从事的议会工作，以及担任民社党名誉主席期间的资料，也都收入了本书。某些规定有保密期限的文件，发行人也获准在莫德罗的个人"干部档案"中过目。这些信息为其个人生平时间表、序言和附件以及准备各种采访活动提供了数据资料。①

除此之外，我们还与同时代的当事人和观察者进行了谈话，并且就汉斯·莫德罗的角色，有针对性地提出了一系列问题。其中包括沃尔夫冈·贝格霍费尔、汉斯·奥托·布罗伊蒂加姆、赖纳·埃佩尔曼、维尔纳·格罗斯曼、特奥多尔·霍夫曼、里夏德·施罗德、鲁道夫·赛特斯、霍斯特·特尔切克、汉斯·蒂特迈尔和洛塔尔·德梅齐埃。此外，我们还从政治家们的传记、专业文

---

① 发行人仔细研究了莫德罗所撰写和他人描述莫德罗的诸多个人谈话记录、第一手或第二手文献资料、媒体公开出版物。一些信息来自因特网的视频网站、报刊档案以及与其他时代目击者和同路人的各种谈话。若要进一步深入了解汉斯·莫德罗的生平和政策，发行人建议采取以下方式：例如，关于自由德国工会联合会（FDGB）的情况，可在线搜索统一社会党档案和FDGB档案资料（http://www.bundesarchiv.De/sed-fdgb-netzwerk/）。有关外交部、驻外国的外交使领馆的资料，以及原国家档案材料，则收藏于德国外交部政治档案馆（http://www.archiv.diplo.de/）。有关国家安全部（MfS）的资料，现由前东德国家安全机构资料联邦专员保管（BstU-http://www.bstu.bund.de/DE/Home/home_node.html）。有关德国统一问题的核心资料来源，联邦档案馆专版了德国政治文献系列（http://www.bundesarchiv.de/DE/Content/Artikel/Ueber-uns/Aus-unserer-Arbeit/dzd-allgemein.gtml）。联邦档案馆内的民主德国政党与群众组织档案馆基金会网上检索系统可以阅读统一社会党中央组织部1946—1990年的线上资料（http://www.argus.bstu.Bundesarchiv.de/dy30apa/index.htm）。

献和回忆录中搜寻出与莫德罗相关的段落摘记。从第三者的出版物、备忘录作品与公开发表的日记中收录了对莫德罗的评价，例如库尔特·比登科普夫、汉斯－迪特里希·根舍、约阿希姆·高克、格雷戈尔·居西、赫尔穆特·科尔、卡尔－奥托·珀尔、鲁道夫·赛特斯、汉斯－约亨·福格尔、维尔纳·魏登费尔德和里夏德·冯·魏茨泽克。

发行人对于《关于左翼党的真相》①一书中关于莫德罗的结论未置可否，也就是说，既没有表示认可，也没有进行反驳。对此，我们需要对档案作更进一步的研究。此外，还需查阅联邦情报局的重要案卷。对一些细节问题原本可以给出答案的许多历史，如今都处于数十年保密期限内。从这个意义上讲，我们的这本出版物只是对获取新的信息与知识的另一个起步，至少是从有关文献中获取的关于汉斯·莫德罗的一些资料，包括他本人在经过巨大历史间隔和时间距离之后回顾历史的观察与评价角度。

他本人在他所著的《从什未林到斯特拉斯堡》一书中作出了两个断言："距离1989年秋天越远，我们回忆中展现的细节就越多，传说的形式就会越离奇。"②他的另一个断言是这样的：

回忆始终存在着主观色彩。因此，必须对其继续进行审视，将其置于可靠因素的背景中。时刻提醒自己十分有益：事实究竟是这样吗？或者只能相信：当时的真相有可能是这样？统一社会党的终结，究竟是居西那样的造反派的杰作，还是克伦茨及其政治局无能为力的结局？国务委员会的失败，究竟是委员会自身的原因还是主席个人的原因？一切都是源于阴谋诡计，还是因为一场宫廷政变，抑或是因为

---

① 参阅Hubertus Knabe所著《作案人就在我们中间——统一社会党独裁的粉饰语言》，2008年出版于柏林；并见同一作者所著《关于左翼党的真相》，2010年出版于柏林。
② 参阅莫德罗所著《从什未林到斯特拉斯堡》，第99—100页。

来自宫廷以外的外力，导致无法像以往那样强力地加以控制？[①]

不仅是那些当事人，就连我们发行人也很清楚自己面临的任务、问题与挑战。读者可能会自行作出判断。此书是否能够满足这样的要求，是否能够还原历史给出真相，莫德罗究竟是一个"问题人物"还是恰恰相反，此书能够起到释疑解难的作用。

这一部谈话出版物，无论如何可以并且应当成为那些对历史感兴趣者进行科学研究时的一个来源。那些民主德国的领导人，在1989—1990年两德历史的过渡时期的言行以及决策，通过此书可以有所了解，甚至可以有所理解。

感谢语

发行人感谢位于柏林里希滕菲尔德的联邦档案馆东德1处的Ulf Rathje以及联邦档案馆给予支持的合作团队。资料预订的沟通与实施过程十分出色。伊芙琳·诺维茨基和弗兰克·舒曼一度在莫德罗先生身边负责项目实施。杰西卡·雅各布–施马尔策和斯特凡妮·格伯特认真细致地负责了诸多谈话录音的文字翻录工作。叶戈罗娃·斯威特拉娜将俄文资料翻译成德文。整部出版物的最终编辑责任，完全由发行人自己承担。

同样要感谢罗莎·卢森堡基金会以及莫德罗基金会对出版物印刷的资助。我们感谢位于因斯布鲁克的学习出版社。归根结底，如果没有汉斯·莫德罗先生的支持，本书就不可能出版。必须强调的是，莫德罗不顾高龄，每次都认真准备所有谈话内容，每次都精力高度集中地回答所有问题，包括某些关

[①] 参阅莫德罗所著《从什未林到斯特拉斯堡》，第125页。

于他政治生涯的追问等具有相当尖锐性的问题。在回顾东德历史和两德关系的时间旅途中，面对某些不同的历史观点时，谈话伙伴始终保持着令人愉快的、坦率的谈话气氛。实事求是地说，本书在厚度和篇幅上堪称莫德罗个人发表的最后一部关于其政治生涯总结的时代见证人谈话类著作。与此书并不相干的是，他最近正在为一本有关联邦情报局观察、监视和搜集东德政治人物黑档案的新书做收尾工作。[①]

为了给东德历史以一个立场客观的评价，不应该采取片面的、立场偏颇的方式，而是应当采取客观的、不偏不倚的立场。不能绕开历史背景、时代条件的局限以及东西德分裂的历史原因。若想客观地撰写历史，那就既不能采用双重标准，也不能仅仅采纳"胜利者"的作品。依据"审理时也须兼听诉讼另一方的陈述"这一原则，"失败者"也有权利发声。[②] 对此，莫德罗在2018年1月再次断言：

> 没有什么正确的或者错误的历史画面，而是由非常各式各样的、非常丰富多彩的截面组成，每一个人的回忆，包括我自己的回忆，都会对这个拼图版作出补充。细节越多，历史的原貌展示得就越精确。我的做法却相反，是想将历史画面的演绎简单化。[③]

奥利佛·迪科普，米歇尔·盖勒，2018 年 6 月于希尔德斯海姆

---

① 参阅罗伯特·阿勒茨、汉斯·莫德罗所著《我想索要我的案卷！——西德情报机构是怎样盯梢东德人的》，2018 年出版于柏林。

② 参阅克利斯蒂安·容克所著《失败者的历史·1989 年后统一社会党高级官员的历史反省》，2007 年出版于海德堡。

③ 参阅《我还能扛得住租金上涨——前东德最后一位总理（原文如此！）汉斯·莫德罗谈他被削减的退休金、左翼党所犯的错误和他为什么赞成中国社会主义》一文，刊登于 2018 年 2 月 2 日《南德意志报》。

汉斯·莫德罗——1989—1990 年德国变革时期一位正直的、经受过战斗考验的社会主义者

本书导读由米歇尔·盖勒和奥利佛·迪科普撰写

1. 谈话伙伴的人物素描

90 岁高龄仍然能够保持精神和体力的良好状态，对每个人来说都是幸事。汉斯·莫德罗已经达到这一年龄，从而能够客观地回首自己的政治生涯，经历全新的事物。他以批评的目光回顾不同寻常、命运多舛的时局发展。他在一生中几乎从不听天由命。他再一次卷起衣袖，为达成自己的社会主义理想而投身事业。驱使他前进的是一种夙愿，即生活在一个反法西斯的、社会公正的德国和欧洲。然而，在他当年活跃在政坛上的那个时代，德国和欧洲在社会、意识形态、政治和军事上都处于分裂状态。

2018 年 1 月 27 日，星期六，莫德罗寿辰庆典在柏林卡尔·马克思大街 72 号古色古香的西比拉咖啡馆里举行。

应邀出席的客人有他那75岁的女友加布里尔·林德纳、他的家人、朋友、熟人以及现役的和退役的政治同路人，他们共同分享着回忆，共同庆贺他的高寿。莫德罗谢绝礼物，恳请客人改用捐助方式向2018年成立的"莫德罗基金会"捐资。在"永不忘记项目"这一用途名目下，其收入可以在社会主义者墓地那些当年的"老同志"坟墓间种植一些郁金香球茎。在西比拉咖啡馆近旁，莫德罗住在与卡尔·马克思大街交界的紫檀木大街上，在一栋建于20世纪70年代的典型的东德预制板大楼内租住着一套三居室。这个街区属于柏林弗里德里希斯海因区。从1620欧元养老金加上500欧元的鳏居补助金当中，他要为这套住房支付740欧元租金。套内的那间工作室里，堆放着小山一样的书籍、杂志和剪报。他在德累斯顿工作时期的回忆，如今无处不在：一座名为"化剑为犁"的雕像，墙上挂着的几幅汉内斯·海西希、保罗·米夏埃利斯等艺术家的作品，带来了分寸得体的气氛。莫德罗1989年秋天佩戴过的"不要武力"的绶带，成为可以忆起那场"无暴力革命"的纪念碑。在8楼的家中，来访者感觉不到恬静休闲，因为每一件文物都蕴藏着一段与他个人生涯相联结的历史，莫德罗随时都可以娓娓道来。

转移地点：在柏林市中心区卡尔·李卜克内西大楼5层的一间小办公室，10年来实际上已经成为这位"左翼党"元老委员会主席每天的行动室和办公室。简朴而实用的内部设备给人留下深刻印象。可以看见几本书、一本百科全书和两幅画，但是没有个人物品，既没有计算机也没有打印机。只有一部手机，但它几乎不打断谈话。写字台上放着一张明信片，上面写着"没有人想建一个机场"的字样，画面是民主德国国家和党的领导人瓦尔特·乌布利希1961年6月15日在一个记者招待会上说的话，其含义是幽默地暗喻他说过的那句话："没有人想建一道柏林墙。"莫德罗的女秘书埃费林·诺维茨基帮助他协调他的日程安排和因特网检索，处理他的信件往来以及不断出现的出版项目。二人之间的友好关系始自青年联盟时代。这位"好心人"埃微（昵称）预计 2018 年底将光荣退休。从会议室内，可以直接望到前东德国家安全部档案调查机构的背面——与罗兰·雅恩（原东德国家安全部档案事务专员——译者）面对面。当时，莫德罗每天上班乘坐柏林地铁。出席外事活动时，则可以舒适地乘坐司机驾驶的车辆，他可以在车中休息，并做好准备以最佳状态亮相。他很少亲自驾驶自己那辆法国标致 307 私家车。莫德罗之所以保持良好的身体状况和协调性，从他的健康饮食和体育活动中就可以找到答案。几十年来，他始终保持 75 公斤的理想体重，而且在不久前还热衷于长跑，如今则在家里面对着柏林街景进行锻炼。

定期接受医生检查是规定项目：心房颤动，服用稀释血液黏稠度的药物，针对肾结石和前列腺的治疗，都不是危及生命的症状。禁欲主义和恪守纪律并不足以保持生命活力。莫德罗定期出席读书会和电视台专题论坛，经常在国内外接受媒体采访和作报告。他的观点和判断深受重视，因为他在历史上和政治上具有吸引力。为数众多的出版物证明了这一点。[①]

莫德罗常常以他的经验卷入现实政治的论争之中，并且呼唤公众回忆历史。他以持续的坚韧、惊人的毅力和巨大的能量对错误观点和说法进行驳斥。1997 年 10 月他经历了一次声带手术后，听众们很快就发现他讲话十分困难。他不得不付出很大的努力才能清晰地发音和组合句型。他的嗓音因为负担过重而听上去嘶哑粗糙，常常不得不通过清嗓子才能恢复音量。每当他令人惊讶地连续 6—8 小时毫不休息地回答听众问题时，大家尤其感动。

人们可以感受到，他有多么大的体力负担、超常的力量凝聚和鲜明的意志。为此，他需要强大的耐压能力和钢铁般的意志。在莫德罗漫长曲折的政治生涯中，始终有一条意志驱动的主线：包括毅力、耐力、抵抗力，也包含对谈话伙伴的认可和尊重。重新面对他个人的回忆和经历，意味着再一次全

---

① 参见本书结尾的专业文献与出版物索引。

汉斯·莫德罗 2017 年在柏林卡尔·李卜克内西大楼他的办公室里，以他的视角讲述民主德国亡国的原因

出版人米歇尔·盖勒与汉斯·莫德罗在谈话

神贯注地重温他的生平经历，重修他经历过的政治历史。

在谈话中，莫德罗的政治功能无处不在——与事件相隔的时间越久就越明显。正是因为研究者本人就是时代见证人，因而能够以学术方式加以处理，以其政治生涯，成功地帮助研究者们还原了历史的坐标点。在此期间，他努力消除其回忆和阐述可能产生的偏差，从而使谈话伙伴能够将他们的主观判断与客观陈述加以联系。

通常情况下，与历史见证人的谈话存在着一种危险，即新近获得的情况与过去经历的回忆混合在一起，从而导致对历史事件的陈述发生变化。为了避免这一问题，要求出版人尽一切可能从研究角度调适和澄清莫德罗的陈述。莫德罗采取了十分审慎甚至时常自我批评的态度，在历史记忆和事后讲述时尽量保持心态平衡。

2. 从"希特勒青年团"和"人民冲锋队"到反法西斯主义者和统一社会党政治家

莫德罗于 1928 年 1 月 27 日出生于亚森尼茨村（隶属于克明德县），今属波兰西波美拉尼亚省。[①] 孩童时代，他经历了世界经济危机以及德国纳粹势力的崛起。他回忆道：

> ……我的父亲是面包师，在世界经济危机中破产，于 1932 年加入

---

① 参阅人物手册《东德谁是谁》〔*Wer war Wer in der DDR*. Helmut Müller-Enbergs, Modrow, Hans, in: Bernd-Rainer Barth/Christoph Links/Helmut Müller-Enbergs/Jen Wielgohs（Hrsg.）〕，1995 年出版于美因河畔法兰克福，第 511—512 页；参阅人物百科全书《东德谁是谁》〔*Wer war Wer in der DDR*. Helmut Müller-Enbergs/Jen Wielgohs/Dieter Hoffmann（Hrsg.）〕，2001 年出版于波恩，第 586—587 页；参阅人物百科全书《东德谁是谁》〔*Wer war Wer in der DDR*. Helmut Müller-Enbergs（Hrsg.）〕，2003 年出版于奥格斯堡，第 586—587 页；参阅《汉斯·莫德罗回忆录——我原本是要建设一个新德国》（与汉斯-迪特·许特合著），1998 年出版于柏林，第 25—44 页，书中也谈到了有关青年时代、战俘营和反法西斯学校的一些情况。

国家社会主义党，其动机是天真地以为可以重新获得他的面包房。这个政党对所有人都承诺一切。他当然没有要回他的面包房。这件事对全家都告别纳粹思想起到了很大的作用。[①]

读完国民中学后，他在斯德丁－珀利茨接受机床钳工的培训，那里的一家装备企业从褐煤中生产汽油。在"希特勒青年团"内，莫德罗担任消防队小队长。职业培训提前结束了，为的是于1945年把17岁的他征召入伍。莫德罗以"人民冲锋队"排长的身份经历了第二次世界大战的尾声，在家乡土地上为了德意志帝国那场已经变得毫无希望的战争进程充当炮灰。与父亲不同，莫德罗没有加入国家社会主义党。他在施特拉尔松被送进苏军战俘营。[②]他在后波梅尔的一所庄稼收割小队里做工。后来，莫德罗以优异成绩毕业于莫斯科的一所专门向德意志帝国军队成员和战俘进行教育的反法西斯前线学校[③]，成为军官培训生[④]。

1949年1月15日，他带着另一种世界观回到了德国，以战前的机床钳工身份开始工作。他很快就晋升为亨尼希斯多夫的机车制造与电子技术工厂的车间主任。在他的政治和个人生涯中，各种事件跌宕起伏：莫德罗决心参与国家建设，成为在东部德国第一批实现社会主义理想和学说者之一。

当加布里埃莱·厄特尔斯问他，究竟是什么原因促使他进入政坛并在政界打拼这么长时间，他的答复是：

---

① 《我还能扛得住租金上涨——前东德最后一位总理（原文如此！）汉斯·莫德罗谈他被削减的退休金、左翼党所犯的错误和他为什么赞成中国社会主义》，刊登于2018年2月2日《南德意志报》。
② 参阅汉斯·莫德罗所著《我原本是要建设一个新德国》，1998年出版于柏林，第35—40页。
③ 参阅汉斯·莫德罗所著《我原本是要建设一个新德国》，1998年出版于柏林，第40—44页。
④ 系指通过培训成为德国人民警察、人民警察（海上）战备部队以及驻营人民警察部队军官的培训生。这个称谓也是晋升者或晋升组别的统称。

我当时是想有所推动，有所前进，有所促进。有时我也想通过自己的榜样来阻止人们远离政治，就像民主德国后期越来越多的那种现象。或许我始终有一种感觉，觉得自己不必向其他人证明这一点。也许我也是一个长跑者，需要一段时间才能兴奋起来。[①]

早在民主德国成立之前，他就加入了自由德国青年联盟[②]、统一社会党以及自由德国工会联盟[③]，达到了职务上的直线上升：1961年之前，他分别在勃兰登堡、梅克伦堡和柏林地区自由德国青年联盟的不同岗位上工作。他的家人当时生活在西部德国，即汉堡附近的施瓦岑贝克。他与家庭的关系逐渐疏远直至完全失联和中断。[④]

[①] 参阅汉斯·莫德罗与加布里埃莱·厄特尔斯合著《汉斯·莫德罗说出实情》，2010年出版于柏林，第9页。

[②] 自由德国青年联盟成立于1946年3月7日。该组织教育青年人在"科学共产主义的基础上热爱劳动，热爱并尊重工人阶级及其政党统一社会党，并与所有国家，尤其是苏联的青年人保持兄弟般团结关系"。该联盟也组织了马克思列宁主义的学习推广。此外可参阅乌尔里希·梅勒特、格尔德-吕迪格·施特凡所著《蓝色衬衣，红色旗帜——自由德国青年联盟的历史》，1996年出版于奥普拉登；乌尔里希·梅勒特所著《自由德国青年联盟（1946—1989）》（图林根州政治教育中心），2001年出版于埃尔福特；还可链接以下网站参阅全文：http://www.lzt-thueringen.de/files/eschichte-der-ddr.pdf（检索时间为2018年2月6日）。

[③] 自由德国工会联盟1945年3月18日成立于亚琛。该组织成立之初的目的就是争取在企业和管理部门的参与决策权。工会必须代表其成员的利益。该联盟由16个行业工会组成，并成为世界工会联盟的成员。1986年，最大的行业工会是金属工业工会（拥有180万会员）、贸易食品与餐饮业工会（110万）、建筑与木材工会（95万）和国家机关与地方经济雇员工会（84万）。在民主德国，自由德国工会联盟也负责工人和职员的社会保险工作。此外，该组织还在公共交通领域设立了可以选修法律保护和赔偿责任法律援助知识的机构。（参阅4卷本《迈尔斯百科全书》第1卷，1978年莱比锡出版研究所国营企业第1版，第681页）该联盟也是度假旅游活动的最大提供者，拥有自己的工会度假之家、度假村和度假游轮，例如"弗里茨·黑克特"号、"各国人民间友谊"号、"阿尔科娜"号以及"国际酒店"号等游轮。1986年，工会联盟共计组织了98%的工人和职员度假。联盟会员总数为960万人，因而成为民主德国最大的"社会组织"，也是民德人民议院仅次于统一社会党的第二大议会党团，拥有61名代表。该联盟于1990年9月30日解散，其行业工会则在1991年加入了西部德国的德国工会联合会。在"转折"之后，该联盟的财产被托管机构和"东德政党与群众组织财产审查独立委员会"所掌控。该联盟的机关报为《讲坛日报》。

[④] 参阅《并非漂流的木头——汉斯-迪特尔·许特与汉斯·莫德罗的谈话》一文，收录于汉斯·莫德罗所著《我原本是要建设一个新德国》一书，1998年出版于柏林，第22页。

1950 年 12 月 23 日，莫德罗与安娜玛丽结婚，夫人的娘家姓是施特劳宾。在生活中，命运多次打击了他们：安娜玛丽因为早产失去过 3 个孩子，莫德罗竟然不能参加葬礼，因为他 1952—1953 年间正在莫斯科共青团学院学习。1953 年 3 月 5 日，斯大林去世——对许多盲目追随者和毫无批判眼光的崇拜者来说，斯大林如同尊敬的父亲一般。莫德罗也不例外，他曾经为斯大林的逝世落泪。当民主德国 1953 年 6 月 16/17 日发生工人和民众暴动时，这位年轻的社会主义者正在苏联的首都。1954—1957 年，他参加了统一社会党卡尔·马克思党校的函授学业，毕业时获得社会科学硕士学位。1959—1961 年，他又参加了柏林布鲁诺·洛伊施纳经济学院的学业，获得经济硕士学位。1966 年，他在柏林洪堡大学以《以 VVB 高压器材大型企业为例论社会主义企业中调查、选拔与发展后备领导干部》为题的合作论文获得了博士学位。[①]

汉斯·莫德罗的干部档案[②]，只有获得特批才能在联邦档案馆内看得到。如今只能找到 20 世纪 60 年代的档案（之后的档案已经不复存在），其中的一些档案记录令人深思。下面摘录 1961 年 9 月 12 日自由德国青年联盟的一段评语：

> ……莫德罗同志拥有对马克思主义—列宁主义的基本认识。他在孜孜不倦地进修学习方面始终不怕吃苦，通过党校函授和之后的经济学院函授学习分别获得了一个社会科学硕士学位和一个经济学硕士学位。……[③]

科佩尼克区委办公室 1962 年 3 月的一份评价中称：

---

① 所有有关全面、重要的生平数据、材料、奖章、证书、奖状和日程，均可参阅本书《汉斯·莫德罗——在历史大环境中的生活大事记》。

② 干部档案收录了工作上和个人成就方面的一些秘密材料。对国家安全部来说，这些档案有助于了解干部信息。

③ 参阅汉斯·莫德罗的档案，档案号为 BArch N 2541/258。

> ……他的积极性，他的工作质量，他的坚定、坦诚和乐于助人的精神，得以在科佩尼克党组织当中赢得高度尊重和权威。……他的个人生活无可指摘。……①

科佩尼克区委第一书记1964年3月16日的评价为：

> ……他对缺点非常敢于批评。但是，他必须努力克服别人对其主要成就提出批评性意见时的敏感程度，并且迅速对其工作得出结论。……②

对莫德罗的所有评语中，能够找到的最后一份评语是1966年9月28日由统一社会党科佩尼克区委作出的：

> ……作为第二书记，他在组织实施党的决议时目标明确、态度坚决，并严格监督重点任务的完成。……他在公众场合中的表现具有模范作用。……③

3. 从统一社会党德累斯顿专区第一书记到民主德国总理、德国联邦议院议员和欧洲议员

作为一名年轻的、快速晋升的统一社会党干部，他从20世纪50—70年

---

① 参阅汉斯·莫德罗的档案，档案号为 BArch N 2541/258。
② 参阅汉斯·莫德罗的档案，档案号为 BArch N 2541/258。
③ 参阅汉斯·莫德罗的档案，档案号为 BArch N 2541/258。

代初所担任的各个职务听上去十分悦耳[①]：梅克伦堡州议会议员，自由德国青年联盟中央委员、书记，人民议院青年联盟议会党团主席，人民议院柏林市议员，统一社会党中央委员会候补委员、委员，统一社会党科佩尼克区委第一书记，接替维尔纳·克罗利科夫斯基成为统一社会党德累斯顿专区第一书记（1973—1989）。对历史学家弗里茨·施泰因来说，莫德罗"是一位可以称得上是正直的德累斯顿党员领导干部"[②]。在他的政治生涯中，哪一个时期最有意思？莫德罗的答复十分明确：

> 显然是德累斯顿时期。在担任这个专区第一书记的16年当中，我感受到了个人在极其多样性领域当中承担的责任范围——也能感受到可以在各个不同社会领域内实施干预的机会和可能性。那个压力场确实非常大、非常有趣、富有教益，而且面对越来越大的各种冲突。但是，即使你不想参与冲突，也会很快就在政治中升高热度，其速度超过自己的想象。[③]

这个专区拥有130万人口，与波兰共和国和捷克共和国接壤。在德累斯顿专区担任统一社会党领导人，使他的政治生涯达到了迄今为止的高峰[④]，尽管还没有到达东柏林党中央最核心的权力内圈。起初想派政治局候补委员京特·克莱伯去德累斯顿专区任职，但是遭到他的拒绝。接着，昂纳克找政治局女候补委员英格·朗格谈话——此人与莫德罗早在维斯马尔青年联盟工作期间就结识了——她也同样不愿意。莫德罗也是人选之一，但他接受了这一

---

① 参阅汉斯·莫德罗的档案，档案号为 BArch N 2541/258。
② 参阅弗里茨·施泰因所著《五个德国和一条生命——回忆录》，2007年慕尼黑第8版，第579页。
③ 参阅厄特尔所著《汉斯·莫德罗》，第52页。
④ 关于他在德累斯顿专区工作的角色，请参阅莫德罗所著《从什未林到斯特拉斯堡》，第70—97页。

职位，尽管内心原本宁可选择去罗斯托克。帮助他下决心的洛特·乌布利希（前东德领导人瓦尔特·乌布利希的遗孀——译者）对他说："汉斯，如果别人不想在皇宫里见到你，那就去当封地侯爵吧！"[1] 然而，他的境遇与侯爵毫不搭界：作为德累斯顿专区第一书记，他显然是极为简朴谦忍的政治官员，没有别墅，而是与大多数东德民众一样租住在预制板楼的一套公寓当中。

莫德罗很早就意识到自己不是一个"能够吸引听众的"议会演讲者，但是他把重点放在报告的内容上。他认为："只有观点正确，才能算得上是好的演讲。"在民主德国的政治文化中，几乎没人把精力放在演说训练和相应的展示推介能力上。莫德罗本人也不太关注其报告的形式。[2] 在回顾往事时，他认为自己的以下演讲属于最重要的报告文件：1989年11月17日的政府声明[3]、1989年12月8日在统一社会党特别党代会上的讲话[4]、1989年12月19日建立两德"条约共同体"的"三步骤计划"[5]、1990年2月1日提出的"为了德国，统一祖国"方案[6]，以及1990年2月13日在波恩国际新闻招待会上发表的声明。这些文稿均列入了本书《文献资料》附件。

从1989年11月13日任民主德国总理起至1990年4月12日止，是对他

---

[1] 此举关系到政治生存。汉斯·莫德罗在即将年满90岁时曾经简要讲述了他的政治同路人，他在德累斯顿工作时期的经历及其对建设一个公平世界的希望。详见2018年1月20/21日《萨克森日报》。

[2] 参阅莫德罗所著《从什未林到斯特拉斯堡·对半个世纪议会工作的回忆》，2001年出版于柏林，第16页。

[3] 参阅本书文献资料第1号附件：《汉斯·莫德罗1989年11月17日在东柏林发表的政府声明》。

[4] 参阅本书文献资料第2号附件：《汉斯·莫德罗1989年12月8/9日在东柏林召开的统一社会党特别代表大会上的专题报告〈主权民主德国必须成为欧洲大厦的一块坚实基石〉》。

[5] 关于"莫德罗分步骤计划"可参阅海克·阿莫斯、蒂姆·盖格尔（校改）所著《统一·联邦德国外交部、民主德国外交部和二加四进程》的文件资料第44号附件：第213处处长诺伊贝特1990年1月31日呈送联邦德国外交部长根舍的草案。2015年出版于哥廷根，第225—229页。

[6] 参阅汉斯·莫德罗（沃尔夫冈·梅耶尔）所著《起点与终点》，1991年出版于柏林，第117—128页。关于莫德罗提出的"统一祖国德国"计划，参阅维尔纳·魏登费尔德所著《为了德国统一的外交政策——1989—1990关键年》（《德国统一史》第4卷），1998年出版于斯图加特，第228—230页。

在东柏林政治动荡起伏中的一个巨大考验。[①] 莫德罗接受的是一个国家决策者和改革塑造者的角色。他的执政时间是 150 天。他以昂纳克时代政治遗产的俘虏身份，支撑着统一社会党"自动解散"的趋势和"国家体制的崩溃"。他作为政府首脑的政治作用，结束于 1990 年 3 月 18 日的第一次自由公民选举进程之中。

1990—1994 年在波恩担任德国联邦议院的议员，使他的政治生涯得以延续。[②] 但是，在 20 世纪 90 年代下半叶，他受到了昔日在统一社会党国家的"政治历史的追诉"。1994—1999 年，莫德罗没有获得议员席位。他的豁免权被取消，为的是对他进行司法追究。他被起诉的嫌疑是"篡改 1989 年 5 月 7 日德累斯顿地方选举的结果和作假证"。莫德罗被判处缓刑和支付保释金。[③] 他对这种做法感到不可理解和不公正。他至今仍然必须分期支付当时所欠下的律师费和诉讼费。[④] 在谈到德累斯顿篡改选举结果问题时，莫德罗的表态在时隔 20 年之后已经有所低调，减少了自我指责以及追究体制弊端的口吻：

> 在民主德国进行选举这一漫长道路上，1989 年 5 月不过是一个特殊方式的标志而已。我第一次面对此类问题时，是在柏林科佩尼克区担任第一书记。当区长和他的财政局长确定了选举结果之后，当晚邀请我去一个房间。

[①] 参阅彼得·许特所著《汉斯·莫德罗的临时政府》，收录于德国联邦档案 23（1990）第 7 册，第 1111—1113 页；参阅汉斯·莫德罗所著《我眼中的改革·对改变世界之十年的个人回忆与分析》，1998 年柏林第 2 版，第 92—121 页；参阅汉斯·莫德罗（与汉斯-迪特·许特合著）《我原本是要建设一个新德国》，1998 年出版于慕尼黑，第 308—445 页。

[②] 参阅莫德罗所著《从什未林到斯特拉斯堡》，第 167—234 页。

[③] 关于联邦德国司法宣布东德统一社会党政府是非合法性犯罪政权，以及对前东德领导人莫德罗进行的司法迫害，参阅克里斯蒂安·容克所著《失败者的历史·1989 年后统一社会党高级官员的历史反思》，2007 年出版于海德堡，第 225 页。

[④] 参阅克里斯蒂安·容克所著《失败者的历史·1989 年后统一社会党高级官员的历史反思》，2007 年出版于海德堡，第 235—284 页；参阅厄特尔所著《汉斯·莫德罗》，第 78 页。

那里发生的事情，令我十分惊讶。

在那里，首先查看了上一次选举的投票结果——不能低于这个结果，也不能完全一样。然后预判了全市总体选举结果，试图把数值确定在中间区段。……选票当然是计算过的，得出了一个所谓的铅笔结果，而后把这个数据带到政府大楼去。在那里，喝着一杯香槟酒，开始思考究竟应当跟谁通个气，或者重新计算一个数据——从而逐步达成一致共识，得出一个符合愿望的选举结果。最终将铅笔结果改写为正式结果。[1]

当莫德罗 2009 年回顾这段历史时，他承认自己出于传统思维接受过欺骗选民的做法。但是，当时很多事与 1989 年 5 月发生在德累斯顿的事件完全不同，他称德累斯顿的行为是"起到刹车作用的选举结果修改"：

早上 8 点，第一批选举结果就传开了。埃尔福特专区的阿恩施塔特——总是被视为标准和标杆——的参选率已经达到 40%。所有人都知道，12 点时会是什么状态：更快、更高、更远。我确实有些担心这一次民众当中的基本情绪会失控，于是采取了刹车措施——尽管控制的力度还不够大。不过，历来大多数选举结果都会进行美化的。[2]

是什么原因导致他当时没有按动停止键？为什么他承认以往的做法在 1989 年 5 月已经行不通了？莫德罗没有隐瞒：瓦尔特·乌布利希的原则已经融入了他的血液，即不能通过选举拱手交出手中掌握的权力。[3]

---

① 参阅厄特尔所著《汉斯·莫德罗》，第 78 页。
② 参阅厄特尔所著《汉斯·莫德罗》，第 78 页。
③ 参阅厄特尔所著《汉斯·莫德罗》，第 79 页。

10 年后，他在斯特拉斯堡经历了一个完全不同的世界：

1999—2004 年，莫德罗在欧洲议会工作的 4 年期间，了解了什么是工作议会，与现有的政府座位和在野党排列完全不一样。在这个直接选举产生的、受到公众高度关注的欧洲民众代表机构中，可以更加准确地进行研究。我们今天已经知道，莫德罗参与过与捷克共和国进行的加入欧盟的谈判。[①]

回首莫德罗一生中可以称作最紧张的那个阶段，即担任民主德国总理的短暂时间内——与德累斯顿的长期工作截然不同——实际上是他政治生涯当中最重要的职位，他的工作被一系列史无前例的政治事件和环境所驱动，几乎没有时间考虑中长期战略构想：一旦作出决议，几乎无法进行审核修订，而是必须竭尽全力和责任向前推动。作为总理，他的政策始终在政治可行与政治不可行之间的压力场中行动——那就是 1989—1990 年间行将崩溃的那几个月内。可以理解的是，他在回顾往事时充满遗憾，认为那时的决策常常称不上是理想的解决方案，而因客观条件所限，因各种依赖性、妥协和时间压力而出现了各种救急方案。莫德罗在年轻时候曾经希望像父亲那样成为海员，但因色弱和一只眼睛的视野缺失而未能如愿[②]，只能像一个舰长一样在政治风浪中感受船体开裂的压力。况且，他时刻不能忘记船上的乘员和乘客。他始终站在船上。

西德与东德的最初状况是相近的，其荒谬程度令人触目惊心：在波恩，没有一个办公室抽屉里找得到一份"德国统一设想与模式"的指导方针；在东柏林，也没有一份"维持、改革、重塑一个新的社会主义民主德国"的"转折指南"。既没有一个德国统一的政策，也没有一个统一的德意志民族，

---

① 参阅莫德罗所著《从什未林到斯特拉斯堡》，第 285—301 页。

② 参阅恩斯特·埃利茨所著《汉斯·莫德罗——头戴光环的社会主义者》一文，收录于《他们是参与者——从贝贝尔·博莱尔到洛塔尔·德梅齐埃的东德人物》，1991 年出版于斯图加特，第 70—79 页。此处摘自第 70 页。

但是西德人和东德人却能在不同的体制特点下相互适应，能在意识形态和政治上相互交融。德国统一的可能盈利，只有通过联络和融合才能从创新性的争辩文化矛盾调解中体现出来。

早在1986—1987年就开始显现了集团对峙终止的迹象。意识形态开始侵蚀政体，迅猛地过渡至多党民主体制，相对快速地从中央指令性计划与行政管理经济过渡至脱缰而出的自由社会市场经济，过渡至德意志经济、货币与社会联盟，过渡至统一协议、"二加四协议"和民主德国加入欧盟，过渡至媒体、舆论、辩论与民主文化的一种新的架构，并且由激烈要求导致最终实现的旅行自由——所有这一切发生在不到一年的短短时间内，即1989年11月9日至1990年10月3日。在此期间，1600多万东德人经历了异常的变故，体验了全新的法治和从未预想过的繁荣，但是这一切却给自身原本比较狭窄的生活领域带来了根本性的、从未预见过的各种效应，从而导致日常生活发生了剧烈的变化。

4. 莫斯科领导人和权力更迭——从1989年"转折"到苏联解体

"划时代的年份1989"[①]有着时代的前奏：米哈伊尔·戈尔巴乔夫于1985年3月11日当选苏共中央总书记，1990年3月14日当选为苏联总统，从而在莫斯科引发了苏联与所谓的"兄弟国家"之间关系彻底转念的重新定向，包括与民主德国的关系。戈尔巴乔夫改革的三大诉求是"公开化"与"透明化"（Glasnost）、"改造"与"重组"（Perestroika）以及在欧安组织进程框架内延续缓和政策，从而减轻受到重创的苏维埃体制的负担，结束冷战，并且贯彻核武器与常规武器领域的裁军措施。苏联内部巨大的改革需求，源自其

---

① 参阅皮埃尔·格罗塞尔所著《1989年或世界的触发器》，2009年出版于巴黎。

各种社会弊端、经济短缺，源自民众当中不断增长的不满情绪。应当对现实存在的社会主义进行彻底的现代化改造，绝不是废除社会主义，恰恰相反，应当使社会主义尽善尽美。戈尔巴乔夫原本试图用上述原则消除政治上的结党营私和僵化的体制。波兰、匈牙利等许多共产党领导的"人民共和国"，忠诚地遵循苏联的榜样，也开始推行戈尔巴乔夫式的改革。戈尔巴乔夫放弃了"勃列日涅夫教义"，即在兄弟国家遭受"反革命"威胁时"迅速采取"军事手段"予以援助"。但是，他在自己任内并没有提出自创的新"学说"，仅仅提出过一些含混不清的口号和内容多变的目标而已。尽管戈尔巴乔夫扮演的是政治转折的发起人和驱动者角色，但是他既没有提出任何成熟的基本纲领，也没有制定完整的未来方案。

戈尔巴乔夫提出的公开化与透明化、改造与重组无非就是方法和手段，根本无法带来丰硕的成果和有效的解决方案。[1] 从苏联的德国政策上就可以看出，戈尔巴乔夫同样既没有方案规划，也没有清晰的目标。[2]

尽管戈尔巴乔夫的"新路线"在民主德国民众当中唤醒了期待政治变革

---

[1]　参阅 Aleksandr Galkin、Anatolij Tschernjajew（发行人）所著《米哈伊尔·戈尔巴乔夫与德国问题·苏联历史文献（1986—1991）》德文版，由 Helmut Altrichter、Horst Möller、Jürgen Zarusky 发行，由 Andreas Hilger 撰写评论文章，由 Joachim Glaubitz 译自俄文，2011 年出版于慕尼黑；参阅 Andrei Grachev 所著《戈尔巴乔夫与"政治新思维"》，收录于 Wolfgang Mueller、米歇尔·盖勒、Arnold Suppan 所编《1989 年的革命·手册》（《国际历史》第 2 卷），2015 年出版于维也纳，第 33—46 页；戈尔巴乔夫直到最后才断定："改革在半路上停止，实际上甚至刚刚才上路就停步了，这一点令人感到痛苦。我当时就感觉到，在深深根植于传统、头脑和风俗当中的极权主义遗产，已经浸透到我们社会肌体的每一个毛孔中。因此，当时我每天都难以离开的告诫声音，直至 20 年之后的今天仍然没有消失。"（参阅《新俄罗斯——变革和普京体制》，2015 年出版于科隆，第 47 页。）

[2]　参阅 Wolfgang Mueller 所著《苏联和德国的重新统一（1989—1990）》，第 321—353 页；参阅《局势失去我们的掌握：戈尔巴乔夫决策进程中影响德国重新统一的各种动机和因素》，刊载于《统一社会党 - 国家研究联合会杂志》2016 年第 39 期，第 3—28 页；参阅 Andreas Hilger 所撰写的《被驱赶的大国——莫斯科与德国统一（1989—1990）》一文，收录于米歇尔·盖勒、Maximilian Graf（发行人）所著《欧洲与德国统一·观察、决策与后果》，2017 年出版于哥廷根，第 117—141 页；参阅 Stefan Creuzberger 所撰写的《从柏林墙倒塌到重新统一：苏联与德国问题》一文，收录于 Wolfgang Mueller、Andrea Schnöller、Hannes Stekl（发行人）所著《1989：天鹅绒革命，奥地利和欧洲转型》，2017 年出版于维也纳，第 56—76 页。

的巨大希望，但是在以埃里希·昂纳克为首的统一社会党领导层那个紧密的小圈子里，大多数人拒绝此类变化，因为昂纳克担心其权力诉求受到威胁，担心体制开放可能导致反对党运动。长达几十年的紧密团结以及信誓旦旦的对苏"人民之间的友谊"已成往事，这位东德国家和政党领导人已经从"学习苏联就是学习胜利！"这一进攻性表述方式转变为防御性抵制态度。对党和国家高层而言，未必一定要学习苏联，而被认为是库尔特·哈格尔（Kurt Hager，前东德统一社会党政治局负责意识形态工作的委员。——译者）所作的一个比喻则成为一句经典语言："顺便说一句，如果你的邻居在刷墙贴壁纸，你也会觉得自己有义务重新刷墙贴壁纸吗？"①

民众越来越清晰地看出，过于老迈的统一社会党领导层敌视创新、反对改革，而现实存在的社会主义自身已经落伍了。如果主观上还想保留社会主义制度，许多必要的改革进程似乎实际上只能从上而下地进行，而"从下而上"的"革命性转型"，在执政者看来根本就不可能。在民主德国，缺乏"东方的戈尔巴乔夫"，就连莫德罗在回顾历史时也承认，自己当时根本就不想成为这样的人。然而，他得益于自己晋升为民主德国政府首脑，从而能够自1989 年 11 月开始在更大的背景下承担起新的任务。这一任务被形象地视为某种形式的防浪堤角色——戈尔巴乔夫将防浪堤打开后引发洪水下泄，昂纳克以及后来的克伦茨统统被洪水所淹没。

对国家、政府、政党、干部以及群众而言，那位为了维持民主德国而积极面向改革的莫德罗，如今究竟是否能够成为一个具有影响力和说服力的领袖人物？他在民众当中享有威望和信任，虽然他一方面代表着统一社会党政权，同时也是一位具有民主思想的社会主义改革者。

---

① 参阅《明星》周刊 1987 年 4 月 9 日刊以及《新德意志报》1987 年 4 月 10 日第 3 版；参阅《戈尔巴乔夫的"革命"》，收录于德国档案第 20 卷 1987 年第 6 期第 655—657 页；参阅本书《与汉斯·莫德罗的谈话》德文版第 160 页。

当汉斯－迪特尔·许特在与莫德罗谈话时问他是不是共产主义者时，莫德罗给予了否定的答复："在民主德国时期，我与其他人不同的是，写信落款时从来不写'致以共产主义的问候'。因为，我从来没有如此狭隘地理解过共产主义。即使对统一社会党的看法，我也是站在一个比较宽泛的传统视野上。"①

5. 即使在莫斯科眼中也是一位"希望承载者"，但是联邦德国之行在党内引发争议——德累斯顿的戏剧与高压

埃里希·昂纳克在与莫斯科进行旷日持久的争议达成谅解之后，昂纳克得以于 1987 年 9 月 7 日—11 日访问了联邦德国。但在访问之前，发生过一个具有爆炸性的事件：当年的 3 月 4 日，莫德罗在德累斯顿与时任克格勃副主席弗拉基米尔·克留奇科夫（后来担任这个苏联情报机构的最高领导人）进行了一次长时间的谈话。在场的还有马尔库斯·沃尔夫，他是克格勃的亲信，时任东德国家安全部侦察总局局长，其行动地域自 1952 年始锁定联邦德国。莫德罗在民主德国早期担任柏林自由青年联盟负责人时就认识了沃尔夫。谈话的目的似乎是探讨在民主德国推动改革和变化的需求，以及推举莫德罗担任党和国家的更高职务。或许可以由他取代昂纳克？

此间已经去世的京特·萨博夫斯基，1989 年 11 月 9 日晚间曾因口误而提前宣布打开边境，从而在老同志当中引起了反感。他在回忆录中这样记载了德累斯顿的那次会晤：

---

① 参阅《并非漂流的木头——汉斯 - 迪特尔·许特与汉斯·莫德罗的谈话》，收录于汉斯·莫德罗所著《我原本是要建设一个新德国》一书，1998 年出版于柏林，第 16 页。而在本书的谈话中，莫德罗作了不一样的表述，参阅原文第 265 页。

于是，克留奇科夫得到了他所需要的所有信息。戈尔巴乔夫从他那里获知，统一社会党政治局内部根本就别指望会有同情改革者。他们私下酝酿成熟的人选，就是那位专区书记莫德罗和那位特殊的同志——他以侦察总局局长的身份工作了 35 年之久，而且忠诚于历任总书记的路线，从斯大林、赫鲁晓夫、勃列日涅夫、安德罗波夫一直到契尔年科。或许是想在统一社会党下一次党代会之前，也就是按照周期理应在 1990 年之前，以施加压力、给予荣誉和私下劝说等方式让昂纳克退位，把他的位置腾给沃尔夫，并让莫德罗出任政府首脑。[①]

如果确有这样的预演计划，也不会马上走光泄露。莫德罗在谈话中对 1987 年春天的此次声名狼藉的密会讳莫如深，更不会透露其背景的真实情况。[②]然而可以确信的是，他并不属于被昂纳克选中的宠儿——恰恰相反。

在 1989 年这一个变化的年份，莫德罗感受到了来自东柏林政治领导层的种种干预、控制、不信任和批评态度。他不属于统一社会党领导层的最紧密小圈子：1989 年 2 月，一个调查小组来到这个易北河城市，对统一社会党专区组织的工作进行审查。莫德罗 1989 年 9 月底对西德巴登－符腾堡州的访问，包括在斯图加特会见州长洛塔尔·施佩特（基民盟）时，他对社民党谈话伙伴和记者的讲话给政治局带来了负面印象，认为他在"非社会主义外国"代表民主德国的表态并不恰当。这种评价严重伤害了莫德罗。在与这一

---

① 参阅京特·萨博夫斯基与弗兰克·西伦的谈话录《我们几乎所有事都做错了——民主德国的最后几天》，2009 年出版于柏林，第 170—171 页，此处摘录于第 171 页。萨博夫斯基事后从这个故事中加以引申和猜测，同时试图间接地进行解释，为什么沃尔夫 1986 年突然辞去了他在国家安全部的许多工作，希望未来扮演学者、文化创作者和文学家的角色："从而可以以一个情报官员的身份攀上最高顶峰，这在莫斯科和民主德国都是史无前例的。这一案例也印证了'迟到者将受到生活的惩罚'那句名言。"这说明，沃尔夫可能曾经觊觎党的领导人职务，而莫德罗可能接替威利·施多夫出任政府首脑。

② 参阅本书《与汉斯·莫德罗的谈话》德文版第 150—152 页。

事件保持了相应的距离之后，他得出的结论是："如今我已经明白，联邦德国媒体对我的访问有着强烈的兴趣，希望更加坚定地加以利用，以昭示我对（统一社会党）党领导的政策所持的批评性立场。"① 自由德国工会组织的主席哈里·蒂施几天前刚刚访问过斯图加特，他断然拒绝回答有关民主德国公民出国浪潮的所有问题。

在10月4日—5日的晚间和夜间，莫德罗作为危机处理者不得已而积累着经验，因为数以千计的布拉格使馆难民将乘坐西德铁路局的火车经过德累斯顿火车总站等途径前往西部德国去。在总数14列火车中，第一批3列火车将从布拉格经巴特尚道边境、德累斯顿、卡尔·马克思城、普劳恩、古滕菲斯特前往巴伐利亚州的霍夫。经过民主德国领土的路段总长为254公里。后续列车在起始站和抵达站之间均不允许停留，以避免有人中途扒车搭乘。所有民主德国护照均由国家安全部官员予以没收，不再发还。在这些天的极端特殊局势下，莫德罗积累了政治生涯中最严峻的经验。数万名示威者聚集在一起，有些人冲进了德累斯顿火车总站。警察以粗暴的武力对车站和站前广场进行了清场。在回顾历史时，莫德罗仍然坚持为行政执法机构的这一行动进行辩解，与此同时，他认为东柏林的中央和西德方面也对这些事件负有责任，他说：

> 我赞成10月4日的行动。如果我们不采取所有力量将火车站清场，就会在那三列火车驶入和通行时出现凶杀和死亡灾难。由于此次行动，西方在政治上对我进行了尖锐的攻击。他们一向采取这种做法，就好像他们跟这一事件毫无瓜葛一样。接近中午时分，我收到昂纳克发来的一封加密电报，通知我那几列火车将从德累斯顿路过。没有别

---

① 参阅汉斯·莫德罗所著《起点与终点》，2013年柏林第1版特刊，第14页。

的内容。至于民主德国与联邦德国之间是怎样达成一致的；联邦德国对昂纳克的意志作出让步，不得不让那几列火车过境民主德国，为的是在半途中没收逃亡者的民德护照；列车上随行有波恩外交部高级官员，其中包括现任慕尼黑安全会议负责人伊申格尔等情况，我是在1990年以后才听说的。柏林与波恩就列车行驶路线达成了一致，根舍在布拉格宣布了这一消息，而我们却要在德累斯顿为这一决定和这一消息的所有效应承担责任。然而，当我因专区行动领导小组主席身份在德累斯顿接受法庭追责时，西德方面却袖手旁观。[1]

当人们追问，他原本是否能够阻止此次执法过当的武力行动，他当时是否缺少足够的勇气时，莫德罗作出了否定的答复。[2]作为示威者、领导精英与人民警察之间的调停者，他已经作出尝试，阻止更加糟糕的事态发生。在铁路沿线确实派出了国家人民军、国家内卫部队和工人战斗队，后者是国有企业中就业者组成的准军事组织。在某些桥梁处出现了骚乱行为。莫德罗肯定已经看出来，柏林的统一社会党领导人并不打算毫无抵抗地交出领导权。可以断言的是：昂纳克在错误的主权想法驱动下执意要求，作出把大使馆难民途经民主德国、穿过德累斯顿运送的决定，应该由东柏林独自承担责任。作出这个决定，事先没有征求莫德罗的意见，他并不知道决策过程。经过他与交通部长奥托·阿恩特协商，后来再也没有列车途经德累斯顿。

有人问他，如果数千民德公民冲进火车站，试图强行扳道阻止列车行进或跳上火车，那么如何保证他们顺利离境呢？他始终没有回答。尽管他坚持

---

[1]　参阅《事关生存——汉斯·莫德罗在90周岁生日之前谈其同行人、其在德累斯顿时期及其对一个更加公平世界的期望》一文，刊载于2018年1月20/21日《萨克森报》(杂志)。
[2]　参阅《事关生存——汉斯·莫德罗在90周岁生日之前谈其同行人、其在德累斯顿时期及其对一个更加公平世界的期望》一文，刊载于2018年1月20/21日《萨克森报》(杂志)。

要以谨慎、果断的方式阻止事态升级，但是当时仍然出现了恐吓、镇压、受伤、逮捕等行为，造成了火车总站建筑物价值 50 来万马克的财产损失。在回忆这些往事时，莫德罗令人信服地表示了遗憾，认为"确实存在侵犯行为，其武力程度原本不必这样过激"[1]。然而，在德累斯顿那种极为紧张的局势下，武力冲突居然没有导致一个人死亡，这可以称得上是一个奇迹。不过，在 10 月 7 日之前，东德政府总共逮捕了大约 1300 人，而且据说立即进行了刑讯。10 月 8 日，莫德罗同意与反对派进行对话——这是民主德国历史上迄今为止第一次。[2] 他是与反对派"20 人小组"展开德累斯顿对话的发起人之一。[3]

1989 年 10 月 16 日，莫德罗和德累斯顿市长沃尔夫冈·贝格霍费尔与"20 人小组"就其政治诉求进行了谈判。[4] 在与德累斯顿反对派进行沟通时，市长与莫德罗扮演的角色究竟有什么区别？贝格霍费尔作出了以下答复：

> 在与"20 人小组"对话时，莫德罗与我扮演了两种完全不同的角色。我属于对话的支持者——冒着与此相关的所有风险。这在当时是一个新鲜事物，与党组织的指示精神明显相悖——国家权力机关的一个代表，居然与现行反对派的代表们会见，从而意味着事实上承认了反对派的合法性。莫德罗及其专区党委书记处，批准了我的行为，但是躲在幕后，让我自己表演。1989 年 10 月 10 日，我请求莫德罗支持

① 参阅莫德罗所著《起点与终点》，第 16 页。
② 参阅 2018 年 1 月 20/21 日《萨克森报》（杂志）。
③ 参阅 Helmut Mueller-Enbergs 所撰写的"莫德罗，汉斯"人物介绍，收录于 Bernd-Rainer、Christoph Links、Helmut Mueller-Enbergs、Jan Wielgohs（发行人）所著《民主德国谁是谁——人物传记手册》，1995 年出版于法兰克福，第 511 页。
④ 参阅 Helmut Mueller-Enbergs 所撰写的"莫德罗，汉斯"人物介绍，收录于 Bernd-Rainer、Christoph Links、Helmut Mueller-Enbergs、Jan Wielgohs（发行人）所著《民主德国谁是谁——人物传记手册》，1995 年出版于法兰克福，第 511 页。并参阅本书《汉斯·莫德罗——在历史大环境中的生活大事记》原文第 458—459 页。

我，从而使我能够兑现我向"20人小组"作出的承诺——释放无辜被捕的示威者。莫德罗此时参与进来，设法释放了被捕者。但在几天后，也就是1989年10月16日，莫德罗拒绝出席与反对派小组共同举行的一个记者招待会。他缺乏与我一起面对媒体的勇气。他作出了站在安全距离上观望局势发展的选择。直到1989年10月底，在昂纳克早就被解职、柏林中央陷入混乱之后，莫德罗才跳上了正在奔驰的列车。我记得他与我一起出席了多场集会并公开演讲，但是此时早就不存在来自柏林的危险了。相反，他利用我这个火车头的声望，实现了他的雄心抱负。他设法在"新的"民主德国内跻身国家最高职务，因为他早就看出自己在官方党务职位上根本就没有政治生存的机遇，例如成为昂纳克的后任。在这样的背景下，他试图让我接替他担任统一社会党德累斯顿专区第一书记，但是遭到我的拒绝。①

在科学文献中，可以读到关于这个萨克森的易北河－佛罗伦萨城的公民对话的以下记载：

> 在德累斯顿当地，局势的发展在10月26日达到了高潮——莫德罗和贝格霍费尔来到了所谓的科克草地广场，与群众进行公开、直接、毫无保留的讨论。当地方政府、统一社会党和民主党派的最高领导人在讲台上入座时，面对的是10多万人，他们围着多个散布在广场上的麦克风，要求各个负责人出面作出解释。观众中提出的问题，从批评党和国家领导人年龄过大，到住房分配或当地党员领导干部特权等地

---

① 参阅沃尔夫冈·贝格霍费尔2018年4月13日写给本书发行人的书面材料。也请参阅莫德罗在《我原本是要建设一个新德国》一书对贝格霍费尔的评价，第428—429页。此外可参阅《我原本是要建设一个新德国》一书第272—285页。

方话题。在长达数小时的大会上，有人提出了澄清人事结论、尽快举行选举等要求，并且希望就自由旅行、环境态势、集会权益、经济改革以及在国民教育中去意识形态化等许多问题进行对话。每当出现回避问题或对答案不满意时，就会受到新的谴责，于是这个对话会开成了对统一社会党政权进行全面清算的大会，政府的代表们对浪潮般的问题应接不暇，最终不得不承诺党组织进行转折和向前推进。[①]

卡斯滕·蒂默根据其对民主德国亡国历史的相关研究，对公民运动组织与统一社会党代表之间那次史无前例的对话讨论作出了这样的断言：

德累斯顿的对话大会，依然是最大规模的此类活动。没有其他任何城市举办过10万人规模的公开讨论。从这个意义上讲，10月26日的大会标志着德累斯顿运动特殊进程中的高峰。德累斯顿态势发展的独特之处，首先在于它在时间上早于民主德国的其他城市；从系统性上看，此会早于上述城市事态的发展。[②]

1989年10月7日确实在普劳恩召开过第一个大规模群众性示威抗议大会，11月4日则在柏林亚历山大广场上召开过民主德国革命之秋最大规模的集会。但是，这两个大会都没有向观众提供德累斯顿那样与政党大员和国家高官进行讨论的可能性。

---

① 参阅卡斯滕·蒂默所著《从崛起到变革——民主德国1989年的公民运动》(《对历史科学的批判性研究》第142卷)，2000年出版于哥廷根，第249页。
② 参阅卡斯滕·蒂默所著《从崛起到变革——民主德国1989年的公民运动》(《对历史科学的批判性研究》第142卷)，2000年出版于哥廷根，第249页。

6. "戈尔比"效应与民主德国骚乱的恶化

戈尔巴乔夫于 1989 年 6 月 12 日—14 日访问了联邦德国,并在 13 日与联邦德国签署了《共同声明》。苏联在声明中强调:"每个国家都有自由选择本国政治与社会制度的权利。"听上去似乎在暗示民主德国已进入解体进程。自 1989 年秋天开始,莫斯科显然已经拿不出来针对东德国家的替代计划,已经无法使其迈向一个人道的、现代化的、向世界开放的社会主义。当民主德国 1990 年 1 月和 2 月逐渐病入膏肓时,戈尔巴乔夫冷漠地坐视事态继续发展。他在 1989 年 10 月访问东柏林、参加共和国 40 周年庆典时发出的不要错过改革时机的警告时,统一社会党的水泥脑袋们听而不闻、置之不理。民主德国拒不采取必要变革的时间太久了,其社会主义已经不再具有在科技领域中的国际竞争能力。

自 1975 年 8 月 1 日欧安会在赫尔辛基签署《最后文件》以来的缓和政策,以及后来的数次欧安会续会,尤其是在维也纳续会(1986—1989)谈判了公民权利和旅行自由之后,各种问题日益严重:社会主义内部的骄矜自大,苏联在阿富汗的势力扩充,社会主义在世界经济全球化时代的竞争条件下维持发展步伐的无能为力,意识形态潜移默化的腐蚀作用,各种偷漏税经济活动与公民社会(妇女组织、环保组织、和平机构)的出现,以及不断增长的外国债务等,形成了巨大的问题堰塞。[①]

在戈尔巴乔夫 1989 年 10 月对民主德国进行国事访问时,东德人出于巨大希望和强烈绝望,恳切地呼喊着"戈尔比,戈尔比!"以及"戈尔比,

---

① 参阅米歇尔·盖勒所撰写的《革命的光辉与痛苦——从 2001 年和 2011 年的视角回顾 1989 年的中东欧沦亡》,收录于 Michael Corsten、米歇尔·盖勒、Marianne Kneuer(发行人)所著《世界历史的重大转折——1989—2001—2011》(希尔德斯海姆大学丛书第 31 卷),2016 年出版于希尔德斯海姆、苏黎世、纽约,第 37—65 页。

请帮助我们！"的口号。已经因重病和手术而面容憔悴的昂纳克，在1989年10月的上半月很可能已经预料到自己政治生涯的终点了，然而，围绕在他身边的那些年迈的民德当权者，太晚才意识到党和国家的改革需求。一切都处于僵化和瘫痪状态。在他的任命下，埃贡·克伦茨自1984年起就已成为位居昂纳克之后的第二位最强有力的人物。克伦茨自1983年起成为统一社会党中央最年轻的政治局委员以及负责安全问题、国家与法律问题、青年、体育的书记处书记，并且早就被奉为"王储"了。他在1989年10月18日成为昂纳克的后任[1]，在转折时期不过只是在口头修辞上改变过路线，并且得以短时间导演过"对话"文化。革命大势滚滚向前，已经无法阻滞。[2]

莫德罗试图在中央会议上当着代表的面向"来自党内的真相"进行批判性反驳，但是被维尔纳·克罗利可夫斯基和海因茨·凯斯勒打断。他接着喊道："未来主席团内不应该垄断真理，必须倾听其他意见。"[3]当时，很多人不能够、也不愿意立即选边表态。正因为如此，共和国大街上的压力越来越大。在普劳恩、德累斯顿和东柏林，民德公民以及统一社会党那些心灰意冷的追随者、党员和干部纷纷上街游行要求变革。莫德罗尽管收到了出席建国40周年庆典的邀请，但他还是留在了德累斯顿，为的是在现场关注局势发展——尤其是之后的10月5日、6日和7日的夜间。1989年10月16日，贝格霍费尔和莫德罗与"20人小组"就其政治要求进行了谈判。[4]

---

① 参阅莫德罗所著《起点与终点》第21页："威利·施多夫建议埃贡·克伦茨接任昂纳克的所有职务。对此，要求我们不要进行讨论。"第22页："他（施多夫）建议克伦茨接任。没有讨论，也没有人提问。所有人都对这一人事更替感到满意。"
② 参阅 Hans-Hermann Hertle 所撰写的《东德的十月革命》一文，收录于 Mueller、Gehler、Suppan（发行人）所著《革命》，第113—135页。
③ 参阅莫德罗所著《起点与终点》，第22页。
④ 参阅本书《汉斯·莫德罗——在历史大环境中的生活大事记》原文第458—459页。

7. 全面掌握绝对权力的短暂演员埃贡·克伦茨

新当选为统一社会党中央总书记和国务委员会主席的埃贡·克伦茨，在1989年秋天已经看出，政治局没有危机处置的能力。他最终因为缺乏政治领导经验和资历而告失败。此外，他早就已经开始寻找民主德国经济困境和政治威信丧失的替罪羊。克伦茨在职仅仅50天，旋即于12月6日宣布"辞职"。莫德罗和曾经与统一社会党组成"民主执政联盟"的其他4个政党的主席，于一天之前要求他辞去国家元首职务。① 对克伦茨来说，在人民议院内争取多数支持的可能性根本就不存在。他对此表示理解，并声明辞去国务委员会主席职务。②

与克伦茨相比，莫德罗更加睿智，言辞更加灵活巧妙，应对政治危机的经验更多一些，也更加坦诚。在昂纳克1989年10月18日宣布"辞职"之后，莫德罗进入政治局，踏上了政党政治舞台和国家政治的指挥舰桥。在11月9日召开的统一社会党中央第十次代表大会上，他以清晰易懂的方式报告了他的想法：

> ……目前局势的畸形发展，对态势的错误判断，粉饰错误和再犯错误，这一系列问题带来了严重后果和压力。……原本早就有必要实施转折，但是机会已经错失。现在我们虽然已经宣布转折，但是我们党迄今不愿意旗帜鲜明、态度坚决地站到前沿去。……③

---

① 参阅埃贡·克伦茨所著《1989年的秋天——一本现实的答记者问》，2014年出版于柏林，第440—441页。

② 参阅莫德罗所著《从什末林到斯特拉斯堡》，第124页。

③ 参阅民社党中央档案馆工人运动研究所文件 J IV 2/1/589-59ch N 2541/61；参阅汉斯·莫德罗所著《我原本是要建设一个新德国》，1998年出版于柏林，第324—328页。

在这次会议上，中央委员们批准了——没有反对票——克伦茨提交表决的、由格哈德·劳特尔①起草的出境旅行规定。当天晚上，京特·萨博夫斯基以负责宣传事务的书记身份在国际媒体招待会上因"误解"而宣布："据我所知，此规定立即、毫不迟疑地生效。"②这一"口误"导致东部通往西部的边境哨卡迫不得已提前打开。这一旅行自由的决议，既不是基于施多夫政府的部长会议决议，也不是依据宪法规定应当经由人民议院会商后作出的决定。③没有问过苏联领导人，更不用说什么请教了，所以他们对这一步骤感到十分吃惊和恼火。

1989年的11月比以往任何时候都更加混乱，在社会、经济和政治上出现了戏剧性的根本变革：党政和经济领导岗位的最重要统治者们，包括他们执行的带有共产主义统治体制典型特色的干部政策，受到了重击，最终摇摇欲坠。在旅行规定方面半心半意的修正路线之举，来得实在太晚了，在充斥风险的同时也为和平非暴力过渡带来了被利用的可能性。

11月9日，许多边境口岸打开了关卡。人们潮水般通过了边界"死亡地

① 1989年10月24日，克伦茨在政治局会议上委托起草一份旅行法。10月31日，提交了一份草案。但是，当这份草案于11月6日公布后，遭到民众的拒绝，理由是有关规定不可接受。于是，草案再次送交修改：民主德国内务部护照与申报总局局长格哈德·劳特尔以及戈特哈德·胡布里希少将、汉斯 - 约阿希姆·克吕格尔上校和乌多·莱梅上校于11月9日早晨在劳特尔的办公室修改有关"经常性出境"的规定。规定中增加了一项条款，从而作为未来开放边境的基础："因私出国旅行可以不必填写前提条件的表格（注释：旅行理由和亲戚关系）将在短时间内予以批准。只有在特殊的例外情况下才会拒绝批准。"这一条款是由格哈德·劳特尔提议的。条款还规定："应向民主德国各县人民警察局有关护照与申报事务各科发出指示，必须立即发放经常性出境旅行的签证，不必再要求提供经常性出境旅行的现行规定的前提条件。……经常性出境旅行可以在民主德国与联邦德国以及西柏林之间的所有关卡通行。"
② 参阅 Hans-Hermann Hertle 所著《墙倒编年史》，2006年柏林第10版，第145页。
③ 按照流程，新的旅行规定应在1989年11月9日晚上19时之前经过民主德国所有44个部的同意。但在交给京特·萨博夫斯基时，还没有超出法定申诉期。同样，部长会议的所有成员还没有全部同意。媒体声明的解密期——次日凌晨4时——标注在新闻稿的第二页，孤零零的只有一句话。萨博夫斯基在记者招待会上单单没有宣读这句话——不知是故意而为还是并不知情。他没有参加那次政治局会议，文件夹是埃贡·克伦茨在走廊上交给他的。

带"，毫无阻拦地涌向西方。看上去不可逾越的柏林墙，最终被从东部向西部推开了。大多数民德群众又被召回了东德，谱写了世界历史。[①]

在11月9日晚间险象迭出的事态中，克伦茨以听之任之的态度扮演了一个关键性的角色。他似乎曾经试图引导一次"转折"，但是他被民众视为不再可信。大多数人以公开示威方式对其表达拒绝，因为他身兼党政军数职，显然难以实施根本性的体制政策转折，充其量只是政党政策改变而已。此时的克伦茨是民主德国最强有力的人物：统一社会党中央总书记、政治局领导、国务委员会主席、国防委员会主席、民主德国人民议院代表。联邦德国总理赫尔穆特·科尔早在1982年就在展望西德新政策时谈到了"精神道德上的转折"[②]，但是，克伦茨对此却置之不理。

11月9日—10日的夜间，东德边防机构之所以没有出现使用镇压措施，依据的是克伦茨"同志"下达的10/89号以及11/89号命令，即不得向示威者以及逃亡者使用射击武器。早在1989年4月3日，昂纳克及其政治局就已经向边防机构发出了不公开的内部指示，着令取消1973年颁发的针对"共和国逃亡者"的射击武器使用规定。起因是1989年2月5日—6日夜间击毙了克里斯·格弗罗伊（Chris Gueffroy），这是柏林墙边界最后一位死亡者。所谓的取消"射击命令"，从来没有被公开承认过，因而引起长期争议，但是它很可能确实存在过。

---

① 此为萨克森州议会主席马蒂亚斯·勒斯勒尔2017年10月3日的讲话节录，收录于萨克森州议会文件汇集第64册：《2017年10月3日德国统一日庆典》欢迎致辞，2017年德累斯顿，第7页。有关这一历史性的日子，请参阅 Hans-Hermann Hertle 所著《柏林墙的倒塌——统一社会党国家无意间的自身解体》，1999年奥普拉登、威斯巴登发行第2版；参阅同一作者所著《柏林墙编年史——1989年11月9日的戏剧性事件》，2009年出版于柏林；参阅同一作者所著《柏林墙倒塌之日——最重要的目击者叙述1989年11月9日》，2009年出版于柏林。
② 民主德国总理奥托·格罗提渥1958年在谈及1949年共和国成立的成就时，也使用过"转折"这个词。

8. 政治过渡期的主持人：汉斯·莫德罗成为持续示威活动期间的危机管理者

在民主德国，越来越多民众参与的示威活动不断继续。1989 年 11 月 4 日在东柏林亚历山大广场举行的最大规模示威集会，已经摆脱政党政治和国家的控制，从而产生了一个不容忽视的信号效应。莫德罗这样描述这一时刻：“这是终结，同时也是开端。”[①] 他继续叙述道：“关于政府首脑问题，人民议院作出了决议，即提议我当选总理，并委托我组成政府。”[②]

1989 年 11 月 13 日，他在第十一届人民议院的代表无记名投票中，接替威利·施多夫当选民主德国新总理，唯一一张反对票来自玛尔戈特·昂纳克（昂纳克总书记的夫人，1927 年 4 月 17 日生于德国哈勒，2016 年 5 月 6 日卒于智利圣地亚哥。1963—1989 年担任民主德国国民教育部长。东德沦亡后，她随丈夫逃亡莫斯科，后被引渡回德国。1992 年，她向智利政府提出避难申请，之后一直生活在圣地亚哥郊区，直到去世。——译者）。候选人的旋转木马其实早就已经开转了：施多夫因为与老干部体制和政治体制渊源太深、来自党内的和大街上的压力太大而不再适合继续担任总理。西格弗里德·洛伦茨（时任统一社会党中央政治局委员、卡尔·马克思城专区党委第一书记——译者）、沃尔夫冈·容克尔以及亚历山大·沙尔克－戈罗德科夫斯基（东德时期负责与西方国家从事秘密贸易的特殊官员，对外职务是外贸部商务协调总局局长，同时有国家安全部上校军衔。——译者）都拒绝接任。莫

---

① 参阅汉斯·莫德罗在《1998 年 11 月 30 日在沃尔夫冈·乌尔曼 70 岁生日纪念文集》中的讲话稿，档案号是 BArch N 2541/149。
② 参阅莫德罗所著《起点与终点》，第 29 页。

德罗是第四人选，但他表示愿意担负这一责任。[①]

11月17日，他率领28名男女部长向公众展示了一个瘦身的内阁：16名部长来自统一社会党，12名部长来自其他各联盟党，比施多夫内阁少了8名部长。他在第一份政府声明中提出了扩大与联邦德国关系等建议。莫德罗在与苏联政府协调后提议，将现有的"责任共同体"改建为"条约共同体"——这是在国家法与国际法上均不明晰的一个概念。[②]莫德罗以此拒绝了"重新统一"。这位思想开通、意欲改革的社会主义者，初衷是卸除旧的负担，彻底革新、重新塑造德意志土地上的社会主义。

在统一社会党一如既往占据着各个核心部门的东德新政府，如今试图通过与西方广泛开展国际合作来确保其改革路线。1989年11月17日，东德作出了决议，与欧共体签署一个超越纯粹贸易协议的合作协定。[③]

莫德罗政府以此举继续对统一的想法作出了间接的否定。

对科尔总理来说，莫德罗对民主德国改革的表态和承诺过于含混不清，因为统一社会党尚未放弃自己的领导要求。[④]作为回应，科尔坚定地、专横地于1989年11月28日在西德联邦议院展示了他的《克服德国与欧洲分裂的十点计划》，其暗示的终极目标是两德统一。[⑤]他利用莫德罗11月17日提出的基于"邦联基础"之"条约共同体"的想法，加以扩展发挥，谈到了"邦联

---

① 参阅汉斯·莫德罗所撰写的《民主德国的终结——论一种社会主义模式内部爆炸的起因与缘由》一文，收录于《www.Sozialismus.de》杂志2008年第5期，第57—63页，此处摘自第58页ff。可查阅http://www.die-linke-hamburg.de/fileadmin/IPB/Sozialismus_05_2008_Modrow.pdf（检索时间为2017年2月5日）。

② 参阅维尔纳·魏登费尔德所著《为了德国统一的外交政策——1989—1990关键年》（《德国统一史》第4卷），1998年出版于斯图加特，第76页。

③ 参阅维尔纳·魏登费尔德所著《为了德国统一的外交政策——1989—1990关键年》（《德国统一史》第4卷），1998年出版于斯图加特，第396页。

④ 参阅维尔纳·魏登费尔德所著《为了德国统一的外交政策——1989—1990关键年》（《德国统一史》第4卷），1998年出版于斯图加特，第77页。

⑤ 参阅Hans Peter Schwarz所著《赫尔穆特·科尔——一部政治传记》，出版于慕尼黑，第532—533页。

体制"。①

这种德国政策的相互关联——双向互动——值得关注。苏联派往波恩的密使尼古拉·波图加洛夫，在11月21日的试探性会议上以他的方式为科尔的倡议定了调。不仅如此，莫德罗也在此前对这一政策互动作出了第一次推动。②

科尔知道，他现在不能再裹足不前、默不作声了。

在莫德罗执政期间，国家安全部没有取消，而是降格为"国家安全局（Amt für Nationale Sicherheit）"——在老百姓口中改称为"纳西（Nasi）"〔原国家安全部（Ministerium Für Staatssicherheit）被简称为"斯塔西（Stasi）"——译者〕。在那些公民权利运动的批评者看来，此举不过是换个标签而已，换汤不换药。于是，很快就酝酿着改名"宪法保卫局"或"情报局"——有意识地模仿西德的机构名称。国家安全部与国防部的档案，实际上被用粉碎机或曰大面积覆盖的"碎布机行动"搞得大部分面目全非，甚至大部分被销毁。

这些行为是莫德罗执政时期的关键性错误吗？在谈及继续保留国家安全机构问题时，东德亡国的一个时代目击者、神学家里夏德·施罗德依据他掌握的一份备忘录，透露了莫德罗在国家安全部进行到任拜会时的一段内部讲话：

> 他在那里说："我在你们这里可以自由地讲话，但是在中央委员会已经不再可能这样讲话了。"……他接着说："斯塔西必须大幅削减。疗养院必须清理掉。非正式工作人员网不能触碰，必须完好无损地予以保留。"总之，莫德罗认为，必须清除奢侈之风，斯塔西必须限制在

---

① 参阅维尔纳·魏登费尔德所著《为了德国统一的外交政策——1989—1990关键年》，第107页。
② 参阅维尔纳·魏登费尔德所著《为了德国统一的外交政策——1989—1990关键年》，第107页；并参阅莫德罗所著《我原本是要建设一个新德国》，第348页。

非正式工作人员网的范围内。这是莫德罗对他们的要求。因此,他在自己权限范围内进行尝试,首先更名为国家安全局,接着试图建立宪法保卫局。突然一下子改用西德机构的称谓,为的是隐晦委婉地表述,一个国家是需要一个情报机构的。在1989年秋季的此时此刻,就连整体人事稳定性"实际上"都已经不能保障的情况下,自然不可能建立一个情报部门。……斯塔西正在提供一大批小额贷款,以保障一些部属经济上能够自立谋生。……事实是,在德梅齐埃政府执政下已经不能保持国家安全部门的合法后续组织了。安全部被解散了。①

施罗德透露的情况说明,莫德罗政策处于进退两难的境地。像如此人事臃肿的建筑楼群中的东德国家安全部,在国家毁灭的那个时刻索性予以解散,如今回头来观察似乎比较简单,毋庸多加讨论。但是,在那前景不明的历史阶段,却很难加以实现。基本可以断定,莫德罗当时确实打算保留斯塔西,并不想把它整垮。②

当被问及是否知道关于他自己在斯塔西的档案时,他的回答是否定的:

> 我只看到自己的党组织档案。那里面没有什么内容。我的安全部档案,显然已经被苏联军事侦察部门接管了。在德累斯顿,曾经驻扎着苏军第一近卫坦克师,那里当然安插着一个巨大的军事反间谍科。仅仅由于我与苏联人的接触,莫斯科就显然有理由接管我的档案。③

对斯塔西档案材料的清除、模糊化处理和销毁,后来成为莫德罗被指责

---

① 参阅《对发行人里夏德·施罗德教授博士的采访记》,2018年4月16日于希尔德斯海姆。
② 参阅 Hubertus Knabe 所著《关于左翼党的真相》,2010年出版于柏林,第106—133页,此处分别见第124、127页。
③ 参阅《并非漂流的木头——汉斯-迪特尔·许特与汉斯·莫德罗的谈话》,收录于汉斯·莫德罗所著《我原本是要建设一个新德国》一书,1998年出版于柏林,第20页。

的罪状。[①] 不管怎么说，他曾经为新建宪法保卫局和情报局开了一个小小的后门。[②] 莫德罗政府的这一（错误）决策随即成为批评的题材。在回顾这段历史时，他承认"没有立即开始解散整个安全部是一个错误。当然，采取这一步骤并不能改变历史，但是政府却可以更快地有效发现问题"[③]。在问及1998年采访他时的一个问题，即他是否能够指出自己所犯的最大错误是什么时，他采取了顾左右而言他的态度，最终则作了这样的解释：

> 也许我的政府在1989—1990年的冬天做得太少，没有在加入联邦德国的道路上通过法律对民主德国公民的权益作出足够的保障。当时的时间流逝得很快，我们也缺乏力量和行动的意愿。[④]

对莫德罗来说，德累斯顿自1989年11月以来已经不是他的主要行动区域。在1990年1月底之前，莫德罗住在东柏林的一个政府宾馆里。该宾馆在名叫约翰内斯小区里，位于弗里德里希城市文化宫（Friedrichstadt-Palast）

[①] 参阅克利斯蒂安·容克所著《失败者的历史·1989年后统一社会党高级官员的历史反思》，2007年出版于海德堡，第203页中写道："民权主义者对诺曼能大街的占领行动倾向于并无恶意，但是被划分为'混乱无序的骚动'级别。统一社会党-民社党、斯塔西官员和民主德国政府中的不安，则含有完全不同的性质。几个星期以来，在安全部的大楼内正在持续销毁那些无法见光的档案，为的是未来能穿一件纯净的夹克。当时还笼罩着一种莫名的恐惧，担心敌方情报机构占领安全部建筑群的一部分大楼，从而得以获取有关东德驻外间谍的情况。因此，直至1990年1月的口号始终是'争取时间'。"

[②] 参阅莫德罗所著《起点与终点》第36页："1989年12月，圆桌会议要求撤销国家安全局。起初，我以一个建议回应这一要求，即成立两个与联邦德国类似的机构——宪法保卫局和民主德国情报局。……政府采取了相应的行动。我在人民议院第十四次会议上（1990年1月11日—12日）发表声明称：解散国家安全局，从而废除了所有老的体制。在5月6日之前——当时这还是人民议院重新选举的日期——将不会组成宪法保卫局。"

[③] 参阅莫德罗所著《起点与终点》，第36页；对莫德罗针对斯塔西的态度持十分批评立场的文献，参阅 Hubertus Knabe 所著《关于左翼党的真相》，第93页。

[④] 参阅《并非漂流的木头——汉斯-迪特尔·许特与汉斯·莫德罗的谈话》，收录于汉斯·莫德罗所著《我原本是要建设一个新德国》一书，1998年出版于柏林，第11页。

后面。他住在一套公寓房内，直到 1 月底才搬出这个萨克森风格的闹市区。他每天工作时间最长可达 15 小时，安排各种日程活动，阅读很多文件，口述信件，起草讲话稿，出席无数招待会，参加讨论和会议以及人民议院的大会。一些政府部门领导来拜访他，商议有关两德关系的新政治路线。他觉察到了国际方面反对出现一个扩大的新德国的各种想法。莫德罗试图利用国际接受度的消极影响贯彻其利益。他有针对性地警示德意志民族主义和右翼极端主义的危险，许多观察家认为他的说法有些过分，但是却不宜明确指出。来自法国、意大利、荷兰和英国等 11 个欧共体的外交界和政界代表，尤其秉持观望和拒绝的态度，对两德关系变化之无法预测的进程表示担忧。意大利总理朱利奥·安德烈奥蒂公开表达了拒绝态度，荷兰政府首脑吕德·吕贝尔斯在欧共体 12 国框架内持有保留态度，法国总统弗朗索瓦·密特朗试图迟滞态势的发展。而那位英国女首相则固执地试图抵挡事态的走向，直至她最终实际上陷入了自我孤立状态。[1] 密特朗在 1989 年之前圣诞节对东柏林进行国事访问时，向莫德罗强调了他的坚定看法："大多数民主德国人民"希望实现民主革新，"但是并不是改变现行的内部国家秩序"。密特朗认为统一并非紧

---

① 参阅有关欧洲各国对德国统一反应的文章：Tilo Schabert 写的关于法国（密特朗）立场，Deborah Cuccia 关于意大利（安德烈奥蒂）立场，Jan van der Harst 和 Anjo Harryvan 关于荷兰（吕贝尔斯）立场，Hinnerk Meyer 关于英国（撒切尔）立场，均收录于 Gehler、Graf（发行人）所著《欧洲与德国统一》。也请参阅 Ulrich Lappenküpe 所著《密特朗与德国——解开斯芬克斯之谜》，2011 年出版于慕尼黑；Maurice Vaïsse、Christian Wenkel（发行人）所著 La diplomatie française face à l'unification allemande. D'après des archives inédites，2011 年出版于巴黎；Michèle Weinachter（发行人）所著 L'Est et l'Ouestface à la chute du mur. Question de Perspective，2013 年出版于 Cergy Pontoise；Anne Kwaschik、Ulrich Pfeil（发行人）所著《德法关系中的东德》，2013 年等年份出版于美因河畔法兰克福；Ulrich Lappenküper 所撰写的《Le plus germanophile des chefs d'Etat français——弗朗索瓦·密特朗与德国（1916—1996）》一文，收录于《历史杂志》2013 年第 297 号，第 390—416 页；Ulrich Pfeil 所撰写的《刹车人还是拓路人？——法国与德国统一（1989—1990）》一文，收录于《科学史与课程（67）》（2016）1/2，第 23—38 页。

迫事务。[①]

作为新当选的政治局委员，莫德罗得以看到了那份《许雷尔报告》。这份报告以经济专家格哈德·许雷尔的姓氏命名，他的文章论证了民主德国经济形势毫无出路的严重状态，外汇政策方面尤其糟糕。克伦茨早在1989年10月24日就要求波恩提供5亿西德马克，但是未能如愿。统一社会党的党员们成群结队地退党而去。1989年12月1日，该党的领导权力被从民主德国宪法中删除。1989年11月3日，统一社会党政治局和中央委员会集体辞职。许多干部被开除出党或以"损害人民财产罪"的罪名被逮捕。[②]

人们有时似乎已经忘记，正是莫德罗其人有意识地与那个统一社会党 / 国家党的统治垄断、权力垄断、解释权垄断和真理垄断作了决裂。这一决裂伴随着他的决定，即建立一个由所有政党组成的联合政府，并在1989年12月1日的人民议院全体大会上提交一份议案，要求删除民主德国宪法中的第一款，也就是以宪法形式确立统一社会党一党独大、确立其领导作用的那个条款。

莫德罗立即指挥以"私吞人民财产罪"的罪名缉捕外汇筹措者、前外贸部国务秘书兼商务协调总局（简称BKK或"KoKo"）局长亚历山大·沙尔克－戈罗德科夫斯基，并要求审查其黑箱作业的有关业务。"BKK"机构的多层重叠以及外贸、经济、情报混合掺杂的特点，构成了在仍然保存的民主德国机

---

① 参阅《密特朗 - 莫德罗实现会晤：密特朗在德国（快速）统一问题上持刹车、批评和阻碍立场》一文，见维尔纳·魏登费尔德所著《为了德国统一的外交政策——1989—1990关键年》（《德国统一史》第4卷），1998年出版于斯图加特，第624页；参阅 Ulrich Lappenküper 所著《密特朗与德国——解开斯芬克斯之谜》，2011年出版于慕尼黑，第273—277页，此处见342页（原文如此——译者）；参阅第35号文献《莫德罗总理与密特朗总统1989年12月21日在东柏林的谈话》，见 Heike Amos、Tim Geiger（修改）所著《统一·联邦德国外交部、民主德国外交部与二加四进程》，受慕尼黑 - 柏林当代史研究所委托而出版，撰稿人为 Horst Möller、Ilse Dorothee Pautsch、Gregor Schöllgen、Hermann Wenker 和 Andreas Wirsching，2015年出版于哥廷根，第191—196页；参阅本书《与汉斯·莫德罗的谈话》原文第244—246页。
② 参阅本书《汉斯·莫德罗——在历史大环境中的生活大事记》原文第463—464页。

构之间无数冲突的缘由。

时值 1989 年秋天，莫德罗究竟还有多少可供行动与塑造的回旋余地？答案很明显：他在 1989 年 11 月 13 日担负政府责任起，迫于街头示威者的压力，不得不马不停蹄地拉车，最终还要承受所有后果。他远远无暇主动行为，更多的只是被动作为。受到时局条件的限制，面对西德的政治影响措施和媒体干预压力，他实际上并没有多少权力。然而在 1989 年 12 月间，莫德罗还是克服种种障碍和阻力，努力减少对社会主义的损害程度。直到 1990 年 1 月间，他仍然感受到形势的紧迫感，为了东德的国家利益而作出了越来越多的努力。但是越来越严峻的态势是，通往苏联的纽带正在逐渐地崩裂：自 1922 年 12 月 30 日建立的苏维埃社会主义共和国联盟，在 1989 年已经清晰地显露出解体的迹象，面临着一场内部爆炸，而苏联于 1991 年 12 月 21 日的解体，则成为它在全世界面前的最后谢幕。①

中欧的时代转折，早在波兰②和匈牙利③发生革命性事件时就已开端。匈牙利和奥地利边界"铁幕"的打开，发出了欧洲大陆中部冷战结束的最后一

---

① 综合参阅以下著作：Helmut Altrichter 所著《1989 年的俄罗斯——苏联帝国的沦亡》，2009 年出版于慕尼黑；Jacques-Henry Lévesque 所著 The enigma of 1989. The USSR and the liberation of Eastern Europe，1997 年出版于贝克利；Archie Brown 所著 The Gorbachev factor，1996 年出版于牛津；Hanns Jürgen Küsters（出版人）所发行的《苏维埃帝国的解体和德国的重新统一》，2016 年出版于科隆、魏玛、维也纳。
② 参阅 Klaus Bachmann 所撰写的 Poland 1989：The Constrained Revolution 一文，收录于 Mueller、Gehler、Suppan（发行人）所著《革命》，第 47—75 页。
③ 参阅 Andreas Schmidt-Schweizer 所撰写的《匈牙利的政治转型进程和社会主义掌权者们："从内部"发生的体制更替》一文，收录于 Detlef Pollack、Jan Wielgohs（发行人）所著《当事人和受益者？1989 年中东欧国家政权崩溃时的民主反对派》，2010 年出版于威斯巴登，第 231—239 页。

个信号。[1]

拥有无限权力的"斯塔西",以及国家人民军进行军事干预的危险,或苏联驻军进行干涉的危险,在东德许多人看来依然存在——即使在 10 月 9 日莱比锡大规模星期一游行集会之后仍旧存在,虽然统一社会党上层已经放弃了军事手段,而戈尔巴乔夫则对此类事件没有发出任何信号。1953 年 6 月 17 日柏林骚乱事件的历史回忆,自然而然地使东德民众产生了恐惧,导致他们在游行和集会时采取了比较有秩序的、收敛的行为。在特殊环境下,一点火星就可能引发事态失控。在东德建国期间和建国之后的持续逃亡尝试,1953 年 6 月 17 日骚乱之后的迫害,1956 年匈牙利的人民起义,1961 年的柏林墙建立,1968 年"布拉格之春"的被镇压,1981 年波兰宣布战争法案,以及团结工会运动被镇压,凡此种种当代事件全部成为在东德人脑海中打下深深烙印的集体记忆。这一切,在莫德罗政府执政下不再发生,而捷克斯洛伐克的警察却在殴打大学生示威人群[2],罗马尼亚正以非法暴力导致数千人死亡[3],南斯拉夫则正陷于大开杀戒、种族屠杀的内战之中。

---

① 参阅 Andreas Oplatka 所著《铁幕撕开——匈牙利是拓路人》,1990 年出版于苏黎世;Idem 所撰写的 *Hungary 1989: Renunciation of Power and Power-Sharing* 一文,收录于 Mueller、Gehler、Suppan(发行人)所著《革命》,第 77—91 页;Andreas Schmidt-Schweizer 所撰写的《匈牙利 1989 年夏天为东德公民打开西部边界——历史前奏、背景和结局》一文,收录于《东南欧报告第 37 卷(1997 年)》第 1 册,第 33—53 页;同一作者撰写的《1987—1989 年拆除铁幕的动机和前戏》一文,收录于 Peter Haslinger(发行人)所发行的《脑袋中的边界》,1999 年出版于美因河畔法兰克福、柏林、伯尔尼,第 127—139 页。

② 参阅 Milan Otáhal 所撰写的《"天鹅绒"革命——没有其他选项》一文,收录于 Uwe Thaysen、Hans Micheal Kloth(发行人)所著《代表性带来转变,转变带来代表性——匈牙利、波兰、捷克斯洛伐克和前东德议会民主的产生和塑造》,1992 年出版于巴登 - 巴登,第 125—130 页;参阅 Jiri Suk 所撰写的 *Czechoslovakia in 1989: Causes, Results, and Conceptual Changes* 一文,收录于 Mueller、Gehler、Suppan(发行人)所著《革命》,第 137—160 页。

③ 参阅 Anneli Ute Gabaniyi 所撰写的《未完成的革命——位于专制与民主之间的罗马尼亚》一文,收录于《罗马尼亚的体制更替——从革命到转型》(《东南欧当代信息调查》第 35 卷),1998 年出版于慕尼黑;参阅同一作者撰写的 *The Romanian Revolution*,收录于 Mueller、Gehler、Suppan(发行人)所著《革命》,第 199—220 页。

作为和平过渡时期的主持人，对莫德罗的角色判断至今仍有关注和讨论的价值：1989 年底 1990 年初的东德政治局势颇不明朗；国家人民军内部不安，军人纷纷要求军事改革和增加军饷；东德民众与多达 6 位数的驻德苏军军人之间的关系蕴含着不确定性；人民议院提前大选引发的竞选斗争，使得政治局势不断激化；继续蔓延的出国浪潮，体现了国民仍然在用脚丫子表达对时局的不满；国家行政管理机构出现了被侵蚀的趋势——在这一紧张的特殊形势下，受到民众高度认可与爱戴的莫德罗成为安抚和软化局势的希望承载者，并且作出了重要的贡献，从而能够以相对而言非暴力的、和平的方式从一种政治制度过渡到了另一种政治制度。1989 年 12 月 19 日—21 日所做的一次民意测验表明，莫德罗在东德享有的同情度达到 58.9%，而新改名的统一社会党 - 民主社会主义党的领导人只享有 34% 的支持率。即使在西德总理访问德累斯顿时，仍然有 51.2% 被询问的东德公民认为莫德罗能够掌控"不断变化的进程"。[①]直至 1990 年 1 月中旬开始，形势才发生变化，而且几乎无法逆转。但是，在肯定广大民众富有责任心的历史行为时，也应当感谢莫德罗政府的富有责任心的历史行为。

9. 奥地利可以作为保持东德行动自由并维持民主德国的示范与希望之国吗？

在德国当代历史的书本中，有一章鲜为人知，却又并非无关紧要，那就是东柏林与维也纳之间关系的一段编织网。对汉斯·莫德罗来说，奥地利在 1989 年 11 月—1990 年 1 月扮演着一个特殊角色。这位民主德国部长会议主

---

① 参阅 Gabriele Lindner 所撰写的《和平革命与莫德罗政府》，此文系 2009 年 11 月 17 日在柏林举办的"莫德罗政府 20 周年"罗莎·卢森堡基金会研讨会上的发言稿。https://www.rosalux.de/publikationen/id/3520/die-friedliche-revolution-und-die-Modrow-Regierung（检索时间为 2018 年 1 月 8 日）。

席迄今仍然非常愉快地回忆起 1989 年 11 月 24 日与奥地利总理弗兰茨·弗拉尼茨基在东柏林的会面。无论在外界看来给人的第一印象有多么出人意料，但是此访动摇了两国关系迄今为止的延续性。自 20 世纪 70 年代以来，奥地利始终在经济上支持东德，例如曾经通过合并后的奥地利 VÖEST 钢铁厂向东德的艾森许滕施塔特出售了一个现代化的钢厂。对东西方贸易统筹委员会禁售清单范围内的美国禁运规定，维也纳的执行并不十分认真。[①]

曾经担任奥地利州银行行长的弗拉尼茨基，并非不认识贸易"乐谱"上的"红色休止符"——正如女企业家鲁道菲妮·施泰因德林[②] 所指出的那样。1959—1969 年，她是奥地利共产党党员、企业家，同时也是该党财产管理人员，同时还兼管东德的资金。1978 年，她以托管形式接受了 Novum 公司的一半份额，并在东德代理 VÖEST 或 Steyr Daimler Puch 等公司，从而成为奥地利与东德之间许多交流活动和所有重要交易的关键人物。

两国之间尽管在体制政治上有着巨大区别，但在不同领域有着共同的经济利益。[③]一方面是意识形态的差异，另一方面是经济利益的趋同，二者并不互相排斥，而共同的经济愿望则为资本主义者与社会主义者之间的合作作出了贡献。

在中东欧政治剧变、两德关系发展的进程中，弗拉尼茨基巧妙地采取了等距离外交和静观其变的政策："因为没有人能够真正预见到局势会有什么

[①]　有关这一话题的整体背景，请参阅 Maximilian Graf 所撰写的具有导向意义的重要专著《奥地利与民主德国 1949—1990——德国分裂阴影下的政治和经济》，2016 年出版于维也纳。关于德国统一问题，见第 570—607 页。

[②]　参阅 Maximilian Graf 所撰写的《奥地利与东德的终结》一文，收录于盖勒、Graf（发行人）所著《欧洲与德国统一》，第 259—294 页，此处摘自第 289—290 页。并请参阅本书《与汉斯·莫德罗的谈话》原文第 292—293 页。

[③]　参阅 Stefan Gron 所著《东德的伙伴？——论奥地利与东德之间双边关系的发展》，2005 年出版于维也纳；Maximilian Graf 所撰写的《奥地利与东德的"消失"——在局势发展大背景下的东德感知》一文，收录于 Andrea Brait、米歇尔·盖勒（发行人）所著《1989 年打开边界——奥地利的内政与外交视角和后果》，2014 年出版于维也纳、科隆、魏玛，第 221—242 页。

新的发展，所以实际上没有人会摇摆不定。"[①] 作为这一基本立场的独特展示，他于 1989 年 11 月 24 日前往东柏林访问了莫德罗。访问期间，他也会见了公民权利者，并向民主德国总理发出了回访的邀请。莫德罗应邀于 1990 年 1 月 26 日回访了维也纳。弗拉尼茨基在回顾这段历史时强调，他事先与西德总理科尔协调过立场，以免对科尔的德国政策产生干扰因素；[②] 他从来没有推出过保留东德的政策——但是，其行为对外产生的效应和东德接收到的感应，则是相反的一面。莫德罗给弗拉尼茨基留下的印象是，莫德罗是想为两德关系输入新的方向。他的印象确实很准确。对一个以改革为定向的东德来说，奥地利确实一如既往颇有助益，有助于其从冷战的两大集团对峙格局中稍稍抽身出来。在莫德罗看来，维也纳是冷战期间能够与东德保持接触与谈判的一个处所。在维也纳举办的欧安会第三次续会（1986—1989）[③] 可以建立有助于削减担忧的气氛，尽管昂纳克采取一切手段向东德公民封锁这一人权场景。

---

① 参阅《弗兰茨·弗拉尼茨基与当代见证人的谈话》，收录于米歇尔·盖勒、Andrea Brait（发行人）所著《剧变时代的事件现场·1989 年前后政界与外交生涯回忆录》（《欧洲历史研究》第 17 卷第 3 分卷），2017 年出版于希尔德斯海姆、苏黎世、纽约，第 333—381 页。

② 弗拉尼茨基在回答奥地利《新闻报》记者采访时解释过，他在访问东柏林之前与科尔进行过协调。参阅《Olive Pink 对弗兰茨·弗拉尼茨基的采访录》："科尔说：我请你放心地去。"该文刊载于 2014 年 11 月 1/2 日的《星期日新闻报》第 4 页。弗拉尼茨基的回忆录中在提及莫德罗访问维也纳时强调了此次协调（见弗兰茨·弗拉尼茨基所著《政治回忆录》，2004 年出版于维也纳）。此外，鲍尔曾强调说，弗拉尼茨基的此访也受到了弗朗索瓦·密特朗的鼓励。参阅《时代见证人与弗里德里希·鲍尔的谈话》一文，收录于盖勒、Brait（发行人）所著《在事件现场》，第 159—183 页。鲍尔在这一文集中还指出，联邦德国对此访并没有作出反应；联邦总理府或外交部均未发出消极反馈。根据鲍尔透露，弗拉尼茨基后来接到德梅齐埃的邀请后，或许也想即使在两德统一之后仍然坚定延续其奥地利的一贯立场。

③ 关于欧安会后续会议，参阅 Matthias Peter、Hermann（发行人）所著《东西方冲突中的欧安会——国际政策与社会转型（1975—1990）》（这本每个季度发行的系列小册子有其特殊编号），2012 年出版于慕尼黑；关于维也纳续会，也请参阅 Stefan Lehne 所著 *The Vienna Meeting of the Conference on Security and Cooperation in Europe, 1986-1989. A Turning Point in East-West Relation*，1991 年出版于博尔德、旧金山、牛津；Hans-Heinrich Wrede 所著《维也纳欧安会——未来欧洲的路线协调》，1990 年出版于科隆。

汉斯·莫德罗当时认为，一个军事上保持中立的德国，对维护欧洲的政治平衡和安全政策上的稳定十分重要。对他来说，弗拉尼茨基是来自一个中立国家的伙伴，在外交政策方面拥有自由发展的空间，而这正是莫德罗所幻想的场景。与受到东方影响的民主德国旧外交政策不同，莫德罗希望在外交政策方面探索定向西方的更多可能性，而奥地利则可以提供理想的方式。然而时至1990年1月，这样的机遇越来越渺茫了。接近1月底时，莫德罗来到维也纳会见弗拉尼茨基，二人进行了单独会谈。对方此时甚至向他发出信号，如果他个人遇到麻烦时可以得到弗拉尼茨基的支持。[1] 幸好局势并没有那么糟糕。其间，东德的内政大变革已经完全压倒了外交政策的思考。

10. 经互会的解体，统一德国的"三步计划"和与戈尔巴乔夫打交道的清醒经验

同莫德罗谈话时，在最重要的若干话题中，有一个是他在1990年2月曝光的计划。该计划的目的是努力建设一个新的德国。这并不是健全的东德政府提出的动议，就连仍然在任的东德外交政策负责人奥斯卡·菲舍尔也已经不再直接参与这一工作了。莫德罗在其最紧密的顾问班子内，与副外长哈里·奥特及其助手卡尔-海因茨·阿诺尔德一起商定了这一动议。1989年12月4日，莫德罗在莫斯科第一次接触戈尔巴乔夫。在他的眼中，戈尔巴乔夫已经对摆脱困境显得很无助，对局势的前景已经无力展望。1990年1月9/10日，莫德罗在索菲亚察觉到了经互会面临最大危机、行将解体的征兆。由于苏联有着巨大的国际贷款需求，它已经不能以低于世界市场的价格向各个社会主义联盟"兄弟国家"提供原材料。贸易往来不再可能以卢布转账结算，

---

[1] 参阅本书《与汉斯·莫德罗的谈话》原文第291页。

而只能在美元和西德马克等可兑换货币的基础上进行结算。于是，仅仅与苏联一国的贸易就占到出口比例40%以上的东德，未来该如何清算就成了未定之数。如今，这些贸易不得不以美元或西德马克结算，而东德的外汇支付能力早已破产了，自然难以为继。[①]

在这样的背景下，莫德罗抓住德国政策动议的机会推出了他的"三步计划"。该计划得到了莫斯科长年派驻波恩的大使瓦连京·法林的护航和支持，也向苏联驻东柏林大使维亚切斯拉夫·科契马索夫作了透露。该计划所绑定的目标是，首先在欧洲框架内推动两个德国之间的对话。与此同时，要求四大占领国表明其意图，然后协调解决当前面临的问题。

在通往邦联的道路上，下一步将是两个德国分别声明其军事中立立场，也就是第三步计划。这一计划的具体工作，自1990年1月中旬刚刚开始启动。这棵柔弱的德国政治小幼苗，在东德内政动荡的疾风暴雨中飘摇不定。早在上一年11月17日莫德罗提出的建立两德"条约共同体"[②]思想的基础上，如今应当发展一种邦联关系。1989年11月21日，法林与克伦茨和莫德罗在柏林的苏联大使馆内确实进行过一次谈话。然而，法林当时并没有透露而此间已经得到证实的是：苏共中央外交系统的顾问谢尔盖·波图加洛夫此时正在波恩科尔总理的外交政策顾问霍斯特·特尔切克的办公室内，向波恩发出莫斯科愿意解决德国问题的信号。此举推动了"顽石"的滚动，从而

[①] 参阅汉斯·莫德罗所著《我原本是要建设一个新德国》，1998年出版于柏林，第402—406页。

[②] 汉斯·莫德罗于1989年11月13日当选民主德国部长会议新任主席。他在1989年11月17日的政府声明中提议，民主德国与联邦德国应当本着"高水平的睦邻关系"与"和平共处"的精神，建立一个"条约共同体"。莫德罗由此拒绝了建立国家统一的可能性。但是，嗣后并没有提出"条约共同体"的具体内容。参阅 https://www.chronikderwende.de/lexikon/glossar/glossar_jsp/key=vertragsgemeinschaft.html（检索时间为2017年1月8日）。

对科尔 11 月 28 日在联邦议院推出《十点纲领》作出了贡献。[①]令人深思的是，法林在东柏林正是本着这一精神对克伦茨和莫德罗指出，两德"条约共同体"不可能是最终的决定。[②]早在瓦尔特·乌布利希执政——时值 1957年[③]——就不排除建立邦联的可能性。不应当急于求成，但是在思考时不应当停滞不前。科尔把"条约共同体"的想法纳入了他 11 月 28 日提出的十点纲领中的第四点。在法林的鼓励下，莫德罗将这一思想作了进一步拓展，起草了他的"三步计划"。具体工作由民主德国前驻莫斯科大使和驻联合国代表奥特负责领导，与科契马索夫大使进行了商议。通过空中旅行，"莫德罗计划"的最终修改在莫斯科进行。[④]东德驻莫斯科大使格尔德·科尼希也在那里参与了意见。[⑤]

通过这条道路还能拯救民主德国吗？莫斯科完全清醒地作壁上观，毫无感情色彩。期间已经晋升为苏联情报头子的弗拉基米尔·克留奇科夫，于1990 年 1 月 26 日在戈尔巴乔夫的顾问参谋部内一次秘密会晤时这样断言：

[①] 参阅 Hannes Jürgen Küsters 所撰写的《赫尔穆特·科尔，基民盟和重新实现德国统一》一文，收录于盖勒、Graf（发行人）所著《欧洲与德国统一》，第 27—41 页；亦请参阅 Hannes Jürgen Küsters、Daniel Hofmann（校改）编辑的《德国统一——1989—1990 年联邦总理府档案材料特辑》，1998 年出版于慕尼黑。

[②] 参阅本书《与汉斯·莫德罗的谈话》第 204、231、298、301—302 页。

[③] 关于中立和中立化计划，参阅米歇尔·盖勒所撰写的《为了中欧的中立和中立化计划？奥地利，匈牙利，捷克斯洛伐克和波兰》一文，收录于 Dominik Geppert、Udo Wengst（发行人）所著《中立——机遇还是嫁接杂种？1945—1990 对德国和世界第三条道路的草案》，2005 年出版于慕尼黑，第 105—131 页；参阅米歇尔·盖勒所著《两极世界中的中立和中立化》。归纳与延伸的题目参阅 Dominik Geppert、Udo Wengst（发行人）所著《中立——机遇还是嫁接杂种？1945—1990 对德国和世界第三条道路的草案》，2005 年出版于慕尼黑，第 203—206 页。

[④] 参阅《莫德罗与戈尔巴乔夫的谈话》《莫德罗对媒体的表态》《汉斯·莫德罗的德国计划》《为了德国，统一的祖国——通往统一德国之路的草案》等文章，均收录于《德国档案（第 23 卷）》（1990年 3 月），第 3 册，第 468—472 页。

[⑤] 参阅格尔德·科尼希所撰写的《与苏联的关系（1985—1990）》一文，收录于 Siegfried Bock、Ingrid Muth、Hermann Schwiesau（发行人）所著《后视镜中的东德外交政策——外交官的谈话》（政治学 106 卷），2004 年出版于慕尼黑，第 142—168 页；参阅同一作者所著《一个兄弟联盟的失利——民主德国驻莫斯科末任大使的回忆》，由 Karl Heinz Fehlberg、Manfred Schünemann 发行，2012 年出版于柏林，第 405—443 页。

"统一社会党的日子屈指可数了。对我们来说，它既不是杠杆，也不是支柱。莫德罗是一个过渡性人物。他的行为因各种让步而付出代价，但是他很快就没有什么可以出让的了。我们应当把关注力放到民主德国的社民党身上。

"我们的人民担心，德国会重新成为一个威胁。（德国）将永远不会满足于现有边界。

"必须开始让我们的人民逐步适应一个重新统一的德国。我们派驻民主德国的武装力量，是全欧进程的一个要素。有必要积极地支持我们的朋友，也就是苏联克格勃和民德国家安全部昔日的工作人员。"[1]

4天以后，仍然还对保留民主德国满怀希望的莫德罗，带着奥特和卡尔-海因茨·阿诺尔德来到莫斯科，坐在米哈伊尔·戈尔巴乔夫、尼古拉·雷日科夫和瓦连京·法林面前。莫德罗以极端的事例和毫不掩饰的语言描绘了民主德国局势的戏剧性恶化。他仍然希望继续保持统一社会党的存在，仍然坚持自己的立场：

> 在1月19日的党中央主席团会议上，提出了解散我党的问题。我持反对意见，并且得以拒绝了解散的建议。1月26日，在所有地方党委领导参加的一次大会上，同样赞成保留我党。2月4日，我们将在党中央主席团的下一次会议上改变我党名称，未来将称为"民主社会主义党"。当然，改变的不仅仅是政党名称，更重要的是要采取各种务实

---

[1] 参阅第66号文献《1990年1月26日在戈尔巴乔夫总书记顾问参谋部内对德国问题的讨论》，收录于Aleksandr Galkin、Anatolij Tschernjajew（发行人）所著《米哈伊尔·戈尔巴乔夫与德国问题·苏联文献（1986—1991）》（《当代史来源与阐述》第83辑，发行人为Helmut Altrichter、Horst Möller、Jürgen Zarusky，评论者为Andreas Hilger），2011年出版于慕尼黑，第286—291页，此处见第288页。

的变更，否则我们将失去群众基础。[①]

谈到其个人处境时，莫德罗也很坦率地说：

> 我的个人处境越来越糟糕。我是统一社会党中央政治局唯一留任的委员。现在已经有人开始对我进行攻击，而且这种现象不仅发生在国内，也来自西方。《世界报》昨天的报道强调称，我没有全部解散国家安全部，而这个部的特工人员至今仍然活跃在西德。周日晚上（1月28日），我实际上已经面临信任问题。[②]

越来越大的内政和外交压力，迫使莫德罗的身份从党务政治家降格为国务政治家。此刻他扪心自问，为什么没有尽早作出这一决定。他说：

> 考虑到统一社会党内部和国内局势的发展，我必须重新定义自己在党内的位置。我物色到下列表述方式：政府首脑应当向人民负责，而不是仅仅向本党负责。为此，我让出本党副主席的职位，确切地说，我事实上没有接受过这一职位。作为联合执政政府的首脑，必须支持行动一致，从而远远跨越政党的界限。以我自己为例，我与教堂之间

---

① 参阅第 67 号文献《1990 年 1 月 26 日戈尔巴乔夫与民主德国总理莫德罗的谈话（要点）》，收录于 Aleksandr Galkin、Anatolij Tschernjajew（发行人）所著《米哈伊尔·戈尔巴乔夫与德国问题·苏联文献（1986—1991）》（《当代史来源与阐述》第 83 辑，发行人为 Helmut Altrichter、Horst Möller、Jürgen Zarusky，评论者为 Andreas Hilger），2011 年出版于慕尼黑，第 292—304 页，此处见第 294 页。
② 参阅第 67 号文献《1990 年 1 月 26 日戈尔巴乔夫与民主德国总理莫德罗的谈话（要点）》，收录于 Aleksandr Galkin、Anatolij Tschernjajew（发行人）所著《米哈伊尔·戈尔巴乔夫与德国问题·苏联文献（1986—1991）》（《当代史来源与阐述》第 83 辑，发行人为 Helmut Altrichter、Horst Möller、Jürgen Zarusky，评论者为 Andreas Hilger），2011 年出版于慕尼黑，第 292—304 页，此处见第 301 页。

的相互理解关系发展得很好。[①]

在这个时刻，莫德罗与戈尔巴乔夫还在很大程度上拥有共同的愿望（如果不是完全一致的愿望），即未来统一后的德国应当保持中立，因为可以预见的场景是，未来北约将向前挺进。[②]其中蕴藏着莫德罗关于中立政策的计划核心——包含深远的坚定性。波恩对莫斯科的意图心知肚明。在要求和建议德国中立的背后，蕴藏着中长期的考虑，即德国与苏联之间应当建立一种更少冲突的合作关系。据悉，西德驻莫斯科大使克劳斯·布勒希曾经于1990年3月23日作出这样的判断：

> ……根据对事态发展可能性的认识，原则上可以通过维持平衡约定来保障苏联的安全利益，而此种可能性在更大程度上取决于他们的目标，即在克服德国分裂现状后可以使苏联赢得机遇，终止不与各发达国家进行合作的弊端。正是这种弊端，造成了中东欧各国不得不选择社会主义体制的后果。
>
> ……华约成员国放弃体制选择和在东德实现两德统一的事态发展，不仅可以导致其自身体制的演变，而且在此背景下，莫德罗试图维持其现实社会主义残余的努力亦会显得不合时宜。放弃体制选择还可以

[①] 参阅第67号文献《1990年1月26日戈尔巴乔夫与民主德国总理莫德罗的谈话（要点）》，收录于 Aleksandr Galkin、Anatolij Tschernjajew（发行人）所著《米哈伊尔·戈尔巴乔夫与德国问题·苏联文献（1986—1991）》（《当代史来源与阐述》第83辑，发行人为 Helmut Altrichter、Horst Möller、Jürgen Zarusky，评论者为 Andreas Hilger），2011年出版于慕尼黑，第292—304页，此处见第304页。并请参阅 Gerd König 所著《一个兄弟联盟的失利——民主德国驻莫斯科末任大使的回忆》，由 Karl Heinz Fehlberg、Manfred Schünemann 发行，2002年出版于柏林，第413—421页。

[②] 参阅 Stanley Sloan 所撰写的 *NATO Enlargement in the Beginning: An American Perspective* 一文，收录于 Mueller、Gehler、Suppan 所著《革命》，第525—552页；米歇尔·盖勒所著《革命事件和地缘经济事件：欧盟与北约东扩对比（1989—2015）》（欧洲一体化研究中心讨论文集 C 239），2017年出版于波恩。

削减东西方之间军事对峙的程度，而这种对峙阻碍了参与劳务分工条件下世界经济合作的可能性。[1]

莫德罗内心很清楚：统一后的德国如果保持中立，将危及而不是保护美国和西方的利益。如果他的计划太晚推出——正如本书发行人所认为的那样——那么是否还有实现的机会？

在达沃斯世界经济年会期间，莫德罗主动从整体德国中立化的立场开始降调。2月4日，他在接受瑞士联邦电视台采访时声称，他的建议仅仅是为对话而提供的，并非"板上钉钉的东西"。他也可以与其他政治家讨论各种德国计划。[2]

自从德累斯顿离职以后，尤其是1990年1月中旬开始，科尔更多的是把莫德罗视为二等对话伙伴。当莫德罗与"条约共同体"保持距离，自2月起作出公开支持快速统一[3]的姿态以后，得到的这一印象就更加深刻了。

于是，莫德罗的计划很快就成了废纸。2月8日和9日，美国国务卿詹姆斯·贝克访问莫斯科，比一天后来访的科尔捷足先登。据莫德罗称，戈尔巴乔夫此时已经"变卦"了，实际上他已经放弃德国中立的要求。早在"二加四"进程开始之前，苏联领导人就已经把倡议权让给了美国。而这个倡议权原本可以由科尔掌控，然而两个德国从未有过完全主权，两德任何一方"始终都有依赖性"。[4]在放弃德国中立的同时，苏联领导人原本可以要求北约

---

[1]　参阅第71号文献《布勒希电报报告，1990年3月13日发自莫斯科》，收录于Heike Amos、Tim Geiger（修订）所著《统一·联邦德国外交部、民主德国外交部和二加四进程》，2015年出版于哥廷根，第335—364页，此处见第357页。

[2]　参阅Amos、Geiger（修订）所著《统一·联邦德国外交部、民主德国外交部与二加四进程》，第240页注释6。

[3]　参阅维尔纳·魏登费尔德所著《为了德国统一的外交政策——1989—1990关键年》（《德国统一历史》第4卷），1998年出版于斯图加特，第225页。

[4]　参阅本书《与汉斯·莫德罗的谈话》原文第304页。

十分清晰地以书面形式放弃向东扩展。但是他们没有这样做。值得注意的是与此有关的一个断言，即西德外交部长曾经反复考虑德国政策的替代方案。汉斯·迪特里希·根舍曾经在 1990 年上半年之前逐步地向联邦总理府提出一个独特的德国政策，那就是针对东德的"奥地利解决方案"。但是莫德罗当时并不知道这些想法的演变过程。关于奥地利典范的具体案例（国家条约，撤军，宣布中立）[①]，他本人不大相信会达到这个地步，不大相信会以某种形式付诸实施，并为保留东德及其政策带来建设性的实用效果。

11. 与格雷戈尔·居西一起呼吁保留政党

在 1989 年 12 月 8/9 日于东柏林召开的统一社会党特别党代会上，有人提出解散该党的动议。但是在莫德罗的强力干预下，实际上在最后一分钟阻止了该动议付诸表决。他与格雷戈尔·居西一道，坚持不懈、恳切透彻地劝说党员们采取一切力量保留该党，但是要将其建设成为一个新的政党，未来要为了民主和社会利益而承担责任。[②]莫德罗此举一方面稳定住民主德国的政治体制，另一方面也为继续社会转型过程奠定了前提条件，避免了这一进程进入完全无序的发展态势。他虽然竭力避免社会主义的政治成果受到威胁，但是并不想让党员老干部的地位再次坐大。

1989 年 10 月 7 日新成立的德国社会民主党（Sozialdemokratische Partei Deutschlands，SDP），期间始终拒绝接纳前统一社会党党员。[③]莫德罗觉察到，

---

① 参阅米歇尔·盖勒所著《为德国树立的典范？采用国家条约与中立形式的奥地利解决方案（1945—1955）》，2015 年出版于因斯布鲁克、维也纳、博岑。
② 参阅本书《与汉斯·莫德罗的谈话》原文第 262 页；关于旨在保留统一社会党的"生存行动"以及居西和莫德罗的作用问题，亦请参阅持激烈批评立场的 Hubertus Knabe 所著《关于左翼党的真相》，第 106—133 页，此处见第 107、118、124—125、127 页。
③ 参阅本书《汉斯·莫德罗——在历史大环境中的生活大事记》原文第 466 页。

此时正是统一社会党/民主社会主义党可以成为原党和国家干部的新家，成为那些感到失望、感到自己已经毫无价值的共产党人的新家，成为那些未来失业者的新家。像资金、黄金、专利、房产以及地产等党产，在提前解散统一社会党的情况下将会成为未来德国的国家财产。[1]莫德罗力图与格雷戈尔·居西一道加以阻止。后者对此作了这样的陈述：

> 在我的记忆中，在解散政党究竟是有意义还是没意义这个问题上，莫德罗与我之间没有什么区别。不过，米哈伊尔·戈尔巴乔夫在给我打电话时确实严肃地警告过解散统一社会党的后果，因为这可能导致民德乃至苏联的解体。此外还有许多其他因素。政党的所有财产将会成为无主财产。政党机构和政党所属企业的几十万工作人员将会失业，而且拿不到任何失业金。这样的事情在民主德国从未发生过。另一方面，已经确知国家安全部被解散，他们可能结成联盟，从而导致灾难性后果。不能低估他们的能量，因为很多人接受过军事训练。必须阻止局势的尖锐化。[2]

在埃贡·巴尔提出要求[3]之后，统一社会党领导层制定了一份党产清单。

---

① 参阅《东德化或归化——居西与莫德罗的争论对话》，2013年出版于柏林，第36页；1月中旬，统一社会党-民主社会主义党召开党代会，会上沃尔夫冈·贝格费尔宣布退党。在此次会议上，再次响起解散统一社会党的呼声，要求建立一个左翼新党，但是没有获得多数支持。关于"数十亿宝贝"及党产问题，关于法定后身组织及其财产有可能被国家接管问题，请参阅Hubertus Knabe所著《关于左翼党的真相》，第154—179页，此处见第157—159、173页；为求平衡，亦请参阅洛塔尔·德梅齐埃所著《我想让我的孩子不再被迫撒谎——我所经历的德国统一历史》，2012年出版于弗莱堡的布赖施高，第120—121页。

② 见格雷戈尔·居西（柏林）对奥利佛·迪科普（希尔德斯海姆）问题清单的书面答复，2016年11月15日。

③ 参阅格雷戈尔·居西博士2017年10月9日在汉诺威展厅舞台上就其《一生太短暂》新书发布会所作的演讲和与汉斯·迪特尔·许特的谈话。

居西当选新任党主席。两位副主席分别是莫德罗和沃尔夫冈·贝格霍费尔。该党自1990年2月4日起更名"统一社会党 – 民主社会主义党"。在经过人事和内容更新后，再次更名的"民主社会主义党"（民社党）于1990年3月18日举行的第一次也是最后一次人民议院民选中赢得了16.33%的选票。这一数字虽然不足以掌握政治决策权和参与决策的可能性，但是足以保障在统一后的新德国拥有一个政治前途。在统一社会党的形象遭受戏剧性损伤的态势下，莫德罗作为民社党的首席候选人，为取得这一令人敬佩的政治成果作出了决定性的贡献。统一社会党的大本营柏林和勃兰登堡州，老同志和党员干部们的票仓保障，也为这一成就起到了巨大的影响力。许多东德公民对"觉醒""即刻民主"民运组织和西德马克富裕生活的无限向往，包括西德政治家施加的影响和来自西方的财政支持，则为基督教民主联盟和各个非传统民运组织纠集组成的"为了德国联盟"作出了重要贡献。①

12."中央圆桌会议"：在1990年1月15日于诺曼能大街举办的关于民主改革民主德国的会议上，莫德罗与民权运动者及其几位前任进行对话

"中央圆桌会议"的想法来自波兰，那里的共产党人与团结工会运动的代表坐到了一起。②波兰的反对派得到了梵蒂冈在精神、思想和道德上的支持，包括教皇卡罗尔·约瑟夫·沃伊蒂瓦（约翰·保罗二世）个人的支持。东德的民

---

① 参阅汉斯·莫德罗所著《我原本是要建设一个新德国》，1998年出版于柏林，第450—453页。
② "圆桌会议的榜样是波兰的圆桌会议，后者早在1989年就开始了圆桌会议……"见洛塔尔·德梅齐埃所著《我想让我的孩子不再被迫撒谎——我所经历的德国统一历史》，2012年出版于弗莱堡的布赖施高，第113页。

权运动组织"即刻民主"也得到了这种支持。[①] 原本是针对波兰的罗马天主教经验，东德的基督教路德教堂也借来移植，试图成为反对派力量的聚集地和保护伞——尽管这些组织受到了国家安全部的观察、承认和监督。圆桌会议的思想传遍了东德全境，各个乡镇都组成了类似的论坛。参加圆桌会议的不仅有反对派人士，而且有政府内各个政党的代表。这些会议直接实况转播，例如1月3日的会议由东德 Radio DDR 电视台转播，1月8日的会议由东德第2电视台转播。"中央圆桌会议"的物资和组织工作的先决条件，由东德国家财政逐步拨付。从一开始明显的对峙和反抗，逐步转变为越来越多的协调与合作。当莫德罗1990年1月28日根据提议同意吸纳反对派组织的代表进入政府担任"无任所部长"后，出现了满意、平静和局势正常化的进一步信号。[②] 政府在新闻公报中宣称发起了"中央圆桌会议"，东德的反政府势力对公报进行反驳。后来被揭露出来曾经是斯塔西密探的东德社会民主党主席伊布拉西姆·伯梅，在预先拟定的文稿中称：目标不是为莫德罗政府建立一个影子内阁，而是建立一个过渡的看守政府，以免在新选举之前经历两德关系

---

① "即刻民主"是第一个使用"公民组织"概念的群众组织。根据 Carlo Jordan 的说法，"公民权利者"这一概念原先在东德不曾使用，是 Ludwig Mehlhorn 从波兰移植引进的。被国家安全部称为"敌对消极势力"的组织，并不把后来流行的"反对派"这一概念用在自己身上。只有那些基层团组才会经常使用这一概念。根据 Gerhard Weigt 的说法，"公民运动"这个称谓来源于"集会运动"和"团结公民委员会"的概念。之所以选择"即刻民主"这一名称，是特指行动的补充含义。这个称谓的鼻祖是以色列和平运动组织"即刻和平"。参阅 Gerhard Weigt 所著《即刻民主——通往德国统一的艰难道路》，http://www.ddr89.de/dj/DJ.html（检索时间为2018年2月6日）。
② 参阅 Gabriele Lindner 所撰写的《和平革命与莫德罗政府》，此文系在2009年11月17日在柏林举办的"莫德罗政府20周年"RLS 研讨会上的发言稿。https://www.rosalux.de/publikationen/id/3520/die-friedliche-revolution-und-die-Modrow-Regierung（检索时间为2018年1月8日）。

的不稳定。莫德罗同样反驳了[1]克伦茨的回忆[2]，后者把"中央圆桌会议"的发明权归功于政治局，批评了安德烈·哈恩的出版物。[3]莫德罗希望以此对克伦茨"到处散布的谣言加以抵制"，并且论证其观点，即圆桌会议的倡议既不是由统一社会党，也不是由刚成立的政治机构提出来的产物。[4]根据他的理解，圆桌会议是公民民主运动与政府工作的批判性—建设性同路人之间的一种重要论坛。[5]

1989年10月4日，一个接触小组首次与7个政党和政治组织的代表坐在一起，为"中央圆桌会议"预作准备。[6]

席间有新成立的反对派组织的代表，有独立妇女联合会（UFV）和环保组织"绿色同盟"的代表，以及自由德国工会组织（FDGB）和各个执政党的代表人物。会议主持人是教会的代表。第一次会议于1989年12月7日在柏林迪特里希–邦赫费尔之家举行，与会者就多项核心决议达成了一致意见：为民主德国制定一部新宪法，解散国家安全局（AfNS），立即禁止销毁档案，1990年5月6日举行人民议院新大选。

莫德罗于1990年1月15日第一次现身"中央圆桌会议"。7天后，他再

---

① 参阅莫德罗所著《从什未林到斯特拉斯堡》，第121—123页。

② 参阅克伦茨所著《1989年之秋》，第391页中写到了11月22日的决定："政治局认为，应当提交以下建议，即由联合政府内共同执政的各个政党，与我国的其他各个政治力量一道，坐在一张圆桌旁进行商议。"（见Beleg BArch，DY 30/J IV-2/2/2364）；该书第396页写道："成立了一些新的政党和团组。统一社会党抢在这些势力之前呼吁召开圆桌会议。"莫德罗反对将圆桌会议的发明权归功于政治局，见其本人所著《从什未林到斯特拉斯堡》，第121—123页。他在书中批评了哈恩的说法，即早在10月4日就由接触小组召开过第一次圆桌会议预备会议。

③ 参阅André Hahn所著《圆桌会议：人民与权力——民主德国最后一年的政治文化》，由格雷戈尔·居西撰写序言，1998年出版于柏林。

④ 参阅莫德罗所著《从什未林到斯特拉斯堡》，第123页。

⑤ 参阅汉斯·莫德罗（沃尔夫冈·迈尔）所著《起点与终点》，1991年出版于柏林，第29—66页；参阅汉斯·莫德罗所著《我原本是要建设一个新德国》，1998年出版于柏林，第383—390页。

⑥ 参阅莫德罗所著《从什未林到斯特拉斯堡》，第121页。

一次出席"中央圆桌会议"。①当天的日程值得纪念：莫德罗要求"中央圆桌会议"更多地参与承担政府责任，从而与"无任所部长"——这在德国历史上尚属首次——一道，组成一个"担负民族责任的政府"②，进而增强在与联邦德国的进一步谈判时的地位，而下一轮谈判2月5日即将进行。此外，鉴于公众压力日益增大，人民议院的选举时间提前到1990年3月18日。"中央圆桌会议"总共召开了16次，最后一次于1990年3月12日。民权人士、反对派的沃尔夫冈·乌尔曼把这些电视台直播下的会议称为东德"民主的预习班"。③民众对它日渐失去兴趣，因为"中央圆桌会议"既未受到自由选举产生的人民议院的合法认可，也无法对参会者进行选举。但是，"中央圆桌会议"可以保障有规则的议事进程，可以有助于安抚各方情绪，从而为创造良好的关系奠定基础——这些作业就已经足够重要了。与此同时，它还起草了一份非常重要的计划，那就是民主德国新宪法的草案。④这份草案将于1990年4月4日提交人民议院。一共打印了400—500份，但是不会向所有议会党团分发。议会决定，将"中央圆桌会议"的这份宪法草案交给相关的委员会进行处理。

早在1989年12月，"民权分子"和"反对派"就占领了埃尔福特、莱比锡、苏尔、罗斯托克的国家安全部专区行政机构以及有关乡镇的办公地点。因时值1990年初，解散国家安全部就成为公众讨论的中心问题。莫德罗政

---

① 参阅汉斯·莫德罗所著《我原本是要建设一个新德国》，1998年出版于柏林，第407—410页。请对照本书文献资料第6号附件：《民主德国部长会议主席汉斯·莫德罗在1990年1月15日圆桌会议上发表的声明》原文第533页。
② 参阅汉斯·莫德罗（沃尔夫冈·迈尔）所著《起点与终点》，1991年出版于柏林，第81—92页；参阅汉斯·莫德罗所著《我原本是要建设一个新德国》，1998年出版于柏林，第411—418页。
③ 从反对派到执政者的"民主预习班"。圆桌会议总共召开了16次，直至1990年3月12日。自1月开始，每个星期一召开会议，并由电视台直播实况。沃尔夫冈·乌尔曼等参会者后来称之为东德的"民主预习班"。见www.mdr.de/damals/archiv/artikel60714.html（检索时间为2018年2月5日）。
④ 参阅德意志民主共和国宪法草案，由"中央圆桌会议"的"民主德国新宪法"工作小组拟定，1990年4月4日于柏林尼德舍恩豪森，档案号为：BArch N 2541/74。

府打算保留这一秘密机构，为了安抚民众情绪而起初将国家安全部改名为"国家安全局"，后来又改为"宪法保卫局"。作为最后一个堡垒，国家安全部公开了位于东柏林利希滕贝格区诺曼能大街的总部大楼。"新论坛"组织通过散发传单呼吁人们到安全部总部大楼前进行示威行动，从而也是冲击安全部总部楼群："用你的想象力反对斯塔西和纳西。"[1]（斯塔西和纳西是国家安全部和国家安全局，即 Stasi 和 Nasi。——译者）集会期间，示威者成功地冲入楼群之中。尽管人民警察已经警戒了整个地域，但是他们采取了无动于衷的姿态。傍晚时分，莫德罗与内务部长洛塔尔·阿伦特乘车赶往诺曼能大街，没有带贴身警卫人员。现场搭了一个演讲的台子，存在着被人投掷石块的危险，因为那条路口堆放着一些用于混凝土浇筑工程的石料，可能被当作投掷物滥用。莫德罗出现在安全部总部，试图安抚已经激愤的群众。他告诫激动的人们保持审慎，并且承诺将解散新设的国家安全局。通过电视跟踪报道可以感受到，莫德罗的出面展示了他的威望。调解取得了效果：始终没有出现暴力行动，没有"使用"射击武器。迄今为止，所谓的"攻占"安全部总部的行为并没有完全得到澄清。

莫德罗显然已经作出努力，以阻止更加严峻的事态发生。里夏德·施罗德对此的看法是：

> 我相信，他是想在高层推动一种无法定义的变化。问题在于，示威者并没有计划冲击总部，而是想封锁各个进出口和大门。突然，从内部发生了涌动。当时确实是这种态势，但是事后却被说成斯塔西总部被攻占了，显然这是在误导。那些人实际上是斯塔西官员中的公民委员会代表，当时已经有人参加公民委员会了。他们早在上午就进入

---

[1] 参阅 http://www.zeit.de/2015/03/stasi-berlin-besetzung-ausstellung（检索时间为 2018 年 2 月 5 日）。

了总部。因为事先知道此次示威活动，所以斯塔西领导提前让其员工回家了。此时莫德罗正在赶往总部，他肯定对当时的局势并不清楚。莫德罗驱车赶到了，内心肯定怀有善意。示威者并没有计划攻占总部，这一点从一开始就很清楚。后来才逐渐发生了状况。莫德罗本人事先肯定并不知道会在总部面对什么事态。诺曼能大街发生的事件，与埃尔福特或者莱比锡（占领斯塔西总部的行为）都无法相比，毫无相干。公民委员会的代表看到了各个专区安全部机构发生的一切，所以在这个最后的总部质问道："你们在这里究竟想干什么？"他们来到楼群中，见到了小卖部，或发现了毫无意义的档案内容。接着他们见到了档案，但是却没有触碰。（在诺曼能大街）发生的一切，从不同角度看都是有预谋的进程。……很显然……，在现场移交给公民委员会代表的做法是一个不体面的过程。他们感觉到自己受骗了。之后才发生了所谓的攻占总部行动。也就是说，除了他们想通过这样的"攻占行动"成为反对派角色以外，我无法对此作其他解释。常常会出现这种念头：抓住小偷，然后造成现场混乱，同时我们自诩是擒贼英雄。这样的做法或许可以产生效果。事实恰恰是，公民委员会的代表上午就已经进去了，后来因为缺乏合作而撤退了。[1]

莫德罗也暗示，对于这一事件并没有掌握确凿的真相。早在我们谈话之前，他就曾尖锐地断言："1990年1月15日经历了双重葬礼。"[2]他当时的原话是：

荒唐的是，有人居然强调国家安全部是想在1990年1月15日的

---

① 参阅对发行人里夏德·施罗德教授博士的采访，2018年4月16日。
② 关于此话以及后面的看法，请参阅莫德罗所著《从什未林到斯特拉斯堡》，第132—133页。

行动期间销毁和藏匿材料。为了这样做，根本就不需要组织群众集会，而是希望尽可能不声张，尽可能高效地进行。

不，我越来越坚信，1月15日的电影脚本不是在柏林，而是在民主德国境外制作的。我担心，那种公开表示的猜测，导致当时的几个积极分子愤怒地进行抗议，因为我的做法带来了他们臆想中的声誉。其原因是，这一天将不可改变地成为公民运动值得庆贺的最伟大成就之一。我却要强调，此举将给他们带来颓势。这一天也将以国家安全部的真正终结盖棺论定。可以一针见血地表述：1990年1月15日经历了双重葬礼。最关键的对手已经肩并肩地被安葬。尽管社会的肤浅警告似乎导致了相反的效应，但是他们在民主德国的生命中，以及后来在联邦德国乃至未来的历史中，都不再可能扮演重要的角色。他们只会提供虚拟的替罪羊和虚构的圣人。我的评价并非尖酸刻薄和嘲笑讽刺。科尔已经给了他们评价，他说西德政府并不是由街头力量主导的。

同样属于真相的是，公民运动中也有为数不少的诚实、正派和富有责任感的人物，他们试图阻止将国家安全部从泄密者那里获得的文件交到西方情报部门的手中。我们大家都不愿意销毁这些"武器"或者将之封存起来以致有朝一日被用来攻击我们自己。[1]

顺便补充一点：许多"民权分子"后来在统一后德国的各个政党和非政府组织中承担了新的任务。

1月15日之后一周——1990年1月22日——此时已经没有任何职务、也不再是党员的克伦茨，与沃尔夫冈·赫格尔（1985—1989年任统一社会党

---

[1] 关于此话以及后面的看法，请参阅莫德罗所著《从什未林到斯特拉斯堡》，第132—133页；关于东德时期民权组织和派别的话题，亦请参阅卡斯滕·蒂默所著《从崛起到崩溃》，第248—249、318—319页。

中央委员会安全部长——译者）一道来到"中央圆桌会议"，叙述他们对最近几周和几个月所发生事态的看法。[1] 发出邀请的是莫德罗。

13. 既没有得到莫斯科的支持，也没有获得波恩的"团结援助"；对昂纳克夫妇的保护措施和在布鲁塞尔徒劳的起步

莫德罗到莫斯科进行工作访问之后，于 1990 年 2 月 1 日在柏林召开的民主德国政府新闻发布会上，面对国内外记者发表了题为《为了德国，统一祖国》的方案。[2] 该方案已经提出的"三步计划"，拟定了建立"条约共同体"、过渡至德意志邦联主权、将保持德国中立作为德国外交政策基石的原则。

在莫德罗 1 月底从莫斯科回国并开始提到"德国，统一祖国"话题后，科尔同步地更加明显地感受到了那股民族统一运动的涌动。当这位西德总理于 2 月 8 日演讲时，几乎无法控制情绪：

> 在莫德罗先生回国并提出重新统一后，无论柏林墙的这一边还是另一边，实际上已经没有一个政治组织反对重新统一——这是史无前例的现状。亲爱的朋友们，我不得不对你们说，既然历史正在朝这个方向发展，就让我们适应形势吧，否则，三周以后我们就成为唯一反对统一的力量了。这是一个造假者盛行的进程，事态已经变得本末倒置。[3]

---

[1] 参阅《埃贡·克伦茨与沃尔夫冈·赫格尔在中央圆桌会议上谈 1989 年 10 月之前党与安全部门的紧密关系》，档案号为 BArch N 2541/91。

[2] 参阅《为了德国统一祖国——汉斯·莫德罗提出的走向德国统一道路的方案》一文，刊登于 1990 年 2 月 2 日《萨克森报》（政治、经济与文化日报），第 45 年第 28 期；亦请参阅本书《汉斯·莫德罗——在历史大环境中的生活大事记》原文第 471 页。

[3] 见 1990 年 2 月 8 日文献，收录于 Günter Buchstab、Hans-Otto Kleinmann（修订）所著《赫尔穆特·科尔，联邦德国总理和基民盟联邦主席团主席，1989—1998 年形势报告》（《当代史研究与资料来源》第 64 卷），2012 年出版于杜塞尔多夫，第 98 页。

是什么原因导致科尔说出最后那句话？他当时的话外音究竟是什么？他是想继承康拉德·阿登纳关于德意志两国属性的政治遗产？作为联邦德国的首任总理，阿登纳把两德分裂关系上升到德意志民族国家思想高度，把德国统一问题列入他的西方一体化政策。

1990年2月10日，戈尔巴乔夫与科尔在莫斯科单独会晤。其间，这位联邦德国总理向苏共中央总书记明确表示了他对民主德国现任政府首脑的看法，并且回顾了刚刚过去的1989年秋天：

> 去年10月，在克伦茨当选民主德国国务委员会主席后，我与他通了电话。我当时直接坦率地对他说，我不相信他能够控制局势。后来事态的发展果然如此。
>
> 后来莫德罗接替了克伦茨。我认为他是一个正派的人。我相信他在12月间还是能够掌控局势的，能够把发展方向掌握在自己手中，而且能够对局势发展的速度产生影响。12月19日，我在德累斯顿与他会面，就一系列问题交换了意见。我原本想在谈话中首先讨论条约共同体、联邦体制问题和其他草案，但是莫德罗改变了他的计划，焦点集中在事务的经济方面，集中在选举法问题上。
>
> 1月1/2日的事态比较艰难，但是还算稳定。然而之后的两个星期，一切都乱套了。关于法律保护机构的争论，导致对国家安全部的破坏行动，从而产生了灾难性的后果，尤其是在心理上。可以判断，民主德国的国家威信已在1月20日左右崩溃。已经找不到其他语言来形容了，后果是灾难性的。……现在正在全力准备对民主德国前领导人进行起诉。我向莫德罗建议，应当谨慎行事，设法控制住消极情绪，集中所有精力揭露和批判前领导人。他本人没有推动事态朝这个方向

发展，而是试图制止。[①]

莫德罗在民主德国总理任期内的一个重大事件，是他前往联邦德国首都徒劳无功的"祈求之旅"：1990年2月13日，他带了8名"无任所部长"访问波恩。然而，联邦总理赫尔穆特·科尔和财政部长特奥·魏格尔，对"负有民族责任的新政府"提出的为东部德国索要150亿西德马克援助的请求，表示了明确的拒绝。意见书是沃尔夫冈·乌尔曼起草的。非但没有接受莫德罗的请求，反而要求双方成立一个准备建立经济、货币与社会联盟的共同委员会。[②]

在自主权越来越少而行动自由受限制却越来越多的最后几周内，莫德罗还要设法对昂纳克夫妇进行保护。他要阻止情绪激昂的愤怒群众危及他们的安全，然而当时几乎难以做到。当昂纳克夫妇因健康原因不适宜监禁而被释放后，他们已经不能回到柏林郊区万德利茨森林中的高级官员居住区，于是在洛贝塔尔地区的乌韦·霍尔默牧师那里获得了教堂避难待遇。但是，他们在教堂里只能短暂逗留。试图将他们安置到柏林北部格兰塞的部长会议宾馆的努力，因"新论坛"组织的反对而告失败。他们夫妇在东德的最后一站，是在苏联大使科契马索夫等人的斡旋下，经过戈尔巴乔夫明确批准后获得的：昂纳克夫妇在1990年3月逃亡莫斯科之前，被安置在位于柏林的贝利茨的苏军野战医院内。

在莫德罗政府任期内，还建立了一个负责处理"国有资产"管理的特设托管机构。这个机构与坊间传闻的"莫德罗法律"一道，解决了东德公民在

---

① 参阅第72号文献《1990年2月10日戈尔巴乔夫与联邦总理科尔的谈话（节录）》，收录于Aleksandr Galkin、Anatolij Tschernjajew（发行人）所著《米哈伊尔·戈尔巴乔夫与德国问题·苏联文献（1986—1991）》（《当代史来源与阐述》第83辑，发行人为Helmut Altrichter、Horst Möller和Jürgen Zarusky，评论者为Andreas Hilger），2011年出版于慕尼黑，第319—320页。

② 参阅汉斯·莫德罗所著《我原本是要建设一个新德国》，1998年出版于柏林，第418—424页。

1945—1946 年间苏联军事管制政府（SMAD）实施的土地改革中所获房地产的遗留问题。①

原国家安全部的 109000 个"非正式"工作人员，形式上解除了他们所承担的责任，例如保持缄默的规定。

就在人民议院选举之前两天，莫德罗政府还以备忘录形式递交了一份民主德国请求加入欧共体的申请书，提出民德希望成为布鲁塞尔的第 13 个成员国。②这个问题起初看上去仍然悬而未决。但是到了 4 月，在都柏林召开的欧共体首脑峰会决定在德国统一的大背景下接纳民主德国地区，也就是说是在德国走向统一的框架内接受民主德国加入欧共体。

民社党在 1990 年 3 月 18 日的大选中失败后，莫德罗向民主德国历史上第一个也是最后一个自由选举产生的总理洛塔尔·德梅齐埃移交了政府事务。从此，莫德罗成为人民议院的普通议员。早在莫德罗政府期间，德梅齐埃就是部长会议副主席兼教会事务部长。他们二人之间的关系充满了信任："洛塔尔·德梅齐埃与我可以很好地互补。……在这一合作期间，我们也保持了相互尊重和个人之间的亲密关系。"③

14. 在审判同时代当事人时作为观察者的莫德罗

在本章节内，特意转述各界人士从完全不同的角度对汉斯·莫德罗其人其政的观察与评价，从而满足历史学对多视角的要求。其中，一方面有同时代人的评价，另一方面有事后作出的判断。综合西德和东德的观察家、老同

---

① 关于 1949 年之前在苏占区建立的财产秩序，参阅维尔纳·魏登费尔德所著《为了德国统一的外交政策——1989—1990 关键年》（《德国统一史》第 4 卷），1998 年出版于斯图加特，第 612 页。
② 参阅维尔纳·魏登费尔德所著《为了德国统一的外交政策——1989—1990 关键年》（《德国统一史》第 4 卷），1998 年出版于斯图加特，第 398 页。
③ 参阅莫德罗所著《起点与终点》，第 35 页。

受人欢迎的时代见证人：（左起）汉斯·莫德罗，布克哈德·希尔施，安特耶·福尔默，里夏德·冯·魏茨泽克，埃贡·巴尔，2003 年 11 月共同出席《南德意志报》对话节目

事、同路人的不同观察方式，或许可以在很大程度上对莫德罗的表现、生平及其个人特点作出公正评价。有人反对，有人认可，有人批评，有人赞扬，有人肯定，有人怀疑，在天平上大致毁誉参半。

电视台记者恩斯特·埃利茨很早之前有过一个人物特写，那还是他在两德统一一年后以《汉斯·莫德罗——头戴光环的社会主义者》为题发表的看法：

莫德罗并不是典型的统一社会党干部。他从来不追求特权和权杖。早在担任萨克森地区的德累斯顿专区统一社会党首脑时，他就放弃公家别墅，选择搬进新建普通公寓楼的一个三居室单元。因此，在他成为全德议会普通议员后，当他坐在一栋肮脏的公租楼 5 层的壁柜和沙发之间思索往事时，并没有待遇下降的感受。为时 126 天——从 1989 年 11 月至 1990 年 3 月——他曾担任一个濒临死亡之国的总理：破产管理人。他先是以头戴光环的社会主义者引起赞赏，继而以最后一位社会主义战士受到讥讽，并且受到西方政治家以蔑视进行的惩罚。……

当其他人面对批评者来访时，往往采取适度的自我怀疑表情。而在汉斯·莫德罗身上，则可以从外部表情看出他内心的自我矛盾。尽管他是一个训练有素的宣传工作者——20世纪70年代初担任过统一社会党中央宣传部长——能够用文雅的语言掩饰其内心的分裂，但是他总是给人以充满自信的魅力，使得人们始终把他视为可以提供慈父般建议的长者。[1]

时任联邦德国总统里夏德·冯·魏茨泽克正面描述了他对莫德罗的印象：

他是一位正直的人，拥有改革倾向。但是，他处于一个几乎无法掌控的态势。……早在柏林墙被推倒之前数年，我就在德累斯顿访问过当地这位党的书记、1989—1990年又成为东德总理的汉斯·莫德罗。他对西德失业率攀升问题提出了批评，之后在聊天时承认，民主德国的体制中也有隐形失业率，但是不作宣布。对就业者来说，虽然不必挂上失业的标记，但是从长期看会不断增加国家的预算。[2]

联邦德国东柏林常设代表处的最高级外交代表汉斯·奥托·布罗伊蒂加姆，以他的方式回忆了统一社会党德累斯顿专区书记莫德罗：

---

[1] 参阅恩斯特·埃利茨所撰写的《汉斯·莫德罗——头戴光环的社会主义者》一文，收录于他本人所著《他们是参与者——从贝贝尔·博莱到洛塔尔·德梅齐埃的东德人物》，1991年出版于斯图加特，第70—79页，此处援引自第71页。

[2] 参阅里夏德·冯·魏茨泽克所著《走向统一之路》，2009年出版于慕尼黑，第104、133页（节选）。

他在我面前显得很谨慎小心。随着时间的推移，他给我的印象是一个有思想的人，他希望改变现状。他不仅强调希望破除某些令人不满意的东西，而且拥有改变一个新东德的想法。但是，他不想立即引发对这些想法的公开讨论。与许多西德政治家不同，他在媒体和公众面前表现得格外克制。所以我要说，他很谨慎，原因是他拥有一定的世界阅历，例如他与日本的良好关系。他在很多方面具备胜任总理职位的素质。[1]

在谈到戈尔巴乔夫与东德此类改革问题时，布罗伊蒂加姆认为莫德罗的看法有过波动："我一度有这样的印象，即他是想全力支持戈尔巴乔夫的，这样做的目的或许是推动东德的改革运动。后来他又断然地予以拒绝，也包括昂纳克。或许他还没有确定的态度。这是我1988年就已经获得的印象。"在布罗伊蒂加姆看来，莫德罗身上存在的特点，在其他同等级别同志那里很少见到：

我自80年代初结识他以后，定期去德累斯顿拜访他。我注意到，他在参加此类谈话时从来不带记录员。这就说明，莫德罗在意的是谈话内容不会外传。一个东德政治家，在与我谈话时不带记录员，这本身就不同寻常。赫伯特·黑贝尔和卡尔·赛德尔的做法也是这样。在其他统一社会党专区干部那里则很少见到这种现象，通常旁边总是会坐着一位记录员，表明会谈备忘录将转呈上去。[2]

---

[1] 参阅《奥利佛·迪科普和米歇尔·盖勒2017年2月3日在柏林对汉斯·奥托·布罗伊蒂加姆博士的采访录》（记录稿存于发行人处）。
[2] 参阅《奥利佛·迪科普和米歇尔·盖勒2017年2月3日在柏林对汉斯·奥托·布罗伊蒂加姆博士的采访录》（记录稿存于发行人处）。

布罗伊蒂加姆在20世纪80年代下半叶得到的印象是，莫德罗属于统一社会党内的改革派，但是改革派势力小，影响力不大。莫德罗本人愿意推行戈尔巴乔夫的改革政策，对基督教教会持"完全尊重"的态度，并且关心外交政策关系，因而"考虑问题时超出东德范畴"。在他的印象中，莫德罗"掌握全面信息，素养高"。他认为莫德罗在柏林墙被推倒之后扮演了"格外谨慎的角色"，属于有责任感的领导人，"克伦茨或许在一个时期内也属于负责任的人物"，即希望避免使用武力应对示威者，并且没有下达国家人民军或安全力量出面干预的命令，而这在当时本来是有可能发生的：

> 从柏林墙被推倒到第一次自由选举之间的主要过渡阶段，正是莫德罗对局势发展施加了相当重要的影响力和参与决策力。组成"中央圆桌会议"的想法，或许也来自他。在第一次自由选举之前，"中央圆桌会议"起到了一个议会的作用。圆桌会议是反对派与统一社会党代表一同迈出的转型政策重要一步，是民主化进程的开端。当时也组成了一个修改宪法的委员会，但是这个委员会在自由选举之前已经来不及完成任务了。然而，莫德罗在自由选举之前就推动了民主化进程，并把反对派拉进了这一进程。他是民主德国民主化进程的主要负责人之一。为了让这一从上而下的进程免受武力干预——1989年10月7日以后没有再发生过这样的武力——他在出任总理以后承担了重要的责任。他对自由选举的结果表示接受，况且他事先或许已经料到这一选举的结局，意识到统一社会党以及民社党不会取得好的结果。他有意识地接受了统一社会党－民社党在自由选举中丧失政权的结局。政权由德梅齐埃政府接管了。德梅齐埃曾经被莫德罗政府接纳，作为反对派代表人物之一。在转型的过程中，莫德罗起到的是一个绝对核心的、完全受到认可的作用，其重要性大大超过克伦茨。我没有看出来克伦

茨推动过这一进程，而莫德罗却在不同的局势下身体力行。在国家安全部发生冲突事件时，他也在一定程度上起到了缓和局势的作用，尽管仅仅是缓和而已。在我看来，莫德罗是在从昂纳克时代向1990年3月18日自由选举后开始的第二次转型进程过渡时的主要角色。[1]

1986—1990年任德累斯顿市长和统一社会党专区议会代表的沃尔夫冈·贝格霍费尔，曾与时任统一社会党专区第一书记莫德罗共事，但他在回顾往事时并没有表现出男人间的兄弟情谊，对他的评价带有否定和失望的口气，认为他是一个具有两面性的政治家，其行为适宜于政党政治。他说：

> 我最初认识的他，就是一个精明圆滑、经验老到的政党战术家。他所作出的所有决策，都会尽可能避免自己在政治上受到伤害。他不得不在德累斯顿贯彻柏林给出的政党路线，也确实这样做了。但是在此过程中，他有着两张面孔：对内，在小圈子里，他对柏林的某些指示持完全批评的态度；在公开场合，他却从不反对统一社会党政治局的决定，是一个严守纪律的政党士兵。
>
> 他允许我作为市长干自己的工作，即使我想贯彻自己的想法，而某些做法与党的路线不太相符，他也不会轻率地进行干预。他会站在一定的距离外，观察我所作出决策的效果。
>
> 如果一个项目取得好的结果，成绩卓著，他就会站在我这个"胜利者"的一边。一旦出现偏差，他就把脖子缩回去，把我作为主管领导晾出来。在社会转折之前，他会支持我解决城市的问题，并且阻止统一社会党市委一级干部针对我的阴谋陷害。在和平革命时期，他给

---

[1] 参阅《奥利佛·迪科普和米歇尔·盖勒2017年2月3日在柏林对汉斯·奥托·布罗伊蒂加姆博士的采访录》（记录稿存于发行人处）。

了我很大活动空间，并不阻拦我与反对派进行对话等行动。[①]

国家人民军退役上将维尔纳·格罗斯曼在被问到莫德罗究竟更多的是国务政治家还是党务政治家，他究竟具有怎样的人物性格时，作了以下答复：

> 莫德罗既是国务政治家，也是党务政治家。他在德累斯顿担任过第一书记，在那里从事的是党务工作。他个人当然更愿意担任其他专区的书记。他的行事方式和生活方式都比较低调，所以个性特点比较突出，而其他领导则喜欢利用其统治者或发号施令者的地位展示其权力。在莫德罗身上看不到这种现象。[②]

西德原总理赫尔穆特·科尔的顾问霍斯特·特尔切克认为，从性格特点上来分析，如果把埃贡·克伦茨说成"见风使舵者"，把汉斯·莫德罗说成"改革者和希望承载者"，把洛塔尔·德梅齐埃则说成东德的"思想者和掌舵人"，那么未免"过于肤浅，并不准确"。他认为克伦茨曾经试图"适应变化了的形势"，他委托许雷尔就东德的经济形势向政治局递交一份毫不留情的分析报告，那份报告实际上"超过了毫不留情"。莫德罗则对东德逃亡者乘坐的火车从布拉格途经德累斯顿时警察针对示威者的流血行动负有责任。至于德

---

① 见沃尔夫冈·贝格霍费尔2018年4月13日向发行人提供的书面答复；亦请参阅莫德罗对贝格霍费尔的评价，见《我原本是要建设一个新德国》，第428—429页。为什么贝格霍费尔与莫德罗之间没有建立友谊？主要原因或许是1989—1990年关于统一社会党是否应当继续保留的冲突。贝格霍费尔希望该党的命运听天由命，予以解散，并且新建一个政党。据莫德罗透露，贝格霍费尔当时已经与西德汉堡市的社民党进行过私下磋商。
② 源自维尔纳·格罗斯曼退役上将2017年4月18日和6月30日与发行人奥利佛·迪科普和Svetlana Egorova在柏林的谈话。

梅齐埃，"尽管意愿良好，但是毕竟能力不逮"。①

正如西德联邦总理府部长鲁道夫·赛特斯直言不讳地承认，11月9日柏林博恩霍尔默大街边界关卡的开放，对波恩来说完全出乎意料，因为他们对此"几乎毫无准备"。②

在埃贡·克伦茨主导下通过的新旅行法，因该法"半心半意"受到了许多东德公民的批评。在赛特斯看来，统一社会党的政治家们"毫不可信"。③

时任西德联邦议院议员和在野党社民党政治家汉斯–约亨·福格尔，至今还能清晰地回忆起1989—1990年与莫德罗会面的情形。他对莫德罗的印象明显好于埃贡·克伦茨。他说：

> 相反，我当时并不试图接触克伦茨。鉴于他迄今为止的表现，在我看来他很可能并没有下定决心实施深入改革。我也向约翰内斯·劳谈到过我的这一观点，起因是我的印象是，他在会见克伦茨后有些过度自信。因此，我更愿意与汉斯·莫德罗接触，我对他的评价更加正面。我早在1989年5月对德累斯顿作私人访问时就结识了莫德罗。当时我的印象是，他无论如何不属于强硬派。例如，他对重建德累斯顿圣母教堂持积极态度。我当时已经开始为这件事进行呼吁。我于1989年11月10日要求联邦总理在莫德罗当选总理后尽早亲自与他会面。……我本人主动于1989年11月14日打电话给当选为总理不久的汉斯·莫

---

① 源自2014年6月25日在希尔德斯海姆大学历史研究所与霍斯特·特尔切克的谈话；参阅克里斯蒂安·容克所著《失败的历史·1989年后统一社会党高级官员的历史反思》，2007年出版于海德堡，第251页。文中问，不仅克伦茨和萨博夫斯基如此，就连莫德罗也未必是真正的改革者？"他们都在昂纳克倒台后希望维持东德的存在。"

② 参阅鲁道夫·赛特斯所著《信任关系——相关文献》（由Carsten Tergast整理），2016年出版于弗莱堡、巴塞尔、维也纳，第126页。

③ 参阅鲁道夫·赛特斯所著《信任关系——相关文献》（由Carsten Tergast整理），2016年出版于弗莱堡、巴塞尔、维也纳，第137—138页。

德罗，并向他保证，东德眼下起步的改革进程可以指望得到我们的
支持。[1]

福格尔直到1990年第一季度还保持着与他的接触。

1989年12月的第一周，西德外长汉斯－迪特里希·根舍会见了他的苏联
同行爱德华·谢瓦尔德纳泽。在谈到东德示威者的纪律性时，根舍提及莫德
罗的姓氏，尽管他根本就没有见过莫德罗：

> 必须坦率地说，东德人在追求民主化的示威活动中，十分注重责
> 任、尊严和全局眼光。他们并不具有进攻性，而是和平行事。他本人
> 对此十分满意，他们毕竟来自其家乡。与他的议会党团领导人沃尔夫
> 冈·米施尼克不同，他并不认识莫德罗总理。但是，他赞同米施尼克的
> 意见，即莫德罗是真诚地启动了改革发展。西德联邦政府祝愿他找到
> 正确道路，祝愿他以真诚重新赢得民心。[2]

谢瓦尔德纳泽证实了根舍的评价："苏联方面认可和尊重莫德罗是一位客
观、内行的政治家。"[3]

---

[1]　参阅汉斯-约亨·福格尔所撰写的《社民党在德国统一进程中的参与》一文，收录于他本人与
Erhard Eppler、Wolfgang Thierse 所著《不可分割——社民党与德国统一（1989—1990）》，2014 年出
版于弗莱堡、巴塞尔、维也纳，第 9—183 页，此处援引自第 52—53、69 页。

[2]　参阅文献第 13 卷：《译员哈尔特曼 1989 年 12 月 6 日所作关于联邦外长根舍与苏联外长谢瓦尔德
纳泽 1989 年 12 月 5 日会谈的追记》，收录于 Andreas Hilger（发行人）所著《德国统一的外交——联
邦德国外交部关于 1989—1990 年德苏关系的文献》（《当代历史》第四季度专刊系列文章第 103 卷），
2011 年出版于慕尼黑，第 61—73 页，此处见第 69 页。

[3]　参阅文献第 13 卷：《译员哈尔特曼 1989 年 12 月 6 日所作关于联邦外长根舍与苏联外长谢瓦尔德
纳泽 1989 年 12 月 5 日会谈的追记》，收录于 Andreas Hilger（发行人）所著《德国统一的外交——联
邦德国外交部关于 1989—1990 年德苏关系的文献》（《当代历史》第四季度专刊系列文章第 103 卷），
2011 年出版于慕尼黑，第 61—73 页，此处见第 69 页。

与克伦茨不同，赛特斯可以与民主德国新总理汉斯·莫德罗发展另一种关系："他的话是可以信赖的"[①]，尽管他是"一个正在沉沦的国家的管理者"[②]。赛特斯在一个专访中更加清晰地对克伦茨和莫德罗进行了区分：

1989年11月20日，我在东柏林同时会见了国务委员会主席埃贡·克伦茨和总理汉斯·莫德罗。这是一次客观的谈话。内容是准备1989年12月5日的下一次访问。在联邦总理1989年12月访问德累斯顿问题上，我们达成了一系列共识。与克伦茨之间，我找不到沟通点。他是一个官僚作风很浓的干部，是一个见风使舵者。他是一个完全不可信赖的人。他是一个突然接手这些职务的角色。他不是改革者，但是却作出一副改革者的姿态。我对他毫无交往意愿。但是莫德罗却不同。当时，他与德累斯顿的统一社会党市长沃尔夫冈·贝格霍费尔二人均被视为改革者。我与他在谈话中达成的所有共识，他都能够信守诺言。1989年12月2日，我与东德经济官员亚历山大·沙尔克－戈罗德科夫斯基在电话中就1989年12月5日的访问进行沟通。我也信任沙尔克－戈罗德科夫斯基。但是，他于1989年12月4日逃到了德意志联邦共和国。我在内心思索：东柏林的会谈还能带来什么成果？会谈结果会不会被局势所湮没或者被干扰？在与莫德罗单独会谈时，我们俩达成共识：不再讨论关于逃亡者的话题。我们商定，（东德方面）对

① 参阅文献第13卷：《译员哈尔特曼1989年12月6日所作关于联邦外长根舍与苏联外长谢瓦尔德纳泽1989年12月5日会谈的追记》，收录于Andreas Hilger（发行人）所著《德国统一的外交——联邦德国外交部关于1989—1990年德苏关系的文献》（《当代历史》第四季度专刊系列文章第103卷），2011年出版于慕尼黑，第138页。
② 参阅文献第13卷：《译员哈尔特曼1989年12月6日所作关于联邦外长根舍与苏联外长谢瓦尔德纳泽1989年12月5日会谈的追记》，收录于Andreas Hilger（发行人）所著《德国统一的外交——联邦德国外交部关于1989—1990年德苏关系的文献》（《当代历史》第四季度专刊系列文章第103卷），2011年出版于慕尼黑，第147页。

退休者取消最低换汇规定，（西德方面）取消欢迎费。这些规定原本对东德民众具有侮辱性。对此没有提出任何要求。但是，为此设立了一项高达23亿西德马克的旅行外汇基金。这一切都与莫德罗达成了共识。在德累斯顿访问时，这些共识还继续存在。然而，德累斯顿的事态戏剧性地改变了我对谈判的立场。我们当时猛然坚信，这一切已经没有意义了。无论在1989年9月30日，还是在1989年11月9日，我都不相信重新统一之日已经那么近。科尔在1989年11月28日发表"十点计划"时，完全可以引申出另一种时代前景。在这个晚上，东道国东德政府听任西德客人与东德本国群众聚集在一起，在我的一生中从未在任何其他地方经历过这种场景。因为他们显然是担心群众给科尔鼓掌，同时他们也担心自己遭到嘘声。我们当时确信，再提供资金支持已经没有意义了。1990年1月和2月，莫德罗对科尔和我十分失望，至少他对媒体是这样抱怨的。他当时太过乐观了。[1]

赛特斯在回忆1989年12月于德累斯顿与莫德罗会面时这样认为：

我相信，莫德罗当时很可能完全不清楚自己承接了东德多么灾难性的历史遗留问题。数据变化也很大。总是在谈论舒缓压力援助问题，一下子提高到400亿，之前曾经确定为100亿和200亿。但是，这些承诺直到后来才支付，那就是苏联解体之后，不过数额又上升到了另一个数量级。[2]

---

[1] 参阅米歇尔·盖勒2016年6月30日在希尔德斯海姆对鲁道夫·赛特斯博士的采访录（原稿由发行人自己保管）。

[2] 参阅Heribert Schwan、Rolf Steininger所著《我的1989年11月9日》，2009年出版于杜塞尔多夫，第352页。（文中提到的"数据"和几处金额，是指西德向东德提供援助的金额，即所谓"舒缓压力援助"。但直到两德统一、苏联解体后才支付。——译者）

东德政治局势喧嚣骚乱的戏剧性，自 11 月 9 日起吸引了西德联邦总理的特殊注意力。他始终没有掩饰自己对统一社会党领导层所处困窘局面的关注：

> 12 月 8 日在东柏林迪纳莫体育馆召开的统一社会党特别党代会上，就因毫厘之差躲避了解散该党的命运。莫德罗和新任党中央文化部长洛塔尔·比斯基等人强烈希望维持和保留该党，代表们在经过一场群情激昂的讨论之后投票决定，反对解散该党，立即选举新的领导班子。①

党代会决定继续保留统一社会党。格雷戈尔·居西当选主席，沃尔夫冈·贝格霍费尔、沃尔夫冈·波尔和汉斯·莫德罗当选副主席。②

莫德罗曾经在科尔访问德累斯顿之前请求他"为安抚民主德国人发挥作用"，因为群众骚乱的起因是被揭露的腐败案例越来越多。③维尔纳·魏登费尔德将科尔的访问称为"转折中的转折"。④

西德联邦总理在回忆自己访问那个萨克森统一社会党专区城市时，叙述了对莫德罗的印象，认为他在大范围会谈时已经无法适应时局的发展了：

> 莫德罗开始局促不安，用手指在讲话稿上慢慢挪动……他说，他对局势感到担忧，认为有关重新统一问题的讨论毫无节制，有可能突

---

① 参阅赫尔穆特·科尔所著《我要的是德国统一》，执笔人是 Kai Diekmann Ralf、Georg Reuth，1996年出版于柏林，第 210—211 页。

② 参阅莫德罗所著《我原本是要建设一个新德国》，第 379—380 页。

③ 参阅维尔纳·魏登费尔德所著《为了德国统一的外交政策——1989—1990 关键年》（《德国统一史》第 4 卷），1998 年出版于斯图加特，第 148—149 页。

④ 参阅维尔纳·魏登费尔德所著《为了德国统一的外交政策——1989—1990 关键年》（《德国统一史》第 4 卷），1998 年出版于斯图加特，第 201—204 页。

破暴力界限。他认为国家现在需要内部稳定。他最后还谈到了东德的经济局势，要求1990—1991年度获得150亿西德马克的"舒缓压力援助"——这个数额也是沙尔克－戈罗德科夫斯基曾经为克伦茨索要过的。[1]

科尔描述了他反驳这一要求的过程：

> 我强调了反驳的理由：他的话与前一位发言者所叙述的观点有着基本差异，但是也有某些共同点。对我提出的十条计划，东德只能接受九条。建立一个联邦的目标还没有成为话题，尽管我坚信事态正朝着这一方向发展。我对莫德罗说，至于高达数十亿巨额的财政援助问题，民主德国必须创造框架条件。因此我拒绝"舒缓压力援助"，况且这一概念完全不恰当。[2]

在库尔特·比登科普夫的日记中，对1990年1月7日的情况记载了长长的一段有关莫德罗的文字。在库尔特·马苏尔的推荐下，比登科普夫在莱比锡大学获得了一个客座教授席位。他在日记中记载了拜访东德总理的那段经历：

> 莫德罗友好地接待了我们，并强调说我们并非初次见面。当我们到齐以后——总理，他的国务秘书，经济改革委员会主席，以及他的

---

[1] 参阅赫尔穆特·科尔所著《我要的是德国统一》，执笔人是 Kai Diekmann Ralf、Georg Reuth，1996年出版于柏林，第215页。

[2] 参阅赫尔穆特·科尔所著《我要的是德国统一》，执笔人是 Kai Diekmann Ralf、Georg Reuth，1996年出版于柏林，第215页。

私人助理——莫德罗要求我简单地作一个报告。我报告的题目是货币改革、欧共体兼容性和舒缓压力援助问题。莫德罗密密麻麻地做着笔记，详尽地回答了问题。他首先阐述了自己作为民主德国1600万人口总理的角色。他不仅把这个职务视为一个重负，而且也是一项建立民主和自由选举的使命。他详细介绍了"中央圆桌会议"的情况和"新论坛"组织的反对立场。他与"新论坛"进行了谈话，同时邀请了各个反对派组织参与对话。[1]

莫德罗在维持和改善东德局势方面所作的努力，给比登科普夫留下了特定的印象：

> 之后，他逐渐谈到了处理舒缓压力援助、国际合作、东德受到经互会束缚的各项义务、东德与欧共体关系和年轻人未来展望等问题。最终，他转向了立即实现货币可兑换性和激活东德经济的框架条件等必要事务。在我们后来进行的谈判中，他的随行人员几乎没有参与讨论。[2]

比登科普夫对此次会见莫德罗最终给予了肯定性的评价，但同时也对其未来的前景感到悲观："同莫德罗的谈话中得出的印象是，他是一位更加适合于官僚主义办事程序的人，尽管他有能力，也有完成任务的决断力，但是对外没有表现出很强悍的作风，缺乏基本的魅力。尽管如此，他是值得赞扬的。"[3]

---

[1] 参阅库尔特·比登科普夫：《1989—1990，一部德意志笔记》，2000年出版于柏林，第75页。
[2] 参阅库尔特·比登科普夫：《1989—1990，一部德意志笔记》，2000年出版于柏林，第75页。
[3] 参阅库尔特·比登科普夫：《1989—1990，一部德意志笔记》，2000年出版于柏林，第75页。

洛塔尔·德梅齐埃在莫德罗内阁中担任副总理，负责教会事务。他对那届政府的回忆仍然很美好。在问及他致力于改革的认真程度时给予了肯定的答复。这位第一任也是最后一任自由选举产生的总理，在评论莫德罗作为政治家的性格特征时认为，他确实是想保留一个独立的民主德国。德梅齐埃称，直到莫德罗 1990 年 1 月底访问莫斯科回国后，当他察觉到力挽狂澜已经无望时，立场才发生了转变，于 1990 年 2 月 1 日"出人意料地"提出了"德国，统一祖国"的口号。

根据德梅齐埃 1990 年 2 月初的观察，莫德罗这一令人惊讶的转变是源于没有从莫斯科带回戈尔巴乔夫给予支持的实质性承诺：

> 于是，这就导致莫德罗 2 月 1 日突然在人民议院提出"德国，统一祖国"的说法，这是民主德国国歌中的一句话。我认为他的这种做法非常不合规矩。事后我也当面指责过他，他很清楚我的态度。因为，他在提出这一说法之前并没有与联合执政者沟通协调。也就是说，他此举不仅意味着宣布战术转变，而且完全是战略转变，却没有与他一同被套上挽具、辛苦拉车的同事打一个招呼。然而，我当时却无法表示反对，因为他走的是一个正确的方向，我本人也希望如此。[①]

1990 年 1 月和 2 月间提出的"德国，统一祖国"的口号，原本设想的是一个长期项目，或者是一种邦联模式，或者是两个国家的联合体，总之是为了一揽子解决德意志问题，但是形势的发展实际上已经不能与时俱进，已经被时代超越。仅仅在几个月之前，大约是 1989 年 12 月中下旬，赫尔穆特·科尔和汉斯·莫德罗还都认为，至少要持续数年甚至数十年，必须在具备

---

① 参阅 Heribert Schwan、Rolf Steininger 所著《我的 1989 年 11 月 9 日》，2009 年出版于杜塞尔多夫，第 206—207 页。

内政与外交的稳定条件下，两德统一才有可行性，才有可能实现。[①]

瓦尔特·西格特是原统一社会党政治家，1980—1990年担任民主德国财政部国务秘书，1990年一度代理财政部长。他自20世纪50年代就已经结识莫德罗，后者当时在柏林担任自由青年联盟柏林专区负责人。西格特记忆中的莫德罗是一位"令人愉快的谈话伙伴，因为汉斯以平起平坐的姿态与我谈话，愿意与我交流看法。他愿意接受各种思想，这一点很棒"。

西格特在政府工作时期的感受是：

> 汉斯·莫德罗在危机状态下接任了总理职位。曾经有其他候选人，但是最终还是选择了他，因为他在领导层"失语状态下"走出了自己的路，试图与人们进行对话，着手调停而不是推诿指责。他以敢于批评著称。他也以这种精神走向新的岗位。他寻找与他有着同样处理危机思想的结盟者，例如克里斯塔·卢夫特、哈里·默布斯等。在组建政府时，他吸纳来自东德基督教民主联盟、德国自由民主党、德国国家民主党等其他政党的人物，对新作风的可信度至关重要。在任期内，我与汉斯主要对一些困难的议题进行商议，例如"削减物价补助""新的解决方案：增加子女补助费"。那是一种全新的作风：有了一位愿意探索解决方案并倾听意见的新总理。来自"大楼"（统一社会党中央）对政府的监管时代已经一去不复返了！[②]

西格特承认，他这位最后第二任总理直至任职结束，始终为了民主德国而殚精竭虑：

---

① 参阅卡斯滕·蒂默所著《从崛起到变革》，第339页。
② 与瓦尔特·西格特的谈话，由奥利佛·迪科普采访，2018年2月13日（记录稿存于发行人处）。

诚然，汉斯·莫德罗在民主德国的最后几个月作出了巨大贡献。他建立了政府与"中央圆桌会议"之间的关系，从而与埃佩尔曼、普拉策克、罗姆贝格等民权人士建立了工作关系，并试图共同解决危机状况。至于这一切为时已晚，则并非他的责任。直至3月份，他始终不遗余力地采取一切手段，只要在政治上似乎还有某些用武之地。他去了达沃斯，他与戈尔巴乔夫、科尔进行了会谈。他所做的一切都是为了保留民主德国，都是为了其公民的利益。[①]

国防部长海因茨·凯斯勒的后任特奥多尔·霍夫曼海军上将的任期时间为1989年11月18日至1990年4月23日。之后，直至他1990年9月24日提前退休，他在裁军与防御部长赖纳·埃佩尔曼的麾下出任专门为他和过渡阶段新设的国家人民军司令一职。霍夫曼对莫德罗作了以下回忆：

当时是1951年，我在德米茨的州少先队队长学校学习。这是一个为期三个半月的学习班。莫德罗当时是自由德国青年联盟（FDJ）什未林区委书记。在学习班期间，他为我们作过数次报告。他站在讲台上，我坐在第3排或第4排座位上。至少我还记得这些。当我1989年再度向他自我介绍时，我还提到过这件往事。此外，当我自我介绍时，他说："我原本期待的是一位陆军上将。"我的回答是："我是海军上将！"他说："那好吧，我与海军上将也能好好相处。我的父亲曾经是海员。"我们后来果然相处很好。许多专区党委第一书记都认为军队是多余的。莫德罗不认为军队是多余的。俗话说，无论别人态度如何都要随遇而安。[②]

---

① 与瓦尔特·西格特的谈话，由奥利佛·迪科普采访，2018年2月13日（记录稿存于发行人处）。
② 参阅奥利佛·迪科普2016年3月29日对特奥多尔·霍夫曼海军上将的采访录，霍夫曼夫人和Svelana Egorova也在场（记录稿存于发行人处）。

霍夫曼被问及从历史观察的角度看，莫德罗留下了什么印记时，他的答复是：

> 莫德罗属于一个追求变革的人。例如，在民主化、经济以及人际交往领域中。无论过去还是现在，莫德罗始终具有这个特点。他是一个习惯于节俭生活方式的人——形同苦行者。他知道群众的想法和关切。莫德罗早就是这样的一个人。他总是身体力行，充满勇气。他也常常给自己提出难题。例如"中央圆桌会议"的形式就是出自他的想法。（原文如此！）他想从中找到平衡。他把教会放到了正确的位置。当柏林国家安全部总部受到冲击时，他亲临现场处理。但是，戈尔巴乔夫当时是什么态度呢？他说："迟到者将受到生活的惩罚。"戈尔巴乔夫本人也迟到了。这一点当然也体现在莫德罗身上。但是我认为，他总体而言理应获得十分积极的评价。在我上任时，先后拜会了克伦茨和莫德罗。两位当事人的做法是一致的：他们给我下达的首要任务是设法让整个进程以和平方式推进。莫德罗补充道："包括军队内部。"这句话并非没有依据。而且确实应当这样做。莫德罗也不是一个优柔寡断的人，而是一个敢于决断者。然而，整个政府已经无力回天，民主德国最终已经难以维持。[①]

在德国政策的巨型对手赫尔穆特·科尔看来，莫德罗所犯的关键性错误是1989年底1990年初对国家安全系统的处理方式：

> 莫德罗试图挽救斯塔西，结果被证明是帮了倒忙。……正当我们

[①]　参阅奥利佛·迪科普2016年3月29日对特奥多尔·霍夫曼海军上将的采访录，霍夫曼夫人和Svelana Egorova 也在场（记录稿存于发行人处）。

许多在东德的同乡整装待发准备离开家乡时，他却致力于再版一个国家安全机构。其后果当然只能是灾难性的。他起初的乐观，演变成悲观和苦涩。我坚信，如果他不做这番不当的努力，东德的氛围不会如此糟糕。此举不仅使得东德民众更为加剧已经存在着的对莫德罗改革意愿的怀疑，而且他们也担心可能还会回到原先的状况。我读到了很多来信，也倾听了很多东德访客的心声。我在总理府门前和在我奥格斯海姆的住宅门口，与他们进行过交谈……①

1990年1月15日，科尔在基民盟联邦主席团袒露了他的真实想法：

> ……是否重建国家安全机构，此事产生的效应可以拿我们前普法茨地区种地作比喻：你在室外种了蔬菜和植物，结果5月初的夜间突然来了一场 −5℃的冰冻，整个收成全部泡汤。也就是说，人们充满了怀疑，怀疑你的目的究竟是什么？我在德累斯顿与莫德罗谈到了该政权的这个唯一致命弱点。人们都往外跑。我们当然可以想干什么就干什么，但是如果不能制止和阻止每天2000人的出走，那么几天内就可以达到上万人到2万人，一个月就可能达到5万人到6万人，于是我们现在就会面临当年乌布利希时代不得不建筑柏林墙时的困境。……②

斯塔西档案专员、日后的联邦总统约阿希姆·高克，在回忆莫德罗在"中央圆桌会议"期间的作用时带有一定的矛盾性：

---

① 参阅赫尔穆特·科尔所著《我要的是德国统一》，执笔人是 Kai Diekmann Ralf、Georg Reuth，1996年出版于柏林，第247页。
② 参阅1990年1月15日文献，收录于 Günter Buchstab、Hans-Otto Kleinmann（修订）所著《赫尔穆特·科尔，联邦德国总理和基民盟联邦主席团主席，1989—1998年形势报告》（《当代史研究与资料来源》第64卷），2012年出版于杜塞尔多夫，第72页。

莫德罗在"中央圆桌会议"期间是一个矛盾人物。他在有些问题上没有说真话，因此使得已故的沃尔夫冈·乌尔曼感觉到受了莫大欺骗。他也作出过一些很成问题的决策。但是，我不想过度责备莫德罗，因为与统一社会党其他人相比，他基本上算是一个正面的类型。当然，他也被高估了。[1]

1990年1月和2月间，莫德罗的一点计划有可能危及科尔的德国政策，那就是在考虑将整个德国拉进西方的安全联盟北约时。这位联邦总理在回忆莫德罗提出的"三步计划"时承认，莫德罗是想发展一个中立的德国：

莫德罗的倡议向我们表明，苏联在阻止东德垮台的问题上并没有答案。东方提出的建议，与我的十点纲领在极为重要的一点上有着差异。莫德罗在2月1日回到东柏林后，精确地证实了这一点：重新统一的德国应当保持中立。如果米哈伊尔·戈尔巴乔夫以快速重新统一作为报价，来换取退出北约和保持中立，就会导致两个德国的公众无法取得广泛一致。由此产生的政治压力可能导致糟糕的后果。我坚信，不仅对我们而言，而且对整个欧洲来说，中立化将是一个后果严重的错误，其严重性不亚于德国受到《凡尔赛条约》的孤立。德国的中立化，意味着很快就会产生一种侵蚀效应，继而导致北约和欧盟的终结。[2]

---

[1] 参阅 Heribert Schwan、Rolf Steininger 所著《我的 1989 年 11 月 9 日》，2009 年出版于杜塞尔多夫，第 131 页。

[2] 参阅赫尔穆特·科尔所著《我要的是德国统一》，执笔人是 Kai Diekmann Ralf、Georg Reuth，1996 年出版于柏林，第 254 页。

科尔看得很准确，这一动议来自莫德罗，而不是戈尔巴乔夫。尽管中立与中立化不是同一概念，但联邦总理却混淆了概念或者有意识地偷换了概念。其原因是担忧莫德罗的想法有可能在德国民众当中赢得多数支持。

在1989年12月与1990年1月期间，苏联外交官步调一致地支持莫德罗的德国中立观念及其"三步计划"方案，无论是苏联驻东柏林的大使科契马索夫、苏联前任驻联邦德国的长年代表法林，还是时任苏联驻波恩的大使科威钦斯基。后者的态度非常坚定："统一后的德国绝对不可能属于北约。"[①]

科尔为此发出了警告。在与莫德罗于达沃斯世界经济年会上见面后，他获悉东德政府首脑提出的那份倡议的背景：

> 莫德罗对我说，他对德国的未来进行了考虑，因为人们还在成群结队地离开这个国家。他说，他的想法既还没有跟他的政府进行通气，也尚未与"中央圆桌会议"进行协商（原话如此！）。他的这一个人倡议，是在与米哈伊尔·戈尔巴乔夫会谈后有感而发的。[②]

科尔对他的话作出了如下回应：

> 尽管我对他那"为了德国，统一祖国"的倡议没有给予一个字的回应，但是我当时得到的印象是，莫德罗事实上并没有放弃东德。我相信，他只是想赢得时间，或许希望局势能够稳定下来。莫德罗的做法让我回忆起去年（指1989年）的11月，当时他提出建立"条约共

---

① 参阅赫尔穆特·科尔所著《我要的是德国统一》，执笔人是 Kai Diekmann Ralf、Georg Reuth，1996年出版于柏林，第256页。

② 参阅赫尔穆特·科尔所著《我要的是德国统一》，执笔人是 Kai Diekmann Ralf、Georg Reuth，1996年出版于柏林，第254页。

同体"的建议时，就是试图抛出有关德国政策的倡议。我对莫德罗说，统一和联盟归属问题都不是我们今天的议题，我将访问莫斯科，在那里与戈尔巴乔夫对此进行谈判。听完此话后，他用最悲观的色彩对我描绘了东德的局势。[①]

对科尔来说，无异于双喜临门：无论是东德的命运，还是苏联的命运。主要原因是，不仅那个统一社会党国家正在解体过程中，就连苏联也在1989—1990年间处于社会与体制的瓦解进程中——经济与政治上给人以史无前例的软弱印象。莫德罗的倡议缺乏承重和议政的根基：缺乏足够的权力和相应的后盾。这个未经政府和圆桌会议协商的倡议来得时机太晚，已经没有生机了。在11月9日之后，与1989年的秋天相比，形势已经发生了比较大的变化了。[②]

科尔在达沃斯会见莫德罗之后，于1990年2月8日在基民盟联邦主席团会议上介绍了如下情况：

我相信，他调查的结果是真实的。他看得非常清楚，他的时代将于3月中旬结束。他试图体面地走向终点——我也可以接受他的做法。他非常担心动荡的局势可能带来某些消极后果。他与许多人一样，正在等待人民议院的选举和新政府的组成，等待着联邦政府拿出一个纲领来——他称之为补偿。在这样的态势下，补偿是一个糟糕的词语——意味着160亿—170亿压力平衡经费。只有通过"补偿"，才

---

① 参阅赫尔穆特·科尔所著《我要的是德国统一》，执笔人是 Kai Diekmann Ralf、Georg Reuth，1996年出版于柏林，第257页。

② 参阅赫尔穆特·科尔所著《我要的是德国统一》，执笔人是 Kai Diekmann Ralf、Georg Reuth，1996年出版于柏林，第257页。

能推动其他不同领域的进展。然而每个人肯定都很清楚，即使我们手中真的有那么多经费，也无济于事。……我同苏联会谈的主导思想是：首先，我要根据莫德罗所说的情况再一次给予大力支持——我没有理由怀疑他说的情况——局势正在戏剧性地恶化。苏联领导人必须明白，他们在东德驻扎有 19 个师，连同家属总共有 45 万—50 万苏联公民，如果东德局势继续恶化，原本可以庆幸的和平革命将达到某个沸点，从而不再和平，开始出现动荡，局势将十分危险。①

比登科普夫 1990 年 2 月 20 日在他的日记中吐露了对民主德国总理访问波恩的观察心得：

> 在东德政府看来，莫德罗的访问完全是一个失败。仅仅设立了一个筹备经济与货币联盟的共同委员会。这个委员会今天在柏林开始工作。但是，由于没有获得物资援助，此访的外部反应和在东德的氛围，普遍充满了失望情绪。苏珊娜报道称，部分东德人聚集在莫德罗的背后，因为他们不满意西德联盟党政治家最近几天的表现，包括自民党的表现。②

三天后，比登科普夫再一次强调了这一印象，同时也指责了科尔在莫德罗面前的表现：

---

① 参阅 1990 年 2 月 8 日文献，收录于 Günter Buchstab、Hans-Otto Kleinmann（修订）所著《赫尔穆特·科尔，联邦德国总理和基民盟联邦主席团主席，1989—1998 年形势报告》（《当代史研究与资料来源》第 64 卷），2012 年出版于杜塞尔多夫，第 95、97 页。
② 参阅库尔特·比登科普夫所著《1989—1990——一部德国日记》，2000 年出版于柏林，第 113 页。

科尔在莫德罗访问波恩期间所表现的居高临下姿态，反而提升了东德总理的形象。《南德意志报》今天在报道莫德罗时使用的标题是："蒙受羞辱却显示高尚。"莫德罗此时成为东德最受欢迎的政治家，其声誉已经将贝格霍费尔远远甩在身后。人们希望他能有更多的当选机会，不过并不支持那个老朽的统一社会党。[①]

联邦银行行长卡尔－奥托·珀尔在评价东德的经济状况时毫无溢美之词：

整个东欧集团的局势糟糕透了，不仅在东德，而且在波兰，在捷克斯洛伐克。当莫德罗来到波恩时，他想索要200亿（原文如此！实际上是150亿）贷款。但是科尔拒绝了。如果援助200亿，原本可以继续维持这个政权几年。究竟这将意味着什么，必须要从政治角度来看问题。如果莫德罗得到贷款并使东德继续存活两年，那么科尔就会使得东德民众极度失望。时至今日，如果再说什么当年还有其他选择，还有其他方法的话，那么一切都是理论空谈而已。历史的轨迹并非如此。[②]

珀尔如此坚决地从科尔的角度来作论证，但是他的最后几句话听上去是矛盾的。因为，当时显然是有其他选择的，但是科尔不再愿意作其他选择，而许多东德公民也不再愿意作其他选择。时值1989年，莫德罗关于东德经济现状的评估能力受到了批评。洛塔尔·德梅齐埃的观点是：

---

① 参阅库尔特·比登科普夫所著《1989—1990——一部德国日记》，2000年出版于柏林，第120页。
② 参阅 Heribert Schwan、Rolf Steininger 所著《我的1989年11月9日》，2009年出版于杜塞尔多夫，第256页。

我也相信，汉斯·莫德罗对民主德国的经济力量有着完全错误的认识；究竟还有哪些生产效率？究竟还能创造多少价值？对他来说，尤其严重的是1月底受到的惊愕——戈尔巴乔夫可能对他说："你们不能指望我们的援助了。你们自救吧，我们自己也破产了。"此外，戈尔巴乔夫1月份在索菲亚的经互会峰会上已经宣布，未来贸易结算不再基于卢布基础，并且说："我们必须立即基于可兑换货币进行交易。"不过，这一结算方式将推迟到1990年底开始执行……①

1990年2月，当莫德罗政府在波恩要求为民德政府提供150亿西德马克的"团结贡献"时，特尔切克用自问自答的方式，对莫德罗为什么未能说服西德联邦政府的原因给出了答案：

关键的问题是：150亿"团结贡献"究竟用于什么地方？其答案永远不可能及格。他们提出了一个商品清单，这些商品要在联邦德国购买，然后在民主德国出售。这种方法无法解决民主德国的供应问题。更关键的问题应当是，民主德国究竟应当实施什么经济和政治改革？答案仍然不能令人满意，反而暴露了留任政府的束手无策。那份秘密的《许雷尔报告》，并没有向联邦政府提供。报告论证了东德经济的破产状况和早就应当实施经济和政治改革的必要性。为达此目的，即使有了150亿也不够。②

---

① 参阅 Heribert Schwan、Rolf Steininger 所著《我的1989年11月9日》，2009年出版于杜塞尔多夫，第200页。
② 源自2014年6月25日在希尔德斯海姆大学历史研究所与霍斯特·特尔切克的谈话（记录稿存于希尔德斯海姆大学历史研究所）。

德意志联邦银行行长汉斯·蒂特迈尔只能从远处观察莫德罗。他认为，东德在缔结"货币联盟条约"等方面失败了：

> 问题不仅只存在于这些方面。当苏联的局势发展及其政策设想发生转变后，才出现了变化。科尔比较巧妙地作出了反应。不仅在德国重新统一方面，而且在建立货币联盟方面。他原本肯定会在货币联盟道路上继续走下去，但是已经来不及了。他于1989年圣诞节期间在德累斯顿圣母教堂前演讲时的经历，肯定给他留下了深刻印象。他在那里感受到了人们对重新统一的支持。这一点给他留下了深刻印象。他后来多次向我叙述过。时值当时，东德一直是一个问题。不仅在德国，在欧洲，也是在全世界。并且带有经济和政治特性。问题是，究竟应当找到一个什么解决方案？理应找到一个和平的、在政治和经济上能够承受的解决方案。于是，就开始了与京特·克劳泽的谈判。科尔扮演了一个重要的角色，首先是他于1989年11月提出了"十点计划"。他当时雄心勃勃，在核心问题上决策正确。当时，货币联盟起到了一个重要的作用。[1]

蒂特迈尔认为，莫德罗政府的成就是比克伦茨"多迈了一步"，"但是目标不够明确"。蒂特迈尔从未见过莫德罗，但是他从远处观察莫德罗后得出的结论是，莫德罗过于遵从苏联和东欧联盟体系。[2]在"民权分子"、社民党成员、神学家里夏德·施罗德看来，莫德罗并不能算是一个积极改革者：

> 莫德罗本来就不是一个真正的改革政治家，他并不想跨越已经定

---

[1] 2015年12月17日，Joachim Algermissen 应发行人的委托对汉斯·蒂特迈尔进行的采访。
[2] 2015年12月17日，Joachim Algermissen 应发行人的委托对汉斯·蒂特迈尔进行的采访。

义为马克思列宁主义的界限。我曾经在德梅齐埃的生日庆典上与他谈话。当时，他或许把我看作他们那个核心小圈子了，居然对我说："施罗德先生，我现在已经有证据，可以证明戈尔巴乔夫背叛了社会主义。"……莫德罗以其个人的谦虚给人留下深刻印象，从来不会追求官员的奢华待遇。这一点可以公平地认可他。他对事业是忠诚的，从来不会为了达到目的而不择手段。他的这一个优点可以给予证明。他从内心憎恨腐败和官僚主义。但是，他不会改变自己的政治目标。民社党曾经认为，他的名声之大，甚至可以提名他为人民议院主席候选人。我却认为，这是完全错误的一个评价。每个政党都可以提出自己的候选人，但是最终结果只会落选。①

东德时期当过工程兵战士、民权分子、基督教神父，自1989年秋天起成为"民主觉醒"组织成员，后来又成为基民盟政治家，并在德梅齐埃政府内担任裁军与防御部长，最终出任统一社会党独裁清理联邦基金会董事会主席的赖纳·埃佩尔曼，在"中央圆桌会议"上第一次见到莫德罗，"几乎是匆匆一瞥"，后来"他诚邀我出任其内阁的无任所部长，因为我当时是民主觉醒的代表"。他对莫德罗的看法是：

无论如何，我成了他（1990年1月30日）率领的一个小型代表团的成员，前往莫斯科访问戈尔巴乔夫。在那里与他进行了会谈。之前，戈尔巴乔夫与莫德罗之间有一个单独会谈，当时我们不在场，话题肯定还是莫德罗向戈尔巴乔夫要钱，戈尔巴乔夫却说"我给不了，也不想给"。之后才举行与戈尔巴乔夫的正式会议。莫德罗的举止始终是正

---

① 发行人2018年4月16日对里夏德·施罗德教授博士的采访。

派、坦率的，而且后来也是这样做的……2月13日和14日，我们又到了波恩。此行他也带上了我。我后来邀请他参加了我的生日庆祝活动。我曾经想，要是能够与他一起在重要岗位上多合作一段时间就好了，要是与他之间的个人交往再多一些就好了。[①]

在谈到他的性格特点时，埃佩尔曼不假思索地答道：

> 谦虚和友好。他明确说明自己面临的任务，然后说明如今我们大家一起面对的任务和政策，我们应当承担民主德国的责任，使得这个正处于觉醒和动荡中、处于革命阶段的社会避免陷入混乱和暴力，确保民主德国第一次自由选举的到来。这就是莫德罗第二个内阁的任务。无论别人今天如何评价他，我必须表明：根据我的判断，他以正派的方式，以对人民的忠诚态度完成了这一任务。我始终认为他是一个正派的人，他在内阁会议上从来不是一个傲慢的或者自以为是的领导人。他在我们不在场时怎样说话、怎样办事，我不得而知。我见到他总是在官方场合，只有一次例外，当时的他还没有处于太敏感的时刻，他应邀到我家参加了私人生日活动。后来，他毫不迟疑地向新当选者交出了手中的权力。也就是说，他没有像如今阿拉伯国家或非洲国家的风俗那样，一旦掌权或者当选之后，就会设法改变宪法，以便自己超出法定时间更长地执政。他没有做过这一切。[②]

他的评价已经十分全面，几乎没有什么可以补充的了。

在3月18日的大选中，苏联方面以巨大兴趣关注民主社会主义党的得

---

① 2017年4月21日奥利佛·迪科普采访赖纳·埃佩尔曼（记录稿存于发行人处）。
② 2017年4月21日奥利佛·迪科普采访赖纳·埃佩尔曼（记录稿存于发行人处）。

票结果。从该党的竞选行动特点来判断，原本以为民社党会与社民党拥有一个共同的未来，但是实际上并没有出现这样的现象：

> 民社党的选举结果似乎让 K（苏共中央国际联络部负责波兰与东德事务的局长瓦连京·科普泰尔采夫）感到松了一口气，同时他也认为莫德罗作出了巨大贡献。他认为民社党已经不是传统意义上的共产党了，而是希望尽快转型。其竞选纲领实际上与社民党并没有什么区别。他相信，两党最晚将在 10 年后融为一个政党。他认为，虽然今天两党各走各的路，但是最晚两年后就会有所变化。①

洛塔尔·德梅齐埃认为，汉斯·莫德罗的政府移交工作"十分规矩"：

> 星期日，我们在部长会议大楼会面。莫德罗打开他的铁皮文件柜，向我移交了有关民主德国国家储备的文件、关于国防条令的文件、关于民主德国债务情况等文件。此外还有索引卡片。由于接收的文件来自数位前任：霍斯特·辛德曼，威利·施多夫，莫德罗，所以我签收的文件中也包括索引卡片。当时的情形有几分阴森森的。在这个星期日，整栋大楼内空空如也。只有汉斯和我两个人在场。须知，当时民主德国有 15 个专区，因此有 15 个统一社会党专区第一书记。当空气中"含铅般凝重"时，14 个人躲闪了，只有一个人说："我们必须体面地坚持到终场。"这个人就是汉斯·莫德罗。我与他的世界观及其对许多

---

① 参阅文献第 24 卷：大使馆于 1990 年 3 月 23 日发来的传真，内容为苏共中央国际联络部波兰与东德局局长科普泰尔采夫 3 月 22 日关于德国政策的谈话，收录于 Andreas Hilger（发行人）所著《德国统一的外交——联邦德国外交部关于德苏关系的文献（1989—1990）》（当代史季度系列丛书第 103 期），2011 年出版于慕尼黑，第 120—124 页。

事情的看法并不一样，但是他在过渡期间的行为非常负责任，他始终避免国家陷入混乱，并且没有让安全部门动用武器。不妨看一看其他国家，那里的人在过渡时期是怎样行事的。他们的行为没有受到国人的赞扬。[①]

德梅齐埃指的是中欧国家政治家，例如波兰的总统亚历山大·科瓦西涅夫斯基和匈牙利的总理霍恩·久洛。

联邦德国最后一任常驻东柏林代表弗兰茨·贝尔特勒，在德国统一的前一天发出了他的最后一份报告电文，对民主德国倒数第二个政府给予了总结性阐述：

莫德罗担任总理职务之后，我获得了直接见他和直接进总理办公室的途径。对我的工作而言，东德外交部从此刻开始已经几乎没有意义了。从与莫德罗进行的许多次会谈中——如同将一颗颗项珠穿起来——可以还原出他预测德国问题发展的思想脉络：

他在1989年11月发表的政府声明中提出两个德国之间建立"条约共同体"，而在联邦总理提出德国问题的"十点计划"后，他于12月初对我说，他与科尔总理的许多看法是一致的，但是他现在并不考虑其中的第十条计划，也就是两个德国的重新统一。他补充道，他直到2005年也不会把这个问题列入议事日程表。及至他1989年12月19日即将在德累斯顿会见科尔总理之前，他又说把统一问题列为2000年的日程表。然而时值1990年1月中旬，他在另一次会谈中表示，这应

---

① 奥利佛·迪科普、Svetlana Egorova 2015 年 4 月 9 日对洛塔尔·德梅齐埃的采访（记录稿存于发行人处）；亦请参阅洛塔尔·德梅齐埃所著《我想让我的孩子不再被迫撒谎——我所经历的德国统一历史》，2012 年出版于弗莱堡的布赖施高，第 170—171 页。

该是 1995 年考虑的问题，现在不应着手予以处理。1990 年 2 月 1 日，他却在他的记者招待会上宣布了"德国，统一祖国"的认知，不过他没有提及精确的时间表。[①]

西德政治学家维尔纳·魏登费尔德对莫德罗的性格特点所作的专业科学性总结，与波恩共和国的一些同时代当事人的看法是相近的：

> 无论赫尔穆特·科尔、苏联，还是东德的民主反对派，都把汉斯·莫德罗视为希望承载者以及唯一的对话伙伴。他被普遍视为诚实可靠的人，他确实是在努力推动国家的民主化。这是一种对他个人先入为主的信任。但是，由于他根植于传统的外交政策思维模式，无法将这种信任转化为政治行动的施展空间。[②]

15. 民主德国社会主义失败的改革者——德国和欧洲新老左翼阵营的社会主义世界公民及主要角色

在柏林墙被推倒之前，莫德罗主要与中东欧社会主义各国保持关系。此外，他与中华人民共和国、日本和古巴保持着接触，后期也与联邦德国进行了接触。基于对联盟的依赖性和联盟义务，他当然也与苏联保持着密切的沟通。莫德罗能够说俄语，也能够读俄文，这对他与苏联建立充满信任的关系特别有益。由于他在超过半个世纪的时间里先是担任国内议员，后又担任国

[①] 参阅文献第 165 号：《东柏林常驻代表处 1990 年 10 月 2 日报告电文》，收录于 Heike Amos、Tim Geiger（修改）所著《统一·联邦德国外交部、民主德国外交部与二加四进程》，2015 年出版于哥廷根，第 745—753 页，此处见第 751—752 页。

[②] 参阅维尔纳·魏登费尔德所著《为了德国统一的外交政策——1989—1990 关键年》（《德国统一史》第 4 卷），1998 年出版于斯图加特，第 208 页。

际议员的职责，莫德罗多方发展了团结伙伴关系，从而得以在2004年5月成为欧洲左翼党的联合发起人。他在这个层面上看出，跨国交往十分有利于实现其社会价值观和政治目标。在志同道合的同路人看来，这位社会主义世界公民有着许多旅行接触的机会。他同时也意识到，欧洲存在着社会主义者与共产主义者的动员潜力。这些人一方面可以定义为不同的示威抗议运动组织，另一方面也越来越多地被视为具有竞选能力的反对派组织。从社会政治角度看，"下层选民"把他们视为追崇社会正义的政党。在统一后的德国，这些势力牺牲了社民党的许多选票。在民社党/新左翼党框架内，莫德罗正在追求他的未来理想和所谓"人道社会主义"的愿景，尽管这种社会主义理想受到了现实存在过的社会主义经历的负面影响而声誉受损。

经历革新进程之后，民社党的宗旨是为了"民主社会主义"和一种经济与社会体制的选项——站在资本主义和新自由主义的对立面。其核心目标是：市场力量自由游戏的经济，理应更多地受到社会和国家的控制；在教育、健康、养老等领域的社会差异，理应通过国家调节加以平衡；"大宗财产"的分配，理应向比较贫困的社会阶层和公共实体倾斜。无论过去还是现在，都应当进一步提高遗产税率，并且重新引进较高收入人群的财产税。

结论

莫德罗仍然继续着他那略微有些争议的政治生涯，但他是一位能够发人深省的时代见证人。与他同时代的许多人，是在民主德国长大，后来在联邦德国继续生活的。两个德国的生活经历，不应当在面对单方面前景时相互对抗，而应当对历史进行多维度、多视角的解读。莫德罗反对西德人对东德历史拥有理所当然的解释权。西德人所使用的"非法国家"这一概念，或多或少地导致对东德历史的轻率处置。不容否认，建立无产阶级专政的目的是东德政策和国家宪法的整体组成部分之一，统一社会党作为政党确实凌驾于国家之上，民主德国不仅表现为一种权威的，而且是一种极权的政治体制，不能容忍其他选项和社会主义意识形态以外现实有效的其他另类思想，也就是说，面对反对者势力甚至不惜使用武力、镇压和恐怖手段。

充满矛盾的大多数东德群众清楚地意识到统一社会党这个国家政党的无限权力，却比较习惯并满足于在东德、在这个统一社会党国家中生活、工作，并且为了"公平""和平""团结"而投身于社会的和社会主义的生活。

统一社会党政权在1989年达到了低谷，已经失去了表现和沟通的能力。正如加布里埃莱·林德纳所阐述的那样，在失去了发声能力之后，紧接着失去了行动能力，并且失去了对"自身已经失去政策诠释能力的理解能力"。公民们实际上已经展开了某种形式的"全民革命"，从工人开端，延伸至职员、官员、牧师、党员干部，直至国家安全部人员，从而遍及全体人民。这场革命导致东德政治体制的向心爆炸。随着统一社会党统治阶层向心爆炸，引发1989年秋天的这场革命，并于之后的1990年导致"从上而下"的垮塌，实际上是源于其他政治决策者或多或少"从外而内"的介入。在她看来，在这场"从上而下在官僚体系内发生的革命"中，操纵者理所当然是那些人。在林德纳看来，那些推动并引导革命的东德人"以极其不同的方式成为革命后果的受害者，他们作为个体迄今仍在竭尽全力设法适应新的境况"。①

在统一后的德国，许多东德公民迄今仍然感觉不到家的归属。他们被变化的节奏所超越，甚至可以说是被碾压。在1989—1990年的"转折"之后，他们希望独立自主，对自己的生活做主，而不是被排挤、被忽视、被监视甚至被诋毁。

---

① 参阅加布里埃莱·林德纳所撰写的《和平革命与莫德罗政府》一文，系2009年11月17日在柏林举办的"莫德罗政府20周年"罗莎·卢森堡基金会研讨会上的发言稿。https://www.rosalux.de/publikationen/id/3520/die-friedliche-revolution-und-die-Modrow-Regierung（检索时间为2018年1月8日）。

莫德罗在 1994 年给比尔·克林顿写的一封信中警告道："对在民主德国这个国家服务过的那些人进行损毁、鄙视和政治司法迫害，正在急剧增加。"[①]他认为，对前国家安全部侦察总局特工人员的量刑尺度，与对西德间谍受到的惩罚相比有失公平。他还写信给联邦总统里夏德·魏茨泽克，请求他赦免东德潜伏在布鲁塞尔北约总部的超级间谍、代号为"Topas"的赖纳·鲁普。如果把东德人"曾经经历过的社会主义历史"剥离掉，就意味着剥夺了他们迄今生涯中的一部分，从而也剥夺了他们对未来的希望。莫德罗提醒他应审慎行事：要"尊重民主德国人的生活成就，将其视为文化的一部分，从而营造不断增长的相互尊重氛围"。[②]与此同时，在东德派驻北约总部超级间谍鲁普一案中却忽略了一点，即鲁普违背的是其雇主和上级，也就是北大西洋联盟所制定的法规，所以正是因为这一点而应接受惩罚。

莫德罗肯定不属于"食古不化者"或者"不可教化者"。在事关东德历史及其本人历史的评价时，尽管他反对主观偏见，但是他自己有时会反复权衡得失，有时会与不同的历史观点针锋相对地辩论。作为德国自由青年联盟和年轻的统一社会党成员，当年他是瓦尔特·乌布利希的追随者和同路人，但是后来他与埃里希·昂纳克的距离却越来越远，这就有助于他对 20 世纪 80 年代的统一社会党体制越来越多地采取怀疑的眼光。在担任民主德国总理的短暂时间内，莫德罗被迫成为国家和政党的政治家。与昂纳克和克伦茨不同，莫德罗不必或几乎不用为东德的不复存在公开作出辩解，尽管他追求的恰恰是这个方向，即对东德进行改革，使之不再是一党独裁的国家，使之保持非一党独裁的现状。在与同时代人进行谈话时，他很少拿民主德国与联邦德国进行对比。像卡尔－爱德华·冯·施尼茨勒主持的"黑色频道"电视节目

---

① 莫德罗于 1994 年 9 月 5 日以联邦议院议员身份致信比尔·克林顿。见联邦档案号 BArch N 2541/164。

② 参阅莫德罗所著《起点与终点》，第 10 页。

莫德罗积极思考与同时代人谈话时的问题。摄于2017年

所描述的那种令人讨厌的、过于偏激的、冷嘲热讽论战式的"反西德宣传"，并不是莫德罗的所作所为。对那些孜孜以求的历史学者来说，将莫德罗作为富有教益之信息来源的兴趣长盛不衰。他对历史的观察和评价，避免了"比较好—比较坏思维方式"和"非黑即白模式"。他承认社会主义的畸形发展，并且根据具体案例批判性地分析其缘由和起因，从而令人清楚地意识到，他在1989—1990年间改变其政治立场有多么的痛苦。在政治原因的逼迫下，他不得不将统一社会党的部长和国务秘书们淘汰出局，改由缺乏政治经验的半路改行者进入政府。他1990年2月5日起启用的无任所部长模式，就是莫德罗"承担民族责任的政府"的此类举措。

　　早在1989—1990年间一系列事件发生之前，莫德罗就已经清楚地意识到局势的畸形发展，察觉到政治与社会发生腐烂的危险，但是党和国家高层食古不化，党和国家大佬们无动于衷——这一切令他感到心寒不已和难以理解。在1989年10月之前，并不存在矢志革新的政治多数主张。民主德国依旧被视为不可撼动，统一社会党的权力依旧被视为不可动摇。一如匈牙利的社会主义劳动党（USAP），统一社会党高层缺乏一股改革势力。[1]莫德罗的结论是："领导同志们一心只想维持其手中权力。他们根本就不愿意承认现实，因而没有能力对形势作出真实判断并在政治局内提出克服时艰的建设性意见。"[2]

对于他从一开始就坚持不懈作出的努力，党组织给予了肯定：他成为民社党名誉主席，并于2007年开始担任"左翼党"元老委员会主席，而且在全世界范围内积极发挥作用。直到最近，莫德罗还在试图提出具有指明方向意涵的问题，但是仍然不能令党内的"同志们"感到满意。左翼党主席说，最近几年曾经到莫德罗那里讨教，但是莫德罗根本就记不得有这样的事。[3]他对如今的左翼党，也就是他自己的党，已经不感到特别稀罕了："它对我们时代面临的问题几乎拿不出令人信服的答案。……它忽视对国情的分析，如今已经沦为政治家的工具了。"[4]莫德罗这里暗指的是党内卡提亚·基平与扎赫拉·瓦根克内希特之间的冲突。在谈到左翼党今天为什么不能达到现实生活领域的原因时，莫德罗的警示就更加清晰了："如今它与其他已经拥有稳固基础的各个政党在一样的范畴内思考和行动。它已经进入联邦德国的政治体

---

[1]　参阅 Andreas Schmidt-Schweizer 所撰写的《"民族圆桌会议"上的政治争论——"谈判路上"的体制转型？》一文，收录于《东南欧报告》1997年第46卷第1/2期，第37—64页；参阅同一作者所著《从改革社会主义到体制转型——1986—1989年匈牙利社会主义劳动党内部的政治革新追求》，2000年出版于美因河畔法兰克福、柏林、伯尔尼；参阅同一作者所著《1985—2002年匈牙利的政治历史——从自由化一党统治到稳定阶段的民主》（《东南欧工作报告》第132卷），2007年出版于慕尼黑。

[2]　参阅莫德罗所著《起点与终点》，第10页。

[3]　参阅 Tom Strohschneider 所撰写的《警告者——他参与建立民主德国，并试图拯救她。政治上他至今仍然活跃。如今汉斯·莫德罗已经90岁》一文，刊载于《新德意志报》2018年1月27/28日。

[4]　参阅《我还可以扛得住租金上涨——东德最后一位总理汉斯·莫德罗（原文如此！）谈其为什么只能拿到惩罚性养老金，左翼党究竟犯了什么错误，为什么他赞同中国的社会主义？》，刊载于《南德意志报》2018年2月2日。

制，却没有对这个体制提出质疑。"①

面对德国经济的重新强大、军事的全球化行动能力和社会的右翼平民化倾向，莫德罗特别强调："鉴于这样的新态势，左翼党明显地面对现实的挑战。在所谓的方向和地位问题上，争论太多。我期待着对当今必要之社会发展问题进行思考的意愿。"②

他以完全通情达理的方式，包括带有自我批评乃至自我谴责的方式，克服了自身的历史纠结。他有别于那些为数不多仍然在世的当事人。那些人在回顾往事时似乎无异于无法救药的老社会主义"水泥脑袋"。因此，莫德罗自身完全是纯洁的，他无须祈求原谅，也不必转向其他信仰："我不用穿着赎罪衣到处转！"③

在回顾历史时，许多观察家觉得东德有些地方似乎比以前漂亮了。越是持续地回望历史，就越会觉得莫德罗遗憾地成为一个失败的拯救者，或者被前政权的追随者和受益者视为"叛徒"。他既不会苦恼，也不会自豪，只有在反思历史时才会流露出几分自满。莫德罗从来没有放弃自己的政治理想。今天，中国给他带来了巨大的希望。他认为："中国特色社会主义不是一种幻想或梦想，而是一个现实。"④他还说："今天这样的全球化世界，是不可能长久存在下去的。"⑤气候灾难、贫富差距和资源掠夺激发了社会斗争，并威胁着

---

① 参阅《我还可以扛得住租金上涨——东德最后一位总理汉斯·莫德罗（原文如此！）谈其为什么只能拿到惩罚性养老金，左翼党究竟犯了什么错误，为什么他赞同中国的社会主义？》，刊载于《南德意志报》2018年2月2日；参阅Dietmar Bartsch撰写的《我看不出分裂的危险》一文，刊载于《汉诺威汇报》2018年6月8日。
② 参阅《关乎生死存亡——汉斯·莫德罗在90岁生日之际谈他的同路人、他在德累斯顿的年代和对一个公平世界的期望》，刊载于《萨克森报》（杂志）2018年1月20/21日。
③ 《星期日报》对Fred David的采访，刊载1994年11月13日。
④ 参阅Kirsten Baukhage所撰写的《坚定的社会主义者》一文，刊载于《新媒体》（Neue Presse）2018年1月27日，此外莫德罗2018年2月9日在柏林与发行人谈话时也有过这样的表述。
⑤ 参阅Kirsten Baukhage所撰写的《坚定的社会主义者》一文，刊载于《新媒体》（Neue Presse）2018年1月27日，此外莫德罗2018年2月9日在柏林与发行人谈话时也有过这样的表述。

《萨克森报》于 2018 年 1 月 20 日—21 日为莫德罗贡献了两个整版

冲突爆发，而资本主义对此无法提供解决方法。莫德罗同时也立即承认，欧洲的社会主义计划经济也失败了。他很少停留在过去，更多地思考着未来的维度，例如中国将于 2035 年成为中等发达国家，到 2049 年——也就是中华人民共和国成立 100 周年——成为社会主义强国，将向非洲和拉丁美洲发射照亮全球的光芒，成为有别于资本主义的另一种选项。[1]

如果把戈尔巴乔夫为昂纳克想出来的那句名言——他本人也来得太迟

---

[1]　参阅《关乎生死存亡——汉斯·莫德罗在 90 岁生日之际谈他的同路人、他在德累斯顿的年代和对一个公平世界的期望》，刊载于《萨克森报》（杂志）2018 年 1 月 20/21 日。

了——形象地套用在莫德罗身上，确实也可以按照他的原意断言：毫无疑问，莫德罗在1989年掌握政治之舵已经为时太迟，因而受到了政治的惩罚。只要一次来得太迟，就会永远抱憾太迟。

在出席各种公开活动时，莫德罗至今仍然受到来自不同方面的鼓励和理解，不仅来自"老同志们"的拍肩膀问候。那些失望的"转折失败者"，在他面前也对其政治行为的坦率而表现出尊重，理解他当年拥有的影响力十分有限。关于是否能够避免民主德国毁灭的问题，莫德罗迄今仍然时常感到纠结。他的自我分析常常耗时费神，深受内心折磨。在不同的谈话中，一些刨根问底的问题常常会逼迫他系统地、绞尽脑汁地加以回答：为什么未能对民主德国和社会主义予以保留？是什么原因导致那一代反法西斯的、有纪律的、有承受能力的、受过系统教育的老人的集体生活空间荡然无存？统一社会党本身应当承担哪些责任？民主德国的自我感觉和外部感觉的区别究竟在哪里？戈尔巴乔夫为什么会失败，他为什么会放弃民主德国并听任其亡国？在与莫德罗进行的谈话中，他对这些问题给出了诸多答案。

在不切实际地、以漫无边际的方式追究如何才能实施有效政策这一话题上，他得出了两点认识：纪律性不应该、不能够过分强调，以致失去解决问题的能力；不能只追求管理，更重要的是创新。凡是希望更新和改变的人，必须具有创新意识，而不能够只停留在管理层面。莫德罗曾经二者都想要，尽管当时已经回天乏术。他这种意愿似乎应当给予肯定。

与汉斯·莫德罗的谈话

1. 战争年代

奥利佛·迪科普：您这一代人在战争年代积累了哪些经历？

汉斯·莫德罗：我们当时在"希特勒青年团"里，是在亚森尼茨，波希米亚的一个村庄。我在"青年消防队"里担任分队长。如果遭到空袭，我们就负责灭火和埋葬尸体。那时来的是英国和美国的轰炸机。后来来了俄国人，我们被迫加入"人民冲锋队"①。我当时17岁，一弹也

---

① "德意志人民冲锋队"是第二次世界大战末期纳粹政权的一支军事部队。16—60岁的男性必须捍卫德意志帝国，以增强帝国国防军的兵力。1944年10月20日正式宣布"人民冲锋队"的组建，大约600万人拥有"人民冲锋队"参军义务。根据年龄和适用能力分为各个级别：第一批征召者：1884—1924年出生的男性。第二批征召者：25—50岁的男性。第三批征召者：1925—1928年出生者。第四批征召者：不适合服兵役的男性。具体参军人数无法确知。这支部队只是在必须征召时才发放装备并加以编组。具体阵亡者人数无法确知。175000名男性被宣布失踪，其中大多数人已经阵亡。1945年3月5日的服役义务已经扩大至1929年出生者。

没发，却被送进了战俘营。在那里，每个人的经历都不一样。我也有自己的经历。不仅是因为我在那里被羁留了 4 年，所以我对战争和战争叫嚣极其厌恶。我对监管我们的红军士兵的理解程度也逐步增加了。我并没有成为"俄国人的朋友"，而是仍然抱怨自己的命运受到了不公平的待遇。然而，我却开始反思，为什么会发生这一切？我慢慢地认识到，问题不在于加入"人民冲锋队"三四周就被多年关押战俘营是否公平，而是为什么派我来的那个国家的铁蹄几乎踏遍了整个欧洲，甚至最终在 1941 年居然违反条约突袭了苏联？

　　米歇尔·盖勒：您在"希特勒青年团"①担任过队长职务，这一经历——当然与纳粹意识形态并无关系——是否提升了您的素质，以致后来有助于您在统一社会党②内飞黄腾达？您后来成为统一社会党德累斯顿专区领导人，

---

① "希特勒青年团"是德国纳粹的青年与后备力量组织。该组织自 1926 年起以希特勒命名。在纳粹的独裁统治下，该组织自 1933 年起成为全国唯一一个得到认可的青年社团，扩建至几乎拥有 900 万成员（98% 为德意志青年）。
② 统一社会党成立于 1946 年 4 月 21/22 日。该党由苏联占领区和四国共管城市柏林的德国共产党（KPD）与社会民主党（SPD）强迫合并。成立地点为东柏林的海军上将宫（Admiralspalast）。该党的青年组织是自由德国青年联盟（FDJ）。其党报为《新德意志报》。1989 年的党员数量约为 230 万人，在民主德国大约 800 万从业人员、1680 万总人口中所占比例甚高。入党起始年龄为 18 岁。在 1989 年 12 月政改革和革新中，统一社会党首先更名为德国社会主义统一党 - 民主社会主义党（简称统一社会党 - 民社党），后于 1990 年 2 月 4 日再次更名为民主社会主义党（简称民社党）。2007 年 6 月 16 日，民社党与西德的劳动与社会公正党（WASG）合并组成左翼党。2006 年底 WASG 拥有党员 8944 人。倾向于左翼党的"罗莎·卢森堡基金会社会分析与政治教育注册协会"（RLS）成立于 1990 年。威廉·皮克曾任统一社会党主席，奥托·格罗提渥曾任部长会议主席。1989 年 12 月 9 日—17 日，格雷戈尔·居西担任党主席。该党的总书记分别为：瓦尔特·乌布利希（1950 年 7 月 24 日—1971 年 5 月 3 日）、埃里希·昂纳克（1971 年 5 月 3 日—1989 年 10 月 18 日）、埃贡·克伦茨（1989 年 10 月 18 日—12 月 6 日）。其他内容，例如该党的组织机构、党在社会中的地位及其内外政策、党员发展情况、党员的社会构成、党员中女性比例、该党的日常生活与党员大会、入党与开除党籍的程序、各级党校、统一社会党的党产和基础设施，以及该党如今在德国和议会中的重要性，发行人在本书中不作深入介绍，而是推荐读者查阅历史学家已经出版的诸多文献著作。

而且在民主德国 ① 出现异常骚乱时承担了国家责任，您展示了领导素质。

莫德罗：是的，显然如此。人们所说的领导素质，只有在你承担责任时才会产生并且成长。一个人的成长伴随着他承担的任务。例如当我率领我的消防分队前往斯德丁，也就是今天的什切青时，我就承担着责任。我得到的命令是，我们应当去什么地方灭火。

盖勒：具体任务是什么呢？

莫德罗：我们中间有一位年纪较大的消防员，他是手工业师傅，是个木匠，但他并不是受过专门训练的灭火专家。有一次我们奉命去一个正在着火的煤矿。包括他在内，没有一个人知道煤矿着火膨胀后会产生煤气。于是，煤气爆炸，燃烧着的煤块从耳边飞过。爆炸不断发生，我们的头发和制服也烧起来了，还得去抬伤员施救。我们就是在这样生死存亡的环境下成长为消防专业人员的。在此，我必须原则性地反驳一种说法：我的指挥能力不是在"希特勒青年团"里学会的，而毫无疑问是后来在统一社会党内锻炼出来的。

① 德意志民主共和国（民主德国）于 1949 年 10 月 7 日成立，并通过其国家宪法；又于 1990 年 10 月 3 日在德意志联邦共和国基本法的框架内加入联邦德国。按照民主德国领导人的说法，东柏林是民主德国的首都。在 1988 年底公民外逃潮来袭之前，民主德国的居民人口数量为 1667 万。民主德国是德国统一社会党领导下的现实存在的社会主义专政的国家，她信仰马克思列宁主义。该共和国自视为"工农国家"，将反法西斯主义作为国家纲领。其起源是苏联占领区（1945—1949），并在战败的德国分裂的进程中产生。民主德国对苏联有着不可或缺的依赖性，后者在 1989—1990 年间地位的削弱对民主德国的沦亡产生连带影响。民主德国的第一位和唯一一位总统是威廉·皮克（统一社会党）（1949—1960）。民主德国国务委员会主席为瓦尔特·乌布利希（统一社会党）（1960—1973）、维利·斯多夫（统一社会党）（1973—1976）、埃里希·昂纳克（统一社会党）（1976—1989）、埃贡·克伦茨（统一社会党）（1989）、曼弗雷德·格拉赫（自民党）（1989—1990）。民主德国总理为奥托·格罗提渥（统一社会党）（1949—1964）。部长会议主席为维利·斯多夫（统一社会党）（1964—1973）、霍斯特·辛德曼（统一社会党）（1973—1976）、维利·斯多夫（统一社会党）（1976—1989）、汉斯·莫德罗（统一社会党/民社党）（1989—1990），以及第一次自由选举产生的最后一任民主德国代理总理洛塔尔·德梅齐埃（基民盟）（1990）。

二者之间不仅有着意识形态的差异，而且有着不同的人文世界观。在纳粹时期，一切立足于命令体制，而在民主德国则不同。

盖勒：您是怎样从战争时代的"青年纳粹"——您曾经有一次这样称呼自己——演变为战后的反法西斯者的？

莫德罗：如果您问我个人的生活经历，即怎样从一个"希特勒青年团"成员演变为一个坚定的反法西斯主义者，我只能给您一个非常个性化的答案。其他人有可能拒绝或者反驳我的答案。

我在"希特勒青年团"的岁月，是1942—1945年的战争时期。当时，我当学徒的那个企业受到的空袭非常猛烈，因为那家工厂是为战争生产汽油的。所幸我存活下来了。学徒时期的许多星期，也许长达数月，我是在"希特勒青年团消防队"里度过的。农村的此类消防队，如今的名称是自愿消防队。当时，我想做的是救死扶伤，但是不希望再发生战争。

我到了苏军战俘营。当我们大约1000名俘虏从施特拉尔松行军前往什切青时，前头带队的是一位佩戴十字骑士勋章的航空兵少校，我们当时的心情似乎是在游戏，刻意表现给俄国人看。我在战俘营中开始生活，17岁的我被指定听从一位原先的士官指挥，红军把我看作收割机的专业工人。此时，我初步开始了反思。我原本可以随意采取敌对态度听之任之，然而，我在战俘营的最后一年中，也就是1948年，当莫斯科战俘营管理委员会的一名德国反法西斯者征求我的意见时，我报名参加了反法西斯学校的学习。先是在Rjasan，后来在里加郊区的奥格雷（Ogre）。生存、劳动、学习和理解，使我走向反法西斯者的道路。

盖勒：反法西斯主义的一个重要愿望是那句口号——早在20世纪30年

代就已经成为德国共产党①的一个十分重要的话题——"永远不要再发生战争！"战争经历以及苏军战俘营的岁月，在多大程度上影响了您，从而推导出您的生活准则？

莫德罗：自 1946 年 3 月起，我在一个营地劳动，在树林里伐树。我们的营地位于莫斯科郊区。这个地区曾经两次成为前线战场——一次打到首都的城市边缘，然后又反击回来。我看到了"满目焦土"的样子，体验到了战争的后果。"小伙子们，你们留在这里，是在补偿你们国人摧毁的东西！"这是当时一种明确的说法，也是一种有益的说法。无论我对这场战争是否喜欢过、参加过或者为其辩护过——我从来没有这样做过——但是我很理解：作为德国人，我必须对我的国人造成的祸害进行补偿。然而，无论过去还是现在，能够补偿的只是在物资方面，我们的补偿无法让数百万死者复活。这一包含有羞耻和谦恭的立场，决定了我后来的所有行为。

盖勒：您当时真的这样理解"补偿"这个概念？

---

① 德国共产党（KPD）成立于 1918 年 12 月 30 日—1919 年 1 月 1 日，系由斯巴达克同盟与左翼极端组织合并组成。其目标是在德国建立共产主义。在 1919 年一月武装起义失败后，德国共产党领导人卡尔·李卜克内西与罗莎·卢森堡，不久后另一德共创始人莱奥·约基舍斯，均被以瓦尔德马尔·帕布斯特少校为首的右翼极端势力抓捕并杀害。1920 年 12 月，德共与德国独立社会民主党（USPD）的大多数左派合并成立"德国统一共产党"。帝国议会大厦纵火案（1933 年）发生后，德共党员受到纳粹独裁者的迫害，许多党员被害或流亡。在莫斯科流亡的瓦尔特·乌布利希登上了该党领导层。1945 年后，该党得以重建。1946 年，社民党与共产党被迫合并成立统一社会党。1950 年，阿登纳政府在联邦德国颁布了德共党员就业禁令。1956 年 8 月 17 日，联邦德国宪法法院受联邦政府的委托，下令禁止德国共产党。1968 年，一个新的共产党"德国的共产党"（DKP）成立。该党又称"东部共产党"及"德国共产党 - 红旗"。党报为《红旗》。其青年团组织为"德国共产主义青年联盟"（KJVD）。本书发行人没有对该党的成立历史、独立社民党（USPD）与德共的合并、1921 年的危机和三月斗争、派系争斗以及"社会法西斯主义"、1946 年的被迫合并、西德的共产党、禁止就业和取缔政党、选举结果和前期组织等细节进行详述，而是提示了为数众多的出版物。

莫德罗：是的。

盖勒：这一概念包含着法律上和政治上的条件逻辑关系。负责补偿的应当是德意志联邦共和国[①]。

莫德罗：不包括民主德国？"补偿"也包括赔款这一概念。对这一点，有人讳莫如深或者刻意忘记。战胜国1945年在波茨坦就已经规定德国必须承担赔偿。在冷战条件下，西方各国及其管理的占领区，摆脱了赔偿义务——而苏军占领区，也就是后来的民主德国，则必须承担这一责任。当西德的经济得到马歇尔计划[②]的支持时，东德仍然被继续拆卸，其产品的大部分被运往苏联以及波兰。我并不想对此作道德上或政治上的评判，只是想提醒人们回忆一下，是民主德国在为战争支付赔偿。虽然她不是作为一个国家在支付补偿，但是构成民主德国国民的大多数国人在直接或间接地进行支持。因此

[①]　作为一个以西方为导向的议会民主的局部国家，联邦共和国是在1949年5月23日宣布基本法时成立的，从而成为西方体制的一部分。而社会主义的民主德国，则是1949年10月7日作为苏联国家联盟框架内成立的一个东德局部国家。民主德国的国家边界，以及两德之间的内部边界，在1961年8月13日建起柏林墙之后加强了封锁。在1989年秋季民主德国发生和平革命后，两个局部德国于1990年10月3日实现统一，这一天成为德国统一日。统一后的德国由16个联邦州组成，首都为柏林。2016年底的人口超过8250万。面积为357385.71平方公里。德国是仅次于美国的第二大移民国家。国民老年程度居世界第二。每个家庭平均1.5个孩子，是全世界出生率最低的国家之一。德意志联邦共和国是欧盟的创始成员国，也是欧盟人口最多的国家。德国与其他18个欧盟国家组成了一个货币联盟，即欧元区。德国是联合国、经合组织、北约、G7、G20和欧洲议会的成员国。德国历任联邦总理为康拉德·阿登纳（1949—1963）、路德维希·艾哈德（1963—1966）、库尔特-格奥尔格·基辛格（1966—1969）、威利·勃兰特（1969—1974）、赫尔穆特·施密特（1974—1982）、赫尔穆特·科尔（1982—1998）、格哈德·施罗德（1998—2005）和安吉拉·默克尔（2005年起）。

[②]　乔治·C. 马歇尔1880年12月31日出生于宾夕法尼亚，1959年10月16日逝世于华盛顿。第二次世界大战期间，马歇尔以陆军参谋长的身份参加了欧洲与太平洋各次联合战役。1947年6月5日，他以美国国务卿的身份发表了关于重建欧洲的著名"欧洲复兴计划"演讲。这一计划被称为"马歇尔计划"。他于1949年辞职离开国务院，担任美国"红十字会"主席。1950年，他再次受命出任国防部长，直至1951年12月12日退出政坛。1953年，他因"马歇尔计划"获得诺贝尔和平奖。1959年，马歇尔获得德国亚琛颁发的卡尔斯奖。

说，我们也承担了责任。根据西德人的理解——联邦宪法法院曾经在 20 世纪 70 年代作出一项决议 [①]——德国自 1871 年就开始存在，德意志帝国从来没有灭亡。其逻辑推理是：迄今为止，例如波兰或希腊等国只向联邦德国提出过赔款要求。确实有几笔欠款还没有支付，那就是 1990 年"二加四条约"根本就没有还清的债务。

再来回答您关于反法西斯和"永远不再允许法西斯主义！永远不再允许战争！"的口号问题：我记忆中特别深刻的，有我在战俘营期间在反法西斯学校 [②] 里认识的三个人。

第一位是扬森上校博士，一位拉脱维亚人。他会说德语，教哲学。他在作讲座时经常引用一些我们亲身经历过的事例。他对辩证法的掌握出神入化。后来，在 20 世纪 60 年代初，他曾在莱比锡的卡尔·马克思大学担任教授。我们在那里再度见了面。他喜欢把我们年轻头脑中的纳粹主义余毒驱赶出去。他以其父亲般的方式传递给我们一种感觉：此人是可以信任的！

我的第二位老师是一个医生。弗里茨·林博士是于战争结束之前在罗马

---

① 联邦宪法法院在 1973 年 7 月 31 日的一份决议中对基础条约作出解释："基本法——不仅是国际法教义和国家法教义上的一个论点——认为，德意志帝国经受住了 1945 年的崩溃，既没有因为战败投降，没有因为占领国在德国行使外国法权而沉沦灭亡，此后也没有消失……德意志帝国依然存在。……德意志联邦共和国的成立，并非建立一个新的西部德国，而是对德国的一部分进行重组。……换言之，德意志联邦共和国并非德意志帝国的'权利继承者'，而是等同于'德意志帝国'的一个国家，但在涉及原属全部国土问题时仅仅是'部分等同'，因而暂时无法提出独享国名的要求。"

② 反法西斯学校是苏联为战俘设立的各个前线反法西斯学校的简称。截至 1946 年，共有 8000 多名来自德国和奥地利的战俘毕业于此类学校的训练班课程，最长学时为 4 个月。教师为投诚者或流亡者，后来也包括训练班的毕业生。1945 年之前的教材为《反法西斯民主教义》，后来改为马克思列宁主义。毕业者后来都成为民主德国的重要官员。"第 99 研究所也下设有各个反法西斯学校，其任务是将战俘培养为共产党干部。与此同时，于 1943 年夏天成立了'自由德国'民族委员会，主要任务是负责掌控其宣传工作，并与苏联的德国政策相协调。当'乌布利希小组'于 1945 年 5 月抵达柏林，于当年年底解散自由德国民族委员会（NKFD）后，第 99 研究所的重要性迅速下降，但是依然存在至 1946 年年底。"参阅 http://www.ifz-muenchen.de/no_cache/publikationen/reihen/ea/print/ja/publikation/hinter-den-kulissen-des-nationalkomitees-das-institut-99-in-moskau-und-die-deutschlandpolitik-der-u/print.html（检索时间为 2017 年 2 月 5 日）。

尼亚进入战俘营的。他要求我做一些并非属于反法西斯学校的事情：我必须写作文。我可是来自后波莫瑞地区一个农村学校呀！他把我推荐到里加市郊奥格雷的反法西斯学校担任助教。那个训练班的学时为 6 个月。那里多数是年轻人，那个训练班是为建立一个新德国准备人才。

第三个人比较难相处，但是同样给我留下了深刻印象。罗伯特·瑙曼[1]自20 年代起就生活在苏联。他在党的最高教育机构教经济学，主要职业是共产国际[2]执委会的工作人员。当这一机构 1943 年被约瑟夫·斯大林[3]解散之后，他转到"自由德国"民族委员会（NKFD）[4]，并在位于塔利察、奥格雷和克拉斯诺格尔斯克的三大反法西斯学校中工作至 1950 年，先后担任教师、系主任和副校长。之后，他回到自己的家乡城市柏林[5]，在洪堡大学获得教授职

---

[1] 罗伯特·瑙曼 1899 年 12 月 18 日出生于柏林，1978 年 4 月 10 日逝世于柏林。1926—1930 年，瑙曼毕业于苏联共产党干部培训基地大学。与此同时，他还在西方少数民族共产主义大学任教到 1937 年，先后担任政治经济学专业班主任、讲师和教授。瑙曼还一度担任国际列宁学校和东方各民族共产主义大学的英美系主任。大学毕业后，瑙曼的主要职业转为共产国际执委会工作人员。1952 年，瑙曼成为统一社会党柏林专区委员会领导成员。自 1953 年起，他在东柏林市议会担任统一社会党议员。1954 年，他在统一社会党第四次代表大会上当选中央委员，并一直连任至 1963 年。1959 年，瑙曼以论文《新自由主义的理论与实践》获得博士学位。自 1960 年起，他一度担任统一社会党中央政治局意识形态委员会成员。他于 1965 年退休。
[2] 共产国际是各国共产党组成的国际性联合组织。1919 年，根据列宁的倡议在莫斯科成立。在第二次世界大战期间，斯大林解散了共产国际，作为向其反法西斯联盟中的西方盟国——美国和加拿大——作出的妥协。有关资料可在俄罗斯国家档案馆的社会政治历史类文献中获取。档案目录已电子化；部分共产国际档案也可以在网上搜索到。
[3] 约瑟夫·维萨里奥诺维奇·朱加什维利 1878 年 12 月 18 日出生于格鲁吉亚的哥里，1953 年 3 月 5 日逝世于莫斯科郊外的昆采沃。他于 1912 年改用战斗姓氏斯大林，其多个含义中的一个意思是"钢铁一样坚强的人"。约瑟夫·斯大林的图表式简历是（见 Igal Halfin 所著 Terror in My Soul. Communist Autobiographies on Trial，哈佛大学出版社 2003 年版，第 15 页）：1922—1953 年担任苏联共产党中央委员会总书记。1941 年起担任人民委员会主席（政府首脑），自 1946 年起担任苏联部长会议主席。1941—1945 年间，斯大林在"伟大的卫国战争"中以红军最高司令官的身份发挥作用。
[4] 自由德国民族委员会（NKFD）是由被俘的德国帝国国防军士兵与军官以及共产党流亡者组成的一个组织，旨在反对纳粹主义，努力建立一个自由的新德国。1943 年成立于苏联，逐渐在欧洲扩大，也曾被称为"自由德国运动"。在德国，这一委员会存在至 1945 年底。
[5] 大柏林当时处于四大国占领状态。在民主德国的许多出版物中，东柏林被称为第 15 个专区，更多的场合则被称为"民主德国首都"。柏林的汽车牌照以"I"字开头。东柏林起初划分为 8 个区（Bezirke），自 1952 年起改为城区（Stadtbezirke）。后来又增加了 3 个城区（新建的区域）：马仓（1979）、霍恩舍恩豪森（1985）、黑勒斯多夫（1986）。

位。1954—1963 年，他是统一社会党中央委员。

还要提一笔德国纳粹工人党[①]以及我们这一代人的党籍问题。反法西斯学校的老师们有一项任务，即非常详尽地了解我们的生平。这样的学校不允许招收前纳粹党的党员。尽管如此，20 世纪 90 年代我还是让人去联邦档案馆核查过，当年是否专门标注了纳粹工人党的党籍情况。如今我们已经搞清楚：该党在 30 年代不再招收新党员之后，在战争的最后几年内，该党又未经询问就把纳粹组织的大批成员接纳为党员。正因为如此，1944 年初又将接纳新党员的年龄从 18 岁降至 17 岁，而许多人在毫不知情的情况下于 1944 年 4 月 20 日"领袖生日"那一天成了纳粹党员。有人说我很幸运，因为根据 1944 年 9 月 30 日帝国政府颁布的 24/44 号法令，我作为 1928 年出生的"希特勒青年团"成员没有被纳粹工人党接纳。

盖勒：我们今天经过研究已经明白，即使当年参加过纳粹党，也不能说明多大问题。

莫德罗：或许是这样，但是我很在意澄清自己的历史真相。从个人历史角度看，纳粹帝国与民主德国之间没有必然的关联，但是有些人非常喜欢对此妄加论证。这样一来，即使原本已经调查清楚的历史，仍然可以由联邦德国貌似宽大地作出免责处理。我们有我们的纳粹标准，你们有你们的纳粹标准，你们并不是那样反法西斯的呀……

[①] 德国国家社会主义工人党（NSDAP）是成立于魏玛共和国时期的一个政党，其纲领与意识形态具有极端反犹太主义和民族主义以及反对民主与马克思主义的特点。该党于 1920 年 2 月 24 日在慕尼黑皇家啤酒馆宣布成立，于 1945 年 10 月 10 日被解散并取缔。该党的前身是德国工人党（DAP）。其青年组织为"希特勒青年团"（HJ）。该党 1945 年的党员人数为 750 万。其党报为《人民观察员》。其历任党主席中包括阿道夫·希特勒（1921—1945）。

2. 战后，战俘营，莫斯科反法西斯学校，第一次与瓦尔特·乌布利希和埃里希·昂纳克结识

盖勒：关于"战争与战后"的组合问题，在您看来，在处理历史问题时，1945年的德累斯顿命运是否算得上是一个因素？在民主德国时期，此事被视为当年斯大林的盟国所犯下的罪恶行径，不过也有人称之为"同盟国的恐怖袭击"。很长一个时期以来，人们都在谈论其巨量的牺牲人数。一个历史委员会后来试图整理这个事件的脉络，还原事实的真相。您在德累斯顿时期经历了什么？受到战争严重摧毁的这个城市的居民，在提及这个事件时采取的是什么立场？您对此有过什么指示？

莫德罗：我的原则立场是，对死亡人数加以巧妙掩饰是十分乏味的做法。1945年2月在德累斯顿失去的每一条生命，都是令人痛心的。无论你抱怨死的是1万人还是5万人，难道有什么区别吗？这件事也可以视为战争犯罪，因为在军事上并不存在毁灭德累斯顿的必要性——纳粹德国已经被击垮，其失败已经唾手可得。后来并没有与苏联进行协调，而苏军已经抵达尼斯河畔。实际上这是战争结束后的一种权力展示，是刻意表演给苏联看的——如同在广岛和长崎投下的原子弹。

我第一次踏上德累斯顿是在1950年，当时内城整个就是一片废墟。火车总站和老市场之间的废墟瓦砾已经大部分被清除掉，但是没有新建任何建筑。这种满目荒凉的残垣废墟景象，给我留下了极其深刻的印象，如同我见过的城市什切青，也与我当时居住的、受到严重摧毁的波茨坦相差无几。

直至今日，关于死亡人数仍有争议，也有人始终在追问：为什么时至1945年2月还要实施这样的摧毁行动？我个人坚信，1945年后的第一任市长

20 世纪 50 年代奋发进取、雄心勃勃的汉斯·莫德罗——背景图片是瓦尔特·乌布利希

瓦尔特·魏道尔 [①] 的判断是对的，也就是说大约 35000 名男女老幼在轰炸中丧生。这一数字的依据是该市的文献资料，包括墓地的相关资料。

战后初期根本就没有任何宣传或其他理由对此类数字进行篡改。

迪科普：请您描述一下在苏联反法西斯学校中的经历以及第一次接触瓦

---

① 　瓦尔特·魏道尔 1899 年 7 月 28 日出生于萨克森厄尔士山区的劳特 - 贝恩斯巴赫，1986 年 3 月 13 日逝世于德累斯顿。1924—1928 年，他曾任茨维考市议会的共产党议员。魏道尔在战后重新加入共产党。统一社会党成立后，他成为该党党员。1946—1958 年，他担任德累斯顿市长。此外，他于 1946—1951 年也曾担任萨克森州议会议员。魏道尔是德累斯顿市的荣誉市民。

尔特·乌布利希 ① 的情形。

莫德罗：我在那里很快就成为助教。我同我的老师弗里茨·林谈了很多次话，我们经常一起散步。他问了我很多问题，我也问了他很多问题。我的问卷答案从来不用修改，那里注明我曾经担任“希特勒青年团”的小队长。我后来没有任何需要隐瞒的信息，也没有任何需要解释的漏洞。这是一个诚信问题。当时，领导人与我之间存在着这种诚信关系。

现在我回忆一下 1958 年的时光。当时我 30 岁，在自由德国青年联盟工作。有一天，我正在筹备党代会，突然接到乌布利希办公室的一个电话，让我过去一趟。女秘书递给我一个文件夹：“乌布利希同志请你仔细看一下报告中关于青年和体育工作的部分，并把修改和补充意见标注出来。”

要知道这对我意味着什么：民主德国的国家最高领导人，为了了解全面情况，居然请一个来自专区层级的青年团干部来修改报告。您可以想象得到，当乌布利希的讲话提到青年团和体育部分时，我非常认真地注意聆听。

---

① 瓦尔特·乌布利希 1893 年 6 月 30 日出生于莱比锡，1973 年 8 月 1 日因中风逝世于勃兰登堡附近的大德尔恩。乌布利希 1912 年成为德国社民党党员，1926 年当选萨克森州议会的共产党议员，并于 1928—1933 年担任帝国议会议员。根据德国共产党的决议，他于 1933 年初流亡莫斯科。1945 年 4 月 30 日，他回到德国，担任以他姓氏命名的“乌布利希小组”领导人。他在苏联占领区组织了德国共产党的重新成立，并于 1946 年组织了共产党与社民党合并成立统一社会党的联合党代会。参阅 Andreas Michealis 所著 *Walter Ulbricht: Tabellarischer Lebenslauf im LeMO (DHM und HdG)*。民主德国成立以后，乌布利希出任部长会议副主席，主席为奥托·格罗提渥。乌布利希于 1950 年 7 月 25 日由统一社会党中央选举为总书记（自 1953 年起改称统一社会党第一书记）。1960 年 2 月，乌布利希出任新成立的国防委员会主席，从而掌握国家人民军最高司令之职。1961 年 8 月 13 日，在乌布利希领导下建起了柏林墙。1963 年起，他试图通过建立计划与管理新经济体制来达到经济改革的目的。1968 年“布拉格之春”被镇压时，乌布利希根据时事研究结果采取了“积极的”立场。1970 年 7 月 28 日，勃列日涅夫与昂纳克在莫斯科达成了剥夺乌布利希权力的共识。1971 年 1 月 21 日，维利·斯多夫、埃里希·昂纳克和京特·米塔克联名写信给勃列日涅夫，明确指出乌布利希已经没有能力对“现实”作出判断。乌布利希于 1971 年 5 月 3 日发表声明，因“健康原因”辞去所有职务。乌布利希逝世后获得一块国墓待遇。其国葬仪式于 1973 年 8 月 7 日在东柏林的国务委员会大楼内举行，昂纳克致悼词。参阅 https://www.dhm.de/lemo/biografie/walter-ulbricht（检索时间为 2018 年 2 月 5 日）。

有整整半页的内容来自我的手笔！当时我心里想："考试及格了。"

乌布利希给我的印象是，这位当年的木匠十分好学，注意充实知识，但是他很清楚自己知识的有限性，因此总是通过与科学家、作家和艺术家的谈话来保障自己的特殊专业知识。他经常向他们请教。在我看来，乌布利希是一位工人领导人，但不是我的榜样。为什么我会这样说？关于榜样的概念，或许我只保持到了 1956 年苏联共产党第二十次代表大会，也就是赫鲁晓夫[①]在评价斯大林[②]的谈话之后。当时我一下子就明白了：人不是神，尽管我们有时喜欢造神！

有些人年纪较长，你可以向他们学习，可以从他们那里学到一些东西，但是不要把他们奉为榜样。这样做或许有点儿像中国人，因为中国人对老人的态度与我们的文化有所不同。不过，这是我个人的看法。从柏林市长弗里

---

① 尼基塔·谢尔盖耶维奇·赫鲁晓夫 1894 年 4 月 17 日出生于卡利诺夫卡（加里宁格勒），1971 年 9 月 11 日因心力衰竭逝世于莫斯科。他于 1918 年加入俄共（布）和红军。早期，他是斯大林的追随者，1932 年成为莫斯科市委第二书记，1933 年出任莫斯科地区党委书记。他在 1934 年的苏共中央第十七次代表大会上当选中央委员，一直持续到 1966 年。1938—1939 年，赫鲁晓夫为苏共中央政治局候补委员。1939 年，他晋升为苏联这一最高政治机构的正式委员。1939 年 3 月 22 日—1964 年 10 月 14 日，他始终是苏共中央政治局委员。1953 年 3 月 14 日，他在新政府首脑格奥尔基·M. 马林科夫的领导下出任苏共中央书记处四名书记之一。1953 年 9 月 13 日，他当选苏共中央第一书记。1955 年 7 月，赫鲁晓夫在东柏林的一次集会上宣布了两个德国的理论，并称两德重新统一是德国人自己的事，前提是联邦德国与民主德国必须接近。1958 年 3 月 27 日，他出任部长会议主席。1964 年 10 月 14 日，苏共中央解除赫鲁晓夫党和国家领导人的职务。党的新领导人是时任最高苏维埃主席团主席列昂尼德·I. 勃列日涅夫。

② 1956 年 2 月的苏共二十大上，赫鲁晓夫在一个秘密讲话中清算了他的前任，并以社会主义的名义谴责了他的个人崇拜和所谓"罪行"（"肃清斯大林影响"）。在列昂尼德·勃列日涅夫的领导下，又开始恢复斯大林的影响，从而导致僵化、衰退乃至最终导致苏联社会主义的失败。

德里希·埃伯特①那里，我学的是如何制定和实施地方政策。

盖勒：你从乌布利希那里学习什么？

莫德罗：很多。乌布利希当时是部长会议副主席，负责青年和体育工作。在斯大林大街，也就是今天柏林的卡尔·马克思大街，在1949—1961年曾经叫斯大林大街。在这条大街巨大的体育馆内，他会定期召集数千名年轻人，乌布利希与我们谈论一切话题。他在讲话中传递出来的感觉是，在场者不是被请来聆听谕旨，而是他也想从他们那里了解一些情况。他作的不是讲坛演讲，而是简短的致辞。

盖勒：这个画面与我们从电视资料或时代见证人处获得的其他描述情况有所不同。他们认为乌布利希是一个冷漠的、无法接近的技术专家和官僚干部，说他对文化、缪斯和艺术一窍不通。他虽然在体育活动中有所参与，并且也参加体育锻炼，但他是一个工于心计的权力政治家。这是他给外界的形象，显然与您的印象完全不搭界，对吗？

---

① 弗里德里希·埃伯特jr.（小埃伯特）1894年9月12日出生于不来梅，1979年12月4日逝世于东柏林。1915—1918年，他是参加第一次世界大战的士兵。在魏玛共和国时期，埃伯特是社会民主党政治家：自1927年起担任勃兰登堡市议会的议员，1930—1933年担任市议会议长。1930—1933年，埃伯特也是勃兰登堡省（Provinz Brandenburg）城市议会的主席团成员。战后，埃伯特担任勃兰登堡州社民党州主席。在苏占区社民党与共产党被迫合并后，埃伯特自1946年起担任统一社会党州主席之一。1949年至1979年去世，他始终是统一社会党中央主席团成员和中央政治局委员。1948—1967年，埃伯特任东柏林市长。1967年7月5日，他被授予东柏林高级执政官（Magistrat）称号，从而成为柏林荣誉市民。两德统一后，他于1992年被从荣誉市民名单中除名。弗里德里希·埃伯特jr.（小埃伯特）是同名同姓的帝国总统弗里德里希·埃伯特的儿子。其父1871年2月4日出生于海德堡，1925年2月28日逝世于柏林。他是德国社民党政治家，自1913年起担任德国社民党主席，自1919年至去世始终担任魏玛共和国的第一任总统。

莫德罗：不，乌布利希不是这样的人。当然，他确实有一点缺陷——他的嗓音因为儿时的疾病留下的后果，而且他还有一点萨克森方言口音。

不可接近？有一次他给我打电话："我想和柏林年轻人一起去滑冰。冰道什么时候准备好？我什么时候能够得到邀请？"后来他真的来了，和其他人一起在冰雪上运动。

盖勒：是的，这种画面我见过，有这样的照片。

莫德罗：当时没有人际距离。他希望与我们接触，他并不是想拍一张新闻照片。

盖勒：是否还记得 1953 年 6 月 17 日暴动时期[①]的一句口号——"山羊胡子、啤酒肚和眼镜不是人民的意愿"？看起来那也是一段宣传的历史，就像是建筑柏林墙前夜召开的媒体招待会一样。此类大肆宣扬的语录或口号，有选择地刊登的访谈录或记者招待会内容，显然常常与现实并不相符？

莫德罗：是的，此事相当有针对性，出自某个特殊视角，是带着政治目

---

① 斯大林大街爆发工人暴动的导火索，是统一社会党中央 1953 年 5 月 13 日—14 日作出的将生产指标提高 10% 的决议。5 月 28 日，民主德国部长会议确认了这一指标。6 月 11 日，《新德意志报》宣布政治局关于"建设社会主义"的新路线时，提高生产指标的决议没有改变，从而引起抗议活动。6 月 12 日，有人烧毁旗帜，揪斗并殴打党员干部，组织抗议游行活动，要求政府辞职并举行自由选举。游行队伍和抗议集会迅速遍布东德全境 500 多处，并通过 RIAS 电台呼吁举行全国总罢工等活动。6 月 17 日，抗议活动达到高峰：就业者从早班开始就进入罢工模式，组成了一支支游行队伍。暴乱者冲击并占领乡镇机关、乡镇政府大楼、统一社会党专区党委机关、监狱、国家安全部办公大楼、警察局等机关。有关参与抗议活动的人数，没有准确的数字。据说在 50 万—150 万。官方宣布取消提高生产指标的消息，并指称工厂的暴乱活动是外国挑衅者所策动，但这一切并没有平息骚乱。将近 13 时，苏联机关作出反应，宣布进入紧急状态。这一状态一直持续到 7 月 11 日才结束。苏军第十六师（约 2 万人）和东德驻营警察部队（KVP）约 8000 人投入行动，于 6 月 17 日当天将已经失控的局势重新恢复掌控。

的在散布谣言。要说乌布利希是个不肯轻易拱手交出权力的人，这一点当然是真的。毫无疑问，他知道应当怎样架构和掌控权力。他是一个战略家，至少在 20 世纪 60 年代确实是一个国务政治家。像乌布利希 1963 年提出的那种计划与管理新经济体制①，昂纳克从来就没有拿出来过。乌布利希把人们召集在一起，与他们进行讨论，其目的不是拍一张好照片，展示自己身边有着许多聪明的脑袋瓜，而是始终希望获得思想上的收获。他给予鼓舞，提出方向。他意识到，有必要在企业中提倡更多的参与决策权。应当怎么办呢？他知道，有必要进行核算。必须引进自主经济，进而向权力分散下放的方向发展。中央集权带来的压力已经超出负荷。他告诫自己：这样下去是撑不了多久的。如果不构建其他体制，长此以往，已经难以维系。于是，乌布利希尽其所能推动了局势的发展。他的做法是否能让所有人都感到满意，对此我不想参与争论。我现在只能说说我自己的主观感受。当我担任柏林克珀尼克区统一社会党第一书记时，乌布利希在中央全会上批评过我。起因是关于国营企业的生产程序问题。波茨坦专区党委第一书记库尔特·塞布特②也与我一样谈到了这个问题。但是瓦尔特·乌布利希在致结束语时，只点名批评了我

---

① 计划与管理新经济体制（NÖS，亦可缩写为 NÖSPL）是 1963 年在民主国由埃里希·阿佩尔、京特·米塔克和沃尔夫冈·贝格尔起草，经过统一社会党第六次代表大会在瓦尔特·乌布利希主持下通过的。这是东德计划经济的一项国家制定的改革规划，旨在提高工人的首创积极性和企业的自主性，从而提升生产力。进一步改革努力对中央和政党的行政管理提出了更高的要求。苏联以批判的眼光关注着这一动向，尽管新经济体制是以列宁的新经济政策（NEP）为指向。苏德之间关于体制问题的内部冲突，导致乌布利希于 1971 年被解职，由埃里希·昂纳克取而代之。在统一社会党第八次代表大会上，制定了一个新的经济政治路线，从而导致曾经的改革出现倒退。昂纳克提出的新路线名曰"经济政策与社会政策的统一"。

② 库尔特·塞布特 1908 年 2 月 13 日出生于柏林，2002 年 6 月 21 日逝世于措伊滕。他于 1922 年加入社会主义青年团，1924 年加入德国共产主义青年联盟（KJVD）和德国金属业工人联合会（DMV）。他于 1939 年 12 月 8 日被捕，1941 年因"瓦解德国工会力量并预谋叛逆罪"而被判处终身监禁。他被囚禁在勃兰登堡的格登监狱内直至 1945 年。他于 1952—1964 年任波茨坦专区统一社会党第一书记，1954—1989 年任统一社会党中央委员。他于 1953—1989 年任人民议院代表，1954—1963 年期间还担任选举审查委员会主席。1964 年 6 月 3 日—1965 年 12 月 22 日，塞布特任专区和地区议会指导与监督部长，并任人民议院主席团委员。1976—1989 年，塞布特还担任民主国团结委员会主席。

一个人。柏林专区党委领导立即就与我拉开了距离，此举引起了瓦尔特·乌布利希的注意。之后，他同柏林专区第一书记保罗·维尔纳[1]谈了一次话。事后我很快就明白了，他认为，为了推行自己的路线，提出批判是必要的，但是他想避免点名攻击专区的一把手，而是拿下属的区委书记作为靶子，也就是我本人。因为他在党内亲手扶了我一把，所以我就成了"乌布利希的人"。

盖勒：如果我们理解正确的话，您或许至今仍然是"乌布利希的人"？

莫德罗：我没有改变。

盖勒：您从来没有成为昂纳克的人？

莫德罗：没有，我从来没有成为他的人。

盖勒：这与您的坚定信念、路线忠诚有关，还是与您的普鲁士社会取向有关？

莫德罗：不，与这些统统没有关系。现在说起来可能多少有一点儿夸

---

① 保罗·维尔纳 1911 年 4 月 26 日出生于克姆尼茨，1986 年 12 月 12 日逝世于东柏林。他于 1925 年成为共产主义青年联盟成员，1929 年加入德国共产党。他曾先后在莫斯科、巴黎、荷兰、比利时、西班牙和战俘营逗留，战后回到德国，成为新生活出版社总编辑。他加入了统一社会党，并参与组建自由德国青年联盟。维尔纳自 1950 年起担任统一社会党中央委员，并担任负责全德事务的中央书记至 1953 年，之后担任党中央全德事务部长至 1958 年。1971 年，他成为国务委员会委员、人民议院国家安全委员会主席、党中央负责安全工作的书记。1971—1983 年，维尔纳担任统一社会党中央政治局青年委员会主任。自 1981 年起，他担任国务委员会副主席。1986 年，他因健康原因辞去所有职务。

张，但是埃里希·昂纳克在我眼里始终停留在自由青年联盟 ① 主席的形象上，无论他做什么还是说什么。

盖勒：昂纳克的昔日对其后来的政治生涯产生了什么影响？

莫德罗：昂纳克的问题在于他把 1933 年前在德国共产主义青年联盟（KJVD）② 里所积累的经验带到了自由德国青年联盟里，并且加以实施。当然，我认为这样做无可厚非，是正常的。他是一位反法西斯抵抗战士，为此蹲过监狱，而我当时是"希特勒青年团"成员。当他在为反法西斯作战时，我还跟在纳粹后面盲从呢。

---

① 自由青年联盟成立于 1946 年 3 月 7 日。它在"科学共产主义"的基础上对青年进行教育，教育他们"热爱劳动，热爱工人阶级及其政党统一社会党，并与所有国家，尤其是苏联的青年人保持兄弟般的团结援助关系"。该联盟组织推广马克思列宁主义。加入自由青年联盟遵循自愿原则，并非必须加入，但是如果拒绝加入却可能带来损害。入团时间始于 14 岁，没有规定退团时间。许多团员后来成为统一社会党党员。1989—1990 年间，自由青年联盟的成员为 230 万。该组织的机关报是《青年世界》。团员的识别标记是蓝色衬衣和左胳膊上的青年联盟臂章。在 1990 年 3 月 18 日的人民选举中，自由青年联盟竞选失利。两德统一后，该组织的资产被托管机构接管。青年俱乐部和度假设施，或者移交给其他机构，或者关闭乃至出售。1990 年，民主社会主义党不再将自由青年联盟视为自己的青年团组织。曾任主席者为埃里希·昂纳克（1946—1955）、埃贡·克伦茨（1974—1983）、埃伯哈德·奥里希（1983—1989）、弗兰克·蒂尔科夫斯基（1989 年 11 月—1990 年 1 月）、比吉特·施罗德（1990 年 1 月—1991 年 3 月）以及之后历任主席：延斯·吕克尔、安德里亚·格林和林戈·埃勒特。关于自由青年联盟的组织机构和各项活动，关于德国聚会、青年艺术节、世界艺术节、明日大师博览会（MMM）、青年公共服务设施、丰收支农行动、嘉奖大会、青年联盟议会、圣灵降临节聚会、统计数据、各届主席等情况，本书发行人未作详细叙述，而是标明已经发行的有关自由青年联盟的出版物：乌尔里希·梅勒特所著《蓝色衬衣，红色旗帜——自由德国青年联盟的历史》，1996 年出版于奥普拉登；乌尔里希·梅勒特所著《自由德国青年联盟（1946—1989）》（图林根州政治教育中心），2001 年出版于埃尔富特；参阅网上详细记载：http://www.lzt-thueringen.de/files/geschichte_der_ddr.pdf（检索时间为 2018 年 2 月 6 日）。

② 德国共产主义青年联盟（KJVD）。1912 年出生于萨尔州的昂纳克在该组织内十分活跃。作为德国共产党的自由社会主义青年团成员，他于 1920 年成为德国共产主义青年联盟（KJD）成员。1933 年，德国自由青年联盟被纳粹禁止。许多团员在纳粹统治下被杀害。作为一个革命的青年团组织，KJVD 支持德国共产党的行动。从该青年团组织中，很多人发展成为德国共产党的干部。KJVD 的意识形态标志是马克思主义和无产阶级国际主义，为争取青年的政治权利而斗争。

盖勒：可以看出来，您对埃里希·昂纳克很尊重，因为他的反法西斯作用已经得到可靠的证明。还有更多的含意吗？统一社会党的干部们后来是否因为牵连到法西斯主义而不得不拥有双重义务？不仅在面对那些反法西斯战士时如此，而且因为自己有过法西斯经历？我们知道，康拉德·阿登纳[①]时代就是这样，他有时会对那些有过纳粹污点的人设法施加压力，对他们的忠诚要求有些过度，乃至近乎敲诈。康拉德·阿登纳的做法已经众所周知。统一社会党内部也会这样吗？昂纳克会敲打说："你在希特勒青年团或者冲锋队干过。"

我们都知道那本人物百科全书 *Wer war wer in der DDR*[②]。令人惊讶的是，当民主德国成立时，有那么多人来自纳粹时代，或多或少留下了历史污点。昂纳克也曾用这些历史当作施压手段？

莫德罗：不，他没有这样干过。涉及他的是另一类问题。在青年联盟、统一社会党或国家领导岗位上，没有人受到法西斯帝国的"牵连"。凡是有罪责的人，一经发现就会受到司法追究，不允许出任领导职务，或者立即解除其职务。如果仅仅在某个纳粹组织中担任过普通成员，则不足以构成组织

---

① 康拉德·阿登纳 1876 年 1 月 5 日出生于科隆，1967 年 4 月 19 日逝世于 Rhöndorf。1917—1933 年和 1945 年的几个月内，他在科隆市担任过市长。1921 年 5 月 7 日—1933 年，他担任普鲁士国务委员会主席。此外，阿登纳是殖民思想的捍卫者，曾经于 1931—1933 年担任德国殖民协会副主席。阿登纳于 1945 年 9 月 15 日当选联邦德国总理，并在总理职位上一直工作到 1963 年 10 月 15 日辞职。1952 年 3 月 27 日，一只寄给阿登纳总理的包裹在慕尼黑警察局内爆炸，一名警官被炸死。阿登纳 1951—1955 年间还兼任首任外交部长。阿登纳曾经获得很多名誉市民、名誉博士头衔和各种勋章和奖章。许多钱币、邮票和展览馆用以回忆阿登纳。许多纪念碑和建筑物以他命名。两个重要的基金会冠以阿登纳姓氏。有关阿登纳其人，留存有许多传记、照片和影像资料。
② Helmut Müller-Enbergs 所著，收录于 Bernd-Rainer Barth、Christoph Links、Helmut Müller-Enbergs、Jan Wielgohs（发行人）所著 *Wer war wer in der DDR. Ein biographisches Handbuch*，1995 年出版于美因河畔法兰克福；*Wer war wer in der DDR. Ein biographisches Lexikon*，2001 年出版于波恩；Helmut Müller-Enbergs（发行人）*Wer war wer in der DDR. Ein biographisches Lexikon*，2003 年出版于奥格斯堡，见第 586—587 页。

开除的理由。如果不能容忍这样的人，那么国家靠谁来建设？真正有历史罪责的人，或者像您所说的"受牵连的人"，必须排除他们担任领导职务的可能性。他们既不能掌握权力，也不能施加影响，更不能拥有散布纳粹意识形态的机会。这是与联邦德国之间的根本性不同，有些人在西德得以毫不间断地飞黄腾达。

不错，也有几位德国军人，例如在苏联成立的"德国军官联盟"[①]的军人们，参与了反对纳粹政权的斗争，被证明是坚定的反法西斯者，他们也投身于民主德国武装力量的建设。但是，他们既不能决定部队的精神，也不能决定部队发展的方向。

在我参加了苏军战俘营中反法西斯学校的学习之后，有没有可能从事军事生涯？不能，因为我的父母和兄弟姐妹都生活在联邦德国——当时的习惯做法就是这么严格。然而，我可以从政。不过，那些从西方流亡生活中回到东德的反法西斯者，他们的命运就艰难得多。在冷战时期，这些人受到了普遍的怀疑，担心他们已经被西方情报部门收买，所以他们受到的待遇很糟糕。与匈牙利、保加利亚和捷克斯洛伐克不同的是，他们没有组织莫斯科所希望的公审，而那种出于宣传目的的公审往往是要宣布死刑判决的。

盖勒：乌布利希目光中的地平线会超越昂纳克？

莫德罗：是的。乌布利希的工作与思想达到另一种维度。严肃的历史学家认为乌布利希能够达到阿登纳的水平，并把他们二人并列称为战后最重要

[①] 德国军官联盟（BDO）是 1943 年 9 月 11/12 日由莫斯科郊区 Lunjomo 战俘营的 95 名德国军官成立的，很快就与"自由德国民族委员会"（NKFD）合并了。其中有些军官，例如野战元帅保卢斯，积极地参与了反对希特勒政权的斗争，并于 20 世纪 50 年代参与了民主德国国家人民军的建设。保卢斯曾经在德累斯顿军事学院授课。但是，他们所有人不久就退出了现役，以便为那些在民主德国或苏联高校中学习过的年轻军人腾出位置。

的德国政治家。昂纳克承担责任之后，从来没有达到过乌布利希的标杆尺度。他没有乌布利希的团队协作精神。

盖勒：知识界也有这样的印象。

莫德罗：是的，现在可是您这样说的。

盖勒：如果我把自己掌握的信息拿出来共享，或者把这些资料秘而不宣，囤积居奇，还能不能算是知识界的印象？或许两种做法都是可取的，只是取决于具体案例。您是否能介绍一下阿尔弗雷德·诺依曼①其人？

莫德罗：阿尔弗雷德·诺依曼在相当长一段时间里担任柏林专区统一社会党第一书记，因此可以说我在与他交往中成为朋友。乌布利希把他拉进政治局，原本是想让他成为自己的接班人。因为昂纳克当时逐渐背离自己，令他对这位"王储"感到失望。与昂纳克一样，诺依曼也曾在勃兰登堡的纳粹格登监狱里被关押。但是，无论在监狱内还是后来，他们没有成为朋友。"阿里"（阿尔弗雷德的昵称——译者）显然一直与昂纳克保持距离。当那封意在推翻乌布利希的告密信投向莫斯科时，诺依曼拒绝在信上签名。昂纳克

---

① 阿尔弗雷德·诺依曼 1909 年 12 月 15 日出生于舍内贝格，2001 年 1 月 4 日逝世于柏林。诺依曼 1929 年加入德国共产党，1939 年被捕后受到监禁，1941 年被移交给纳粹秘密警察局。1942 年，他被以叛逆罪判处 8 年监禁。1945 年 2 月，他从勃兰登堡格登监狱被移交给迪勒旺冲锋队刑事营，后来在那里成功越狱。他来到苏军战俘营，在 1947 年前到过多个战俘营。他于战后加入了统一社会党。1949 年，他出任统一社会党柏林市委负责宣传工作的书记。之后，他于 1951—1953 年担任柏林市副市长，1953—1957 年担任柏林专区第一书记。诺依曼自 1949 年起任人民议院代表，自 1958 年起成为统一社会党中央政治局委员，1957—1961 年担任统一社会党中央书记，于 1965—1968 年担任物资管理部长。诺依曼于 1962 年起成为民主德国部长会议主席团成员，并于 1968 年起担任部长会议副主席。诺依曼属于"乌布利希支持者"，但并不赞成昂纳克的政策。1989 年，他与部长会议全体成员集体辞职。1990 年，统一社会党 - 民主社会主义党将他及其他领导人一起开除出党。

从此再也没有原谅他。不过，他也不能草率地把这位当年的西班牙战士和反法西斯抵抗战士发配到沙漠里去，因而不得不给予容忍，直至民主德国痛苦地走向终结。

迪科普：哪些人在告密信上签了名？

莫德罗：政治局20名成员中，13名委员和候补委员签了名。签名中当然不包括乌布利希，还有阿尔弗雷德·诺依曼、阿尔贝特·诺登①、弗里德里希·埃伯特、格奥尔格·埃瓦尔德②、瓦尔特·哈尔布里特③和玛格丽特·米

---

① 阿尔贝特·诺登1904年12月4日出生于Kattowitz县的Myslowitz村，1982年5月30日逝世于东柏林。他于1921年加入德国共产党，并在两党1946年合并之后成为统一社会党党员。诺登于1954年起担任民主德国统一社会党新成立的"德意志统一委员会"的第一书记。他于1958—1981年担任统一社会党中央政治局委员和人民议院代表，并于1960—1979年属于民主德国国防委员会成员。他在政治局内负责宣传工作，并对民主德国清理战争犯罪与纳粹犯罪的所有措施和进程进行协调：1965年，诺登发表了一份《褐皮书》，里面包含了在西德领导岗位上保留的1800多名纳粹战犯的姓名。诺登自1976年起成为民主德国国务委员会成员。诺登在去世之前一年因病退出政界。
② 格奥尔格·埃瓦尔德1926年10月30日出生于布赫霍尔茨，1973年9月14日逝世于哥达附近。他于1946年加入德国自由青年联盟和统一社会党。埃瓦尔德于1960—1963年担任统一社会党新勃兰登堡专区第一书记，之后成为统一社会党中央委员、政治局候补委员和部长会议主席团成员。埃瓦尔德于1971—1973年担任民主德国农业、牧业和粮食管理部长。他于1963—1973年任民主德国人民议院代表。1973年9月14日，埃瓦尔德在一次汽车交通事故中遇难。
③ 瓦尔特·哈尔布里特1927年11月17日出生于霍伊姆，2003年4月11日逝世。他的葬礼在赛洛（勃兰登堡联邦州梅尔基施-奥德兰德县的县城）举行。1945年5月—12月，他在一个英军战俘营度过。战后1946年，他加入了统一社会党。1948年，他又加入了德国自由青年联盟。自1954年起，他成为统一社会党中央机关的工作人员。1960—1961年，他担任党中央计划、财政与技术发展部的副部长。1961—1963年，哈尔布里特担任民主德国财政部副部长。之后至1965年，他担任国家计划委员会副主任和劳动与工资委员会主任。1965年12月—1989年11月，他担任民主德国部长会议物价总局的部长衔总局长。与此同时，他于1967年4月—1989年任统一社会党中央委员，1967年—1973年10月任中央政治局候补委员。1967年11月—1989年，哈尔布里特任部长会议主席团成员。1967—1990年，他还担任民主德国人民议院代表。1989年12月—1990年2月，他以国务秘书的身份担任汉斯·莫德罗总理的专员，专门负责"中央圆桌会议"的筹备工作，并担任新建"国家安全局"（AfNS）以及国家安全部（MfS）解散委员会事务的顾问。

勒①。洛特·乌布利希②在1973年瓦尔特·乌布利希去世之后回到柏林潘可区，之后我一直和与世隔绝的她保持着接触。

盖勒：从人性角度看，这是可以理解的。您刚才说，您的亲戚以及本人至亲的一部分人当年都生活在西德。当时您对两德关系的想法有多么强烈？这种想法对您的背景有没有影响？埃里希·昂纳克于20世纪80年代说出过民主德国是一个"社会主义民族"的提法。根据这个说法，曾经在民族问题的想法上有一个空间。在那几个月天下大乱的日子里，在您几乎无法入眠的岁月里，因为生存保障的问题、日常生活的保障已经成为每天必须面对的问题了，那么您当时是怎样考虑的——您是否考虑过德国统一问题？您始终基于两个德国的理论、两个德国的实践，始终从两个德意志国家的角度作出决策，还是在一定程度上考虑过德国统一问题？

莫德罗：我这一代人经历过德国是一个统一国家的年代。统一的德国

---

① 玛格丽特·米勒1931年2月18日出生于上西里西亚地区的诺伊施塔特。米勒于1951年加入统一社会党。1963—1989年，她任统一社会党中央委员和政治局候补委员。与此同时，她自1963年起担任民主德国人民议院代表，1971—1989年任部长会议成员。1973—1976年，她曾担任植物生产协调局的局长，在Kotelow领导过农业生产合作社的植物生产工作，之后在Friedland领导过"农业与工业联合体"（AIV）的植物生产。在1989—1990年的转折时期，她辞去所有职务，并被开除出党。
② 夏洛特·"洛特"·乌布利希，娘家姓屈恩，1903年4月19日出生于Rixdorf，2002年3月27日以原民主德国国务委员会主席瓦尔特·乌布利希的第二任夫人的身份逝世于柏林。她于1919年加入自由社会主义青年团，1921年加入德国共产党。她在德国共产党中央委员会担任速记打字员，后于1922—1923年在莫斯科共产主义青年国际（KJI）工作。1931年，她与第一任丈夫埃里希·文特流亡莫斯科。返回德国后，她于1945年担任德国共产党中央总务局局长。她从莱比锡孤儿院领养的女儿贝亚塔·乌布利希，1991年在柏林住宅中被发现遭人殴打致死。洛特自1947年起担任瓦尔特·乌布利希的个人秘书。她与乌布利希结婚后，于1953年5月开始在社会科学院攻读大学学业，并于1959年获得社会科学硕士学位。她于1959—1973年在统一社会党中央马列主义学院担任工作人员，主要负责该学院发表的瓦尔特·乌布利希演讲和文稿的编辑工作。她曾任统一社会党中央书记处妇女委员会委员和政治局妇女委员会委员。她自1973年7月起退出公众视线，并于1989年转折时期之后搬回柏林Niederschoenhausen区的故居生活。

是在 1945 年的战火中，与我们的青少年时代一同沦亡的。战争撕裂了家庭，人们纷纷逃出已被摧毁的城市，男人们去了前线，如果能够活下来就会进入战俘营。当波茨坦会议重新划定德国边界后，那些尚未逃难离开前线、前往安全地区的数百万人，不得不离开东部的家乡。每当提起"逃难和被驱赶"的历史时，我们永远都不应忘记这一点：没有 1933 年纳粹独裁的建立，就不会有 1945 年的《波茨坦协定》①。每当德国人把自己说成牺牲者时，内心是在排斥一种记忆，即大多数德国人民在纳粹政权走向灾难时不仅仅是在盲从，而且更多的是在一同承担，是在给予支持。直接地或间接地给予支持。这就成为连带罪责，所以就会被战胜国索赔。我并非完全赞同同盟国的所有步骤，也不想毫无例外地为所有不合理现象进行辩解。但是我坚持认为应当追究因果关系：起因是什么？后果是什么？当然，有些事确实不合理。例如，我刚满 17 岁，往手里塞给你一支冲锋队步枪，我连一粒子弹也没有打，就被抓到苏军战俘营关了 4 年。我只能到莫斯科附近的树林里伐树，但是我也听了有关德国历史和德国罪责的讲课。

当我回国时，我的家乡波莫瑞已经成为波兰领土，而且已经存在两个德国。像我身边政治环境中的许多其他人一样，我也必须选择一个国家——无论如何那是在整个德意志国家的背景中。我们当时认为，分裂只是暂时的，有时限的。德国问题能够在可预见的将来得到解决。

我的家庭之所以各走东西，主要原因是政治取向的不同。我们家总共有 4 个孩子。哥哥弗兰茨与父亲一样，也是一个海员。我与妹妹英格一直没有联系，她后来死在酒精上，这是弗兰茨在"转折"以后向我透露的。姐姐埃

---

① 波茨坦会议于 1945 年 7 月 17 日—8 月 2 日在齐切琳堡宫召开，目的是在政治上和地理上重新确定德国命运：声明达到的目标是解散卡特尔企业，民主化，非军事化和清算纳粹主义。此次会议的参会者是苏联、美国、英国的国家元首和政府首脑（约瑟夫·斯大林、哈里·S.杜鲁门、温斯顿·丘吉尔和后来的克莱门特·艾德礼）以及外交部长，由他们签署了协定。法国以保留态度赞同了《波茨坦协定》。

伦嫁给了一个潜艇驾驶员，是一位 Ka-Leu①。我们于 20 世纪 50 年代在柏林还见过一面。我们不停地进行争论：他们骂那个"山羊胡子"，指的是乌布利希，尽管他根本就没有干过什么对不住他们的事。而我则嘲笑阿登纳，因为他的内阁里收留的纳粹工人党成员远远超过希特勒的第一届政府。这是我们家最后一次聚会。他们全家都生活在汉堡附近的施瓦岑贝克，后来也埋葬在那里，只有哥哥弗兰茨悄悄地离开那里，埋葬在吕内堡附近的恩布森。

3. 民主德国作为统一社会党国家的成立及其德意志特征

盖勒：关于民众与国家的关系以及国家赢得民众支持的能力，是不是可以推导出这样的结论：民主德国的国家安全膨胀到如此程度，实际上已经成为国中之国，由此可以证明，领导层对本国民众的信任程度还不如纳粹时代？

莫德罗：我认为将纳粹帝国与民主德国进行类比，将二者相提并论的做法本身就是错误的。当然，你可以将苹果与梨子进行对比，其结果是成为水果酱。但是，这谈不上是科学的方法。纳粹帝国原本是一个资本主义国家，1933 年时根本就没有触动其社会经济基础。而民主德国是一个反资本主义的国家，其经济基础与纳粹帝国有着巨大差别，其结果是社会上层建筑也存在着巨大差别。希特勒国家公开挑战民主、人类的文明进步和政治异己者。他带着战争威胁走上政治舞台——请读一下他的《我的奋斗》。他认为，1919 年《凡尔赛条约》作出的战后规定应当终结，由于"人民没有生存空间"而必须占领欧洲大陆的东部领土。这个德意志帝国推行的是帝国主义政策，追

---

① Ka-Leu 是 Kapitänleutnant 的口语缩写，即海军上尉。

求的是帝国主义目标。这个帝国明白无误地声明，追求的是统治世界；它发动战争，为了达到自己的目标而屠杀了数百万人。

民主德国是那场被德意志帝国发动并战败的世界大战的后果。希特勒帝国的军事失败及其被战胜国占领，导致的后果是成立了两个德意志国家、两个政治上对立的国家。在西部德国，复辟了经济和政治状况。而民主德国则谋求一种反法西斯的民主选项，她既不谋求改变任何边界线，也不想触动欧洲的现状。

埃贡·巴尔[①]认为，堆积如山的档案本身就不允许人们去与堆积如山的死者进行对比。在这一点上，我赞同他。仅仅因为民主德国将其社会主义社会的发展性质称为"无产阶级专政"，而将民主德国与纳粹帝国相提并论，这种做法本身就比轻率更加恶劣。纳粹确实是一种专政，但是如果人们不想满足于肤浅的对比，就必须稍微深入一点地进行比对测量。

盖勒：民主德国的历史并非开始于 1949 年 10 月 7 日，也并非结束于 1990 年 10 月 3 日。这一点通过我们之间的谈话已经越来越清楚地意识到了。有一个问题十分扣人心弦：乌布利希团队是如何能够那么迅速地实现德国社

---

① 埃贡·巴尔 1922 年 3 月 18 日出生于图林根的特累富特，2015 年 8 月 19 日逝世于柏林。巴尔于 1950—1960 年担任里亚斯广播电台（RIAS）首席评论员，1953—1954 年担任里亚斯广播电台波恩办公室主任。他于 1956 年加入社民党。1960—1966 年，巴尔担任柏林州新闻与信息局局长，并任市长威利·勃兰特领导下柏林市政府的新闻发言人。1963 年，巴尔在位于图青的基督教学院所作的一次演讲中提出了"以接触促转变"的理念。1966—1969 年，在勃兰特担任外交部长期间，巴尔获得特命大使头衔，并以正司级职衔（Ministerialdirigent）担任外交部政策规划司司长。在这一岗位上，他详尽地起草了"新东方政策"。1969 年大选后，他随勃兰特进入联邦总理府，担任国务秘书。1969 年底，勃兰特将其作为联邦政府全权代表派往莫斯科。在莫斯科和东柏林，巴尔以谈判代表的身份参与了莫斯科条约、华沙条约、过境协定以及基础条约的酝酿，并起到了决定性的作用。巴尔于 1972—1990 年任德国联邦议院议员，1976—1981 年任社民党议会党团主席。

民党^①与德国共产党合并成为统一社会党的？我不知道您是否把这个看作强迫合并的过程？尽管德国战争针对的是苏联，但是苏联实际上是成功地打造了一个联盟关系。"自由德国民族委员会"当时已经存在，但是还不能代表帝国国防军的领导和高级军官。您当时的体验是什么？

莫德罗：当德国共产党与社民党 1946 年合并组建统一社会党时，我正蹲在苏军战俘营内，所以并没有亲身经历这一合并进程。但是据我从许多参与者那里获悉——不仅有社民党人，也有共产党人——两党的合并并没有受到外界的强迫，而是源自他们内心的渴望，他们感受到了最终应当消弭兄弟相争态势的必要性。正是两党竞争的局面，导致纳粹势力的上升，从而没能阻止战争的发生。来自两党的德国反法西斯者，在监狱、集中营和流亡中走到了一起。他们克服了分歧，成立了一系列国际反希特勒联盟组织，例如 1943 年在莫斯科附近的克拉斯诺格尔斯克成立的"自由德国民族委员会"。

当然，无论在战俘营中还是后来的政治生涯中，我从来不想争辩的是：当时的我们都是一些已经拥有"俄国灵魂"的德国人。

盖勒：那是一种能够承受痛苦的灵魂？

---

① 该党的前身是 1863 年 5 月 23 日成立于莱比锡的"全德工人联合会"（ADAV）和 1869 年 8 月 8 日成立于爱森纳赫的"社会民主工党"（SDAP），二者后于 1875 年 5 月 27 日在哥达合并成立"德国社会主义工人党"（SAP）。今天的党名起始于 1890 年。社民党常常被称为历史最悠久的德国现存政党，并被称为全民党。1990 年 9 月 27 日，东德社民党与西德社民党合并。其青年组织名为 Jusos。接近社民党的基金会是弗里德里希·埃伯特基金会。2017 年底，社民党的党员人数为 443000 人，2015 年底，女党员的比例为 32%。其欧洲政党名称为"欧洲社民党"（SPE）。有关该党的党性特点、组织结构、1863 年至今的历史、历次选举结果、选民结构、政党人士、党员代表大会、立场接近该党的组织、最重要的发展周期、批判该党的言论以及其他内容，发行人建议参阅不同的出版物和下述网站的信息：www.spd.de。

莫德罗：也可以这么说。仅仅过了几个月我就感受到，在下波莫瑞秋收小分队看守我们的那个俄国士兵，要比负责指挥我们 20 个战俘的那个德国士官亲近得多，后者总是显摆出一股似乎要改变战争结局的牛气劲。那个穆西克①有人情味。17 岁的我，当时与两个大约 30 岁的红军战士一起干活，负责将 10 匹马从一地运送到另一地。这个叫作马匹小分队。我不会说俄语，他们也不会说德语，但是他们对待我就像是跟他们一样的俄国小伙子。我跟他们运送了一个星期。每当一辆坦克驶过时，我的 3 匹马就会受惊狂奔，之后我们不得不再把它们抓回来。我从来没有听到他们斥责我无能的一个字。在莫斯科时，我在一个负责供暖外勤的小分队里干活。不是负责供暖，而是在室外寒冷天气中处理供暖管道破裂等类似事故。有一次过来一个老妇人，友好地同我说话，可是我听不懂她的话，接着她递给我一块面包。她肯定也失去了家人，当时苏联几乎所有家庭都在伟大的卫国战争中至少失去了一个亲人。尽管如此，她还对我这么好。

盖勒：德国的社会主义尤其具有德国特色，这一点似乎十分明显，因为社会主义的理想来自德国的卡尔·马克思②、弗里德里希·恩格斯③、奥古斯

---

① "穆西克"为俄语，意为农奴，口头语亦为"可怜的家伙"。

② 卡尔·马克思 1818 年 5 月 5 日出生于特里尔，1883 年 3 月 14 日逝世于伦敦。他与恩格斯一起成立了德国工人协会。在伦敦，他与恩格斯为"共产主义者同盟"撰写了《共产党宣言》。马克思于 1867 年发表了他的《资本论》第 1 卷，恩格斯在他去世以后发表了第 2 卷和第 3 卷。

③ 弗里德里希·恩格斯 1820 年 11 月 28 日出生，1895 年 8 月 5 日逝世于伦敦。1875 年，他和马克思一同撰写了《哥达纲领批判》，与社会民主党人的发展方向分道扬镳。恩格斯于 1894 年完成了《资本论》第 3 卷的工作。

特·倍倍尔①、卡尔·李卜克内西②和罗莎·卢森堡③。苏联的社会主义者和共产党人会对德国人说："你们原本来自社会主义理想的发源国吧？"这样的说法，会对你们的世界观产生什么影响吗？

莫德罗：当我们 1952—1953 年在共青团高校④学习时，这样的说法对我绝对起到了影响。我第一次听到这些时，是克拉斯诺格尔斯克反法西斯学校校长尼古拉·扬岑教授说的。这位资深的哲学家来自波罗的海地区，会说德语。他经常作讲座，懂得怎样吸引我们年轻人的学习兴趣。他激励我们的热情，不要求我们因为是德国人而必须恭顺，而是培养我们为把自己家乡建设成为一个反法西斯新社会的事业心和决心。他鼓励我们建立雄心壮志。几年后，共青团高校又来了一位季米特里夫教授，他在莫斯科大学教历史课。他对待我们的态度与扬岑差不多。他让我们懂得，重要的不光是学习马克思、

① 奥古斯特·倍倍尔 1840 年 2 月 22 日出生于科隆附近的多伊茨，1913 年 8 月 13 日逝世于瑞士的帕苏格，葬礼在苏黎世举行。1869 年 8 月 8 日，他与威廉·李卜克内西一同成立了社会民主工党（SDAP）。倍倍尔于 1875 年参与了与全德工人联合会（ADAV）合并成立德国社会主义工人党（SAP）的进程。1890 年，该党在废除宪法之后改名为德国社会民主党（SPD）。自 1892 年起，倍倍尔担任社民党的双主席之一。
② 卡尔（保罗·奥古斯特·弗里德里希）·李卜克内西 1871 年 8 月 13 日出生于莱比锡，1919 年 1 月 15 日逝世于柏林。李卜克内西于 1900 年加入社民党，1902—1913 年为社民党柏林市议员。他是活跃的第二国际成员，并且是社会主义青年国际的创始人之一。他与罗莎·卢森堡自 1916 年 1 月起出版《斯巴达克书信》。1918 年，他拒绝与德国社民党和德国独立社民党（USPD）合作。1918 年 11 月 9 日，他在柏林宫殿的阳台上呼喊"自由社会主义共和国"的口号。1918 年底 1919 年初，他参与了德国共产党的组建。1919 年 1 月 15 日，李卜克内西在斯巴达克团一月起义失败后被枪杀于柏林蒂尔加滕。
③ 罗莎·卢森堡 1871 年 3 月 5 日出生于扎莫希奇（波兰王国），1919 年 1 月 15 日在柏林被枪杀。她自 1898 年起为德国社民党人，1919 年建立了德国共产党。
④ 共青团是苏联共产党的青年组织，成立于 1918 年 10 月 29 日，解散于 1991 年 8 月。共青团高校自 20 世纪 40 年代开始存在，直至 20 世纪 90 年代被解散。这所学校是国际共产主义青年运动的干部锻炼熔炉，它吸引了来自世界 140 多个国家的学生来到莫斯科。教育内容包括宣传、历史、心理学、教育学以及马克思列宁主义教学。

从废墟中站起来——20世纪50年代的莫德罗

恩格斯或列宁①的语录，而是将他们的思维方式、分析方法和如何将这些贯彻到实际政策当中去。

　　他给我下达任务，让我在学期内准备作一个关于人民民主及其思想家的演讲报告。我作了这样的报告，并且有点儿冒失地声称，我们民主德国——写作的时间是1952年——不像波兰、匈牙利、罗马尼亚或者保加利亚，并非"人民民主"，也就是根据苏联模式"社会主义"的另一种说法，而是一种反法西斯民主体制，拥有多党制和许多资产阶级民主的成分。我的演讲结束后，季米特里夫教授说："莫德罗同志，你的报告并没有代表本校的教学观点。但是，我给你的分数是'优秀'。你的演讲有逻辑性，你的观点有说服力。"他的评语是对自主思维的肯定。

---

①　弗拉基米尔·伊里奇·乌里扬诺夫（列宁）1870年4月22日出生于辛比尔斯克，1924年1月21日逝世于高尔基村。他参与创立"工人阶级解放斗争协会"，自1900年起在慕尼黑创办俄文《火星报》。作为人民委员会主席，列宁建立了"无产阶级专政"。1919年建立了共产国际。作为布尔什维克及其后身俄国共产党的主席（1912—1924），列宁曾是俄罗斯苏维埃联邦社会主义共和国（简称苏俄）政府首脑（1917—1924）和苏联的参与缔造者（1922—1924）。

盖勒：民主德国的命运说到底也是德国人的命运，因为在那里无法实现匈牙利或波兰那样的人民民主？或许因为这始终是两德问题的一部分？因为它不得不有别于其他国家，必须意识到民主德国始终处于与联邦德国的竞争和比赛当中，不得不牵扯到大量的力量和能源，因而从来就无法建设一个真正的社会主义德国，一个能够独立于世、能够拥有自我认同感的德国？民主德国不得不始终以一个幅员更大、实力更强、经济动力更加强劲的德国为追赶方向，而那个德国拥有鲁尔工业区，背后有西方各大国撑腰。有鉴于此，民主德国岂不是始终成为这一两德问题的一部分？

莫德罗：民主德国的框架条件固然与德国历史和两德分裂有关，但是我们最终处于下风并非预先就命中注定了。失败的是苏联模式的社会主义。无论我们，还是苏联和共同体的其他国家，当年都无法从这个模式中摆脱出来。我们不是生活在一个孤岛上，一旦大陆变迁，不会带来任何后果。客观地说，我们受到了国际政治和经济形势发展与变化的束缚，但是我们并不愿意作出适当的反应。

盖勒：如果我们对比欧洲各国的社会主义、欧洲各国的共产党，就会想起堂卡米洛和佩波内之间的争议名言，也就是说，在意大利是一种共产主义，在法国则是另一种共产主义。民主德国的社会主义究竟有什么特殊的德国特点？在发展进程中，尤其是在感知其他社会主义国家时，究竟是不是有着某些区别，以至于人们理所当然地从民主德国的社会主义中看到德国往昔的灯光？您的体验是什么？您本人和您家庭都经历过第三帝国。在经互会①和华沙条约②内部，你们这些老同志战后究竟是怎样看待这个问题的？是否有人持保留态度："他们是德国社会主义者和共产党人！"反之也会有人问：难道德国共产党人就比别人更加反法西斯？难道他们就肯定是可靠的盟友和同志？历史学家对此类民族特性和文化历史角度颇有兴趣。

莫德罗：逐一来回答您的问题，并且适当地力求简洁。关于堂米卡洛与佩波内，我喜欢你的这个比喻，因为它把相互对立的相互依存原则讲清楚了。众所周知，这两个人物的创作者、意大利作家乔瓦尼·瓜雷斯基③在德国战俘营里度过了两年。他在那里亲身体验到，为了生存下去，团结与宽容有多么重要。那位牧师和那位共产党人市长战后在那个意大利村子里依据这样的原则和平共处：尽管他们曾经相互作战，相互开枪，相互斗争，但是他们知道，如果想让自己的乡村得到发展，就应当相互帮衬。这是一个正确的认识和重要的理智，于是他们就按照这个原则办事。

民主德国的社会主义究竟有什么特殊的德国特点？你是在影射昂纳克曾

---

① 经济互助委员会（RGW，英文为：Council for Mutual Economic Assistance，CMEA或COMECON）是苏联领导下的一个社会主义国家国际组织，作为美国欧洲复兴计划（马歇尔计划）和欧洲经济合作组织（OEEC）的对立物成立于1949年。其成立宣言发表于1949年1月25日，此前来自6个东欧集团国家（苏联、波兰、罗马尼亚、保加利亚、匈牙利和捷克斯洛伐克）的代表于1949年1月18日在莫斯科签署了这一宣言。阿尔巴尼亚于1949年2月23日加入经互会，民主德国则于1950年9月29日加入。之后，蒙古国（1962年7月6日）、南斯拉夫（1964）、古巴（1972）和越南（1978）分别加入经互会。中国（直至1961年）和朝鲜均为观察成员国。芬兰于1973年5月16日与经互会签署了合作协议，伊拉克和墨西哥于1975年、尼加拉瓜于1984年、莫桑比克于1985年也与经互会建立了这一关系。安哥拉、埃塞俄比亚和也门人民民主共和国于1986年、阿富汗于1987年也随之签署合作协议。1991年，试图将经互会进行市场经济改革的尝试失败。苏联解体后，经互会随之解散。经互会是为对抗"马歇尔计划"和"欧洲经济合作组织"而成立，并于1991年宣告解散——一如1955年成立的华约。
② 华沙友谊合作互助条约，亦称华沙条约组织，存在于1955—1991年，是苏联领导下的社会主义国家军事防御联盟。此举是对巴黎协议接受德意志联邦共和国为北约成员的一个回应。当"铁幕"拉开之时，已经处于解散状态的华约机构呈现出完全破败之相。
③ 乔瓦尼·瓜雷斯基是意大利漫画家和作家，1908年5月1日出生于意大利Fontanelle di Roccabianca，1968年7月22日逝于切尔维亚。

经定义的"民德特色的社会主义"①？民主德国遵循的是苏联的社会主义模式，结果在 20 世纪 80 年代最终失败。民主德国曾经试图改革这种模式（当时更确切地说是想根据特殊国情进行调整），例如乌布利希推出的计划与管理新经济体制，但是遭到莫斯科的遏止。社会主义国家的起步条件各不相同。东德和捷克当时被视为工业国家，而其他国家则以农业为主。各国当然不遗余力地扩大经济基础，希望把本国从农业国发展为工业国，然而只是取得了局部的成功。列宁说得对，决定"新社会制度能否取得胜利的最为重要、最为关键"的最终标准是生产力。在牛圈里，在萝卜地里，提高整体劳动生产力的空间非常有限，也就难以提高国民生产。我们民主德国尽管经受了战争的摧毁，仍然拥有较好的初始条件——此外十分重要的是，我们拥有一个历经数十年成长的、高素质的工人阶级。

在社会主义阵营中，人们是怎样对待德国共产党人的呢？事实上，由于纳粹 1933 年取得了胜利，尤其是莫斯科的人们在很长一段时间内都对德国共产党人十分反感。在斯大林的眼中，他们是失败者。这也就能够解释，为什么斯大林在 1945 年之前从来不同任何一位德国流亡者交谈。直到法西斯被打败、各个占领区设立之后，斯大林才与皮克②、乌布利希、阿克

---

① 这一概念是埃里希·昂纳克于 1988 年底提出来的，旨在偏离米哈伊尔·戈尔巴乔夫的改革道路。
② 威廉·赖因霍尔德·皮克 1876 年 1 月 3 日出生于古本，1960 年 9 月 7 日逝世于东柏林。第一次世界大战后的 1918 年，皮克是德国共产党（KPD）的创始人之一。他参加了斯巴达克团起义（1919 年 1 月 5 日—12 日），并与罗莎·卢森堡和卡尔·李卜克内西一道于 1919 年 1 月 15 日被捕，此二人被枪杀，皮克被释放。皮克通过共产国际结识了列宁。1933 年 5 月，皮克被迫前往巴黎，并自 1935 年起在莫斯科流亡。1945 年 7 月 1 日，皮克返回柏林。皮克与奥托·格罗提渥（社民党）一道，成为统一社会党（SED）主席。当德意志民主共和国于 1949 年 10 月 7 日成立时，皮克成为第一任也是唯一一位总统。他在总统任上一直持续到 1960 年去世。不过，在权力体制中，总统的位置居于统一社会党中央总书记或第一书记之后。皮克去世后，民主德国创立部长会议，以取代总统职务。

曼 ① 和德国共产党也就是后来的统一社会党的其他领导人见面谈话。但是我并不知道苏联领导人当时究竟在哪些方面对德国共产党人和社会主义者提出了指责。其实也不必知道。德国人自己也清楚这一点，所以从中不断增长出特殊的责任感。我指的是德国共产党 1945 年 6 月 11 日发出的呼吁，抑或是 1968 年拒绝参与华约对捷克斯洛伐克共同军事行动之举。乌布利希阻止国家人民军跨越捷克边境——他回忆起 1938—1939 年的往事。您认为，统一社会党与民主德国当年表现出特别反法西斯的立场，或者不得不这样表现，为的是得到盟国的认可，这种想法是不恰当的。我们之所以打击法西斯主义，是因为它是帝国主义的一种形式。我们在政治上、经济上和文化上都已经与之决裂。

再谈谈我自己的感受：20 世纪 50 年代初我去保加利亚度过假——没有任何问题。第一次接触波兰——很困难。"德国人"给他们造成的创伤还没有愈合。与罗马尼亚的接触也不容易，原因或许是与特兰西瓦尼亚地区的德意志少数民族有关，他们不太愿意为社会主义奋斗，引起了布加勒斯特的几分不满。与我们的捷克斯洛伐克邻居没有问题。他们对我国 1968 年拒绝干预的做法给予高度评价。

盖勒：当年国家人民军的头盔与德意志帝国国防军的头盔是一样的……

---

① 安东·阿克曼 1905 年 12 月 25 日出生于厄尔士山脉的塔尔海姆，1973 年 5 月 4 日逝世于东柏林。他于 1949—1953 年在民主德国外交部任国务秘书并兼任经济学研究院院长，1950—1954 年担任人民议院代表。1953 年，阿克曼短暂担任马恩列斯研究院院长。由于他支持威廉·蔡塞尔（1893—1958，民主德国第一任国家安全部长，统一社会党中央候补委员，1953 年 6 月 17 日柏林暴乱事件发生后，他在苏联领导人贝利亚的支持下企图推翻乌布利希的领导，后因取代贝利亚的赫鲁晓夫支持乌布利希，蔡塞尔于 7 月被撤销一切职务并开除出党中央，其夫人也被解除东德国民教育部长职务。在 1958 年 3 月 3 日因中风去世之前，蔡塞尔一直以俄语翻译工作维持生活。——译者），因而在蔡塞尔 1953 年 9 月被推翻后，也被解除所有职务，并于 1954 年被开除出统一社会党中央委员会。他于 1956 年被平反。1954—1958 年，阿克曼担任文化部电影局局长，1958 年起担任总司司长，1960 年起至 1961 年进入残障状态止，担任国家计划委员会负责文化与教育工作的副主任。

莫德罗：这不确切。国家人民军的头盔是根据帝国国防军头盔的一种改进型，这一点没错，但是那种式样被否定了，在纳粹德国并没有生产过。你完全有权利这样说：国家人民军军装借用了帝国国防军的式样和颜色。不过，这一切都是莫斯科的决定。国家人民军于 20 世纪 50 年代中期成立时，关于军装，曾经有许多草案，有些倾向于苏军军装或西德联邦国防军的军装，后者实际上是复制的美军军装。以朱可夫[①]为首的苏军领导人在菩提树下大街的兵器博物馆内参观了这些草案：你们不是苏联军队，你们是一支德国军队！于是，军装剪裁的设计图才最终确定。

盖勒：民主德国的产品也标注着"Made in Germany"？

莫德罗：开始是这样。后来，从 20 世纪 70 年代开始，自然就改为"Made in GDR"了。

4. 德国政治的转折点？ 1952 年的斯大林照会和 1953 年 6 月 17 日

盖勒：请您给我们介绍一下 20 世纪 50 年代初期苏联对德国的政策。我

---

① 格奥尔吉·康斯坦丁诺维奇·朱可夫 1896 年 11 月 19 日出生于 Strelkowka，1974 年 6 月 18 日逝世于莫斯科。他曾任红军总参谋长、苏联元帅，并于 1955—1957 年任苏联国防部长。他因战功卓著的莫斯科保卫战（1941—1942）、斯大林格勒战役胜利（1942—1943）和攻克柏林战役（1945）而赢得国际声望。1945 年 5 月 8 日—9 日的夜间，他作为苏联代表，在柏林卡尔霍斯特区接受了德意志帝国国防军的无条件投降。

们指的是 1952 年的约瑟夫·斯大林、1953 年的拉夫连季·贝利亚①、1955 年的尼基塔·赫鲁晓夫和尼古拉·布尔加宁②的政策。

莫德罗：苏联的对德政策取决于冷战，也就是各大国之间的冲突，并且取决于苏联领导层的内部争斗。早在斯大林 1953 年 3 月去世之前，争夺其接班人地位的斗争就已经开始。特别是贝利亚急于夺权，他自 1938 年起担任苏联内部事务委员会③领导，负责苏联的核计划。他是国防委员会成员，该机构是 1941 年希特勒突然袭击苏联之后组建的，由斯大林、莫洛托夫④、

---

① 拉夫连季·巴夫洛维奇·贝利亚 1899 年 3 月 29 日出生于苏呼米附近的 Merkheuli，1953 年 12 月 23 日在莫斯科被处死。贝利亚于 1919—1938 年在阿塞拜疆和格鲁吉亚担任情报头目。1931 年被任命为格鲁吉亚共产党主席，1932 年接任了外高加索共和国共产党主席。1939 年 3 月 22 日—1946 年 3 月 19 日，他任苏共中央政治局候补委员，由此进入苏联最高政治机构。1946 年 3 月 19 日，他成为政治局正式委员，直至 1953 年 6 月 26 日被解除职务为止。贝利亚被送上苏联最高法院，以 20 世纪 20 年代充当英国间谍和试图推翻苏维埃政权的罪名受到审判。1953 年 12 月 23 日，他在一次秘密庭审中被判处死刑，并于当日被执行枪决。

② 尼古拉·亚力山德洛维奇·布尔加宁 1895 年 5 月 30 日出生于下诺夫哥罗德，1975 年 2 月 24 日逝世于莫斯科。他于 1937 年出任俄罗斯社会主义联邦苏维埃共和国人民委员会主席，1938 年起成为苏共中央委员和苏联部长会议副主席，并在 1941 年前一直兼任国家银行行长。1944 年 11 月 22 日—1945 年 9 月为苏联国防委员会委员。布尔加宁于 1947 年担任苏联部长会议副主席兼武装力量部长。1946 年成为中央政治局候补委员。1947 年晋升为苏联元帅。1948 年起成为政治局正式委员。1949 年失去武装力量部长职务。布尔加宁于 1953—1955 年担任部长会议副主席兼国防部长。1955 年升任部长会议主席。1957 年 6 月 18 日，他试图与其他政治局成员一同推翻苏共领导人赫鲁晓夫。政变未遂，布尔加宁留任部长会议主席，直至 1958 年 3 月 27 日赫鲁晓夫接管此职。布尔加宁于 1958 年被开除出中央委员会。1958 年 3 月，他接任国家银行行长。1958 年 8 月，他失去行长职务和苏联元帅军衔，降为上将。之后，他担任斯塔夫罗波尔经济委员会主任，直到 1960 年结束所有政治生涯。

③ 苏联内务部是 1917 年十月革命后由俄罗斯社会主义联邦共和国内部事务人民委员组成的。改组时也接管了政治秘密警察和内部情报机构的职能。自 1934 年起，劳改营管理总局（GULag）也隶属于苏联内务委员会。1934—1936 年，内务人民委员会（NKWD）更名为内务部（MWD）。

④ 维亚切斯拉夫·米哈伊洛维奇·莫洛托夫 1890 年 2 月 25 日出生于卡尔卡，1986 年 11 月 8 日逝世于莫斯科。1921 年—1930 年 12 月 21 日，莫洛托夫任中央委员会书记。1926 年 1 月 1 日起，莫洛托夫为政治局正式委员，直至 1957 年 6 月 29 日。1930 年 12 月 19 日—1941 年 5 月 7 日，莫洛托夫以苏联人民委员会主席的身份担任政府首脑。他在 1939—1949 年和 1953—1956 年两次担任苏联外交部长。1955 年 5 月 15 日，他以苏联外长身份在维也纳美泉宫签署了《奥地利国家条约》。1957—1960 年，莫洛托夫出任苏联驻蒙古人民共和国大使。1960—1962 年，他改任苏联驻国际原子能组织的代表。他于 1962 年被开除出苏联共产党。

伏罗希洛夫[①]和马连科夫组成。在由 10 人组成的政治局内，贝利亚是位居斯大林和部长会议主席马连科夫（1953—1955）之后的第三号人物。斯大林原本希望建立一个统一的中立德国，但是这并不符合西方三国的利益。它们将自己的占领区合并组建了德意志联邦共和国，作为一种遏制共产主义的桥头堡。这是美国的战略：遏制政策。作为反制措施，苏联在其占领区建立了德意志民主共和国。然而，斯大林仍然坚持其在欧洲中央建立某种缓冲地带的方案，以阻止再度发生 1941 年的袭击事件。因而，他于 1952 年 3 月向西方提出各项建议之举就可以理解了。斯大林的几份照会，预见的是建立一个全德政府，各占领国之间签署一个和平条约。最晚在签署和约之后，所有占领国都应当撤军。重新统一的德国虽然允许建立本国武装力量并且生产装备产品，但是不得成为任何军事联盟的成员，也就是说保持中立。对此建议，包括对斯大林后续提出的各项建议，西方断然拒绝，尤其是西德总理阿登纳。第一，西德已经开始融入西方一体化和重新武装的进程。第二，西方三大国已经给西德布置了冷战中的特殊角色，从而迫使其捆绑在北约[②]的战车上。斯大林在其第二封、第三封乃至最终的第四封照会中，始终坚持全德统一的选项，坚持希望签署和平协议，并要求有约束力地确认奥德河与尼斯河作为德国的最终东部边界。他没有从统一后德国必须坚持中立的立场后退。

---

① 克利缅特·叶夫列莫维奇·伏罗希洛夫 1881 年 1 月 23 日出生于 Ujesd Bachmut 的维尔赫尼村，1969 年 12 月 2 日逝世于莫斯科。他于 1925—1940 年担任苏联国防部长，也就是国防人民委员。1926—1957 年，他始终是苏共中央政治局正式委员。伏罗希洛夫于 1935 年获得苏联元帅军衔，直至 1940 年 5 月 8 日被解职。1953—1960 年，他任苏联最高苏维埃主席团主席，从而成为苏联国家元首。作为"苏联历史上仍然在世的传奇人物"，伏罗希洛夫于 1966—1969 年再度进入中央委员会。
② 北约成立于 1949 年 4 月 4 日，总兵力大约为 380 万。由欧洲和北美洲 29 国组成的这个组织，不仅是一个防卫联盟，而且是一个军事政治组织，其目标是确保自身的安全和世界的稳定。其创始国是比利时、丹麦、法国、冰岛、意大利、加拿大、卢森堡、荷兰、挪威、葡萄牙、英国和美国。希腊和土耳其于 1952 年 2 月 18 日、西德于 1955 年 5 月 6 日、西班牙于 1982 年 5 月 30 日加入北约。1999 年 3 月 12 日，波兰、捷克和匈牙利加入北约。2004 年 3 月 29 日，保加利亚、爱沙尼亚、拉脱维亚、立陶宛、罗马尼亚、斯洛伐克和斯洛文尼亚加入北约。阿尔巴尼亚和克罗地亚于 2009 年 4 月 1 日、黑山于 2017 年 6 月 5 日加入北约。北约总部设在比利时的布鲁塞尔。其他信息可从网址 www.nato.int 上搜寻。

当年的建议是否出于真心？西方是否错过了机遇？如今对此存在着争议。如果把斯大林的倡议当作宣传而置之不理，那么就过于草率了。苏联的外交政策自20世纪20年代以来始终致力于建立一个欧洲集体安全的体系，但是往往由于英国、法国等国的傲慢而告失败。直到在70年代的欧洲安全与合作会议（KSZE）[①]上，欧洲33国与美国和加拿大才达成了一项类似的协议。也就是说，苏联的外交政策在50年之后才取得了一项看得见的成果，那就是欧安会议最后文件。

同时，兼任情报部门头子的贝利亚试图在斯大林死后改变政治路线。他原本想处理掉民主德国，以期换取西方的妥协。于是他呼吁其他元帅支持这一计划，但是遭到像朱可夫那样的伟大卫国战争指挥官们的正当指责，因为苏联军队进军柏林的战果决不能付诸东流。

1952—1953年间，我正在莫斯科学习。在我们的学业中，斯大林的几份照会并没有占据重要位置，至少没有超过对1953年6月17日骚乱事件的关注。这就是说，这些照会只有微小意义。这与斯大林的去世有关：他的潜在接班人均已十分迅速地背离他及其政策。贝利亚任命谢姆尤诺夫[②]为苏联驻德国高级代表，他时任苏联驻德军事管制机构（SMAD）[③]政治顾问，是位

[①] 欧洲安全与合作会议的参会者为欧洲33国以及美国和加拿大。欧安组织进程担忧的是欧洲大陆政治缓和与稳定局势的中断。

[②] 弗拉基米尔·谢姆尤诺维奇·谢姆尤诺夫1911年2月16日出生于Krasnoslobodskoje，1992年12月18日因肺炎逝世于科隆。他被称为"苏联对德政策的设计师"。1937—1939年，他在顿河畔罗斯托夫担任马列主义教员。谢姆尤诺夫于1938年加入苏联共产党。1954—1955年，他担任苏联外交部欧洲三司司长。谢姆尤诺夫于1955—1978年出任外交部副部长。他参加了1955年在日内瓦举行的四大国会议、1958年与波恩签署的贸易和领事协议、1962年的日内瓦裁军会议和1969年在赫尔辛基举行的战略武器裁军谈判。他自1966年起担任苏共中央政治局候补委员。1969—1978年，他率领苏联代表团参加了在赫尔辛基、维也纳和日内瓦举行的第一阶段核军控谈判（SALT I）。1978—1986年，谢姆尤诺夫在波恩担任苏联驻联邦德国大使。

[③] 苏联驻德军事管制机构（SMAD）是战后苏联最高占领区机关和最高监控机构，实际上是1945年—1949年10月民主国成立期间的苏联驻德占领区政府。

于朱可夫、索克洛夫斯基[1]和崔可夫[2]之后的下一级外交官。他在柏林按照贝利亚的旨意操纵一切，因而不仅想把以瓦尔特·乌布利希为首的统一社会党领导层赶向政治沙漠，而且想推翻总理奥托·格罗提渥[3]，由自由民主党前主席海尔曼·卡斯特纳[4]取而代之。事后曝光，卡斯特纳自1948年起为盖伦组

---

① 瓦西里·丹尼洛维奇·索克洛夫斯基1897年7月9日出生于比亚韦斯托克附近的Koslilki，1968年5月10日逝世于莫斯科。1931年，索克洛夫斯基加入苏联共产党。他参与了德国帝国国防军在柏林卡尔斯霍斯特区签署无条件投降书的仪式。他自1945年5月9日起担任苏联驻德军事管制机构副总指挥，并于1946年—1949年4月担任总指挥和驻德苏军集群总司令。1946年晋升苏联元帅。他于1949—1960年担任苏联国防部第一副部长。1952—1960年，索克洛夫斯基担任苏军总参谋长。1960年，他被任命为苏联国防部总监察部总监察长。索克洛夫斯基1952—1961年为苏共中央候补委员，1961—1968年为中央委员。
② 瓦西里·伊万诺维奇·崔可夫1900年1月31日出生于一个叫谢列布里亚内普鲁德的村庄，1982年3月18日逝世于莫斯科。他于1918年加入红军，1919年成为苏联共产党党员。苏军1939年进军波兰时，他担任第四集团军司令员。1942年9月10日，崔可夫出任第六十二集团军（后改称第八近卫集团军）司令员。从斯大林格勒战役到1945年4月—5月的柏林战役，他始终以上将身份指挥这一集团军。他于1945—1946年担任图林根苏军管制机构（SMAT）指挥官，1946年—1949年3月担任苏联驻德军事管制机构（SMAD）副总指挥，并于1949年3月—11月任总指挥。崔可夫驻在柏林卡尔斯霍斯特区，负责向民主德国政府传达苏联政府的正式公务信息。崔可夫于1953—1961年任苏共中央政治局候补委员，1961年成为正式委员。1953—1960年任基辅军区司令员。1955年晋升苏联元帅。1960—1964年任苏联国防部副部长兼陆军司令。1964—1972年任民防司令。自1972年起担任国防部总监察长。
③ 奥托·格罗提渥1894年3月11日出生于不伦瑞克，1964年9月21日逝世于东柏林。他于1949—1964年担任民主德国总理。早在魏玛共和国时期，格罗提渥就在政治上为社会民主党工作，1945年后又在苏占区（SBZ）积极投身于社民党的重建。作为民主德国的第一任总理，他对巩固统一社会党统治作出了决定性的贡献。他是一位十分投入的业余摄影者和画家。他被安葬于社会主义者纪念馆的中央圆形花坛中，其遗孀的骨灰安葬于柏林Friedrichsfelde中央公墓的Pergolenweg墓区。参阅https://www.hdg.de/lemo/ biografie/otto-grotewohl.html（检索时间为2018年2月5日）。
④ 海尔曼·卡斯特纳1886年10月25日出生于柏林，1957年9月4日在慕尼黑卒于心肌梗死。他于1918年加入德意志民主党（DDP）。从1922年第二当选任期到1930年第四选举人任期，卡斯特纳在萨克森州议会担任德意志民主党的议员。在20世纪30—40年代，卡斯特纳一直与纳粹工人党保持距离，在德累斯顿担任律师。他于1945年接任萨克森律师与公证人同业公会主席一职。1945年7月6日，他属于"德国民主党"发起人之一。1945年8月15日，该党更名为德国自由民主党（LDP）。1946年10月20日州选举后，卡斯特纳代表自由民主党进入萨克森州议会，担任元老委员会委员、副主席。1946年12月，卡斯特纳被任命为司法部长，任职至1948年3月。他在柏林担任财政、邮政与电信专业秘书处主任。卡斯特纳当选自由民主党副主席，并于1949年当选党主席。1949年10月11日，卡斯特纳在民主德国奥托·格罗提渥政府内担任副总理。1950年7月，卡斯特纳因尚无根据的指控失去了政府职位。1956年9月，他逃往西德。根据西德联邦情报局的一份分析报告，他被指称为双料间谍，先后为苏联内务人民委员会和东德国家安全部工作。

织①、后来又为西德联邦情报局②工作，并于1956年逃往西德。可见，莫斯科1953年曾经想让一个西德特务成为民主德国的政府首脑，为的是日后摆脱东德。众所周知，事态最终没有向这个方向发展。

在莫斯科，我很少注意到这些。但是，在马路上可以察觉到某种不安全的感觉。例如，列宁格勒和莫斯科的苏联红军部队自5月中旬起就驻守在通常的夏季军营中。朱可夫把军队调回了莫斯科，贝利亚对此给予批评性的关注。共青团高校大讲堂墙上的一整排政治局委员图像中，7月底消失了一个人。图像的排位出现了变动。这一点引起了我们的注意。没有一个老师向我们作出解释，究竟取下来的是谁的图像。我们自己找到了答案。贝利亚不在了。为什么呢？他不是斯大林的接班人了？上层发生冲突的状况，既没有进行公开的讨论，从媒体上也找不到任何迹象。

我在这里就不再谈那场"王位之争"的细节了，因为大家知道的内幕已经足够多。也就是说，苏联领导层争论的核心问题是：是否应当放弃苏联在德国的战胜国地位？应当从中欧撤军，还是留驻在民主德国？

盖勒：在斯大林1953年3月5日去世之后，就连争夺"王位"的斗争都至少持续到了1955年，怎么还能指望苏联对德政策保持稳定性？马林科夫于1955年初被解职。我赞成这样的观点，即斯大林在1952年3月10日和4月9日照会中提出的条件，是为所有变局提供了所有可能性。如果苏联领导

---

① 盖伦组织是西德美军占领区的美国军事管制办公室于1946年组建的情报机构，人员来自前纳粹独裁政府机构，包括前帝国国防军总参谋部第12局和东部外军局。盖伦组织的头目是帝国国防军少将赖因霍尔德·盖伦。盖伦组织是日后西德联邦情报局（BND）的前身。其驻地先是在陶努斯山上乌瑟尔地区的Camp King，自1947年起位于慕尼黑市郊普拉赫的鲁道夫·海斯帝国大院。

② 德国联邦情报局（BND）位于慕尼黑市郊普拉赫和柏林两地。它是与德国宪法保卫局（BfV）和德国军事反间谍局（MAD）并列的德国三大情报机构之一，也是负责外国侦查的唯一德国情报机构。它处于议会监督之下。其情报活动自1990年起才受到法律规范。位于柏林的联邦情报局中央新建筑群，计划于2018年秋天竣工。届时，联邦情报局在成立60年之后将迁入新址。留驻普拉赫的情报人员为1200人。

人暂时不去顾及民主德国的立场，而是试图将德国作为一个完整国家，谋求四大国共同解决德国问题的话，或许就显示出了斯大林这一政策的延续性。当时的出发点确实是整个德国。是否存在着苏联会牺牲民主德国的可能性？那样的话，是否意味着民德差一点儿只有短短的寿命？如果民德领导人感觉到："我们已经成熟了，生存是有保障的。我们没有被弃之不管。我们是德意志社会主义国家，是德意志国家的第二个或者第一个国家。"那又会怎么样？作为共青团高校的学生，作为自由青年联盟的代表，以及后来在德累斯顿的统一社会党专区领导岗位上，您是怎样经历的这一切？

莫德罗：你提的问题当然是相互关联的。首先我们应当回到出发点。反希特勒联盟在军事上战胜了纳粹德国，盟方三大战胜国分别在德黑兰和雅尔塔就德国和欧洲战后秩序达成了谅解，于是 1945 年夏天到波茨坦以协议方式落成文字。也就是说，斯大林不是与自己签署的《波茨坦协定》，而是与各个盟国。因此，此事当然要有一个妥协。"三巨头"①——法国后来才以六封书信的方式有保留地同意了这一协定，从而成为第四占领国——各自理所当然地谋求自己的国家利益。最终，各自以本国现行社会制度在其占领区进行了复制。共同的目标已经达成——战胜希特勒法西斯主义，内部的凝聚力已无必要。换言之，迄今为止为了战胜野蛮势力而暂时压抑的阶级问题，重新上升到了首要地位。现在来回答你的具体问题：统一社会党在 1952 年的第二次党代会上作出了"建设社会主义基础"的决议——无疑没有违背斯大林或莫斯科的意愿。贝利亚于 1953 年作出了将遗弃民主德国的决议。他打算放弃已经占领的地区，政治上、地缘上乃至军事上的地域。在那些最终得以在莫斯科贯彻意志的力量看来，他是要放弃阶级立场。也就是说，他与斯

---

① "三巨头"系指斯大林、罗斯福和丘吉尔。在波茨坦参与谈判的是罗斯福的后任杜鲁门，会议结束时英国工党的克莱门特·艾德礼取代了竞选失败的丘吉尔。

大林或乌布利希大相径庭，而斯大林和乌布利希把民主德国视为德国土地上的一个社会主义革命的桥头堡，能够逐渐地对整个德国产生影响。阿登纳说过，他宁可要完整的半个德国，也不要完整德国的一半。东德的人们相信，只要"占领"完整德国的一半，长此以往就可以得到整个德国。莫斯科和柏林坚信社会主义的吸引力，铁定会导致社会主义在全球的胜利。请你不要忘记：由于苏联在把欧洲从纳粹统治下解放出来的战争中付出了主要代价，这一事实大大地提升了苏联的形象。这就可以理解，为什么西方如此激烈地毁损苏联的声誉，并试图遏制其"共产主义"影响，以期日后将其"剿灭"。我们知道，社会主义的吸引力不仅因为帝国主义的宣传而受到损害，就连莫斯科及其盟友也常常会自损形象。

在20世纪50年代乃至60年代，统一社会党始终要求："德国人坐到一张桌旁来！"这就是说，乌布利希领导层即使在建立柏林墙之后仍然坚持德国统一的理念——就像其以往追求的那样，建设一个拥有吸引力的社会主义，将其作为社会典范和榜样，并在这样的理想之下解决德国问题。如果你愿意，可以称之为双重战略。

盖勒：这么说来，放弃民主德国实际上就是意味着投降？

莫德罗：是的。从这个意义上讲，乌布利希推行的原则性政策，不可避免地在统一社会党内部引发了争议。在1953年6月17日之后，被解职的不仅是国家安全部长威廉·蔡塞尔[①]。几年后，也牵涉到卡尔·席尔德万[②]和其他人，因为他们不仅自己想篡权，而且行动上也想与乌布利希背道而驰。在柏林和莫斯科，当时的行动准则都是："必须保留民主德国！"

苏联以此举同时谋求其战略利益，因为民主德国的西部边界同时也是在华沙成立的东欧防御联盟华沙条约组织的西部边界——作为联邦德国加入北约的反制措施。1955 年 7 月，在波茨坦会议 10 年之后，四大战胜国的国家元首和政府首脑在日内瓦聚会。尽管事由是解决德国问题，但是两个德国的代表只能作为观察员参会。这就清楚地表明，在德国说了算的人没有变化。会议没有达成任何协议，问题推给了各国外交部长，他们将于秋天在同一地点聚会。

苏共领导人赫鲁晓夫和苏联部长会议主席布尔加宁在返程途中停留柏林。在马恩广场上，也就是今天的宫殿广场上，召开了一个数万人参加的集会，与会者当中包括我自己。赫鲁晓夫在那里发表声明——内容可参阅 1955

---

① 威廉·蔡塞尔 1893 年 6 月 20 日出生于盖尔森基兴附近的 Rotthausen，1958 年 3 月 3 日逝世于柏林。他于 1918 年加入德国独立社民党，1919 年成为新建立的德国共产党党员。蔡塞尔 1932 年成为苏联共产党党员，并担任位于莫斯科市郊 Babowka 的军事政治学校的校长至 1936 年。1947 年 2 月，蔡塞尔偕夫人伊丽莎白回到德国，加入德国统一社会党。在 1948 年之前，他在萨勒河畔哈勒担任萨克森 - 安哈尔特州警察局局长。1948—1949 年，他担任萨克森州内务部长。1950 年 2 月初，苏联方面决定由蔡塞尔担任国家安全部长，而埃里希·米尔克担任他的副手。1953 年 6 月 17 日的后果是：蔡塞尔被抓住把柄，因为情报机构没有预见到暴乱事件。1953 年 7 月，他被开除出统一社会党中央政治局、中央委员会，并被罢免国家安全部长之职。1954 年 1 月，蔡塞尔被开除出党，同时也失去了他在民主德国人民议院的代表职位。

② 卡尔·席尔德万 1907 年 5 月 14 日出生于斯德丁（什切青），1998 年 7 月 14 日逝世于波茨坦。他是一个工人家庭的儿子，16 岁加入共产主义青年团，两年后成为德国共产党党员。纳粹时期，他于 1934 年被以"蓄意叛国罪"逮捕，并被判处 3 年监禁。后来被转押在不同的集中营，直至 1945 年才获释。席尔德万先是在德国共产党内从事政治活动，当两党被迫合并后又在统一社会党内工作。1952 年起担任萨克森专区统一社会党第一书记，之后担任莱比锡专区第一书记。他自 1953 年起成为政治局委员。席尔德万对乌布利希持批评立场，因此于 1958 年 2 月失去了他在统一社会党中央委员会和政治局内的职务，被贬任到波茨坦档案管理局工作。1990 年 1 月 20 日，统一社会党 / 民主社会主义党中央仲裁委员会为席尔德万进行了平反。

年 7 月 27 日的《新德意志报》[①]——内容是："德国的重新统一首先是德国人民自己的事。他清楚地表明，坚信民族问题只有通过德国人的共识才能解决，劳动人民不能放弃民主德国取得的建设成就。"总理奥托·格罗提渥向德国人民作出了保证："民主德国政府不会停止致力于德国人之间达成理解的不懈努力，直至德国重新统一。"这就是说，"德国统一"的选项始终是其战略目标，即使莫斯科在日内瓦会谈失败后也依然长期坚持谋求一个两德解决的方案。然而，赫鲁晓夫一再要求其他三个盟方国家与民主德国签署和平条约。他在 20 世纪 50 年代末甚至威胁道，将与民主德国单独签署一个和平条约。1961 年 6 月在维也纳会见美国总统肯尼迪[②]时，他重复了这一威胁。他想同时解决西柏林问题。当时，柏林处于四大国控制之下，"各占领区边界"尚未确定，而这一边界同时也是民主德国乃至华约组织的国家边界。数十万人通过西柏林前往西德。为了阻止失血现象，原本控制飞往柏林和飞出柏林的空中交通就足够了。莫斯科声明，只要与民主德国签署和平条约，就意味着所有来自西德和通往西德的途径——陆上、水上和空中——全部属于民主德国的管辖权。这样一个和平条约，直至今天还没有签订，即使"二加四协议"[③]本身就包含着这种性质。该协议的签署，虽然意味着战后时代的结束，德国从而获得了主权，并且对外部边界作出了有约束力的宣示，但是，并未签署一个拥有国际法约束力的终止战争状态的和平条约，即使有人声称"二

---

① 这是统一社会党的中央党报。

② 约翰·费茨杰拉德·"杰克"·肯尼迪 1917 年 5 月 29 日出生于马萨诸塞州的布鲁克莱恩，1963 年 11 月 22 日在得克萨斯州的达拉斯被刺身亡。他于 1936—1940 年在哈佛大学学习。肯尼迪是民主党人，也是第一个信奉罗马天主教的美国总统。1961—1963 年，肯尼迪为美利坚合众国的第 35 任总统。总统任职期间，他经历了"猪湾入侵"事件、古巴危机、建筑柏林墙、首次载人航天、越南战争升级以及美国黑人民权运动的社会动乱时期。

③ 全称是《关于德国问题的最后协议》，这是由联邦德国、民主德国、法国、苏联、英国和美国共同签署的国际法国家协议。此协议为民主德国与联邦德国的合并打开了通道。该协议于 1990 年 9 月 12 日在莫斯科签署，于 1991 年 3 月 15 日开始生效。"二加四协议"标志着包括柏林在内的整个德国的战后时代的结束，从而也意味着德国受到的被占领法约束的状态正式结束。

加四协议"等同于和平协议。"二加四协议"于 1990 年 9 月在莫斯科签署，需要经过议会于 1991 年 3 月前批准。1991 年 1 月，瓦连京·法林^① 邀请我去莫斯科。我只是个联邦议院的普通议员而已，但是法林与我不同，他身居要位：他是苏共中央书记、最高苏维埃外交委员会主席。我在布鲁诺·（小）马洛^② 的陪同下一同前往。布鲁诺·（小）马洛于 1937 年出生于莫斯科，是一位德国流亡者的孩子。他曾经在统一社会党中央机关的国际关系部工作了 4 年。法林与马洛非常熟悉。法林说，我们——他指的是戈尔巴乔夫^③ 领导层——担心最高苏维埃的将军们不会投票批准协议。为了避免出现这种状况，希望事先发布一个声明，以便让他们轻松地举手通过。接着法林问道，我们应当在声明中写入什么内容，以表明未来将保障东德人的利益？因为批评者的理由之一是：这个协议中没有顾及原民主德国公民的利益。

布鲁诺和我建议，应当在声明中写入大致这样的内容：苏联最高苏维埃期待原民主德国公民的人权得到保障，任何人不得因政治信仰而受到迫害。

---

① 瓦连京·米哈伊洛维奇·法林 1926 年 4 月 3 日出生于列宁格勒，2018 年 2 月 22 日逝世于莫斯科。法林于 1945—1950 年在莫斯科国立国际关系学院（MGIMO）学习德语和德国语言文化专业。1950—1951 年，他隶属于苏联驻德监督委员会参赞部。1952—1958 年，他在苏联外交部信息委员会工作。1968—1971 年，法林担任外交部第二欧洲司（负责英国）司长。1971—1978 年，法林出任苏联驻联邦德国大使。自 1978 年 9 月起，法林担任苏共中央国际关系部长。法林自 1983 年起离开中央委员会机构。自 1988 年起，法林再次担任苏共中央国际关系部长。在德国统一谈判过程中，法林是米哈伊尔·戈尔巴乔夫的顾问。1990 年 7 月 13 日—1991 年 8 月 23 日，他担任苏共中央委员会书记。自 1991 年 4 月起，任苏共中央国际政策问题委员会主席。法林是苏共四次党代会的代表，并于 1989—1991 年担任苏联最高苏维埃代表团成员。1992—2000 年，法林生活在德国汉堡附近的托施泰特，并是和平研究与安全政策研究所的工作人员。2000 年，法林回到莫斯科，在莫斯科国立国际关系学院担任讲师。
② 布鲁诺·（小）马洛 1937 年 6 月 27 日出生于莫斯科。他是德国共产党干部布鲁诺·（大）马洛（出生于 1899 年，逝世于 1964 年）的儿子。他于 1957 年加入统一社会党，1962—1964 年担任民主德国外交部工作人员，1964—1967 年担任民主德国驻北京大使馆一等秘书。1967 年起在统一社会党中央国际关系部工作，1981—1989 年担任统一社会党中央政治局外交政策委员会委员。马洛于 1974—1989 年担任德苏友好协会中央主席团成员，1985—1989 年担任民主德国与中国友好协会副主席。他如今是左翼党元老委员会成员。
③ 米哈伊尔·戈尔巴乔夫 1931 年 3 月 2 日出生于苏联一个名叫普利里沃利诺伊的村庄。1985—1991 年担任苏共中央总书记，1990 年 3 月—1991 年 12 月任苏联总统。

有关土地改革①等内容的决议仍然有法律效力，包括在我的政府任期内所作出的法律决定。因为如果触动了有关法律，其后果是原先的东普鲁士人、西里西亚人、苏台德人或波希米亚人，包括我自己就是波希米亚人，也会要求归还其原先在波兰、捷克或俄罗斯的土地……如今"二加四协议"已经被标榜为"外交经典作品"。我相信，实际上这是溢美之词。

由于远东战争结束后美国与日本签署的和平条约排除了苏联，所以苏联与日本之间的库页岛之争始终没有平息。红军于1945年战争的最后几天内占领了这个拥有30多个无人居住岛屿的群岛。其中有两个岛屿是被吞并的，日本至今还在要求归还。在冷战时期，这两个岛屿具有战略意义：它们构成了苏联大陆防御链条的一部分，驻扎在那里的轰炸机可以在紧急情况下直达东京。这一争议迄今未能妥善协调，就会危及地区安全，而且会超出该地区。因此，重要的是必须加强外交协调，明确事态状况。之所以要说这件事，是为了回到欧洲的话题，说明莫斯科与华盛顿或波恩之间没有就北约东扩问题签署条约，而戈尔巴乔夫——或多或少有些天真——居然相信了西方的口头承诺，结果导致后来的威胁态势，我们直至今日仍然处在这一危局之中。北约现在已经东扩到波罗的海、波兰、斯洛伐克、罗马尼亚、土耳其等国，也就是扩到了俄罗斯的边境。连乌克兰也从2014年起打算进入北约，而北约的"顾问"早已进入了乌克兰。

---

① 1945—1946年，苏联占领区举行了一次土地改革。在改革进程中，凡是地产超过100公顷的大地主和小企业主，都被划为"战争罪犯"，指称其积极支持过德国纳粹工人党（NSDAP），因此毫无补偿地没收其土地。被没收的土地首先划归地方土地基金会，然后由其重新分配。苏联军事管制机构（SMAD）将一大批大地主隔离在特别营地内，不管其原先的政治立场如何。也就是说，纳粹时期的集中营得以继续使用。在民主德国1989—1990年的事件发生之后，土地改革时期的受害者要求补偿的呼声很高。1990年3月16日颁布的所谓"莫德罗法律"（关于土地改革时期土地财产权利的法律），确保土改受益者原先只局限于劳动使用权的土地转变为全市值的公民财产。保留土改成果是保障两德统一成功的一个前提条件。因此，原房产拥有人和继承人要求重新审理的上诉均被驳回。

盖勒：斯大林的照会不仅关系到"不结盟"问题，更确切的概念是"不联盟"。在这些照会当中，根本就没有提到中立或者中立化。这些照会始终围绕着签署一项德国和平条约的要求。斯大林首要关注的或许不是德国的中立化，而是对德国某种程度的监控。他打算以这项倡议对德国问题进行一揽子探讨，旨在解决战后的后续问题。1952 年 3 月和 4 月的照会的背景，是 4 月份计划在莫斯科召开的一个大规模世界经济大会，参会者包括欧洲经济合作组织的成员国（OEEC）[①]。那些欧洲国家是马歇尔计划资金的获得者。斯大林似乎希望通过此次大会松懈或者软化美国及其经合组织国家针对苏联及其盟国的禁运措施。西方集体抵制了这次大会。有些经济政策或贸易政策的规模，是不得不予以考虑的。

斯大林是想建立一个统一、和平、自由和民主的德国？或许他不可能完全认可，因为他是一个共产党领导人。但是，西方提出的要求清单不断地向最大化攀升，导致其根本就无法实现。当赫鲁晓夫从日内瓦会议返回柏林时，坚持的是两国论。您是否还清晰地记得，从这一时刻起"我们就可以认为，我们民主德国已经被苏联视为一个现实存在的国家了？"

莫德罗：是的，非常明显。民主德国自 1949 年起成为现实，1955 年则在外交政策层面得到了强调。我尝试着回忆一下：那是在 1955 年 9 月，也就是日内瓦会议之后两个月，西德总理阿登纳前往莫斯科，建立了联邦德国

---

① 欧洲经济合作组织成立于 1948 年 4 月 16 日，目的是协调被战争摧毁的欧洲重建工作。起初是由一个松散的"16 国会议"（欧洲经济合作会议）接受这项任务，但是很快就看出了建立一个常设组织的需求，以此指导欧洲集体重建规划和监督分配马歇尔计划的援助资金。作为该组织的地址，选在巴黎的 Château de la Muette。其目标定义为（要点选择）：（1）在各成员国之间加快进行欧洲重建工作。（2）通过削减关税和其他贸易障碍来增强欧洲内部贸易。（3）建立一个关税联盟或自由贸易区。1948—1949 年，经合组织首先从事欧洲重建计划，这是美国在提供援助资金时提出的条件。此项工作一再引发冲突，因为某些援助接受国从本国角度出发，抗拒对本国计划采取过于密切的协调动作。在执行马歇尔援助计划过程中，意识到交换经济政策信息问题的需求，欧洲经济合作组织（OEEC）因而于 1961 年 9 月改名为经济合作与发展组织（OECD）。

与苏联之间的外交关系。几天后，来自柏林的一个代表团前往莫斯科，于9月20日签署了德意志民主共和国与苏维埃社会主义共和国联盟之间关系的一个协议。莫斯科由此承认了两个德国。至少在这个协议的第五章中注明了："签约双方一致认为，其主要目标是，通过有关谈判的途径和平协调整个德国的关系。本协议认为，必须努力以和平条约的方式，在和平与民主的基础上，协调和重建德国的统一。"在第六章中接着强调："本协议的有效期一直持续到德国重新统一为一个热爱和平的民主国家，或者持续到签约双方一致同意对协议进行修改或终止其效力为止。"民主德国与苏联之间后来签署的协定和条约，均依据这一协议，包括《最后解决德国问题的条约》，也就是说，那个"二加四协议"和1990年11月9日德意志联邦共和国与苏联之间签署的建立友好邻邦、伙伴关系与合作的条约，实际上是终止了1955年的那个协议。

盖勒：斯大林更多的是一个战略家还是战术家？

莫德罗：我的看法是，1952年的那件事对他来说是一项战略抉择，而不仅仅是一个战术抉择。不要忘记一点：《波茨坦协定》既不是斯大林的协定，也不是共产党的协定，而是四大国作出的协定。法国人是稍晚些时候加入的，但是那个协定中确定的内容，均符合美国、英国和苏联的利益。1952年，刚刚过去多长时间？7年。斯大林清楚地知道，他只能在《波茨坦协定》的框架内行动。那个协定并没有取消。

盖勒：如果斯大林的照会被西方接受，岂不是意味着对统一社会党政权是个巨大风险？

莫德罗：绝对是的。这是一个不能深究的问题。直到 1952 年夏天，在统一社会党的第二次代表大会上，才确定了"建设社会主义"。当时斯大林并没有完全把握，不知道"民主德国有多大力量和多大吸引力"。但是乌布利希却赞成"德国人坐到一张桌子旁来"，他希望联邦德国会有一些改变。苏联只是对阿登纳产生了影响，而不是对我们。阿登纳 1955 年访问莫斯科，就西德与苏联建立外交关系达成了一致。建立大使馆早就已经启动了，而不是等到民主德国与联邦德国双双成为联合国会员后才开始的。那是很久以后的 1973 年了。不过，之前有过另一个阶段。这个阶段渐渐地隐退了，因为我看出斯大林——乌布利希也很相似——逐渐产生了幻想，认为也可以让德国的西部产生变化。它也让我回忆起当时的情形，也就是马歇尔计划所产生的影响。苏联人在这个阶段中开始思考，意识到赔款不会给民主德国带来稳定。人们往往只看历史的一小段，然而，应当从时代的角度去观察和梳理历史的进程。

盖勒：在研究不同的档案时，始终没有找到足够答案的是：斯大林发起了一次经济会议，此会于 1952 年 4 月 3 日—12 日在莫斯科举行。这次会议的初衷是软化经合组织的禁运措施。我同意您的观点，斯大林此举蕴藏着重大的战略目标，而不是西方历史学家所喋喋不休地、毫无想象力地断言的那样，是宣传行动或者干扰与伪装行为等。斯大林的倡议被低估了。我赞成那样的判断，即斯大林提出的条件实际上是着眼于所有可能的变局。[①] 斯大林死

---

① 参阅米歇尔·盖勒所著 *Modellfall für Deutschland? Die Österreichlösung mit Staatsvertrag und Neutralität 1945—1955* 第 15 章中有关 1952 年斯大林倡议的矛盾性和多面性的论断，此书 2015 年出版于因斯布鲁克、维也纳、博岑，第 207—217 页，此处内容是第 214 页；参阅同一作者所著 *From an Offer for all Cases to a Model Case? Aspects of the Controversy about the Soviets' Germany, Austria, and Neutrality Policy, 1952-1955, in Current and Recent Research*, 收录于 Heinz Gärtner（发行人）*Engaged Neutrality. An Evolved Approach to the Cold War*, 2017 年出版于兰纳姆、博尔德、纽约、伦敦，第 37—71 页。

后发生的一件事也值得注意：维亚切斯拉夫·莫洛托夫在1954年1月—2月的柏林外交部长会议之后甚至考虑并建议苏联加入北约。这个轰动性的事件理应纳入视线。您刚才说，斯大林和乌布利希都曾经幻想西德会发生些许变化。您具体是指什么变化？

莫德罗：我认为，他们的出发点是以为社会民主党人和联邦德国的左翼发展趋势能够攫取基民盟的政权。他们考虑的是这一侧面，就是另一种政治势力能够上升，那就是20世纪60年代以勃兰特[①]、施密特和巴尔为标志的力量。他们的设想是，对东德和苏联来说，另一个可以预测的德国，要好过这一个只对美国来说是可以预测的德国。

盖勒：1953年6月17日对民主德国的前途来说是极不安全、极不确定的日子。领导人都聚集在卡尔斯霍斯特，正是当年帝国国防军[②]向苏联军方投降的地方。没有人知道局势将如何发展。您能回忆起多少往事？当时——

[①] 威利·勃兰特1913年12月18日出生于吕贝克，1992年10月8日逝世于波恩附近的温克尔。他曾担任西柏林市长。1964—1987年担任社民党主席，1966—1969年任副总理兼外交部长，1969—1974年任联邦总理。1971年获诺贝尔和平奖。因季尧姆间谍丑闻而辞职。1976—1992年任社会党国际（SI）主席。

[②] 德意志帝国国防军由陆军、空军和海军组成，兵力总员额大约为1820万。适宜服役的年龄为18—45岁。1935年3月16日的建军之日就引入了普遍义务兵役制，该制度直至1945年5月8日全面投降时才予终止。最高司令官是阿道夫·希特勒（1935—1945）。帝国国防军伤亡人数难以统计，直至今日也没有一个包括所有阵亡人员的完整名单。联邦统计局和德国红十字会搜索平台的出版物提供的帝国国防军死亡人数为380万。德国前帝国国防军阵亡人员最新信息发布站（WASt）提供的数字是310万人死亡、120万人受伤，总数为430万。也有数字援引为530万人伤亡，参阅Rüdiger Overman所著《第二次世界大战中德军伤亡情况》，2004年出版于慕尼黑，第231—232页。基于帝国国防军与纳粹冲锋队作战部队之间的合作原则，军队直接或间接地参与了在各个占领地域对犹太人及其他被迫害种族的逮捕和杀戮，此情参阅Ralph Giordano所著《传统谎言——战士文化》，2000年出版于科隆。历史学家Creveld认为帝国国防军的战斗力很高："德国军队是一个出色的作战组织。从士气、热情、部队团结、柔韧性角度看，20世纪的各国军队无一能够与之匹敌。"参阅Martin Levi van Creveld所著《战斗力——1939—1945年间的军事组织与军事成就》，1989年出版于弗莱堡，第189页。

1953 年 6 月 17 日——乌布利希的态度是否有所改变？最终苏联为他撑了腰，实际上是让他重新上马，他只有在莫斯科撑腰之下才能继续工作。您认为 6 月 17 日究竟对乌布利希产生了多大影响？他知道自己"在这里再一次避过了一个暗礁"吗？

莫德罗：我相信，他是从这一事件中得出的结论。这场社会危机原本是由苏联引发的，因为苏联当时的其中一个做法是要求以更大的努力增强国防力量。毕竟自 1950 年起，朝鲜战争一直在激烈进行中。中欧也受到了战争的威胁。结果导致社会福利开支明显下降，劳动定额标准上升。这一情况已经在 1953 年 6 月 17 日之前得到修正，但是新的路线还没有传播出去，因而造成人们上街游行。苏联占领国——尽管已经不再公开称之为占领国，因为民主德国自 1949 年起名义上已经是主权国家——宣布了紧急状态，下令坦克上街，也就是说动用了武力。之后，领导层进行了清理。国家安全部因为未能事先掌握动态而被降格为内务部的国务秘书级机构，国家安全部长威廉·蔡塞尔被撤职并被开除出中央政治局，柏林专区统一社会党第一书记汉斯·延德雷茨基[1] 被阿尔弗雷德·诺伊曼取代。自由青年联盟高层的人事更迭稍有迟滞，昂纳克于 1955 年被派往莫斯科高级党校学习。乌布利希要求"克服青年工作中的薄弱环节"。对自由青年联盟主席所做的工作，却是让统一社会党中央委员海因茨·凯斯勒[2] 来表示感谢。乌布利希很懂得巧妙地利用

---

[1] 汉斯·延德雷茨基出生于 1897 年 7 月 20 日，逝世于 1992 年 7 月 2 日。他是德国共产党和统一社会党党员，是 1946 年自由德国工会联盟成立时的创始人之一，并担任工会主席至 1948 年。1948—1953 年担任柏林专区统一社会党第一书记，1961—1963 年担任部长衔中央国家监督委员会主任。1989 年成为人民议院最后一任元老委员会主席。

[2] 海因茨·凯斯勒 1920 年 1 月 26 日出生于 Lauban，2017 年 5 月 2 日逝世于柏林。他是德国自由青年联盟 1946 年成立时的创始成员，1950 年起成为统一社会党中央委员，1948—1950 年担任自由青年联盟中央委员会书记，1956 年担任国防部副部长，1967—1978 年在施特劳斯贝格担任国家人民军总参谋长，1979—1985 年担任国防部副部长兼总政治部主任，1985 年 12 月 3 日—1989 年 11 月 17 日接替海因茨·霍夫曼担任国防部长。曾因"教唆杀人罪"被判处 7 年半监禁。

礼仪规格表明自己的态度。

    盖勒：作为国防委员会主席，昂纳克 1989 年打算前往莱比锡以武力展示统一社会党政权的权力，结果被克伦茨[①]和施特雷利茨[②]成功地劝阻。统一社会党领导层以及政府，当时在多大程度上顾忌到 1953 年的历史事件和 1968 年的布拉格事件？在面对示威者采取行动时，这些事件究竟会不会对执法者的举止产生效应？最晚从"布拉格之春"[③]之后，就对"坦克共产主

[①] 埃贡·克伦茨 1937 年 3 月 19 日出生于科尔贝格（波莫瑞地区）。1953 年加入自由青年联盟。克伦茨于 1953—1957 年获得低年级教师考试证书。他于 1955 年加入统一社会党。1957—1959 年，克伦茨在吕根岛 Prora 的国家人民军服役两年。1964—1967 年，克伦茨在莫斯科苏共高级党校学习，毕业时获得社会科学硕士学位。1967—1974 年，克伦茨担任自由青年联盟中央委员会书记，1974—1983 年担任该组织第一书记。克伦茨于 1971—1990 年担任民主德国人民议院代表，1971—1981 年任人民议院主席团成员。克伦茨于 1973 年成为统一社会党中央委员，1981—1984 年任国务委员会委员，1983 年当选为统一社会党中央政治局委员和党中央负责安全问题、青年与体育工作和国家与司法问题的书记。他于 1984 年被任命为国务委员会副主席。1989 年 10 月 18 日，"王储"克伦茨接替埃里希·昂纳克成为统一社会党总书记以及国防委员会主席、政治局领导人和国务委员会主席。在昂纳克"辞职"之后，所有权力集于克伦茨一身。在上任演说中，克伦茨代表民主德国第一次正式使用"转折"概念。1989 年 11 月 3 日，克伦茨签署 11/89 号命令。1989 年 12 月 3 日，克伦茨辞去统一社会党中央和政治局的所有职务。1989 年 11 月 6 日，克伦茨将国务委员会主席一职移交德国自由民主政治家曼弗雷德·格拉赫。1990 年 1 月 9 日，他放弃了在人民议院的代表身份。1990 年 1 月 21 日，克伦茨被开除出统一社会党 - 民主社会主义党。1997 年 8 月，柏林州级法院的一个大刑事法庭以"杀人罪"判处埃贡·克伦茨 6 年 6 个月的监禁。其监禁时间从 2000 年 1 月 13 日在柏林 Hakenfelde 监狱开始执行，并于 1 月 24 日转监至 Plötzensee 监狱。克伦茨与埃丽卡（娘家姓氏为布鲁施，出生于 1939 年 11 月 11 日，逝世于 2017 年 3 月 4 日）结婚。克伦茨现居波罗的海海边的迪尔哈根。

[②] 弗里茨·施特雷利茨 1926 年 9 月 28 日出生于 Oppeln 县的 Friedrichsgrätz。他于 1959—1961 年在苏联总参学院学习，1961—1964 年任第三军区（驻地莱比锡）参谋长。施特雷利茨于 1964 年晋升少将。1964—1978 年任国家人民军副总参谋长兼作战部长，1969 年晋升中将。1971—1989 年任国防委员会秘书。1979 年 1 月 1 日被任命为国防部副部长兼总参谋长，1979 年 10 月晋升上将。1979 年—1989 年 12 月 31 日，施特雷利茨同时还担任华沙条约组织武装力量副总司令。弗里茨·施特雷利茨在 1981—1989 年任统一社会党中央委员。在柏林墙射击案审理中，他被以"教唆杀人罪"判处 5 年 6 个月监禁。他获得提前出狱。

[③] "布拉格之春"是指以亚历山大·杜布切克为首的捷克斯洛伐克共产党 1968 年春举行的一次改革社会主义的努力，其内容包括捷克政治和经济体制的民主化和自由化方案。这一尝试只持续了短短几个月。"布拉格之春"的称谓来自西方媒体。

义"① 这一概念展开了争议，这种争议究竟达到什么程度？来自奥地利的恩斯特·菲舍尔② 开始摆脱莫斯科斯大林共产主义以及勃列日涅夫时代的立场。

莫德罗：如果允许我回忆一下，民主德国从来就没有出动过坦克。既没有针对本国人民，也没有针对外国。1953 年 6 月 17 日时，民主德国还没有成立国家人民军。当时宣布紧急状态并下令出动坦克的是占领国——尽管名义上已经不存在占领国了。

与我有着 20 多年友谊的埃贡·巴尔，曾经非常清楚地谈到了他参与了 6 月 17 日的那场冲突。他当时在里亚斯广播电台工作，被美国人夺走了麦克风，因为他以煽动性的语气说，他们这样的决策冒有爆发第三次世界大战的风险："当时我是一个冷战分子，今天我看问题就大不一样了。"

我理解你的提问，你有权利提这样的问题。但是，有些时候我对你的表达方式感到惊讶。你所谓的"坦克共产主义"，这个表述在此之前我没有听说过，正如我从来也没有听说过"坦克资本主义"一类的说法。有人使用这个概念时，或许是指 20 世纪 30 年代弗朗哥的军队碾压西班牙共和国的事件，或许是指 1965 年印度尼西亚苏哈托政权在美国支持下屠杀 100 万人的残忍，或许是指 1967 年希腊几位法西斯上校发动的兵变，或许是指 1973 年

---

① "坦克共产主义"这一概念，是奥地利共产党政治家恩斯特·菲舍尔在"布拉格之春"被镇压后接受 ORF 电视台采访时提出来的，结果导致他被本党开除。

② 恩斯特·菲舍尔 1899 年 7 月 3 日出生于（波莫瑞）霍穆托夫的科莫陶，1972 年 7 月 31 日逝世于德意志法伊斯特里茨。他曾担任国民院议员（第 8 立法期），代表共产主义者和左翼社会主义者，1956 年 6 月 8 日—1959 年 6 月 9 日；国民院议员（第 7 立法期），代表 VO 党，1953 年 3 月 18 日—1956 年 6 月 8 日；国民院议员（第 6 立法期），代表 LB 党，1949 年 11 月 8 日—1953 年 3 月 18 日；国民院议员（第 5 立法期），代表奥地利共产党，1945 年 12 月 19 日—1949 年 11 月 8 日。他也曾担任负责国民启蒙、授课与教育以及文化事务的国务秘书，1945 年 4 月 27 日—12 月 20 日。菲舍尔于 1920 年加入奥地利社会民主工党。1934 年转入奥地利共产党。他于 1945—1969 年担任奥共中央委员。1969 年被开除出奥共。他曾在格拉茨大学学习哲学四个学期。1934 年流亡至布拉格，1939—1945 年流亡在莫斯科。

1992 年 10 月 29 日，共同做客柏林洪堡大学的座谈会——与埃贡·巴尔之间建立的男人友谊

皮诺切特部队在智利圣地亚哥浴血政变？肯定还有其他野蛮事例足以使用这一概念，但是不应当在这个场合使用——正是那个"坦克共产主义"的称谓——而是始终应当从政治角度加以观察和评判。

盖勒：您如何评价斯大林及其在民德成立之前的德国政策？

莫德罗：斯大林是应当予以讨论的。他在 1948—1949 年犯了一个大错，就是对柏林进行封锁。我的理解是，他当时认为："我们在这里处于一个被人憎恨的环境，必须找到一条摆脱困境的途径，并且重新进入进攻状态。"一系列举措接踵而来。3 年时间不算长，但是逼迫架设空中桥梁这个错误，带来的后果是灾难性的。

盖勒：瓦连京·法林有一次说过，空中桥梁是苏联在冷战中的第一场失败。维尔弗里德·洛特有一个观点，说民德是"斯大林不喜欢的孩子"[①]。您是

————————

① 参阅 Wilfried Loth 所著《斯大林不喜欢的孩子·为什么莫斯科当年不想要民主德国》，1994 年出版于柏林。

否同意这个观点？

莫德罗：我已经说过，1952—1953 年间我是莫斯科共青团高校的学员。在那里，我们的历史教授季米特里夫给过我一个任务。他是一个非常聪明的老师，我们所有人都很喜欢他。他为我们下达演讲题目，我的任务是介绍民主德国的人民民主制度。当我作的报告快要结束时，我在结束语中说："我们认为我国实行的不是人民民主制度。民主德国实行的是一种反法西斯民主秩序。"这是我可以找出来的一个概念，为的是与联邦德国使用的反法西斯民主体制相区别，这样就可以测评两个国家之间的不同之处。一个国家利用"东方外军情报处"的莱茵哈德·盖伦组建情报机构，而另一个国家则依靠在西班牙参加过反法西斯内战的威廉·蔡塞尔将军。这就是区别。我国情报部门的领导是一个反法西斯者。乌布利希参加过斯大林格勒战役，是反法西斯民主捍卫者，是适合出任 1952 年的代表人物。而联邦德国呢？阿登纳究竟还在收罗多少纳粹分子？建设军队等体制的主力究竟是什么人？联邦德国的外交部内有着众多的纳粹工人党党员。这些现状给我们这代人留下了深刻印象。

盖勒：还是回到洛特的题目：您持什么看法？他的观点大致是："您相信吗，斯大林 1945 年派遣军队占领柏林是为了建立一个民主德国？"建立一个东德并不是斯大林德国政策的最高选项，民主德国不过是"斯大林不需要的孩子"[1]，这是洛特著作的英语翻译书名。您究竟怎么评价洛特的观点，因为您在斯大林时代的 20 世纪 50 年代毕竟在苏联学习和生活过。

---

① 参阅 Wilfried Loth 所著 *Stalin's Unwanted Child. The Soviet Union, the German Question and the Founding of the GDR*，1998 年出版于伦敦。

莫德罗：根据我的看法，这里面有一个问题，而且这个问题一直持续到事态的结尾。我对这个问题的观察是不同的。我的看法早在民主德国时期就已经确定了，那就是：凡是赢得战争的人，就会获得一块被自己占领的领土，这块领土可以大到军队铁蹄所到之处。凡是知道雅尔塔会议确定了什么原则的人，就会按照自己意识中的雅尔塔原则行事。在这些问题上，雅尔塔扮演了比波茨坦更加重要的角色。斯大林在雅尔塔面对的是完全不同的对象。富兰克林·罗斯福完全不同于哈里·杜鲁门。斯大林自己也很清楚这一点。所以问题并不是什么"不喜欢的孩子"。我的问题更加倾向于另一点，我曾经与尤里·亚历山大洛维奇·科维钦斯基[①]谈到这个问题，也就是苏联人始终没有理解民主德国也是苏联的一个伙伴，她在被联合国接纳后就会赢得国际意义，例如在对奥地利的关系上就显示出来了。

盖勒：这确实是一个事实：他们一方面庆祝"伟大卫国战争的胜利"，并称"我们战胜了法西斯主义，为解放欧洲作出了贡献"。而且还说："我们拿下了柏林，把旗帜插上了帝国大厦的屋顶，这里对我们来说将是社会主义未来的希望。"民主德国是一种盈利和财富，是能够大展宏图的平台——这一点在戈尔巴乔夫的头脑里显然已经不再重要。难道这在戈尔巴乔夫那里是

---

① 尤里·亚历山大洛维奇·科维钦斯基 1936 年 9 月 28 日出生于 Rschew，2010 年逝世于莫斯科。在 1959 年获得硕士和法学博士学位后，他进入了外交生涯，包括曾任苏联驻民主德国首任翻译官。他于 1962 年出任驻西柏林文化专员。科维钦斯基于 1968 年以论文《西柏林及其在当今国际关系体系中的位置》获得民主德国国家与社会科学院颁发的大学执教资格。1986 年，科维钦斯基出任苏联驻联邦德国大使，之后于 1991 年担任外交部第一副部长，直至苏联解体。他依然是一个坚定的共产党人。1997—2003 年，他曾担任俄罗斯驻挪威大使。2003 年，他成为杜马"共产党议会党团"成员，并担任杜马外交政策委员会副主席。

一个特殊的代沟问题？似乎可以断言，他与列昂尼德·勃列日涅夫 [①]、尤里·安德罗波夫 [②] 或尼基塔·赫鲁晓夫不属于同一代人？

莫德罗：戈尔巴乔夫感觉到自己最强有力。在斯大林手下，国防部长是格奥尔吉·朱可夫。斯大林与朱可夫有着紧密关系，因为他们是一代人，共同参加过战争指挥。为什么 1961 年把伊万·科涅夫 [③] 再次派来？因为赫鲁晓夫知道：鉴于这种态势，必须派遣一位能够展示第二次世界大战时代的人物

[①] 列昂尼德·伊里奇·勃列日涅夫 1906 年 12 月 6 日出生于卡缅斯科耶（今乌克兰的 Kamjanske），1982 年 11 月 10 日逝世于莫斯科。勃列日涅夫 1931 年加入苏联共产党，1950—1952 年担任摩尔达维亚苏维埃共和国（今摩尔多瓦）苏共中央第一书记，同时担任最高苏维埃副主席。1952 年 10 月 16 日—1953 年 3 月 5 日，勃列日涅夫任中央委员、政治局候补委员。1954 年任哈萨克斯坦党委第一书记。1956 年 2 月 27 日，他在莫斯科再次当选中央委员和政治局候补委员。勃列日涅夫于 1957 年 6 月 29 日成为政治局正式委员，直至其去世。1966 年 4 月 8 日，他接任苏共中央总书记。1968 年 8 月，他下令华约部队出兵结束"布拉格之春"，并开创了所谓的"勃列日涅夫主义"。1976 年 5 月 5 日，勃列日涅夫被授予苏联元帅军衔。1977 年，勃列日涅夫再次当选最高苏维埃主席团主席，从而成为苏联国家元首。勃列日涅夫在睡眠中死于"心搏停止"。

[②] 尤里·弗拉基米洛维奇·安德罗波夫 1914 年 6 月 15 日出生于斯塔夫罗波尔州 Staniza Nagutskaja，1984 年 2 月 9 日逝世于莫斯科。安德罗波夫 1954 年出任苏联驻匈牙利大使，1957 年返回苏联，被任命为苏共中央对社会主义国家共产党和工人党关系联络部长。1961 年，他在苏共第二十二次代表大会上当选中央委员。1962—1967 年，安德罗波夫首次担任中央委员会书记。1967 年 5 月—1982 年 5 月，安德罗波夫任国家安全委员会（克格勃）主席，同时当选苏共中央政治局候补委员（1973 年 4 月，他成为政治局正式委员）。在冷战时期，他策划倡议了克格勃的最大间谍行动——"莱恩行动"，意为"核导弹进攻"。这是冷战时期最大规模和最为重要的苏联情报搜集使命。该行动持续时间为 1981—1984 年。在这 3 年时间内，克格勃其他所有行动的重要性都排在"莱恩行动"之后。这一行动是克格勃主席尤里·安德罗波夫于 1981 年 5 月下达命令，旨在侦查预判北约潜在核打击的计划。安德罗波夫于 1982 年 5 月再度当选苏共中央书记，负责意识形态工作。1982 年 11 月 12 日，他当选苏共中央总书记。1983 年 6 月 16 日，他当选最高苏维埃主席团主席，从而成为国家元首。他仅仅执政 15 个月后便逝世于莫斯科，其中最后 5 个月由于健康原因已经失去执政能力。

[③] 伊万·斯捷潘诺维奇·科涅夫 1897 年 12 月 28 日出生于洛杰伊诺村，1973 年 5 月 21 日逝世于莫斯科。科涅夫曾任苏军各级司令员、苏联元帅（1944）。1955—1960 年为华约联合武装力量第一任总司令。1956—1960 年，担任苏联国防部第一副部长。1956 年，他曾命令镇压匈牙利的反共反苏暴乱行动。1961—1962 年柏林危机时期，他担任驻德苏军总司令。自 1962 年起，担任苏联国防部总监察部总监察长。1944—1945 年，他两次获得"苏联英雄"称号。他于 1955 年 4 月 23 日获得波兰"克拉科夫荣誉市民"称号，并于 1970 年获得"捷克斯洛伐克社会主义共和国荣誉公民"称号，于 1971 年获得"蒙古国英雄"称号。他于 1937—1973 年担任苏联最高苏维埃代表。

去。自此，相互之间的感觉也就截然不同了。在我所经历的过程中，有些事具有重要意义。我在莫斯科瞻仰过斯大林的遗容。之所以能够见到遗容，是因为我们的大使① 把我们带去了。在整个学校中，只有我们来自民主德国的一个小组能够前往工会大楼向斯大林遗体告别。如果外交官不带我们去，是根本就没有机会的。当然啦，20世纪70年代关系就断裂了。

让我们谈一谈莫洛托夫及其时代吧。有一点必须注意到：布尔加宁是中立的，但其他人都是你争我夺的斗士：莫洛托夫、格奥尔基·马林科夫或者其他什么人。拉夫连季·贝利亚是最危险的人物。只有当贝利亚被除掉后，大家才松口气。接着，争斗继续，一直到1956年的党代会，因为必须明确各个阵线。不要低估究竟发生了多少内斗，尔后才开的党代会，赫鲁晓夫在会上作了报告。当勃列日涅夫上台后，开始发展了一个新的圈子。莫洛托夫外派为驻蒙古国的大使。除了贝利亚以外，其他人没有受到这么严厉的触动，也就是被处死。那是政治斗争的最高峰，是人们能够忍受的极限了。此时的行动，没有斯大林时代的那种肆无忌惮："只要他在位，就会源源不断地人头落地。"此时只杀最危险的必杀之人。在这里就要牵扯到您提出的那个问题了：贝利亚此人究竟对德国问题有什么其他的解决方案？在我看来，尽管有不少传闻，也有一些似是而非的模糊之处，但事实是：在1953年内确实有一个很短的时间段，其作用相当重要。作为留学生，我们在莫斯科能够经历什么呢？起初，因为斯大林的逝世，我们大家都很激动和悲伤，似乎有一种世界已经停止转动的感觉。当时学校里的气氛就是如此。与我住一个宿舍的共青团室友萨沙，整天垂头丧气。但是这一阶段持续时间并不长。突然一下子就有了一点儿活力："悲伤已

---

① 鲁道夫·阿佩尔特1900年12月5日出生于赖兴贝格县的Niederhanichen村，1955年7月2日逝世于莫斯科。他于1946年加入德国共产党，之后成为统一社会党党员。他曾担任党中央主席团总干事和党务部长。民主德国成立后，阿佩尔特于1949年10月担任该国驻莫斯科外交使团团长，1953年被任命为民主德国大使，并兼驻蒙古乌兰巴托。1954年10月，他被授予银质祖国勋章。

经过去了，他已经下葬了，我们必须继续前行。"于是就来到了 5 月。此刻，在莫斯科生活存在着绝对的不安定感。作为留学生，我们必须捂住自己的所有口袋，小心防盗。小偷到处都是，莫斯科不再安全。我们的信息来源受到限制，我们的兴趣也没有那么大。当时我 25 岁，来到外国学习，不想让人家说："德国人虽然挺勤奋，但是他们什么也听不懂。"我们当时都是这个态度。后来，我们又听到了一些风声：发生什么事了？俄国人的沙皇辫子还没有完全割掉，军队本来一直驻在夏季营地，而不是驻在莫斯科。可是贝利亚把军队调进莫斯科了。一种不安情绪由此而生。监狱里的小偷和刑事罪犯被释放。军队已经无法掌控安全。此刻，朱可夫在过渡阶段正逐渐与尼基塔·谢尔盖耶维奇（即赫鲁晓夫——译者）走到了一起。朱可夫把他的军队调过来，瘫痪了贝利亚的机关。贝利亚在职时间持续到 7 月，之后于 12 月份被处死。在此期间——3—7 月——力量对比发生了变化。在这个力量抗衡中，朱可夫是提供力量和安全的角色，而力量与安全则是政治生存与政治行动的保障。这些是用今日历史观察得出的结论，而在当时那个阶段则没有引起我们的关注。

当时，没有一个老师告诉我们，究竟哪个人被开除出了政治局。先是埋葬了斯大林，接着我们又经历了安全得不到保障的困惑，不知道应当信任谁、追随谁。是马林科夫还是赫鲁晓夫？谁将掌握大权？这是领导体制中的一个真空时期。

我们经历了一个特殊时期的全过程。当时，人们的精力集中围绕着一个问题："斯大林的接班人是谁？"所有人都相互推搡，为的是自己站住脚跟，为的是能够为斯大林抬棺送行。同时也包含有向人民发出信号的含义："我们是站在一起的。"如果历史学家想继续深挖历史真相，就必须了解其背景情况，尤其是当这样一个超级大国的权力架构重新改组时。如果权力架构不牢固，出现了权力真空，谁会对此感兴趣？当时的美国对此并不感兴趣，它在对待 1953 年 6 月 17 日事件时的态度就已经表明了这一点。

盖勒：根据党内文献的透露，贝利亚之所以被解职，并且受到短暂司法起诉，是因为他胆敢将民主德国的命运弃之不顾。再回到"不受欢迎的孩子"那个话题。支持洛特观点的论据，或许是一个事实，即苏联从未与民主德国单独签署一项和平条约，也没有论述过四大国的责任。柏林作为民主德国首都的地位是否得到认可？究竟哪个城市是首都？在我们宣布结束战争状态之后，是否与这个民主德国签署一项和平条约？这个长期悬而未决的问题难道不是一个证据，证明苏联在法律上，在国际法上，实际上一直为全德选项开着一扇后门？有理由断言：这原本不是斯大林的第一选项。无论是不是"受欢迎的孩子"，说到底并不是他们原本的目标。

莫德罗：关于斯大林，我赞成你的看法。我的出发点是：当民主德国和联邦德国1949年成立时，他是不得已而只能旁观。其他三大国已经建立了一个国家，他不能坐视一边是国家、一边是占领区的现状。如果听任不管，他就会继续重蹈1948—1949年间的错误。对他来说，建立民主德国是在柏林空中桥梁和币制改革阴影笼罩下走出困境的一条出路。于是，发来了那封给我们所有人留下深刻印象的电报："这个国家的成立，是欧洲历史的一个转折点。"斯大林告知天下："我们将绘制和影响欧洲的这个转折点。"此举给一个热衷于政治的年轻人留下了印象。在这一进程中，遗留了一个问题，它与斯大林的政策并无交汇，但是属于历史的一部分，即理应与之签署和平条约的一个主要敌人——日本。1951年，这一条约在美国的一艘巡洋舰上签署，但是苏联缺席。美国把苏联排除在外。美国把军队派驻到日本，而苏联在1945年5月之后已经将其大批军事力量转移到了亚洲地域。如今人们已经淡忘1945年曾经笼罩的阴云。冷战已经展开。美国并不想在把民主德国拉进来作为谈判伙伴的前提下签署任何和平条约，而苏联与民主德国之间——没有美国参与——即使签署一项和平条约也解决不了问题。日本没有分裂，苏联只能袖手旁观。由此展开的对峙局面正在不断升级。

5. 1961 年建立柏林墙，1968 年镇压"布拉格之春"和 1971 年接替乌布利希

盖勒：我们在您办公室里看到的这张明信片上，写着那句著名的语录："没有人愿意为机场剪彩。"这是在嘲笑柏林市长克劳斯·沃韦莱特①，吸引人们对柏林机场困境的关注。我想说的是，这句话原本源自乌布利希，当年他在记者招待会上回答一位女记者的提问时说过："没有人愿意建一堵墙。"

莫德罗：这个话题可以聊一聊。先说一说 1961 年 8 月 13 日的那句话以及后来采取的措施。当时民主德国大量"失血"，每天有数百人通过开放的柏林边界离开这个国家。大多数出走者不是出于政治原因，而是他们想到西方去享受更好的生活。他们实际上就是今天被称为"经济难民"的人。民主德国希望在政治上堵住这个漏洞，所以要求签署一项和平条约。大家都知道，柏林当时是一个四国占领城市，每一个战胜国都有一块占领区。根据这一理解，整个柏林虽然位于民主德国的国土上，但是并不属于民主德国，而

---

① 克劳斯·沃韦莱特 1953 年 10 月 1 日出生于西柏林。沃韦莱特 1972 年加入社民党。2001 年 11 月 1 日—2002 年 10 月 31 日，沃韦莱特曾担任德国联邦参议院议长。2001 年 6 月 16 日—2014 年 12 月 11 日，他始终担任柏林市长。2009—2013 年，他担任社民党联邦副主席之一。自 2003 年 10 月 21 日起，沃韦莱特是柏林勃兰登堡机场有限公司监事会的柏林市四个代表之一。2006 年，他接任监事会主席。2013 年 1 月 7 日，他辞去机场公司监事会主席一职。他于 2001 年 6 月 10 日说："我是同性恋者——这挺好的！"这句话成为家喻户晓的名言。

西柏林也不属于联邦德国。因此，柏林的人民议院①代表和德国联邦议院的议员都不能直接选举产生。从西柏林到西德的空中交通，只能由西方盟国的航空公司执行。原本的设想是：与德国签署一项和平条约就能够导致各占领国的撤军，并且使得民主德国获得本国空域的完全主权。如果民主德国能够控制柏林的空中交通，就可以对出逃途径进行设障——此时着手研究 BER②问题就显得并不唐突了。莫斯科认为民主德国关于签署和平条约的要求对自身有利，于是再三声明，必要时将与民主德国签署一个单方面的条约。

在这一情势下，美国总统约翰·F. 肯尼迪与尼基塔·S. 赫鲁晓夫于 1961年 6 月初在维也纳进行了会晤。他们没有就德国问题达成协议，但是肯尼迪似乎表述了三个条件，并得到了苏联部长会议主席的认可：第一，西方三大国在西柏林拥有驻守权；第二，西方三大国拥有进出西柏林的自由；第三，西柏林人的权利由西方三大国给予保障。之后，肯尼迪向苏联派去了他的特

① 人民议院在 1949 年 10 月 7 日—1990 年 10 月 2 日是民主德国的议会和最高宪法机构。人民议院于 1949 年选举威廉·皮克担任民主德国总统。他 1960 年去世之后，总统职位由民主德国国务委员会及其主席取代。人民议院通常每年召开两至四次全会。根据人民议院议事程序第 6 条规定，会议采取公开方式。自 1976 年起，其特别会议改在东柏林新建成的"共和国宫"小会议厅内举行。1950—1990 年，人民议院所代表的各个议会党团是：德国统一社会党议会党团、德国基督教民主联盟议会党团、德国自由民主党议会党团、德国国家民主党议会党团、德国民主农民党议会党团、自由德国工会联盟议会党团、自由德国青年联盟议会党团、德国民主妇女联盟议会党团、文化联盟议会党团、农民互助联合会 / 消费者合作社议会党团（只存在于 1950—1963 年，之后自 1986 年起）、纳粹政权迫害者联合会议会党团（1950—1954）。1990 年 3 月 18 日，人民议院举行了第一次和唯一一次自由选举。在 1990 年 8 月 23 日的历史性会议上，人民议院作出了民主德国加入联邦德国的决议，决议生效期为 1990 年 10 月 3 日，从而终结了民主德国的国际法主体身份。人民议院历任主席为：德国自民党的约翰内斯·迪克曼（1949 年 10 月 7 日—1969 年 2 月 22 日），东德基民盟的格哈德·格廷（1969 年 5 月 12 日—1976 年 10 月 29 日），统一社会党的霍斯特·辛德曼（1976 年 10 月 29 日—1989 年 11 月 13 日），德国民主农民党的京特·马洛伊达（1989 年 11 月 13 日—1990 年 4 月 5 日），基民盟的扎比内·贝格曼 - 波尔（1990 年 4 月 5 日—10 月 2 日）。
② BER：Flughafen Berlin-Brandenburg，即柏林勃兰登堡机场。

使约翰·J.麦克洛依 [①]。特使逗留了好几个星期，在克里姆林宫内进行秘密谈判，并在赫鲁晓夫的度假地点加格拉与其秘密交谈。会谈中，两个世界大国相互探测了对方的底牌。可以断言，就建立柏林墙达成了协议。柏林对这一点毫不知情，乌布利希也不例外。世界大国一如既往地越过德国人进行直接谈判。在1961年6月15日那次值得纪念的记者招待会上，《法兰克福评论报》的那位女记者提出了那个问题，而乌布利希给出了那个后来被一再引述的答案。结果人家亮出了筑墙的照片，作为指责乌布利希撒谎的证据。实际上乌布利希没有撒谎——他怎么会知道将近两个月之后莫斯科才会作出的决定呢？人家总是拿他的话断章取义，因为他的原话中包含着一个如何在政治上解决柏林危机的建议。

关于第二部分：1961年8月13日采取的边界安全措施问题。决策是在莫斯科作出的，经过政治磋商委员会（PBA）批准，因为民主德国与联邦德国的边界是华约的西部边界和北约的东部边界。这就是说，它既不是德国的内部边界，也不是一般的国家边界，而是集团之间的边界，是冷战时期的前沿阵线。

8月11日，星期五，人民议院就设立一套新的边界体制通过决议。这套体制将是什么样子？开会大厅里当时没有人知道。在外交部长洛塔尔·博尔

---

① 约翰·杰伊·麦克洛依1895年3月31日出生于宾夕法尼亚州的费城，1989年3月11日逝世于康涅狄格州的斯坦福。麦克洛依1947—1949年担任1946年成立的世界银行行长。1949年9月2日—1952年8月1日担任美国驻德国高级特派员。在此岗位上，他推动了马歇尔计划的实施和联邦德国与西方的一体化融合。1951年1月31日，他宣布了对纽伦堡被审判战犯要求赦免的最终决定。他在与赫鲁晓夫谈话之后，提议肯尼迪对西柏林进行了访问。古巴危机时期，他是一个相关协调委员会的成员。

茨^①说明为什么要这样做的理由之后，我也举手投了赞成票。

1953 年 6 月 17 日时我正在莫斯科留学。1961 年 8 月 13 日，我亲身经历了柏林发生的事件。

盖勒：建立柏林墙的倡议究竟来自哪里，对此史学界迄今仍然有争议。有的历史学家认为，倡议者是乌布利希。也有人持相反观点：离了赫鲁晓夫，谁说都没用。还可以补充第三种立场，即不是赫鲁晓夫一个人的愿望。有趣的是，那位女记者在记者招待会上提问的时候，已经涉及"建墙"的话题。尽管说到了墙，但是几乎没有人料到和知道会建一堵墙，当时显然也还没有作出这样的决定。然而，在有人提到建墙话题的处境中，乌布利希说出了那句："没有人愿意建一堵墙。"这就表明，有人已经具体地考虑过这种可能性了。很清楚，有人与乌布利希的关系有多么近。

换一个话题：在民主德国的发展过程中，产生了"社会主义民族"这一理念。令人深思的是那种高唱民族主义调门、借历史教育今人的做法，例如腓特烈大帝^②、俄国与普鲁士关系，最终还有俾斯麦^③——将普鲁士与民主德国融合在一起，编出那种绕口令："我们是一个社会主义民族，社会主义的德

---

① 洛塔尔·博尔茨 1903 年 9 月 3 日出生于上西里西亚地区的格莱维茨，1986 年 12 月 29 日逝世于柏林。博尔茨于 1929 年加入德国共产党。1948 年从流亡地返回德国之后，他是德国国家民主党（NDPD）的创始人之一，并一直担任该党主席至 1972 年。之后，他获得该党荣誉主席的称号。博尔茨自 1950 年起成为民族阵线全国委员会主席团成员。博尔茨自 1950 年起也是民主德国人民议院代表。1949 年 10 月 12 日，他被任命为建设部长。1950—1967 年，他担任民主德国部长会议副主席。1953 年 10 月—1965 年，博尔茨出任民主德国外交部长。1968—1978 年，博尔茨任德苏友好协会主席。
② 腓特烈二世，又称腓特烈大帝，也被称为"老弗里茨"，1712 年 1 月 24 日出生于柏林，1786 年 8 月 17 日逝世于波茨坦。他于 1740 年即位国王，1772 年起获得普鲁士国王称号。他自 1740 年起成为勃兰登堡选帝侯。他出身于霍亨索伦王朝家族。
③ 俾斯麦 1865 年起为俾斯麦 - 舍恩豪森伯爵，1871 年起为俾斯麦侯爵，1890 年起为劳恩堡公爵。他于 1815 年 4 月 1 日出生于舍恩豪森（易北河畔），1898 年 7 月 30 日逝世于奥米勒附近的腓特烈斯鲁。1862—1890 年担任普鲁士王国首相。1867—1871 年兼任北德意志联邦总理，并于 1871—1890 年出任德意志帝国第一任帝国首相。

意志民族。"作为国际主义者和社会主义者，您有过多大的冲动？似乎社会主义者多于共产主义者，因为大多数同志写信签名时会写"顺致社会主义的问候"，而不写"顺致共产主义的问候"，对吗？

莫德罗：也有一些人写信以"顺致共产主义问候"结尾。

盖勒：您与昂纳克之间肯定是用"顺致社会主义问候"。包括与埃里希·米尔克之间。您当年对此有什么感受？您是怎么从官方的角度逐渐对这种民族认同潜移默化的？您是不是尝试着把这些融入自己的内心？

莫德罗：签名问候的方式是个人习惯，我在这里不作评论。我也不评论民主德国时期关于"社会主义德意志民族"的那个理念。可以证明，这个理念是昂纳克提出来的。在他的推动下，顶住了一些科学家的反对，这个理念被写进了1976年第九次党代会的纲领。乌布利希那一代人，始终坚持一个德意志民族的立场，将民主德国理解为德意志土地上发展前进的某种形式的桥头堡。借助这个桥头堡，有朝一日可以用社会主义的符号来克服两德分裂的现象。我的看法也不例外：两个德意志国家，一个民族。尽管这两个国家的政治体制相对峙，发展方向相背离。在几个世纪的德意志历史中，有多少国家已经沦亡？诚然，传统的德意志民族国家刚刚始于19世纪，但是后来也有过一个。

您所提问题的核心内容更加深刻，您间接地问到了民主德国与联邦德国的过往历史是否继续留存的问题。有人认为，民主德国的民族主义传统要比联邦德国更多一些，而联邦德国从一开始就有亲西方的倾向，所以变得更加欧洲化，更加国际化。此间各种调查结果证明，这种现象虽然存在，但是并不真实。第三帝国的古老幽灵很可能在前西德得到了继承，您只需想一想在司法界、军界、教师界、政界和情报界的人事沿用做法就清楚了。

我们东德的问题是，诸如火炬游行仪式、队列行走方式和自由青年联盟蓝色衬衣等形式令人强烈地回忆起帝国昔日的仪式。又如我们在1952年组织的驻营义务劳动时提出的"为德国服务"的口号。当时的青年团领导人埃里希·昂纳克对我们这些各州团委书记——我当时在梅克伦堡也担任团委书记的职务——解释道，目的是用一年时间的义务劳动大力推进国家的建设。我们不仅对这种主意感到惊讶，而且认为这不是个好主意，尤其是不应该身穿制服、佩戴肩章参加劳动。我在讨论中直言道："天哪，埃里希，这样做看上去像是帝国时期的义务劳动。这样做不好。"尽管有各种反对意见，还是开始招募了大约10万名17—21岁的年轻人。这一切导致了一个后勤和政治上的灾难，乌布利希在1962年秋天就对此踩下了紧急刹车，终止了这个试验。

尽管如此，您说得并非没有道理，我们还是强调爱国主义：民主德国的最高褒奖不是"祖国服务勋章"，而是对科学、艺术以及其他突出成就颁发的"国家奖"。国家人民军 [①] 军装的灰色，与100年来所有德国军队的颜色一样，也确实可以引起人们对昔日的回忆。这个军装颜色，包括其他的此类特点，都要追溯到莫斯科的决定。当时提出来的军装草案，被他们以这样的理由驳了回来：你们是一支德国军队，不是苏联军队……

盖勒：头盔令人回忆起某个特殊时代。

莫德罗：这是第二次世界大战期间在哈尔茨山区塔勒为帝国国防军设计出来的一种样式。

---

① 国家人民军（NVA）是经民主德国人民议院1952年7月10日隆重宣告而成立的"国家武装力量"，其前身是作为军事组织成立的"驻营人民警察"（KVP）。国家人民军于1955年在苏联的监督下发展起来。正式成立的依据是1956年1月18日确定的法律，从时间上看是在联邦德国国防军成立之后。国家人民军的建设是分阶段进行的，据悉各级参谋部和管理机关自1956年3月开始具有行动能力。

盖勒：我想到的更多的是 1939 年和 1968 年的布拉格……

莫德罗：你看，再一次说明人们对此类问题的看法取决于各自对历史的理解。乌布利希违背了莫斯科的意愿，没有派国家人民军士兵参与华约的"集中行动"：这身军装没有参与，这顶头盔没有参与，这段历史没有参与。众所周知，德国士兵早在 1938—1939 年就曾经开进捷克斯洛伐克。

盖勒：但是国家人民军的先遣分队已经参战，是没有穿军装的国家人民军分队。

莫德罗：当时没有任何国家人民军部队进入捷克斯洛伐克，只有一个联络军官小组。国家人民军当时处于备战状态，而不是作战状态。

盖勒：根据研究结果，乌布利希当时已经在催促采取干预行动[1]。尽管国家人民军没有军事参与干预行动，但是他的态度不能讳言。

莫德罗：这不是真的。乌布利希与杜布切克[2]多次进行双边讨论，正式的和非正式的会谈，为的是找到一个政治解决的方法。他看出来了，采取强

① 参阅 Stefan Karner、Natalja G. Tomilina、Alexander Tschubarjan 等人（发行）《布拉格之春——1968 年的国际危机之年》第 2 卷（路德维希·波尔茨曼战争后果研究所的出版物，第 1 卷的文章；第 2 卷的文献），2008 年出版于科隆、维也纳、魏玛。
② 亚历山大·杜布切克 1921 年 11 月 27 日出生于捷克斯洛伐克的乌格罗维茨，1992 年 11 月 7 日因一次交通事故而逝世于布拉格——事故原因迄今仍然存有争议。他于 1963 年起担任斯洛伐克共产党第一书记和捷克斯洛伐克共产党中央政治局委员。1968 年 1 月 6 日当选捷克斯洛伐克共产党中央第一书记。由于杜布切克力主建立"拥有人道面貌的社会主义"，成为捷克斯洛伐克改革派共产党路线的代表人物，被称为"布拉格之春"。杜布切克于 1969 年 4 月 17 日被解除捷共领导职务。他在 1969 年 9 月之前担任捷克斯洛伐克国民议会主席。之后，他短时出任驻土耳其大使。1970 年 6 月，他被开除出党。1989 年 12 月 28 日，他当选捷克斯洛伐克联邦国会议长。

硬措施，也就是军事解决办法，将会危及民主德国的改革计划 [1]，无论民德采取什么立场也无济于事。结果，民主德国的改革终止了，乌布利希被解职了。他的倒台是经过运作的，并得到了莫斯科的赞同。往往就是这样的细微之处起到了某种作用。

盖勒：您本人是怎样经历 1968 年"布拉格之春"及其失败的？回首往事，这一事件意味着什么？

莫德罗：这是一个与个人印象和许多反思紧密联系的问题。布拉格市第一书记波罗米尔·西蒙当时偕全家在民主德国度了几天假。8 月 20 日，我们在柏林舍内菲尔德机场话别。他是我的一个朋友。后来很快就得到消息，他于当天晚上在布拉格被捕，为的是不让他与杜布切克接触。8 月 21 日，军队开始运动，进军布拉格。苏联军队驻扎在捷克的军营内，也进驻了民主德国和波兰的军营。民主德国的人民军部队在边界待命，兵力大约为一个师。参与了华约所有政治决策过程的乌布利希，不愿意让德国士兵再次进军捷克斯洛伐克，而且还穿着当年颜色的军装。当然，他也不愿意让本国国内出现紧张态势。

1969 年 5 月 9 日，我在布拉格经历了捷克军队与苏联军队举行的联合阅兵式，共同庆祝战胜希特勒法西斯的纪念日。从外表看，似乎布拉格恢复了秩序，友谊十分牢固。为了与 1968 年的事件保持心理距离，我用了很长时间。社会主义的改革究竟占有什么地位，例如民主德国举行的新经济体制改革？我们所斥之为对"社会主义国家大家庭"叛变的尺度究竟在哪里？

作为统一社会党德累斯顿专区第一书记，我在捷克摩拉维亚北部地区结

---

[1] 计划与管理新经济体制是 1963 年启动的一项经济与社会政治改革方案，旨在变革也在民主德国实行的苏联模式社会主义。

识了很多新朋友。我们在工业和农业领域中探索和找到了伙伴式合作的模式。我在俄斯特拉法多次参加了纪念胜利与解放日的庆典。然而，我们从来没有深入讨论过"布拉格之春"的话题。1989年12月4日，我们作为华约的代表，向捷克斯洛伐克各族人民对1968年的事件表示了道歉，我代表的是民主德国。

盖勒：这种做法值得肯定，毫无疑问也会载入史册。关于乌布利希的角色，还要补充一句话：根据研究，据我们所知，他是赞成华约国家对捷克斯洛伐克共产党改革派进行军事干预的。[①]

6. 1973—1989年担任统一社会党德累斯顿专区第一书记：两德关系的预演和演习

盖勒：您1973—1989年担任统一社会党德累斯顿专区第一书记。无论过去还是现在，人们都认为您是一个谦虚的人，是一位追求改革政策的人，而且在回顾您1989—1990年任职期间时，认为您是一位可信的创新者。

莫德罗：要是谈到我的生活，我从苏联红军负责青年教育的军官根纳迪・伊万诺夫那里学到了很多东西。他认为，第一应当努力学习本领，否则永远也无法独立。于是，我就努力通过了两个国家考试——成为社会科学工作者和企业经济管理者。他说，第二不要去追求那些一旦必须变动时无法带走的财产。所以，在我1973年去德累斯顿任职时，本来可以接管前任的公务别墅，包括花园，但是我谢绝了。我住进了城市公租房，并且承担了一个

[①] 参阅 Stefan Karner 所著《"布拉格之春"——莫斯科决定入侵》，收于外交与时政历史丛书第20卷（2008年5月13日出版），第6—12页。

集体住户的所有义务，包括清扫楼道等劳动。这个比较符合我的生活风格。

迪科普：您在1973—1974年制定射击武器使用规定时采取了什么立场？

莫德罗：射击武器使用规定并不涉及德累斯顿专区①。在皮尔纳，始终驻扎着民主德国边防军部队的一个边防分队，一直到1989—1990年为止。鲍姆加藤上将（时任边防军司令——译者）来访过一次，我们互相认识，并成了朋友。他从来没有提到过是否开枪的问题，而是问如何与波兰人和捷克人相处。与波兰人打交道这个问题比较好回答，因为这个事务在我的伙伴国那边属于边境地区政党关系的范畴之内。而与捷克人的边界关系并不归属政党关系，因为它位于俄斯特拉法。那里更多的是贸易问题，即所谓的边境小贸易往来、商品往来及其监控问题。在这方面用不着发布射击命令。当时我们进行过专区领导班子与国防委员会（NVR）的各种演习，我记不得演习期间产生过是否使用射击武器的问题。当时根本就没有人会考虑过这类问题。

盖勒：由于埃里希·昂纳克早先计划访问联邦德国，导致他与列昂尼德·勃列日涅夫的关系一直没有轻松过。有证据说，苏联方面考虑过替换昂纳克，例如1987年就可能有过这个计划。在这场预演中，据说您是可能的替补人选。但是，这些预演计划并没有正式上演。当时，您是否从任何第三方获得过任何一种形式的迹象，证明有过这样的计划？如果属实，您是否准备接受这样的替补方案？前提条件是相关候选人必须愿意接受这样的计划。

---

① 德累斯顿专区拥有6738平方公里面积，1989年的人口为1757400人。汽车牌照以R和Y字母开头。专区下辖德累斯顿市和格尔利茨市，以及包岑县、比绍夫斯韦达县、迪波尔蒂斯瓦尔德县、德累斯顿县、弗莱塔尔县、格尔利茨县、格罗森海因县、卡门茨县、勒包县、迈森县、尼斯基县、皮尔纳县、里萨县、塞布尼茨县和齐陶县。

您在多大程度上考虑过这样的计划？如果您能够早于 1989 年 11 月成为一位民主德国的新领导人，那么您会让民主德国展示什么样的新面孔，从而在莫斯科看来可以给西方和全世界提供另一种信誉？

莫德罗：我从苏联档案中没有看到过类似的文献资料。曾经有三个迹象，表明苏联方面在不同的境况下对这件事有过争议、讨论、考虑，即提到了我的姓名，以及提携我的可能性。第一个迹象：我在德累斯顿曾经会见克格勃的将军弗拉基米尔·克留奇科夫 [①]，中间人是马尔库斯·沃尔夫 [②]。"汉斯，那边来人了，你赶紧准备一顿饭吧。"于是，我在统一社会党专区贵宾接待所的"白鹿厅"为他俩准备了晚餐。用餐的是我们三人。曼弗雷德·冯·阿登 [③] 后来错误地指称他也在场。我确实也见过这位斯大林奖金获得者，但并非在这个晚餐场合。那次谈话并非围绕取代昂纳克的话题，而是谈到了民主德国亟须改变的现实态势。

[①] 弗拉基米尔·亚历山德罗维奇·克留奇科夫 1924 年 2 月 29 日出生于伏尔加格勒的 Zarizyn，2007 年 11 月 23 日逝世于莫斯科。其克格勃生涯是：先是担任第一总局（外国侦查）秘书局局长，之后担任副总局长，最终于 1974—1988 年担任总局长。他于 1978 年起任克格勃副主席兼第一总局局长。1982 年晋克格勃上将军衔。1984 年成为最高苏维埃民族院代表。1986 年当选苏共中央正式委员。1988 年 10 月 1 日—1991 年 8 月 22 日担任克格勃主席并晋大将军衔。1989 年起成为苏共中央政治局委员。他在 1989—1990 年间对苏联的改革进程持保守的政治立场。1991 年 8 月 19 日—22 日，他作为国家紧急状态委员会的成员参与策动了反对戈尔巴乔夫的未遂政变。

[②] 马尔库斯·约翰内斯（亦称"米沙"）·沃尔夫 1923 年 1 月 19 日出生于黑兴根，2006 年 11 月 9 日逝世于柏林。民主德国成立之后，沃尔夫被任命为民德驻苏联大使馆首席参赞，并在此职位上工作至 1951 年。1952—1986 年，他担任民主德国国家安全部（MfS）负责外国情报的第一总局局长。1989 年春，沃尔夫发表了《三驾马车》一书。1995 年作出了一宗原则性判例：当年在民主德国吃"皇粮"的侦察总局工作人员不再接受刑事追诉，因为接受主权国家民主德国委托执行的间谍活动符合该国法律。针对沃尔夫的审判因而终止。

[③] 曼弗雷德·巴龙·冯·阿登 1907 年 1 月 20 日出生于汉堡，1997 年 5 月 26 日逝世于德累斯顿。这位自然科学家、学者从事的是应用物理学工作。他在无线电 - 电视技术、电子显微术、原子 - 等离子与医疗技术领域中有过 600 多项发明和专利。这位无党派人士是人民议院代表。边境开放之后不久，阿登就著书阐述他用系统理论论证的"社会主义市场经济"的原始理论。

迪科普：那是在 1987 年？

莫德罗：具体时间我记不太清楚了……第二个迹象是与科普泰尔采夫 [①] 有关的一件事。这位苏联大使馆的公使奉调回国出任苏共中央的处长，走之前来到德累斯顿向我辞行。此举并不寻常，因为从未有过一名外交官在离职时与一名专区第一书记告别的惯例。《明镜》周刊记者后来问他，戈尔巴乔夫认为昂纳克的后任应当是谁？科普泰尔采夫答称：莫德罗。

第三个迹象是我与苏共中央机关的其他人接触时感受到的，例如科普泰尔采夫的前任 A. J. 马蒂诺夫 [②]。他是在民主德国国土上担任铋矿集团党委书记开始的政治生涯。我每次去莫斯科都会与他见面。还有一位朋友是戈尔巴乔夫身边的一个亲信，名叫瓦蒂姆·A. 梅德韦杰夫 [③]。我是在列宁格勒认识的他，他当时在地区委员会担任局长。列宁格勒地区是我们德累斯顿的姊妹专区。我在那里也结识了格里戈里·W. 罗曼诺夫 [④] 及其后任列夫·N. 赛科夫 [⑤]，后者同样调往了莫斯科。他们都是负责军工联合企业的领导。罗曼诺夫是一位

[①] 瓦连京·亚历山耶维奇·科普泰尔采夫曾经在苏联驻东柏林大使馆担任第二把手长达 5 年之久，他于 1987 年春离开民主德国。

[②] A. J. 马蒂诺夫自 70 年代末至 80 年代担任苏共中央民主德国处处长；自 1954 年起在苏德联合铋矿股份公司工作。

[③] 瓦蒂姆·安德烈耶维奇·梅德韦杰夫 1929 年 3 月 29 日出生于 Jaroslawl 行政区的 Mochonlowo 村。1968—1970 年担任列宁格勒党委书记。后于 1970 年调往莫斯科出任苏共中央宣传部副部长。自 1983 年起，他在贯彻新方针——公开化与改革政策——方面大力支持戈尔巴乔夫。1986—1990 年担任中央委员会书记。1988—1990 年任政治局正式委员。他是戈尔巴乔夫的一位亲密顾问，自 1992 年起担任戈尔巴乔夫基金会成员。

[④] 格里戈里·瓦西里耶维奇·罗曼诺夫 1923 年 2 月 7 日出生于 Nowgorod 行政区的 Sichnowo，2008 年 6 月 3 日逝世于莫斯科。他于 1944 年加入苏联共产党。1970 年成为苏共中央委员。1976 年 3 月 4 日—1985 年 7 月 1 日，他是苏共中央政治局正式委员。1983 年，他调往莫斯科出任中央委员会书记，直至 1985 年。

[⑤] 列夫·尼古拉耶维奇·赛科夫 1923 年 4 月 3 日出生于图拉，2002 年 1 月 7 日逝世于圣彼得堡。赛科夫于 1985 年 7 月 1 日—1990 年 7 月 13 日担任苏共中央书记，1986 年 3 月 6 日—1990 年 7 月 14 日任苏共中央政治局正式委员。他于 1987—1989 年担任莫斯科市委第一书记。赛科夫支持戈尔巴乔夫的改革计划。他于 1990 年 7 月主动辞去所有职务。

态度鲜明的戈尔巴乔夫反对者，仅仅进入政治局三个月就因"健康原因"辞退……我通过所有这些渠道获得来自克里姆林宫的信息。但是，究竟是否有计划把我当作潜在人选，则我并没有得到过可靠的说法。

只有一次具体的信息，那是在 1976 年统一社会党第九次党代会之前。苏联大使皮约特·阿布拉西莫夫①对我说："你将成为政治局候补委员。"我回答他："皮约特，我不会成为政治局候补委员。昂纳克不愿意让我进入他的政治局。"他接着说："你等着瞧吧。"党代会之后，他恍然大悟："还是你说得对。"

盖勒：那第三个因素似乎很重要，因为"日耳曼学者"阿布拉西莫夫证明的效果比较长久——他看好年轻的莫德罗，认为您应当取得政治局候补委员席位，从而登上更高位置。当时您在德累斯顿见过普京②吗？

莫德罗：没有。他当时只是一名上尉或者少校军衔的工作人员，同时也是克格勃机构的一个党小组组长。

---

① 皮约特·安德烈耶维奇·阿布拉西莫夫 1912 年 5 月 16 日出生于先诺附近的博古绍夫斯特，2009年 2 月 16 日逝世于莫斯科。1956—1957 年，他在中华人民共和国任大使馆参赞，1958—1961 年任驻波兰人民共和国大使，1962—1971 年任驻民主德国大使，1972—1973 年任驻法国大使，1975—1983 年再度出驻民主德国大使。他在 1971 年 9 月 3 日签署的关于柏林地位的四大战胜国协议中起到了决定性作用。1883—1985 年，阿布拉西莫夫担任国家外国旅游委员会主席，后在日本任大使至1986 年。

② 弗拉基米尔·弗拉基米洛维奇·普京 1952 年 10 月 7 日出生于列宁格勒。他的第一个总理任期是1999—2000 年。他的第一个以及第二个俄罗斯联邦总统的任期分别是 2000—2004 年以及 2004—2008年。之后，他又于 2008—2012 年第二次出任总理。2012 年 5 月 7 日，普京第三次出任总统——任期为6 年——至 2018 年。2018 年 3 月 18 日，65 岁的普京第四次当选俄罗斯总统——任期仍然为 6 年。在此次大选期间，共有 145000 名国内外选举观察员在场。据媒体报道，共发现大约 2500 起操控选票的企图。因特网上流传着有关视频。选民的参选率超过 67%，其中 76.77% 的选票投给了普京。普京说一口流利的德语。他在 1983 年与德语教师柳特米拉·什克列布涅娃结婚，一直持续到 2013 年。普京毕业于列宁格勒大学法律系。1975—1982 年在克格勃第一总局担任军官。1984—1985 年，他在莫斯科克格勃高等学院学习。1985 年起，普京在民主德国担任下级职务，主要工作地点是德累斯顿。他的军衔是上尉，之后晋升少校。他在民德的主要任务是发展特工人员、培训无线电技术人员以及监视位于德累斯顿的 Robotron 联合企业的来访团组。普京于 1989 年晋升中校军衔。

20世纪90年代中期，作为苏共中央总书记候选人而被打入冷宫的格里戈里·罗曼诺夫夫妇与汉斯·莫德罗在一起（左起）

迪科普：1989年10月底，德累斯顿大约有10万人要求与统一社会党专区第一书记和市长沃尔夫冈·贝格霍费尔①公开对话。您还能回忆起多少往事？

莫德罗：1989年秋天，人民要求对话。在"上层"和"下层"之间几个月以来始终没有对话，实际上显示出的是束手无策。数千人越过匈牙利边界离开了我们，还有其他人"占领"了西德驻布拉格和华沙的大使馆。国

---

① 沃尔夫冈·贝格霍费尔1943年2月25日出生于包岑，如今生活在柏林。他于1957年加入自由青年联盟，1964年加入统一社会党。他自1978年起担任团中央局长。1983—1985年，他参加罗斯托克大学的历史学函授学业，并获得历史学硕士学位。1986—1990年，他担任德累斯顿市长和专区议会代表。在1989—1990年转折与和平革命时期，他被称为"贝戈尔乔夫"，意为"社会主义改革派"。1989年10月，他与莫德罗一起发起了与反对派"20人小组"的"德累斯顿对话"。1989年12月，他成为统一社会党/民主社会主义党副主席。1990年1月，他出于抗议退出该党。

内出现了严重的骚动，拥有 200 多万党员的党内当然也骚动不已。这些党员也是"人民"。一位著名的民德歌词作家格哈德·舍内①用音乐的语言要求对话："要用你的脸面向人民，不要用你的脚踏向人民，不，要用你的脸面向人民。"人们走向街头，先是在莱比锡，然后在越来越多的城市举行了星期一游行示威活动。然而，柏林却保持沉默，并施加压力。国家安全部和人民警察奉命解决问题，然而政治原因导致的问题理应用政治方式加以解决。缺乏对话导致民情激愤。事态并非因为昂纳克辞职而引发。一天之后，也就是 10 月 19 日，德累斯顿大约 2000 名党员积极分子要求民主德国进行深度转向，要求在几乎所有领域都进行革新和改革。10 月 26 日，终于在卫生展览馆不远处的科克草坪上举行了你提到的那场集会活动。在此次大会上，市议会的所有代表达成了共识。我在会上指出，此项倡议来自统一社会党。在星期四召开那次有组织的对话会议之前三天，一些人在剧院广场上自发地进行了一次聚会，德累斯顿市的市长、统一社会党市委第一书记维尔纳·莫克②和我作了发言，并回答了几乎多达 5 万人的各种提问。我在这里不再赘述德累斯顿局势发展的细节，因为各种档案和主观回忆录中都有记载。不过——迄今为止仍然如此——那些主角对事态的看法有着不同的视角，当年和今日都扮演了不同的角色。例如，沃尔夫冈·贝格霍费尔对德累斯顿那个秋天的回忆和思考与我不同。受权与城市当局进行对话的"20 人小组"——10 月 8 日游行集会期间的某个组织——的代表们自然也有他们的视角。我们在科克草坪上开了三次会，后来我们更换到了更大一些的伏契克广场③。我今天很愿意

---

① 格哈德·舍内 1952 年 1 月 10 日出生于德累斯顿的科斯维希。舍内是民主德国成就最卓越的歌曲作家，1987 年获得民主德国文化奖，1989 年获得民主德国国家奖殊荣。1994 年，他获得柏林州勋章。由于他不懈地致力于儿童事业，曾被授予联合国儿童组织大使称号。
② 维尔纳·莫克时任德累斯顿自由青年联盟专区第一书记。
③ 尤利乌斯·伏契克是一位捷克反法西斯记者和文化政策学者。1991 年起，伏契克广场改名为斯特拉斯堡广场。

承认，当时也是出于安全考虑，因为那个草坪不一定能够完全处于我们掌控之下。

7. 1975—1989年赫尔辛基最后文件和欧安组织续会为标志、不断变化的缓和政策

盖勒：昂纳克是否能够看出来，他那雄心勃勃的两德政策存在着过度偏重对西德双边关系的危险？此时，1975年签署的赫尔辛基最后文件是一件大事。之后，1977—1979年在贝尔格莱德、1981—1983年在马德里、1986—1989年在维也纳分别召开了续会。维也纳续会开始于1986年——也就是在昂纳克1987年访问波恩之前——并且持续到1987年、1988年和1989年。最新研究结果表明，维也纳欧安组织谈判进程在某种形式上迎合了戈尔巴乔夫，但是对民主德国的压力增大了——要点是：出境的可能性、旅行自由和签证规定。民主德国因此而面临越来越大的压力，进退维谷，不得不采取某些措施，因为在面对欧安组织进程中，戈尔巴乔夫领导下的苏联要比昂纳克为首的民主德国领导层更加开放。您对此怎样评论？从您在德累斯顿的视角来看，欧安组织维也纳后续会议具体意味着什么？您是否认为民主德国面临的压力确实增大了？尽管民德是一个"主权国家"，民德代表也参与了欧安组织谈判进程——原本民德应当与世界其他国家代表平起平坐——但是它受到的迫不得已有所改变的压力更大了？

莫德罗：这不是矛盾的，而是比较正常的。既然你要走上国际舞台，就必须尊重那里通行的规则。

我们所有人——包括我自己——都认为赫尔辛基对我们来说是一个胜利。长达几十年的努力，主要是苏联为了集体安全作出的努力，终于获得了圆满

成果。我们当时更加关注的是和平、缓和与裁军。我们低估了另一方的其他优先目标，例如人权与公民自由问题，也就是统称的所谓"第三个篮子"。从这个角度来看，内政的压力确实增大了，面临着越来越多的出境申请。

当时对此没有争议，各个专区党委书记之间没有把问题提到桌面上进行争议，与领导层之间也没有争议。尽管当时原本有可能与统一社会党中央安全部进行磋商，但是没有人这样做。

盖勒：弗兰茨·约瑟夫·施特劳斯[1]得以提供了数十亿贷款。其中穿针引线者是外资创汇者亚历山大·沙尔克－戈洛德科夫斯基[2]。据说施特劳斯担心再次发生 1953 年 6 月 17 日那样的暴乱事件，担心民主德国经济局势恶化会导致不安，进而演变为骚乱。因此，据说他想阻止局势朝这个方向发展。他

---

[1] 弗兰茨·约瑟夫·施特劳斯 1915 年 9 月 6 日出生于慕尼黑，1988 年 10 月 3 日逝世于雷根斯堡。1946 年，他是雄高县基督教社会联盟党部的创始人之一，并当选雄高县议会议员。自西德联邦议院 1949 年第一个立法期开始，施特劳斯就是联邦议院议员，直至 1978 年 11 月 29 日。自 1949 年到他退出联邦部长的公职为止，他始终是基民盟／基社盟议会党团副主席和基社盟巴伐利亚州主席。他于 1953—1955 出任联邦特别任务部长，1955—1956 年任联邦核问题部长，1956—1962 年任联邦国防部长，1966—1969 年任联邦财政部长，1978—1988 年任巴伐利亚州长。他是 1980 年联邦总理候选人，但在与时任总理赫尔穆特·施密特（社民党）竞选时落败。他对米哈伊尔·戈尔巴乔夫的"改革设想"表现出了深刻的印象。1983 年 11 月 1 日—1984 年 10 月 31 日，施特劳斯轮值西德联邦参议院议长。施特劳斯的葬礼是慕尼黑市历史上规模最大之一。主持葬礼的是红衣主教约瑟夫·拉青格。
[2] 亚历山大·沙尔克－戈洛德科夫斯基 1932 年 7 月 3 日出生于柏林特雷普托，2015 年 6 月 21 日逝世于罗塔赫－埃根。他于 1951 年加入德国自由青年联盟，1955 年成为统一社会党党员。1956 年担任外贸与两德贸易部的总局局长。1966 年起担任商务协调总局（KoKo）领导。该部门负责通过隐蔽贸易保障民主德国的外汇经济和支付能力。他在国家安全部（MfS）的生涯开始于 1967 年被任命为"特殊行动军官"（OibE）之时。1975 年，沙尔克－戈洛德科夫斯基晋升为上校军衔。他自 1986 年起成为统一社会党中央委员。作为副部长、国务秘书、中央委员和商务协调总局领导，沙尔克－戈洛德科夫斯基是民主德国经济领域影响最大的人物之一。他与格哈德·许雷尔、格哈德·拜尔、恩斯特·赫夫纳和阿尔诺·东达一起，曾于 1989 年 10 月底在埃贡·克伦茨的委托下撰写了《民主德国经济形势及其后果分析》一文。由于 KoKo 下属公司商务操作的诸多疑点，沙尔克－戈洛德科夫斯基于 1989 年 12 月 3 日被开除统一社会党中央委员和党员的身份。他随即于 12 月 4 日潜逃至西柏林。据悉，他在西德联邦情报局（BND）供述了商务协调总局的刑事经济作案方式及其为国家安全部工作的情况。鉴于他的受审能力所限，他被判的徒刑得以缓期执行。

推动的数十亿贷款项目，也可以从有助于稳定的角度来解读。

莫德罗：不过，我的看法有所不同。施特劳斯在韦尔贝林湖与昂纳克会面时，醉翁之意不是为了民主德国，而是考虑自己的处境。他认为自己当总理会比科尔[①]强，但是1980年竞选失败，不得已回到了巴伐利亚。巴伐利亚州长在德国内政上的角色究竟有多重要，或者说究竟能够扮演什么样的角色，用不着我来向您解释。施特劳斯的做法可以说是有助于挽回自己的尊严。他是一个务实的人，是一个狡猾的家伙，必要时也是一个外交家。一言既出口，他不会像其他政党政治家那样犹豫动摇，见机行事。

来自西方的贷款可以满足两方面的作用。一方面可以创造依赖性，另一方面则可提升形象。承诺提供30亿西德马克的信贷额度——实际上民主德国从未使用过那么多贷款，据我所知只提取了第一个10亿—— 一下子就提高了民主德国在第三国面前的贷款信用度。如果民主德国能够从联邦德国获得如此高额度的贷款承诺，经济上的逻辑就是，我们可以放心地与民主德国做生意，不会有任何风险。顺便说一句，在位于柏林华尔街的商务协调总部，也就是沙尔克－戈洛德科夫斯基的地库里，民主德国储存着超过20吨的黄金。地库财产于1990年被运往了联邦银行——然后，这批民主德国的

---

① 赫尔穆特·约瑟夫·米夏埃尔·科尔1930年4月3日出生于莱茵河畔路德维希港，2017年6月16日逝世于路德维希港。科尔1946年加入基民盟，1947年成为路德维希港青年联盟的创始人之一。科尔1956—1958年在阿尔弗雷德－韦伯大学研究所担任科学助理。1958年获得哲学博士学位。科尔于1969年成为基民盟联邦副主席，1973—1998年任党主席，1998—2000年任基民盟名誉主席。科尔于1976—2002年担任德国联邦议院议员。"精神道德转折"和"繁荣景色"成为与科尔的名字紧密相关的流行语。他于1969—1976年担任莱法州长，1982—1998年出任德国联邦总理。1999年11月底，科尔承认他在长达数年的时间里，未按党章中规定的那样在财务报告中申报总额达2100万马克的献金。2017年7月1日，科尔成为欧盟历史上第一位得到悼念典礼殊荣的人物，欧盟委员会主席让－克劳德·容克将此之称为"国家典礼"。然而，科尔的遗孀却拒绝德国为科尔举办国家葬礼，而他的所有前任都得到过这样的荣誉。科尔的政治遗产全部由他的最后一任夫人迈克·科尔－里希特一个人继承。

黄金就离奇失踪了……

迪科普：据我了解，施特劳斯提供了两笔贷款总额为 19.5 亿西德马克，分别于 1983 年和 1984 年。当时并没有动用纳税人的钱，而是由巴伐利亚的几家银行支付的贷款。主要施贷方是巴伐利亚州银行。这些贷款按照合同的规定及时地得到了偿还，而且包括规定的利息。民主德国努力争取获得西方的贷款，以维护其国际形象，获得良好的贷款信用级别。当然，这些承诺总是以袒露真情为前提。这些贷款真的关系到民主德国的生死存亡？

莫德罗：民主德国从西方获得的贷款，改变不了任何基本矛盾。国际金融市场完全是资本主义操作方式，追求的永远是利润。凡是在东方贸易中作出的承诺，在面对竞争对手同样也会这样做。西德银行给东德贷款并不是出于利他主义或者什么爱国主义和"民族责任感"。当然，如果数额巨大，必须有政界人物的承诺作为担保。20 世纪 80 年代初通过谈判达成的那批众所周知的数十亿贷款，是由巴伐利亚州长弗兰茨·约瑟夫·施特劳斯与民主德国国务秘书沙尔克 – 戈洛德科夫斯基之间谈判的结果。在西德联邦政府的担保下，银行才汇的款。其额度是 30 亿，但是民主德国仅仅提取了 10 亿西德马克。然而，仅就民主德国能够从联邦德国获得这么大贷款额度这一事实而言，在国际银行家眼中就意味着民主德国的支付信誉度，从而提升了民德在全球金融市场上的贷款信誉度。这样一来，民主德国与其他国家和企业做生意的可能性就得以保障，而以往它们总是犹豫不决或出手拘谨。不过，我再次强调：贷款是生意行为，银行是想盈利，希望把风险降到最低。西德联邦政府的担保，当时是一个重要的保障。在这样的情势下，借贷者的偿付能力便成为一个次要问题了。

诚然，这样一来也就产生了依赖性。施特劳斯非常清楚：民主德国只要戴上了金融脖套，就可以对其实施指挥和施加压力。他可以强迫民主德国领导层作出在通常情况下不会情愿的决策。由此，他还可以提高自己在西德的声望。对施特劳斯来说，巴伐利亚太小了，他在1980年竞选联邦总理失败后撤回巴州，并非自觉自愿。他希望用这样的独行侠方式激怒自1982年起担任总理的赫尔穆特·科尔，因为他压根儿就瞧不起这位总理。施特劳斯不是民主德国的朋友，他的立场保守，是一位反共人士，但是他行事聪慧，精于盘算，深思熟虑。这就使得他具有可预测性。此外，他是一个可信的人。他说行就是行，如果有一次说不行，那就始终不行。因此，他与许多社民党的政治家大不一样。这种可信度就可以发展为可靠度。只要有人让他动心了，他就会把你当作"知心好友"，你就可以指望得到他个人的支持和帮助。政界通常是没有友谊的，只有暂时的利益联系，而真正的友谊通常只会在结束任职以后才会产生。但在巴伐利亚族群头领那里，则是另一番情景。

盖勒：您怎样评价戈尔巴乔夫及其"透明度"和"改革"？这位自1985年以来执政的苏共中央年轻的总书记，不仅在东欧，在西欧也大名鼎鼎，您对他有过什么期待，又有过什么感知？

莫德罗：对于戈尔巴乔夫此人，我可以作如下评价：我在1973年接受专区党委的工作时，德累斯顿的姐妹城市是苏联的列宁格勒地区。1974年初，我在那里会见了第一书记格里戈里·W.罗曼诺夫。在席间致辞时，他对我的德累斯顿前任说了一番友好的话，我当时并没有怎么介意。很快我就了解了罗曼诺夫，他是一个十分自信的人，尤其是喜欢炫耀自己在建造军舰方面的才能。我们有了接触，我也可以向他学习一些经验。他把自己对列宁格勒地区的发展战略称为"国土发展综合体"。他打算将科学与生产、城市发展与地区循环乃至供应结合在一起。后来，他很快就调到莫斯科，在那里负责战略部门"军事工业综合体"。他在列宁格勒的后任是列夫·赛科夫。此人较少关注经济战略，更多地定向于党务工作。在戈尔巴乔夫成为苏共中央总书记后，他也调到了莫斯科。而罗曼诺夫曾经是契尔年科[①]的潜在接班人。当时的外长葛罗米柯[②]推荐了戈尔巴乔夫。短短几个月后，戈尔巴乔夫就把罗曼诺夫赶出了党的领导层。列宁格勒的新人是尤里·索洛夫约夫[③]，他也属于政治局成员。每次我们见面，无论在德累斯顿还是列宁格勒，他总是会以米哈伊尔·谢尔盖耶维奇的名义向我问好，然后提出一些问题。由此表明，问候和问题都来自莫斯科的戈尔巴乔夫。自 1987 年年中起，我对戈尔巴乔夫的路线产生了怀疑。列宁格勒的形象发生了变化。商品匮乏，经营秩序越来越差，言论与现实明显地出现不一致现象。尽管我也认为民主德国应当改革，但是戈尔巴乔夫的改革模式在我看来不太适合。

盖勒：关于民主德国原则上实施变革的意愿问题：您是否还记得库尔

---

① 康斯坦丁·乌斯季诺维奇·契尔年科 1911 年 9 月 11 日出生于 Jenisseisk 行政区的大捷西村，1985 年 3 月 10 日逝世于莫斯科。他自 1971 年起任中央委员，1976—1984 年任中央书记，1977 年成为政治局候补委员，1978 年成为苏共中央最高政治机关政治局的正式委员。1984 年出任苏共中央总书记和苏联最高苏维埃主席团主席。契尔年科在任职 13 个月后逝世。其后任是米哈伊尔·戈尔巴乔夫。
② 安德烈·安德烈耶维奇·葛罗米柯 1909 年 7 月 18 日出生于白俄罗斯的葛罗米基村一个农民家庭，1989 年 7 月 2 日逝世于莫斯科。他于 1957 年 2 月 15 日被任命为外交部长，担任此职长达 28 年。他在古巴危机时期积极斡旋，并参与了有关裁军措施的各种谈判，尤其是反弹道导弹协议（ABM）、禁止核武器试验协议、第一阶段和第二阶段战略武器限制谈判（SALT Ⅰ 和 SALT Ⅱ）和削减战略武器条约（START）等谈判。葛罗米柯 1973 年成为政治局委员。1985 年 7 月 2 日—1988 年 10 月 1 日，葛罗米柯接任最高苏维埃主席团主席职务，从而成为苏联国家元首。参阅 https://www.hdg.de/lemo/biografie/andrei-gromyko.html（检索时间为 2018 年 2 月 5 日）。
③ 尤里·索洛夫约夫是列宁格勒地区第一书记和政治局候补委员。

库尔特·哈格尔在东德时期颁发奖状，其左后方站立者是汉斯·莫德罗

特·哈格尔 ① 那句名言？

莫德罗：他认为，不能仅仅因为邻居贴壁纸就一定要装修自家房子，从而说明民主德国根本就没有更新改革的需求。当然，不应当因此而给他送一个外号是"贴壁纸的工作服"：哈格尔 1987 年接受西德《明星》画刊采访的稿件，是经昂纳克审查过的。那句名言是："顺便说一句，如果您的邻居重新贴壁纸，您就觉得自己也应重新装修房子？"这句话是昂纳克本人亲笔加进去的。这是明

---

① 库尔特·哈格尔 1912 年 7 月 24 日出生于比蒂希海姆，1998 年 9 月 18 日逝世于柏林。他于 1950 年成为统一社会党中央委员会候补委员，1952 年担任党中央科学部长，1954 年成为党中央委员，1955 年成为党中央书记。在此岗位上，他始终负责科学、国民教育和文化工作。他于 1959 年成为党中央政治局候补委员，1963 年成为政治局正式委员。哈格尔在政治局内担任意识形态委员会主任。他于 1958 年成为人民议院代表。1979—1989 年，哈格尔担任国防委员会委员。哈格尔于 1989 年 11 月被解职，1990 年被统一社会党 - 民社党开除出党。1995 年，哈格尔在柏林加入德国的共产党（DKP）。1995 年，哈格尔受到因两德边界射击致死案件针对政治局成员的起诉，后因其健康状况恶化而终止审理。

确反对苏联的演变。传递出来的信息是：我们民主德国的更新早就走得更远了。

8. 对昂纳克 1987 年访问联邦德国的批评性看法

盖勒：1987 年夏天，我去上弗兰肯地区探望父母，有机会看到了两个东德电视频道和两个西德电视频道：ARD、ZDF 和 DDR1、DDR2。我当时已经是在因斯布鲁克学习历史的大学生。"新闻镜头"的节目播出非常有意思，可以看到评论与报道的不同侧重点。我的父母和我得到的印象是：民主德国完全受到认可，它与联邦德国平起平坐。对民主德国而言，这是一个极其重要的尊严成就，赢得了国际威望。

此外，昂纳克也受到了施特劳斯尊严十足的接待，并参观了达豪集中营——展示了他的反法西斯的立场。给人的印象是：施特劳斯与昂纳克非常合得来。我感到惊讶。当时的感觉是：与科尔相比，这更多的是昂纳克的成就。西德联邦总理或多或少不得不咬着牙地认可这一切。民主德国已经是一个"政治要素"，而不再是一个"占领区"，联邦德国已经绕不开"那一边"的那个独立要素了。民主德国一开始就想要的东西，也就是得到国际认可的地位，终于满怀荣耀地姗姗来迟：红地毯、国歌、国旗。当时您是否有另一种感受：我们已经有了依赖性，我们再也难以摆脱这种依赖性了？

莫德罗：不。当时我的问题是：这将会对那些想去西德探望亲属、建立联系的东德公民产生什么样的影响？例如，昂纳克访问了自己父亲的故居，会见了他的姐姐。他给人的感觉是，不大可能拒绝许多东德公民去做同样的事。

盖勒：关于昂纳克 1987 年访问德国之前的故事：昂纳克究竟为什么早就急于去波恩访问？昂纳克与科尔之间早就谈到过建立"两德责任共同体"

的话题——正是在东西方核竞赛的背景下。您经历的是什么情形？从您迄今已经发表的出版物中可以看出，您与昂纳克之间保持有一定的距离，或者说要比与乌布利希的距离大一些。

莫德罗：确实有些前因后果。不过，请允许我首先纠正两点：第一，昂纳克国事访问的目的地是德意志联邦共和国。民主德国也是德国。第二，昂纳克并不是急于访问波恩。西德总理赫尔穆特·施密特[1]于1981年12月访问了民主德国，他邀请昂纳克进行回访。1982年科尔成为西德总理，他在1984年前往莫斯科出席尤里·安德罗波夫总书记葬礼之余初次会见昂纳克，并再次邀请昂纳克访问联邦德国。

盖勒：昂纳克于1987年9月终于前往波恩访问德意志联邦共和国。那么在此之前究竟是什么动因促使他进行此次国事访问——而不是仅仅前往波恩旅行？他究竟有何考虑和意愿？

莫德罗：在冷战时期，跨越条约集团边界的国事访问有助于和平对话的开始与延续，从来就不能出于个人目的或因个人好恶而心血来潮。在很大程度上，国事访问始终应当是华沙条约组织东欧领导层协调外交政策的一部分，而不能容忍特立独行。在20世纪80年代前期，北约在西欧扩充军备，

---

[1] 赫尔穆特·海因里希·瓦尔德玛尔·施密特1918年12月23日出生于汉堡的巴姆贝克，2015年11月10日逝世于汉堡的朗根霍恩。1961年12月13日—1965年12月14日，施密特担任负责警察机构的市政委员（Senator der Polizeibehörde）。自1962年6月起，也兼任负责内政事务的市政委员（Innensenator）。施密特于1969年10月22日出任联邦国防部长，1972年7月7日改任财政与经济部长，之后继续领导联邦财政部。1974年5月16日，施密特当选联邦总理。1981年12月，施密特在对民主德国进行国事访问时在居斯特罗会见了埃里希·昂纳克。1982年10月1日，施密特结束其总理任期。他在落选总理后不再担任任何政治职务。施密特自1983年起担任汉堡周报《时代报》的联合发行人。2015年11月23日，在汉堡圣米夏埃利斯教堂为施密特举行了国葬，1800人参加了葬礼。

苏联对此作出了反应，在民主德国和捷克领土上部署了含有核装药的中短程导弹。此外，苏联还中断了所有正在进行中的裁军谈判。莫斯科与华盛顿之间出现了冰冻期，同时也爆发了阿富汗战争。此时，昂纳克变得积极起来，他认为：必须建立"理性联盟"，必须让那些"魔鬼玩具"从德意志土地上消失。他指的是部署在东德和西德的导弹。

迪科普：您对昂纳克访问联邦德国留下了哪些回忆？

莫德罗：莫斯科曾经努力想阻止此次访问。早在 1984 年夏天，戈尔巴乔夫就否决了昂纳克的访问计划：从形式上看是总书记康斯坦丁·契尔年科作出的决定，但实际上，党中央书记戈尔巴乔夫与国防部长乌斯季诺夫 ① 是最强烈的反对者。当戈尔巴乔夫 1985 年 4 月出任总书记后，他坚持反对昂纳克对西德进行国事访问。当时的说法是，只有在他本人访问波恩之后，才允许昂纳克往访。昂纳克没有顾忌他的禁令，于 1987 年 9 月应科尔之邀成行。

昂纳克对第二个德国进行首次国事访问，可以强化民主德国的主权，这一点符合我的态度。苏联方面担心两德关系生变，力图越位干预。他们希望在德国政策上坚持要自己说了算——乌布利希被解职的理由就是他特立独

① 德米特里·费多罗维奇·乌斯季诺夫 1908 年 10 月 17 日出生于俄国萨马拉，1984 年 12 月 20 日逝世于莫斯科。他于 1953—1957 年担任国防工业部长，1957—1963 年担任苏联部长会议副主席，1963—1965 年担任部长会议第一副主席兼最高国民经济委员会主席。1976 年 4 月 26 日，乌斯季诺夫再次出任苏联国防部长，任此职一直持续到 1984 年去世。乌斯季诺夫于 1984 年访问民主德国时会见了埃里希·昂纳克、海因茨·霍夫曼和埃贡·克伦茨。

行，指的是东德部长会议主席维利·斯多夫[①]与西德总理威利·勃兰特在埃尔富特和卡塞尔的会晤[②]。

埃里希·昂纳克究竟在多大程度上把此次访问视为外交政策方案的一部分，我并不清楚。昂纳克试图以此访发出一个清晰的信号，其外交意义大于内政意义。昂纳克那次也去了萨尔州，访问了父亲的故居，会见了亲戚，这些都是完全正常的行为。但是，他却不允许民主德国公民享受这样正常的待遇。他在那里的一段令人惊讶的表态，我认为是完全多余的。他说，如今的边界"并不应当是这样的现状"，有朝一日"边界将不再是分离我们而是团结我们的边界"。此话给民德公民带来了莫大的幻觉。然而，当事后并没有发生所期待的事态，人们就格外地感到失望了。我认为，此次访问加快了本国人民背离国家领导层的速度。诚信丧失的程度无法估量。

与此同时，昂纳克却在谋求对世界政治的塑造。他过分高估了民主德国的分量及其个人的能力。当联合国于1973年同时接纳民主德国和联邦德国之后，当欧安组织于1975年在赫尔辛基签署最终文件之后，民主德国登上

---

① 维利·斯多夫1914年7月9日出生于柏林的舍内贝格，1999年4月13日逝世于柏林。他于1950—1952年担任民主德国人民议院经济委员会主席。他曾担任部长会议主席经济问题办公室主任，曾参与建立国家安全部（MfS）和扩建驻营人民警察部队（KVP）。维利·斯多夫于1950年成为统一社会党中央委员和人民议院代表。斯多夫1952年5月—1955年6月担任民主德国内务部长，1956—1960年担任国防部长，1962—1964年担任部长会议第一副主席。1963—1964年间担任国务委员会委员。斯多夫于1970年3月19日在埃尔富特与威利·勃兰特会晤，之后于1970年5月21日在卡塞尔再度会晤。维利·斯多夫1964—1973年担任部长会议主席和国务委员会副主席，1973年任国务委员会主席（直至1976年，之后任国务委员会副主席至1989年），因而成为民主德国国家元首。1976年—1989年11月7日，他再度出任部长会议主席。1989年11月8日，统一社会党中央政治局成员集体辞职。11月17日，斯多夫被解除国务委员会成员之职，并从人民议院出局。12月3日，他被开除出统一社会党中央委员会。1993年6月，因缺乏审理能力而中断了针对斯多夫的起诉。1990年初，斯多夫试图申请去苏联政治避难未果。斯多夫本人后来提起的诉讼于1994年10月10日被判败诉，从而无法索回其存折上高达20万西德马克的存款。

② 1970年3月，民主德国和联邦德国第一次在埃尔富特举行政府首脑会晤。两个月之后，二人又在卡塞尔会晤。这两次峰会没有取得可观的成果，以"中途休会"告终。直到四大战胜国（《关于柏林地位的四方协议》）和苏联与西德（《莫斯科条约》）确定了框架条件之后，两德才重新开始双边谈判，从而促成联邦德国与民主德国之间1972年签署的《基本条约》。

了国际舞台。我当时坚信，民主德国的外交分量并非来自在联邦德国面前扮演的角色，也不是来自民主德国究竟打算扮演什么角色的意愿。因此，我有时会发表类似观点的看法，而西德媒体很喜欢加以援引。1979 年的一次，《法兰克福汇报》刊登了这样一篇报道——当时昂纳克从非洲访问回国，因柏林舍内菲尔德机场天气条件不好而偏偏中途停留在德累斯顿克洛彻机场。他在机场看到了《法兰克福汇报》，并与我进行了单独谈话。他当时表态说，他认为我的观点没有什么问题。三周后，他却要求我在政治局就这篇文章的立场作一个解释。

盖勒：您是否担心，如果大力推进两德双边关系，有可能导致弱的一方对强的一方产生依赖性，从而出现卫星化依附关系的危险？您在这方面的看法代表了与昂纳克相悖的趋势？如果我理解正确的话，是不是昂纳克担忧过度倾向德意志联邦共和国的程度比您小一些？

莫德罗：是的，您理解得很正确。我在他此访之前确实持有这种看法。我当时坚信，民主德国若想在与联邦德国的会谈中取得成果，就必须借助己方联盟的力量，就必须获得其他国家的侧翼支撑。其中也包括与奥地利保持友好关系。

盖勒：关于这个话题，后面我们还会更加详细地探讨。现在的问题是，民主德国外交政策的分量究竟只是莫斯科与昂纳克之间的一个问题，还是整个政治局内有着分歧？当时的观点分歧比较多，可以说是分为两大派？

莫德罗：不，遗憾的是并非如此。我原本希望能够就我国的外交政策进行讨论，但是我的立场很孤立。外交政策更多的是总书记的事，就连负责外交政策的中央书记海尔曼·阿克森①也没有多少发言权，尽管他在某种程度上是凌驾于外交部长奥斯卡·菲舍尔②之上的一个"超级部长"。我今天的看法要更加尖锐——昂纳克当时显然以为，只要他能够到联邦德国炫耀一下，就可以比戈尔巴乔夫更加强大，至少在德国政策方面。他的观点在1989年2月与我产生争论时，就看得更加清楚了。他在政治局内对我进行了尖锐的批判："你对列宁格勒和苏联的看法是完全错误的。只有在苏联的发展达到民主德国的现有水平之后，我们再来考虑戈尔巴乔夫及其改革政策。"

盖勒：在您看来，昂纳克实际上高估了他自己的位置？

莫德罗：绝对是这样的。

盖勒：也就是说，那些萨克森人喜欢出访……您知道我指的是什么吗？

莫德罗：是的，确实有这样的说法。但是，他们与巴伐利亚人和梅克伦堡人一样故土难离。然而，当出境旅游的规定逐渐放松，就连毫不重要的家

① 海尔曼·阿克森1916年3月6日出生于莱比锡，1992年2月15日逝世于柏林。他是一位犹太裔共产主义抵抗战士。1935—1937年和1940—1945年，他两度被捕，但是从大屠杀中得以幸存。他于1946—1949年担任德国自由青年联盟中央委员会书记，之后于1950—1953年和1966—1989年两度担任统一社会党中央书记，并于1970—1989年任统一社会党中央政治局委员。阿克森负责筹备和陪同昂纳克对西方国家的国事访问，例如1975年前往赫尔辛基出席欧安组织签署最后文件的会议。1979—1989年，他是"西德工作小组"成员。自1981年起，他也负责对非洲、亚洲和阿拉伯地区国家的关系。1982—1989年，他担任民主德国和平委员会主席团成员。他于1989年被开除出党。1990年1月31日，因其健康状况恶化而再度取消对他的逮捕令。
② 奥斯卡·费舍尔1923年3月19日出生于捷克斯洛伐克的Asch。他于1951—1952年担任德国自由青年联盟中央委员会书记和世界民主青年联盟书记。自1952年起，他还兼任世界青年委员会成员。1955—1959年，菲舍尔出任民主德国驻保加利亚大使，之后回国担任统一社会党中央委员会局长。他于1962—1965年在莫斯科高级党校学习，获得社会科学学士学位。之后出任外交部副部长、国务秘书，并于1975—1990年出任外交部长。他于1971—1989年担任统一社会党中央委员，1976—1990年为人民议院代表。他在莫德罗政府中仍然保留外交部长职务。

庭原因都可以申请出境时，例如一个堂姐妹过生日，或者一个孙子接受洗礼等，民主德国的公民就越来越严重地拥有一种被关禁闭的感觉，尤其是那些在联邦德国没有亲戚的人。在 20 世纪 80 年代，每年有 300 多万民德公民出境前往西德，旅行者不光是退休老人或公务出差人员。但是，大多数人没有机会出境。尽管如此，他们每天晚上都会神游——坐在电视机前。当时整个国家是分隔开的。有的人可以收看西德 ARD 和 ZDF 电视台，后来还可以收看 SAT1 和 RTL 卫星台。但是另一些人收看不到，例如德累斯顿就收不到信号，所以被称为"孤陋寡闻的山谷"。时至 80 年代，技术条件已经具备，我们就可以接入有线电视网络，因为"第三个篮子"要求民众可以自由地、不受限制地获取信息。当然，我们方面也有理由感到担忧：仅仅广告电视就可能成为具有破坏性的爆炸力。只要看见了这种商品，人们就想拥有这种商品。虽然天真，但有效力。

1987 年 3 月，我随民主德国人民议院主席霍斯特·辛德曼①前往日本进行政治会谈。这是我以议院代表身份的第五次访日，而辛德曼是第一次。他的举止有些笨拙。我们之间的有些谈话气氛欠佳。我试图平息他心中的不满，因为他的恼怒可能来自我。我们乘坐一架伊尔 76 型的专机回国，途中他把我叫到他的代表团团长包厢，毫不客气地批判了德累斯顿、卡尔·马克思城和莱比锡三个专区出逃人员数量以及那里的普遍情绪，似乎这一切从源头上都是由我造成的。他的言论越来越荒唐了，居然问我，为什么德累斯顿到现

---

① 霍斯特·辛德曼 1915 年 9 月 5 日出生于德累斯顿，1990 年 4 月 20 日逝世于柏林。1935 年，辛德曼被以策划叛国罪判处 6 年监禁，被关押在瓦尔德海姆监狱，之后又先后被关押在萨克森豪森和毛特豪森集中营，直至 1945 年。他于 1946 年加入统一社会党。1971—1973 年，他担任人民议院副主席。1973 年 10 月 3 日—1976 年 10 月 29 日，他担任民主德国部长会议主席。辛德曼于 1976—1989 年担任人民议院主席。1989 年 12 月 3 日，他被开除出统一社会党。他从来没有受到司法传讯。附注：霍斯特·辛德曼的传记 *Vor Tageslicht* 于 2015 年出版，埃贡·克伦茨给该书写了前言，并给予了支持。青年世界出版社于 2015 年 9 月 3 日在柏林举办了新书发布会，发行人作了报告，组织了讨论，并展出了历史图片。

在都没有波茨坦那样的百货商店面包房？波茨坦的做法已经积累了很好的经验，如果德累斯顿也能这样做的话就不会有那么多人愿意出逃。照他的说法，那些人是因为区区小面包才离开民主德国的！

我试图客观地作出反应。我反驳道，如果皮尔纳的面包厂能够添置好一点儿的设备，从而保障更好的基本供应，我们原本也可以谈论百货商店面包房的话题。可是，包岑那家企业本来就是生产此类设备的，但是所有产品必须供应出口，结果是本专区却什么也得不到。我们应当一起去说服京特·米塔克①，让他削减一些出口任务，这样一来皮尔纳的问题就迎刃而解了。设备问题并没有解决。不久后我从柏林获悉，人家说我没能足量解决人民群众日常需要的面包。辛德曼在谈话中也认为，出走的人都是一些渣滓而已。我当场就激烈地进行反驳："霍斯特，你看错了，他们大多数是高素质的年轻人，我们再也招不来这样的人啦。他们在我国已经看不到前途了。你们的立场是完全错误的。"

在柏林，人们仍然还凌驾于云层之上，误以为人民仍然与"我们"同心同德呢。领导层已经与基层脱节。他们认为政策是正确的，但是如果追究责任的话，那就是地方官员的意识形态工作太糟糕了。

---

① 京特·米塔克1926年10月8日出生于斯德丁（现波兰什切青），1994年3月18日逝世于柏林。米塔克于1958年在德累斯顿交通学院获得经济学博士学位。他于1948年成为统一社会党党员，之前是德国共产党党员。他与埃里希·阿佩尔一同起草了《计划与管理新经济体制》（NÖS）。他于1958年成为政治局经济委员会秘书，1962年成为中央委员会委员。米塔克于1963—1989年担任人民议院代表。1963—1971年和1979—1989年，他两度成为民主德国国务委员会委员。1982—1989年，他担任国防委员会委员。米塔克于1984—1989年担任民主德国国务委员会副主席。在陪同昂纳克访问联邦德国时，他与马丁·班格曼、埃里希·昂纳克、汉斯-约亨·福格尔、汉斯·奥托·布罗伊蒂加姆、汉斯-迪特里希·根舍等人同桌出席了西德联邦总统里夏德·冯·魏茨泽克于1987年9月7日举行的午宴。1989年夏天，埃里希·昂纳克重病期间，代理他主持工作的是米塔克——而不是埃贡·克伦茨。他于11月11日—12日间被开除出统一社会党中央委员会，并于11月23日被开除统一社会党党籍。米塔克于1989年12月被拘留，但是很快就因健康原因获释。

盖勒：您说过，尤里·安德罗波夫和康斯坦丁·契尔年科主政时期，苏联并不希望昂纳克访问德意志联邦共和国。然而，难道不是勃列日涅夫主政时就已经如此了？对列昂尼德·勃列日涅夫来说，昂纳克一心想摆脱束缚、过分偷窥西德的做法已经构成一个问题。昂纳克或许有一些过度自信，以为自己能够与施密特和科尔平起平坐，从而获得以往只有通过苏联才能获得的实力，但不愿意陷入更大的依赖性？您当时难道敢于在昂纳克的德国政策问题上站到内部反对派的立场上去？请注意，我指的主要是昂纳克在 1984 年、1985 年和 1986 年的德国政策，而不是指统一社会党内的各种问题。根据您迄今为止的描述，您似乎对昂纳克访问波恩时的举止非常反感？当他访问萨尔州诺因基兴的出生故居时，开始使用萨尔州的方言。他代表国家的声音居然采用了方言表述，足以让人感到不安。因为根据当时的说法，我们代表的是一个社会主义的民族，而不是一个德意志的民族。

莫德罗：勃列日涅夫死于 1982 年。但是他此前早就长年生病，用今天的话来说早就没有行为能力了。他已经无法察觉昂纳克在外交政策方面的雄心抱负。我拒绝"内部反对派"这个概念。无论在昂纳克面前，还是在企业同志面前，我始终要塑造一个具有吸引力的社会主义。我们当年在自由青年联盟中唱一句歌词"同样的事业、同样的勇气，把我们团结在一起"，这是一首世界青年组织的歌曲。后来，勇气已经各不相同，但是我们迄今仍然有着同样的信仰。

盖勒：1980 年，昂纳克也访问了奥地利……

莫德罗：在中央全会的前一天，发给中央委员和候补委员各种预先阅读的文件。其中包括有关埃里希·昂纳克与外国客人会谈时或出国访问期间各种谈话的通报。起初我觉得通报的内容很丰富，但是很快就发现，他的讲话始终是在老调重弹，根本就没有展开对话。我不禁产生了一个问题，为什么他的态度那么一成不变，几乎不与谈话伙伴探讨国家利益和重要事务。

我举一个我经历的事例，来说明外交政策有时会变得多么复杂。作为人民议院的代表，我曾担任民主德国—日本友好关系议员小组组长。20 世纪70 年代末，我曾经应日本执政党议会党团的邀请访日，与日本自民党干事长大平正芳①进行过一次谈话。这还说得过去，因为我是统一社会党的专区第一书记和普通的中央委员，谈话的对象是日本政党官员。但是后来发生了一件事：大平正芳的圈子里提出了一个建议，让我第二天与时任日本首相铃木善信②进行会谈。我当然愉快地表示同意，但是立即就咬到了自己的舌头。因为此举会激怒柏林。在外交部长层级以下，我拥有域外决断权；只要超越这个级别，原本就超出了我的权限。这次会见结束以后，不仅在柏林，而且在波恩引发了恼怒。尽管原因不同，但是反应十分相近。

在东京，西德大使向日本外务省提出交涉，表述了西德政府对日本首相接见东德议会友好小组主席之举的不理解。因为西德联邦议会的议员还没有享受过这种待遇。

9. 1989 年夏季匈牙利—奥地利边界的开放与民主德国亡国

盖勒：匈牙利自春季开始拆除了通往奥地利的边境设施。1989 年 6 月 27 日，

---

① 大平正芳 1910 年 3 月 12 日出生于和田，1980 年 6 月 12 日在参加一次竞选活动时爆发心肌梗死而病故。1962—1964 年和 1971—1974 年，他两度担任外务大臣。1974—1976 年，他担任财务大臣。1978 年 12 月 7 日至去世之时，他担任日本首相。他是日本自民党党员，1978 年起成为党首。
② 铃木善信 1911 年 1 月 11 日出生于山田（岩手县），2004 年 7 月 19 日以 93 岁高龄逝世于东京。1955—2004 年，他始终是自民党党员。1965—1966 年，他担任厚生大臣。1976—1977 年，他担任农林大臣。1980 年 7 月 17 日—1982 年 11 月 27 日，他担任日本第 44 任首相（原文如此——译者）。

外交部长霍恩·久洛 ① 和阿洛伊斯·莫克 ② 用铁丝钳子剪除了最后一段铁丝网。1989年8月，举办了泛欧野餐。1989年9月11日，边界正式开放。恰恰就在这天，基民盟在不来梅召开了联邦大会。诺贝特·布吕姆 ③、洛塔尔·施佩特 ④、丽塔·聚斯穆特 ⑤

---

① 霍恩·久洛 1932 年 7 月 5 日出生于布达佩斯，2013 年 6 月 19 日逝世于布达佩斯。他于 1985 年担任外交部国务秘书。1989—1990 年，霍恩出任匈牙利国外交部长。之后，他成为匈牙利国会议员，并担任匈牙利社会党（MSZP）主席。1994—1998 年担任匈牙利总理。1990 年获得德国亚琛市授予的查理大帝奖（Karlspreis），以表彰其为打开奥地利"铁幕"作出的贡献：1989 年 6 月 27 日，霍恩与奥地利总理阿洛伊斯·莫克一起在 Soporn 附近边界举行的一场象征性活动中剪开了边界铁丝网。

② 阿洛伊斯·莫克 1934 年 6 月 10 日出生于奥依拉茨菲尔德，2017 年 6 月 1 日逝世于维也纳。莫克于 1969—1970 年担任教育、科学、研究、艺术、文化与体育部长，1987—1995 年担任外交部长，并主导了奥地利加入欧盟的谈判。1989 年 6 月 27 日，莫克与匈牙利外交部长霍恩·久洛在 Soporn 附近举行的一场象征性活动中一起剪开了边界铁丝网。1970—1987 年以及 1995—1999 年，莫克两度担任国民院议员。1990 年，他受托短暂接管国防部的管理，直至当年 12 月 17 日。1995 年 2 月，他被诊断为罹患帕金森症。

③ 诺贝特·塞巴斯蒂安·布吕姆 1935 年 7 月 21 日出生于 Rüsselsheim。布吕姆 1950 年加入基民盟，1969—2000 年成为基民盟联邦主席团成员。1987—1999 年担任基民盟北威州主席，1972—1981 年以及 1983—2002 年两度成为德国联邦议院议员。在议会内，布吕姆曾经于 1980—1981 年担任基民盟 / 基社盟议会党团副主席。1982 年 10 月 4 日—1998 年 10 月 26 日，布吕姆担任联邦劳工与社会秩序部长。

④ 洛塔尔·施佩特 1937 年 11 月 16 日出生于 Sigmaringen，2016 年 3 月 18 日逝世于斯图加特。他于 1978 年 8 月 30 日—1991 年 1 月 13 日担任巴符州长（后因度假旅行收受好处而引咎辞职）。他曾于 1984 年 11 月 1 日—1985 年 10 月 31 日担任联邦参议院议长。1991 年 6 月，施佩特担任耶拿 Jenoptik GmbH 公司（耶拿卡尔·蔡司国营照相机联合企业的法人后身）总经理，并以该公司发展而来的 Jenoptik AG 股份公司的董事长身份领导该公司于 1998 年 6 月 16 日成功上市。施佩特在 Jenoptik AG 公司的董事会工作终止于 2003 年 6 月。

⑤ 丽塔·聚斯穆特（娘家姓氏为 Kickuth）1937 年 2 月 17 日出生于伍珀塔尔。她于 1981 年加入基民盟。1985—1988 年担任联邦青年、家庭（1986 年起改为妇女）与健康部长，1988—1998 年担任联邦议院议长。她曾于 1983 年担任基民盟联邦家庭政策专业委员会主席。她于 1986—2001 年担任联邦妇女联盟主席。1987—1998 年，她担任基民盟主席团成员。无论过去还是现在，聚斯穆特始终担任许多公职，并积极参与各个组织和机构的活动：例如，1988—2015 年担任德国国民高等院校联合会兼职主席，之后担任该联合会名誉主席；自 1997 年起担任贝特斯曼基金会管理委员会成员；担任德国东欧学协会（DGO）主席；担任德国反对虐待与忽视儿童协会（DGgKV）主席。聚斯穆特曾获得为数众多的功勋、荣誉以及奖章：1990 年，德意志联邦共和国大十字架功勋奖章；2007 年，下萨克森州奖章；2018 年，人道主义奖金。

和海纳·盖斯勒[1]在幕后操纵，试图在此次党代会上质疑党主席赫尔穆特·科尔。事态处于千钧一发之际。科尔在会上发出了爱国主义信息，指出匈牙利边界的开放能够让"我们的同胞"来到自由的西方……您对奥匈边界的时局变化留下了什么记忆？正如安德烈亚斯·奥普拉特卡[2]所断言的，柏林墙的第一道裂缝就是来自奥匈边界。您和统一社会党的顶层是否料到，科尔当时面临多么棘手的处境？一旦他被推翻，将对下一届联邦议会大选发出一个信号。所有这一切都发生在您的斯图加特访问之前。

莫德罗：在这个阶段，统一社会党的领导层确实已经瘫痪，却又自视"无可替代"。正如我们一再经历的那样，只要一个人长久地待在顶层，就会产生一种无可替代的自我感觉。昂纳克就是带着这种感觉去迎接民主德国的40周年。由于生病住院和经受手术，他已经数个月没有登上"指挥舰桥"。在他的眼中，是他的代表未能掌控时局而已，只有他本人具有掌控能力。他想利用周年庆典来证明这一点。这种"自视才高"的感觉，在不同的体制下

---

[1] 海纳·盖斯勒1930年3月2日出生于内卡河畔奥伯恩多夫，2017年9月11日逝世于Gleisweiler。盖斯勒于1967年5月18日—1977年6月23日担任莱法州政府社会部长，并于1982—1985年担任联邦青年、家庭与健康部长。他于1977—1989年担任基民盟秘书长。在1989年9月基民盟不来梅联邦大会上，盖斯勒没有获得秘书长提名。他与赫尔穆特·科尔之间存在着巨大分歧。此后，他担任基民盟主席团成员至1998年，并担任基民盟联邦理事会成员至2002年。在2010年发生"斯图加特21"火车站建设项目冲突期间，盖斯勒曾担任调停者。

[2] 安德烈亚斯·奥普拉特卡1942年出生于布达佩斯，1956年前往瑞士。他先后在苏黎世和维也纳学习日耳曼语言和历史专业，其博士论文是《格里尔帕策戏剧的结构形式与风格转变》，1970年出版于伯尔尼Lang Verlag出版社。他于1968—2006年担任《新苏黎世报》非政治类编辑，先后派驻斯德哥尔摩（3年）、巴黎（7年）、莫斯科（4年）和布达佩斯（6年）。2004年获得维也纳大学（东欧历史研究所）执教资格；2005—2006年获得在维也纳大学（媒体、媒体史、东欧、口述历史专业）担任教研室主任的资格。2005年起获得担任首席教授资格，并在Andrássy Gyula德语大学担任教授。其出版物（有选择）：《铁幕撕开》（1990年）；《东欧集团讣告》（1998年），并收录于Zsolnay Graf Stephan Széchenyi的文集；《那个创造匈牙利的人》（2004年）；《柏林墙的第一道裂缝：1989年9月——匈牙利边界的开放》（2009年）。

都可以看得到。科尔也认为自己不可替代。安吉拉·默克尔 ① 似乎也没有完全摆脱这种感受。科尔执政了 16 年。默克尔女士如今也在联邦总理府内端坐了第 13 个年头。康拉德·阿登纳则从 1949 年干到了 1963 年。

科尔 1989 年在基民盟党代会上顶住了批评者的进攻，安吉拉·默克尔则在自己的摄政期间逐步排除了所有值得关注的竞争者。这种现象在统一社会党领导层也不例外。由于乌布利希，20 世纪 50 年代也有过尖锐的论争。有些人被清除出领导层，从而一方面巩固第一书记的地位，另一方面削弱反对者的地位。从表面来看牵扯到的是人事问题和个人的权力要求，实际上核心问题是政治方向之争。在 50 年代和 60 年代的此类争斗中，埃里希·昂纳克不断地参与其中。在进行此类争论的各次中央会议上，代表政治局作报告的都是他。正如当时议论的那样，他把持着政治局报告。他当时的任务是，增强那些支持乌布利希力量的地位。乌布利希为了感谢他，说出了把他列为自己接班人的想法。当莫斯科 1964 年迫使赫鲁晓夫辞职后，上台的勃列日涅夫开始推行新的路线，实际上是走回复辟老路时，这边的态势也发生了变

---

① 安吉拉·多罗特娅·默克尔（娘家姓氏为 Kasner）1954 年 7 月 17 日出生于汉堡。1959 年，卡斯纳家从汉堡移居东德。安吉拉·卡斯纳于 1961 年开始在位于滕普林的综合性中学（POS）报名上学。她是德国自由青年联盟（FDJ）的团员。1977 年，她与物理学大学生乌尔里希·默克尔结婚。这一婚姻于 1982 年破裂。默克尔于 1978 年 6 月在莱比锡卡尔·马克思大学的毕业论文题目是《空间关联条件对浓密介质中双分子元素各种反应的反应速度之影响》。1986 年 1 月 8 日，默克尔获得自然科学博士学位（Dr. rer. nat.）的时机成熟，其博士论文题目为《对量子化学与统计方式基础上速度恒定性的分子结合方式单一性中断与测算的衰减反应过程之研究》。她在科学院工作期间积极参加了该院 FDJ 青年团的活动。根据默克尔本人的叙述，她在科学院担任过团支部文化委员。时代见证人、默克尔传记作者格尔德·朗古特根据访谈认为，默克尔在东德时期负责过"宣传鼓动工作"。1989 年 12 月，默克尔开始在新成立的"民主崛起"（DA）组织中工作。她在第一个同时也是最后一个东德民选政府中担任政府副发言人。之后她担任过的政治职务是：联邦妇女与青年部长（1991—1994）；联邦环境部长（1994—1998）；基民盟秘书长（1998—2000）；基民盟主席（2000 年至今）；德国联邦议院反对党领导人（2002—2005）；大联合政府中的联邦总理（2005—2009）；黑黄联盟中的联邦总理（2009—2013）；大联合政府中的联邦总理（2013—2017）；大联合政府中开始联邦总理的第 4 任期（2018 年 3 月起）：在牙买加国旗三色联盟组阁谈判（2017）失败后组成的政府。2018 年 3 月 14 日以 364 票支持票再次当选联邦总理。由此，默克尔自 2005 年 11 月 22 日起始终担任德意志联邦共和国的联邦总理一职。

化。乌布利希与赫鲁晓夫是平起平坐的资历，二人都在第二次世界大战中与德国法西斯进行过斗争。乌布利希也想改革社会主义，甚至态度比赫鲁晓夫还要积极。因此，在莫斯科替换赫鲁晓夫的同时，柏林也替换了乌布利希——接任者是勃列日涅夫支持下的昂纳克。

这一政策导致了我们在 1989 年经历的那种戏剧性局面。代表因病休假总书记的，居然不是埃贡·克伦茨，而是京特·米塔克。这些幕后发生的故事，并没有流向外界。外界能够感知的，只是哑然无语的现象，从而出现了一个政治真空的阶段。领导层的大多数人，并没有真正理解国内不断增长的深刻不满情绪，还在等待着昂纳克和 40 周年庆典，以为共和国生日和总书记重回政治舞台能够带来良好氛围。

盖勒：请您叙述一下对布达佩斯华沙条约会议的印象。

莫德罗：7 月初，在罗马尼亚首都召开了政治磋商委员会会议。昂纳克在会上身体虚脱，飞回了柏林。克伦茨陪同他返回。布达佩斯会议通过了一项声明，一字未提匈牙利开放奥地利边界之举。这一边界及其不容渗透性是华沙条约协议的一部分，匈牙利此举因而实际上已经表明退出了华约。但是，没有人认为有必要在政治磋商委员会内部谈论这一事实。也就是说，对此哑口无言。戈尔巴乔夫的沉默，也可以理解为是一种默许。

盖勒：再回到 1989 年的春季和夏季：当时已经有迹象，内梅特·米克洛什[①]政府打算拆除边界设施。1989 年 9 月 10 日—11 日的夜里，奥地利与匈

① 内梅特·米克洛什 1948 年 1 月 14 日出生于莫诺克。他于 1988 年 11 月 23 日—1990 年 5 月 23 日担任匈牙利总理。之后，他担任欧洲复兴和发展银行副行长（1990 年 5 月—2000 年）。2007 年 9 月 11 日起，内梅特被聘任为联合国新成立的发展计划委员会（UNDP）主任，负责观察朝鲜机构的行动。内梅特起初是匈牙利社会主义劳动党（MSZMP）党员。2002 年选举时，他成为匈牙利社会党（MSZP）的总理候选人。

牙利之间的边界正式开放。维也纳根据签证协定，在民主德国逃亡者的护照中夹入一张相关的纸条。在帕绍，这张纸条再被取走。您当年是怎样经历奥匈边界这一变化的？民主德国领导圈子是否意识到这一变化会带来什么影响？您当时负责的是德累斯顿专区。萨克森在普拉滕湖畔也有度假者，他们会看到这个机会并产生想法："我们应该回民主德国去还是利用这个机会？"在所有媒体都在报道这一事件的情况下，还能忽视这一影响的规模吗？我指的是"匈牙利"的因素，还有奥地利也参与其中。奥地利的做法可以说确实是严格地恪守了中立，因为逃亡者们没有乘坐奥地利联邦铁路局的列车，而是由红十字会和维也纳天主教慈善机构介入处置。尽管保住了脸面，但是说到底是布达佩斯与波恩联袂上演的一出戏。

莫德罗：我本人对 1989 年夏天奥匈边界事件的回忆已经不太深刻了。其原因肯定是，此事没有直接涉及我本人。但是这并不等于我没有听说，没有在电视中跟踪关注。我坦率承认：我们这些政治官员在没有亲眼见到我国社会在短短时间内发生如此大规模变革之前，基本上都是一些傻瓜。政治机关已经瘫痪了。第一号人物躺在病床上，没有人作出决策，所有人都在等待着他的回归。看上去有些戏剧性，但无论我们是否愿意接受，这恰恰就是我们这个体制的弊端所在——由于长年聚焦于总书记，以至于没有人敢于作出任何决策。昂纳克直至那时全都是一人决定一切。当他不在时，没有人敢擅自接掌"船舵"。

在边界和国内发生的事件，既是内政问题也是国际问题，也就是说，是有一个联盟的问题。然而，无论在布达佩斯高层，还是在双边领域中，都没有人谈及这个问题。从这个角度看，民主德国的反应毫无头脑，居然采取了禁止度假者出境的做法：起初不再允许前往匈牙利，后来又禁止前往捷克斯洛伐克。此举增强了人们的感受，即民主德国已经软弱无能，束手无策，听天由命，不得已而完全禁锢了本国公民。不满情绪每时每刻都在增长，对国家政治机构的压力也在不断增长。夏季以来在莱比锡召集的星期一游行示威行动中（在后来几乎蔓延至全国各个城市的集会上）主要的指责聚焦于一点：沉默无语。一再要求进行对话的愿望得不到满足之后，展示出了究竟谁才拥有主权：人们喊出了"我们是人民！"的口号。

关于奥地利所扮演的角色：维也纳表现得比较超脱。她不愿意在两大集团及他们的利益之间遭受碾压。奥地利没有招惹是非，而是保持着中立。

盖勒：原因很清楚！科尔把奥地利推到了台前。他在这件事上利用了奥地利的中立立场，对吗？

莫德罗：是的，他做得相当巧妙。他塞给匈牙利人 5 亿西德马克，他们就在铁丝网上剪开了一个洞，然后可以声明自己并没有开放通过北约国家西德的边界，而是中立的奥地利。

盖勒：一共是 10 亿。联邦给了 5 亿马克，巴伐利亚州和巴符州加起来也给了同样的数目。而霍恩和内梅特却把精力放在那个断言上，即他们的行为并没有受制于任何人的影响。科尔就是这样断言的。有钱能使鬼推磨——这是不二法则。

莫德罗：匈牙利的决策行为违背了联盟义务，伤害了华沙条约。这种公然违约行为，使得匈牙利获得了当时的一笔巨款。联邦德国则获得了对民主德国施加政治压力的可能性。戈尔巴乔夫保持沉默。民主德国的抗议毫无效果。

盖勒：如果我们想得出一个阶段性结论，当时还有另一个视角：1989 年 4

月，以弗朗茨·弗拉尼茨基①为首的奥地利社会党（SPÖ）作出了一个决定："我们走向布鲁塞尔。"奥地利人民党（ÖVP）早在一年前即已作出这一决定。外交部长莫克和总理弗拉尼茨基二人都知道，奥地利提出的以全权代表国资格加入欧洲共同体的申请，没有赫尔穆特·科尔的支持根本就无法通过，结果也确实如此。具体来说，奥地利在这方面的不得已状态是存在的。不过，还有一个人道的维度：布尔根兰州的人们愿意提供帮助。当时的说法是，东德人带着小孩子来了……自发的援助行动和一大波自愿援助者迫使奥地利政府有所顾忌。很多因素交织在一起。但是优先的口号是：我们帮助那些来自东德的逃亡者。政治家们脑袋里想的是：我们要给科尔一个好印象，不要给波恩找麻烦。

10. 与昂纳克的意见分歧

盖勒：提一个有关维尔纳·兰姆贝茨②的问题：他是不是昂纳克的"储

---

①　弗朗茨·弗拉尼茨基 1937 年 10 月 4 日出生于维也纳。他于 1962 年加入奥地利社会党。1969 年，弗拉尼茨基获得商学博士学位。1970 年，他担任布鲁诺·克莱斯基总理内阁的财政部长汉内斯·安德罗什的经济与财政政策顾问。1986—1997 年，他担任奥地利联邦总理。1988—1997 年，他还担任奥地利社会党联邦主席。2010 年 6 月 1 日起，弗拉尼茨基担任国际行动理事会副主席。他曾获得许多嘉奖和荣誉（列举）：1995 年 5 月 25 日获得亚琛国际查理大帝奖，"以褒奖其长年一以贯之地为增强欧洲，尤其是将东欧地区联结到欧盟的贡献"。1996 年，他还获得匈牙利共和国颁发的大十字服务勋章。

②　维尔纳·兰姆贝茨 1929 年 4 月 14 日出生于 Mayen，1978 年 3 月 6 日因直升机失事逝世于利比亚的 Wadi Suf al-Jin。1939—1943 年，他是德意志青年人民组织成员，并在 1945 年前属于"希特勒青年团"。他于 1947 年加入德国自由青年联盟（FDJ）和统一社会党（SED）。他于 1950 年在 Gut Schmerwitz 中央党校学习，后于 1952—1953 在莫斯科共青团高校留学。之后，兰姆贝茨担任自由青年联盟团中央书记处书记至 1963 年，主要负责宣传与鼓动工作。1963 年，兰姆贝茨当选统一社会党中央候补委员。1966—1971 年，他以中央委员的身份担任宣传与鼓动委员会主任。自 1967 年起，他始终担任统一社会党中央委员和人民议院代表。他于 1970 年成为统一社会党中央政治局候补委员，1971 年成为政治局委员。兰姆贝茨被视为希望承载者和昂纳克的可能继任者。在执行一次非洲使命时，他率领一个代表团在特利波利斯附近搭乘一架直升机，据利比亚方面的消息，直升机（型号为超黄蜂）起飞之后不久就开始旋冲并坠毁。机上人员无一生还。起因可能是旋翼故障。兰姆贝茨逝世的噩耗传出后，四处风传可能是一宗谋杀行动。也有传言称卡扎菲可能在直升机上。尽管没有得到遗体，民主德国还是举办了国葬。

君"？兰姆贝茨 1978 年以悲剧方式逝世了。

莫德罗：这种可能性本来是存在的。兰姆贝茨确实不够幸运。

盖勒：您能不能描述一下兰姆贝茨的人物性格？

莫德罗：维尔纳·兰姆贝茨和我是朋友，我们在青年联盟时期就认识了。他当时是县委书记，我在勃兰登堡州团委工作。我们曾一起在莫斯科共青团高校学习。学完之后，我回到柏林，他却去了布达佩斯，在世界民主青年联盟（WBDJ）工作。他有语言天分，会说多种语言，但是由于这些活动而对柏林和世界产生了不一样的视角。乌布利希把他纳入了党的领导层。兰姆贝茨 1963 年成为中央候补委员，担任阿尔贝特·诺登的助理，1966 年 37 岁就担任了宣传与鼓动委员会[①]主任。也是因为兰姆贝茨参加了世界民主青年联盟的工作，所以他十分擅长交际。他对国际问题有着敏锐的感觉。兰姆贝茨经常去非洲，为那些发展中国家的领导人担任顾问。他是在利比亚执行一项和平使命时因直升机坠机遇难的。在直升机坠毁时，遇难的还有党中央国际联络部长保罗·马尔科夫斯基[②]、译员和德新社的一名摄影师。民主德国当时就是否涉及谋杀进行了调查，但是没有找到涉嫌谋杀的迹象——直升机可能只是由于维修保养不好而失事。1990 年以后，联邦德国将坠机事件嫁祸于米尔克。

---

① 宣传与鼓动委员会旨在反抗敌对势力的意识形态宣传，从事公共媒体和保护传统的工作。例如在学校里，通过墙报宣传评论文章对班级集体产生影响。
② 保罗·马尔科夫斯基 1929 年 6 月 1 日出生于马格德堡，1978 年 3 月 6 日在利比亚 Wadi Suf al-Jin 的一次直升机坠机事件中逝世。1953—1964 年，他担任外交部外交政策与国际联络司的督察员和处长。1961—1962 年在莫斯科苏共中央党校学习。1964—1966 年担任统一社会党中央国际联络部副部长。1967 年起成为统一社会党中央候补委员。1971 年起成为中央委员，担任党中央政治局外交政策委员会成员、人民议院代表，并在议院担任外交政策委员会成员。在执行一次非洲使命时，保罗·马尔科夫斯基与维尔纳·兰姆贝茨在特利波利斯附近因直升机（型号为超黄蜂）坠机而逝世。

盖勒：为什么？

莫德罗：是啊，为什么呢？我们内心也这么问。反正检察院进行了立案，当然没有查到证据。

盖勒：乌布利希对兰姆贝茨怎样评价？

莫德罗：对乌布利希来说，兰姆贝茨是能让民主德国走上世界舞台的最重要人物之一。但是，兰姆贝茨也参加了推翻乌布利希的行动：他把一小伙政治局委员的一封信带到了莫斯科，信中建议由昂纳克替代乌布利希担任最高领导人。此次换马带来了一系列人事变动。在柏林专区党委中，接替昂纳克之后第二号人物保罗·维尔纳担任第一书记的是康拉德·瑙曼[①]。由于我们俩在性格和工作作风上的差别太大，难以在一个集体中建设性地合作，所以任命我担任党中央宣传部长，也就是在维尔纳·兰姆贝茨身边工作。

盖勒：兰姆贝茨领导能力强吗？您刚才说过，他作为"储君"和昂纳克接班人的命运并不好。

莫德罗：或许确实如此。

[①] 康拉德·瑙曼 1928 年 11 月 25 日出生于莱比锡，1992 年 7 月 25 日逝世于 Guayaquil（厄瓜多尔）。他于 1946 年加入统一社会党。1951 年 10 月—1952 年 9 月，瑙曼在莫斯科共青团高校学习。在州议会工作数年后，他于 1952 年 9 月—1957 年担任（奥德河畔）法兰克福专区自由青年联盟（FDJ）第一书记。此外，他于 1952—1967 年担任自由青年联盟团中央委员，间或也担任过团中央书记。他于 1963—1966 年担任统一社会党中央候补委员，1966—1986 年任中央委员。1964—1971 年，瑙曼担任柏林专区党委第二书记，并于 1971—1985 年担任第一书记。1967—1986 年，他还担任柏林市议会代表和民主德国人民议院代表。瑙曼 1973 年成为党中央政治局候补委员，1976 年成为政治局委员。1984—1985 年，瑙曼任党中央书记和国务委员会委员。1985 年 11 月 22 日，瑙曼"因健康原因"被解除所有职务和所有头衔。1986—1989 年，他在波茨坦国家档案馆担任学术工作人员。

盖勒：然而他毕竟是昂纳克的人……

莫德罗：他是昂纳克的人。兰姆贝茨不在时，我代表他。我记得接过昂纳克的一个电话，当时在场的有民主德国电视台的负责人海因茨·阿达梅克[1]。事后他对我说，他感到惊讶的是，我与昂纳克说话时的口气居然那么冷静。他说，我的领导口气就会谄媚得多：是的，埃里希，太好了，太棒了——我打断他说，我没有理由在他屁股后面阿谀奉承。他多少听明白了。后来又有一次，我代表兰姆贝茨出席一个书记处会议时，他居然对我大声狂吠：你现在不是在杜布切克那里。他的话外音是：这里说了算的不是"布拉格之春"，第一号人物的权威不容争议。

盖勒：1984—1989年，西德社民党与统一社会党之间建立了比较好的对话气氛。我记得埃哈德·埃普勒尔[2]和承认民主德国国籍的问题。在德意志联

---

[1]　海因里希·（"海因茨"）·阿达梅克1921年12月21日出生于Silberhausen，2010年12月23日逝世。他自1950年起担任国家广播委员会干部局长，1952年起成为广播台总编室成员，并于1954—1968年接任德意志电视台台长。阿达梅克在1963—1989年任统一社会党中央委员，并兼任电影与电视制作人联合会主席。此外，他也是德意志记者联合会主席团成员，并于1967—1972年担任该联合会副主席。阿达梅克1968年担任国家电视委员会主席，并于1971年担任党中央宣传与鼓动部长。

[2]　埃哈德·埃普勒尔1926年12月9日出生于乌尔姆。埃普勒尔1943年（16岁）加入了纳粹党，后来他把此举称为"蠢事"。他于1951年以论文《伊丽莎白一世时代风格悲剧中英雄人物的反抗性与绝望性》获得哲学博士学位。埃普勒尔于1956年加入社民党，1970—1991年为联邦理事会成员，1973—1989年为主席团成员（1982—1984年除外），1973—1992年为基本价值委员会主席。他于1973—1981年担任社民党巴符州主席。埃哈德·埃普勒尔是社民党基本价值委员会名誉成员。他于1961—1976年担任德国联邦议院议员。埃普勒尔于1968年10月16日出任联邦经济合作部长，并于1974年7月8日辞去部长职位。他在德国福音新教教会积极地参与工作，并在1981—1983年和1989—1991年两度出任教会议会的议长。1987年8月27日，社民党与统一社会党共同发表了题为《意识形态争议与共同安全》的文件，两党在这份文件中表述了两个德意志国家和平共处的共同意志。此份文件是由社民党基本价值委员会和统一社会党中央社会科学院共同起草的，主笔人是埃哈德·埃普勒尔。当埃哈德·埃普勒尔（社民党）与罗尔夫·赖西希（统一社会党）在西德一同在记者面前亮相的同时，东德那边记者招待会上出场的则是奥托·赖因霍尔德（统一社会党）和托马斯·迈尔（社民党）。这份文件首先刊登在两党的党报《前进报》和《新德意志报》上。

邦共和国，社民党政治家奥斯卡·拉方丹 ① 也同昂纳克 ② 一样是萨尔州人，他在 1990 年竞选时指出过两德仓促统一将会带来的问题。社民党或许是一个联盟伙伴，或者换言之是一个明智的政治因素，原本赞成将一个改革的民主德国适度引导至两德邦联的道路，从而与赫尔穆特·科尔的基民盟走出另一条道路，对吗？您于 1989 年盛夏在斯图加特与社民党代表进行了会晤。

莫德罗：是他们邀请的我。

盖勒：当时也是一种选项？结果是怎样的？

---

① 奥斯卡·拉方丹 1943 年 9 月 16 日出生于 Saarlautern-Roden。拉方丹于 1966 年加入社民党，并于 2005 年 5 月 24 日宣布退出社民党。1985 年—1998 年 11 月 9 日，他担任萨尔州长。在 1990 年 12 月 2 日的联邦议会大选中，拉方丹出任社民党总理候选人。在此之前（1990 年 4 月 25 日），他在 Mühlheim（科隆）出席一场竞选活动时被一名患有心理疾病的妇女用刀刺伤颈动脉附近，造成生命危险。1990 年，党内外的对手都批评他试图阻止两德统一，没有提出过统一进程的任何内部规划。他于 1995—1999 年担任社民党主席，1998 年 10 月 27 日出任联邦财政部长。1999 年 3 月 11 日，他出人意料地辞去所有政治职务——包括其在联邦议院的议员身份。2005 年 6 月 18 日，他加入劳动与社会公平选举替代注册协会（WASG）。2005 年 12 月 29 日，拉方丹宣布加入左翼党。2007 年 6 月 25 日，两个政治组织宣布合并成立新的政党左翼党。

② 埃里希·（恩斯特·保罗）·昂纳克 1912 年 8 月 25 日出生于 Neunkirchen（萨尔州），1994 年 5 月 29 日逝世于智利圣地亚哥。他于 1928 年 12 月加入德国共产主义青年联盟（KJVD）。昂纳克曾经是屋顶工学徒，两年后没有参加伙计考试就中断了学徒生活。在纳粹时期，昂纳克参加了抵抗运动，并于 1935 年 12 月被盖世太保抓捕，在拘留所因禁至 1937 年。1937 年 6 月，他被判处 10 年监禁。1945 年 3 月，昂纳克得以越狱逃脱。1946 年，他成为德国自由青年联盟创始人之一，并担任该组织主席。昂纳克于 1946 年 4 月加入统一社会党，1950 年成为该党中央政治局候补委员。他于 1958 年成为政治局委员，负责军事与安全工作。作为统一社会党中央负责安全问题的书记，昂纳克是 1961 年 8 月建立柏林墙时的关键性组织者，并对下达两德内部边界射击命令负有责任。1971 年 5 月 3 日，昂纳克接替乌布利希成为统一社会党中央总书记。自 1971 年起，他也担任国防委员会主席。1976 年 10 月 29 日，人民议院选举他出任国务委员会主席。1987 年 9 月 7 日，昂纳克访问德意志联邦共和国并在波恩会见联邦总理赫尔穆特·科尔，此举使他赢得了国际认可。1989 年 10 月 17 日，昂纳克在一次统一社会党政治局会议和之后召开的一次党中央会议上被罢免。10 月 20 日，其夫人玛尔戈特·昂纳克也不得不辞去所有职务。12 月 3 日，昂纳克被统一社会党中央开除出党。之后，他加入了新成立的德国共产党（KPD），其党员资格从 1992 年一直持续到他病逝。

莫德罗：统一社会党专区党委与 1968 年在西德成立的德国的共产党（DKP）保持着党际关系，这是政治上的正常现象。而与社民党进行对话的则是党中央负责国际关系的书记、政治局委员海尔曼·阿克森。1988 年夏天，社民党巴符州主席乌尔里希·毛雷尔① 带着夫人来德累斯顿私人度假。他邀请我下一年回访斯图加特——以我的统一社会党德累斯顿专区第一书记的身份正式访问。这就需要政治局作出决定了。1989 年 8 月，政治局作出了决议。海尔曼·阿克森奉命对我进行指导性谈话。党中央的一个部长约翰内斯·赫尼希② 友好地提醒我小心行事，因为有人在与我当面握手时希望我在政治上挨刀子。阿克森对我进行了指导，允许我同社民党对话，但是不要发表任何官方声明，更不要与媒体对话。对此，我声明道，如果主人希望我见记者，我会见的。阿克森接着说："我的任务是向你讲清楚我们的立场。"

盖勒：按照那句格言："我已经完成了自己应尽的义务和责任。"

莫德罗：是的，已经说得很清楚：他已经完成了领导交办的任务，责任已经移交到我这一边。从而很明确，如果我不按照上级指示办，就必须考虑到后果。在州议会与乌尔里希·毛雷尔进行了第一次会谈，在场的还有州议

---

① 　乌尔里希·毛雷尔 1948 年 11 月 29 日出生于斯图加特。他于 1980—2005 年担任巴符州议会议员，并于 2005—2013 年任德国联邦议院议员。此外，他也是左翼党执行理事会成员。毛雷尔于 1987—1999 年担任社民党巴符州主席，并于 1992—2001 年担任社民党州议会党团主席。2005 年 7 月，他退出社民党，在保留州议会议员的同时加入了劳动与社会公平选举替代组织（WASG）。2014 年起，他以政治顾问的身份发挥作用。
② 　约翰内斯·赫尼希 1921 年 4 月 1 日出生于德累斯顿市郊的 Leppersdorf，2001 年 1 月 24 日逝世于柏林。他于 1955—1989 年担任民主德国统一社会党中央科学部长，从而负责科技发展工作。赫尼希获得莱比锡卡尔·马克思大学的荣誉博士学位（Dr. phil. h. c.），自 1982 年起获得名誉教授头衔。

会社民党党团负责人迪特尔·施珀里 [①]。之后我们前往午餐，这就意味着那里或许会有媒体代表。然而现场的情况大大超出了我的意料。当我们走进酒店时，几十台照相机对着我，各种麦克风伸到了我的面前。大多数问题围绕着民主德国的大规模出逃事件。他们一再重复问道，为什么这么多人离开祖国？也有几个人问道：您来访斯图加特的关切是什么？曾经于 1987 年与统一社会党代表一同起草社民党 – 统一社会党共同文件 [②] 的埃哈德·埃普勒尔教授也出席了午餐。后来我还在曼海姆会见了社民党副主席赫塔·多伊布勒 – 格梅林 [③]。

社民党十分重视我的访问。有趣的是，洛塔尔·施佩特州长也邀请我到州政府进行了一次正式谈话。这位基民盟政治家在谈话中虽然对联邦总理赫尔穆特·科尔并无冒犯，但是可以听得出来立场有所差异。施佩特希望我们继续保持关系，1989 年 4 月在德累斯顿已经开始的贝格多夫对话 [④]，理应在 1990 年 4 月继续下去。

或许是为了更多地与公众见面，安排了在卡尔斯鲁尔大学和戴姆勒 – 奔

---

① 迪特尔·施珀里 1943 年出生于斯图加特，1970 年加入社民党。1975—1998 年，他任社民党巴符州理事会成员。1988 年州议会选举时，施珀里作为挑战者败给了州长洛塔尔·施佩特。他于 1992—1996 年担任巴符州副州长兼经济部长。2006—2012 年，他担任德国欧洲运动网络（Netzwerk Europäische Bewegung Deutschland）主席。

② 《意识形态争议与共同安全》系由社民党基本价值委员会与统一社会党中央社会科学院共同起草的文件。

③ 赫塔·多伊布勒 - 格梅林 1943 年 8 月 12 日出生于斯洛伐克的布拉提斯拉法。多伊布勒 - 格梅林自 1965 年起成为社民党党员，1988—1997 年担任社民党联邦副主席，1998—2002 年担任联邦司法部长。1972 年—2009 年 10 月，她担任联邦议院议员。自 2011 年 10 月起，她在亚琛工业大学（RWTH）担任系统神学客座教授。

④ 自 1961 年以来，在贝格多夫对话的框架内，双方高级别的国家政治家和专家就德国和欧洲外交与安全政策进行小范围和秘密的各轮对话。这一对话圈子的目的是为国际政治的相互理解作出贡献。建立这一对话机制的信念是——尤其是在政治冲突期间——相互对话好于相互指责。

驰公司的参观与谈话。在奔驰公司，会见了集团首脑埃查德·罗伊特 ①。因为一些西德媒体很长一段时间以来把我称为"希望的承载者"。此访引起了西德媒体的一些关注。我没有料到的是，我回国后遭受到来自埃里希·昂纳克的批判居然如此尖锐。

迪科普：这就是说，您必须马上去见昂纳克？

莫德罗：不是马上去。我是 9 月 29 日回国的，昂纳克于民主德国建国 40 周年之前 4 天，也就是 10 月 3 日在柏林接见了"建国第一时刻的积极分子"。他或许想以这种形式强调，他比乌布利希更加重视和赞赏那些建设民主德国的老同志。接见活动结束后，统一社会党领导层与各专区第一书记开了一个会，昂纳克在这个会上发表了他的批判意见。例如，他批评我说："你在西德访问时没有恰当地代表民主德国的利益！"

我从 1950 年就认识了埃里希·昂纳克，而且在青年联盟工作期间也有几年属于紧密的领导圈。自 1958 年起，我一直在统一社会党中央工作，先是候补委员，1967 年起担任中央委员。从来没有一个人认为我没有恰当地代表民主德国。真是太过分了！当时，在那个圈子里没有一个人说话。也就是说，总书记感受到自己的生硬批判得到了认可。

迪科普：您当时怎么表态的？

---

① 埃查德·(汉斯·威廉)·罗伊特 1928 年 2 月 16 日出生于柏林。他于 1987 年 7 月—1995 年 5 月担任戴姆勒 - 奔驰公司董事长。罗伊特 1946 年加入社民党。主要是因为罗伊特在扩建柏林波茨坦广场上的贡献，他于 1998 年被柏林市授予"荣誉市民"称号。其父亲恩斯特·罗伊特也是社民党人，1948—1953 年曾任柏林市长。

莫德罗：没有表态。我像其他人一样采取了"机会主义"的态度。或许像维利·斯多夫一样，他的选区就在德累斯顿。1989年2月，由京特·米塔克率领的一个政治局调查委员会来到德累斯顿，任务是审查专区组织的"政治工作"。斯多夫在讨论中一言不发，尽管他了解问题所在。他们的重点并不是来调查当地的问题，而是对党和国家领导层政策的看法。因为我在此前写给总书记的月度报告中尖锐地指出了我们经济中存在的问题，所以有人想证明我在领导方面的薄弱环节。斯多夫哑口不言，没有人撑我的腰。然而，事态发展有着自身的动力。当时，保卫和安全机构内发生了状况，出现了示威活动和冲突。

1993年12月3日，在杜塞尔多夫高等州级法院的马尔库斯·沃尔夫的案件审理成为媒体大事件，左起格雷戈尔·居西、马尔库斯·沃尔夫和汉斯·莫德罗

盖勒：您怎样评价维利·斯多夫？布鲁诺·克莱斯基[①]认为与他没法建立密切关系，但是与昂纳克却可以。一位历史学家描写说，斯多夫是一位冷漠、固执、难以亲近的人。您是否同意这种看法？

莫德罗：这种评价相当靠谱。斯多夫的做派像是最后一位普鲁士人——腰杆挺直，说话直率。他在民主德国武装力量建立阶段是国家人民军的首脑，后来先后担任内务部长和国防部长。他曾经被视为一个谦虚的人。他初期确实也很谦虚。我原先跟他没有打过交道，直到他把德累斯顿当作他的选区之后。他总是在举行所谓的综合会议时出现，选区的各个领导人物会在这种会议上商议下一年度的计划方案。起先他的轿车会有一辆随行车辆，后来变成两辆，其中也坐着他的医生。当我们单独相处时，他会骂昂纳克，并批判他眼中领导层的各种毛病。但是一旦开会时，他就会让随行的"走狗"咬人。如果他觉得我们的工作没有起色，他就让随行的部长进行批评，然后他再严厉批示。

但是，他在私下只是谈论他暖房里种植的蔬菜和玫瑰花。这一点倒是令他显得比较平易近人。他不像昂纳克、米塔克和米尔克他们那样喜欢打猎。在米里茨湖畔瓦伦，他有一栋猎舍，附带一个很大的暖房。他并不在那里劳动，干活的是他的那些年轻的警卫人员。但是，他负责为黄瓜和西红柿创造最佳生长条件，而且经常给蔬菜称重。农业科学院里没人愿意与斯多夫打交

---

① 奥地利社会党政治家布鲁诺·克莱斯基1911年1月22日出生于维也纳，1990年7月29日逝世于维也纳。克莱斯基于1931年退出以色列文化教区，后来自称是不可知论者。他在瑞典斯德哥尔摩流亡过（1938—1950）。克莱斯基曾经担任联邦总理府国务秘书（1953—1959）、国民院议员（1956—1983），并于1959年夏至1966年以外交部长身份在奥地利外交政策领域工作。其间，他确立了东西方之间政策斡旋者的地位。他曾任奥地利社会党反对党领导人（1967—1970），后担任奥地利总理（1970—1983）。1975年，克莱斯基签署了《赫尔辛基最后文件》。他在任期间曾经面对许多挑战：例如设立科学部（1970），高等院校改革（1975），缩短服役期（1971），削减工作小时（1974），家庭与刑法改革（直至1975年），与西蒙·维森塔尔的争议（1975），反对发展核能的民意表决（1978），建设会议中心的公民投票（1982）。在克莱斯基执政时，奥地利的国家债务戏剧性地上升。

道，因为他要求自己的蔬菜不能小于和次于其他任何地里长的蔬菜。他的要求是："你们肯定能够做到这一点。"由于这件事，我的这位总理前任失去了他原先在我心目中的正面形象。

迪科普：您 1989 年 9 月的西德之行为什么没有获得民主德国领导层的广泛认可？您在联邦德国逗留了一周时间。昂纳克 1989 年 10 月 3 日谴责您"没有恰当地代表民主德国的利益"是否有根据？

莫德罗：他没有任何根据。我只是在一个观点上与昂纳克意见不一样，那就是他说不应当为离开我们的人掉一滴眼泪。我认为离开民主德国的每一个人都是我们国家的一个损失。谴责我的原因在于我对西方记者说："我的朋友马尔库斯·沃尔夫在接受《南德意志报》采访时说过，人们离开民主德国的原因不仅来自外部压力，而是也有国内问题。"对昂纳克来说，这就几乎意味着是叛逆罪。因为昂纳克把那些出走的人视为社会的渣滓。我之所以引用沃尔夫的话，不是为了保护我自己，而是为了表明自己与朋友观点一致。我发出的信号是：我站在马尔库斯·沃尔夫一边，他在三年之前曾经是民主德国国家安全部副部长兼外国侦察总局局长。他也站在我的一边。我不同意《新德意志报》关于渣滓的评价，但是当时只有内部知情人才知道那种观点直接来自昂纳克。

11. 1989 年 10 月的德累斯顿骚乱和"民主德国建国 40 周年"共和国庆典的失败

迪科普：1989 年 9 月 30 日晚上，外交部长汉斯 – 迪特里希·根

舍 [①] 来到西德驻布拉格使馆的阳台上，在场的还有总理府部长鲁道夫·赛特斯。根舍外长宣布："亲爱的同胞们！我们来到这里，是为了通知你们，你们今天就可以出境……"之后，一共有14列火车离开捷克斯洛伐克。数千名反对逃亡者列车途经的德累斯顿人被抓捕。1995年，您被判处10个月缓期监禁。您曾经在1992年说，您在1989年10月7/8日德累斯顿民权分子游行时并没有派遣工人战斗队，并排除了统一社会党与国家安全部在德累斯顿阻止企图外逃者的合作。但是，您的说法与档案材料不符。请您叙述一下您对事件经过的看法。

莫德罗：10月4日将近12时，我接到昂纳克的一封加密电报，他在电文中通报了列车途经德累斯顿前往西德的消息。从电文中可以看出，所有决定都是在柏林作出的。我向交通部长奥托·阿恩特 [②] 询问，建议列车经过捷克

---

① 汉斯-迪特里希·根舍1927年3月21日出生于Reideburg（萨勒河畔哈勒），2016年3月31日逝世于Wachtberg-Pech。1946—1949年，根舍毕业于哈勒-维滕贝格的马丁·路德大学和莱比锡大学的法律学与国民经济学专业。1952年8月20日，根舍经西柏林移居德意志联邦共和国。根舍于1946—1952年为德国自由党（LDP）党员，属于萨安州党部。自从移居西德后，他成为自民党（FDP）党员。1954年，他当选不来梅青年民主团州理事会副主席。1956—1959年，他在波恩担任自民党联邦议会党团的学术助理。根舍曾担任联邦内政部长（1969—1974）和联邦外交部长（1974—1992）。根舍担任外长期间的如下功绩成就了其毕生事业：根舍自1987年起追求"积极的缓和政策"；他与东德同事马库斯·梅克尔一同为两德统一进行谈判；他于1989年9月底获得了布拉格大使馆逃亡者的出境许可；根舍有效地支持了波兰和匈牙利政治改革进程；他参加了第一次（波恩）、第二次（柏林）和第三次（巴黎）关于德国统一外部观点的二加四外长会议；根舍与波兰同事克日什托夫·斯库比谢夫斯基于1990年11月在华沙签署了确定奥德河-尼斯河为德波边界的边境协议。根舍是基督新教教徒，曾经获得许多荣誉称号和奖章，例如2002年获得波兰斯德丁大学名誉博士称号；2003年获得莱比锡大学名誉博士称号；2009年获得金母鸡奖（Goldene Henne，作为柏林墙倒塌终身成就名誉奖项）；2009年获得争取德国与欧洲统一成就德意志协会奖（Preis der Deutschen Gesellschaft e.V.für Verdienste um die deutschen und europäischen Vereinigung）。
② 奥托·阿恩特1920年7月19日出生于Aschersleben，1992年2月3日逝世。1946年，阿恩特是民主德国统一社会党的创始人之一。1970年12月15日，阿恩特出任交通部长兼德意志铁路总局局长。他自1971年6月起成为统一社会党中央候补委员，1975年6月起为中央委员，1976年起担任人民议院代表。1989年11月7日，他随民主德国部长会议集体辞职。1985年，阿恩特曾经获得"劳动英雄"荣誉称号。

海布（埃格尔河）直接开往西德，得到的答复是：行车路线是"最高当局"决定的，而且已经迅速与捷克和西德方面协调完毕。我与奥托·阿恩特很熟悉，我们的友情很深。

从现在开始，保障此次转运行动的一共有三名负责人：柏林的交通部长，德累斯顿的人民警察局局长威利·尼芬内格尔①中将，和作为专区第一书记和专区行动指挥部主席的我。人民警察与国家安全部机关之间有着持续不断的联系，这一点也适用于柏林的各位部长。根据我的伙伴的要求，我于晚上较晚时间给国防部长海因茨·凯斯勒大将打了一个电话，请求在火车总站清场时给予支援，从而保证已经超载旅客的列车不被拦阻。对我来说，首要任务是不能发生任何灾难，避免发生伤亡事件。当时我并不了解波恩与柏林之间已经达成的协议，即列车上的旅客将被收走民主德国身份证，西德官员获准陪伴乘客旅行。但是，这一切对事件的后续发展根本就无关紧要。

盖勒：完全可以让列车从捷克斯洛伐克直接开往西德呀！

莫德罗：是的，您说得非常对。但是，作出决定的既不是交通部长，也不是我。我们能够做到的唯一一点，就是请求海因茨·凯斯勒部长下令国家人民军给予支援。军事学院的非武装人员被以百人队的编制介入人民警察的行动。我和我的伙伴们当年在德累斯顿事件发生时所采取的举措，如今已经成为德国联邦国防军的训练标准。

我一再要求如今的当权派分析一下当时人们的现实安全形势，并审查我

---

① 威利·尼芬内格尔 1924 年 6 月 9 日出生于波莫瑞地区的小黑湖（Klein-Schwarzsee）。他于 1971—1989 年担任德累斯顿专区人民警察局（BDVP）局长。他于 1974 年被埃里希·昂纳克任命为少将，1986 年又晋升为中将。尼芬内格尔是统一社会党专区党委委员，也是德累斯顿专区议会的代表。1989 年 10 月 4 日，他在德累斯顿火车总站应对示威行动时担任行动队长和专区行动指挥部成员。

们当时的决策行为。如果说个别场合出现过错误行为，我今天不作任何反驳，因为我们当时为了达到目的而十分遗憾地采取了阻拦行为，但是迄今为止我始终认为我们的做法具有积极意义。

必须说清楚，我居然因此而被起诉并判了刑。我在审讯时否认我领导下的专区行动指挥部曾经于 10 月份开会。但是法院却持不同的看法。作为我提供虚假证词的证据，引用了国家安全部报告中提及的电话记录，以证明我在那些天里召开过专区行动指挥部的会议。

1993 年——在我被解除议员豁免权之后——我被以"教唆篡改选举结果"的罪名判处缓刑 10 个月的刑期。然而不管怎么说，我在德国联邦议院中当过议员——而且我是各个专区第一书记中唯一一位。

迪科普：是依据联邦德国法律判决的……

莫德罗：是的，是按照联邦德国法律判决的。我经历了两场官司，或者，如果您愿意的话，连同两次上诉审理一共经历了四场官司。第一场官司是所谓的篡改选举结果案，为我辩护的是弗里德里希·沃尔夫[1]和海因里希·汉诺威[2]。

此次判决是一次警告。但是检察院提出异议。复审时我被判处缓刑 9 个月。在另一场案审中我被以作伪证罪名加判 1 个月刑期，所以最终量刑为 10 个月，缓期执行。1997 年，在经过几乎为期 5 年政治性质的慢性司法迫害的

[1] 弗里德里希·沃尔夫 1922 年 7 月 30 日出生于柏林 Neukölln。他于 1945 年加入德国共产党（KPD），并在德国共产党与社民党强制合并时成为统一社会党党员。后来，他又加入了民社党（PDS）。他于 1946—1949 年在柏林洪堡大学学习法律学。在统一后的德国，他为许多当年的统一社会党大人物当过辩护律师，例如海尔曼·阿克森、汉斯·莫德罗和埃里希·昂纳克。
[2] 海因里希·汉诺威 1925 年 10 月 31 日出生于 Anklam（前波莫瑞）。在通过第二次国家司法考试后，他于 1954 年 10 月获准担任律师。汉诺威的委托人包括彼得·布吕克纳、丹尼尔·科恩 - 本迪特、博尔科·霍夫曼、洛伦茨·克诺尔、赫尔穆特·克拉默、汉斯·莫德罗、沃尔夫·迪特尔·赖因哈德、奥托·席利、京特·瓦尔拉夫、格尔特·波斯特尔、尹伊桑和彼得 - 保罗·察尔。作为律师，他于 1995 年退休，之后主要以作家身份继续工作。

折磨之后，我对争辩感到疲惫，于是撤回起诉，接受了判决。

迪科普：是否可以请您描述一下逃亡者列车从布拉格经过民主德国国土的情形和危险？

莫德罗：有人始终在谴责我，说我 1989 年 10 月 4 日指使人痛打那些企图跳上从布拉格驶经德累斯顿的逃亡者列车的人。说我为了保住权力而挑唆了暴力和反暴力。这是荒唐的说法：当时我是想防止人们受到伤害，因为他们想冲进路轨。那样的话真的会钻进车轮之下。如果事态完全失去控制，是不能怪罪于保卫和安全机构的。砸毁火车站和布拉格大街的并不是警察。

但是我要指出另一个视角：在根舍外长 9 月 30 日来到布拉格宣布可以出境之前，波恩与柏林之间已经有过谈话，昂纳克方面在谈话中提出的两点要求得到了认可。第一，由我们宣布允许出境。第二，列车不得从布拉格直接驶往西德地区，而是经过东德国土。为了打消人们对驶过巴特尚道（东德边界小镇——译者）后被拖下列车的担忧，双方商定每列火车上都由西德高级官员一路陪同，其中包括时任根舍外长的私人顾问沃尔夫冈·伊申格尔 [1]，此人后来自 2008 年起接替霍斯特·特尔切克 [2] 担任慕尼黑安全会议（MSC）主

---

[1] 沃尔夫冈·伊申格尔 1946 年 4 月 6 日出生于斯图加特。1973—1975 年，他曾在纽约担任联合国秘书长库尔特·瓦尔德海姆办公室的工作人员。他于 1975 年进入波恩外交部。他曾在驻华盛顿大使馆（1979—1982）和驻巴黎大使馆（1990—1993）工作。1982—1990 年，他先是担任汉斯 - 迪特里希·根舍外长（自民党）的私人顾问，后任其议会与内阁处处长。1989 年 10 月，他陪同一辆载有东德出走者的列车从西德驻布拉格大使馆经由东德领土前往西德。1998—2001 年，他担任约斯卡·菲舍尔外长（联盟 90/ 绿党）手下的国务秘书。2008 年春，他接替霍斯特·特尔切克担任慕尼黑安全会议（MSC）主席；2011 年 4 月起，伊申格尔获得图林根埃哈德·卡尔斯大学政治学研究所客座教授头衔。

[2] 霍斯特·M. 特尔切克 1940 年 6 月 14 日出生于 Klantendorf（捷克北摩拉维亚）。1970—1972 年，他担任波恩基民盟联邦总部"外交与德国政策"小组组长。1982 年，他出任波恩联邦总理府"外交与两德内部关系、发展政策、外部安全司"司长。1989—1990 年间，他担任与波兰谈判的特别专员。此外，特尔切克深度参与了转折时期两德内部谈判和德国重新统一的谈判。特尔切克于 1999—2008 年领导着慕尼黑安全会议。

席。与波恩不同的是，我们信守了诺言。根舍却越了轨，不顾心肌梗死而前往布拉格宣布消息，结果导致同样生病的昂纳克差一点儿就决定阻拦那些列车。根舍无论如何想把自己写进史册。我却被迫走上法庭，被判 10 个月的缓刑刑期。这就是对法治国家话题的一点评述。

盖勒：在布拉格和华沙，奥地利此时已经完全不起作用了。但是，联邦总理府的霍斯特·特尔切克和根舍的特使米夏埃尔·扬森 ①，却到维也纳和布达佩斯做过试探（而特尔切克早在几年前就去探询过）——这就是说，早在奥地利弗拉尼茨基和莫克愿意打开通往匈牙利的边界之前，西德早就把目光投向了布达佩斯。西德人早就在匈牙利的国土上预作准备了？

莫德罗：是的，看来似乎是这样，尽管我没有亲身经历，而且我的孤陋寡闻也无法证实这一点。西方早就把匈牙利视为最软弱的一个环节，也就是所谓的"额定断裂处"。他们在这个环节处下功夫，结果产生了效果。

盖勒：我是不是正确地理解了您：是昂纳克坚持要让列车从布拉格经过民主德国的领土开往西德？

莫德罗：是的，但是西德方面也参与了这件事。难道西德没有参与这一错误决策及其后果？

---

① 米夏埃尔·扬森 1941 年 1 月 16 日出生于雅典。扬森与他父亲一样，先后在波恩、科隆和华盛顿攻读了法律学，之后进入外交部。他曾经在西班牙、布鲁塞尔和委内瑞拉工作。他担任过汉斯 - 迪特里希·根舍外长的办公室主任。2004 年 7 月 1 日，联邦总统霍斯特·科勒任命他为联邦总统府国务秘书和总统府部长。扬森于 2006 年 3 月 1 日离职。

盖勒：由于这一决策产生于另一个层面，所以您陷入了被迫执行的境地。昂纳克提出这样的要求，西德代表处也卷了进来？

莫德罗：他们也卷了进来，所以他们随车派遣了高级官员。

盖勒：我们知道，根舍本人也想登上随行列车。医生劝阻了他，因为他几周前刚刚发作过一次心脏病。显然当时并没有100%的把握，不知道由西德外交部高官随行路过东德领土时会不会出现问题。但是根舍想随车，却没有获得同意。当时电视台的画面围绕着德累斯顿火车总站，播出了警察与安全分队头戴白色头盔，以小组队形冲向示威者的画面。示威人群四下奔跑。在德累斯顿，人们显然是想靠近火车站，甚至直接冲进站台。有些人成功了，有些人被阻止了。当时有着一种自发的动力。您当时还能施加客观影响吗？

莫德罗：当我接到通知，列车将向德累斯顿驶来时，面临着下列问题：人潮涌了过来。其中不光是来看热闹的德累斯顿人，他们来自整个专区，是从汽车广播中得知消息后赶来的，并不仅仅是好奇心所驱使。火车站已经被毁了，书报亭被砸毁，玻璃窗被砸碎，现场发生了各种冲突和打斗。此刻奥托·阿恩特部长传来消息，急迫要求："火车站必须清空，列车必须能够通行。我们将以所有车辆整体队列方式通过。"当时了解的情况就是这样。接着，专区人民警察部队司令威利·尼芬内格尔报告称："光靠我们的力量做不到。加上交通警察也不够。"国家安全部的人也发出了束手无策的信号，光靠他们难以完成任务，要求申请军队支援。警方已经从哈勒专区调来了另一个执勤大队。于是我给国防部长海因茨·凯斯勒打电话，终于在柏林舍内菲尔德机场找到了他，他正在那里观看共和国生日庆典阅兵式的彩排。我说："海因茨，我们需要支援。他们都来找我，光靠他们自己控制不了局势。"凯斯勒答道："汉斯，我需要半小时时间。我会给你回电话。"我们放下电话后他去找的谁，他从来没有告诉我。我坚信，凯斯勒需要等待内务部长迪克尔[1]和国家安全部长米尔克的回话。

接着他回了电话，通知我说，他已指派军事学院院长曼弗雷德·格默特[2]中将提供支援，他的任务是从军事学院派遣一个百人队。百人队派来了，大家协力对站前广场和火车站进行了清场。在一切安全得到保障后，列车于0：30至1：00驶过了。

盖勒：昂纳克在这个问题上确实作出了一个完全不负责任的决策。

莫德罗：是的。

盖勒：实际上事态可能发生爆炸性效应。昂纳克真的是想以这种方式显示民主德国的主权，并用这样对待那些逃亡者的方法展示国家的实力？

莫德罗：是的，很明显！柏林一切都很安静，却让我们外省对此负责任。

---

[1] 弗里德里希·迪克尔1913年12月9日出生于Vohwinkel（伍珀塔尔），1993年10月22日逝世于柏林。他是统一社会党党员，1947年加入德国人民警察部队，1949年前在莱比锡人民警察局工作。1961年8月柏林墙建墙时，迪克尔是民主德国国防委员会参谋部成员。1963年10月，他晋升中将。1963年11月15日—1989年11月17日，迪克尔担任内务部长兼德国人民警察部队司令，并于1976年之前兼任民防总局局长。根据民主德国部长会议的决议，他于1965年6月30日晋升上将，并于1984年晋升大将。迪克尔于1967—1989年为统一社会党中央委员，在1990年3月之前为人民议院代表。

[2] 曼弗雷德·格默特1931年11月1日出生于Demmin。他于1949年12月1日加入德国人民警察部队，1953年加入统一社会党。1973年，他以优异成绩获得军事学硕士学位。1977年10月7日，曼弗雷德·格默特晋升少将军衔。1986年6月—1990年3月，他担任人民议院代表和议会国防委员会委员。1986年底，格默特出任弗里德里希·恩格斯军事学院院长。他在该学院被聘为正式教授。他于1990年3月1日被解职。在1990年4月至9月30日被解职之前，他在施特劳斯贝格国家人民军总参谋长身边履职。

我收到了 10 月 3 日—7 日去柏林参加各种国家庆典的邀请。但是，我只在 10 月 3 日去了柏林。昂纳克开了一个会，表彰了民德建国初期的积极分子。国家人民军举行阅兵式时我也在场。我对礼宾司司长说，专区的形势不允许我在柏林逗留。他声称："汉斯，参加名单是政治局决定的！"我仍然坚持请假："青年联盟火炬游行时我不参加，共和国宫的国务活动我也不去。你不要指望看到我。"是的，否则一旦德累斯顿发生灾难，我却在柏林参加庆典？

迪科普：对您而言，或许留在柏林更加有利。那样的话，您的副职就可以对德累斯顿的事态负责了。

莫德罗：确实如此。但是这样做会违背我的良知，也会给我自己带来上千次自责："你这个胆小鬼，自己坐在柏林，让手下的人在德累斯顿顶雷。"

盖勒：昂纳克当时真的膨胀到这种程度，居然无法判断或预见此次行动的困境，居然不把自己的专区党委书记派过去？

莫德罗：这就是问题所在。当时的昂纳克不是头脑膨胀，而是坚信民主德国 40 周年庆典能够使所有一切都黯然失色。

盖勒：这可是对国内现实态势的重大错误判断……

莫德罗：完全如此。

盖勒：与国家安全人员对情势报告有着高效渠道的埃里希·米尔克，难道一点儿也没看出来局势的变化？

莫德罗：他们也运转失灵了。这个机构的人没有想到事态发展得这么严重。每次谈论到这个话题时，我先是得不到国家安全部的消息了，信息来源只剩下警方。接着交通警察以及奥托·阿恩特也失去联系，因为他也应付不过来了。然后只能指望普通的社区警察来支援。再后来调用了两个执勤大队。此时已经投入的警力达到了三个连。内务部长又把警察学校的警力释放出来了。我们仍然抵挡不住压力……

我不是下达命令，而仅仅是询问："我们坚持只用警力，还是只靠警力不够？"尼芬内格尔报告称，仅靠他的力量无法控制局势。我又问了两个后续问题，接着就不得不决定，向国防部长请求国家人民军支援。

盖勒：实际上当时没有人能够足够地意识到局势的骤变、局势的爆炸性。也就是说，没有对民主德国民众当中的反对派行为给予高度重视。您知道吗，为什么当时的局面那么惊人？埃里希·米尔克说过一句著名的话："莫不是明天就要爆发6月17日事件？"[1] 在历史的记忆中，当年的事态就是这样具有爆炸性。1953年6月14日和15日还很少能感受到。6月16日，先是斯大林大街的建筑工人发难。6月17日，实际上已经演变为一场群众运动——但是仅仅局限于东柏林。从这个意义上讲，事态是逐步升级的，而1989年秋季的态势则持续时间很长，跨越了9月、10月和11月。令人惊讶的是，民德国家安全部的机器居然没有能力向党和政府最高层发出警告："朋友们，我们已经处于一个非常困难的境地。我们不应该再激化矛盾了。"当时的行为确实是在激化矛盾："你们看看，那些大使馆的逃亡者、共和国的逃亡者和希望出境者，我们让他们经过民主德国的领土，经过萨克森去西方。"这种做法是完全可以避免的，对吗？

---

[1] 参阅 Armin Mitter、Stefan Wolle（发行人）的《我是爱着你们所有人的！1989年1月至11月国家安全部的命令和情况报告》一书，1989年出版于柏林，第125页。

莫德罗：当然，完全可以避免。

迪科普：那是埃里希·昂纳克一个人的决定？

莫德罗：是的，他是国防委员会主席。他不必询问任何人。他不需要政治局。他作出这个决定不需要问任何人！外交部长奥斯卡·菲舍尔不得不去同布拉格和波恩谈话。包括我们常驻波恩的代表霍斯特·诺伊鲍尔[①]也要去谈判。

迪科普：您受到了司法和舆论的谴责，说 1989 年 10 月初载有逃亡者的列车从布拉格驶来时，您曾要求派遣坦克，至少是派出军队，导致德累斯顿火车站前出现大规模的冲突。根据档案文件的描述，您曾作过伪证。您如何评价这种指责？这些指责是否准确？

莫德罗：不，他们拿不出证据，我也没有这样的记忆。关于作伪证的指控同样毫无根据。作为第一书记，我同时也是专区行动指挥部的部长。所有重要机关和机构都在这个指挥部中派有代表，以便在危机或战争状态下，在遭遇自然灾害和较大规模工业事故时实施领导。西德也有此类的危机处置参谋部。实际上，与其他一些指控和断言相反，专区行动指挥部在出现事变时并没有召开过会议。其结果是，根本就不存在专区行动指挥部召开此类会议

---

① 霍斯特·诺伊鲍尔 1936 年 7 月 6 日出生于厄尔士山区的 Pockau。诺伊鲍尔自 1958 年起成为统一社会党党员。他从 1956 年开始在德国科学院国际关系研究所学习国家法与法律学，1960 年毕业并获得国家法硕士学位。之后他曾经在民主德国外交部各个司工作。1964 年，他担任副外长约翰内斯·柯尼希和奥斯卡·菲舍尔的私人顾问。1980 年 12 月—1988 年 4 月，他在波兰人民共和国担任大使，1988 年 6 月—1990 年担任民主德国常驻波恩最后一任代表。1981—1988 年，他是统一社会党政治局候补委员。在 1989 年 12 月 3 日集体退出之前，他始终是统一社会党中央委员。

的会议纪要，而有人居然指控我在此类会议上提出过派兵的要求。确实有过克伦茨的一道命令 ①，他在命令中一再强调昂纳克曾经发出的一条不得在柏林使用武器的命令。

正如我刚才已经叙述的那样，我给海因茨·凯斯勒打过电话，当时他在舍内菲尔德机场视察将要在共和国生日庆典中参加阅兵仪式的部队。我向他请求支援。他事后回了电话，告诉我，将由军事学院派遣一支或者两支百人队，由军事学院院长曼弗雷德·格默特中将担任指挥。他也将负责协调。于是，我与格默特和专区警察部队司令威利·尼芬内格尔中将达成了相互理解。

当时并没有像外界传说的那样出动企业的工人战斗队。工人战斗队隶属于人民警察，而不是由我指挥。现在我要事先申明：我们在年底前就解除了工人战斗队的武装，人民警察接管了各个企业中保管的所有枪支、弹药和车辆。允许携带武器者的私人枪支也都收了回来。

盖勒：作为统一社会党专区领导人的您，实际上当时是在询问援助和支持，而您自己并没有指挥权？指挥军队的事我不想提。我要问的是驻营警察部队和工人战斗队：这些武装力量根本就不属于专区领导的指挥和职权范围？

莫德罗：驻营警察部队（KVP）早在 1955 年以后就不存在了，它是国家人民军的前身。不过，这是次要的。人民警察部队（包括工人战斗队）、国家人民军和国家安全部有自己的指挥体制，第一书记是不能插手的。只有在宣布战争和危机状态时，权限才会移交给专区行动指挥部，由第一书记接管指挥权。10 月份，我们没有宣布德累斯顿进入紧急状态，所以我并不拥有各

---

① 参阅昂纳克于 1989 年 10 月 13 日发布的 9/89 号命令以及克伦茨发布的国防委员会（NVR）10/89、11/89 号命令，参见本书《汉斯·莫德罗——在历史大环境中的生活大事记》原文第 454 页以及第 458—459 页。

个武装分队的指挥权。当然，无论过去还是现在，我们采取行动的政治责任由我负责。

盖勒：也就是说，为什么昂纳克坚持要让捷克斯洛伐克布拉格大使馆的东德公民必须经过民主德国领土出境，实际上这是国际法和主权法问题。您当时是否希望采取一个政治解决的方案？合乎逻辑的想法是："我的天啊，可别让德累斯顿火车总站的混乱局面演变为危险，最好让那些逃亡者从布拉格和维也纳直接出境吧。"这将是一个政治解决方案，我们就可以避免局势升级了。这样一来，民主德国建国40周年庆典也不会被那些画面的阴影覆盖。西方媒体当然会展示阅兵式的画面、共和国宫内的庆祝画面，但也会公布德累斯顿的画面。如果不采取预防措施，或许会在安全方面存在"谋杀和打人致死"的有限可能性。所以，不坚持主权政治的动机，而是采取一种政治解决的方案，是不是会更加有利？

莫德罗：我当时希望列车直接驶往巴伐利亚，而不是途经民主德国地域，所以给交通部长奥托·阿恩特打了电话。既然他说这是"最高当局"的决定，我又能怎么办？也就是说，是昂纳克本人发出指示，要求民主德国逃亡者不得直接从捷克，而是从民主德国前往西德。理由完全是荒唐的。没有一个条约或一项法律强迫民主德国必须让这些列车途经德累斯顿。昂纳克只是想让人在火车上收掉那些人的身份证，从而使他们离开时已经不再拥有民主德国的国籍。西德同意了这种程序，包括同意绕道行驶。昂纳克是想证明，他并非在被动应付，而是在主动作为。

迪科普：昂纳克是否意识到，这样做会让沿途各地的负责人陷入什么样的困境？

莫德罗：不，我相信他没有意识到。

盖勒："最高当局"的这一决定进一步加剧了您与昂纳克之间的紧张关系？

莫德罗：是的，可以说是变本加厉。我在前面说过，此前刚刚于10月3日发生过总书记对我的一次训斥。我在9月底应巴符州社民党州党部和州议会社民党党团的邀请访问了斯图加特、曼海姆和卡尔斯鲁尔。当我在柏林参加老战士庆典活动时，总书记在走出大厅时斥责我在西德没有代表或很糟糕地代表了民主德国的利益。总之他显得颇不高兴。第二天，也就是10月4日，我就被告知三列火车将途经德累斯顿。

盖勒：当埃里希·昂纳克对布拉格大使馆逃亡者作出决定时，他的病情已经极其严重。如果换作一个健康的昂纳克，他会不会作出这样冒险的、不负责任的、危险的决定？您后来是否与埃贡·克伦茨谈起过德累斯顿的故事？如果由国务委员会主席克伦茨来作决策，他会怎么办？他会让列车途经民主德国领土吗？

莫德罗：你的问题的答案都是否定的！没有人知道当时昂纳克究竟病到什么程度，或许连他自己也不知道。他当时已经以为自己康复了，甚至已经在计划庆典以后的时代了。

迪科普：您有没有利用这个机会向昂纳克报告德累斯顿的态势，从而发出信号，让他知道自己的决定使您陷入多么严重的困境？

莫德罗：没有。但是，我于10月18日在统一社会党中央会议上作了汇报，说明我在担任德累斯顿行动指挥部主席的全部时段"都履行了我的义务"。我之所以这样表述，是要表明，我们并不是在扮演反对党的角色，而是在完成我们的任务，尽管执行这样的任务并不轻松。后来，州级法院将此作为证据，证明我召开过行动指挥部会议。在我的办公室内确实进行过谈话、商议和领导会谈，但是从来没有召集过专区行动指挥部的任何会议。

盖勒：我们现在谈的是责任和失误。您的意见显然认为，埃里希·米尔克的国家安全部机器实际上已经没有能力更加迅速地搜集信息并向国家最高层提供情报。这里是不是意味着一种失败或者失误？

莫德罗：埃里希·米尔克当时年事已高。如果一个人干这份差事超过 30 年，并且三次获得列宁奖章，就可以想见，他已经干够了，应当以理性方式行事了。无论他还是我们大家，都没有那么远大和深入的眼光。米尔克已经超越了他人生的顶峰。我很少见到他，只有在他来德累斯顿观看迪纳摩俱乐部球队在甲级队联赛时我才会陪伴他。他有时表现得像小丑一样可爱，动作就像表演手摇风琴。

迪科普：您怎样看 1989 年 10 月间民主德国派遣执法力量的指挥体制？您怎样看克伦茨和昂纳克的各自作用？

莫德罗：局势的走向在很大程度上取决于民主德国建国 40 周年的庆典日，并受到了庆典日的很大影响。细节已经都很清楚，许多文献证明了这一点。有关共和国生日庆典后 10 月 12 日召开的会议，也有很多文献记载，那次会上出现了一些冲突和大规模的抱怨。在那个星期四，昂纳克会见了统一社会党各专区的第一书记。在这个圈子里，第一次谈到了国内的局势。昂纳克粉饰局势的讲话，遭到了新勃兰登堡专区第一书记约翰内斯·开姆尼策^①、来自波茨坦的京特·雅恩^②和我的反驳。雅恩提出了人事问题。会上没有讨论这个问题。之后在柏林发生了什么细节或谈论些什么，我就无从知道了。因为我不在柏林。我只能谈德累斯顿的情况。作为亲历者，埃贡·克伦茨在他的回忆录《1989年的秋天》中作了详细的描述。他的回忆录当然具有主观色彩。那是他自己的观点。我们的观点并不一定完全一致，但是并不意味着他的观点有偏差而我的观点总是正确。

我再次来到柏林时，是10月18日参加党中央会议，昂纳克在这个会议上宣布辞职。第一个急切走上讲台要求发言的是莫里茨·梅贝尔^③。他的话不仅打动了我。这位著名的沙里泰医院医学家是流亡者的儿子，在莫斯科受到袭击的当天与其他17人一起报名参加了红军。他在讲话中说："我曾经是红

---

① 约翰内斯·开姆尼策1929年3月24日出生于Wildenfels。他于1946年加入自由青年联盟和统一社会党。在毕业于国民小学和商业中专之后，他于1948—1951年在茨维考和埃尔比斯巴赫农业专科学校攻读。在1955—1958年担任统一社会党茨维考县委负责农业的书记之后，开姆尼策又到莫斯科苏共高级党校留学，获得社会科学硕士学位。他于1958—1962年担任格拉专区负责农业的书记，并于1961—1962年担任格拉专区议会常设农业委员会主席。开姆尼策于1963—1989年担任统一社会党新勃兰登堡专区第一书记以及专区议会代表。与此同时，他于1963—1989年担任人民议院代表。开姆尼策于1967年成为统一社会党中央委员，1973年成为国防委员会委员。他于1989年10月8日成为统一社会党政治局候补委员和中央书记，但是11月10日即被解除所有职务，12月13日被开除出党。

② 京特·雅恩1930年1月9日出生于埃尔富特，2015年10月29日逝世于Beelitz-Fichtenwalde。他于1946年加入自由青年联盟和德国共产党/统一社会党。1961年，他以论文《民主德国工业中的经济协商委员会及其扩建》获得经济学博士学位。他于1966年担任自由青年联盟中央委员会第二书记，1967年担任团中央第一书记。1967—1990年，他担任人民议院代表，并于1976年前担任青年委员会委员，之后担任议事日程委员会副主席。雅恩于1974—1976年担任统一社会党波茨坦专区第二书记，1976—1989年担任专区第一书记。1989年11月，他辞去这一职务。1989年12月，他与统一社会党中央委员会集体辞职。1991年，雅恩退出统一社会党的后身——民社党。

③ 莫里茨·梅贝尔1923年2月23日出生于埃尔富特。1954—1957年，他在莫斯科医生进修中央学院担任泌尿科助教，并于1958年获得医学博士学位。自1966年起，梅贝尔以教授身份在沙里泰医院承担教学任务。自1962年起，他从事了民主德国第一个肾脏移植中心的建设任务。梅贝尔自1971年起担任统一社会党中央候补委员，并于1986年起担任中央委员。自1977年起，他被聘任为沙里泰医院的正式教授。

军的中尉。我一直是一个勇敢的人，但是在这个中央委员会中我从来没有勇敢过。”

接着要求发言的是德国体操与体育联合会前主席曼弗雷德·埃瓦尔德[①]。他提出了几个问题。我也发了言，但是遭到国防部长海因茨·凯斯勒和我在德累斯顿的前任、此时负责农业的中央书记维尔纳·克罗利科夫斯基[②]的严厉抨击。我不仅像几乎所有人那样向总书记开火，而且也提醒大家回忆一下，反法西斯战士昂纳克曾经在纳粹监狱里被囚禁10年而保持着坚定的信念。即使有所有理由对他进行批判，但也不能失去公允。

迪科普：1989年10月7日，出席共和国宫庆典、祝贺“民主德国40周

[①] 曼弗雷德·埃瓦尔德1926年5月17日出生于波莫瑞Randow县的Podejuch，2002年10月21日逝世于Damsdorf。埃瓦尔德1944年4月20日加入纳粹党（NSDAP）。1944年12月2日，他被捕关押在苏联战俘营。战后，埃瓦尔德成为德国共产党（KPD）的创始人之一。1946年，他以德共党员的身份在社民党与共产党强迫合并时成为统一社会党党员，并以反法西斯青年委员会委员的身份也成为德国自由青年联盟的团员。他于1952—1960年担任国家卫生与体育委员会（Stako）主任。1961年，他出任几年前刚刚成立的民主德国中央体育组织（DTSB）主席。1973年，他接任民主德国国家奥林匹克委员会主席。埃瓦尔德自1963年起担任统一社会党中央委员。他曾经在统一社会党中央负责体育部的书记领导下工作：埃里希·昂纳克（至1971年），保罗·维尔纳（1971—1984），埃贡·克伦茨（1984—1989）。1988年，埃瓦尔德被解除权力，不得不交出DTSB主席职务。2001年9月，埃瓦尔德因向运动员许诺提供禁药的罪名被判处22个月缓刑刑期。
[②] 维尔纳·克罗利科夫斯基1928年3月12日出生于西里西亚的Oels。他于1971年当选为统一社会党中央政治局委员。1973年10月—1976年10月，他担任统一社会党中央书记，并于1976—1989年担任中央政治局经济委员会成员和国际收支与联邦德国工作小组成员。1976年11月—1988年11月，他担任民主德国部长会议第一副主席。1988年，在维尔纳·费尔费去世之后再次担任负责农业的中央书记。1988年—1989年11月，他担任民主德国国务委员会成员。1989年11月，他被解除所有职务，并于12月3日被开除出党。1989年12月7日—1990年3月12日，他被囚禁于拘留所。因“对国家资金不忠诚”的罪名对克罗利科夫斯基展开的庭审，因其健康原因而不再继续。

年"的客人中，也包括亚西尔·阿拉法特^①。民主德国强调推行和平政策，却又从社会主义后勤部门输送武器，执意支持其"解放斗争"。您如何看这个问题？

莫德罗：我们早在西方把纳尔逊·曼德拉称为"恐怖分子"之前就已经支持非洲民族会议^②和曼德拉了。亚西尔·阿拉法特不是也获得了诺贝尔和平奖吗？

盖勒：您被视为负责任的伦理学家，由于十分出色的理由放弃了参加"民主德国40周年"的庆典活动。原本作为生日庆典和国家典礼筹划的场景，居然实际上演变为国家的灾难，听上去确实很荒诞。这就像是一出讽刺剧。我无法将其描述为一场笑话。您当时在德累斯顿是怎样感受这场庆典活动的？电视里直播了庆典场面。

莫德罗：没有，一点儿也没有感受到。我们在专区为生日举办了自己一场庆祝活动，邀请了一些国际客人参加。我也出席了这个活动，气氛没有柏林那么热烈。在经历了星期一游行和火车站风波之后，我们已经相当冷静。

---

① 亚西尔·阿拉法特1929年8月24日出生于开罗，2004年11月11日逝世于法国上纳赛省的克拉马。他于1957年在科威特成立了巴勒斯坦解放组织法塔赫（al-Fatah）的第一个支部，并于1959年成立了一个同名的政党。阿拉法特于1958年起担任巴解组织执委会成员，并于1968年起担任法塔赫主席。他积极参加了1968年的Karame战役，一举建立起自己的英雄传奇，并于1969年成为巴解组织执委会主席。该组织是1964年由阿拉伯联盟成立的。1988年，阿拉法特间接地承认以色列，并于1989年宣布1964年发布的巴解组织宪章（内容包括呼吁摧毁以色列国）作废。阿拉法特于1990年赞扬伊拉克入侵科威特，表示团结支援萨达姆·侯赛因。1991年8月，阿拉法特在苏联八月政变推翻米哈伊尔·戈尔巴乔夫期间对政变者表示同情，从而激怒了一位多年的支持者。自1996年2月12日至2004年11月11日去世，阿拉法特是巴勒斯坦自治地区的第一任总统。关于阿拉法特的死因，一再出现各种传闻：2015年将其笼统地列为投毒谋杀，但是未能提供证据。1994年，阿拉法特与伊扎克·拉宾和西蒙·佩雷斯一同获颁诺贝尔和平奖。
② 非洲国家会议（African National Congress，ANC）于1912年作为南非组织成立。1960—1990年，其活动始终被法律界定为"非法"。作为反对种族隔离政策的先驱运动，非洲国家会议在流亡中组织了各种活动，并自1994年起建立了政府。其最重要的代表人物是纳尔逊·曼德拉。

在市政厅举办了一场招待会。期间有一场游行活动经过，数百人参加。那是在 1989 年 10 月 7 日的晚上。10 月 8 日，巴黎大街组成了一个"20 人小组"①。此举开始了放弃暴力的阶段。

第二天，莱比锡也提出要求：不要暴力！这就是事件经过，我当时带着激动情绪经历了这一切。我扪心自问："这里到底发生了什么？我们应当怎样应对？"但是我不能作壁上观。我不是旁观者。

盖勒：当然，您是责任承担者和决策承担者。1953 年 6 月 17 日事件之后，官方的版本认为这个国家没有一个真正的责任人，民主德国没有一个公民负有责任，罪责在于西方的特务、法西斯分子和煽风点火者。1989 年秋天德累斯顿的示威者给您脑海中留下了什么画面？在普劳恩、德累斯顿和莱比锡，已经发生了大规模的示威活动。您有没有与示威者，与德累斯顿的公民进行对话？您当时是否一下子难以理解这是一场公民运动，而不是一场由西方操控的行动？当时是不是怀疑这些人被西方那边工具化了或者被操控了？

莫德罗：在这个时段，我认为自己的责任已经上升到另一个高度。我如果走上街头与群众对话，就难以承担职责所在。我的责任是确保 40 周年的日程秩序井然地运行。与此同时，我必须时刻保持全局观念，以掌控自己的决策范畴。几天以后我才参与直接对话，对外播出了对话的画面。我站在剧

---

① "20 人小组"是 1989 年 10 月 8 日的一次示威游行时由大约 20 名德累斯顿公民组成的，其任务是在第二天与德累斯顿公共机构进行谈判时提出政治要求。之后，在普劳恩和卡尔·马克思城也组成了类似的小组。1989 年 10 月 8 日来自示威者圈子的小组原始成员是：勒内·巴赫曼，安德里亚斯·巴尔奇，乌尔里希·鲍姆加特，弗里德里希·博尔茨，迪特尔·布兰德斯，卡尔 - 海因茨·登克特，乌韦·格洛辛斯基，勒内·格吕特纳，马尔库斯·金舍尔，安德里亚斯·洛伊施纳，扎比内·林克，亨利·马特海森，迈克·米尔施，贝亚特·米哈伊，克劳斯·明希，弗兰克·诺伊贝特，科斯廷·尼古劳斯，埃伯哈德·奥斯特，马里奥·彼得里，海科·普斯特龙，弗兰克·里希特，施特凡·里希特，彼得·罗森贝格，奥利维亚·施瓦茨，玛丽亚·施多伊特纳，布尔吉·特鲁默尔。(历史名单是正确的，创始人员确实超过了"20 人"。——译者)

院广场上，与数千人进行对话。有一张画面上，我倚靠着一座纪念碑，通过扩音大喇叭进行演讲。我在走向这个广场时告诉自己："你必须在这里亮明旗帜！"

在那个极为紧张的时刻，我感觉到已经失去了控制。没有人能够见到你，但是他们都坚持要与行动指挥部主席协调一些事务。如果他们见不到主席，将会发生什么状况呢？不能靠开会，靠开会你会受到惩罚，而是应当实施直接的战术指挥。刚才我已经说过：我没有逃避职责，我在1989年10月18日的中央全会上说："作为行动指挥部主席，我始终承担着自己的责任。"我认为这里有着一个区别：究竟你是通过参谋部开会实施指挥，还是作为决策者采取负责任的行动，并与群众进行对话。恰恰这就是问题。

与此同时，节日市场正布置在德累斯顿的老市场广场上，到处都可以在小吃摊位上买到饮料和香肠。这就是那些天的民主德国。人们高兴地庆祝民主德国40周年，喝着啤酒，吃着烤肠。然而，我们的上司只看见了吃烤肠的画面，他们视而不见或者不闻不问人们的不满情绪。我们坐在现场，却不能用"烤香肠"缓解局势。

盖勒：这一点可以理解。

12. 昂纳克辞职及其后任克伦茨

盖勒：您说过，在最后的那几年里，民主德国领导人与勃列日涅夫几乎无法进行任何商谈，无法达成一致意见。他在健康上已经精疲力竭，主要是酗酒所致。安德罗波夫时期则是一个不稳定的过渡阶段。勃列日涅夫在比较健康时对昂纳克说过一句话："埃里希，你要小心啊！"言外之意是想说：不要过高估计你的地位，民主德国的兴衰唯一地和全部地取决于苏联。他的信号是："不要以为你可以自行决定独立的政策，你必须始终依赖我们。你们实际上就是我们的孩子。"尽管孩子是可以长大成人的。孩子也会有青春期和解放突围的冲动。究竟是什么原因导致苏联领导层的最终决定："让我们仍然保留卢布兑换，还是过渡到美元钞票？"民主德国终结的主要责任最终还是在于莫斯科？民主德国内部有没有人要对民主德国的终结承担责任？您认为哪个人或哪个圈子或哪支力量应当为此承担责任，即由于他们的玩忽职守以及不负责任的行为，把民主德国几十年的建设成就在1988—1989年或者此前几年内付诸东流？如果点名的话，究竟应该是埃里希·昂纳克、库尔特·哈格尔、维尔纳·克罗利科夫斯基，还是格哈德·拜尔①和京特·米塔克？究竟谁得为失败和崩溃承担责任？

莫德罗：我不想当"法官"。

盖勒：您不愿意当"法官"？

莫德罗：不是我不愿意，我也没有权力当这个"法官"。以昂纳克为例，

① 格哈德·拜尔1926年5月28日出生于莱比锡，2010年8月19日逝世于柏林。他于1949年加入自由青年联盟。他毕业于洪堡大学，获得经济学硕士学位。1953年加入统一社会党。1954—1956年，他在两德内部贸易、外贸和物资供应部地方经济国务秘书办公室先后担任处长和局长，之后担任高级顾问和首席顾问。在受到一次违反党纪的处分之后，他于1958—1961年在民主德国驻奥地利大使馆商务代表处担任学术助理。之后，他重新回到外贸部工作，先是担任西欧部门负责人至1965年，后又于1969—1976年担任国务秘书，并于1976年出任第一副部长。拜尔于1976年成为统一社会党中央候补委员，1981—1989年为中央委员，并于1977年成为民主德国部长会议成员。1986—1990年，拜尔接替霍斯特·泽勒出任民主德国外贸部长。他曾随埃里希·昂纳克出访西方各国。拜尔是《民主德国经济形势及其后果分析》的作者之一，其他作者包括格哈德·许雷尔、恩斯特·赫夫纳、亚历山大·沙尔克-戈洛德科夫斯基和阿尔诺·东达。这份报告作为草案，于1989年10月30日提供给统一社会党中央政治局。这份也以"许雷尔文件"著称的秘密报告，第一次明确指出了民主德国债台高筑和经济崩溃的情况，格哈德·拜尔在退休之前一直担任洛塔尔·德梅齐埃政府的顾问。

我在评价他的时候总是有一个出发点：我曾经是"希特勒青年团"的成员，而他是参加过反法西斯斗争的青年共产党员。

盖勒：您对此并没有责任……

莫德罗：我对此是否负有责任，这一点并不重要。我们谈的是事实。昂纳克因此赢得了我的尊重。但是这改变不了我对埃里希·昂纳克的完全矛盾的看法。我所经历的他，有过两个阶段：第一阶段是一位积极的反法西斯青年政治家，第二阶段则是导致推翻乌布利希的野心勃勃者。那是在1965年的第十一次全会上，以攻击乌布利希的青年政策为开端。青年委员会主席库尔特·图尔巴 ① 及其《青年公报》，在会前就遭到了猛烈的攻击。在全会的前夜，库尔特·图尔巴给我打电话问我："明天我在讨论中是不是应该发言？"我回答他说：你应该保持镇静。两天后，保罗·维尔纳询问我，为什么给库尔特·图尔巴出主意？因为我们俩是在电话中商谈的，没有向第三者透露过，所以我就清楚了，我们受到了窃听。埃里希·昂纳克和保罗·维尔纳在开始推翻瓦尔特·乌布利希的进程之前，首先攻击库尔特·图尔巴的青年政策，并将他调到媒体工作。

---

① 库尔特·图尔巴 1929 年 4 月 1 日出生于捷克斯洛伐克的 Leitmeritz，2007 年 12 月 3 日逝世于柏林。他于 1946 年移居格拉姆附近的 Gaschwitz，并加入了自由青年联盟。他于 1948 年成为统一社会党党员，并毕业于 Luisenthal 的县党校。他于 1948—1949 年间在耶拿大学学习历史，后来被任命为青年团图林根州团部负责高校工作的辅导员。他于 1950 年 7 月前往柏林出任团中央高校部长，并于 1952 年担任团中央负责大学生工作的书记。由于在青年团与民主德国基督教青年教徒之间斗争方式产生争议，他于 1953 年 8 月被免职，并出任自由青年联盟的大学生杂志《论坛》(Forum)主编至 1963 年。之后，瓦尔特·乌布利希起用他担任统一社会党中央政治局青年委员会主席。1963 年，图尔巴也成为人民议院代表和议院青年委员会主席。在莱奥尼德·勃列日涅夫试图推翻乌布利希之后，图尔巴在 1966 年 1 月的统一社会党中央第十一次全会上受到党务工作的攻击，被解除所有政治职务。1966—1990 年，他在民主德国新闻通讯社德新社（AND）担任新闻编辑。1990 年，民社党领导层为图尔巴进行了全面平反。

盖勒：您与战友和同路人一起经历了这个时期。我们不想针对任何人，不想对任何人进行评判和定论。我们不是想谈论责任，不是想让时代见证人去谈论自己的责任或针对他们的责任，但是，我们必须提出有关历史的问题：究竟应当怎样确定承担责任者？究竟谁原本可以改写历史？究竟谁相信自己能够违背苏联的政策自行其是？有没有人可以反驳苏共总书记？

看起来似乎有一种可能性：以汉斯·莫德罗这个人物作为假设，如果早一点儿让他出任总理，并且给他多一点儿时间，"民主德国的事业"是否还有其他转向的可能性？然而，时间并不站在您这一边。如果您所拥有的时间来不及稍作改型，那么只能跟在时间后面空自叹息。2002 年，我在波恩作为洪堡奖学金学者，曾经在一个很小的圈子与赫尔穆特·科尔在一起相处。我问他："您如何看待奥地利总理弗拉尼茨基 1989 年 11 月对东柏林的访问？"他感到惊讶，怎么会有人提出这么一个有针对性的问题？因为当时在德国几乎没有人会对这个问题感兴趣。他的回答是："我当时的担忧是，我们只是在匈牙利、波兰有这样的'莫德罗们'，或许也可以在改革中的捷克斯洛伐克找到一个。"当时还没有谈到捷克斯洛伐克的场景。从这个谈话中可以看出，科尔当时观察的是那些仍然想保持社会主义核心根基的改革政治家，他们拒绝加入北约，希望在中欧建立一个中立和无核的地区。此外，瓦茨拉夫·哈维尔 [1] 本人当时还没有走上北约路线。1989—1990 年间这还不是一个话题，后来才提出了这个议题。在我看来，科尔的上述表态说明当时或许还不是一

---

[1] 瓦茨拉夫·哈维尔 1936 年 10 月 5 日出生于布拉格，2011 年 12 月 18 日逝世于 Vlcice-Hrádeček。1968 年"布拉格之春"期间，哈维尔是"独立作家俱乐部"的主席，成为非共产党知识分子的代言人。在后来的日子里，他一再公开批判以古斯拉夫·胡萨克为首的当局。1977 年，哈维尔是公民组织"77 宪章"三名主要倡议人之一。该组织在 20 世纪 70 年代末和 80 年代成为反对党中心。1989 年 12 月 29 日，哈维尔作为公民论坛的候选人当选国家总统。1990 年 7 月 5 日，他领导国家进行自由选举。新议会确认了他的无党派总统身份。1992 年 7 月 3 日，哈维尔在总统选举中没有获得议员的足够支持票而卸职。在捷克与斯洛伐克于 1993 年 1 月 1 日和平分离之后，哈维尔于 1993 年 1 月 26 日以多数票当选捷克共和国总统。1998 年 1 月 20 日，他再度确认总统职位。其两任总统时间结束于 2003 年 2 月 2 日。

个完全远离现实的担忧。也许那是具有时代特点的过高评估,认为此时还有一点儿潜力,由您这样的政治家重新改写历史篇章,从而确保现有社会主义体制的继续存在。因此我认为有必要追问,究竟还能指望哪些人实施改革?您是怎样看待这个问题的?您原本还是可以信任那些战友的?

莫德罗:您在分析时应当注意一个视角:我有我的看法,您有您的看法,埃贡·克伦茨——为了举一个仍然在世的时代见证人——有他自己的看法。我现在说的是我自己的经历。我记得,我在1988年的中央全会上大声地表达了我的顾虑,即我们劳动者的财产观念已经日益淡漠,必须在国有企业当中增强参与决策权。可以想见,我的这个意见被理解为对京特·米塔克为首的经济领导的批判。会间休息时,我端着一杯咖啡独自站着,一位来自梅克伦堡的青年团时代老朋友走到我身边说:"汉斯,你现在踩了红线啦。"我问:"那又怎样!谁愿意跟我踩线?"他说:"你看一看身边——你自己就能看出来。"说完他就走了。

概括说来:政治家追逐的是利益,与友谊没有多少关联。

迪科普:您还能举出一个这样的例子吗?

莫德罗:1989年1月,我给昂纳克写了一份月度报告。报告中包含了批判经济和供应方面存在问题的意见,导致中央派出一个工作小组来德累斯顿专区进行审查。不是审查民主德国的问题,而是专区领导的薄弱环节。3月初,当审查报告呈送政治局,并对我的领导工作进行严厉批评时,维利·斯多夫总理保持了沉默。所有其他人也支持了昂纳克和米塔克的批评立场。

盖勒:对反法西斯战士和法西斯恐怖统治牺牲者的尊重和尊敬,以及昂纳克大权独揽的威势之大，导致所有人都噤若寒蝉？

莫德罗：昂纳克的好恶，对民主德国领导层和等级制度中的位置至关重要。1989 年初的他，毫无疑问是不可侵犯的第一号人物。他在国际上享受着崇高威望，来自西德的政治家排着队地等着与他合影。唯独他与苏联的关系有些摩擦，无论出于政治还是经济原因。但是，当时根本就看不出有任何理由取代他。

我亲身经历了维利·斯多夫 1989 年 10 月 2 日在德累斯顿参加一个自动化项目移交仪式时的表现，他认为昂纳克的政策是正确的，对此抱有何等的信任感。但是，从字里行间可以听出来，他对昂纳克这个人已经不再满意。

短短几天以后，在柏林 40 周年庆典的边缘就发生了安全力量与示威群众之间的冲突。德累斯顿早在布拉格大使馆占领者的列车要途经民主德国领土前往西德时就发生了严重的械斗。我想把话题限制在戈尔巴乔夫的访问上。瓦连京·法林传达说，戈尔巴乔夫想同昂纳克进行一次谈话，昂纳克把米塔克也一起拉上了，接着又同政治局所有成员见面。会见结束之后，开始了青年团的火炬游行，队伍中呼喊"戈尔比、戈尔比"的声音无法听而不闻。

10 月 10 日和 11 日，政治局讨论了埃贡·克伦茨提交的一份声明，获得了通过。

我的印象是，此次变动是由京特·雅恩（波茨坦专区）和约翰内斯·开姆尼策（新勃兰登堡专区）在 10 月 12 日提出来的——他们说事先没有预谋。

我于 10 月 17 日给昂纳克打电话，请求与他于 20 日在柏林进行一次单独谈话。昂纳克在接电话的一刻就申明他的时间很有限，所以我只说了简短的几句话。由于众所周知的原因，此次谈话没能进行：埃里希·昂纳克迫于压力，在 10 月 18 日宣布辞去所有职务。

迪科普：埃贡·克伦茨在他的《1989年的秋天》①一书中十分详细地作了描述。

莫德罗：是的，克伦茨在书中写到了。克伦茨把脏水泼到了我的身上。

盖勒：他对您给昂纳克打电话之举感到困惑……

莫德罗：是的，因为他执意认为我是要"投诚"到昂纳克那里去。10月12日以后的几天内我得到的印象是，尽管政治局赞成克伦茨起草的那份声明，但是领导权还是在昂纳克一边。我的想法是与昂纳克进行一次坦诚的单独谈话，建议作出变革，产生一个新的领导班子，不管事后会给我本人带来多大麻烦。埃贡·克伦茨对此没有传达出来的，而我认为十分重要的，就是10月17日政治局会议的具体流程。如果阿尔弗雷德·诺依曼所说的情况属实，那么要求昂纳克辞职的应该是斯多夫，之后在讨论中又要求米塔克和海尔曼②也辞职。斯多夫与克伦茨仅仅打算更换总书记，但是阿尔弗雷德·诺依曼却试图推动根本性的变革。莫里茨·梅贝尔在10月18日的中央全会上提出建议，批准昂纳克辞职并解除米塔克和海尔曼的职务。

盖勒：这就是说，埃贡·克伦茨叙述的可信度……

① 参阅埃贡·克伦茨所著《1989年的秋天》，2014年再版于柏林，第179—180页。
② 约阿希姆·海尔曼1928年10月29日出生于柏林，1992年7月30日逝世于柏林。他于1948年加入统一社会党，1949—1952年担任《青年世界报》副总编辑，并于1954—1960年担任总编辑。他在1952—1961年担任自由青年联盟中央委员。1960—1962年，海尔曼成为《柏林日报》总编辑。在1971年之前，海尔曼是负责西德问题的国务秘书。在1978年之前，海尔曼担任统一社会党中央机关报《新德意志报》的总编辑。他于1967年担任统一社会党中央委员，1973年成为中央政治局候补委员，1978年成为政治局委员。他自1979年起在党中央负责媒体、民主党派和民族阵线工作。1978—1989年间，海尔曼担任统一社会党中央书记，负责宣传工作。1989年11月10日，他被开除出统一社会党中央委员会。1990年1月20日，海尔曼被开除出统一社会党-民社党。

莫德罗：……确实有些可疑。

盖勒：您在那次决定性会议之前给昂纳克打电话，克伦茨有什么理由感到困惑？

莫德罗：埃贡·克伦茨的描述说明，他与我保持着距离，所以我从来没有被拉进他的亲信圈子。我在这里不想列举许多细节来证明我的观点，但是我不想隐瞒一个事实，那就是 10 月 18 日到 11 月 8 日召开中央第十次会议之间，存在着一个政治真空期。在对这一进程的评价方面，埃贡·克伦茨与我之间至今有着分歧。从历史中寻找出一个接近真相的现实判断，将是历史学家们的任务。现在我不作进一步的评价，而是简单叙述一下事件的过程：老的领导层予以保留。斯多夫总理得到了苏联方面的信任。他们对他没有保留。埃贡·克伦茨与京特·萨博夫斯基 ① 和西格弗里德·洛伦

---

① 京特·萨博夫斯基 1929 年 1 月 4 日出生于 Anklam，2015 年 11 月 1 日逝世于柏林。他曾经是"希特勒青年团"的成员，最终当过分队长（Scharführer）。萨博夫斯基于 1950 年加入自由青年联盟，1952 年加入统一社会党。之后，他在统一社会党中央机关报《新德意志报》担任副总编辑。1978—1985 年，萨博夫斯基担任该报总编辑，同时也是民主德国记者联合会（VDJ）的中央理事会成员。他于 1981 年成为统一社会党中央委员，并于 1984 年起担任党中央政治局宣传委员会成员。1985 年，萨博夫斯基出任柏林专区第一书记，并担任柏林专区行动指挥部主席。他自 1986 年起担任中央书记。1981—1990 年，萨博夫斯基是民主德国人民议院代表。1989 年 11 月 4 日，他在柏林亚历山大广场参加了民主德国历史上最大规模的一次抗议集会，他与马尔库斯·沃尔夫受到与会者"毫不留情"的嘘声。1989 年 11 月 8 日，萨博夫斯基以中央委员的身份被选入政治局。他于 1990 年 1 月 20 日被开除出统一社会党 - 民社党。1999 年 12 月，他被判刑，进入哈肯菲尔德监狱。在服刑将近一年后于 2000 年 12 月 2 日获得假释。2000 年 9 月，柏林市长埃伯哈德·迪普根宣布了对他的赦免。1989 年 5 月对萨博夫斯基展开的篡改东德地方选举结果的起诉，于 1997 年终止。由于 1989 年 11 月 9 日宣布新出境法之举，使得萨博夫斯基进入了史册：他在国际媒体招待会上回答《图片报》记者彼得·布林克曼关于旅行法生效时间的问题时称："根据我的理解……立即生效，毫不迟疑。"他的答复导致边界开放和柏林墙被推倒。他的答复究竟是事先计划的还是疏忽口误，迄今没有一个定论。

茨 ① 的关系相当密切。哈格尔、米尔克、阿克森、诺伊曼等反法西斯老战士的想法是什么，我不得而知。埃贡·克伦茨于 11 月 1 日在莫斯科会见了戈尔巴乔夫。他们二人都信任斯多夫。但是，戈尔巴乔夫在谈话中提到了我的姓名。11 月 7 日，斯多夫政府宣布辞职，因为人们对这位政府首脑的不信任程度已经太高了。于是，统一社会党中央不得不于 11 月 8 日提名一位候选人。

盖勒：也就是说，实际上只是讨论一下表面的人事问题，却不讨论具体内容和核心路线问题，哪怕只是以启动方式促进变革？

莫德罗：我的印象正是这样。我认为这样做是错误的，没有与时俱进。

盖勒：那种认为埃贡·克伦茨不可能实现真正转折的看法是否正确？

莫德罗：如果这是您的判断，我不会反对。

盖勒：我们不针对任何人。我们是历史工作者，没有兴趣追求肤浅的猎奇。"转折"这个词常常令人强烈地联想起克伦茨，尽管这个说法早就有过或者使用过。11 月 4 日在亚历山大广场上举行过大规模集会，集会上就传播

---

① 西格弗里德·洛伦茨 1930 年 11 月 26 日出生于 Annaberg。他于 1946 年加入自由青年联盟和统一社会党。洛伦茨自 1958 年 1 月起担任青年团柏林专区第二书记，并于 1961—1976 年担任第一书记。此外，他于 1958—1967 年担任柏林市议会代表和柏林专区党委候补委员和正式委员。洛伦茨于 1961—1976 年担任团中央委员，于 1963—1967 年担任柏林市议会代表，并担任人民议院代表至 1990 年。1966—1976 年，他担任统一社会党中央委员会青年部长，同时担任党中央政治局青年委员会成员。他于 1967 年成为党中央候补委员，并于 1971 年成为中央委员。1976 年 3 月—1989 年 11 月，洛伦茨担任卡尔·马克思城专区党委第一书记。他于 1985 年成为党中央政治局候补委员，并于 1986 年成为政治局委员。1989 年 11 月 8 日—12 月 3 日，洛伦茨担任统一社会党中央书记。柏林州级法院于 2004 年 8 月 6 日以柏林墙三宗射击谋杀案帮凶的罪名判处洛伦茨 15 个月的缓刑刑期。

过"随风转舵者"①这个词。这个概念是在语义上诱导人们相信这样的政治家是一个机会主义者，并不想真正实现变革，并没有真正的改革设想。当克伦茨下台之后，一种如释重负的感觉油然而生。接着来了一位能够给人信任的人。埃贡·克伦茨真的是人们越来越多描述的那种"随风转舵者"？在他的领导下，根本就无法实现转折，因为他根本就没有转折意愿？

莫德罗：不，我不相信这一点。克伦茨不是"随风转舵者"或者机会主义者。我认为，他坚信领导集体需要他，也会支持他。为什么他要尝试做他做不到的事？

政治局的元老团伙在此次会议前申明辞职，但是在埃贡·克伦茨建议的名单中，大多数人留下了。也就是说，党中央缺乏一个现实的形势判断。例如，我建议让约翰内斯·开姆尼策担任负责农业的书记，结果他就当选了。但是，当这个任命被新勃兰登堡专区领导层得知后，引发了抗议，于是党中央不得不收回成命。

盖勒：可不可以直截了当地断言，此时如果要求进行计划构想和战略思考，实际上已经超出了克伦茨的承受能力，而从变革内容的角度考虑，理应物色和派遣一些能力强的关键性人物？

莫德罗：在这种局势下，超出了我们所有人的承受能力，不仅只限于克伦茨。

迪科普：我想引述克伦茨《1989 年的秋天》里的话——第 167 页："汉

---

① 这个概念是女作家克里斯塔·沃尔夫 11 月 4 日在柏林亚历山大广场的大型集会上使用的。

斯，我说，今天的会议给了我们可能性，即把罢免昂纳克写入星期二政治局会议的议事日程中去。莫德罗先是沉默，接着希望我们考虑一下，是不是把罢免昂纳克的日程推迟到 11 月的中央全会。"接着写道："当然，此次谈话引起了洛伦茨和我（指克伦茨自己）的深思。我们没有料到他会这样审慎。"莫德罗先生，您当时为什么这样优柔寡断？您能不能叙述一下？

莫德罗：埃贡·克伦茨这里的说法再一次与事实不符。在 10 月 12 日的会上，开姆尼策在我后面发的言。雅恩要求昂纳克考虑一下辞去他的职务。而克伦茨写的是，请求昂纳克辞职的是他，这种可能性或许是存在的。但是，雅恩在会上并没有得到克伦茨的支持。克伦茨保持了沉默。

我们在会后谈话时，就是在他说我回答问题时反应迟疑的时候，根本就没有谈到立即召开中央全会解除昂纳克职务的话题，至少我回忆不起来。我确实是带着犹豫不决的感受回到德累斯顿的，所以我在 10 月 17 日与昂纳克通电话，请求与他进行一次谈话。我本想在单独谈话中规劝他辞职。我在 10 月 12 日并没有被克伦茨拉进那些计划，之后也没有被要求和他一起干。埃贡·克伦茨刻意隐去了 10 月 18 日中央全会之前发生的一件事：政治局邀请各专区第一书记开会。会上建议选举埃贡·克伦茨出任总书记、国务委员会主席和国防委员会主席时，我发表自己的想法，建议党和国家领导人的职务进行分离。政治局委员哈里·蒂施[1]立即提问道："你究竟想当什么？"他的假设是我觊觎一个职位。他表示支持保持三权集中的做法。之后就没有再讨论这个

---

[1] 哈里·蒂施 1927 年 3 月 28 日出生于 Heinrichswalde，1995 年 6 月 18 日逝世于柏林。蒂施在战后加入统一社会党、自由青年联盟和自由德国工会联合会（FDGB）。蒂施于 1963 年成为统一社会党中央委员，并于 1971 年成为政治局候补委员，1975 年成为政治局委员。此外，蒂施于 1963 年起担任人民议院代表，并自 1975 年起成为国务委员会委员和民族阵线全国委员会主席。蒂施于 1975—1989 年担任自由德国工会联盟主席。1989 年 11 月，蒂施与统一社会党中央政治局集体辞职，并被解除国务委员会委员的职务，被开除出自由德国工会联盟。12 月，他被开除出统一社会党。1991 年，蒂施被以滥用信任和不忠诚的罪名判处 18 个月监禁。蒂施于 1995 年逝世。

问题。有人请求库尔特·哈格尔阻止艺术家和作家们在全会上进行辩论。他的反应是予以拒绝，他不愿意做这件事。这一切都是束手无策和心不在焉的迹象。我并不把自己从这个无能的集体中排除出来。根据会议纪要记载，我于10月18日要求在中央全会上展开一场讨论，但是中央委员会没有同意。老的领导人们也不愿意开展讨论。在11月8日的中央全会上，讨论的核心问题是人事变动，但是仍然没有涉及克伦茨10月18日所宣布的政治转折的具体内容。在我的印象中，11月9日的会议气氛变得越来越神经质，越来越茫然。我们表态赞成克伦茨提出的新旅行法生效。11月6日在媒体上公布旅行法后，非但没有排遣群众的压力，反而增大了压力。草案被民众拒绝，不得不收回成命。再次提出的选项，我们表决通过，计划于第二天发布出去。

我直至今日还在自责，我当时为什么没有主动接触克伦茨。诚然，我不过只是中央委员和一个专区的第一书记，但是我毕竟属于资格较老的、已经积累了一些经验的干部。那天夜里面对的困境，责任主要在斯多夫政府和总书记，但是边界没有出现混乱，没有开枪射击，主要功劳在于边防官兵。他们明智地采取了唯一正确的措施。而事后西德方面的所作所为，简直是厚颜无耻。

盖勒：我们是否正确理解了您的意思：埃贡·克伦茨完全不适合他的角色，因为您作为当事人，对昂纳克解职到克伦茨解职期间的漫无方向、漫无战略的现状，先是感到十分惊讶，接着又感到失望？

莫德罗：作为历史学家，你们应该对这些经历、事件和时代见证人的叙述进行梳理和评价。我只能局限于旁观者的框架内。当我接任总理之后，在处理东西德关系时采取的立场是不能维持昂纳克时代的做法。在塑造两德关系方面，政府是科尔的伙伴，总理应当介入各种对话。在昂纳克时代，斯多夫在双边关系上没有任何作用。斯多夫在昂纳克面前很少有发言权，政府的权威受到严重限制，这一点我们在专区就能察觉到。我想改变这种局面。政府的决定不必先经过政治局批准，从而消除了与政党机构先行谈判的需求。我愿意与克伦茨总书记对话，但是态度并不十分积极。当法林1989年11月来到柏林时，有过一次三人谈话。当我们谈到与各政党主席一同进行圆桌会议①议政时，我请埃贡·克伦茨以国务委员会主席的身份在国务委员会办公大楼内主持圆桌会议。结果也是这样做的。由于埃贡·克伦茨并没有表现出商议各种基本问题或其他议题的需求，因此双方似乎都缺乏提出倡议的意愿。我坚持认为，国家必须毫无保留地开展工作、展示效力。

世间流传一句话："时代见证人是历史的主要敌人。"从这种相对论的火花中可以窥见，埃贡·克伦茨与我之间对1989年发生的各种事件有着不同的看法，但是并不意味着我们的政治信念有着根本性的差异。

例如，克伦茨认为，我作为中央委员，至少与他一样应当早就考虑到更替昂纳克的问题，因而对所有困境拖延太久、太久而担负有连带责任。当时的党中央并不介入一系列内部事务，所以中央委员知道的内情很少，甚至毫不知情。而克伦茨则不同，他自1983年起就是政治局委员，他对所有重要问题都有另外的知情渠道。我不是想谴责他，而只是想举例说明，他所拥有的信息量与我不同。

迪科普：埃里希·昂纳克辞职之后，埃贡·克伦茨接任了所有职务。我们谈论的是1989年10月的职务叠加现象。克伦茨同时出任民主德国国务委员会主席、国防委员会主席和党中央总书记的做法究竟是不是明智？

莫德罗：有人认为在危急时刻所有重要职务必须集于一人之身，而当时

---

① 参阅汉斯·莫德罗（沃尔夫冈·迈尔）所著《起点与终点》，1991年出版于柏林，第29—66页。

我们毫无疑问已经处于危难时刻。这种观点不能说服我。因此，我当时表示反对。如果一切都保留老传统做法，还怎能让人相信我们会真的走向克伦茨所宣称的"转折"呢？仅仅更换一个一把手并不够，也必须进行分权。

迪科普：您当时是唯一的反对者？

莫德罗：在 1989 年 10 月 18 日的中央全会上，是我一个人表示了反对。

迪科普：克伦茨的形象在党内以及在党外公众舆论中究竟扮演的是什么角色？您的形象是谦虚谨慎，具有诚实可信的品行。众所周知，汉斯·莫德罗在德累斯顿住的是一套三居室公寓。埃贡·克伦茨则住在万德利茨，他的形象是热爱生活，在青年团组织中喜欢与年轻人友好交往。这些对克伦茨的个人形象有什么影响？克伦茨的个人形象怎么样？他在党内和公众心目中拥有完美无缺的评价？

莫德罗：我认为，他在 1989 年秋天时的青春活力已经荡然无存。在大多数民主德国公民眼中，克伦茨当时的政治形象已经属于政治家高官阶层，人们对他日益感到厌烦。从 11 月 4 日的示威游行中就可以明显地看出，当时人们举着他的漫画穿过整个城市。4 天后，在党中央办公大楼前，基层党员对他发出嘘声并大声发泄不满情绪，这些都证明了这一点。当他在"为了我们的国家！"的倡议书上签名时，反响是死一般的寂静。①

迪科普：需要占据什么样的岗位，或者担任什么样的职务，才能推动深

---

① 汉斯·莫德罗和德梅齐埃等人也都签了名。

入的改革？从权力层面来划分，那些职务包括民主德国部长会议主席、民主德国国务委员会主席、政治局委员、国防委员会主席、统一社会党中央总书记、国防部长等。

莫德罗：我们尽管说的是党和国家集体领导，但是实际领导人只有一个。赫尔穆特·科尔称呼昂纳克的时候，或许称呼克伦茨时也用"总书记先生"，而不是称为"国务委员会主席先生"等。对科尔来说，党的职务是最重要的。

迪科普：您知道吗，为什么统一社会党总书记克伦茨从未与科尔总理见面，只是通过电话？

莫德罗：我无法回答您的这个问题。

盖勒：如果戈尔巴乔夫劝科尔不要与克伦茨交往，科尔很难做到这一点。

莫德罗：即使有过这样的事，科尔也几乎不可能将这种方式的建议视为对其具有约束力。估计戈尔巴乔夫也不会认为这样做对他有什么好处。

迪科普：在权力等级制度中，排在政治局后面的是什么单位？

莫德罗：国防委员会，至少是在危机和战争状态下，谢天谢地我们一直没有遇到这种状态。国防委员会的会议是所有会议中保密程度最高的。

迪科普：国家安全部长和外交部长在等级制度中排在什么位置？在权力

层级中，这两位部长与其他部长的职位是什么关系？

莫德罗：您对国家的理解不能移植到民主德国来。根据基本法，联邦总统的地位高于联邦总理和联邦议院议长，然而联邦总理却是国家最重要的职位。如果在民主德国照此办理，那么国务委员会主席就是国家元首。但是，民主德国宪法的第一款明确指出，工人阶级领导政党的总书记是最重要的职位。总书记也可以身兼数职，但是所有其他职务都排在总书记之后，党和国家有着平行体制。一个党中央的书记，相当于一个部长，但是他的排名先于部长。外交部长奥斯卡·菲舍尔的上司，实际上就是中央书记海尔曼·阿克森。当昂纳克更多地重视外交政策时，就很少再"询问"阿克森。国家安全部长或国防部长都是政治局委员，直接面对总书记以及自己的小王国。负责经济工作的中央书记京特·米塔克，可以指挥与经济沾边的几乎所有各部。哪个部与经济没有关系呢？就连文化部也不例外——它需要房子、剧院设备、摇滚乐架子鼓……

盖勒：还有一个完全不同的题目可能在政治上毁掉克伦茨或者给他的政治命运打上标签？那种假设就是他所宣称的"转折"以及这个词后面代表的明确构想，即对政治和社会进行深刻的变革，也就是可能走向一条完全不同的道路。有些反对派人士、人权主义者和作家，例如克里斯塔·沃尔夫 ①，把

①　克里斯塔·沃尔夫（娘家姓氏是 Ihlenfeld）1929 年 3 月 18 日出生于瓦尔特河畔的兰德斯贝格，2011 年 2 月 1 日逝世于柏林。她在 1949—1989 年是统一社会党党员。1963—1967 年，她是统一社会党中央候补委员。她于 1974 年成为民主德国艺术学院院士。1962 年起，克里斯塔·沃尔夫成为自由作家。在 1989 年 11 月 4 日柏林亚历山大广场上举行的反对民主德国政策的示威活动中，沃尔夫是其中一位发言人。时值 1989 年冬天，她还认为更换领导人后还是可能进行社会主义改革的。1989 年 11 月 26 日，她为了民主德国而发出了"为了我们的祖国"的呼吁。沃尔夫在演讲中并不使用"转折"这个词，而是更多地使用"时代转折"这个概念。2013 年底在柏林成立了克里斯塔·沃尔夫协会。此外，沃尔夫曾经于 1990 年获得希尔德斯海姆大学的名誉博士荣誉。

原本的概念"转折"（Wende）加上了"转颈"（Hals）的含义，从而将"转折"的概念变成了"随风转舵"（Wendehals），从而实际上给克伦茨的政治命运打上了消极的色彩甚至印记。为什么他没有被视为正直、可信、坚定的改革者和转折代表人物，就像他或许希望的那样？有趣的是，"转折"今天已经固化为一个概念，虽然历史学家们很少使用，却是民众常常使用的一个概念。您是怎样看待这一现象的？您认为这件事有什么分量吗？

莫德罗："转折"这一概念是埃贡·克伦茨开始引用的，但是并非他想赋予的那种含义。这个词之所以得到普遍使用，可能是因为被"公民运动者"经常使用。被冠以"随风转舵者"标签的不仅是他一个人。但是我认为，在这个语境中，并不适宜指称是这个概念毁掉了他的声誉。克伦茨既没有转舵，也没有毁掉他的声誉，他只是在错误的时间来到错误地点的一个错误的人选。如果有机会重新来过，我们必须物色一个新的人选。埃贡在客观上已经承受了压力，因为他来自老的政党领导层。

盖勒：克伦茨已经不可能跳出政党思维？

莫德罗：什么是"政党思维"？他当然要按照传统的政治体制行事，或许我们所有人都会这样做。不过令人感到难堪的是，他于1989年10月18日中央全会上作报告时，居然在电视直播镜头前以这样的称呼开场："亲爱的同志们、朋友们！"这样做极其不得体。

盖勒：这就是说，缺乏一点儿政治上的智慧……

莫德罗：可以说是缺乏经验。

迪科普：缺乏一个国务政治家的能力？

莫德罗：我认为，民主德国只产生了唯一一个国务政治家：那就是瓦尔特·乌布利希。

盖勒：这是一个悲剧，或者也可以说是历史的一个令人恼火之处，那就是将最终产品作为观察焦点。这是常常会犯的一个错误——包括历史学家——总是对历史的终端进行观察，从结局开始描写，而不是从起点以及不同的阶段进行观察。

莫德罗：不应当有这样的偏见。埃贡·克伦茨从来没有考虑过优先使用武力解决方案。

迪科普：为什么昂纳克时代过后，新任国务委员会主席是克伦茨而不是曼弗雷德·格拉赫①？因为要兼任三个职务？

莫德罗：领导体制不得触动，统一社会党的领导角色不容改变。为什么霍斯特·辛德曼在此次考量中没有发挥作用？这位人民议院主席当年是反法

---

① 曼弗雷德·格拉赫 1928 年 5 月 8 日出生于莱比锡，2011 年 10 月 17 日逝世于柏林。他于 1945 年加入德国自由民主党（LDPD），并是莱比锡自由青年联盟（FDJ）的创始人之一。1949—1959 年，格拉赫始终在自由青年联盟中央委员会工作。他于 1949 年起担任人民议院代表。1964 年，格拉赫以论文《德国自由民主党在德意志民主共和国多党体制中的作用和发展》获得法学博士学位。格拉赫于 1984 年成为教授。在自民党内，格拉赫于 1951—1953 年担任副主席，之后担任总书记至 1967 年，又担任党主席至 1990 年。1960—1989 年，他担任国务委员会副主席、国防委员会人民议院委员会副主席。自 1967 年起，他还是民族阵线全国委员会主席团成员。1989 年 12 月 6 日—1990 年 4 月 5 日，格拉赫接替埃贡·克伦茨担任国务委员会主席。1993 年 11 月 23 日，格拉赫退出自民党（FDP）。格拉赫曾经被以剥夺自由致死和告密罪嫌疑受到起诉，后因丧失出庭能力和超出法律追诉期而终止审理。

西斯抵抗战士，在纳粹时期坐过监狱，因此不仅受到我一个人的尊重。但是，作为议会首脑位居国家第二把交椅的感觉，对他并不有利。有一次在德累斯顿听音乐会，事后他辱骂他的工作人员，嫌弃他送的花束太小了。如果选他，不会是一个好的选择。

迪科普：但是克伦茨从来没有担任过副主席，国务委员会副主席是格拉赫。

莫德罗：您搞错了。国务委员会主席有好几位副主席，自1984年起也包括克伦茨。

迪科普：请您描述一下民主德国最高国家集体国务委员会。它由主席、副主席以及其他委员组成，包括一名秘书。国务委员会副主席都是民主德国各个民主党派的主席。

莫德罗：克伦茨于1989年12月6日辞去国务委员会主席职务，除了格拉赫以外其他的副主席也辞职了，例如格廷①、斯多夫、辛德曼、米塔克和霍

---

① 格拉尔德·格廷1923年6月9日出生于萨尔河畔哈勒的Nietleben，2015年5月19日逝世于柏林。格廷于1949—1966年担任东德基民盟的总书记，之后担任党主席至1989年。格廷于1949—1990年3月担任人民议院代表，并担任副主席和第一副主席至1958年；担任基民盟议会党团主席至1963年；担任外交事务委员会主席至1969年；担任议院主席至1976年，担任副主席至1989年。自1976年11月起，格廷担任民主德国国际友好联盟主席。1977年12月—1989年，格廷担任民主德国欧洲安全与合作委员会副主席。格廷于1960—1989年担任国防委员会副主席，并于1960—1989年担任民主德国国务委员会副主席。1989年11月2日，格廷辞去基民盟主席职务。1989年11月7日，他被国务委员会解职。1991年2月，他被开除出基民盟。1991年7月，格廷被柏林州级法院以侵吞党费罪判处18个月缓刑。

曼 ①。马洛伊达 ② 改任人民议院主席了。格拉赫是唯——位留任的副主席。

国家领导体制具有传统原则：民主德国于 1949 年成立之后设有一个总统，即威廉·皮克。他与议院选出来的总理奥托·格罗提渥一样，是统一社会党双主席之一。20 世纪 50 年代和 60 年代的人民议院主席，是自由民主党（LDPD）的约翰内斯·迪克曼 ③。皮克 1960 年逝世后，总统改为国务委员会，成为集体国家元首制。但是实际上集体领导制是不可能的：只有一个人实施国事访问，而不是集体出访。国务委员会主席由瓦尔特·乌布利希于 1960 年出任，一直担任至 1973 年去世。因为他在人事体系中同时还担任统一社会党中央第一书记，后来人们称之为"党和国家领导人"。这个体制与苏联的社会模式相适应。

---

① 海因里希·霍曼 1911 年 3 月 6 日出生于不来梅港，1994 年 5 月 4 日逝世于柏林。霍曼 1933 年加入纳粹党（NSDAP），1934 年作为职业军人加入帝国国防军。他于 1937 年成为少尉，后晋升至少校。战后，他成为自由德国民族委员会创始人之一。他于 1948 年加入国民主党（NDPD）。他于 1952—1967 年担任国家民主党副主席，并自 1972 年起担任党主席。他于 1949 年成为人民议院代表，1957 年成为民主德国民族阵线主席团成员，1960 年成为民主德国国务委员会委员。1960—1986 年，霍曼担任人民议院国防委员会副主席。1989 年 11 月 17 日，他被国务委员会解职。1989 年 12 月，他被开除出党。
② 京特·马洛伊达 1931 年 1 月 20 日出生于 Alt Beelitz，2012 年 7 月 18 日逝世于柏林近郊贝尔瑙。1950 年—1990 年 6 月，他是德国民主农民党（DBD）党员。他于 1972 年成为民主农民党中央候补委员，1977 年成为中央委员和主席团成员，并于 1982 年成为党中央书记，1984 年担任农民党副主席，1987 年 3 月 27 日担任党主席。1990 年 6 月 25 日，马洛伊达辞去农民党主席职务。1981—1990 年 10 月，他是民主德国人民议院代表；1986 年之前担任议院国民教育委员会成员，之后担任跨议会小组副主席、外交事务委员会成员、人民议院主席团成员。1987 年 6 月—1990 年 4 月，马洛伊达担任民主德国国务委员会副主席和民族阵线全国委员会委员。1989 年 11 月 13 日—1990 年 3 月，马洛伊达担任民主德国人民议院主席。他是"中央圆桌会议"发起人之一，为民主德国非暴力过渡至议会民主体制身体力行。1990 年 4 月—6 月，他担任德国民主农民党 / 德国妇女联合会议会党团主席。马洛伊达曾于 1994—1998 年担任德国联邦议院议员。
③ 约翰内斯·迪克曼 1893 年 1 月 19 日出生于 Fischerhude（Achim 县），1969 年 2 月 22 日逝世于东柏林。迪克曼是萨克森德国自由民主党（LDPD）的创始人之一。他自 1946 年起担任萨克森州议会自民党代表。1948 年起，他担任萨克森州司法部长和副州长。1949—1969 年，他担任自民党副主席和民主德国人民议院主席。他以自民党副主席的身份，于 1960—1969 年担任民主德国国务委员会副主席。1947 年，他参与组建苏联文化学习协会副主席（该组织自 1949 年起改名为德苏友好协会）。他在德苏友协担任中央理事会成员，并于 1963—1968 年担任协会主席。

乌布利希本想在 1963 年开始的全面改革过程中逐步增强国家职能，将统一社会党局限于政治与意识形态角色。如上所述，这一改革进程被昂纳克终止，但是他在 1971 年接管权力时顾及了其中一点，即在接任统一社会党中央第一书记职务时没有兼任国务委员会主席，而是由乌布利希名义上继续担任至 1973 年。然而在乌布利希的生命最后两年内，这一职务实际上始终由他的副主席弗里德里希·埃伯特在代理。于是就留下了一段辛辣的逸闻：作为当年帝国总统的儿子，弗里德里希·埃伯特如今行使的是另一个德意志国家，也就是民主德国的元首职权。当乌布利希 1973 年逝世后，时任政府首脑维利·斯多夫出任国务委员会主席，霍斯特·辛德曼则接任总理。1976 年，昂纳克不仅让人选举他成为总书记，而且还当选了国务委员会主席。斯多夫重新担任总理，而辛德曼出任人民议院主席。昂纳克接任国家元首的理由是，否则他根本就没有资格在赫尔辛基欧安会议最后文件上签字，因为他只是党的领导人，而不是国家领导人。关于他当选国务委员会主席的这种说法，今天可以予以纠正了。事实是：自 1976 年起，三大重要的国家职务重新掌握在一个政党手中了。

迪科普：1990 年 1 月 21 日将埃贡·克伦茨以及其他当事人，例如哈格尔、穆肯贝格尔①、诺依曼和萨博夫斯基开除出统一社会党 – 民社党②的理由

---

① 埃里希·穆肯贝格尔 1910 年 6 月 8 日出生于开姆尼茨，1998 年 2 月 10 日逝世于柏林。他于 1927 年加入社民党，战后于 1946 年成为统一社会党成员。穆肯贝格尔于 1950—1989 年担任人民议院代表，并于 1958—1963 年担任农业、牧业和粮食经营委员会成员，于 1971 年起担任统一社会党议会党团主席团和理事会成员。他于 1950—1989 年任统一社会党中央委员，1958 年起担任政治局委员。穆肯贝格尔于 1952—1954 年担任埃尔富特专区议会代表，1953—1961 年担任统一社会党中央书记。1989 年 11 月 8 日，他被开除出中央政治局，并于 1990 年 1 月被开除出统一社会党。一宗案件因其缺乏出庭能力而未能审理。
② 关于克伦茨被开除出党的理由，克伦茨在他撰写的《1989 年的秋天》一书第 449 页中援引道，这是为了"半心半意地提供"一次在最后一年的秋天实施根本性革新的机遇。参阅 1990 年 1 月 22 日的《新德意志报》。

是什么？

莫德罗：对于这个问题，我只能有条件地给予答复。这个决定是统一社会党－民社党的一个特别委员会作出的，我既不是这个委员会的成员，对其也没有影响力。我当时虽然名义上是位居格雷戈尔·居西①之后的党的副主席，但是我的任务是以总理的身份组织政府工作并挽救民主德国的生命。

如果我审视一下当年党组织的办案程序，就仅仅能够想起两个人，他们的命运原本应当作为例外处理。一是维尔纳·埃伯莱因②。他的父亲胡戈③在流亡期间成为斯大林党内清洗的牺牲者。维尔纳本人以某种被流放形式在西伯利亚度过了很长时间。他说俄语如同讲母语。他的生活方式给他留下了深刻的烙印。他在民主德国为乌布利希和昂纳克担任翻译。当他自己准备要求退

---

① 格雷戈尔·(弗洛里安)·居西 1948 年 1 月 16 日出生于柏林。居西自 1967 年起成为统一社会党党员。居西于 1971 年起成为民主德国的自由职业者律师，并以这种身份为一些批判体制者、希望出境者等担任辩护律师。1976 年，他以论文《在实现法治化进程中对社会主义法律的完善》获得法学博士学位。1988—1989 年，他在东柏林担任律师委员会主席。1989 年 11 月 4 日，居西在柏林亚历山大广场的群众集会上发表演讲。在（1989 年 12 月 9 日的）特别党代会上，居西当选统一社会党主席。1989—1990 年冬季，居西以党主席身份参与了不解散该党的决策，从而使得该党保留了政党财产和工作岗位。居西担任民社党主席至 1993 年 1 月 31 日。之后，他担任党的副主席，后又任党的理事会成员，及至 1997 年最终退出党的理事会。有关经历：1990—2002 年任民主德国人民议院代表和联邦德国联邦议院议员，2016 年 12 月 17 日起担任欧洲左翼党主席。（本书发行者不拟涉及针对居西的一些指控和怀疑，即所谓隐匿统一社会党财产、受到西德新联邦宪法保卫局监视以及指责其担任国家安全部非正式工作人员等事件，而是建议读者查阅已有出版物。他的父亲是克劳斯·居西。——译者注）
② 维尔纳·埃伯莱因 1919 年 11 月 9 日出生于柏林，2002 年 10 月 11 日因心肌梗死逝世于柏林。埃伯莱因自 1960 年起在统一社会党中央委员会担任工作人员。他于 1964—1983 年担任中央干部部副部长，1983—1989 年担任马格德堡专区第一书记。1986—1989 年担任中央政治局委员。1989 年底，他短期出任统一社会党－民社党中央监督委员会主席。他曾是民社党元老委员会成员。他的父亲是胡戈·埃伯莱因（1887—1941）。
③ （马科斯·阿尔贝特）·胡戈·埃伯莱因 1887 年 5 月 4 日出生于萨勒河畔 Saalfeld，1941 年 7 月 30 日被判处枪决，10 月 16 日被枪决于莫斯科。1918 年底，埃伯莱因是德国共产党（KPD）的创始成员。1919 年 5 月，他出任德共中央机关报《红旗报》的总经理。1933 年后，埃伯莱因被逮捕，流亡至法国。在那里，他致力于共产党人、社民党人与小资产阶级力量之间建立人民阵线的活动。他被苏联共产党逮捕并枪决，起诉的罪名是参加了一个恐怖主义组织。

休时，昂纳克派他去马格德堡担任专区第一书记。把他开除出党是荒谬的，因为他是一个诚实、坦率的同志。同样受到不当待遇的是西格弗里德·洛伦茨。他在担任卡尔·马克思城专区第一书记时获得了基层党员的许多认可和信任，把他开除出党毫无理由，除非是想从人事上与整个党的根基进行切割。新的政党理事会拥有 100 多名成员，只保留了 3 名或 4 名前中央委员，我是其中之一。

13. 1989 年 11 月 9 日：事情的来龙去脉和历史性的一天

迪科普：关于 1989 年 11 月 4 日东柏林亚历山大广场的示威活动。此次反对统一社会党迄今政策的集会，伴随着紧张局势和国家安全部的施加影响。为什么您没有在此次大会上讲话？

莫德罗：因为我不是柏林人。在那里发言的只有柏林艺术家、宗教人士、政治家和像马尔库斯·沃尔夫那样的退休政治老人，他三年前以前民主德国外国侦察总局局长的身份退休。

迪科普：原因就是这个？

莫德罗：千真万确。我与会议组织者没有任何接触。

盖勒：克伦茨为什么会指责说，人们推翻了昂纳克，但是莫德罗没有给予足够的支持。于是被理解为：您原本是想尝试阻止这一行动？

莫德罗：这是无稽之谈。1989 年 10 月 18 日召开了中央委员会，昂纳克宣布他辞职。所有人都支持，只有汉娜·沃尔夫[①]一人投了反对票。昂纳克离开大厅，斯多夫建议克伦茨继任：他当选了，发表了45分钟的讲话。我表态反对延续一人兼任所有职务的做法，指出邻国捷克斯洛伐克国家元首与党的领导职务分离的先例。我的表态招来反驳，尤其是总工会主席哈里·蒂施对我恶语中伤，说我自己想当总书记。不，我不是自己想当总书记。我只是提醒大家，我们不能一边说着要"革新"，一边却一切如旧，只是更换顶层的一把手。埃贡·克伦茨在他的回忆录《1989年的秋天》中写道："几个同志要求我明确说出基本原则，其中包括曼弗雷德·埃瓦尔德和汉斯·莫德罗。我觉得我没有能力做到这一点：我认为当时没有预作原则内容的准备。"[②]

克伦茨任职时间为50天。我于11月13日受人民议院委托领导政府事务。我想，埃贡与我在那几个星期的结局大不相同。

盖勒：对那几天和几周，既没有不同的评价，也没有听说您和克伦茨之间有过某种竞争。

莫德罗：故事可能发生在此之前。在10月12日的会议上，政治局内没有一个人对昂纳克说过一句批判的话，于是让我感到担忧，担心所有人期待着急切找到的必要解决方案可能难以遂愿。我可以列举以下理由：经过深思熟虑，我于星期二，即10月17日给昂纳克打电话，请求与他进行一次单独谈话。我本想对他说，现在已经是时候保住颜面辞职了。促使我拿起话筒的是一种混合的心情，交织着尊敬和责任感。我们相识于20世纪50年代，他

---

① 汉娜·沃尔夫1908年2月4日出生于Gonionds，1999年5月22日逝世于柏林。她于1930年加入德国共产党，1948年成为统一社会党党员。沃尔夫于1954年成为统一社会党中央候补委员，1958年成为中央委员。1950年9月—1983年，沃尔夫担任卡尔·马克思高级党校校长。1990年2月，她被开除出民社党（统一社会党与统一社会党-民社党的后身）。
② 参阅克伦茨所著《1989年的秋天》，第196页。

当时是自由青年联盟主席，我是青年团 6 名州委书记之一。作为我的领导，他当时把我派往莫斯科共青团高校。我们相互了解，我们有过单独争论，我们知道彼此之间如何打交道。每当出现争论时，他的身边总是聚集着一伙亲信，支撑他，支持他。因为我在 10 月 12 日的会议上得到的印象是，他周围的这个铁桶阵依然存在，于是我想直接找他，试图说服他。我说："埃里希，我们一起谈一谈吧。""好吧，星期五 10 点过来。"他答复道。接着，他按计划去参加政治局会议，对自己的迟到表示歉意，说是因为接了我一个电话。这个顺带解释显然引起了慌乱，因为事后克伦茨给我打来了电话。显然对我不信任。于是，星期五的会面没有进行，因为埃里希·昂纳克在两天前就辞职了。

然而，对我的怀疑始终仍然存在，误以为我是想找昂纳克谈话，劝他继续留任或者我毛遂自荐。没有一点儿是靠谱的。

盖勒：我们在搜集《欧洲对话》的希尔德斯海姆系列报告时，于 2015 年 1 月 22 日邀请彼得·高魏勒 ① 来当嘉宾……

莫德罗：一个很好的嘉宾……

盖勒：我们问他："高魏勒先生，我们也在研究埃贡·克伦茨、汉斯·莫

---

① 彼得·高魏勒 1949 年 6 月 22 日出生于慕尼黑。他是一位基督新教教徒，已婚，育有四个孩子。他于 1968 年加入基社盟。其政治生涯是：1972 年当选慕尼黑市议会最年轻的议员，之后当了 10 年市议员；1982—1986 年任市议会专职议员和州府慕尼黑管理委员会顾问；1986—1990 年任巴伐利亚州内政部国务秘书；1990—1994 年任巴州农业发展与环境问题国务部长；1990—2002 年任巴州议会议员；2002—2015 年任德国联邦议院议员；2002—2005 年任文化与媒体委员会副主席；2006—2016 年任分组委员会主席；2013—2015 年任基社盟副主席。

德罗和洛塔尔·德梅齐埃^①，并且对比他们在当年的框架条件下、当年的背景下的行为方式，以及这三位政治当事人之后的历史，包括人们是如何对待他们的。您如何评价这三人在当时环境背景下的作用和影响力？他们在德国历史上留下了什么痕迹？这只是一个视角，我们当然还可以从许多其他视角进行观察。"他说，从历史的重要性来看，埃贡·克伦茨是最重要的一位。他也引述了施特凡·茨威格所著《世界历史的转折时刻》^②。高魏勒说：即使一个政治人物只在一个职位上工作了一个小时或者也许只有半天时间，他对历史的继续发展也可能超过曾经任职 16 年的科尔总理。他的作为或者不作为，对整个历史的进展都可能产生决定性的影响，可以被称为一个时代。这是高魏勒的依据。这个依据建立在茨威格理论的基础上。现在我们对您的看法颇有兴趣：埃贡·克伦茨在 1989 年 11 月 9 日拥有党、政府和国家的所有权力。他的手中掌握着派遣军队、执勤警察和人民警察部队的大权。伯恩霍尔姆大街（Bornholmer Strasse）关卡当时发生了什么？柏林墙边发生了什么？他原本可以下令出动作战部队，阻挡并驱赶那数以千计围在边境关卡等待前往西柏林

---

① 洛塔尔·德梅齐埃 1940 年 3 月 2 日出生于 Nordhausen。1969—1975 年，他在柏林洪堡大学参加法学函授学习。他于 1976 年起以律师为业。1987 年起，他担任柏林律师联合会副主席。德梅齐埃 1956 年加入东德基民盟。1986—1990 年，他担任民主德国基督教联合会主教会议副主席。1989 年 11 月 10 日，他成为东德基民盟主席。11 月 18 日，他进入莫德罗政府担任部长会议副主席和负责宗教问题的部长。1990 年 3 月—10 月，德梅齐埃担任民主德国人民议院代表。1990 年 4 月 12 日出任民主德国总理。他于 4 月 19 日发表第一个政府声明。8 月 20 日，他兼任民主德国外交部长。10 月 3 日，他出任统一后德国的特殊任务部长，并于 12 月 19 日辞去部长职务。1991 年 9 月，他辞去基民盟副主席职务和其他所有荣誉职务以及联邦议院议员职位。德梅齐埃受到质疑，认为他作为"非正式工作人员"曾经为东德国家安全部工作。之后，他成为柏林一名活跃的律师。2005—2015 年，他担任德国彼得斯堡对话管理委员会主席。注：本书发行人建议阅读其他研究文献：Christian Booss 所著《在金色的鸟笼里：夹在统一社会党、国家安全部门、司法部和委托人之间——民主德国律师在政治案件审理中》，2017 年出版于哥廷根；Andreas Schumann 所著《德梅齐埃的家庭：一段德国历史》，2014 年出版于苏黎世。

② 施特凡·茨威格 1881 年 11 月 28 日出生于维也纳，1942 年 2 月 23 日在波西 Petrópolis 服毒自杀。茨威格是 20 世纪读者最多的德语作家。他创作了一系列中短篇小说和为数众多的散文和专题论著，也写过几部戏剧和一部歌剧剧本。他最著名的作品包括：《象棋的故事》（1941）以及《昨天的世界》（1942）。茨威格具有勤奋精神，始终与同时代的作家、知识分子和音乐大家进行思想交流。

的群众。他没有下达那样的指令。那究竟是指挥软弱还是指挥强硬？克伦茨通过他的不作为和不发布行动命令的行为，客观上在历史上——无论他在政治局内和国务委员会当中表现得多么智慧、指挥强硬和指挥若定——给出了一个"转折"的机遇，或许这原本并不是他的本意，但是毕竟迈出了这一步，从而使得汉斯·莫德罗在他之后、洛塔尔·德梅齐埃在汉斯·莫德罗之后有了用武之地，对吗？那也是克伦茨的转折时刻？这是一个非常复杂的过程中的一个有意思的截面，是克伦茨在一个特殊灯光下为我们展示的。高魏勒在克伦茨被判决并锒铛入狱时重复了这个观点。《明镜》周刊①发表的这段言论，或许甚至是对克伦茨的一种辩护。令人惊讶的是，高魏勒在谈到克伦茨时也谈到了一段人权诉求，其观点与知识分子主流有着很大的差距。您怎样评价这一切？

莫德罗：我与高魏勒的看法稍有不同，因为我与他观察的距离不同。从抽象意义上看，他的话有一定道理。在11月9日的第十次党代会上，我近距离观察了克伦茨，察觉到了他的神经质。他不断地离开大厅，又匆匆忙忙赶回大厅。我的印象是，那不仅是情绪激动引起的匆忙，而且表露出他的束手无策和压力过重。当然，我们所有人在那些天、那几个星期里都处于超负荷状态，受到事态发展的巨大压力。克伦茨接到了一个布拉格打来的电话，那边的人想知道，是否就出入境问题作出了决议。他们把压力转移给了柏林。他回到大厅，让我们知道这件事。啊哈，原来事关旅行法，也就是这些天我们忙乎的决议文件。决议的草案早在星期一就在日报上公布了，但是遭到毫不留情的拒绝，所以今天星期四讨论了新的草案。克伦茨再一次从外面

---

① 刊登于《明镜》周刊1997年第37期，题为《法律不是一切：与东德领导人打交道时的宽大处理与大赦》，作者为彼得·高魏勒。可搜索 http://www.spiegel.de/spiegel/print/d-8778014.html（检索时间为2018年4月8日）。

进来，快步从中间通道跑向讲台，站住脚步后回过身，朗读了一遍即将公布新旅行法的新闻报道稿。所有人都表示了赞同。下午的晚些时候，一直不在场的萨博夫斯基不知道在什么时候冒了出来，然后走到克伦茨身边问道，是否需要在已经公布于 18 时召开的媒体招待会上宣布什么特殊的消息？"当然有。"克伦茨说，于是把新闻稿和我们刚刚表决通过的旅行法塞到了匆忙赶来的萨博夫斯基手中。

在位于莫伦大街（Mohren Strasse）的国际新闻中心——如今是联邦司法部所在地——萨博夫斯基在将近 19 时的时候宣布了那份新闻稿。但是，没有宣布关键性的注解，也就是新闻稿的保密期限：原本应当在第二天凌晨 4 时起颁布旅行法。《图片报》的一个记者彼得·布林克曼[①]提问，新的旅行法何时生效？萨博夫斯基吞吞吐吐地说："立即生效，不得拖延……"[②]

于是，1989 年 11 月 9 日的自发式边界开放给我带来的惊讶，不亚于 1961 年 8 月 13 日关闭边境的消息。当时，我的职务是中央候补委员，但是我正在柏林的一个大企业里工作。8 月 12 日傍晚，统一社会党柏林专区第二书记汉斯·基费特[③]给我打电话说："汉斯，你必须在 22 时赶到卡尔·马克思大街的施特劳斯贝格广场。会有一辆车来接你。到时候你就知道什么事了，现在不要提问题！"汽车把我拉到了位于凯伯尔大街（Keibel Strasse）的警察

---

① 关于新旅行法生效时间的问题，是《图片报》记者彼得·布林克曼提出来的。参阅 Ewald König 所著《人物 - 柏林墙 - 传奇：一位奥地利记者关于两德关系的笔记》，2014 年出版于哈勒、萨尔，第 184—185 页。

② 关于此次媒体招待会，布林克曼专门写了一本书，参阅彼得·布林克曼所著《现场目击者——1989—1990 年东德的通信往来》，2014 年出版于柏林。该书于 2017 年由联邦司法与消费者保护部再次出版。

③ 汉斯·基费特 1905 年 6 月 1 日出生于柏林，1966 年 12 月 29 日逝世于柏林。1953—1957 年，基费特担任统一社会党埃尔富特专区第一书记。1957 年 2 月—1959 年担任柏林专区第一书记，1959 年 2 月—1963 年 11 月担任柏林专区第二书记。1954—1966 年，基费特是统一社会党中央委员。他于 1954—1966 年任人民议院代表，1958—1966 年任柏林市议会代表。1963—1966 年，基费特担任大柏林市政府委员和劳工与国家机构市政委员。

总局。我在那里才听说，埃里希·昂纳克正在召集他的参谋部开会。他在协调将于半夜开始的边界封闭行动。有关措施正在秘密筹备，一切都由总参谋部实施。

那次行动与1989年11月9日的行动完全不同。如今，我被远离行动，埃贡·克伦茨要为这一触犯国际法和同盟法的混乱局面承担责任：直接导致者是萨博夫斯基的草率表态。我当然曾经自问，如果当时提醒一下本该宣布的保密期限，或许可以产生不一样的效应？此间横竖都把此事说成历史的偶然事件。没有一个民主德国的政治家能够自我掩饰。此事根本就不是刻意所为的。

盖勒：实际上，您的说法使得高魏勒的观点戏剧性地大打折扣了。如果要把此事说成克伦茨的"功绩"，那就证明了他的无能、不作为和听任事态发展？

莫德罗：确实如此。

盖勒：实际上高魏勒的观点作了十分可爱的修饰，但是根据现实的技术能力和今天的信息水平，由茨威格引述和高魏勒描绘的画面难以站稳脚跟，因为克伦茨实际上没有做任何事，自己又不知道这样做究竟意味着什么。这样看起来确实相当荒唐……

莫德罗：这不仅是克伦茨一人的事，我们所有人都不例外：我们作为承担政治责任的人，当时没有能力考虑自己应当怎样行动。我们不应当掩饰自己的无能。实际上作出决策的是边防官兵，他们打开了边界关卡，因为人群拥挤不堪。如果他们严格地按照命令和勤务条令行事，就不得不使用武力——他们没有接到另外选择的指示。他们自己作出了决定。他们的决定是明智的，在政治上是正确的。

迪科普：如果您是克伦茨，您会怎么办？

莫德罗：我会让我的人不要走开。萨博夫斯基在媒体招待会之后心安理得地钻进汽车驶向万德利茨方向，回家去了。国防部长也在驶往施特劳斯贝格的半路上。米尔克[1]远在"射程"之外，完全不知情。斯多夫总理已经回去照料他的玫瑰花了。[2]如果换了我，我会想方设法动用一切手段，将所有人召集到一起，集体开会商议对策。我将绝对不会回家去。绝对不会。我将立即启动我的参谋部。这都是我们大家学过的呀！这正是我担任专区行动指挥部主席时反复演练的内容：如果出现危机状态，必须立即展开你的参谋部。不应当指责克伦茨，因为他没有担任过专区行动指挥部主席。

---

[1] 埃里希·(弗里茨·埃米尔)·米尔克 1907 年 12 月 28 日出生于柏林，2000 年 5 月 21 日逝世于柏林。米尔克于 1921 年加入德国共产主义青年团（KJVD），1925 年加入德国共产党（KPD）。1931 年 8 月 9 日，米尔克在柏林比洛广场（Bülowplatz）的大街上开枪射杀警官保罗·安劳夫和弗兰茨·伦克。在法院开庭审理之前，他越狱逃跑。战后，他于 1946 年担任德国内务局（DVdI）副局长。民主德国成立之后，德国内务局改名内务部，并于 1949 年建设为国民经济保卫总局。1950 年 2 月成立国家安全部之后，米尔克担任副部长，官衔为国务秘书。米尔克 1950 年成为统一社会党中央委员。1957 年，米尔克被任命为国家安全部长，并担任此职至 1989 年 11 月 7 日。米尔克于 1958—1989 年任人民议院代表，1971 年起任统一社会党中央政治局候补委员，1976 年起任政治局委员。他于 1960—1989 年担任国防委员会成员。1980 年获大将军衔。1989 年 11 月 17 日，他被解除议院代表职务。12 月 3 日，米尔克被开除出统一社会党。米尔克因比洛广场谋杀案被判处 6 年监禁。1995 年底，在米尔克执行 6 年刑期超过 2/3 后，以 88 岁高龄获得缓刑。关于边境射击命令连带责任的案件，因米尔克缺乏出庭能力而中止审理。1989 年 11 月 13 日，米尔克在尴尬地出席民主德国人民议院时说过一句话："我爱——我是爱你们大家的——爱所有人——我真的爱你们——我为了你们不遗余力。"注：本书发行人建议，为进一步进行历史研究，请参阅 2015 年上演的文献剧本《埃里希·米尔克——制造恐怖的大师》，导演为延斯·贝克尔和马滕·范·德·杜因。并请参阅各个记者采访、档案资料，并观看德国联邦情报局和 BStU 机构为米尔克档案补充的 90 分钟文献片。
[2] 斯多夫于 11 月 7 日辞职，莫德罗于 11 月 8 日接受了组建新政府的使命。

盖勒：因为他属于另一代人？

莫德罗：既是，也不是。我们的年龄相差不到10岁。这个区别已经很大，但是更大的区别在于我们接受的政治教育完全不同。当我蹲在战俘营里时，他在上学。当我领导一个专区的党组织时，他是少年先锋队主席，后来他又当上青年团主席。当他成为政治局委员时，我仍然还在德累斯顿工作。他站在桥上，我是地板底下的锅炉工。

也就是说，当时恢复政府行动能力是他的任务。我于11月13日在人民议院宣誓出任政府首脑，不得不接手依据法律原本应当由斯多夫政府来干却又没有干的那些事。作为"船长"，他本应避免这种现象发生。

斯多夫非但自己不干，听说他反而指责我"你已经违反了民主德国的宪法。你本来不应当干事！"——因为我于11月8日受总书记和国务委员会主席的委托，已经开始规划未来的政府及其任务。从形式上来看，他说得有理。我做得也同样有理，因为他在我接受人民议院委任之前并没有履行职责，所以他对宪法的违反程度丝毫没有减少。

盖勒：曾经出现一段真空？

莫德罗：原本可能发生更严重的事态……

盖勒：克伦茨什么时候获悉边界开放？中央会议还在继续，之后他也回家去了。过程是：东德新闻社德新社播放了萨博夫斯基于19：04念过的新闻稿，接着又在19：30的东德电视台《新闻镜头》节目中播出，20：00则由西德电视一台ARD的《每日新闻》中播放了"东德开放边界"的消息。22：

40，在汉斯·约阿希姆·弗里德里希斯①主持的《每日要闻》中宣布："柏林墙的大门已经打开！……"②

莫德罗：我想，您最好去问他自己，或者读一下他的回忆录，或者请教一下时任国防委员会秘书的弗里茨·施特雷利茨③。

迪科普：在 11 月 9 日之前不久，警察的各个百人队提高了警戒级别。为什么？

莫德罗：那是内务部，而不是军队。如果您指的是"工人战斗队"，它同样隶属于内务部。如果真的发生了您说的这种情况，而我却没有听说过，那就可能与 11 月 9 日完全没有关联。

迪科普：请澄清一下：您去同约翰内斯·劳和佩尔·施泰因布吕克谈过话，那次谈话就在 1989 年 11 月 9 日开放边界的一天之后？

---

① 汉斯·约阿希姆·弗里德里希斯 1927 年 3 月 15 日出生于 Hamm，1995 年 3 月 28 日逝世于汉堡。其笔名为 Hajo，他于 1969 年起担任《今日》新闻节目的主持人。自 1973 年起担任西德电视二台 ZDF 的体育部主任。弗里德里希斯于 1985 年从 ZDF 跳槽至 ARD 电视台。他被聘为新闻节目《每日要闻》的主持人。
② 在这个历史性的晚上，只有一个人用这么令人印象深刻的措辞来对柏林墙倒塌之含义进行表述。那就是《每日要闻》的汉斯·约阿希姆（Hajo）·弗里德里希斯，他在 22：40 宣布："在使用最高级形容词时理应谨慎，因为这样做很容易登峰造极，但是今晚却可以冒一下险。"他用冷静的、并非激昂的口吻称 11 月 9 日是"历史性的一天"。"柏林墙的大门大大地敞开了。"这句话令人难忘。来源：http://www.wn.de/Specials/Mauerfall/1781843-Reaktion-der-Medien-am-Abend-des-9.November-1989-Ohne-Scheu-vor-dem-Superlativ（检索时间为 2018 年 2 月 22 日）。
③ 施特雷利茨曾经好几次叙述这一夜，例如他曾在 2011 年"边防者聚会"节目提到这堵"反法西斯护卫墙"时回忆了 50 年前建墙的情节，此举在统一社会党内部的固定称谓是采取"边界保卫措施"。他的一些十分详尽的叙述已经由"法治与人道支援协会"（GRH）予以发表。

莫德罗：我是在1990年人民议院选举前因莱比锡博览会与劳会谈的。[①]
我在谈话中对他说："您对民主德国舆情的判断是错误的。你们的努力太少，
给了科尔太多的空间。你们不会赢得大选。本国的舆情有利于基民盟，而不
利于社民党，因为你们的错误理解仍在继续。"那位想成为联邦总理的好人
奥斯卡，同样陷入这一错误判断。后来劳对我说："您当时的话是有道理的，
我们错误地估计了形势。"这就是他当时的态度。

1989年11月8日—10日，正在召开统一社会党中央全会。这段时间里
和11月11日，我都在柏林，而不在德累斯顿。说我与劳和施泰因布吕克见
面的消息是错误的。我当时一直在柏林忙碌：起草我的政府声明，与各方会
谈，筹划组阁，陷在党内谈判等事务中。

14. 11月9日与苏联

盖勒：我们在研究民主德国历史时始终要关注对苏关系和苏联对德关
系：我们有一个占据统治地位和决定性作用的统一党，我们也有一个国家。
关于国家与党的关系，对苏联来说，与党的代表机构、政党官员和政党代表
人物的联络线，在什么阶段和什么时间点要比与国家代表人物的联络线更加
重要或者不太重要？

这是有区别的，就是与部长会议主席的纽带更加紧密一点儿，还是与中
央总书记的关系更加密切一些。在当时的体制下，究竟这是一个个人的价值
判断问题，还是个人的关系和几十年交往的经验问题？究竟哪一个因素在此
时或彼时更加重要？您如何判断戈尔巴乔夫的任职期间？您与他打交道的印
象有过区别，或许先是倾向于倾慕，后来又产生了越来越大的距离感？奥地

---

① 还与汉斯-约亨·福格尔和瓦尔特·蒙佩尔在教师之家的会议大厅里谈过话，参阅 http://www.
progress-film.de/vogel-und-modrow-im-gastehaus-ost-berlin.html（检索时间为2018年3月15日）。

利驻莫斯科大使赫伯特·格鲁布迈尔[1] 曾经在他的报告中描述道：透明度和改革路线在 1987—1988 年时还不明朗。他的看法与您的判断是吻合的。您在 1985 年至 1989、1990 年是否能够看得出来，究竟政府层面还是政党层面更加重要——究竟是情报系统还是学术知识分子系统的自由空间更大？这一点对任何一位想作探索和评估的历史学家都极其重要。您的印象是，戈尔巴乔夫的对东德政策——如果他有过这样的政策的话——究竟侧重于政党关系还是政府关系？

莫德罗：苏联与民主德国的关系首先和首要的是政党关系。当然也有国家层面的关系。在所有领域都有各种国际法条约、协定和协议。但是权限都在苏联共产党和统一社会党手中，或者更加准确地说，都在总书记们的手中。因此，当然会有对方特别信任的人物。在我们的政治局里，有一个莫斯科派。

在莫斯科，则有一些"日耳曼人"，这是对那些对德特别友好的官员的一种称谓。在斯大林式的社会理解中，党内的第一号人物是所有政策的旋转中心与核心点，他相当于构成了金字塔的顶尖。这并不是说，只有一把手是个废物的条件下才会陷入进退维谷的尴尬局面。

盖勒：苏联驻柏林大使与党的领导层关系怎样？或者说联系是否密切？

---

[1]　赫伯特·格鲁布迈尔 1929 年 6 月 16 日出生于 Scheibbs。他的政治生涯是：1965—1970 年任驻墨西哥城大使馆秘书，1971—1978 年任驻波哥大大使并兼驻基多、巴拿马城和太子港大使，1979—1983 年任驻巴格达大使，1983—1985 任驻大马士革大使，1985—1990 年任驻莫斯科大使。1990 年 10 月 9 日，他被任命为驻波恩大使，实际任职时间为 1990 年 10 月 10 日—1993 年 1 月 23 日。他是外交部副国务秘书。格鲁布迈尔于 1994 年退休。1995—1996 年，他在爱沙尼亚欧安组织任使团团长，1997 年任欧安组织阿尔巴尼亚使团团长，1998 年任欧盟驻巴尔干地区观察团副团长和欧盟驻阿尔巴尼亚使团特命全权代表。

1989 年 11 月 9 日的沟通情况怎样？我们知道，弗拉迪斯拉夫·科契马索夫[①]的感觉是苏联被绕过去了。莫斯科对统一社会党领导层进行了严厉的批评，因为柏林墙被推倒使他们失去了一个"砝码"。在柏林墙被推倒后，他们无法以任何性质的交易作为可能的施压手段了。您如何观察和判断这一点？您对苏联代表与东柏林是否有着沟通——无论是外交渠道还是军方——有着什么记忆？

莫德罗：您的这个问题揭示了另一个完全不同的历史领域。1961 年 8 月 13 日采取的措施为民主德国减轻了负担，这是乌布利希的解放斗争——但是柏林墙并不是他建的。作出决策的是赫鲁晓夫。莫斯科也操纵着边防体系。

整体而言，苏联把民主德国视为自己的领土——从她躺在摇篮里就开始了。当苏共总书记勃列日涅夫[②]察觉到越来越自信的乌布利希居然想表明民主德国不是苏联的第 16 个加盟共和国时，他的政治命运就已经注定了。昂纳克成了党的元首，因为他再度使民主德国贴近了苏联。但是，我本人在 20 世纪 80 年代后期对此感到了后悔。在两国关系中有过不同的阶段，有时紧密一些，有时松弛一些。正如巴尔有一次开玩笑地说过的那样，民主德国是"苏联的一个卫星国"。一旦莫斯科放弃操控，她就掉下来了。我认为，这个题目确实是一个非常宽泛的领域，您最好去读一下最后一位民主德国驻莫斯

---

① 弗拉迪斯拉夫·伊万诺维奇·科契马索夫 1918 年 9 月 18 日出生于俄罗斯 Gagino，1998 年逝世于莫斯科。他于 1942 年加入苏联共产党，1955—1960 年在苏联驻民主德国大使馆任职，1966—1983 年任苏共中央候补委员，1983—1990 年任中央委员。1983—1990 年，科契马索夫担任苏联驻民主德国大使。在一份"非纸质"（Non-Paper）文件中，他根据基本法第 23 款明确拒绝两德统一，拒绝统一后德国成为北约成员国。

② 参阅 Susanne Schattenberg 所著《莱奥尼德·勃列日涅夫——斯大林阴影下的国务政治家和演员》传记，2017 年出版于科隆、魏玛、维也纳。

科大使格尔德·柯尼希[①] 死后发表的回忆录[②]。

那么苏联方面呢？各个大使的特性各不相同。阿布拉西莫夫享有"担任指挥的大使"的绰号，他性格狂妄自大，令人难以忍受，以至于昂纳克请求勃列日涅夫将其召回。接任他的是科契马索夫。我们的感觉是，他相当随和。科契马索夫20世纪50年代曾经在柏林担任公使。我在那时结识了他。他精通本行业务。我们相互之间很说得来。我们当年都从事青年运动，尽管他比我的年龄大一些，办事灵活程度稍欠一些。

盖勒：关键词是谈判筹码。对您来说，1989年11月9日以后谈判筹码没有了？苏联原本是用柏林墙来当讨价还价的抵押品。

莫德罗：没有异议。原本或许可以用柏林墙来交换德国的军事中立。或者降低一档：莫斯科或者包括我们自己，都愿意用来交换币值上的好处。他们一直想在民主德国和联邦德国之间有一道可以通行的国家边界。好吧，给你们，但是需要付出代价。我坚信，他们会支付任何要价。但是我们自己把边界打开了，没有征求一下莫斯科的意见，于是手中就失去了最重要的砝码。态势还在继续发展：同意两德统一，这可是值那么多价。法林呼吁1000亿美元的报价，但是戈尔巴乔夫只要为苏联撤军支付大约120亿就已经满足了。

---

① 格尔德·柯尼希1930年6月24日出生于Klettwitz，2009年11月27日逝世于Prieros（勃兰登堡）。他于1952年加入统一社会党。1962—1973年，柯尼希在统一社会党中央国际联络部工作。1973年11月—1980年12月，出任民主德国驻布拉格大使。他于1976年成为统一社会党中央候补委员，1986—1989年为中央委员。1981—1982年，担任民主德国外交部党委第一书记。1982年11月—1986年，担任外交部副部长。1987—1990年，他出任民主德国驻莫斯科最后一任大使。1989年12月—1990年2月，他担任统一社会党-民社理事会成员和该党国际政治委员会成员。

② 参阅格尔德·柯尼希所著《一个兄弟联盟的失败——民主德国最后一任驻莫斯科大使的回忆录》，2012年出版于柏林。

盖勒：令人惊讶的是，根据您描述的您与苏联代表之间的信任程度和个人关系——您二位已经认识了数十年——可是在 1989 年 11 月 9 日—10 日的那几个关键的小时内，科契马索夫显然并没有了解详情。您能解释一下原因吗？

莫德罗：可能是因为新任总书记在这么短的时间内还没有建立起信息线路和管道。

盖勒：如果您向我提出这个问题，我认为从民主德国领导层的角度看，这可是一个严重的错误。这是缺乏沟通能力。他在这严峻时刻原本应当当场与苏联代表交换意见……

莫德罗：是呀，我们并不想舍近求远。莫斯科自身已经太忙了。但是有一点当然是事实：我们这一代政治家与过去保持着各种关系，而且超出了外交礼仪。

盖勒：戈尔巴乔夫对克伦茨有过一个评价。他的评价并不十分正面。

莫德罗：这是很明白的事。或许相互之间的评价都是如此。

盖勒：那个评价根本就不正面，或许主要原因是苏联在 1989 年 11 月9/10 日的事件中不得不突然面对既成事实。还有过一位苏联驻德大使弗拉基米尔·萨姆尤诺夫，他 20 世纪 50 年代曾经在东柏林任职，后来又前往波恩接替法林。

莫德罗：我们是朋友。

盖勒：在统一阶段与尤里·科维钦斯基 ① 也是朋友？

莫德罗：我们在 20 世纪 50 年代就认识了，当时我在莫斯科学习，他在外交部工作。后来我们才因工作关系走到一起。我在波恩担任联邦议院议员时，与苏联大使馆驻波恩办事处的弗拉迪斯拉夫·特雷绍夫 ② 大使有过接触。他以前曾经在苏共中央担任负责民主德国事务的处长。从此人的经历可以看出苏联外交政策的原则：他们从来不会派出"未成年的兔子"，而总是派遣经验丰富的政治家，这些人了解驻在国的情况，早就以某种方式熟悉了当地的基本材料和人物情况。

盖勒：可以这样说吗，西方在 1952 年错过了一个机会，就是在可靠的外交基础上与当年的当事人就统一建议进行试探，而苏联则在 1989—1990 年错过了一个机会，进一步加重统一命题的分量？原本可以强调那句格言："我们早在 20 世纪 50 年代就有这样的愿望了。我们早就希望统一了，现在机会来了！"苏联当时太过软弱，已经没有能力施加压力？在这样弱势的情况下，不得不对一切逆来顺受？

---

① 尤里·亚历山德罗维奇·科维钦斯基 1936 年 9 月 28 日出生于 Rschew，2010 年 3 月 3 日逝世于莫斯科。在 1978 年—1981 年 9 月首次任职之后，他又于 1986 年—1990 年 4 月再次担任苏联驻联邦德国大使。1991 年 5 月，他出任外交部第一副部长，任期持续到苏联解体。1997—2003 年，他担任俄罗斯驻挪威大使。

② 弗拉迪斯拉夫·彼得罗维奇·特雷绍夫 1933 年 11 月 5 日出生于顿河河畔的罗斯托夫。1981—1986 年，他在苏联驻波恩大使馆担任公使衔参赞。20 世纪 80 年代下半叶，他在苏联外交部的苏联大使馆工作局担任局长。1988 年，特雷绍夫被任命为莫斯科外交部干部（人事）与教育机构总局局长。1990 年 6 月—1997 年 9 月，他出任苏联以及俄罗斯驻德国大使。

莫德罗：我相信，莫斯科在1989—1990年根本就没有什么战略，如果不把拯救苏联视为一种战略的话。西方，尤其是美国，自1947年就严格地推行"遏制"战略，自1953年起又转为"推回"战略。其观念是将共产主义、将追求共产主义的国家统统拒阻回去，尽可能地予以粉碎。由此可知，当时根本就不可能建立"欧洲大厦"。建立一种集体安全体制的机遇，也就是在欧安组织上提出的设想，仅仅5年后就因相互指责而告终结：西欧北约扩军和苏联军事干预阿富汗。

盖勒：较早地准确表述这一命题，原本曾经是维亚切斯拉夫·达契切夫①、尼古拉·波图加洛夫②和瓦连京·法林的使命？或许最晚应该在1989年11月9日以后就明确表态，抢在科尔提出"十点建议"之前出笼："如果德意志问题可以列入议事日程和谈判内容，可能会拖延好几年。但还有一种可能性，那就是建立一个不结盟的、置于国际控制下的德国。"中立与中立化究竟有什么区别？实际上这是两个完全不同的概念。一个中立化的国家理应置于某种监护下，或者说置于某种监督下。一个中立的国家必须保留自己的主权，可以自主找到中立的理由。于是问题在于，德国究竟是应当成为什么样的国家？

莫德罗：我倾向于使用"军事中立"的措辞，也就是与北约军事联盟分

---

① 维亚切斯拉夫·伊万诺维奇·达契切夫1925年2月9日出生于莫斯科，2016年6月1日逝世于莫斯科。他是苏联外交部外交学院教授、戈尔巴乔夫的外交政策顾问，并被视为东西方缓和政策、两德统一、普遍人权观念、民主与市场经济的先驱。
② 尼古拉·谢尔盖耶维奇·波图加洛夫1928年出生于莫斯科，2008年3月20日逝世于莫斯科。波图加洛夫曾是克格勃的军官，并于1979—1990年担任苏共中央委员、中央国际部最高顾问以及党的领导人米哈伊尔·戈尔巴乔夫的顾问。此外，他也曾以记者身份在波恩等地工作。在两德重新统一过程中，他曾是苏联方面的领导成员：受法林的委托，他于柏林墙倒塌12天后向西德总理赫尔穆特·科尔递交了一份接受其"十点建议"的报告，其中有些条款全文抄自该计划。

离开，如同 20 世纪 60 年代法国的实际做法。法国当时名义上属于跨大西洋联盟，但是不再受到军事组织的束缚。

我认为，莫斯科——也就是戈尔巴乔夫——在与美国及其盟友就德国问题对话时，几乎所有可能犯错的地方都做错了。在进行这种对话之前，必须大大提高自己的谈判筹码，否则最终会失去一切。必须一切都用书面形式达成协议，而不是像在骡马市上那样用握手方式达成交易，最终结果令人大为惊讶，一是因为对方已经不记得了，二是在撕毁合同的情况下无法提供证据进行索赔。戈尔巴乔夫批判北约东扩违背了当年达成统一后德国加入北约协议时作出的口头承诺，就好像从来没有过私下承诺似的。但是，他拿得出来书面协议吗?

盖勒：法林严厉地批判了这一做法。他的回忆录似乎是反对戈尔巴乔夫的。

莫德罗：说得对。他曾向戈尔巴乔夫提示那些没有重视的环节，试图劝说他，反驳他的做法，但是没有对戈尔巴乔夫产生影响。他没有劝动戈尔巴乔夫，但是他坚信，如果戈尔巴乔夫听了他的劝，有些事就会出现别的走向。也许是这样，也许并非如此。

盖勒：2009 年 6 月 6 日，我们在希尔德斯海姆与埃贡·巴尔对话。在谈到"德国的中立还是中立化"这个话题时，引人注目的是巴尔并没有作出答复。他对这个问题表现得并不敏感。

莫德罗：我对此并不惊讶。他对这种做法不以为然。他对北约及其政策持批评态度，但是他也认为，作为内部秩序因素，这样的做法不可或缺。北约反对德国单独行动。

15. 民主德国部长会议主席，"条约共同体"和科尔的"十点建议"

迪科普：您于 1989 年 11 月 3 日当选民主德国总理。1989 年 11 月 17 日，您与您的内阁 28 位部长亮相。[①] 您选择这些部长的主要原因是什么？当时遇到了哪些困难？

莫德罗：这些职位不是根据我个人的"喜好"来选择人选。在民主德国，在选择部长人选时也要依据民主原则，无论您对此是否相信。这是一个由所有政党组成的大联合政府。各党就部长和国务秘书的数量以及具体的部门选项进行争议。自由民主党坚持要比基民盟多一个部长位置，尽管这个党比基民盟要小一些。但是，基民盟主席洛塔尔·德梅齐埃与曼弗雷德·格拉赫不同。他的根基不深，于是落入下风。农民党与国家民主党都对本党按照党员比例分配的内阁名额表示满意。各党提出本党的人选，然后经过激烈的争论。我不知道其他政党的情况怎么样，在我们统一社会党内反正火气很大。我原本由于各种原因不愿意选择迄今的文化部副部长迪特马尔·凯勒[②] 担任部长，希望让迄今的"文学部长"出任这个职务。但是，总书记克伦茨把他拉进了党中央领导层，不想让他出任政府职务。于是，我认为并非最佳人选的凯勒当上了部长。遗憾的是，结果证明了我对他的先入之见，但是我不想在

---

① 参阅本书文献资料第 1 号附件：《汉斯·莫德罗 1989 年 11 月 17 日在东柏林发表的政府声明》原文第 493 页 ff。

② 迪特马尔·凯勒 1942 年 3 月 17 日出生于开姆尼茨。他于 1963 年加入统一社会党，1984—1988 年担任文化部副部长，1988—1989 年担任文化部国务秘书，1989 年 11 月—1990 年 3 月担任莫德罗政府的文化部长。之后他担任人民议院代表到 1990 年 10 月。1990—1994 年，他在联邦议院担任调查委员会成员，负责调查德国统一社会党独裁历史和后果。他于 2002 年退出民社党。

此展开叙述。

盖勒：您在回顾历史时对曼弗雷德·格拉赫和格哈德·格廷还有哪些记忆？

1989 年 11 月 17 日在波茨坦西切琳宫酒店会晤：左起为曼弗雷德·施托尔佩、洛塔尔·德梅齐埃、里夏德·魏茨泽克、汉斯·莫德罗

莫德罗：我与格拉赫的个人关系有着非常多的良好回忆。我们早在自由青年联盟时期就认识了。20 世纪 50 年代，他在莱比锡为自由党工作，和我一样都属于团中央①成员。我与基民盟格拉德·格廷也保持着类似的关系。昂纳克与格拉赫以及格廷（三人后来成为三个党的主席）的关系，当然不同于乌布利希与格拉赫和格廷的关系。不仅因为属于同一代人，而且因为都有青年工作经验的共同特点。

---

① 自由青年联盟中央委员会由 120—130 名成员组成，并由团议会选举产生。由团中央选举产生的书记处，由 13 名书记组成，在第一书记的领导下开展政治工作。团中央机构总共拥有大约 400 名专职工作人员，曾经担任团中央第一书记的有埃里希·昂纳克、埃贡·克伦茨、埃伯哈特·奥里希等人。

迪科普：人际关系呢？

莫德罗：我们与格拉赫一直保持良好关系，直至他去世。这种关系从来没有中断过，我们两家的夫人也有联系，这种关系直到 2003 年我家安娜玛丽去世才中断。我们相互参加对方的生日聚会。

迪科普：我们这里有一张 28 名部长的名单。哪些人当年是您政府中最强有力的王牌？哪些人是顶梁柱，是您指望得上，关键时刻可以冲锋陷阵的人？

莫德罗：首先我必须提一下三名副总理：克里斯塔·卢夫特[①]、彼得·莫雷特[②]和洛塔尔·德梅齐埃。他们在内阁里起到了关键性的作用。克里斯塔·卢夫特是经济学家，她对经济问题的把控能力独一无二。原建筑部长沃尔夫冈·容克尔[③]虽然不属于我的内阁成员，但是他继续为国内建筑事业出力。女

---

① 克里斯塔·卢夫特（娘家姓 Hecht）1938 年 2 月 22 日出生于 Krakow am See。她于 1952—1964 年是自由青年联盟团员，1958 年加入统一社会党。她于 1968 年获得经济学博士学位和大学任教资格，1971 年成为社会主义外贸经济的正式教授。1978—1981 年，卢夫特在莫斯科的经互会社会主义世界体制经济问题研究所担任副所长。1989 年 11 月 18 日—1990 年 3 月 18 日，卢夫特担任部长会议两名副主席之一，并兼任经济部长。在人民议院终结之前，她始终是民社党的代表。1994—2002 年，她担任德国联邦议院的民社党议员。

② 彼得·莫雷特 1941 年 7 月 28 日出生于 Mittweida，2014 年 2 月 4 日逝世于柏林。他于 1962 年加入德国自民党，1967—1972 年成为该党中央候补委员，1972 年成为中央委员，1977 年成为中央政治委员会成员。1977 年 5 月，莫雷特获得经济学博士学位。1986 年 6 月 16 日—1989 年 11 月 17 日，他担任民主德国国务委员会委员。1989 年 11 月 19 日，莫雷特出任副总理兼地方国家机构部长。1990 年 3 月 1 日—7 月 14 日，莫雷特担任民主德国托管机构主席。

③ 沃尔夫冈·容克尔 1929 年 2 月 23 日出生于 Quedlinburg，1990 年 4 月 9 日在柏林自杀身亡。他于 1949 年加入统一社会党，1961—1963 年担任民主德国建筑部副部长，1963—1989 年任建筑部长。容克尔于 1967 年任统一社会党中央候补委员，1971 年任中央委员。他于 1976—1989 年任人民议院代表。容克尔于 1972—1989 年担任经互会民主德国代表团团长，自 1973 年起也兼任经互会建筑合作常务委员会主席。他于 1989 年 11 月辞职。1990 年初，他因滥用职权罪被待审拘留。

财政部长乌塔·尼克尔 ① 是一个重要支撑力量，直到她受到诽谤和从未得到证实的诋毁而于 1990 年 1 月辞职——检察院于 3 月开始调查程序。在初始阶段起到重要作用的还有此前担任计委主任的格哈德·许雷尔。国防部长特奥多尔·霍夫曼 ② 和内政部长洛塔尔·阿伦特 ③ 也十分重要和可靠。

迪科普：有没有人令您感到失望？

莫德罗：国家安全部被解散，代之以成立国家安全局，任命沃尔夫冈·施万尼茨 ④ 中将为该局局长。他很快就称病，被人民议院于 1990 年 1 月 11 日解除了部长会议成员资格。

迪科普：为什么？

---

① 　乌塔·尼克尔 1941 年 7 月 19 日出生于莱比锡。她于 1960 年加入统一社会党。尼克尔于"转折"后成为无党派人士。1983—1988 年担任莱比锡专区委员会委员，负责财政和物价工作。1986—1988 年担任莱比锡专区议会代表，1988—1989 年担任民主德国财政与物价部副部长。1989 年 12 月—1990 年 1 月 22 日，尼克尔担任莫德罗政府的财政与物价部长。作为财政部长，她也属于部长会议主席团成员。

② 　泰奥多尔·霍夫曼 1935 年 2 月 27 日出生于 Gustävel（维斯马县），2017 年 11 月逝世于柏林。他于 1956 年加入统一社会党，1985 年任人民海军副司令兼参谋长，1987 年任海军司令并晋海军中将衔。1989 年 11 月 18 日—1990 年 4 月 23 日，霍夫曼担任国防部长并晋海军上将衔。在 1990 年 9 月 24 日之前，霍夫曼任国家人民军总司令。

③ 　洛塔尔·阿伦特 1936 年 3 月 13 日出生于埃尔富特。他于 1953 年加入德国人民警察，并于 1957 年加入统一社会党。他于 1983 年 6 月 24 日晋升少将军衔。1986—1989 年，阿伦特任统一社会党中央候补委员。1989 年 11 月 18 日—1990 年 4 月 12 日，阿伦特担任莫德罗政府中的内政部长，并于 1990 年 1 月 10 日之前兼任人民警察部队司令。他曾以总监察长的身份担任民主德国内政部长彼得-米夏埃尔·迪斯特尔的顾问。在 1990 年 10 月 3 日之前，阿伦特担任内政部边防总局局长。

④ 　沃尔夫冈·施万尼茨 1930 年 6 月 26 日出生于柏林，统一社会党党员，1974—1986 年担任国家安全部柏林专区局长，1986—1989 年担任国家安全部副部长。1986—1989 年，他是统一社会党中央候补委员。他于 1989 年 12 月 14 日告假离职，1990 年 1 月 11 日被人民议院解职并辞退。

莫德罗：他由于健康原因不能履职。而且，圆桌会议强烈要求解散国家安全局，最终确实解散了该局。

盖勒：您的政府中有多少国家安全部的工作人员①？

莫德罗：我只知道国务秘书哈里·默比斯②。他是部长会议办公厅主任。他曾是特殊行动军官（OibE）。这是他后来向我承认的。我对其他人就不了解了。请允许我强调一下，在1989年11月之前，国家安全部一直隶属于部长会议，是与其他各部一样的合法政府部门。

迪科普：有几个人比较早就退出了您的政府：教育与青年部长汉斯－海因茨·埃蒙斯③（统一社会党）于1989年11月30日退出。机床制造部长卡尔·格林海德④（统一社会党）于1990年1月12日退出。司法部长汉斯－约阿希姆·霍伊辛格（自民党）也在一天前退出。出于什么原因？

---

① 参阅 Helmut Müller-Enbergs 所著《国家安全部的非正式工作人员》第1—3卷，1996年、1998年、2007年分别出版于柏林。
② 哈里·默比斯1930年5月16日出生于 Hackpüffel（Kyffhäuser）。他是自由青年联盟和统一社会党成员。1956—1989年，他是国家安全部工作人员。1967年起担任特殊行动军官。获得经济学博士学位。1966—1989年担任民主德国部长会议国务秘书。1989年11月—1990年3月，默比斯担任莫德罗总理的办公厅主任。
③ 汉斯-海因茨·埃蒙斯1930年6月1日出生于 Herford。他于1949年加入统一社会党。埃蒙斯于1964年成为教授，同时担任位于 Leuna-Merseburg 的卡尔·朔尔勒默尔高等技术学院矿物盐化学与技术工艺研究所所长。埃蒙斯于1988年担任民主德国科学院副院长。1989年11月—1990年3月担任民主德国教育与青年部长。
④ 卡尔·格林海德1931年7月20日出生于柏林，2004年1月9日逝世于柏林。他于1950—1957年是自由青年联盟团员，并于1953年加入统一社会党。他于1961年获得经济学博士学位，1969年成为民主德国研究委员会教授和特别成员。他于1983年出任玻璃和陶瓷工业部长，并于1989年11月—1990年1月在莫德罗政府中担任机床制造部长。1990年1月—4月，他担任国家计划委员会的后身经济委员会的主任。

莫德罗：因政党进行人事变动的原因。

迪科普：实际上那是一个大联合政府？

莫德罗：是的，我们也是这样理解的。我们于 2 月 4 日称之为"民族责任政府"[1]，并在此之前吸纳了新成立的各个公民运动组织的一些代表担任无任所部长。

盖勒：为什么这么称呼这个政府？

莫德罗：我们把变革中的民主德国视为某种形式的新德国中心。因此，我们的政府承担着民族的责任。

盖勒：所有内阁成员都持这样的看法吗？

莫德罗：我没有看到有人反对。我们认为这是自信和进步，我们想把另一部分德国一起带往未来。

盖勒：您对"民族责任政府"的含义是怎样认知的？

莫德罗：1989 年 11 月 17 日成立的民主德国政府，我们视之为五个政党一起承担责任的一个大联合政府。我比以往任何时候都更加坚定地认为，我们确实在这个意义上代表着民主德国所有公民的利益。当新政府成立时，人民议

---

① 参阅汉斯·莫德罗所著《起点与终点》，1991 年出版于柏林，第 81—92 页；汉斯·莫德罗所著《我原本是要建设一个新德国》，1998 年出版于柏林，第 411—418 页。

院的选举日期已经协调确定为 3 月 18 日。"中央圆桌会议"各党都怀抱着共同承担责任的愿望，希望通过此次选举使战后两个德国走向统一的道路。

盖勒：这里存在着我们可以科学思考的两个概念——"过渡政府"和"移交政府"，也就是莫德罗政府和德梅齐埃政府。您于 1989 年 11 月 13 日当选总理，只有一票反对。这张反对票来自玛尔戈特·昂纳克[①]。应当怎样解读这个情况？

莫德罗：如果没有反对票，我会更加惊讶。但是为什么是玛尔戈特？我们俩相识于自由青年联盟时期，当时她担任青年团的少先队主席。我们认识的时间超过了 40 年。我们之间第一次争吵是在 20 世纪 60 年代初。当时我担任柏林科佩尼克区党委第一书记，她担任国民教育部一个总局的局长。他们要在我们区的全日制学校搞实验活动。一切正在进行过程中，她突然叫停。我为此事投入了很多精力，对中途停止感到恼火，也让人向她转达了我的不快。后来我们又一次发生争执时，我已经在德累斯顿。她要求我们建一些学校，但是她强调，学校的所有安排都是由国民教育部说了算。我们不愿意仅仅出钱和投入建筑力量，而且也想有参与决策权——例如是否可以让附

---

① 玛尔戈特·昂纳克（娘家姓 Feist）1927 年 4 月 17 日出生于萨尔河畔哈勒，2016 年 5 月 6 日逝世于智利的圣地亚哥。1938—1945 年，她是德国少女联盟（BDM）的成员。1966—1989 年，她担任统一社会党中央外国信息部长。玛尔戈特于 1945 年加入德国共产党（KPD），1946 年在社民党与共产党强行统一后成为统一社会党党员。她于 1949 年成为最年轻的民主德国人民议院代表，并一直担任至 1989 年。1963—1989 年，玛尔戈特·昂纳克担任国民教育部长。1978 年，她将国防课引进中学第 9 和第 10 年级，内容包括持枪准军事训练。1989 年 10 月 20 日，玛尔戈特·昂纳克辞去所有职务。1990 年 2 月 4 日，她退出民社党。她从未受到刑法追诉，所有案件审理都中途停止。玛尔戈特·昂纳克被视为东德社会中除国家安全部长米尔克以外最遭仇恨的人物。注：2012 年 4 月，德国电视一台 ARD 播出了由埃里克·弗里德勒主持的文献片《被推翻——昂纳克的结局》。该片中包括多次采访玛尔戈特·昂纳克的镜头。作者和出版者弗兰克·舒曼曾前往智利采访玛尔戈特·昂纳克，并通过电子邮箱与她保持通信。据此编撰的《来自智利的邮件——与玛尔戈特·昂纳克的通信》一书，于 2016 年出版于柏林东方出版社。

近居民在业余时间使用学校的体操房或体育设施，或者能不能把德累斯顿
Robotron 微电子国营联合企业发明的产品在综合性高级中学里进行试验。玛
尔戈特对此表示反对，而且根本就不同意对此进行讨论。她的观点是，只要
每家每户还没有安装计算机，就不允许在学校内使用个人计算机。我的反对
意见是：照此道理，只要每家每户还没有购置钢琴，学校里就不能上音乐
课？我们之间就是这样经常产生争执，所以导致她给我投了反对票。

盖勒：或许是因为她丈夫被解职而进行的某种回敬行为？

莫德罗：肯定不是。玛尔戈特没有这样心胸狭隘，她作出的是政治决
定。她认为我过于软弱。后来我在智利拜访她时，她对采访记者称我是"我
们的汉斯"，听上去仍然像以往称我"我们的小汉斯"（unser Hänschen）
一样……

迪科普：1989 年秋天发生了两个重要的事件：11 月 28 日，西德总理科
尔在波恩发表了他的"十点建议"。当时在场者都感到十分吃惊，包括根舍
外长也感到吃惊，吃惊的还有四大国。11 月 29 日，汉斯·莫德罗政府发出了
"为了我们的国家"的呼吁。您是怎样得知科尔在联邦议院发表的那个演讲？
您对此作出了什么反应？"为了我们的国家"这一呼吁事关民主德国的未来。
这个呼吁背后有什么背景，您当时想达到的目的是什么？

莫德罗：民主德国公民中的作家、艺术家、知识分子于 1989 年 11 月 28
日呼吁民德公民留在国内。他们的担忧不是来自科尔的"十点建议"之后，
但是在此之后尤其担忧民德被西德吞并，所以拒绝重新统一。他们主张保
留民德作为资本主义西德以外的社会主义选项。截至 1990 年 1 月，总共有

100多万人在呼吁书上签名，发起者包括沃尔夫冈·贝格霍费尔，摇滚乐歌手塔马拉·丹茨[①]，画家西格哈德·吉勒[②]，电影导演弗兰克·拜尔[③]，牧师弗里德里希·朔尔勒默[④]，作家施特凡·海姆[⑤]和克里斯塔·沃尔夫，人权主义者乌尔丽

[①] （莱诺雷）·塔马拉·丹茨1952年12月14日出生于Winne，1996年7月22日因乳腺癌逝世于柏林。她曾经是Silly摇滚乐队的一线女歌手。1989年9月18日，丹茨是向民主德国政府递交《摇滚乐音乐家和作曲家提案》的发起人之一和第一位女签署者，此提案要求政府允许反对派团组存在和政治改革。这个摇滚乐队至今仍然存在，现在的一线女歌手是安娜·洛斯（2006年参加这个乐队）。

[②] 西格哈德·吉勒1941年2月25日出生于Eilenburg。自1986年起，他在莱比锡版画与图书装帧高等学校担任教授。1980—1981年，他在莱比锡音乐厅的休息厅创作了穹顶画《生命之歌》，这幅画被视为欧洲最大的穹顶画。吉勒于1982年获得民主德国三级国家奖。

[③] 弗兰克·拜尔1932年5月26日出生于Nobitz（图林根），2006年10月1日逝世于柏林。作为电影导演，他的大多数电影作品为民主德国电影制片厂（DEFA）制作，并在一些年内对统一社会党采取了批判性的立场。1980年，他被开除出统一社会党。于是，他担任导演的可能性在民主德国受到了限制。但是他获得了在西德的工作许可。他的电影生涯获得了许多褒奖。他的电影作品引人注目，包括民族和国际题材故事片、院线影片和系列影片，聘请的大牌演员分别来自东德和西德。

[④] 弗里德里希-威廉·朔尔勒默1944年5月16日出生于Wittenberge。1962—1967年，他在哈勒-维滕贝格马丁·路德大学学习神学。1978—1992年，他以讲师身份在福音新教传教士研修班授课，并在维滕贝格这个路德家乡城市的宫廷教堂担任传教士。1992—2007年，朔尔勒默在萨安州福音新教学院担任教研室主任。1988—1989年间，他担任公正、和平与保护民主德国上帝创造普世大会的顾问。朔尔勒默是"为了我们的国家"呼吁书的首批签署者。他是民主崛起组织（DA）的联合创始人之一。1989年12月，他从民主崛起组织转向民主德国的社会民主党（SPD）。

[⑤] 施特凡·海姆1913年4月10日出生于开姆尼茨，2001年12月16日因心脏衰竭逝世于En Bokek（以色列）。海姆出生时的姓名为赫尔穆特·弗利克（Helmut Flieg），自1933年帝国议会大厦纵火案之后改名。海姆于1952年离开美国，前往布拉格，之后于1953年移居民主德国，被视为返回家乡的反法西斯流亡者受到特权待遇。施特凡·海姆于1959年获得民主德国艺术与文化国家奖。1989年11月4日，海姆在柏林亚历山大广场上向观众作了演讲。1989年11月底，他是"为了我们的国家"呼吁书的发起人和签署者之一。1992年，他在柏林参与创建"为了公正委员会"组织。1994—1995年，他是联邦议院民社党议员，并以名誉议长的身份于1994年11月致开幕词。海姆是民主德国最著名的作家之一。

克·波佩 ①、康拉德·魏斯 ② 和塞巴斯蒂安·普夫卢格拜尔 ③，演员尤塔·瓦霍维阿克 ④，以及教会人士、联合企业厂长等。

我和克伦茨一样也签了字，实际上这是愚蠢的做法。当起草者和其他支持者以自信和自主的方式表达出自身意愿和自身信念后，他们再次觉得自己被利用了。

16. 奥地利—民主德国的特殊关系：弗拉尼茨基总理 1989 年 11 月 24 日的来访以及弗朗索瓦·密特朗 1989 年 12 月 20 日—22 日的访问

盖勒：在我们谈论奥地利总理弗兰茨·弗拉尼茨基来访之前，先提一个问题：您当时对这个国家了解什么，您对"奥地利模式"有些什么设想，或许可以为德国问题带来匹配的答案？

---

① 乌尔丽克·波佩（娘家姓 Wick）1953 年 1 月 26 日出生于罗斯托克。1982 年，波佩是"妇女为了和平"网络创始人之一。1983 年，波佩被以"背叛祖国性质传递信息的嫌疑"被捕，在柏林霍恩舍内豪森的拘留所关押了 6 个星期。1985 年，波佩成为和平与人权倡议组织的成员。1989 年，波佩成为新成立的"即刻民主"（DJ）公民运动组织的联合创始人。1989 年 11 月 26 日，波佩是"为了我们的国家"呼吁书的首批签署者。1989 年 12 月—1990 年 3 月，波佩代表"即刻民主"运动参加圆桌会议。之后，她又成为"联盟 90"人民议会党团的工作人员。

② 康拉德·魏斯 1942 年 2 月 17 日出生于 Lauban（荷兰）。他于 1966—1969 年在波茨坦电影与电视高等学校学习纪录片导演与摄影专业。魏斯自 1975 年起成为作家，为不同的作曲家和歌手创作歌词，并从事大众传播工作。1989 年 9 月，魏斯属于公民运动"即刻民主"（DJ）成立宣言的首批签署者。1989 年 11 月，他属于"为了我们的国家"呼吁书的首批签署者。1989—1990 年间，他作为"即刻民主"的代表参加了"中央圆桌会议"。在 1990 年的人民议院选举中，他当选为民主德国议院的议员。1990—1994 年，他在联邦议院担任联盟 90/ 绿党议会党团的议员。

③ 塞巴斯蒂安·普夫卢格拜尔 1947 年 9 月 14 日出生于吕根岛的卑尔根。他于 1966—1971 年在 Greifswald 的恩斯特·莫里茨·阿恩特大学学习物理。1988—1989 年间，他担任公正、和平与保护民主德国上帝创造普世大会的顾问。1989 年，他是"新论坛"（NF）组织的联合创始人，并担任"中央圆桌会议"的"新论坛"组织的发言人。1990 年 2 月，他在莫德罗政府中担任无任所部长。

④ 尤塔·瓦霍维阿克 1940 年 12 月 13 日出生于柏林。她于 1961—1963 年在波茨坦 Babelsberg 的德国电影艺术高等学校学习表演专业。她自 1983 年起成为民主德国艺术学院院士，并于 1993 年起成为柏林艺术学院院士。她是演员和戏剧表演家。

莫德罗：对我来说，奥地利首先是一个中立国家。虽然国家小，但是由于她的中立，对所有国家来说都拥有一个相当重要的地位。由于肯尼迪和赫鲁晓夫1961年在维也纳会面，于是那里就成了一个世界政治的场所，被赋予了巨大的意义。20世纪80年代中期，人们都去维也纳谈判，那些谈判与裁军和核武器相关；对有些人来说，例如我国大使汉斯·福斯[1]，不仅把维也纳视为一个漂亮的城市，而且准确地定位道："这是一块政治土地，上面发生了许多事件。"这就是我对奥地利的感知，也就是说，那是一个具有世界意义的国家，是世界政治的中转平台。如果您更加具体地提问：为什么匈牙利与奥地利之间的边界首先打开？奥地利早在这个阶段的初期就已经扮演了某种角色，而这个角色是别的任何国家都无法扮演的。因此对我而言，您刚才还提到过奥地利的模式问题，在我的思想中虽然从未考虑过模式问题，但是无论如何她是世界战略的一部分。1961年6月的各次谈判也都是能够阻止对峙乃至战争的谈判行为。

盖勒：这就是说，对您来说观察的基准点较少是因为奥地利的中立政策，更多的是作为会晤和调解场所的"维也纳精神"。所以，明显较少地将其视为签署国家条约或四大国解决方案的场所？

莫德罗：首先我想指出1959年的一次经历。当时，"世界民主青年联盟"（WBDJ）第一次有机会在社会主义国家以外举行世界集会。来自全世界的2

---

[1] 汉斯·福斯1931年1月31日出生于Demmin，2016年10月14日逝世于柏林。福斯自1953年起就是民主德国外交机构的工作人员。他于1953—1960年在民主德国外交部担任负责德国问题的科长和处长。其外交生涯是：1960—1963年担任民主德国驻缅甸总领事，期间于1962年兼驻柬埔寨。1970—1977年任民主德国驻布加勒斯特的大使。1978—1985年任驻罗马的大使，并于1979—1985年兼驻马耳他。1986—1989年作为代表团副团长出席维也纳欧安组织各次后续会议。1989年以代表团团长身份出席索菲亚欧安组织环境会议和伦敦的信息论坛，并于1990年率团出席波恩经济会议。

万名年轻人在维也纳进行为期一周的政治和文化交流。对我来说，那是一次难忘的经历。

作为德累斯顿专区的党委书记，我的责任是为艾森许滕施塔特钢铁厂从奥地利进口设备。在里萨钢铁厂，只能通过捷克斯洛伐克间接地从西德的曼内斯曼康采恩专利引进设备。

盖勒：您对时任奥地利联邦总统海因茨·菲舍尔[1]有什么记忆？

莫德罗：我本人不认识他，但是他至少在维也纳1959年第七届世界青年与大学生艺术节[2]期间是我和我们的政治对手，因为他属于那些试图阻挠世界青年集会的势力。中立的奥地利并不欢迎这次节庆，因为在西方看来，此次活动已经变成共产主义性质了。大量的干扰企图主要来自西德和奥地利的社会民主党取向的青年人。根据我的记忆，海因茨·菲舍尔当时就和西德社民党青年团纠结在一起。因为我当时负责所谓的大学生俱乐部，所以能够听到一些内部消息。

我们像往常一样弹着吉他音乐、唱着歌穿过维也纳城区。公众舆论几乎不搭理我们，媒体肆无忌惮地无视我们。当我们在施特凡大教堂前驻足奏乐时，至少来了一个警察与我们搭话："你们有没有营业许可证？"没有，我们没有什么证，再说有什么用？警察说："没有证就不能在这里唱歌。"没有营

---

[1] 海因茨·菲舍尔1938年10月9日出生于格拉茨（施泰尔马克州）。菲舍尔于1956年在维也纳大学学习法律学，并于1961年获得法学博士学位。他于1978年获得大学执教资格，1994年被因斯布鲁克大学聘为政治学教授。他于1975年担任奥地利社会党议会党团主席。1983—1987年，菲舍尔担任科学部长。2002—2004年，他担任国民院第二主席。2004年7月8日，菲舍尔出任第二共和国的第八位联邦总统，并且停止其社会党党员身份。他的任职时间持续到2016年7月8日。菲舍尔曾经获得四次荣誉和奖章，其中包括2017年获得"维也纳荣誉市民"称号。
[2] 第七届世界青年与大学生艺术节于1959年7月24日—8月4日在维也纳举办，共有来自112个国家的18000人参加了此次艺术节，其中包括来自民主德国自由青年联盟的550名代表。

业许可证就无法进行革命。我们只好失望地回家了。

盖勒：如上所述，与奥地利联邦总理弗拉尼茨基的官方接触一共有两次，即1989年11月24日在柏林，和您1990年1月26日率领政府代表团访问期间在维也纳。对后一次会面以后还会提及。您是否还记得什么细节？此外还有一个额外的问题：弗拉尼茨基是由弗朗索瓦·密特朗送去访问的？

莫德罗：当我们1月在维也纳会面时，我们也进行了一次单独谈话，此次谈话的内容在任何档案中都找不到。我在谈话中明确地感受到，弗拉尼茨基非常清楚地预见到了两德统一的进程。我们专门谈到了这个话题，甚至预见到了未来局势的可能走向，以及可能产生的司法后果。日后果真对民主德国负责人采取了司法迫害的做法。弗拉尼茨基在谈话中直截了当地说："莫德罗先生，如果您哪天有需要，可以告诉我。您可以来我们奥地利生活。"他已经有一种感觉，意识到问题正在形成，将带来各种矛盾。这一情况支持了您刚才提出的关于法国的问题。当密特朗访问柏林时，也没有得到赫尔穆特·科尔的赞同。应该完全从另一个角度来观察密特朗。他于1989年12月在基辅会见了米哈伊尔·戈尔巴乔夫。当时他问戈尔巴乔夫："我们是不是应该一起去柏林？"戈尔巴乔夫没有同密特朗一起去，但是他自己去了。也就是说，密特朗在这一阶段打算参与建设"欧洲大厦"。这是他的思想背景。对他来说，奥地利是整个链条中的一个环节或者一个空间，在他心中有着一定的意义，而不是处于从属地位。我从这里看出了一种关联性，遗憾的是现今已经很少奏效，而当时却有很大余地，即社会主义者与社会民主党人之间原本可以相互合作。这一点如今已经完全不可能生效。但是当时的情形却完全不同。

盖勒：法国总统弗朗索瓦·密特朗 1989 年 12 月 20 日—22 日在东柏林和莱比锡的访问给您留下了什么印象？在历史研究中，他对德国问题的立场是有争议的：一些历史学家把他说成一位"刹车者"，也就是说，他的态度十分犹豫和极其悲观；另一些人则认为，他对德国及其历史和文化作了积极的研究。虽然他认为两德进程太快了，但是他实际上是赞成德国统一的。

莫德罗：密特朗和戈尔巴乔夫是在基辅会面的。密特朗在会谈时主张戈尔巴乔夫与他一起前往东柏林见莫德罗。他想以此强调，"欧洲大厦"的想法也是他的想法。但是戈尔巴乔夫不愿意配合他。然而，密特朗在某种程度上认为，昂纳克 1988 年 1 月访问法国后，他有理由进行一次回访，尽管昂纳克 1989 年 10 月 18 日起已经不再承担责任了。因为主人是格拉赫，因为他们俩是国家元首。密特朗当然知道，他通过这条途径无法影响政治局面。当时我的印象是，密特朗之所以要求进行共同对话，为的是强调一点：对欧洲来说，并非只有单一的美国政策，法国也有自己的看法。在建立"欧洲大厦"的想法上，他并不反对戈尔巴乔夫。对他而言，解决德国问题必须清楚一点：只能在欧洲发展的框架内予以解决。这就是他的立场。他的前期表述十分清晰：德国问题要解决，但是必须在欧洲范围内解决。他的立场由此延伸出来。他的立场并非与科尔的立场相一致。而苏联的解读是错误的，误以为直至 1990 年 1 月还有可能在美国、英国和法国之间打入离间的楔子。无论如何，谢瓦尔德纳泽及其外交政治家们的一厢情愿，在当时已经不可能实现了。当时的变数很多，所以贝克尔在 2 月初飞往莫斯科。苏联人的立场是：我们通过一项"二加四协议"。我们四个战胜国，加上两个被战胜国，也就是两个战后成立的德国，一起来签署一项协议。就在谈论"二加四协议"的时刻，戈尔巴乔夫并不明白这项协议将会产生什么逆向效应。两个被战胜国与四大战胜国签署协议，意味着我已经出局。正因为如此，所以我要在 1990

年3月1日以自己的立场阻止这个协议。我指出：苏联的解体既是一个"内部"问题，也是一个"外部"问题。必须关注"二加四"以及"四加二"的各个进程。

盖勒：关于密特朗在1989年11月和12月时的几点想法。在我看来，密特朗当时的判断是错误的。第一，密特朗担心科尔不想把德国统一纳入整个欧洲全局，而欧洲却希望把德国纳入。第二，他认为民主德国不会那么快就举行大选。第三，他认为苏联不大可能从民主德国撤军。第四，他很可能以为戈尔巴乔夫不会同意德国统一后加入北约，而是按照苏联的老观点保持一个中立的或中立化的德国。他的根本性误会在于，他本以为能够与玛格丽特·撒切尔和戈尔巴乔夫构成三足鼎立之势，从而确保民主德国的留存。密特朗还下令与民主德国签署了一个贸易协议，以发出支持的信号。自1985年9月至1990年1月在东柏林任职的奥地利大使弗兰茨·文德巴尔丁格在《变革时代在事件现场》文集[1]中写道，密特朗在一次外交招待会上谈到两德发展问题时这样答道："统一？不！在我这儿行不通！"那是在1989年12月。事实上，1989年12月时的密特朗，与1990年1月—3月时的密特朗判若两人。您在他1989年12月来访时也有这样的看法？还是您认为这样判断有些牵强？

莫德罗：不，我的看法不完全如此。我与您作出的错误判断结论相悖。密特朗被戈尔巴乔夫"欺骗"了，正如戈尔巴乔夫也想这样"欺骗"我一样。在基辅的会晤发生在马耳他会晤之前。戈尔巴乔夫在12月初的四人会见时

---

[1] 参阅弗兰茨·文德巴尔丁格所撰写的《我没有想到民主德国会崩溃》一文，收录于米歇尔·盖勒、Andrea Brait发行的《剧变时代的事件现场·1989年前后政界与外交生涯回忆录》一书（《欧洲历史研究》第17卷第3分卷），2017年出版于希尔德斯海姆、苏黎世、纽约，第553—601页，此处援引自第572—573页。

向我们保证：民主德国仍然是苏联最重要的盟国。后来他在中央全会上重申了这个说法。戈尔巴乔夫在这个伟大的政治三角关系中显示了他的无能。他于 1990 年 1 月 26 日完全举手投降了。科尔和密特朗给我的印象是，科尔在欧洲框架内解决德国问题的意愿比密特朗更加强烈。也就是说，这个时期已经开始了欧洲东扩。我必须为科尔感到自豪。他的理解能力很强，而且也不讳言：德国可以从东扩中获得巨大好处——巨大利益。

盖勒：密特朗当时使的是反劲。直到东扩开始，他始终是"刹车者"。

莫德罗：密特朗的鲜明特点是担心出现一个德意志大帝国。我建议去读一下密特朗已经出版的回忆录。里面专门有一章提到了对我的看法。宁可要四个大国，也不愿意要一个扩大的德国，这就是他的立场。也就是说，与现任总统埃马纽埃尔·马克龙在与安吉拉·默克尔谈话时的立场不同。密特朗当时认为自己具有另一种分量，不愿意将这个优势让位给科尔。

盖勒：您认为，密特朗当时更愿意看到两个德国维持现状，也就是成立一个邦联？

莫德罗：是的！

盖勒：那请再明确一下！您是否认为密特朗当年是赞成两德统一的？这种意见的代表人物是蒂洛·沙贝特教授。[1]

---

[1] 参阅蒂洛·沙贝特所著 *The German Question is a European Question. France and the Reunification of Germany. A critical assessment*，收录于米歇尔·盖勒、Maximilian Graf（发行）的《欧洲与德国统一·观察，决策与后果》，2017 年出版于哥廷根，第 161—202 页。

莫德罗：不，我显然不同意这种看法！他对强大的法国感兴趣。模仿夏尔·戴高乐：国家之间没有朋友，国家之间只有利益。

盖勒：我在之前提到过的弗拉尼茨基东柏林之行。当时您正担任民主德国的总理，您怎样评价他的那次访问？对您这位新政府首脑和正处于变革进程中的民主德国来说，此次访问具有什么意义？

莫德罗：我不知道弗拉尼茨基如何描述他此次访问的成行。我只能叙述一下我们是怎样接待此次访问的。对奥地利这个伙伴国来说，我们确实是给予了高度重视。当时我们两国有外贸关系。外贸部长格哈德·拜尔与奥地利有着最佳关系。我们在初期阶段就已经建立了互相信任关系。我的政府是11月17日开张的，时间很紧迫。我们与拜尔达成了一致意见，即我们不会向任何大国方向迈出步伐。很久以来大国都没有来回访过，只是密特朗后来成行过。对我们来说，斯堪的纳维亚各国或许有可能性，但是当前的重点不是政治性关系。拜尔对现实这样表述道："我可以与奥地利发展关系。"拜尔是居间调停人，他利用自己的老关系创造了在奥地利进行这种会晤的气氛。对方也表示了迎合。于是就开始了我先前提到过的 VÖEST 和 Eisenhüttenstadt 国营企业合作项目。对奥地利经济的整体规模来说，这也是一个大项目。这不是小买卖，而是有分量的一个步骤。对我们而言，这是一个机遇，所以我们当时作出了判断："奥地利有兴趣继续发展关系。"拜尔的判断是："如果我们进一步增强他们的感知，就可能促成联邦总理来访问我国。"我们当时并非肤浅地认为这是一个机遇，可以与中立的奥地利达成某种目的，而奥地利也可以强调其中立政策的特殊优势。这并不是我们的出发点。作为一个政治家，首先要考虑的是："我想迈出的步骤会带来什么利益？"拜尔说："只有一次机会。如果我们想在外交关系上有所起步，就应当尝试从奥地利突破。"结果正是如此。就连波兰也是后来跟上的。按照常理，我本应先去莫斯科见尼古拉·雷日科夫 [1]。我们民主德国当时的发展纲领是不仅局限于东部方向，而且试图抓住机遇也能够走向西方。为达此目的，奥地利是最佳选项。

盖勒：在弗拉尼茨基前往东柏林访问之前一天，奥地利的各个日报刊登了一条短消息称，将成立一个"东西方基金" [2]。（社会党籍）财政部长费迪南德·拉齐纳 [3] 也宣布了这一消息。奥地利有兴趣设立这一基金。当时提到的不

---

[1]　尼古拉·伊万诺维奇·雷日科夫 1929 年 9 月 28 日出生于 Dylijiwka（乌克兰）。他于 1956 年加入苏联共产党，1975 年起担任转型和交通机械制造部副部长，1979 年起担任国家计划委员会第一副主席。他于 1981 年成为苏共中央委员。1982—1985 年，雷日科夫担任党中央书记和党中央经济部长。1985—1991 年，他担任苏联部长会议主席。1985 年 4 月—1990 年，雷日科夫是中央政治局委员。1990 年被开除出中央政治局。苏联终结之后，雷日科夫于 1993 年 12 月当选国家杜马议员，并于 1996 年成为俄罗斯左翼人民爱国阵线主席。他自 2003 年起担任俄罗斯联邦委员会委员。

[2]　在弗拉尼茨基访问莫德罗之前，财政部长费迪南德·拉齐纳在维也纳举办了一个记者招待会，首次提到一个东西方基金，声称是为东欧地区提供贷款。据说法国和英国对这一东西方基金感兴趣，而这两个国家当时都有兴趣保留民主德国。奥地利提到的 50 亿先令（约合 7.1 亿西德马克），不仅可以让民主德国受益，而且也包括波兰。正如弗里茨·鲍尔所说，赫尔穆特·科尔担心"奥地利的建议可能成为一个细胞核，导致不断扩大发展为西欧的支持行动"。此外，欧洲复兴和发展银行（EBRD）也在酝酿成立，弗拉尼茨基正在争取该银行将总部设在维也纳。最终伦敦也要追加经费。莫德罗 1990 年 2 月访问波恩时据悉提出了总额为 150 亿西德马克的财政援助，但是遭到了科尔的拒绝。奥地利的倡议为的是中产阶层顺利地从计划经济过渡至市场经济，以及保障和提高奥地利的竞争能力。关于东西方基金问题，请参阅米歇尔·盖勒所撰写的《因关系变化导致紧急关系下的外交政策：奥地利与 1989—1990 年间的东西德统一》一文，收录于 Ingrid Böhler、米歇尔·盖勒（发行）《对比不同的欧洲道路——1945—1949 年迄今的奥地利与德意志联邦共和国》一书，2007 年出版于因斯布鲁克、维也纳、博岑，第 493—530 页，此处见第 500 页。并请参阅弗兰茨·弗拉尼茨基所撰写的《在政治里反正不会有专利解决方案，包括 1989—1990 年间也不可能找到最终解决方案》一文，以及费迪南德·拉齐纳所撰写的《如果许多奥地利人或许并没有经历过这一切：1989 年当然将在战后历史中留下深刻的一页》一文，收录于米歇尔·盖勒、Andrea Brait（发行）《剧变时代的事件现场·1989 年前后政界与外交生涯回忆录》一书（《欧洲历史研究》第 17 卷第 3 分卷），2017 年出版于希尔德斯海姆、苏黎世、纽约，第 333—381 页，第 349—352 页，第 449—483 页，此处援引自第 461—464 页。

[3]　费迪南德·拉齐纳 1942 年 12 月 31 日出生。他是奥地利社会民主党人。他于 1986 年 6 月 16 日—1995 年 4 月 6 日担任财政部长。之后，他担任 Giro Credit Bank 银行总经理，并担任 Bank Medici 银行监事会成员以及奥地利马歇尔计划基金会主席。

是民主德国，而是柏林和匈牙利。在弗拉尼茨基方面，访问民主德国显然也有外贸和稳定政策的背景，他发出的信号是："奥地利愿意为中东欧关系的和平巩固作出一份贡献。"此举也与另一个原因相关：奥地利正在争取使维也纳成为欧洲复兴和发展银行①的所在地。他给该银行写过一封信。弗拉尼茨基在信中请求该银行同意维也纳成为该银行的所在地。问题在于，联邦总统库尔特·瓦尔德海姆②因当年的战争历史引起争议，所以对该计划的实施带来了威胁。欧洲复兴和发展银行的所在地最终确定在伦敦。于是，弗拉尼茨基的行为含有奥地利特性，也就是利己主义的利益。他想让维也纳成为会议场所而从中获利，但是也想发出信号："奥地利愿意为欧洲稳定政策局势作出贡献。"您当时了解这项"东西方基金"吗？

莫德罗：拜尔肯定了解这些情况。拜尔与奥地利的关系直到1990年之后也没有切断。拜尔的儿子当时前往奥地利，并留在了奥地利经济界。我不得不常常问他："你究竟在他们最高层推行了哪些政策，为什么你跟他们的关系这么稳定？"

如果我打算更换贸易部长和经济部长，就会让国家陷入灾难。拜尔和我

① 指1991年成立并设在伦敦的欧洲复兴和发展银行（European Bank for Reconstruction and Development）。其主要目的是支持中东欧国家向市场经济体制转型的努力。首任行长是密特朗的前亲信雅克·阿塔利。
② 库尔特·约瑟夫·瓦尔德海姆1918年12月21日出生于第聂伯河畔的小镇圣安德烈·沃顿（下奥州），2007年6月14日因心脏循环衰竭逝世于维也纳。他曾是纳粹时代的军人和帝国国防军的军官。1944年4月，他在维也纳大学以博士论文《康斯坦丁·弗兰茨的帝国理念》获得博士学位。之后，他以外交官身份先后在巴黎、多伦多和纽约工作：1956—1960年担任奥地利驻加拿大大使。之前曾于1955—1956年担任联合国常驻观察员。后来他又分别在1964—1968年和1970—1971年担任奥地利驻联合国代表。瓦尔德海姆于1968—1970年担任外交部长，1972—1981年担任联合国秘书长。瓦尔德海姆于1986—1992年担任奥地利联邦总统。1986年3月有消息曝光，说他曾经担任冲锋队和党卫军褐衫队队员。1987—1988年，一个国际历史学家委员会作出结论：瓦尔德海姆从未有过个人犯罪行为，也未参加过任何战争行动。瓦尔德海姆曾经获得许多奖章，例如1994年获得约翰内斯·保罗二世教皇授予的庇护奖章（Piusorden）。

在战略上达成了共识：奥地利有兴趣，民主德国有兴趣——那就可以有所作为。

盖勒：当您于 1 月底率领一个庞大的代表团访问维也纳时，欧洲复兴和发展银行还是一个议题吗？

莫德罗：不是，那时主要讨论经济问题。格哈德·拜尔积极地参与了经济对话。

盖勒：在您看来，弗拉尼茨基 1989 年 11 月 24 日的访问旨在每年签署的经济协议，也就是拜尔的传统任务，还是主要追求您和您的政府所希望的政治含义，也就是继续维持民主德国生存的问题？

莫德罗：起初兼而有之。拜尔也想通过此访达成他的利益关切。您必须基于这样的出发点：我在 1989 年 11 月 17 日发表了一个政府声明，其中我说道："两个国家的统一没有列入议事日程。"我当时是带着坚定的信念开始就职的，也就是矢志开展一场变革。因为我当时还抱有幻想，认为苏联将继续存在，我们将会进入稳定阶段。其他社会主义国家也都没有崩溃。我还一直有着某些盟友，例如波兰的沃伊切赫·雅鲁泽尔斯基将军[①]。我与他多次见面，他每次给我的印象都有新的发现。后来我发现，雅鲁泽尔斯基已经与我建立

① 沃伊切赫·雅鲁泽尔斯基 1923 年 7 月 6 日出生于卢布林省的库罗夫村，2014 年逝世于华沙。他于 1947 年加入波兰统一工人党（PZPR）。雅鲁泽尔斯基 1968 年担任国防部长，被判为对 1970 年向示威者开枪负有连带责任。他于 1971 年加入政治局，从而进入权力的最紧密核心圈。1981 年 2 月 11 日—1985 年 11 月 6 日，雅鲁泽尔斯基出任波兰部长会议主席。他于 1981 年 12 月 13 日宣布战争法，直至 1983 年 7 月才取消战争法状态。雅鲁泽尔斯基 1985—1989 年担任国务委员会主席。1989 年 7 月 19 日—1990 年 12 月，他出任波兰总统。其后任是莱赫·瓦文萨。2006 年 3 月 31 日，雅鲁泽尔斯基以共产主义罪行受到起诉，但是因其病情而未受到判决。

了多么深的个人信任。这是在这个圈子里的一些往事。我当时的看法和想法是：如果你想从某种政治孤立的困境中走出来，就需要建立国际交往。如果你想在重量上与西德达成某种平衡状态，就需要至少能找到认可东德存在、认可莫德罗发表的政府声明是想重新塑造民主德国的西方伙伴。这些应当成为国际对话的基础。我直到 1990 年 1 月的下半月才提到两德统一问题，因为当时已经冒出了"两个德意志国家的统一将如何进行"的问题。1989 年 12 月，我是带着默默的希望前往莫斯科的，希望苏联人留在民主德国，而当时已经同乔治·H. W. 布什 [①] 谈到了增兵的进程，从而根本就不可能出现自身消亡的问题。这些都是幻想，遗憾的是这些幻想在 1989 年 12 月和 1990 年 1 月就以一种加速度消亡了，以至于我不再奢望任何幻想。之所以说是"遗憾"，我们自身也需要很长一段时间才能比较稳定地开展工作。然而，局势超越了我们。有一点让我感到欣慰：如果我们看一看匈牙利、捷克斯洛伐克等国在同一时期的局势发展，那么我们民主德国在 3 月份之前还是比较稳定的，从而使得德梅齐埃政府能够有条不紊地将民主德国移交给联邦德国。在那艰难的过渡阶段，我成功地保持了稳定，从而使得局势还能够继续取得进展。如果民主德国是在混乱中终结的话，将会出现什么结果？如今民主德国已经加入联邦德国，而德梅齐埃政府无异于是在履行移交程序。

盖勒：混乱局面将会是什么样？

---

① 乔治·赫伯特·沃克·布什 1924 年 6 月 12 日出生于马萨诸塞州的米尔顿。布什于 1962 年成为共和党主席。其主要的生涯是：1971—1973 年担任尼克松总统派驻联合国的美国大使，1973—1974 年任共和党全国委员会主席，1974—1975 年任福特总统派驻北京的美国联络办公室主任，1976—1977 年任美国中央情报局局长，1977—1979 年任外交关系委员会主任之一，1981—1989 年任与里根总统搭档的副总统。1989 年 1 月 20 日—1993 年 1 月 20 日，布什担任第 41 届美国总统。他在争取第二任期时败给了比他年轻 20 岁的民主党挑战者比尔·克林顿。在庆祝柏林墙倒塌 10 周年时（1999 年 11 月 9 日），布什与戈尔巴乔夫和赫尔穆特·科尔一起在德国联邦议院发表了演讲。2008 年，布什在柏林获得亨利·基辛格奖，以褒奖其为跨大西洋伙伴关系作出的贡献。

莫德罗：当时不断接到威胁电话和威胁信件，声称要炸毁建筑物、医院等设施。我们也收到过谋杀威胁。

1990年1月15日，国家安全部建筑群门前聚集了将近5万人的一次集会。内务部长和人民警察部队司令寻求指示，于是我们一起驱车前往现场。在集会结束之后，1000—2000人使用暴力冲进了安全部大楼内。人民警察没有采取干预行动，但是西方情报部门设法获得了一些档案。苏军指挥官也认为对其驻地构成了威胁。在各个大企业内，还有一些工人战斗队的武器，必须予以安全管理，以阻止任何使用武器的可能性。华沙条约武装力量总司令卢舍夫大将①谈到了在北约边界发生冲突的危险性。只有所有力量协同行动，才能阻止发生武力冲突并确保安全。

盖勒：您是否还记得弗拉尼茨基1989年11月24日访问时怎样说起德国问题的？

莫德罗：一共有两个阶段。第一阶段是在柏林会晤，当时是与主权国家民主德国的代表会谈，我们拥有同等的外交关系。

哈尔斯坦主义②已经不再存在。当时是一种试探，人与人之间并没有禁忌话题。相互试探之后，得出了调整信任关系的印象。双方迅速发展良好的

---

① 彼得·格奥尔吉耶维奇·卢舍夫1923年10月18日出生于阿尔汉格尔斯克州的Poboischtsche，1997年3月23日逝世于莫斯科。他于1951年加入苏联共产党，1981年当选苏共中央委员。他于1979—1989年任苏联最高苏维埃议员，并于1989—1991年担任苏联人民代表。1989—1991年，他同时还担任华约联合武装力量最后一任总司令。1990年9月24日，卢舍夫与民主德国裁军与防御部长赖纳尔·埃佩尔曼一起签署了民德国家人民军脱离华约的备忘录。

② 哈尔斯坦主义是西德1955—1969年的一种外交政策计划，其内容是：第三国与东德建立外交关系将被视为对西德的"不友好行为"。会考虑断绝外交关系和采取经济制裁措施，以便从外交政策上孤立东德。在以威利·勃兰特和瓦尔特·谢尔为首的社民党与自民党联合执政时（1969—1974），哈尔斯坦主义终于因其毫无道理和德国采取新东方政策步骤而被终结。当时已有越来越多的国家与东德建立了外交关系。

理解和坦率的气氛，从而有利于建立信任关系。

1989年12月在德累斯顿与科尔的会晤就有着明显的区别。他似乎预先做了准备，谈到了我的出生地（此时已经属于波兰），而且他对我的父母家也有了解。我没有料到他会有这类准备。在政治谈话时，可以感觉到更多的期待和试探。主要内容是在两德之间建立"条约共同体"。12月在德累斯顿的那种意图，及至1990年2月已经被封堵了。

弗拉尼茨基给我的感觉是，他从一开始就接受了我。因此谈话的内容也包括局势的发展，此刻已经不仅仅局限于民主德国，可以一目了然的是，其他社会主义国家也已经开始蠢蠢欲动。弗拉尼茨基十分清楚是谁剪断了匈牙利通往奥地利的铁丝网。在匈牙利的民主德国度假者，试图通过奥地利前往联邦德国。于是，匈牙利希望解决两个问题。第一，打开边界符合西德的政治利益，而西德愿意为此对匈牙利作出回报。那是高额的优惠贷款。第二，打开边界对匈牙利来说就没有压力和危险了。对此，两个国家——匈牙利和奥地利——都有兴趣。尽管不了解具体细节，但是可以猜测出来，背后肯定有过商议。于是就出现了新的状况。这一点我们二人都知情，但是谈话中没有涉及。有一点很清楚：与柏林墙有关的问题并非源自柏林。打开边界的始作俑者是匈牙利和奥地利。如果所有其他边界都保持关闭状态，他们的做法相当于拆除了20倍围绕柏林长度的边界墙。当时已是既成事实，我们都心知肚明，于是在谈话中只是在另一个层面上互动。此次谈话围绕着东西方之间的力量对比和局势的进一步发展。他并不是北约伙伴。他对我而言是一个伙伴，能够给予我自由空间。我也想成为一名伙伴，能够为他的政府声明提供某种自由空间。这种做法与民主德国迄今的外交政策有所不同，以往的做法往往受到"偏重于向东"的操控。我却希望成为一位谋求其他可能性的代表人物。我与弗拉尼茨基的谈话，与昂纳克通常的谈话方式不一样。我希望进行一次坦率的谈话，能够试探各种可能性，并为未来发展方向进行磋商。

盖勒：如果换了昂纳克，他会以什么方式谈话？

莫德罗：昂纳克是另一种风格。他去过许多西方国家。这一点大家都忘记了。英国人和美国人还没有接待过他。但是，他已经去过法国、比利时、意大利和西德。昂纳克谈话时会有一个提纲，然后不断地重复这个提纲。我之所以这么说，是因为我们作为统一社会党中央委员，每年两次参加中央全会时——昂纳克时代的做法——会在前一天中午报到。我们会收到昂纳克同志与外国元首谈话的各种备忘录。无论在柏林还是外国，昂纳克的谈话总是重复强调民主德国取得的巨大成就和发展，小到花园员工联合体，大到经济问题，无一例外。所有提纲内容都不会遗漏，民主的话题也要涉及。他与克莱斯基的谈话或许会略微超出谈话参考模式，因为不存在语言障碍。我很清楚，如果我用这样的提纲来与弗拉尼茨基谈话，就不会有真正意义上的对话了，也不可能建立相互之间的沟通渠道。

盖勒：您有自己的谈话提纲？

莫德罗：是的。我会预先设定向弗拉尼茨基努力争取的方向。他必须理解我的处境。我们需要努力使民主德国保持稳定，希望获得公民运动组织的信任，赢得人民的信任，并与奥地利保持和谐关系。如果能够与另一个德语国家建立良好的和谐关系，就会取得不同于在法国或者其他任何国家的反馈效果。对我来说，这是在这一方向上实现突破的一个十分重要的步骤。

盖勒：弗拉尼茨基对此表现出了完全的理解吗？

莫德罗：是的，十分明确。

盖勒：他有没有提到德国重新统一的问题？

莫德罗：我们民主德国方面已经在此次会晤之前拟定了两个战后德国实施统一的"三步走计划"①，但是还没有与莫斯科进行商议。根据我的记忆，我们当时谈到了建设"欧洲大厦"的理念和欧安组织未来的作用。至于关于统一步骤的直接论述，我们或许并没有谈及。

盖勒：大事记年表对此作了明确记载。您认为弗拉尼茨基这个人是否随和？

莫德罗：是的。我在 6 年或者 7 年前又同弗拉尼茨基在维也纳见过面。

17. 转型进展，困境中的责任问题和民主德国的未来

盖勒：在您担任东德总理期间，确保稳定至关重要。您认为教会在转型时期有多大影响力或者分量？您是怎样感受福音路德派教会在变革以及过渡时期所发挥作用的？您怎样评价那些教会代表的作用，例如莱比锡的克里斯

---

① 关于"莫德罗的三步走计划"，请参阅《213 处处长 Neubert 提交的草案》的文献资料第 44 号附件：《1990 年 1 月 31 日为外交部长根舍提供的资料》，收录于 Heike Amos、Tim Geiger（修改）的《统一·联邦德国外交部、民主德国外交部与二加四进程》一书，2015 年出版于哥廷根，第 225—229 页。

蒂安·菲雷尔①或柏林的赖纳尔·埃佩尔曼②？后来，马尔库斯·梅克尔③以及赖纳尔·埃佩尔曼都进入德梅齐埃政府担任了部长。这些人物有没有在保留民主德国、增强团结和恢复稳定的努力中给予很多帮助？

莫德罗：教会当然为国家稳定作出了贡献。在所有国家机构和政党都丧失名誉之后，教会毫无变化地保持了道德机构的形象。我应该强调：教会作出了贡献，但关键是民主德国的公民们在道德上已经成熟，达到了公民社会的高水平。这是社会变革没有导致恐慌和混乱，得以和平、文明进展的主要原因。这种令人瞩目的文明成熟状态，并非针对统一社会党，而是1945年以来东部德国社会发展进程中带来的后果和压力。很多因素都参与了这一进程。统一社会党也作出了贡献，其占据的份额不小，而且长期对该党作为国

---

① 克里斯蒂安·弗里德里希·恩斯特·菲雷尔1943年3月5日出生于莱比锡，2014年6月30日逝世于莱比锡。他是福音新教路德派牧师，1980年10月13日起担任莱比锡尼古拉教堂自宗教改革以来第122位教区牧师。

② 赖纳尔·埃佩尔曼1943年2月12日出生于柏林。他于1962—1965年毕业于泥瓦匠专业工人训练，1966年因拒绝到国家人民军持枪服兵役、拒绝向军旗宣誓而被判处8个月监禁。他于1974年结束其神学专业的学习，并通过第一次和第二次国家考试。自1979年起，他在行善教区组织布鲁斯弥撒活动。埃佩尔曼是民主崛起（DA）组织的发起人、理事会成员和主席。1990年2月5日起，他在莫德罗政府中担任无任所部长。1990年3月18日—10月2日，他担任民主德国人民议院议员，并在德梅齐埃政府中担任裁军与防御部长。他于1990年8月加入基民盟和联盟党雇员翼（Arbeitnehmerflügel der Union）。1994—2001年担任联盟党雇员翼主席，2001年任名誉主席。1990年12月2日—2005年任联邦议院议员，并当选两个调查委员会的主席，负责调查"统一社会党独裁历史清理和后果清理工作"。自1998年起，埃佩尔曼担任统一社会党独裁清理联邦基金会主席。此外，他还于2003年5月—2013年10月担任负责处理前东德国家安全部证明材料的联邦机构BStU的咨询委员会成员。

③ 马尔库斯·梅克尔1952年8月18日出生于Müncheberg（勃兰登堡州）。他于1970年拒绝去国家人民军服兵役。之后，他在一所教会高等学校学习神学至1978年。1989年10月7日，他创建了东德的社会民主党（SPD）。1990年3月18日—10月2日，他担任自由选举产生的东德人民议院议员。之后，他于1990—2009年担任联邦议院议员。1990年4月12日，他出任东德外交部长。8月20日，他与其他社民党部长一起辞职。梅克尔是由他发起创立的统一社会党独裁清算联邦基金会的咨询委员会主席，并于2013年成为BStU组织的咨询委员会成员。2013年10月12日，梅克尔成为德国战争坟墓照料人民联合会主席，后于2016年9月22日辞职。

家政治领导的角色感到自豪，甚至将此写进了宪法。1989年12月初，上述表述被人民议院从民主德国宪法中剔除了。

教会作为道德机构的作用得到了认可。"中央圆桌会议"由三位牧师出任主持人，并非没有理由。他们是马丁·齐格勒[①]、卡尔－海因茨·杜克[②]和马丁·朗格[③]。

当然，教会人士在那个时期接管政治职位时表现得十分谨慎，他们知道或者猜到，民主德国当时已经处于过渡阶段——不是跃进至一个幸福的未来，而是显露出走向灭亡的一切迹象。例如，我邀请基督新教监理会成员曼弗雷德·施托尔佩[④]出任负责教会事务的国务秘书，被他拒绝了。1989年11

---

① 马丁·齐格勒1931年10月1日出生于柏林，2015年3月21日逝世于Schildow。齐格勒于1955年结束其洪堡大学的神学学业，1983年获得基督教全国委员会委员头衔。同年，他接替曼弗雷德·施托尔佩出任民主德国基督新教教会联盟秘书处主任职位，并一直履职至1991年。齐格勒自1984年起在国家安全部注册登记为非正式工作人员，化名是"IM Vorlauf Hirte"。

② 卡尔－海因茨·杜克1941年11月6日出生于Langenau（苏台德地区），2011年7月12日逝世于耶拿。他于1975年获得神学博士学位。1986年，他调动至主教辖区管理机构，在精神抚慰局内接任成人精神抚慰处长职位。1988年5月30日，约翰内斯·保罗二世教皇向其颁发天主教主教荣誉头衔（Monsignore）。1988—1989年，杜克是民主德国天主教与基督教大会代表。作为柏林主教大会的代表，杜克与齐格勒和朗格出任了"中央圆桌会议"的主持人。

③ 马丁·朗格1932年7月20日出生于茨维考，是基督新教卫理公会派牧师，在20世纪80年代十分积极地参与民主德国教会和平运动，并于1989年12月—1990年3月在柏林担任"中央圆桌会议"主持人。

④ 曼弗雷德·施托尔佩1936年5月16日出生于斯德丁（现波兰什切青）。他于1959年获得法律学硕士学位，1982年1月起担任柏林-勃兰登堡基督新教教会东部教区监理会主席。1982—1989年，他兼任民主德国基督新教教会联合会副主席。1990年11月1日—2002年6月26日，他担任勃兰登堡州长。2002年10月22日—2005年11月22日，施托尔佩出任联邦交通、建筑和住房部长。他曾以"书记"化名担任国家安全部非正式工作人员：比特勒机构于2003年出示了一份篇幅长达1200页的卷宗，证明曼弗雷德·施托尔佩是国家安全部非正式工作人员"书记"。勃兰登堡州议会的调查委员会于2011年出具结果鉴定书，证明施托尔佩曾是国家安全部重要的非正式工作人员，并称其曾于1990—1994年接获放弃州议会议员身份的要求。施托尔佩自1990年起成为社民党党员，1991—2002年曾任社民党联邦理事会成员。

月，洛塔尔·德梅齐埃从库尔特·勒夫勒①那里接管了这一职位，一直履职到他本人——在1990年3月18日人民议院选举后——接受组阁使命之时。与此同时，他自1989年11月10日起以基民盟主席的身份在我的内阁中兼任副总理。我认为，他当时在民主德国领导层担任的这两个职务，为他提供了良好的起步条件：为了德国联盟的竞选胜利，不仅由于来自西方的大量竞选援助，而且也得益于他作为过渡时期代表人物的政治亮相。

我于12月请求施托尔佩帮助我组织一轮与基督教和天主教主教们的对话。他帮助了我。我对这些教会显贵发出呼吁，希望教会能够利用圣诞节礼拜活动来安抚局势，希望不要从布道讲坛上向火中浇油，而应呼吁人们冷静、和平、理智；如果社会冲突进一步加剧，将会深化危机，而不会缓解危机。我坚信，教会的影响力远远超过圆桌会议。后者是一个政治产物，教会却在社会中扎下了根。

迪科普：据说您于1989年12月参加了一次秘密会晤，目的是针对民主德国的债务困境作出决策。请澄清一下这件事。

莫德罗：时至今日还有人指责我在解散国家安全部时犹豫不决，另一些人则谴责我——为了挽救统一社会党——想把国家安全局当作替罪羊。这个论点是沃尔夫冈·贝格霍费尔在一次记者采访时抛出去的。

对贝格霍费尔就民主德国"转折"话题进行采访的是曼弗雷德·维尔

---

① 库尔特·勒夫勒1932年8月24日出生于莱比锡，1952年加入统一社会党，1973年起担任文化部国务秘书。他以这一身份兼任了国家1983路德年筹备委员会主任，并组织了柏林750年庆典。1988年7月，他接替克劳斯·居西担任民主德国部长会议教会问题国务秘书一职。1989年11月，洛塔尔·德梅齐埃接替他出任此职。

并非一切都是香蕉（烦心事）！1994年4月的社会主义三驾马车：（左起）格雷戈尔·居西、洛塔尔·比斯基和汉斯·莫德罗

克 [1]——1961—1994年是社民党人，1998年起成为基民盟人。他们在谈话中声称我这个总理于1989年12月3日召集了一次会议……这个消息显然包含着另一种方式的阴险祸心。他们说参加此次会议的一共有5个人，其中包括贝格霍费尔，仅仅这一点就已经令人大感惊讶，因为据说会议是在柏林召开的，所以人们不禁要问，为什么德累斯顿的市长要去参加这个会议？这不是真的，沃尔夫冈·贝格霍费尔根本就没有参加过什么会，根本就没有过这样的会。他在柏林没有任何职务，他当时的职务是德累斯顿市长，只是后来才在统一社会党的特别党代会上当选为统一社会党副主席。

在他们所说的这次秘密会议上，指称我这个总理说过这样的话："同志

---

[1]　曼弗雷德·维尔克 1941年8月2日出生于卡塞尔，1961年加入社民党，后又加入德国社会主义大学生联盟（SDS）。1985年，维尔克在柏林自由大学担任社会学教授。他于1994年离开社民党，并于1998年加入基民盟。他自2005年起成为基民盟柏林理事会成员。维尔克是一位社会学家，是著名的东德问题专家和当代历史学家。

们，如果我们想挽救这个党，就需要找到替罪的人。"根据贝格霍费尔的说法，当有人问我该找谁替罪时，我的答复是："国家安全部。"因此，说是我转嫁了责任。格雷戈尔·居西提出了申诉——但并不是强调此次会议根本就没有召开过，而是强调他没有在场。我坚信，最好对此作出政治反应，而不是进行私下反应。如果通过司法途径作出判断——认为既没有与这些与会者一起，也没有在当时的时间段，更没有就这种谈话内容召开过此次所谓的密谋会议——那就太有助益了，居西也就不必直到今天还在反驳贝格霍费尔散布的那些谣言。那样做的话就有勇气了。此外，一些中立的批评者也在指责此次所谓的"秘密会议"，指责哪些人在那里说过哪些话。莱比锡纪念博物馆的杂志《圆形角落》2009 年第一期的文章写得有道理："遗憾的是，那篇采访文章在叙述这件事时不太确切。"

起初我也考虑过采取法律步骤，但是我的律师弗里德里希·沃尔夫劝阻了我，因为他判断得出结论的前景很渺茫。当然，居西的申诉行为最好予以书面公布。但是他的申诉至今还在继续。2016 年底，又有一部影片提到了这个题目，但是没有点出他的姓名。《柏林日报》的电视评论员如今表示，他的谈话节目无论如何都要追述事实。于是，又有了下一次起诉。居西请求我发表代替宣誓的声明，证明他没有参加过这样的会议。我当然可以毫无顾虑地为他证明，因为这样的会议从来就没有召开过。尽管如此，我还是对他说："格雷戈尔，你应当从另一个角度进行起诉。不要只考虑你自己，而应看到问题的全面。"

盖勒：那样的话，起诉的范围就大得多了……

莫德罗：是的，那将是一场完全不同的起诉。有人指责我过于胆怯，对此我只能说：我们原本可以更大胆一些，但是我们并没有胆怯！困扰我的是：不能未经对事态进行理智的评估就贸然要求作出判断。就拿国家安全部档案问题来举例。"中央圆桌会议"期间有人要求公布所有档案，结果由于可以理解的原因受到国家安全部侦察总局[①]的抗议。如果这样做，将会暴露所有在国外为民主德国工作的特工人员。我们没有权力把他们送上刀尖，却有道德上的责任去保护他们。为此我与沃尔夫冈·乌尔曼[②]谈过话。这位神学家和教会历史学家是公民运动"即刻民主"的创始人之一，并且是该组织在"中央圆桌会议"上的发言人。我们的年龄相仿，因此并非不重要的是：乌尔曼在哥廷根学习神学时加入过全德人民党，该党最著名的发言人有古斯塔夫·海涅曼[③]和约翰内斯·劳[④]，二人很久以后都成为联邦总统。

沃尔夫冈·乌尔曼与我很谈得来。几个月后，他应邀到我的民族责任政府担任无任所部长。我们一起在德国联邦议院担任议员，后来又一起去欧洲议会担任议员——他代表绿党，我代表民社党。我们谈话时非常坦率。我们

---

① 即外国侦察总局，是国家安全部的一个部门，相当于西德的联邦情报局和宪法保卫局。

② 沃尔夫冈·乌尔曼 1929 年 8 月 18 日出生于 Gottleuba，2004 年 7 月 30 日逝世于 Adorf/Vogtland。他于 1948—1954 年在西柏林教会高等学校以及哥廷根奥尔格·奥古斯特大学学习基督新教神学和哲学，之后获得博士学位。他于 1989 年创建"即刻民主"公民运动组织，并成为"中央圆桌会议"成员。乌尔曼于 1990 年 2 月—4 月担任无任所部长和民主德国人民议院副主席。1990 年 10 月 3 日—1994 年，他担任联邦议院议员。1994—1999 年，乌尔曼在欧洲议会担任联盟 90/ 绿党的议员。

③ 古斯塔夫·瓦尔特·海涅曼 1899 年 7 月 23 日出生于 Schwelm，1976 年 7 月 7 日逝世于埃森。其部分政治生涯是：1946—1949 年任埃森市长，1949—1950 年任联邦内政部长，1952 年离开基民盟创建全德人民党（GVP），1957 年加入社民党，1966—1969 年担任联邦司法部长，1969—1974 年担任联邦总统。由于健康和年龄原因，海涅曼主动放弃了第二任总统任期的候选人资格。他的遗物现存于社民党弗里德里希·埃伯特基金会档案馆。

④ 约翰内斯·劳 1931 年 1 月 16 日出生于伍珀塔尔，2006 年 1 月 27 日逝世于柏林。他在 1957 年之前是全德人民党党员，之后成为社民党党员。其部分政治生涯是：1969—1970 年担任伍珀塔尔市荣誉市长，1973 年起担任社民党北威州理事会成员，1977—1998 年任该州党主席。劳于 1968 年当选社民党联邦理事会成员，1978 年起担任社民党主席团成员。自 1982 年起，他担任社民党联邦副主席。1970—1978 年，劳担任北威州科学与研究部长，1977—1998 年担任社民党州主席，1978—1998 年担任北威州长。1985 年，昂纳克在民主德国与劳州长晤谈。1999 年 5 月 23 日，劳当选德意志联邦共和国总统，并于 1999 年 7 月 1 日宣誓就职。其任职结束于 2004 年 6 月 30 日。

关上门讨论棘手话题，而侦察总局局长维尔纳·格罗斯曼 [1] 却坐在门外等候。

后来"中央圆桌会议"作出决议，可以销毁侦察情报文件。沃尔夫冈·格罗斯曼得以说服了反对派。如果这位国家安全部上将、米尔克部长的副手向乌尔曼或圆桌会议提出这样的过分要求，我不知道是否会取得这么积极的进展。然而他紧接着抱怨道，他被排除在这样的对话之外。此时这样的争议已经索然无味了，因为我们的外国特工人员的人物档案已经掌握在美国手中，并将作为"花梨木电子文件" [2] 送回德国，结果导致不少人被捕和判决，而我们曾经一起努力阻止这样的结局。后来叶夫根尼·普里马科夫 [3] 曾经向我保证，这些文件绝非来自莫斯科，而是从柏林流向美国的。于是我的结论是：美国中情局不仅在西德联邦情报局里，而且在东德国家安全部侦察总局也安插有情报来源。

迪科普：然而，为什么维尔纳·格罗斯曼叙述的这个故事那么重要呢？

---

[1]　维尔纳·格罗斯曼 1929 年 3 月 9 日出生于 Oberebenheit。他自 1952 年起成为国家安全部工作人员。他在外交政策情报学校和莫斯科高级党校（1966—1967）学习过，并以优异成绩毕业于波茨坦 - 格尔姆司法高等学校的函授专业，获得司法硕士学位。1986—1990 年，格罗斯曼担任民主德国对外情报机构侦察总局局长，并担任国家安全部副部长。他于 1990 年 10 月 3 日被逮捕——对其间谍行为以及叛国罪行进行的案件审理于 1995 年终止。格罗斯曼出版了多本著作，其最后一部作品《信仰作案者》于 2017 年出版于柏林东部出版社。

[2]　花梨木电子文件涉及数百件光盘数据载体，里面存储有民主德国对外情报机构——侦察总局的大约 35 万份索引卡片的缩微胶片数据。这些数据不是有关非正式工作人员的信息，而是负责非正式工作人员领域的工作人员信息。1989—1990 年间，这些资料因不明原因流向了美国对外情报机构中央情报局（CIA）。据美国中情局驻莫斯科站长 Milton Bearden 称，这些花梨木电子文件并非在 1990 年 1 月 15 日冲击国家安全部时缴获的，而是中情局驻柏林站长后来根据美国总统乔治·H. W. 布什的指示进行搜集的。经过长年谈判之后，这批电子文件才于 2003 年移交给联邦德国。"花梨木"的称谓，源自美国中情局为获取这批电子数据而采取此次行动的代号。

[3]　叶夫根尼·普里马科夫 1929 年 10 月 29 日出生于基辅（乌克兰加盟共和国），2015 年 6 月 26 日逝世于莫斯科。他在大学学习的是经济学，并于 1956 年获得博士学位。之后他担任苏联情报机构克格勃的对外侦查总局局长。他于 1991 年 9 月晋升克格勃第一副部长，接着又兼任克格勃第一总局局长。1996—1998 年，普里马科夫出任外交部长。他于 1998 年 9 月 11 日担任总理，任职时间仅仅持续到 1999 年 5 月 12 日。

莫德罗：因为当群众1990年1月15日打算冲进柏林的里希滕贝格国家安全部总部时，我曾经对他们讲话，试图安抚他们。当时已经有人从窗户里向外搬东西，我喊道："那是谁放的椅子啊？是什么浑蛋干的事？"当时对我不满的不仅是那位副部长。或许正是因为这件事，有人指责我应当为解散国家安全部以及国家安全局负责任。这个使命是"中央圆桌会议"1989年12月7日向总理下达的。在那些破坏分子无法无天，在西方情报机构的操纵下冲击国家安全部总部后，我们于1990年2月8日在内阁通过决议，成立一个"解散前国家安全部/国家安全局委员会"。我认为，与这一机构终结有关的所有措施和言论，都与我的姓名绑在了一起。我被迫承受这一切，为了保护某些人而不作任何斗争，从而被视为胆怯。

盖勒：您当时认为民主德国还是有机会实现变革的？我们是不是正确地理解了您的意思，也就是说，如果民主德国在1985—1988年有机会把自己摆进全德框架中去，或多或少地保持自身的独立自主地位，民主德国就有可能实现改革？

莫德罗：当我1989年11月17日在议会发表政府声明时，初衷仍然是：我们要适当改变民主德国，但是不会放弃这个国家。与西德统一的话题还没有列入议事日程。苏联和戈尔巴乔夫也没有发出过其他的信号。时值1989年11月，苏联走向解体的步伐或许超出了我们的设想。对我们民主德国政府来说，当务之急是重新赢回已经失去的民众信任，并且走向改革的方向。曾经的大约3000个半国有制企业，已经于1972年的昂纳克时代实现了国有化，如今重新走回当年的公私合营模式。农业和手工业的合作社，应当保持稳定。给予住宅建设更大的空间，并采取促进政策。此外，我们必须适应新的市场化形势。国家贸易垄断的做法已经不能长久维持，必须满足贷款义务。所有其他行业必须获得自由贸易权限，每一个联合企业有权与贸易伙伴直接签约。于是出现了新的问题：必须作出评估，经济需要多大程度的稳定，我们能够提供多大程度的服务？接着，我们开始介入物价体系。改变了各种物价，例如儿童服装的定价。1990年1月，我们不再向这个行业提供补贴，而是由家庭和儿童直接获得补贴。我们必须探索各种可行的做法。其他各项补贴也要接受检验。不健康的循环必须终止：据我所知，水果和蔬菜的生产者用政府补贴价卖给消费者，接着再把政府物价支撑的低价商品买回来。买卖之间的差价补贴已经相当惊人了。农民把政府补贴的面包买回来喂牲口，因为要比正规的牲畜饲料更加便宜。

我的副手克里斯塔·卢夫特女教授受命组建一个经济内阁，因为政府已经无法掌控一切。卢夫特负责经济工作，格哈德·拜尔获得了外贸的自由空间。二人有义务持续地向总理通报信息，以便共同提出必要的政府决策草案。1990年2月，当转向统一的趋势初见端倪之后，又开始了组建托管机构的步骤。

迪科普：作为最重要的盟友，民主德国始终处于苏联的军事庇护之下。这一切都与保险承诺紧密相连？

莫德罗：作为民主德国总理，我于1989年12月3日出席了在莫斯科召开的政治磋商委员会会晤。这是华沙条约的领导机构。我向法林表示，我想约戈尔巴乔夫进行一次谈话。他当时实际上就是东方世界的领袖。我希望通过此次会谈找到靠山，增强一个华约成员国和盟友的权威。此次会谈如期进行了，但是没有多少成果。我们起草了一份声明，但是戈尔巴乔夫居然不愿意再看一遍草案。4天后，他在中央全会上重申了对我说过的话："民主德国是苏联最重要的盟友。"这个声明不过是件便宜货，因为仍然没有任何价值。1989年12月中旬，我会见了华约武装力量总司令彼得·卢舍夫大将。自20世纪80年代中期以来，他一直负责指挥驻民主德国苏军部队。卢舍夫明确地告诉我，第一，国家人民军必须在华约联盟的执勤体系中忠于职守，扮演好自己的角色，并且监视空域。第二，我们必须阻止对任何苏联军营构成任何形式的威胁。他不能保证杜绝哪位苏军指挥官在现场下令诉诸武力的情况。当时驻扎在民主德国的苏联军人大约为35万人，大多数军官还带有家属，因此苏联公民人数大约达到50万。我们必须为这些人的安全负责。卢舍夫说，如果发生冲突，就可能意味着战争，因为北约不会袖手旁观。

迪科普：您对国家人民军最后一任计划参谋长汉斯－维尔纳·戴姆少将[①]还有什么印象？

莫德罗：我坚信，戴姆是我们所拥有的最聪明的将领之一。

埃贡·巴尔对他也十分器重。他有一次对我说："联邦国防军的那些笨蛋根本就不明白，他们应该留住戴姆，把他接管过来。"戴姆与一位俄罗斯女子结婚，是国家人民军与华约之间的联络人。他们的儿子现在生活在莫斯科，也与一位俄罗斯女子结婚。在戴姆的家里，说的都是俄语。他在2015年逝世之前写了许多分析报告。我们之间有着良好的接触。尤其是在我担任欧洲议员期间，他给了我特殊的帮助。

---

① 汉斯－维尔纳·戴姆1934年8月5日出生于Heinrichswalde，2015年1月20日逝世于施特劳斯贝格。戴姆于1954年加入统一社会党，1977年10月7日被授予少将军衔。1979—1982年，戴姆担任负责作战的副总参谋长。1982—1990年，他在国家人民军内担任战备部长，并任国防部作战训练部长。自1990年3月—4月起，他担任裁军与防御部计划参谋部参谋长。1990年9月30日，他被从国家人民军中解职。

18. 1989 年 12 月 8/9 日和 16/17 日的特别党代会[①] 以及挽救统一社会党

迪科普：统一社会党改名为统一社会党 – 民社党，这个改名的主意来自谁？背景是什么？

莫德罗：这个主意来自统一社会党主席格雷戈尔·居西。德国社会主义统一党的概念已经丧失了信誉，所以有人在特别党代会上提议解散这个党。大多数人表示反对。但是，为了避免让我们未来的选民不必担忧选的是老党，所以他建议改党名为民主社会主义党。听上去似乎有些同义重复，因为根本就没有民主的社会主义是不存在的。

迪科普：把统一社会党的名字组合在党名内，这是不是一个错误？

莫德罗：不是。特别党代会在 12 月 16/17 日的第二次会议上通过了新党章，将统一社会党改名为统一社会党 – 民社党。这个过渡党名我们只使用了 5 周时间。1990 年 2 月 4 日，党的理事会就决定再次改名为民社党，并在 2 月 24/25 日的第一次党代会上正式启用这个党名。这是针对人民议院选举的党代会。该选举原本计划在 5 月份进行，但是国务委员会废除了人民议院 2 月 8 日的决议，宣布于 3 月 18 日进行大选。仅仅由于密集的日程后果，就转移了一部分社会进程的动力。

盖勒：当时是想用复式双党名来阻止退党浪潮？

---

① 可参阅其他文献了解有关细节：Lothar Hornbogen、Detlef Nakath、Gerd-Rüdiger Stephan（发行）《1989 年 12 月 8/9 日和 16/17 日会议备忘录—— 一张光盘即可选编原始录音》，1999 年出版于柏林。

莫德罗：不是。人们离开我们并不是因为我们的党名，而是因为很清楚，在这个党内已经没有了升迁的机会。在230万名党员中，肯定有不少追逐名利者。那些党员不是坚定的社会主义者和共产主义者。仅仅在1989年12月中旬到1990年1月初，也就是在党代会后三周之内，就有25万名党员交出了他们的党证。1月21日，就连党的副主席、德累斯顿市长沃尔夫冈·贝格霍费尔也带着该市的30名干部退出了统一社会党。这是新一波退党浪潮的开端。

迪科普：我想问一个相当于《圣经·出埃及记》的问题。您在《东德化或归化》一书中与居西讨论，他说："局势开始尖锐化，会议大厅里有人提议解散统一社会党。"您接着说："我相信，还没有人提出这样的书面提案。这不过是口头提议，是在午夜之前的发声。……我们接着休息了一会儿，我们在休会期间作出决定，续会之后我第一个发言，并且明确表态反对这个提议。"居西说："我们宣布党代会进入秘密会议阶段，把媒体代表全都送回了家。然后汉斯开始讲话。可以说，是他的讲话阻止了解散政党的企图！"① 请您详细叙述一下细节。那个提案真的如您所说不确定是书面还是口头提出来的？

莫德罗：当时是口头提案。

迪科普：大家对这个口头提案是怎样反应的？

---

① 参阅《东德化或归化——居西与莫德罗的争论对话》，2013年出版于柏林，第36页。亦请参阅本书文献资料第2号附件：《汉斯·莫德罗1989年12月8/9日在东柏林召开的统一社会党特别代表大会上的专题报告〈主权民主德国必须成为欧洲大厦的一块坚实基石〉》。

莫德罗：混合反应。有人支持这个提案，也有人提出疑问。但是没有围绕这个提案进行辩论。我们主席团担心，这个提案一旦诉诸表决就可能被多数票通过。我们不知道表决结果会是什么。居西表态反对解散政党，其口吻有如一个企业的法律顾问："在这个党内工作的人员一共有 4 万人。如果我们解散这个党，那么所有人就一下子全部失业，因为不再存在雇主。"

我在这个秘密会议上发表了另一个观点："我们有一部民主德国的宪法。由最大的政党组成政府。我们在人民议院中是最大的政党。如果我们的党解散，政府也就要解散。一个已经不复存在的政党是不可能组建政府的。你们现在担负着责任：如果你们解散这个党，就意味着在全国造成混乱，因为出现了权力真空。我这个总理就要回家去，统一社会党的所有部长也必须回家。"代表们躲不开这个逻辑。没有人愿意出现混乱局面。

盖勒：您抓住机会让人们弄清楚后果是什么：实际上关系到党和政府乃至整个国家能否生存或究竟由谁代表。这种避免政党自我解散的机遇，同时也说明所处的进退两难的困境？如果我们试图给汉斯·莫德罗一个历史定义，那么应该怎样鉴定呢？首先是一位国家领导人？或者首先是一个政党领导人？或者按照民主德国宪法的历史和逻辑，首先是政党领导人，然后才是国家领导人？但是我们越来越清楚地知道，您当时作为总理，首先是一个国家的代表人物，而作为政党人物的地位有所后退。这是一种权力转让还是权限或权力的转移？您担任总理时，统一社会党 – 国家的特点已经有所丧失，因为您作为国家的最高代表总理，已经不再是党的最高领导人。您已经不被视为统一社会党的最高领导人。我们的分析是正确的还是错误的？

莫德罗：坦率地说，您的评价并不正确。给我的评价，应该是一个坚定的社会主义者。这是对这个国家而言，也是对这个政党而言。我在特别党代会上当选为党的副主席，作为总理则是超党派的。我当时是民主德国的总理，而不是一个政党的总理。

迪科普：当时始终是这样？

莫德罗：始终如此。当我 1989 年之前作为党的干部出访外国时，一言一行首先代表国家，而不是代表统一社会党。除非我是作为党代会的客人。

迪科普：您在特别党代会上演讲之后，没有人再找麦克风提出不同意见？

莫德罗：没有。

迪科普：但是进行了表决？

莫德罗：接着就进行投票，没有展开辩论。

迪科普：哪些人支持，哪些人反对？

莫德罗：您肯定是想知道表决的结果是什么。当时，大多数人支持统一社会党继续存在，很少一部分人坚持要解散统一社会党。我可以这样表述：党代会在这个问题上几乎是团结一致的。

党主席居西在 2 月 2 日到任拜会戈尔巴乔夫时从莫斯科带回了一个口

信："党不可以灭亡！"这句话是戈尔巴乔夫说的。[①]

迪科普：如果我给您的任职时间作一个总结，您把拯救这个党的举措排在什么位置上？

莫德罗：我重申一下：对于民主德国来说，我的行为是一名共产党人。这句话可以概括一切。

盖勒：那些口头建议解散统一社会党的人，目的究竟是什么？您当时询问过或听说过吗？他们肯定不会是想造成混乱吧？第二，您当时在会议大厅里用您的观点说服大家，是因为您是总理吗？您的讲话和您的观点，对党员们来说具有许多分量，是因为大家都很清楚，此时说话的并非一位纯粹的政党领导人？

莫德罗：这无疑是正确的。当时很多人把我视为"希望承载者"，尽管我不喜欢这个称谓，因为它缺乏活力。有人心里有希望，但是不作为，或者不相信自己的能力。但是许多人在我身上绑上了某种期待。他们相信我。如果我说：我们不可以解散这个党，我的话与一个来自苏尔的无名党员相比当然有着不一样的分量。但是我并不幼稚到以为自己可以一会儿是党的干部，一会儿是政府总理。难道一个西德社民党总理或基民盟总理的做法会不一样？

[①] 这已经很早就成为一个传统：居西与戈尔巴乔夫早在 1989 年 12 月 11 日就在电话里商定了时间，会晤也如期进行了。期间戈尔巴乔夫曾经对居西说，统一社会党"绝对不可以解散"。如果出现这种情况，就会强行导致民主德国和苏联（！）的终结。参阅 Gregor Gysi 所著《一生太少——自传》，2017 年出版于柏林，第 295—296 页。

　　迪科普：为什么居西会成为党主席，在你们的谈话录《东德化或归化》中已经交代了。[①] 但是书中没有写到反对汉斯·莫德罗担任党主席的理由是什么。我猜测：我们了解克伦茨和戈尔巴乔夫头上的桂冠重叠。您不愿意同时兼任总理和党主席。为什么不愿意？您最终是不是通过您的演讲冷落了居西主席？

　　莫德罗：没有，恰恰相反。我用这种方法支持了他。

2018年2月9日，汉斯·莫德罗站在卡尔－李卜克内西大楼前

　　盖勒：解散，自我解散或者保留政党——这些是当时面临的问题。党产和所有制问题没有成为当时讨论的话题？

　　莫德罗：您指的是在特别党代会上？是的，当然啦。我们党一共只拥有三四处房产，这些房产早在20世纪20年代就已经属于德国共产党，例如柏林的卡尔－李卜克内西大楼，莱比锡的同名大楼，图林根的一所度假村——这所房产可以追溯到20年代国际红色援助组织[②]，当时该组织在那里经营着一家儿童之家。如果对细节感兴趣，您可以问一下联邦议院左翼党议会党团主席迪特

---

① 参阅《东德化或归化——居西与莫德罗的争论对话》，2013年出版于柏林。
② 国际红色援助（IRH）是一个与共产国际有着密切关系的组织。它于1922年成立于莫斯科，以示与红十字会相区别，主要负责有组织地支持共产党囚犯和被迫害者运动。它也负责搜集物资作为人道主义援助，为被关押的革命者的孩子建立儿童之家。

马尔·巴尔奇 ①，他曾接替沃尔夫冈·波尔 ② 担任司库，经手了当时的房产清理。

迪科普：维尔纳·埃伯莱因于 1989 年底担任统一社会党 – 民社党中央监督委员会主席。该党没有针对埃伯莱因启动开除出党程序和党员制裁措施。您能不能给我们介绍一些有关埃伯莱因的情况？

莫德罗：维尔纳·埃伯莱因是胡戈·埃伯莱因第一段婚姻所生的儿子。父亲是德国共产党的创始人之一，并担任该党领导人至 1929 年。胡戈·埃伯莱因于 1937 年被卷入"政党清洗运动"，被判处 15 年禁闭，后于 1941 年被枪决。他的弟弟也被谋杀。维尔纳·埃伯莱因自 1934 年起在莫斯科养父家生活，并随父亲被流放到西伯利亚，1948 年才返回柏林。维尔纳自 1960 年起在中央委员会机关工作，我也是在那里认识这个"大个子"的。每当乌布利希和昂纳克会见苏联共产党领导人时，维尔纳便担任翻译。当他被昂纳克任命为统一社会党专区第一书记时，已经 60 多岁了。他于 1986 年进入政治局。您刚才说，他于 1989 年底担任中央监督委员会主席。在 2002 年去世之前，他始终是由我领导的元老委员会成员。这就是他的简历。

---

① 迪特马尔·(格哈德)·巴尔奇 1958 年 3 月 31 日出生于施特拉尔松。巴尔奇于 1977 年加入统一社会党，1990 年在莫斯科社会科学院获得经济学博士学位，1991—1997 年担任民社党联邦司库，2005—2007 年担任左翼政党民社党联邦干事长，2007—2010 年担任左翼党联邦干事长。在 1998—2002 年和 2005 年起，巴尔奇担任联邦议院议员（第 14、16、17 和 18 届德国联邦议院）。2015 年起，巴尔奇与 S. 瓦根克内希特一同担任左翼党议会党团双主席（之前于 2010 年起担任左翼党议会党团副主席）。

② 沃尔夫冈·波尔 1940 年 2 月 10 日出生于柯尼希堡（东普鲁士 / 俄罗斯加里宁格勒）。他于 1956 年加入自由青年联盟，1960 年加入统一社会党，1970—1974 年担任马格德堡副市长，1978—1989 年担任统一社会党马格德堡北部城区第一书记。1989 年 11 月 13 日，波尔出任马格德堡专区第一书记。1989 年 12 月 3 日，波尔成为统一社会党特别党代会筹备工作委员会成员。自 1989 年 12 月 8 日起，波尔出任统一社会党 - 民社党以及民社党副主席，接管组织和党员生活工作，之后又负责党章委员会的领导工作。1990 年 3 月—10 月，波尔是民主德国人民议院议员。1990 年 10 月，波尔辞去所有职务。起初，波尔因不忠诚嫌疑受到起诉，并被指责为负有责任，但在联邦法院于 1995 年进行复审之后，柏林州级法院宣布波尔无罪。

维尔纳是一个正直、谦虚的同志，是一个坦率的、坚定的共产党人。他的父亲和叔叔成为荒唐的控罪的牺牲者，他本人也以一个半大小子的孩子经历了8年流放生活，但他始终没有放弃信仰，其人品当然名副其实。他政治生涯的尾声居然接受了一项十分艰难的使命：对政治局委员们展开开除党籍的程序。他在工作中十分公道。他与昂纳克和其他同志进行了谈话。或许正是因为他在担任纪检委主席时公道、正直、可靠，所以他本人幸免被开除党籍。

迪科普：对统一社会党党员没有展开司法党禁程序？

莫德罗：没有，当时没有这种程序。

19. 1989 年 12 月 19 日在德累斯顿与科尔会面和 12 月 22 日打开柏林勃兰登堡门

盖勒：您与赫尔穆特·科尔的关系似乎谈不上有多么友好，对吗？您能不能给我们叙述一下你们的关系？如果这个粗略的印象确切地话，人们在评估时肯定会给予细微区别。您与科尔的关系或许可以根据经历分为几个阶段：德累斯顿、柏林、勃兰登堡门、波恩。其间，您还去了莫斯科，科尔紧接着也去了。德梅齐埃所经历的科尔又是一种状态。在我们看来，没有一个人与科尔有着热络的关系——应该说他的人际关系很一般。

莫德罗：科尔是一个彻头彻尾的权欲熏心者。他喜欢别人无条件地臣服于他。他不接受反驳——或许与大多数政治家并无二致。我本来不应当这样说，因为我自己基本上也是从事着这个职业。我第一次接触科尔是 1988 年，当时他来德累斯顿对我进行私人访问。我得到了一个明确的暗示："汉斯，别见科尔。"于是有人把日程安排得十分密集，以至于没有预留会见的时间。再说了，我也不知道私人出访的西德总理究竟是不是愿意与统一社会党的一个专区第一书记进行谈话。

迪科普：那个暗示来自什么人？

莫德罗：这个人来自柏林，是通过国家安全部对我暗示的。他们通知我具体日程，那个日程中根本就没有与我会见的内容。这是正常的。科尔是总理，出访一个陌生的国家，身边围着一帮安全人员：既有他的，也有我们的。根据贴身保镖贝恩德·布吕克纳写的回忆录[1]的描述，双方的关系很好。科尔在出境之前送给他一把小军刀。在他 1988 年 5 月的此次私人访问中，科尔与我一同观看了德累斯顿迪纳摩队与耶拿卡尔－蔡司队之间的一场足球比赛（3∶1）。我们一同坐在观众席上，但是我们没有聊天。人们并没有注意到他在场。或许是因为观众台上坐着的是一些好同志，他们虽然扭头关注过科尔，但是都没有发出任何动静。科尔没有受到掌声的欢迎，或许心中多少有一点儿不爽。他原本是会乐意受人欢迎的，至少在中场休息的时候。[2]

　　1989 年 12 月，科尔正式访问德累斯顿。[3]发生在德累斯顿克洛彻机场的一个小插曲，我的记忆与科尔在回忆录中所记述的有所不同。他写到 1989 年 12 月 19 日乘专机抵达机场时受到欢呼雀跃的萨克森人的欢迎。荒唐。克洛彻机场同样不允许任何人进入跑道禁区。在附近的一个平坦屋顶上，站着

---

[1]　参阅贝恩德·布吕克纳所著《在昂纳克的身边——第一号人物身边的贴身保镖》，2014 年出版于柏林。

[2]　有关科尔 5 月 27 日在民主德国哥达、埃尔富特、德累斯顿等地三天访问的其他信息和足球场内的现场气氛，亦请参阅国家安全部档案中与之有关的一份报告，题为《历史学家的行动》，文中科尔的化名为"旅行"。国家安全部当时一共出动了 968 名工作人员，以"控制"科尔所到之处，也就是说，有序掌控所有渠道，以尽可能避免科尔接触民主德国公民，却又不让科尔有所察觉。

[3]　参阅汉斯·莫德罗所著《我原本是要建设一个新德国》，1998 年出版于柏林，第 390—394 页。

几个看热闹的人，都是机场的雇员。或许有那么一两个人举起欢迎的手臂。谈得上欢呼雀跃吗？

握手欢迎后，我们登车驶往市区。令我惊讶的是，他对我的身世似乎做了很好的备课。他知道我出生于亚森尼茨，如今已经属于波兰，改名为亚谢尼察。他了解我的家庭关系。我心里想，真见鬼，你自己了解科尔多少呢？当我意识到他对此访预作了准备之后，心中多少感到有些惭愧。

酒店前大约有 2000 人在等候。一部分在鼓掌欢迎科尔，另一部分人在为民主德国的总理鼓掌。这些观众显然是有区别的。

在汽车里进行了单独交谈：我了解你，我们是同乡，让我们用个人私下的观点来看问题吧。科尔的花招是用语言来进行拥抱。我的反应是客观的，保持着距离。他在记者招待会上声称，我们俩化学成分很匹配。我没有理由对此进行反驳。

在圣女教堂纪念碑广场上，飘扬着一片绿白两色的萨克森旗帜和没有民德国徽图案的黑红金三色国旗汇成的海洋。这些西德国旗是哪来的？消费商店和市中心百货大楼里是买不到的。

那里聚集的萨克森人没有克制自己的情绪，从头到脚打量着西德总理，同时地上下打量。他显然很喜欢欢迎人群。他感觉到了巧妙地改写历史的契机。德累斯顿对他来说是采取断然行动的卢比孔河，过河之后便不再回头，执意一路向前，对科尔而言便是：德国统一。

我们的下一次见面是四周以后，在出席传统的达沃斯经济年会期间。科尔在他的顾问特尔切克和夫人汉内洛蕾的陪同下。陪同我的是助手卡尔－海因茨·阿诺尔德[1]。科尔说话的口气像对老同事一样。告别时他说："咱们 2 月

---

[1] 卡尔-海因茨·阿诺尔德 1925 年出生，2014 年 3 月因患白血病逝世于柏林附近的 Birkenwerder。他在洪堡大学学习法律，1955 年以关于雅典民主的论文获得博士学位。阿诺尔德于 1966—1989 年担任《柏林日报》副总编辑，1989 年秋天担任汉斯·莫德罗总理的个人助手和顾问。

13 日在波恩再见吧。"

在波恩，陪同我的有许多西德政府成员。来自民主德国的政治家们，无一例外都有受到屈辱乃至伤害的感觉。马蒂亚斯·普拉策克①在谈到工业过度开发导致的生态后果时，科尔居然要我让"那个小男孩"闭嘴。他有意识地拒绝尊重我们的年轻部长。他 30 多岁，在科尔眼里还是个毛头小子。他甚至不愿意直接对他说话，让我来劝阻他。

在吃饭时，坐在我身边笨手笨脚地切烤肉的科尔对我说，不必为大选担心，选举结束后他会为我找到差事。他的口气充满同情，发出的信号是他已经知道谁会在 3 月 18 日的选举中获胜。1990 年之后，我和科尔只是有时在联邦议院里见面，主要是在外事委员会开会时。我在外事委员会里工作，而科尔总理有时会出席这里的会议。有一次，在讨论俄罗斯人 1994 年撤军计划时，他与我进行过商议。同盟军打算在柏林举行阅兵，但是不纳入俄军，而让俄军单独去魏玛阅兵。这是科尔与叶利钦②商定的计划。

① 马蒂亚斯·普拉策克 1953 年 12 月 29 日出生于波茨坦，1979 年获得生物医学控制论专业的工程硕士学位。1988 年 4 月，他成为波茨坦公民倡议组织"环境保护与城市规划工作协会"（ARGUS）的创始人之一。1989 年 12 月—1990 年 2 月，普拉策克成为柏林"中央圆桌会议"的代表。1990 年 2 月—4 月，他代表绿党出任莫德罗内阁的无任所部长。1995 年 6 月 6 日，普拉策克加入了社民党。1998 年 11 月—2002 年 6 月，他担任波茨坦市长。2002 年 6 月 26 日，普拉策克出任勃兰登堡州长。2013 年 8 月 28 日，他因健康原因辞去州长职务。普拉策克于 2010—2013 年担任联邦参议院德俄友好小组主席。2014 年 3 月 19 日起，普拉策克担任柏林德俄论坛主席。
② 鲍里斯·尼古拉耶维奇·叶利钦 1931 年 2 月 1 日出生于乌拉尔行政区的布特卡村，2007 年 4 月 23 日逝世于莫斯科。叶利钦于 1949—1955 年在大学攻读建筑工程师学业，取得优异成绩。他于 1961 年加入苏联共产党，于 1981 年成功地进入苏共中央委员会。1985 年 10 月，叶利钦担任莫斯科市委第一书记，并成为政治局候补委员。他于 1987 年 11 月被解除莫斯科市委书记的职务，并于 1988 年 2 月被解除政治局候补委员的职务。叶利钦于 1990 年 7 月 12 日退党。1989 年 3 月，他成为苏联人民代表会议成员。1989 年 5 月，叶利钦当选苏联最高苏维埃委员。1991 年 6 月 12 日，叶利钦当选俄罗斯联邦共和国首任总统。在 1991 年 8 月针对戈尔巴乔夫的政变期间，叶利钦公开宣布反对政变者的立场，并在莫斯科的白宫实施防御。叶利钦于 1991 年 11 月宣布政令，在俄罗斯共和国国土上取缔苏联共产党。在他任职期间，俄罗斯陷入深刻的经济危机。社会危机、社会福利的极端性削减，以及刑事犯罪率的剧增，导致俄罗斯于 1998 年 8 月 17 日陷入丧失支付能力的境地。叶利钦于 1999 年 12 月 31 日宣布辞职。注：有关叶利钦的外交政策与辞职后的生活情况，请参阅本书发行人的其他著述文献。

我之所以飞往莫斯科与俄罗斯总参谋长、一位上将就此进行讨论，是因为我早在他担任第一近卫师的团长时就与他相识了。俄罗斯的将军们有理由感到了屈辱，他们作为解放者居然无异于被驱赶出境。这种境遇有失体面。因此我在外交委员会里严厉批评了科尔。他对此有所理解，背地里调整了做法。后来，柏林人在柏林特莱普托夫苏军纪念碑前为苏军士兵组织了告别阅兵仪式。在这件事上，科尔具备了必要的细腻理解力，而其他人就未必拥有了。

盖勒：科尔在完全不同的历史时段会展现出这样丰富细致的画面。我们在其他场合也经历过这样的情况。科尔常常十分详尽地了解谈话伙伴的传记。他知道对方有哪些爱好，喜欢喝哪种葡萄酒，而且还了解对方的孩子和家人情况。通过这些信息，他可以务实地选用自己的技巧，在国际舞台上以此类方式非常迅速地接近和抓住谈话伙伴的心。冒昧地解释一下：他这是用花言巧语欺骗对方，使之对他产生依赖性。即使在他的精致频谱中，他也是一个权力欲很强的人，因而能够在其基督教民主政党的家庭中，以他的方式把莱奥·廷德曼斯 ①、维尔弗里德·马尔滕斯 ② 和雅克·桑

---

① 莱奥纳德·克莱门斯·(莱奥)·廷德曼斯 1922 年 4 月 16 日出生于 Zwijndrecht（安特卫普省），2014 年 12 月 26 日逝世于 Edegem（安特卫普省）。其部分政治生涯：1968—1972 年担任各个联盟之间关系部长，1972—1973 年担任农业和小企业部长，1973—1974 年担任副首相，1974—1978 年担任比利时首相。自 1980 年 10 月 7 日起，廷德曼斯担任欧洲人民党主席。1979—1981 年以及 1989—1999 年，他担任欧洲议会议员。1981—1989 年，廷德曼斯担任比利时外交部长。所获奖章中，包括 1976 年获得的德国亚琛市查理大帝奖。

② 维尔弗里德·马尔滕斯 1936 年 4 月 19 日出生于斯莱丁格，2013 年 10 月 9 日逝世于 Lokeren。他于 1960 年获得法学博士学位，1965 年加入基督教人民党（CVP），之后担任政府的顾问和特别专员。其部分政治生涯是：1974—1991 年担任基督教人民党议员，1991—1994 年担任参议员，1979—1992 年 3 月担任比利时首相。1991 年 11 月 24 日宣布辞职。马尔滕斯是欧洲基督教人民党（EVP）创始人之一。他曾于 1976—1977 年担任欧洲基督教人民党纲领委员会主席，并于 1990 年 5 月 10 日—2013 年 4 月 4 日担任该党主席。1993—1996 年，他担任欧洲基督教民主党联盟（EUCD）主席。

特① 等政要聚在了身边。我们可以这样评价：在 20 世纪 90 年代直至 1997—1998 年丢失威望和权力之前，科尔始终是欧洲人民党和欧洲国家与政府架构中的领军人物。他不是一个喜欢深思熟虑的知识分子，而更多的是一个一见面就用称兄道弟方式打交道但实际上是很精明、狡猾、具有战略思考的人物。他在那个问题上通情达理的表态就很说明问题："根本就不考虑选择魏玛。即使出于历史原因也不应该考虑魏玛。"他这个表态之所以很得体，因为科尔曾经是一个历史学者。凡是采纳历史观点，对科尔来说就常常颇有分量。德累斯顿那件事也很有意思：德国档案馆的一些资料，也是国家安全部档案的一部分，已经解密了，其中有一篇文章直接牵涉科尔。他显然是德累斯顿迪纳摩足球队的一名"粉丝"。那次比赛是德累斯顿迪纳摩队对阵耶拿卡尔 – 蔡司队。他很可能也在德累斯顿观看了讽刺抱怨剧。他愿意接触东德民众，直接与他们交往。

　　您对他的夫人汉内洛蕾有什么看法？她 1933 年出生于柏林，同年就搬家到了莱比锡。她对科尔有没有重要的影响？您是否能够证实，科尔作为历史学者对德国统一的方式方法已经有一种设想？奥地利人埃尔哈德·布泽克② 曾经十分克制地说："赫尔穆特·科尔考虑过采用神圣罗马帝国的维度。"也

---

① 　雅克·桑特 1937 年 5 月 18 日出生于卢森堡瓦瑟比利希。其部分政治生涯是：1974—1982 年担任基督教社会党主席，1979 年担任财政、劳工与社会保险大臣，1984 年 7 月 20 日当选卢森堡首相兼财政大臣，1989 年辞去财政大臣一职，之后兼任国库大臣以及文化事务大臣至 1995 年 1 月。桑特于 1995 年 1 月 23 日出任欧盟委员会主席，1999 年 3 月 15 日辞职（因欧盟委员贿赂案）。他于 1975—1979 年任欧洲议会议员以及欧盟委员会副主席，1999 年再度成为欧洲议会议员，并于 2002 年成为欧洲基督教大会成员。上述两职一直持续到 2004 年。

② 　埃尔哈德·布泽克 1941 年 3 月 25 日出生于维也纳。他于 1964 年在维也纳大学获得博士学位。其部分政治生涯是：1969—1972 年担任奥地利经济联合会副秘书长，1972—1976 年担任秘书长。1989—1994 年担任联邦科学与研究部长，1991 年担任奥地利人民党（ÖVP）联邦主席，1991—1995 年在与社民党组成的大联合政府中担任联邦副总理。布泽克于 1994—1995 年担任联邦教育与文化事务部长。他于 1995 年被解除人民党主席职务。他于 1996 年起担任南欧合作倡议（SECI）的协调员。2000—2002 年出任欧盟东扩府专员，2002 年 1 月—2008 年 6 月担任南欧稳定条约特别协调员。

就是说，他指的是奥地利加入欧盟的念头，当时奥地利人根本就没有考虑过入盟问题，更不用说是采取什么模式入盟了。对奥地利人来说，有时候对科尔把奥地利当作度假的行宫感到不自在。他谈起奥地利时，那口气实际上就像是在说德意志联邦共和国的一个州。他的那种大地主般的家长式派头，他待人时常用的同事般套近乎，以至于别人陷入难以脱身、难以动弹状态的做法，您是否经历过？您和科尔的关系，与德梅齐埃和科尔的关系相比，看上去或许充满了敬意？

莫德罗：有可能是这样的。德梅齐埃有一次这样评价他与科尔的关系："不妨想象一下，科尔站在一个房间里，身躯占满了空间，我一个小个子根本就进不去了。这究竟算是一种什么关系呢？"科尔肯定是这样对待他的。

此外，科尔还有一种使命感：我有一项必须完成的使命。我是历史，我承载着历史。一旦有了这样的想法，就会产生一种思维结构，形成了一种令人无法活动的框架束缚。

昂纳克也有类似的想法。当他 1975 年在赫尔辛基坐在赫尔穆特·施密特和格哈德·福特① 之间时，他以为自己已经进入这一级别的"足球俱乐部"，有资格参与更高一层的比赛。他已经不再是当年的青年团员了，而我当时曾经为了获得体育勋章而骑过自行车。时间可以改变一个人……

---

① 格哈德·鲁道夫·小福特 1913 年 7 月 14 日出生于奥马哈（内布拉斯加州），2006 年 12 月 26 日以 93 岁高龄逝世于 Rancho Mirage（加利福尼亚州）。尼克松总统 1974 年 8 月因"水门事件"辞职，副总统格哈德·福特继任。福特的总统任职结束于 1977 年 1 月 20 日，从而成为美国历任总统中任期最短者。福特的一生丰富多彩。注：本书发行人推荐有关福特儿童时代和所受教育的大量文献：《职业生涯和海军时代》《政治仕途》《大选和在美国国会的最初几年》《猎苑委员会》《共和党议会党团负责人》《美国副总统》《总统（1974—1977）》《尼克松赦免》《1974 年国会选举》《经济与社会政策》《对福特的刺杀行动（1975）》《1976 年总统大选》《福特卸任总统后的生活》，并请了解其所获各种奖章等其他情况。

迪科普：与科尔的关系似乎并不是最佳……

莫德罗：或许可以这么说。在紫铜墓地旁的"转折后总理府"内——安吉拉·默克尔及其丈夫 [①] 和社民党政治家奥特马尔·施赖纳 [②] 都在这栋楼里住过——通往洛塔尔办公室的小门很狭窄，他对那些感到惊讶的来访者解释道：这样的话"那个大胖子"就进不来了……

盖勒：1989 年 11 月—1990 年 3 月，您与赫尔穆特·科尔之间有过以下正式会面：1989 年 12 月在德累斯顿、1989 年 12 月在柏林徒步通过勃兰登堡门、1990 年 2 月在达沃斯和波恩。动荡时期，您在不同的层级上见过科尔。您在不同阶段接触赫尔穆特·科尔时有什么感觉？

他对您的态度究竟怎么样？他在保密条件下和公开场合对您的态度有什么不同？他跟您打交道的方式是什么？您怎样评判这一关系？

莫德罗：无论过去还是现在，会见和谈判总是与时代和历史特点相关联。第一次会见是在试探，希望创造一个坦率的气氛，希望建立信任基础，而后在此基础上就具体议题达成协议。

我在德累斯顿与科尔的见面，对我来说是一堂外交课。开始我们是单独会谈。科尔努力争取友好气氛，表现出了解决问题的开放态度。在记者招待

---

① 约阿希姆·绍尔 1949 年 4 月 19 日出生于 Hosena（勃兰登堡州 Oberspreewald-Lausitz 县）。他于 1967—1972 年在柏林洪堡大学学习化学（毕业时获得化学硕士学位），并于 1974 年获得自然科学博士学位（论文获得 A 分）。他自 1998 年 12 月 30 日起成为联邦总理默克尔的丈夫，但是始终在媒体面前保护其私人生活，很少与夫人一同出席各种场合。
② 奥特马尔·施赖纳 1946 年 2 月 21 日出生于 Merzig，2013 年 4 月 6 日因患癌症逝世于 Saarlouis。施赖纳于 1969 年加入社民党，1981 年成为金属业工会（IG Metall）的会员。其部分政治生涯是：他自 1980 年起担任联邦议院议员，直至逝世。1990—1997 年担任社民党社会政策发言人，1997—1998 年担任社民党联邦议会党团副主席。2000—2012 年担任负责雇员问题的劳工协会联邦主席。在社民党议会党团中，他属于议会左翼。施赖纳曾以尖锐批判"2010 纲领"而著称。

会上，他恰如其分地声称我们之间的化学反应是匹配的，那一次会晤气氛是良好的。

我们也谈到了开放勃兰登堡门的时间，商定为圣诞节期间。科尔发出了信号，表示愿意平衡货币汇率的差别：当时西柏林人可以以 1∶4 或者更低的比价兑换西德马克，从而有可能将东柏林的所有商店都采购一空，或者以柏林人所说的"一个苹果和一个鸡蛋的价格"享受各种服务。科尔没有兑现自己的诺言和类似的承诺，后来什么也没有变化。

在达沃斯见面时，他的夫人也在场——这是我见到汉内洛蕾·科尔的唯一一次——当时科尔已经有了一些异样，他表现得有些距离感，不再像在德累斯顿时那样开放和友好。棋盘上的棋子已经发生了位移。科尔夫人像女主人一样端上来咖啡和点心，室内的气氛和温度都很正常，但是科尔的态度比较冷淡，不仅对他夫人冷淡，对我和我的顾问卡尔－海因茨·阿恩特也很冷淡。他已经在着眼我们计划 2 月 13 日在波恩的会面。科尔请我停止对西德总理府的电话监听。这简直就是一个笑话：国家安全部几周以来一直在解散进程中。与科尔的电话议题相比，还有其他问题呢。我在将近 1/4 个世纪之后听联邦内政部长说，德国联邦情报局和宪法保卫局自 1951 年开始就对我进行监视，直至 2013 年才停止监控。

20. 危机管理，国家安全部档案问题和 1990 年 1 月 15 日在诺曼能大街冲击国家安全部总部事件

盖勒：德国历史上曾经有很多牺牲者：犹太人牺牲者，两次独裁统治下的德国牺牲者，最后还有国家安全部导致的牺牲者。您认为这个话题有多么重要？在您的政府存在的短短时间内，国家安全部综合征给这个话题的处理带来了多大影响？历史遗留的这个包袱究竟有多重？您应当对这个议题表明

立场，并且考虑一下如何作出反应。当时那个时期，安全部的资料究竟发生了什么情况？如今坊间有人指责说，当时利用圆桌会议争取了时间，将事态拖延下去，并把反对派力量也牵扯进来，从而在此期间销毁了安全部资料，或者将安全部资料转运到了苏联。

莫德罗：首先，不允许将犹太人牺牲者与国家安全部牺牲者相提并论。我们已经达成了一致意见，如果您提到犹太人牺牲者，是指被纳粹驱赶、关押、毒气杀害、殴打致死和以工业手段毁灭的那些人。我了解"灵魂的奥斯威辛"①这个难以用言语表述的措辞。因为没有人在民主德国找到尸骨堆，所以有人创造了这个词，以便将纳粹独裁与民主德国相提并论。

他们所指的"斯塔西牺牲者"（斯塔西是国家安全部的简称——译者）究竟是什么人？尽管在西方人眼中民主德国不是一个法治国家，但是这个国家也有各种法律，也有法制和秩序。洛塔尔·德梅齐埃，格里戈里·居西，弗里德里希·沃尔夫……他们都是律师。您认为否则他们在民主德国怎么维持生计呢？

如今，情报部门到处都会引发愤怒，理应全部废除。他们干预私人生活，对我们进行偷听、窥视，就连政府官员的电话也敢窃听：我们可不要忘记国家安全局、中央情报局和其他情报机构。根据联邦内政部长 2013 年给我的书面确认，我本人就是牺牲品。我曾经受到联邦情报局和宪法保卫局的监视。从那以后，我一直在为挖出我的档案而奋斗。超过 7 万名民主德国公民与我有着同样的命运。②

---

① 德国作家、民权主义者、被从民主德国强行剥夺国籍的于尔根·富克斯（1950—1999）于 1991 年首先使用这个措辞，以指称国家安全部至少对 600 万东德公民采取了拘捕和瓦解措施。诗人、歌曲作家沃尔夫·比尔曼明确地为富克斯进行辩解，支持他发明了这个词。
② 2018 年 2 月 28 日，位于莱比锡的联邦行政法院确保汉斯·莫德罗可以调阅某些档案内容，参阅本书第 38 章，原文第 406 页。

关于国家安全部的事务：这个部——如同美国国土保卫部——的主要责任是反间谍和外国情报侦查。它的任务是以情报手段保卫"社会主义的建设"。他们确实是这样做的。不过，与此同时，这个机构如同其他国家的类似部门一样，它的发展趋势是将过度的安全兴趣也放在了本国民众的生活方面。他们不断地搜集信息，以至于最终几乎没有精力对这些信息进行处理，而此类档案的增长速度不得不以公里长度来计算。这一现象如今在联邦机构里可以看得到。情报部门的特点是，将发表尖锐批评意见的人视为敌人。以理智的和合法的反对派为一方面，以地下刑事犯罪势力和外国敌对势力的支持为另一方面，二者之间存在着一个巨大的灰色地带。在这个模糊不清的过渡地带，肯定有着不恰当的、没有恶意的和品行端正的人士。但是，国家安全部所认定的或者甚至抓捕的人，并非全都无辜。当然，被捕者当中也有冤枉的。我们应当把他们所有人都称为牺牲者？是的，他们是牺牲者。

您知道联邦德国司法牺牲者的数量吗？难道要把1952—2016年间因"根据基本法义务尺度或行政指令"被警察枪杀的人都称为死亡牺牲者吗？501人。有一份统计报告称，"至少是"501人。此外，他们也列举了几个牺牲者的姓名：例如，1952年5月11日，菲利普·米勒（1931—1952）在参加埃森的一次反对扩军示威活动时被枪杀。米勒当时只有21岁，是慕尼黑老鹰联盟、社民党青年团、自由青年联盟和反法西斯组织的成员。在民主德国，很多街道和设施曾经以他命名。但是这些命名只有唯一一个依然存在。哈勒的菲利普-米勒大街自2012年起改名为威利-勃兰特大街。

如果我们现在谈论与国家安全部有关的问题和我本人的责任问题，那么我要说，我当时面临的最大问题不是保护档案，而是保护国家安全部的工作人员。他们现在已经被钉在了耻辱柱上，要对民主德国的所有过错承担责任。每天的报纸上都会刊登新的"解密"文章，没有一天例外。莱比锡附近挖出了一个万人坑——被诬指是斯塔西干的。结果真相是：那是1813年各民族大会战中死者的遗骨。在柏林沙里泰医院，新生儿的大批胎盘被运向西德——被诬指是商业协调局干的，也诬指斯塔西。真相却是：这是与一家西德化妆品公司进行的一宗完全正常的贸易。这些传闻激怒了气氛，我担心会出现流血事件。那样的话，就像是一颗火星掉进了炸药桶。在德累斯顿，有人把一个安全部工作人员脖子上挂了一条链子，想用一辆卫星牌轿车拉着他穿过城区游街。当时我刚刚上任 14 天。这张照片被报纸登了出来。有人就会模仿。

盖勒：我没有把上述牺牲者相提并论，只是作了列举。您刚才说，您不得不考虑如何保护安全部人员？

莫德罗：也要考虑。大街上也听得到一个要求："把斯塔西送到生产线上去！"可是企业也不想要人，何况许多企业对未来感到不安全。我们必须作出过渡时期的规定。武器也要安全保管。迄今为止负责民防工作的弗里茨·彼得上将 ①，被作为政府代表派去负责解散和清理国家安全局的工作。人事、技术装备、房产、车辆、档案……他冷静、坚实地完全了使命。

迪科普：我这里有一份马尔库斯·奥弗曼写的博士论文。主考官是汉斯－赫尔穆特·科尼特教授和海因里希·费施教授。题目是《民主德国经济政策和

---

① 弗里茨·彼得 1927 年 12 月 28 日出生于 Bralitz，1944 年 9 月被征召到帝国青年义务劳动军（RAD）服役。1945 年 4 月被捕进入苏军战俘营，1948 年加入统一社会党。他于 1966 年被授予少将军衔，1974 年 3 月 1 日晋升中将。1976 年—1990 年 4 月 30 日，他担任民主德国国民防部队司令。1989 年 10 月 7 日，彼得被授予上将军衔。1990 年 1 月，彼得被莫德罗总理委任为解散国家安全局政府专员。1990 年 5 月 31 日，彼得担任解散国家安全部/国家安全局政府委员会秘书，直至民主德国终结。

柏林墙倒塌——莫德罗政府维持体制的征兆》①，篇幅为 354 页。附件里援引了一系列采访录。奥弗曼先生似乎没有与您对话。他在论文的第 209 页中援引了您的话："莫德罗尤其是面对圆桌会议时使用了拖延战略，以便国家安全部推进档案销毁工作。这一碎纸机行动在莫德罗执政时期具有巨大爆炸性，因为在民众当中和政府内部对安全部档案处理问题当然有着不同的看法。"杂志上刊登的报道说，这些档案对这个国家机关工作人员来说太危险了，何况，这批档案库存的爆炸性新闻可能成为妨碍民主德国社会主义更新目标的实现。汉斯·莫德罗意识到这一危险，所以支持从最高层销毁档案的计划。他的掩饰和拖延战略可能使他蒙受道德处罚，他在人事事务上的谨慎态度以及在财产法问题上的做法有利于"忠诚于体制的同志们"。莫德罗对所有指责承担着责任，即使为未能预见到问题严重性而请求原谅也于事无补，因为各种证据都对他不利。

奥弗曼还说："维持国家权力与统治保障现行工具，将国家安全部的陈腐干部安置并编入国家安全局，采取销毁档案的碎纸机行动以掩饰国家安全部腐败、滥权和刑事犯罪阴谋行动，以财力和物力手段对安全部离职人员给予特殊保障——所有这一切都与莫德罗的表白相悖，他说的是要对民主德国进行民主改革，但行的是维护旧体制的架构，试图保障权力。"奥弗曼的这个结论与您的说法相矛盾。您对此作何解释？

莫德罗：这位博士生阐述的只是他自己了解和理解的东西。他的做法很像福斯图斯博士所描述的那样："你表述的是你自己理解的精神，而不是我的。"他的做法很普遍：对相关的时代证据基本上可以置之不理。他不希望听到反驳意见，因为有可能危及他的原始观点。事实是：根本就不存在什么

---

① 参阅 Overmann 所著 *DDR-Wirtschaftspolitik und der Mauerfall–Die Regierung Modrow im Zeichen des Systemerhalts*；http://hss.ulb.uni-bonn.de/2001/0237.pdf（最后一次检索时间为 2017 年 5 月 13 日）。

维护权力机关的拖延和防御战略，我们当时就是想保护我们在国外的情报来源。因此圆桌会议是在了解情况的基础上同意销毁外国侦查档案的。所有行动都是透明的、民主合法的。无论莫德罗还是其他人都没有对此夸夸其谈，不屑对他的说法提出警告。

盖勒：您提到了"时间"因素。在那几周和几个月内，您能睡几个小时？您能不能为我们描述一下，例如您在 1989 年 11 月 13 日至 1990 年春天的每天日程安排？您当时有没有时间看报纸或听广播？您从什么来源获得工作信息？

莫德罗：关于这个问题，可以去看一下我的出版物，那里记录了我的每日行程。[①] 我经常会就记者提出的这个问题进行解答。

盖勒：您在柏林起初住在部长会议贵宾楼，之后搬到了位于法兰克福广场附近的一套公寓房内。您如何评价当时的个人安全问题和国内的安全形势？您在 1990 年 1 月访问维也纳时对弗拉尼茨基总理说，民主德国存在极右势力发展的趋势。我的印象是，维也纳并没有认真对待您的观点，而是倾向于认为这是一种反法西斯宣传的过度夸张。

莫德罗：这不是夸张。20 世纪 80 年代，民主德国确实出现了一种右翼场景：脚蹬跳伞靴、身穿羽绒夹克的光头党，追逐着朋克党或黑衫党。这是安全部门的看法，而且他们可能一开始并没有弄错，认为那不过是来自西方的年轻人时装模式而已。其意识形态底色确实并没有成为明确的议题。虽然

---

① 参阅汉斯·莫德罗（由卡尔 - 海因茨·阿诺德整理）所著《第一个百日》，1990 年出版于柏林。

在墙面上和公共厕所里发现了一些老鹰十字架和纳粹冲锋队符号，但只是把它视为对反法西斯国家的一种挑衅而已。在边界打开之后，来自西方的新纳粹分子有组织地进入，开始形成了团伙体制。在示威活动中，首次出现了黑白红三色旗和帝国战争旗帜。根据估算，大约有5000名好战的极右翼分子。1989—1990年间，柏林的特莱普托夫苏军纪念碑遭到损毁，并在石碑和围墙上涂鸦了纳粹标志和纳粹口号。1990年1月3日，大约25万人示威抗议新纳粹行为。居西在集会上演讲，并要求组成反对右翼势力的统一阵线。由于肇事者从未被查获，由于据称政党可以从此次行动中渔利的事实，于是出现了一些谣传，认为此次行动或许有着目标明确的背后操纵者，而且并非新纳粹势力所为，而是有人密谋策划的。我的态度始终不变，排除了此种可能性。当时国内确实存在着灰色的地带和好斗的群氓，空气中已经可以嗅出火药味。我一再指出这一点，我们的安全机构也持同样的看法。

迪科普：在销毁安全部档案的过程中，您这一边随时都有可能叫停？您是否做出过努力？或者说是否有过这样的想法？

莫德罗：我于1989年11月18日宣誓出任政府首脑。各个政府部门在此之前发生的事情，我既不知情，也不承担任何责任。第二，档案问题是随着时间的推移才出现了今天人们所说的规模过度现象。这个问题在1989—1990年间并非政府的中心工作。当时的重点一是关注内部与外部的和平，确保社会的正常秩序。在作出加入西德的决定之后，我们的重点二是体面地走向统一。国家安全部拥有200多个县级机关，这些机构必须在圣诞节前全部解散和消失。然后再处置专区机关，最后才是柏林总部。各个公民委员会都担心资料流失。他们对进出这里的所有东西和每一个人都严加控制。那时已经没有可能"销毁"任何东西了。侦察总局的档案是经过批准、有针对性地进行销毁的——这里不便透露委托者的身份。我为什么要叫停这种销毁行动？

迪科普：我们听说，有几个专区并不是无计划地销毁，而是根据指令选择性地进行销毁。甚至有些工作人员利用这段时间阅读了一些高级政治家的档案，或者抄录了一些档案内容？

莫德罗：对外国侦察总局的档案销毁行动，当时有过代理处置权，为的是保护国外的情报来源。

迪科普：1989 年 11 月 18 日，国家安全部在形式上解散了。其后身是国家安全局，新任局长是沃尔夫冈·施瓦尼茨。为什么先是改名，后来又解散这个局？

莫德罗：国家安全部的名声在道德上和政治上都被败坏了，尽管并非这个部对一切都负有责任。只要是政治手段能够解决的政治问题，都由党和国家领导层负责指挥，交由安全部执行：公民出境，经济问题，对信息政策、供应问题、偷税经济活动、腐败、任人唯亲、特权供应等现象的不满情绪。安全部的同志们也了解这些糟糕的困境，他们也同样受到了波及，对此同样憎恨，也像大多数民德公民一样希望澄清事态。但是令他们恼火的是，一方面他们早就上报的各种信号并未引起上级重视，另一方面群众又把责任推到了他们身上。无论是农产品消费的蔬菜紧缺问题，还是预订一辆卫星牌私家车的等待时间长达 15 年的问题，都与国家安全部风马牛不相及。我这样说并非否认安全部在这里或那里存在着滥用职权和趾高气扬的现象，安全部的工作人员确实自以为怀揣他们的皮套身份证件就比实际地位高了不少。但这并不是根本性地贬低其为了社会利益而从事工作的理由。每一个国家都需要自我保护，每一个国家的公民都需要得到保护。

这个任务当时依然存在，尽管人们对安全部不断贬低。并非只是一个改名的问题，而且也必须修正体制和任务。我们打算像西德一样严格区分对外任务和对内任务，也就是像联邦情报局和宪法保卫局一样予以组织上的区分。国家安全局只是一种过渡时期的考虑。遗憾的是我们未能获得通行。1989年12月14日，政府决定解散刚刚于11月17日成立的安全局。当时我们的压力太大，有人指责我们想在新的旗帜下让国家安全部继续生存，这种指控的影响很难消除。

迪科普：国家安全部曾经因为专职工作人员和非正式工作人员的充实而十分膨胀。当时想在短短的时间内对现状进行大幅度裁减至可操作的规模，为的是试图赢得民众的信任？

莫德罗：是的，必须想方设法。

盖勒：这种情况可以令人得出结论，在您的政府任职内，这个庞大的国家机器如此臃肿，实际上意味着这个国家、这个党对本国民众并不信任，否则怎么会建立这样的监视体制？其目的显然是为了窥视所有隐私和私密？

莫德罗：这样看问题过于肤浅。每一个情报机构，无论它叫什么名称，为哪种体制工作，都会持续不断地面临一种合法性压力。它必须证明情报工作的重要性和富有成果。对一个主要靠秘密手段进行工作的机构来说，难度很大——否则就不是情报部门了。揭露间谍面目，揭秘内在关联，公布情报背景，这些都是正当的工作。但是，己方在敌对国安置的特工人员，绝不能公之于众。无论过去还是现在，间谍的意义在于窥视另一方的各种计划。如果双方相互交换信息，告知对方的计划，那就是令人惊讶的时刻，危险随时可能发生。此时便有一种情报逻辑：如果对方间谍已经出动，企图侦查己方，那就一定需要国内的帮助者。为了弄清这些情况，就必须拥有反间谍机构。随着时间的推移，反间谍网络会日益紧密，工作会日益精致，不会忽视任何社会领域，这一切都是为了国家利益。由于他们的工作方式是秘密的，所以他们的行动只能有限地受到控制，或者几乎无法受到控制。其结果是，他们不得不忙于处理海量的信息，客观上根本就无力处理全部情报信息。我当然赞同对国家安全部的工作给予批判性的评估，但重要的原则是，这只能是东德人的任务。无论你如何批评情报部门，都不应忘记他们在冷战时期以情报手段为维护和平作出了贡献：当你能够窥视到对方的底牌时，就能够避免己方出牌时作出错误决策。这种方式的透明度，事后证明可以阻止核灾难。

盖勒：您担任总理期间的局势究竟有多大危险性？事态有可能失控吗？出现内战的危险现实存在过吗？

莫德罗：当时的局势十分严峻。我只列举 1990 年 1 月 15 日发生在柏林里希滕贝格区国家安全部受到的那次冲击，当时安全部已经改名为安全局。开始是呼吁举行一个集会，后来事态失控了。那天上午，我在"中央圆桌会议"开会。之后与南斯拉夫外交部长布迪米尔·隆查尔①进行会谈。期间有人递了一个纸条给我。内务部长洛塔尔·阿伦急切地要求见我。我在纸条

---

① 布迪米尔·隆查尔 1924 年 4 月 1 日出生于扎达尔附近的普雷科。他于 1943 年加入共产党。其部分政治生涯是：曾担任驻纽约联合国的领事；驻印度尼西亚和马来西亚的大使，以及在 1973—1977 年担任驻西德大使。他于 1984 年出任南斯拉夫联盟共和国副外长，1988 年—1991 年 12 月担任外交部长。

背面写道，让他立即到我的办公地点，我马上就到。接着我对外长说，我们的会谈还有 15 分钟时间。之后，我与阿伦特没有带贴身保镖，直接驱车前往诺曼能大街。我在那里讲了话，也感觉到了公民组织发言人对集会可能失控的担忧。不知道什么时候，大门从里面打开了。直到今天仍然没有弄清楚是谁开的大门。事后才搞清楚，幕后操控的是外国情报部门。大批群众跟着"领头狼"冲进了安全部大楼的管理部门一侧，大肆骚扰。于是，另一小部分人得以趁乱迅速前往反间谍部门的一侧，四处翻腾，掳走了西方情报机构感兴趣的部分档案。这部分档案有着另一种量级的重要性，它可能严重地危及那些为东德工作的西德公民——无论是出于信仰原因还是为了金钱。因为"中央圆桌会议"已经发出指示，不得销毁国家安全部的档案。出于这一原因，只有外国侦察部门的档案获准例外处理。但是，并非只有这一个部门负责指挥国外的非正式工作人员。然而，如今这只是许多问题中的一个问题，而且算不上是最大的问题。

每天早晨，我同我身边的工作人员召开一个小范围会议，办公桌上堆放着各种报告，例如医院受到炸弹威胁，百货公司受到炸弹威胁，X 地、Y 地受到暴力威胁，等等。在初始阶段，我们的反应是十分担忧，立即对现场进行清场。后来我们改变了战略，因为大多数威胁实际上只不过是空口吓唬而已，但是造成了混乱局面。我们不再清场，而是检查现场是否安放了炸弹。我们不想要混乱的局面。我们要展示镇静和稳定。

第三个问题是：我们在 1990 年是怎么保护有关北约、西德联邦国防军、华沙条约组织和国家人民军指挥部文件的？可以证实的是：北约于 1990 年 3 月举行过一次针对民主德国各个目标实施核打击的参谋部演习。他们可不是在玩游戏。如果有人以为那不过是一帮笨蛋在搞沙盘演习，以为华约将领们在莫斯科进行假定演习，那就是对局势的错误判断。冷战并不是以这种方式结束的，因为昂纳克已经下台，边界已经打开了。老的计划文件内容并没有改变。我坚信：如今这些计划只是作了一些修改，只是进行了现代化改进。

迪科普：但是国家安全部总部在 1990 年 1 月 15 日之前一直处于紧密封锁之下，没有人能够进得去呀。

莫德罗：直至今天也没人知道，位于卢舍大街的大门在将近 17：17 时究竟是奉谁的指令打开的。目前已经披露的是，整个行动，包括集会和冲击安全部的行为，都是由西方情报部门计划、组织和实施的。此次行动直接对焦安全部的秘密文件。他们非常详尽地知道那些反间谍档案究竟存放在哪里。因此，当许多人突然冲进建筑物之后，他们并不知道什么东西放在什么地方，所以令人惊讶地冲向左侧，也就是毫无价值的管理部门所在地。与此同时，一小部分人却被指引着转向相反的右侧方向，目标明确地冲向反间谍中心。

迪科普：当时有一些档案库存已经被销毁了。[①]

莫德罗：那些档案当时还在。必须区分外国侦察档案和反间谍档案，前者已经下令销毁。在反间谍部门，当时有 20 多个局直接负责反间谍业务。其余的大多数机构属于镇压机器。为了便于理解：国家安全部由两大块业务组成——外国侦察（HVA）和反间谍，前者相当于西德联邦情报局，后者相

---

① 1989 年 10 月，国家安全部长埃里希·米尔克下达了一个有选择销毁档案的指示，此次行动于 1989 年 11 月 21 日有针对性地实施：凡是有关外国侦察、反间谍、对反宪法行为实施侦察和 "反恐怖行动" 的不必要的文字材料，必须统统予以销毁。1989 年 12 月 4 日，国家安全局局长向所有情报单位发出指示，立即停止销毁档案的行动。请参阅维尔纳·格罗斯曼、沃尔夫冈·施瓦尼茨所著《指向国家安全部的问题—— 一个官方机构的答复》，2010 年出版于柏林，第 363—364 页。本书发行人迪科普 2017 年 3 月 18 日在柏林采访维尔纳·格罗斯曼时，他证实道，前外国侦察总局根本就无视国家安全局的指令，继续销毁档案。此次采访的记录译文，如今保存在发行人手中。

当于宪法保卫局。与西德不同的是，两大部门都在一个屋檐下，隶属于国家安全部长。在美国，这个部门称作美利坚合众国内部安全部，而在民主德国则称为国家安全部。大多数示威者希望拿到"他们"的档案，也就是有关他们的监控报告，这些报告——事实上或假定为——就应该存放在那里。

对西方情报部门来说，主要兴趣在于了解东德反间谍机构究竟对西方间谍及其与西方情报联络的方式掌握到什么程度。情报机构总是希望了解其他情报机构对自己了解多少情况，以便从自己的队伍中清除间谍人员。这种反间谍工作是耗时耗力的"铁人项目"。

21. 有秩序的轨道："中央圆桌会议"

迪科普：您认为"中央圆桌会议"发挥了什么作用？它在多大程度上取得了成功？

莫德罗：当我1989年12月7日组建"中央圆桌会议"时，政府联盟面临着新的挑战。在部长会议大楼里，我们同各个政党的领导人进行政治会商。通常情况下每两周召开一次。如今我们所谈论圆桌会议传递出来的画面，当然掺杂着不同的表述和利益。我现在要谈的是各个要素。第一，政府为所有会议和费用买单。第二，参加圆桌会议的所有人都会得到工资。我们对此也作出了承诺。代表们担任的并非荣誉职务。圆桌会议的参与者都是拿着国家的钱在开会和工作。应该一提的是巴贝尔斯贝格科学院的科学家组成的庞大的参谋部，还有参加"中央圆桌会议"同步工作的那些工作人员。今天，有些人已经不愿意再回忆起这一切了。

在"民族责任政府"建立之前，"中央圆桌会议"的每一次会议都作了紧张的筹备。格拉赫在他的回忆录里说我在我们的各次会议上"说了很多废话"。也许确实如此，也许是这位时任国务委员会主席的记忆出现了混乱。我对此不想耿耿于怀。

不管怎么样，我们当时需要的是一个实现稳定的方案和一个坚实的政府。这两样我们都得到了。1990 年 2 月 4 日组建"民族责任政府"之举，表明民主德国各个政治力量之间建立了相互信任的关系，表明政府与圆桌会议之间充满了责任感的相互合作。

盖勒："中央圆桌会议"是一个模式，早在匈牙利和波兰就已经奏效了。这里是有意识地借用了这个名称？

莫德罗：我对波兰的经验很熟悉，因为我们与对方始终保持着友好的关系。德累斯顿专区与弗罗茨瓦夫（昔日的布雷斯劳）和耶莱尼亚古拉（昔日的希尔施贝格）是伙伴关系。那里的第一书记塔德乌什·博莱博斯基教授[1]和耶日·高立斯[2]。二人都会说俄语和德语，我们之间没有语言障碍。我从他们那里了解到，波兰成立"中央圆桌会议"的倡议是由政党、教会和团结工会提出的，会议主要议题是工作的模式和方式、维护稳定的努力以及阻止暴力。在民主德国，教会人士也参加了公民运动组织，有些人也与波兰保持着联系。民主德国的"中央圆桌会议"在成立之初以及后来，曼弗雷德·施托尔佩都是一个重要人物，在民主德国和联邦德国都被同样信任。

---

① 塔德乌什·博莱博斯基 1931 年 4 月 16 日出生于别尔斯科 - 比亚瓦，2001 年 7 月 17 日逝世于华沙。他于 1965 年成为副教授。1950 年加入波兰统一工人党，1971—1986 年担任该党中央委员，1981—1988 年成为该党政治局委员和中央书记处书记。1988 年，他被该党政治局除名。1989 年，他被任命为波兰驻南斯拉夫大使，1990 年再次被解职。
② 耶日·高立斯 1945 年 4 月 30 日出生于沃维茨。1967 年加入波兰统一工人党，1973—1974 年担任比亚韦斯托克党委成员，1975 年起调任耶莱尼亚古拉。1980 年 11 月，他担任波兰统一工人党耶莱尼亚古拉专区第一书记。1985—1989 年，他是耶莱尼亚古拉专区第九届色姆（议会）代表，并担任外事委员会和国际经济合作委员会成员。

盖勒：但是"中央圆桌会议"曾经试图接管所有责任。

莫德罗：我要指出一个事实：我们"中央圆桌会议"的工作是依据法律行事，而且有很多被政府免除原单位工作的专业人士全程参与其中。

说到工作拖延，其实并不是拖延，而是审慎。解散反间谍和侦查机构，这原本是国家安全部隶属的两大部门，必须十分谨慎地一步一步进行，以免危及那些出于政治信仰为民主德国工作的特工人员。解散国家安全部是政府与圆桌会议的共同任务。我们作为政府委托的是弗里茨·彼得上将，而"中央圆桌会议"则委托了维尔纳·菲舍尔[①]。在"中央圆桌会议"的最后一次会议上，讨论并通过了他们写的联合报告。如今谁还去谈论他们毫无疑问以充满责任心去从事的那些出色工作？

22. 对波兰关系的困局

盖勒：德国人与波兰人的关系并非毫无压力，这一关系对您的政治行为产生了什么影响？

莫德罗：我于 1990 年 2 月 4 日出席了传统的达沃斯世界经济峰会。波

---

① 维尔纳·菲舍尔 1950 年 3 月 29 日出生于 Caputh。他曾经拒绝加入德国自由青年联盟，并于 1981 年退出了德国自由工会联盟。1985—1986 年，菲舍尔是反对派组织"为了和平与人权倡议"（IFM）的创始人之一。1986 年，他被禁止就业。他成为 IFM 组织发言人，并于 1989 年 11 月作为 IFM 组织的代表参与"中央圆桌会议"的筹备工作。1990 年 1 月，菲舍尔担任负责解散国家安全部的政府全权代表。之后直至 1992 年 5 月，他受柏林市政府的委托出任一个工作小组的组长，其责任之一是为柏林市政府和专区政府的审查委员会担任顾问。1992—1994 年，菲舍尔担任联邦议院联盟 90/ 绿党的发言人。

兰总统沃伊切赫·雅鲁泽尔斯基、捷克斯洛伐克总理马里安·恰尔法[①]、刚刚于星期六当选的保加利亚新任总理安德烈·卢卡诺夫[②]、匈牙利副总理彼得·迈杰希[③]和我一起坐在一个论坛的主席台上。当然有人提出了德国是否可能统一、会对欧洲各个邻国产生什么后果等问题。我的声明是:"无论是我,还是我的孙子或重孙子,都不会提出这样的要求,即把亚森尼茨,也就是今天的亚谢尼察,重新变成德国领土。"雅鲁泽尔斯基将军接着对我说:"汉斯,谢谢你作为德国人在这里作出这样的表态。"

我对德国东部边界——当时是对未来边界的表态——的这一立场,源自我在苏军战俘营的反法西斯学校所受的教育。直至今日,我仍然认为没有理由改变这一立场。

在论坛主席台上还提到了一个议题:苏联在分崩离析的东欧集团的驻军问题。捷克斯洛伐克总理要求苏军立即撤走。波兰总统雅鲁泽尔斯基将军给出了一个军事答案。一支军队可以在一夜之间进攻并占领一片领土,但是一支驻守了几十年的部队是不可能在一夜之间撤军的。政界可以提出要求,并

[①] 马里安·恰尔法 1946 年 5 月 1 日出生于特雷比绍夫。他于 1964 年加入捷克共产党,1990 年 1 月退出捷共。其部分政府职务是:1988—1989 年担任无任所部长、副总理和临时总理;1989 年 12 月 10 日—1990 年 6 月 26 日担任捷克斯洛伐克社会主义共和国总理;1990 年 6 月 27 日—1992 年 7 月 2 日担任捷克和斯洛伐克联邦共和国总理。

[②] 安德烈·卡尔洛夫·卢卡诺夫 1938 年 9 月 26 日出生于莫斯科,1996 年 10 月 2 日在索菲亚遇刺身亡。他于 1963 年加入保加利亚共产党(BKP)。其部分政治生涯是:1973 年 10 月 31 日—1976 年 6 月 16 日担任外贸部长;1976 年 6 月 17 日—1987 年 8 月 18 日担任部长会议副主席兼经济合作委员会主任。他曾是保共中央候补委员和大民族大会议员。他于 1977 年成为保共中央委员,并担任祖国统一阵线全国委员会成员。1979 年,卢卡诺夫当选保共中央政治局候补委员。1987 年 8 月,他出任对外经济关系部长。1990 年 2 月 8 日,他出任部长会议最后一任主席。1990 年 9 月,他当选保加利亚社会主义党(BSP)副主席。1990 年 12 月 7 日,卢卡诺夫辞去部长会议主席职务。1991 年 8 月 27 日,他辞去保加利亚社会主义党副主席职务。

[③] 彼得·迈杰希 1942 年 10 月 19 日出生于布达佩斯。其部分政治生涯是:1976 年出任财政部国际关系局副局长,1980 年出任经济与财政政策局局长,1982—1986 年担任副部长,1987 年担任部长,1987 年 12 月—1990 年担任副总理。他于 1987—1989 年担任匈牙利社会主义工人党中央委员,1996—1998 年担任财政部长。2002 年 5 月 27 日,迈杰希出任匈牙利总理,并在其任期内完成了匈牙利加入欧盟(2004 年 5 月 1 日)。他于 2004 年 9 月 29 日辞去总理职务。

且必须采取行动。我们知道：这一撤军行动持续了几乎4年的时间。然而，苏联人撤走了，美国人和核弹头仍然还在西德。

我与波兰的关系始自1950年，一直有着个人的特性。这些友谊经历了1990年的考验。对我来说，奥德河－尼斯河的和平边界具有法律约束力。而科尔的态度直到签署"二加四协议"之前还打着一个问号。

盖勒：历史上曾经有一个《格尔利茨条约》，将奥德河－尼斯河边界称为"和平边界"，这是一个关乎"社会主义兄弟国家"和"各国人民友好关系"的命题。德意志联邦共和国与波兰人民共和国之间签署的《华沙条约》，是否带来了民主德国与波兰人民共和国关系的改善？人们可以免签证过境，从而可以加强两国人民，也就是东德人与波兰人之间的交流。民主德国也可以从西德东方政策带来的关系正常化中获益？您怎样评价波兰人民共和国与民主德国之间的关系？在两德统一进程中，这一关系的兴趣度被再一次提升，因为赫尔穆特·科尔长时间地拒绝承认奥德河－尼斯河为正式边界。他指称，统一和条约规定还须进一步等待。对他来说，当时主要关注的是联邦议院的选举，他想赢得此次大选，不得不顾及那些被驱赶回德国的选民。

莫德罗：联邦德国和波兰1970年签署的双边条约是否对民主德国与波兰的关系改善作出了贡献，对此我表示怀疑。这是波恩当时签署的东方条约之一，这些条约当然对欧洲大陆局势的缓和作出了贡献。我记得，这些条约当时是冲破巨大阻力才得以签署的。有人甚至呼吁联邦宪法法院出面干预，宪法法院遂于1975年7月7日发表声明，认为联邦政府"没有受权就德国法律地位签署有关和平条约性质的规定"，而且必须"顾及四大国对德国作为一个整体国家的整体责任"。这样一来，波兰的西部边界实际上再一次变得悬而未决，其责任则归咎于四大国权利与责任的延续。由于联邦总理赫尔穆特·科尔不肯和解的立场，这个问题依然悬而不决，其担忧一直持续到1990年"二加四进程"中引起了严重恼怒。直至波恩决定确认民主德国与波兰1950年在《格尔利茨条约》中将奥德河－尼斯河边界这一国际法规定纳入"二加四条约"之后，四大国才同意了两德统一的前景。如果联邦德国当年不被迫承认波兰的西部边界，1990年就不可能实现德国的统一。每当人们说起1970年的《华沙条约》及其国内和国际影响时，千万不要忘记这一历史背景。

当我1949年从苏军战俘营回国时，对我这个在反法西斯学校接受过教育、参加过许多次关于领土分割与边界走向辩论的人来说，已经十分明确：奥德河－尼斯河边界是一条和平边界。当民主德国作出决策，并最终于1950年7月6日签署边界条约时，遇到的根本就不是一致赞同的国内气氛。经过这场战争，数百万人在东部失去了家乡——我本人也来自波希米亚地区，如今那里已经属于波兰了。当然会在不同的规模上遇到强烈的情绪抵触。对此，必须用政治观点加以说服。并不是波兰人"拿走了"东普鲁士和西普鲁士，也就是西里西亚和诺伊马克，而是纳粹袭击波兰造成的。针对东部邻国这一战争的后果，是导致这些领土被分割的原因。人们是很难用逻辑思维来克服自身感受的。当时那是一个敏感的话题。但是民主德国没有采取火上浇油的做法，没有出现过要求修改边界的同乡会（Landsmannschaften，指战后被迫离开东欧流入德国的德国裔组织。——译者）、联合会和政党。在我们国家，复仇主义是被禁止的。并不是只有时间才能治愈伤口，新生的几代人对失去故乡的这个问题并不了解，而是需要我们有意识地做好工作，将我们德国人——我要强调这一点——自己挖出来的壕沟自己填平。不仅局限于波兰。西部还有"宿敌法国"，要与法国东部被纳粹德国袭击和掠夺过的各民族进行和解。

民主德国与波兰人民共和国的关系当然并非没有一点儿紧张因素。双方有时也会相互都有保留意见。经济上的利益偏颇，波希米亚海湾海上边界的走向，通往什切青（当年的斯德丁）的航运通道等问题，很多年都没有得到解决。但是我认为，总体关系是良好的。

我去过弗洛茨瓦夫（前布雷斯劳）20多次。第一次是战后，我是以苏军战俘的身份从那里被押运走。第二次是1959年，我以自由青年联盟代表的身份在英雄陵园献花圈。我们悼念的是1945年2月—5月牺牲在那里的军人。希特勒犯罪集团曾经把这个西里西亚的大城市宣布为"要塞"。战争结束时，这个城市的80%被摧毁了，留下了400多座独特的废墟纪念碑。

波兰下西里西亚省与我们专区相邻。弗洛茨瓦夫与德累斯顿不仅是地理上的邻居。离那里稍远一点儿有一个城市叫克拉科夫，那是萨克森选帝侯奥古斯特以波兰国王奥古斯特二世身份下葬的地方。在我们德累斯顿近郊，也就是皇家教堂的墓室中，他的心脏供放在一个银质的圆形小盒里。此举当然具有几分象征意义。他的影响直至今日还没有消退。我指的不仅仅是他给波兰方面和德国方面带来的感动而已。我常常前往这两个地方扫墓，但主要是悼念那些终结纳粹独裁的人。他们当中绝大多数是苏联军人。苏联为此付出了最多的牺牲者，所以我自1959年以来定期前往安葬着波兰士兵和苏联士兵的弗洛茨瓦夫英雄陵园，向这些牺牲者鞠躬致敬。

自我1973年到德累斯顿上任以来，我与波兰的联系不断增多。罗斯托克、法兰克福、科特布斯和德累斯顿这样的边境城市，都与波兰邻近地区建立了伙伴关系。我的弗洛茨瓦夫邻国伙伴名叫路德维希·德罗茨[①]。我们俩的性格十分不同：例如路德维希喜欢打猎，有时鼓励我一起去打野兔和野鸡。这种活动不会给我带来巨大喜悦，他或许察觉了这一点。尽管如此，我们俩互相间很谈得来。我们两家人之间也建立了信任关系，即使在他被解职之后

---

① 路德维希·德罗茨在1980年之前担任弗洛茨瓦夫省委第一书记，之后退休。他自1981年12月起因紧急状态而陷入软禁。

也没有中断。1981 年底，10 月份出任波兰统一工人党①领导人的国防部长沃伊切赫·雅鲁泽尔斯基将军宣布了紧急状态。社会骚乱使这个国家陷入了严重的危机，也导致党内高层的争论。一些官员被开除出党，有些甚至被关押几个星期。德罗茨也卷进了这一场风波。他的儿子在包岑的一家企业找到了一份工作，那个企业负责生产农用机械。

他的后任塔德乌什·博莱博斯基知道我为德罗茨一家施加的援助，对此给予了宽容。他认为，如果我们两个地区的关系注入了人情味道，官员们可以保持超脱。他的言外之意是，那一边还是有一些党和国家纪律的。

塔德乌什在担任弗洛茨瓦夫综合性大学校长时就在当地享有很高威望。他会说德语和俄语，所以我们之间不需要翻译就可以沟通。在许多事情上，崇尚人情的性格显然使他表现出了这样的例外现象。他在政治工作方面没有经验，在我面前几乎没有秘密。因此他建议我举办一个指挥工作专题研讨会。我的答复是：由于历史的原因，德国人不宜给波兰人担任补课教师的角色，即使是在极小范围内也很难实施。但是他坚持自己的主张。于是我就组织了一次"经验交流"活动。我们很快就紧密合作，共同探讨各种务实的解决方案。用青年艺术风格建造和装修的格尔利茨百货大楼，与弗洛茨瓦夫的百货大楼面临同样的问题。于是我们就开始小规模的消费品跨境交流，以改善商品供应。或者，我们为波兰农用机械预留一些零部件，并由此换来对方的蔬菜，拓宽我们专区狭窄的供应品种。

西里西亚是传统的工业地区。20 世纪 70 年代，以爱德华·盖莱克②为首的波兰统一工人党大力加快了经济发展速度，导致民众承受巨大的社会压

---

① 波兰共产党的名称为波兰统一工人党（PVAP）。

② 爱德华·盖莱克 1913 年 1 月 6 日出生于波龙布卡，2001 年 7 月 29 日逝世于切申。他于 1948 年加入波兰统一工人党，1954 年成为该党中央委员，1970 年成为该党第一书记。盖莱克于 1980 年 9 月 5 日被罢免第一书记职务，1980 年 12 月被开除出党中央，1981 年被开除出党。

力。他利用西方贷款实施经济现代化的做法，导致国家债台高筑而生活水平却同步下降的后果。盖莱克的口号是："创建第二个波兰！"路德维希·德罗茨常说的一句话：华沙那边的人根本就不知道波兰人的腰带已经绷紧到什么程度了，否则他们就不会要求波兰人的腰带再紧上两个扣眼。

1989年12月，我在莫斯科第一次见到波兰统一工人党最后一任总书记米奇斯瓦夫·拉科夫斯基[①]。他曾于1988—1989年担任总理。昂纳克不喜欢他，认为他太软弱，太挑剔，知识分子味道太浓。拉科夫斯基曾经是一个专业记者。当他2006年12月1日庆祝80岁生日时，华沙的《今日》杂志发表了他的文章《道歉》。他在文章中以自嘲方式列举了波兰共产党所犯的"错误"，对时弊加以明确抨击，并发出了坚定的信号。每当我失去勇气自我反省过去的错误时，我始终非常愿意援引他的话，因为那不仅仅是一个波兰的问题：

"我们的罪行清单很长：

"我为取消阶级矛盾而道歉，这原本是共产主义工人运动和农民运动左翼潮流的心头大事；/我为土地改革表示道歉，这是祖祖辈辈农民梦寐以求而又斗争无果的一件事；/我向工人们道歉，因为共产党给了你们尊严的感受；/我为工业企业的国有化表示道歉；/我为上百万农民和工人家庭的儿子和女儿们的社会地位上升而道歉；/我为来自农民和工人家庭的年轻人能够免费进入高等院校而道歉；/我为两代波兰人可以没有失业压力地生活，可以在社会安全中生活，不必担心孩子的

---

① 米奇斯瓦夫·拉科夫斯基1926年12月1日出生于波兰Kowalewko，2008年11月8日逝世于华沙。他于1945—1949年担任波兰人民军军官，1946年加入波兰共产党（自1948年改名为波兰统一工人党）。拉科夫斯基于1956年获得博士学位。1972年成为色姆议员，1975年成为中央委员，1981年当选副总理，1985年接任议会副主席职务，1988年9月担任总理。1989年6月4日，拉科夫斯基辞去总理职务。1989年7月—1990年1月，他曾担任波兰统一工人党主席。

未来而表示道歉；/我为消除文盲现象表示道歉；/我为波兰大街上既没有乞丐也没有数以千计的无家可归者表示道歉；/我为数以千计的图书馆、价格低廉的图书、城市与乡村的文化设施表示道歉；/我为那些因社会主义国家体制而在科学与文化领域获得世界名声的科学家、演员、文化成就表示道歉；/我为重建那些被纳粹摧毁的城市与乡村、为重建华沙和格但斯克老城区的成就表示道歉；/我为重建在战争中被摧毁的无以计数的教堂、宫殿和其他文化名胜而表示道歉；/我为那些能够定居在奥德河－尼斯河畔波兰领土上，能够生活在安全的边界内已达三代人的境遇表示道歉……

"亲爱的朋友们，这是对我们所作所为、或许是我们所犯罪恶的一张挂一漏万的清单。"

盖勒：关于波兰话题还有最后一个问题，那就是 1981 年 12 月实施战争法的情况。您对这个事件还有什么记忆？

莫德罗：早在 1981 年秋天，我就能够感受到柏林紧张局势的升级。11 月初，我在德累斯顿同两个伙伴交换了意见，也就是弗洛茨瓦夫地区和耶莱尼亚古拉地区的第一书记塔德乌什·博莱博斯基和耶日·高立斯。我们谈到了波兰局势的发展。我们达成了共识，认为必须采取一切措施阻止波兰局势发展到大规模冲突。在此次讨论中，布拉格事件也成为一个考量的因素。塔德乌什和我都认为，波兰必须独立行事，避免外界干预。但是耶日认为，波兰独自难以做到这一点。

当雅鲁泽尔斯基将军作出决断之后，我们表达了团结声援。在齐陶和格尔利茨边界，两国褐煤开发企业之间立即建立了密切的接触，圣诞节期间从德累斯顿专区向波兰运去了几卡车团结物资。

1990年2月16日，雅鲁泽尔斯基（戴墨镜者）与莫德罗在魏玛美景宫内会面

盖勒：档案材料中有线索称，昂纳克不想让波兰出现流血事件，因此曾经考虑在必要时采取"最后的手段"：根据1953年、1956年、1968年的历史经验，一旦不得不出手保卫"工农政权"时，将向雅鲁泽尔斯基提供帮助，并对波兰进行干预。[①] 最终并没有采取干预行动。您当时了解的情况是什么？如果干预，对手将会是谁？

莫德罗：我并不了解这些档案。但是我清楚地记得，我在作出决断的第二天就已经来到边界，当时那里并没有国家人民军的部队驻扎在现场待命。

—————————

① 参阅 Michael Kubina、Manfred Wilke（发行）的《强硬地和毫无妥协地采取有力措施。统一社会党1980—1981年针对波兰的立场——统一社会党领导层镇压波兰民主运动的秘密档案》，1995年出版于柏林，第101—114页，此处引自第111页。

无论当时出现什么问题，都会保持着坚定的友好关系，直至 1990 年。

23. 1990 年 1 月 26 日对奥地利总理弗拉尼茨基进行回访

盖勒：为什么 1990 年 1 月回访维也纳之行比较顺利？

莫德罗：我们对此很感兴趣。凡是我们在西方国家拥有的任何渠道，都会加以动员和利用。弗拉尼茨基展示了诚意，表示愿意尽快实现回访。对我们来说，维也纳回访具有重要的政治意义，而且能够在一天之内完成。当时我也收到了日本首相的邀请，但是缺乏访日所需的时间。优先考虑奥地利有两层含义。在欧洲区域内，访问奥地利的兴趣大于与日本人交往。如果我可以在一天之内往返于维也纳，这是一码事，而且也符合莫斯科的政治倾向。

盖勒：在您的记忆中，弗拉尼茨基总理 1989 年 11 月 24 日的行为与 1990 年 1 月 26 日相比有什么区别？

莫德罗：在我面前作为一个主人，在人情交往和开放坦诚方面没有区别。但是围绕事态的发展则不无问题。我相信，有不少人关注到背景的变化。如果您从奥地利的视角观察民主德国，事物的核心就有其独特之处。一方面，奥地利在民主德国时期在经济领域内给予了巨大支持。否则，除了奥地利钢铁联合企业（VÖEST）以外，谁会将一个现代化的钢铁厂卖给民主德国？在西方对民主德国进行制裁的情况下，所有人都会考虑一个焦点："这样做会引起关注吗，或者这样做会不会越轨？"有些事是在打擦边球。弗拉尼茨基——他来自银行界——有着一个"红色的菲娜"（鲁道菲娜·施泰因德林①）。对他来说，她并非陌生人。施泰因德林属于奥地利与民主德国所有接触的幕后倡议者之一。如果想在这方面深入挖掘的话，就会发现一些蛛丝马迹，因为双方的经济利益相互交织在一起。民主德国与奥地利的经济利益，总是通过施泰因德林的企业管道，从来不会跑偏。为什么我在说这件事的时候没有提到"例外"这个词？我们——其中也包括我自己——暗中希望西德联邦政府在此案中败诉，因为此案牵涉2.5亿欧元，也就是将近5亿西德马克，相当于该公司的全部经营活动。争议焦点始终围绕着以下问题："究竟这是我党自己的一个公司，还是奥地利共产党的公司？这是奥地利共产党的一个公司，所以也就相当于是统一社会党的公司？"如果是统一社会党的公司，就可以进入联邦德国的腰包。没有第二宗案子能够与这笔巨款相提并论。我们内心希望奥地利共产党可以获得这笔款，因为如果奥共拿到这笔款，就可

---

① 鲁道菲娜·施泰因德林（1934—2012）的经营可以获得高额佣金：在对 Novum 公司的真正占有关系进行为期多年的法庭案审中，争议的焦点问题是，该公司究竟属于奥地利共产党所有，还是统一社会党的掩护公司。一审判决认为 Novum 公司属于奥地利共产党（柏林行政法院于1996年12月作出这一判决），但是二审判决认为该公司只是统一社会党的一个掩护公司。在定义明确之前，施泰因德林从 Novum 公司提取了一笔巨额资金，据估计高达4.5亿西德马克，这笔款的去向和用途至今仍然是一个谜。在案情出现新进展后，获得了有意识操纵证据的迹象，从而在2003年的再一次审理中加重了托管调查的分量。柏林州高级法院的判决搜集到了该公司属于统一社会党的证据。奥地利共产党方面最终于2009年停止了司法纠纷。在法庭调停的框架内，施泰因德林向联邦统一特殊事务任务机构（BvS）支付了1.06亿欧元，这笔款项是该机构向施泰因德林本人提出的要求。Novum 公司财产中1.28亿欧元连同利息仍然没有踪影。这一损失究竟应当由谁承担，直至2013年才在瑞士法院进行了审理。施泰因德林的客户银行奥地利银行（Bank Austria）被指控负有连带责任，于2010年3月被瑞士法院判处支付2.45亿欧元赔偿金，这一判决被上诉法院宣布撤销，此案被打回原法院重新审理。该法院于2013年驳回起诉，作出了具有法律效力的判决：奥地利银行必须向联邦德国支付1.28亿欧元，此外还要支付1994以来每年5%的利息。2013年4月，瑞士苏黎世州高级法院作出具有法律效力的判决，认为州级银行不应当允许 Novum 公司提取数以百万计的巨款。经过长达20年的案审，当年的州级银行已经被奥地利银行所接管，如今又成为联合信贷银行集团的隶属单位，必须向联邦统一事务特殊任务机构支付包括利息在内的2.54亿欧元款额。2014年，作为东德资产托管人的柏林联邦统一事务特殊任务机构，向瑞士苏黎世州法院起诉 Bank Julius Bär & Co. AG 公司，要求其赔偿消失的东德国家资产总额为1.35亿欧元。此款额系由 Novum 公司通过施泰因德林汇向瑞士账户，被提取存放在若干个保险柜内，然而如今踪迹全无。请参阅 Maximilian Graf 所撰写的《奥地利与东德的终结》一文，收录于盖勒、Ders.（发行）的《欧洲与德国统一》一书，第259—294页，此处引自第289—290页。

以成立一个基金会，用我们的视角来看就可以从事科学研究。但是未能如愿。各个大学都缺乏"批判性的研究所"，卡尔·马克思的世界文化遗产并没有消失，而各个基金会则因 20 世纪历史的各种篡改而正在努力迎接马克思主义的光辉。

盖勒：您在 1989 年之前的 10 年内与哪些奥地利共产党的代表有过交往？当时有过接触吗？

莫德罗：没有。唯一的一次接触，是一个来德累斯顿专区访问的奥地利西班牙老战士代表团。1990 年以后我才与该党有了接触。我结识了弗兰茨·穆里[①]，他当时已卸任党主席的职务，担任国际书记一职。他又介绍我认识了议会主席海因茨·菲舍尔。我们都还记得当年在世界艺术节期间互相斗嘴的情况。我同穆里的关系一直持续到他 2001 年去世。

盖勒：您对弗兰茨·穆里还有什么记忆？

莫德罗：我与他的第一次政治接触是 1959 年夏天在世界和平与国际友好青年与大学生艺术节上。当时与奥共及其青年人也有过接触。

因此，弗兰茨·穆里的名字对我来说在 20 世纪 80 年代就不再完全陌生，但是个人直接打交道则是 1990 年之后。我们相互结识，一起进行政治对话，有几回是在蒂罗尔度假期间。20 世纪 90 年代中期，有一次我们俩在维也纳

---

① 弗兰茨·穆里 1924 年 10 月 12 日出生于施泰尔马克附近 Limberg 县的 Steyeregg，2001 年 9 月 7 日逝世于维也纳。他于 20 世纪 50 年代初加入奥地利共产党，成为党支部书记。在莫斯科苏共高级党校学习毕业后，他于 1958 年成为奥共施泰尔马克州委书记。他于 1961 年当选中央委员和政治局委员。1965—1990 年，他担任奥共主席，对该党在奥地利的发展作出了重大贡献。

议会大楼内见面，穆里受到的尊重给我留下了十分深刻的印象。作为社会民主党人的菲舍尔，对穆里展示了尊重和敬意。他的过早去世令我深感痛心，我把他的离世视为人类的一个损失。

盖勒：对莫斯科而言，奥地利始终有几分像是小模范生。您怎样评价此次访问的重要性？弗拉尼茨基在一个秘密的场合对您个人发出了团结信号，这就是说做出了一种尊重的、非官方的而是直接对您的姿态：一旦您遇到困难，奥地利将有一扇门为您开着。他原本也可以做另一种姿态。

莫德罗：当时奥地利有一本小册子名叫《你想不想成为我的兄弟……》。弗拉尼茨基谈到了这本书。对当时的德国局势而言，"兄弟姐妹"的措辞也很贴切。弗拉尼茨基是想给我传达一种十分富有人性的感受。我的感觉是，弗拉尼茨基自身当时对整个局势的发展进程预见到了危险性和不确定性。他指的是奥地利，而不是民主德国。我也有一种感觉，即弗拉尼茨基在 1990 年 1 月尚未看清这一局势将如何发展。我们一致意识到的是，将会出现一个统一的趋势。但是，我们当时还有一种感觉："现在我们必须过河，试探水情，探索路径。"我们两个人当中，谁也不知道石头在哪里，蹚水过河的路径是否平坦。奥地利当时并不被看作一种胜利者的力量。

盖勒：奥地利当时有一个国家条约，其中第四章写明："不得并入德国，无论在经济上还是政治上。"对弗拉尼茨基来说，很重要的一个关切是在两德互动的光明中明确展示："注意，小心，保持距离——我们不是一个德意志国家！我们没有加入北约，但是我们也想加入欧盟。"在谈话纪要中也涉及以下问题：民主德国与欧洲自由贸易联盟的关系，民主德国与欧盟的关系，民主德国与欧洲委员会的关系。

1月份的此次访问，与11月间在柏林的访问相比，外交政策的意义大了多少？贸易和经济话题占据了多大分量？也谈到了签证规定。从整个发展大势来看，维也纳之行当然只是一个小小的侧面，但是时值一种紧张态势，因为同时发生了那么多事件。当时奥地利代理联邦总统是库尔特·瓦尔德海姆。您在访问中有没有见到他？

莫德罗：您的问题令我感到尴尬。我们可能见过面，因为在那样的态势下，对我们来说每一个会见当然都很重要。但是我无法说出具体的谈话内容。我在库尔特·瓦尔德海姆作为联合国代表访问民主德国时在德累斯顿见过他，当时民主德国与联邦德国在联合国框架内、从国际法角度看享有平等地位。在我们的眼中，瓦尔德海姆没有违反这一点。

盖勒：我对此不感到惊讶，因为瓦尔德海姆在东西方冲突中不想选边站。在他担任联邦总统期间，莫克和弗拉尼茨基掌握着外交政策大权。弗拉尼茨基曾经特别展示道："我们不是瓦尔德海姆的奥地利，不应当联系到纳粹的历史。"德国重新统一的话题，1月间要比11月在柏林提得多一些？

莫德罗：是的，我本人在1月间也已经秉持另一种态度。当时我很清楚，两德统一的进程已经启动。而且弗拉尼茨基对我来说不是统一方案的技术顾问，我的技术顾问优选方向是莫斯科。

盖勒：弗拉尼茨基是否猜到或者知道，您的心目中是想建立一个中立的德国？在莫斯科访问期间，您是不是已经间接地表露出希望采纳奥地利的模式？

莫德罗：这个问题我无法回答您，因为在我们会面时当然还没有具体谈到这一刚刚起步的进程。每当我进行一次谈话时，我总是会事先进行斟酌，一共有多少谈话时间，而后还要考虑到举办记者招待会的时间，还要预备出时间失控时的备用方案。必须始终掌控好时间，使得各个话题能够衔接成为一个链条，而不至于偏题失控。

盖勒：您说得很明白，完全能够理解。我的命题是：如果您对外宣传称一个中立化的德国将大致相当于或者完全类似于奥地利模式的话，弗拉尼茨基可能不会那么高兴。为什么呢？因为奥地利历来十分重视的是，中立最好或者只能是奥地利一家的特点。布鲁诺·克莱斯基在德国媒体问到这一话题时曾经公开解释道，德国无法模仿奥地利，因为德国太大，太强。他此时提到的是中立化。这是一种双重意义上的谬误。奥地利并非已经中立化了，而是一个中立国家。何况，即使一个大国也可以依托其强大推行中立政策。我们发现一些迹象，弗拉尼茨基曾经十分秘密地在完全另一个层面上对您说，奥地利方面近期有过一个考虑，使得昂纳克能够在奥地利申请政治避难。您知道这件事吗？

莫德罗：不知道。我不相信这是真的。即使在马尔库斯（"米沙"）·沃尔夫从莫斯科途经奥地利回国时，他也不能在奥地利停留，这一点根本就不必辩论。在那个时期，奥地利已经不能接纳他了。我个人不掌握有关信息，但是我不相信有过这样的表态。昂纳克家庭是一个完全不一样的话题。昂纳克的情况有着完全不一样的背景。当时的背景是，针对老的领导人施加了巨大的压力，尤其是昂纳克的家庭。第二，我们有一个检察院，它认为，只要检察院开始庭审，各个检察官就会一起动手阻止德国局势的进一步发展。有些人就会大献殷勤。有一位接触此案的检察官强调，说我从来没有跟他说过话。有一点很明确：如果政府打算干预司法，这个政府就不复存在了。这将取决于其他人展开了多少次论战，圆桌会议作出了什么反应，是否根据宪法。

民主德国人民议院组成了一个调查委员会，以调查滥用职权和特权问题，委员会主席由基民盟党员、民主德国多年的最高法官海因里希·特普利茨①出任。玛尔戈特·昂纳克被传唤到调查委员会进行询问，检察院对埃里希·昂纳克提出起诉。之后的进程具有戏剧性和伤害性，而且表露出来，统一社会党领导层与广大人民群众之间的各种矛盾已经多么深刻。我很清楚，自己也对此负有责任。我们在政府内找不到为昂纳克一家提供一个安全住处的可能性。教会表达了诚意，昂纳克夫妇在一位牧师家住了几个星期。期间发生过一些事件，我在这里就不展开叙述了。后来与苏军参谋部就武装力量疗养院提供住处达成了协议，直到此时才处于必要的安全之中了。1990年5月，昂纳克夫妇流亡至莫斯科。当叶利钦上台后，昂纳克夫妇被智利大使馆接受。这里有一个原则：当我们智利人处于危险境地时，我们被柏林接纳了，现在我们要向你们表达团结声援。玛尔戈特·昂纳克在智利一直逗留至她去世。我在1991年后前往智利进行政治对话时在那里探访过她。埃里希·昂纳克于1992年逝世于那里。如果在奥地利，将会采取与德意志联邦共和国一样的方式对待他们。

---

① 海因里希·特普利茨1914年6月5日出生于柏林，1998年11月22日逝世于柏林。他于1937年获得法学博士学位。其部分政治生涯是：1949年加入基民盟，1950年出任基民盟副秘书长，并于1950—1960年担任民主德国司法部国务秘书。1951—1989年，他是民主德国人民议院的代表。特普利茨于1952—1989年担任基民盟政治委员会成员，1954年起成为基民盟总理事会主席团成员，1966—1989年担任基民盟副主席，1955—1987年担任基民盟中央调查委员会主席，1960—1986年担任民主德国最高法院院长，1962—1985年担任民主德国司法工作者联合会（VdJ）主席，1989—1990年担任民主德国人民议院"审核滥用职权、腐败、个人致富案件"临时委员会主席（根据人民议院1989年11月13日决议）。他于1990年退出基民盟。

盖勒：在智利也可能观察到另一种可能性？

莫德罗：我几乎不相信。昂纳克一家是否会在其他国家找到更好的解决方案？对此我表示怀疑。古巴曾经十分照顾玛尔戈特·昂纳克。她与古巴驻智利大使馆保持着联系，并且去古巴接受过治疗。

盖勒：我们掌握的两次会面——1989年11月和1990年1月——的备忘录中显示，弗拉尼茨基即使在1990年1月仍然对德国问题和重新统一持十分谨慎的态度。我认为"重新统一"这个概念是错误的，容易引发歧义。应当成为"德意志统一"或者"德意志合并"，因为两个国家的领土是永远不会重新统一的。

莫德罗：我在1990年1月没有使用过这个概念，直至今日也没有用过。我现在仍然为反对这个说法而斗争。当时，我们有外部条约，也就是"二加四条约"，也有内部关于加入西德的统一条约。我与那些如今为养老金而斗争的人有着很大的争议——我是一个领取惩罚性养老金的退休者——我认为我们的待遇必须建立在"统一条约"的基础之上。我在德累斯顿的集会上说过："你们可以谈论所有话题。你们可以称之为殖民化、吞并，这是一码事，但是如果你们想代表自己的利益，我们就有一个'统一条约'，只有依据这个法律基础，我们才能维持自己的权利，维护我们的人权，进行司法斗争。"

盖勒：但是在奥地利，时常不假思索地冒出来"重新统一"这个概念。根据会谈备忘录，弗拉尼茨基说话仍然还是十分谨慎，但是与1989年11月相比已经有了细微差别。此时他强调的是，一切都要在欧洲框架内进行。他一再强调欧安组织的进程。西德外长奥斯卡·菲舍尔在与爱德华·谢瓦尔德纳

泽 ① 会面之后，向其奥地利同行阿洛伊斯·莫克传达了相反的信息，而莫克早就已经站在了科尔的路线之上。您在 1990 年 1 月时是怎样看"重新统一"这个话题的？"条约共同体"是您的措辞。据说戈尔巴乔夫早在 1990 年 1 月就算计到了两德统一的前景，但是他预见的是几年之后。您的设想是多久呢？在这个充满感情色彩的措辞背后，隐藏着的是什么？难道是为公众舆论创造的这个词？

莫德罗：在 1989—1990 年的动荡时期，我们向西德递交了一份已经分好章节的"条约共同体"文本。这个想法来自我与科尔在德累斯顿的会谈。这里有着我们具体商定的内容：第一是共同打开勃兰登堡门，第二是就条约共同体进行会谈，并且提出各自的建议。就是根据这个共识起草的文本。在我 1991 年出版的《起点与终点》一书中 ②，附录了我们起草的条约共同体草案的全文。在 2013 年再版此书时删去了这个文本的附件。在我看来，这是走向德国统一三步骤的一部分，而我在 1990 年 1 月 30 日曾经在莫斯科对戈尔巴乔夫谈到了这个方案。③ 我当时的时间设想是大约 4 年的框架。我们的出发点是，当条约共同体开始起步后——在我的政府任期内就开始起跑——首先是两国议会之间开始协商，然后举行两国的部长级晤谈。对此需要有谈判空

---

① 　爱德华·谢瓦尔德纳泽 1928 年 1 月 25 日出生于（格鲁吉亚共和国亦即外高加索共和国的）Mamati，2014 年 7 月 7 日因心肌梗死逝世于 Tiflis。他于 1946 年加入苏联共青团，1948 年加入苏联共产党。其部分政治生涯是：1957—1961 年担任格鲁吉亚共青团中央第一书记，1958 年成为格鲁吉亚共产党中央委员，1959 年成为格鲁吉亚最高苏维埃委员，1964 年担任格鲁吉亚公共秩序部第一副部长，1965—1972 年担任格鲁吉亚内务部长，1972—1985 年担任格鲁吉亚共产党第一书记，1985 年 7 月出任苏联外交部长。他在这个职务上逗留至 1990 年。1992 年 3 月 19 日，他出任格鲁吉亚总统。2003 年 11 月 23 日，谢瓦尔德纳泽递交了辞呈。他在三次暗杀中幸免于难。

② 　参阅汉斯·莫德罗所著《起点与终点》，1991 年出版于柏林。

③ 　参阅第 67 号文献《1990 年 1 月 26 日戈尔巴乔夫与民主德国总理莫德罗的谈话（要点）》，收录于 Aleksandr Galkin、Anatolij Tschernjajew（发行人）的《米哈伊尔·戈尔巴乔夫与德国问题·苏联文献（1986—1991）》（《当代史来源与阐述》第 83 辑，发行人为 Helmut Altrichter、Horst Möller 和 Jürgen Zarusky，评论者为 Andreas Hilger），2011 年出版于慕尼黑，第 292—304 页。

间。有些事并没有以这种方式写在文本内，因为牵涉外交政策和其他问题。法林一再提到过成立邦联的念头。对邦联的理念，我考虑的主要是两个国家的主权问题。我希望把统一放到一个平衡的角度，放到一个高度，而不是在两党代表沃尔夫冈·朔伊布勒[①]与京特·克劳泽[②]之间谈判。基民盟的克劳泽在谈判时已经不是以民主德国公民的身份来的了[③]，他在谈判时已经知道，朔伊布勒承诺要在未来的联邦政府中给他留一个职位。这个承诺后来果真兑了现。他成为联邦部长，但是因为刑事违法行为没有能够保住职位。

　　盖勒：您先前说过"我们从奥地利看到了机遇"，可以成为一个拥有一

---

①　沃尔夫冈·朔伊布勒 1942 年 9 月 18 日出生于弗莱堡布赖施高县。他于 1961 年加入基民盟青年团，1965 年加入基民盟。他于 1971 年获得法律学博士学位。其部分政治生涯是：1972 年 11 月 19 日起成为联邦议院议员，1981—1984 年担任基民盟 / 基社盟联邦议会党团干事长，1991 年 11 月当选为议会党团主席，2002 年 10 月—2005 年 11 月担任议会党团副主席。1984 年 11 月 15 日，朔伊布勒出任联邦特殊任务部长和联邦总理府部长。1989 年 4 月 21 日担任联邦内政部长。他曾与京特·克劳泽担任两德统一条约的谈判代表，该条约于 1990 年 7 月 2 日通过，于 1990 年 8 月 31 日签署。2005 年 11 月 22 日，朔伊布勒再度出任联邦内政部长。2009 年秋，他接任联邦财政部长。2017 年 10 月 24 日，他当选联邦议院议长。注：本书发行人建议参阅有关朔伊布勒的众多出版物，例如关于其家庭出身、大学生涯、职业活动、基民盟献金丑闻、被刺残疾、政治生涯、分歧批判以及他在内政、外交、欧洲和财政政策方面的影响力。

②　京特·克劳泽 1953 年 9 月 13 日出生于哈勒（萨尔河畔）。他于 1975 年加入东德基民盟，1984 年获得工程学博士学位，1987 年获得科技学博士后头衔，1990 年成为维斯马理工大学的客座教授。其部分政治生涯是：1987—1989 年当选为新成立的梅前州基民盟理事会主席，并于 1993 年辞职。1990 年 4 月中旬—10 月 2 日，他担任德梅齐埃政府的议会国务秘书。他曾作为两德统一条约谈判的东德代表，该条约于 1990 年 7 月 2 日通过并于 1990 年 8 月 31 日签署。1990 年 10 月 3 日两德统一后，他在联邦总理赫尔穆特·科尔主导的政府内担任特殊任务部长。1991 年 1 月 18 日—1993 年 5 月 6 日辞职期间，他担任联邦交通部长。1992 年 12 月 17 日，他奉命出任联邦邮政与电信部临时负责人，直至 1993 年 1 月 25 日。2001 年，克劳泽不得不如实交代财产状况。2009 年 3 月 24 日，他被联邦最高法院（BGH）判处 14 个月缓刑刑期。他被控罪名为无偿还能力拖延罪、逃税漏税罪、不诚实罪等。他的企业咨询公司于 2016 年陷入无偿付能力状态。2018 年 3 月底，波茨坦地方法院以无偿付能力拖延罪和故意破产罪判处其罚款 5400 多欧元。2018 年 4 月，克劳泽因 Fincken 镇（梅前州）的一套公寓房拖延不付购房款 459000 欧元而被强制执行退房措施。克劳泽认为本人与合作伙伴的东德历史使他成为牺牲品。

③　根据莫德罗的说法，克劳泽与朔伊布勒之间的谈判采取了"草率应付"的态度。参阅汉斯·莫德罗所著《我原本是要建设一个新德国》，1998 年出版于柏林，第 456—463 页。

定自由空间的国家。当时德国内部层面是否有这种看法？民主德国在 1989
年 11 月—12 月间和 1990 年 1 月—3 月间还有多大的行动空间？

莫德罗：正如我前面已经说过的那样，当时的内部局势很紧张，但是民
意调查仍然有利于对政府和我本人的信任。教会代表发表声明，愿意在圣诞
节日期内作出争取安静与思考的努力。在作出极大努力下，年底的商品供应
得到了保障。就连那些战胜国也还没有确定自己的立场。那时的事态确实还
是能够看得清的。1990 年初，态势发展到几乎无法控制的地步。"中央圆桌
会议"上提出了立即取消所有补贴的要求。在短短几个小时内，所有货架上
的商品被洗劫一空。在军队的帮助下，动员了所有库存，从而重新确立了对
政府行动能力的信任。

24. 莫德罗改革设想和 1990 年 1 月 30 日访问戈尔巴乔夫

盖勒：奥地利从过去到现在都公开声称保持中立。您于 1989 年 11 月 24
日在东柏林会见弗拉尼茨基之后对媒体说了以下大致的意思："这是欧洲各国
交往的一个范例。我们在这里受到的待遇与波恩完全不同。"您显然十分赞
赏这种平起平坐相互尊重的待遇。您是否暗中希望 1 月底 2 月初出台的"莫
德罗计划"能够成为一个议题，从而希望使得德国成为一个中立国家，摆脱
军事结盟义务，以奥地利模式进入角逐？

莫德罗：是的，确实有过这样的想法。我的出发点是——已经不是整个
政府的倡议了——我在 1 月 30 日飞往莫斯科之前无法与我的政府达成共识。
我知道，我们将参加大选，德意志联邦共和国以及曼弗雷德·格拉赫已经与

（左起）汉斯·莫德罗、京特·柏特林和卡尔－海因茨·阿诺德 1989—1990 年在总理办公室内

自民党和奥托·格拉夫·拉姆斯多夫[①]商议出了某种结果。他们究竟想做什么，我不清楚，但是肯定已经有所动作。我本想将"中央圆桌会议"拉进我的政府，但是我无法事先去问"中央圆桌会议"我在莫斯科的谈判中应当说些什么。我同身边的人，也就是贴身人员开了一个会，主要是副外长哈里·奥特[②]

---

① 奥托·(弗里德里希·威廉·男爵·冯德温格) 格拉夫·冯·拉姆斯多夫 1926 年 12 月 20 日出生于亚琛，2009 年 12 月 5 日逝世于波恩。他在大学攻读法律和国家学，1950 年通过了第一次国家司法考试，1952 年获得法学博士学位，1955 年通过第二次国家考试。拉姆斯多夫于 1951 年加入自民党。其部分政治生涯是：1972 年起担任自民党联邦理事会成员，1982 年起成为自民党主席团成员，1988—1993 年担任自民党主席，1993 年起担任自民党名誉主席。1991—1994 年，拉姆斯多夫出任自由国际主席，1995—2006 年担任弗里德里希·瑙曼基金会董事会主席，1972—1998 年担任德国联邦议院议员，1977 年 10 月 7 日出任联邦经济部长，1982 年 9 月 17 日辞职。1982 年 10 月 4 日，拉姆斯多夫再度出任联邦经济部长，1984 年 6 月 27 日因 Flick 丑闻再度辞职。在他担任自民党主席期间，该党于 1990 年 8 月与东德自民党合并。
② 哈里·奥特 1933 年 10 月 15 日出生于开姆尼茨，2005 年 6 月 24 日逝世于 Prieros。他于 1952 年加入统一社会党。他在莱比锡卡尔·马克思大学学习经济学，1966 年 2 月 23 日担任统一社会党中央国际联络部副部长，1974 年 3 月—1981 年 1 月担任民主德国驻苏联大使。奥特于 1976 年 5 月成为统一社会党中央委员，1981—1986 年再度当选。1982 年 2 月 1 日—1988 年 9 月，奥特担任民主德国驻纽约联合国常任代表。1982 年—1990 年 4 月，奥特兼任副外长。

和我的助理卡尔－海因茨·阿诺特。我们之间达成了共识。

此前我在苏联有过两次经历：第一次经历是 12 月 4 日在莫斯科与戈尔巴乔夫直接会面，当时他与乔治·H. W. 布什刚刚见过面。我见到的是一位无助的、已经再也无法控制事态的戈尔巴乔夫，他甚至没有能力精准、明确地复述他与布什的谈话内容。我面前的戈尔巴乔夫已经不再具备敏感的政治鉴别力。事先，我不得不向法林提出请求，让他对戈尔巴乔夫说："我需要一份与戈尔巴乔夫进行单独会谈的新闻通报！"很清楚，布什已经和科尔协调过立场。如果我从莫斯科回去，但是没有进行特殊谈话，那就说不过去了。法林是一位聪明的外交官，他搞定了这场活动，我们坐下来喝了一杯咖啡，然后戈尔巴乔夫给了法林自由空间，让他与我商量新闻公报的内容，他甚至不想再看一遍公报的内容。法林与莫德罗写出了戈尔巴乔夫与莫德罗谈话的内容。我在那里得到的印象是："你在这里见到的那个人，已经不能再指望他掌控世界政治了。"接着是 1 月份在索菲亚的会晤[①]，尼古拉·雷日科夫在会上说："经互会必须改革。"他提出的核心问题是："我们不能再用卢布来兑换了，我们相互之间必须建立在可兑换货币的基础之上。"此话令人完全不知所措。从民主德国的眼光来看，仅仅与苏联一家外贸规模就超过 40% 的结算问题，未来将如何运转？我们在建船和制造火车皮领域的生产专门针对出口苏联。

此类生意一下子改用美元或者西德马克结算——这样做根本就行不通。"你们得到一艘船，我们得到石油。你们想为轮船付多少钱？我们从你们那里得到什么？"很显然，此举是想把一切规矩都打破。正是着眼于这种情况，我提出了关于德国中立化的计划倡议。法林也参与了这一商谈过程。科尔在提出"十点计划"之前，苏联的谈判代表尼古拉·波图加洛夫与科尔的顾问霍

---

① 参阅汉斯·莫德罗所著《我原本是要建设一个新德国》，1998 年出版于柏林，第 402—406 页；亦请对比本书文献资料第 5 号附件：《民主德国部长会议主席汉斯·莫德罗博士 1990 年 1 月 9 日在索菲亚经互会第四十五次会议上的讲话》。

斯特·特尔切克进行过一次谈话。波图加洛夫对特尔切克明确表示："你们可以有自由空间。"波图加洛夫当时已经不再有什么束缚，他开始走上了一条自己的路线。如果我在这个时间节点来到现场，我也肯定会改弦更张。他们已经不仅是在观望德国的苏联代表，而且是已经意识到苏联寿数将尽的普通人了。他们内心在想：必须小心谨慎，避免在"泰坦尼克"号游轮下沉时跟着落水，而是尽量跑到舰桥上设法自救。这是人之常情。

法林也于1989年11月来到柏林，与埃贡·克伦茨和我谈到了"建立邦联"的话题——不能够停留在条约共同体的理念上。11月28日，科尔在其"十点计划"的第四点中接纳了条约共同体的提法，但是必须进一步展开思想。从这个进一步思想的过程中，产生了"三步走"方案，也就是条约共同体、邦联、联邦。在我看来，这个思考中包含着现实主义。我于12月在莫斯科与戈尔巴乔夫进行会谈之后，回到家里就可以说："与戈尔巴乔夫谈过了。"如果深入观察一下就会发现，戈尔巴乔夫在此次谈话之后受到了一些影响。在12月7日的苏共中央全会上，他声明民主德国是最重要的盟友。这是他4天之后的做法。接着，美国国务卿詹姆斯·贝克①来到波茨坦与我进行谈话。这是美国国务卿第一次来到民主德国的国土上进行正式会谈。正如贝克对此次谈话的记忆以及他写下的内容——当服务员走进来时，他感到非常惊讶，因为他以为进来的是埃贡·克伦茨——这一叙述意味着美国刻意轻描淡写此次会谈的意义。

接着来了密特朗，接着撒切尔夫人也派来外交大臣道格拉斯·赫德②。我

---

① 詹姆斯·艾迪生·贝克 1930 年 4 月 28 日出生于得克萨斯州的休斯敦。他在奥斯丁得克萨斯大学学习法学，于 1957 年获得法学博士学位。他在一家律师事务所一直工作至 1975 年。贝克于 1981 年成为白宫幕僚长，在此职位上工作至 1985 年。他于 1985 年担任财政部长，之后于 1989 年—1992 年 8 月 23 日辞职期间担任美国国务卿。

② 道格拉斯·理查·赫德 1930 年 3 月 8 日出生于伦敦。其部分政治生涯是：1979 年 5 月 4 日—1983 年 6 月 9 日担任欧洲事务大臣，1982 年担任枢密院官员，1985 年 9 月 2 日—1989 年 10 月 26 日担任内务大臣，之后担任外交大臣，并于 1995 年 7 月 5 日辞职。赫德一共担任下议院议员长达 23 年。

们已经跑了一大段路，但是绳索还没有扯断。见面时，我就是他们的伙伴。接着在加拿大开始了"二加四"程序。苏联人希望搞一个"四加二"启动仪式，于是我们于1月30日在莫斯科对此达成了一致意见。我只带我的副外长和一个助手去了。苏联方面的代表是戈尔巴乔夫、雷日科夫和法林。这是一个最高级别的会谈。有一点很清楚，只要我们达成共识，统一后的德国就应该是一个中立的德国。目的在于阻止北约继续东扩。为什么我会在3月1日表态支持我的政府作出决策：苏联驻德军事管制机构1945—1949年制定的剥夺财产的法令继续生效？如果这些法令是非法的，苏联红军就成了强盗团伙了。他们来了以后剥夺了人们的财产，之后又回国去了。如果一个战胜国成为强盗团伙，那么其他三个战胜国呢？如果我们这样决策，就可以推掉重负？

我没有感受到戈尔巴乔夫已经周密考虑到了所有这一切连带关系，因为我后来再也没有听到他说起过与这一重负有关的话题。苏联政府于3月27日作出了一个相同内容的决议，基本上模仿了我们3月1日给出的指南手册。我常常在考虑一个问题：如果土地改革的成果一下子不再作数，"波茨坦和那些移居者怎么办？"我在波兰或者捷克有过土地，如果土地改革涉及的土地必须还回去的话，那么就应该把我的土地还给我。也就是说，这个问题始终存在。在我能够施加影响的此类关系行动中，必须始终想到一点：此类事不仅涉及两德关系。我们始终意识到还有另一个框架条件，而戈尔巴乔夫正是因此直至今日还在纠结，认为北约曾经承诺不会东扩。但是他拿不出相关协议的文字承诺书来。

盖勒：在莫斯科与戈尔巴乔夫及其外长会谈时，"中立的德国"是一个谈话内容吗？

莫德罗：是的。

盖勒：您留下了什么印象？戈尔巴乔夫是怎样看统一后德国的不结盟和不联盟话题的？

莫德罗：戈尔巴乔夫在 1990 年 1 月 30 日的立场是赞成一个中立的德国，并且将这一点视为局势进一步发展的核心问题。这里就存在一个问题：我于 1 月 30 日访问莫斯科时，是以一个主权国家代表的身份。然而并不是莫斯科拿出的方案，而是我给莫斯科带去的一个方案。这件事做反了。在此之前，向来是莫斯科作决定，民主德国照规矩办事。而这一次我去莫斯科，他们却拿不出任何方案。您可以从戈尔巴乔夫的备忘录中去查找。他对 1 月 26 日①，也就是他们坐在一起开会争论的那一天，是这样记载的：一共讨论了需要解决的五点或者六点问题。当时对中立问题还没有像我们 1 月 30 日达成共识时那么明确和清晰。1 月 31 日，我们之间很坦率，我的立场是："我们方面希望不在莫斯科发表新闻声明，而是回柏林以后再发。柏林是民主德国的首都。如果你在莫斯科发表声明，你又成了卫星国，等于是你站在克里姆林宫门口，发表的是克里姆林宫下达的使命。"我们不想这样做。我们想保留一天时间，以便格尔德·柯尼希大使与法林之间就条约直接内容和我出席记者招待会的有关问题进行沟通。如果法林还有什么暗示的话，应当及时告诉我。法林和我是友好关系，所以理应能够相互沟通。

当这一切都明确以后，我于 2 月 1 日在柏林举办了一个记者招待会。后

---

① 参阅第 66 号文献《1990 年 1 月 26 日在戈尔巴乔夫总书记顾问参谋部内关于德国问题的讨论》，收录于 Aleksandr Galkin、Anatolij Tschernjajew（发行人）的《米哈伊尔·戈尔巴乔夫与德国问题·苏联文献（1986—1991）》（《当代史来源与阐述》第 83 辑，发行人为 Helmut Altrichter、Horst Möller 和 Jürgen Zarusky，评论者为 Andreas Hilger），2011 年出版于慕尼黑，第 286—291 页。

来发生的事态可以在康多莉扎·赖斯[1] 和菲利普·蔡利科夫[2] 的《外交的明星时刻》一书中读到。她在书中写道,当我(指莫德罗)于2月2日举办与戈尔巴乔夫会谈后的记者招待会时,她在华盛顿国务院分析道:"俄罗斯人是在拿出莫德罗的方案展开攻势。我们必须对这一攻势对我们产生的效应保持担忧。"他们二人于2月3日意识到,这里已经开始有所松动。如果统一后德国保持中立,美国的利益绝对会受到触及,再也难以得到维护。2月8日和9日,贝克来到莫斯科。接着出现了一系列快速起跑:在2月10日科尔来到莫斯科之前,戈尔巴乔夫的行为就因贝克之行发生了颠覆性的变化。非常清楚,戈尔巴乔夫在2月8/9日已经放弃了德国中立立场。实际上,戈尔巴乔夫早在"二加四条约"开始谈判之前就已经向美国投降,并同意:"一切都让德国人自己决定。"他把主动权让给了美国,美国完全控制了科尔。人们必须清楚地了解一点:科尔没有摆脱美国方面的监护权,两国之间没有主权关系,始终有所依赖。戈尔巴乔夫希望——我们这就要回过头来谈到弗拉尼茨基——密特朗和撒切尔坚持他们的立场。当他1月底感觉到这一立场难以为继时,他就投了美国,从而也把撒切尔和密特朗甩在了背后。这就是我对时局的看法。

盖勒:科尔于11月28日以传真方式向华盛顿提出了"十点计划",当时每个人都知道,所有美国人正在睡觉呢。在这一时刻,他做到了捷足先登,展示了一小点儿独立自主。外交部长汉斯–迪特里希·根舍对这个计划

[1] 康多莉扎·赖斯1954年11月14日出生于亚拉巴马州伯明翰。她于1981年获得丹佛大学博士学位,1993—1999年担任斯坦福大学教务长。作为乔治·布什总统和国务卿詹姆斯·贝克的顾问,她于1990年赞成德国重新统一。2001—2005年,她担任国家安全事务顾问。2005年1月26日—2009年1月20日,赖斯担任布什总统领导下的美国国务卿。
[2] 参阅菲利普·蔡利科夫、康多莉扎·赖斯所著《外交的明星时刻·德国的统一和欧洲分裂的结束》,2001年慕尼黑发行第2版。

毫不知情。有趣的是，戈尔巴乔夫居然于1月间公开说"1952年斯大林释放的善意是认真的"，人们必须从记忆中激活这一善意。这个善意就是说："我们——莫斯科——想要一个统一的德国，但是必须是一个中立的国家。"为什么戈尔巴乔夫要说这句话？他显然是想证明自己在德国问题上代表着苏联立场的连续性。您刚才说，他的立场在贝克访问莫斯科后就发生了"颠覆性的变化"。在历史研究过程中，这个细节是新的，因为通常以为颠覆过程迟至4月和5月才开始起步，尔后于1990年7月6日戈尔巴乔夫与科尔在斯塔夫罗波尔会晤时或多或少有了官方意味，并向公众媒体披露出来了。这是一个新的细节，或许只是从戈尔巴乔夫视角看的一个切面。您当时是否知道根舍对民主德国采取奥地利解决方案的考虑？

莫德罗：不知道。

盖勒：这个情况是我们在查阅文献资料时冒出来的，很简要，很简短。是极其小心地在西德联邦总理府里见到的。根舍显然推行的是自己的政策。联邦总理府里找不到谢瓦尔德纳泽与根舍进行的6次长时间谈话的文献。相反，联邦总理府却十分详尽地保留着科尔与谢瓦尔德纳泽谈话的内容。

莫德罗：我当然知道根舍与科尔的观点不一样，但是究竟在哪个具体方案中意见相左，我并不知情。这是我事后才听说的，但是并不一定十分重视把奥地利这个国家作为具体模式。他只是有意识地关注到了这一模式。我们当时有过一个考虑，那就是如何从一个问题中走出来，去寻找另一个方向，却又不直接定向于奥地利模式。我们必须给自己提出一个问题，既要设想到1955年我们会怎么做，而1990年又会怎么做，在此期间究竟发生了什么变化，等等。您刚才提到的斯大林和1952年的往事，那也是处于一种历史背景中，而且有一点很明确：民主德国当年就已经接受了这种设想，并且也代表着这种政策。我们发动过一场规模很壮观的运动："德国人应当走到一张桌旁来。"① 当时的事态是有所发展的。为此，西德政府派来了人，当时的想法是建立一个邦联。时值20世纪50年代末和60年代初，这种想法一度呼声很高，直至尼基塔·谢尔盖耶维奇·赫鲁晓夫冒出了一个想法，即在建立柏林墙的框架内探索将西柏林定位为自由城市。之后赫鲁晓夫于1961年6月在维也纳与年轻的美国总统约翰·F. 肯尼迪会了面。此次会晤推动了几件事。我也参与了某些事。维也纳的会晤已经从历史画面中消失了，而"要战争还是不要战争"的问题依然存在。华约总参谋长格里勃科夫② 在他的回忆录中记述了赫鲁晓夫与肯尼迪的谈话内容。年纪较长的尼基塔·赫鲁晓夫为了对年纪较轻的肯尼迪施加影响，声明道："我已经经历三场战争，不想再打第四场战争。""战争"一词的含义见仁见智。

如今人们的解读是：柏林墙建起来了，为的是避免民主德国被联邦德国吞并。这是一个方面，确实说得有理。当时，数十万人离开民主德国，我们称之为"大失血"。但是，战争还是和平解决的话题始终在我们的关注之中。

盖勒：您当时对未来东德可能采取的奥地利解决方案持什么立场？根舍曾经在1990年为东德提出奥地利模式。

莫德罗：这个设想是针对全德国进程的，而不是针对民主德国。在全德国进程中，我们在关键点上与莫斯科是一致的，那就是旨在给德国一个机

---

① 这是民主德国领导人20世纪50年代初提出的一个口号。

② 阿纳托利·伊万诺维奇·格里勃科夫1919年3月23日出生于Liski附近的Duchowoje，2008年2月12日逝世于莫斯科。他于1976—1988年担任华约武装力量参谋长。其最后一个任职是苏联最高苏维埃委员和苏共中央委员。他自1958年成为少将。他最后的军衔为大将。

遇，使其无法发展到一个令人感到威胁的强大程度，使其成为一个中立国家。如果德国具有发展成为一个令人感到强大威胁的可能性，于是就会令人产生密特朗和撒切尔曾经表述的那种恐惧感。二人言外之意是畏惧一个强大的新德国。如果我们仔细看一下今天的现状，密特朗和撒切尔当年的担忧就没有错：我们已经位于欧洲和德国发展的一个重大转折点。至于我们是否愿意承认这一点，那是另外一个问题。客观的现状是：我们不妨看一下《新德意志报》上刊登过的那张漫画——普京露着光屁股，安吉拉·默克尔正在打他的屁股——这是一个超级大国，而德国居然在打一个超级大国的屁股？这幅漫画并不十分荒唐，你不能指责它。我曾经直接和间接地经历此类场景，尤其是与副外长哈里·奥特讨论过这个问题，因为他的简历与这段历史有着直接的接触。他曾出任多年驻莫斯科大使，了解莫斯科的许多内幕，他描述的历史与柯尼希大使的回忆十分相近。奥特分析过那段历史，而且比其他人了解得更加全面，因为他还担任过民主德国驻联合国的代表。所以，他拥有更加宽广的视野，于是被重新任命为民主德国的外交部副部长，扮演了比国务秘书赫伯特·克罗利科夫斯基更加强有力的角色。在所有问题上，我从不与那位国务秘书进行商议，而是求教于我的挚友奥特。

这也是联邦德国、民主德国、奥地利历史的一部分：自20世纪80年代中期开始，奥地利在民主德国问题上对全德进程起到了有益的作用，有利于从冷战中摆脱出来。这一切如今被淡忘了。人们只谈论柏林墙。维也纳和奥地利原本是冷战时期就能够在核武器、裁军等问题上进行接触与谈判的地方。这是我们的思考，请看一看欧安组织的历史。欧安组织后续进程则是另一个要点。这是能够消除德国不断发展传递出来恐惧的另一个可能性。我曾经担任4年德国联邦议院的议员，担任5年欧洲议会的议员。我在混合委员会当中经历了捷克斯洛伐克加入欧盟的进程，例如有关贝奈斯法令①的谈判等。德国始终选边站，在这个问题上并没有保持中立。一个军事中立的德国，理应在欧洲平衡问题上持另一种立场。那个科尔，早在 20 世纪 90 年代初期开始就最大声地嚷嚷道："东欧各国必须加入欧盟。"我的印象是：戈尔巴乔夫直至今日也没有从历史的角度和以分析的方法观察过事态。在加入欧盟之前，必须加入北约。北约是一道大门，必须先走进大门，才能进入欧盟。此刻我眼前出现了我的好友莱舍克·米莱尔②的一幅画面，他以总理的身份扮演了明星拳击手的角色，还声明道："我们现在加入北约了。"一位社会主义者、年轻的共产党人，如今声明：波兰在苏联人面前已经足够强大了。这里可以感受到体制变化的冲击力。这种思考当时就让我们感到十分纠结：如果欧洲的框架继续扩大，人们将怎样看德国问题——这是我从密特朗那里感受到的不满，因为密特朗 1989 年 12 月来访问过，他当时一直还在幻想着"欧洲大厦"③呢。他在三周之前与戈尔巴乔夫见过面。我们面前是一张棋盘，上面行棋频频，但是并非根据利益规则，而是随心所欲。

盖勒：把话题再转回到"莫德罗计划"：参与这件事的只有一个很小的圈子——一位大使、一个外交官和您。是这样吗？

---

① 贝奈斯法令系指捷克斯洛伐克总统发布的第 143 号公告。当时捷克总统的流亡政府位于伦敦，作为第二次世界大战德国占领结束后任命的临时国民政府，于 1945 年 10 月 21 日通过此项法令，并于 1946 年 3 月 28 日由捷克斯洛伐克临时国民政府批准。这一称谓具有误导性，因为这项法令的起草工作始于战后兹德涅克·费林格领导的第一届临时政府，并非仅仅归功于发布者贝奈斯。
② 莱舍克·米莱尔 1946 年 7 月 3 日出生于日拉多瓦。他于 1986 年担任波兰统一工人党斯凯尔涅维采省委书记，1988 年担任党中央书记，1989 年成为政治局委员，1990 年担任社会民主党总书记和副主席。1993 年担任劳动与社会政策部长。1996 年担任部长会议办公厅主任，并接任情报机构协调员一职。1999 年—2004 年 3 月担任反对党民主左派联盟主席。期间于 2001—2004 年出任波兰总理。
③ 米哈伊尔·戈尔巴乔夫一再提及"共同建设欧洲大厦"，认为苏联应当在"欧洲大厦"中拥有平等权利和义务；其机构框架应当成为一个在政治上和物质上得到进一步增强、在集体安全体系上得到进一步发展的欧洲安全组织。

莫德罗：是的。苏联方面是总统、总理、外交部长法林。德国方面是总理，一位副外长和大使。我们方面没有其他人。

盖勒：在起草"莫德罗计划"时，与苏联代表，也就是苏联驻东柏林大使科契马索夫，进行过多大程度的协调？

莫德罗：没有协调过，但是科契马索夫知道我们的努力。

盖勒：他对这项计划持什么态度？

莫德罗：他属于我所发展的那些积极分子的行列。他总是在积极的层面上站在我的一边，与我保持着十分友好的接触。您必须注意一点：科契马索夫在1949年之前是苏联青年反法西斯委员会主席，之后于20世纪50年代担任过苏联驻民主德国大使馆的公使。

重要的是，那个阶段承担责任的是政府，而不是统一社会党领导层和党中央总书记。从1989年10月18日到斯多夫政府辞职，笼罩着一片寂静。在埃贡·克伦茨掌权后，现实政策中仍然是一个真空时期。自1989年12月初开始，与苏联大使馆的一切接触都通过政府进行。

盖勒："莫德罗计划"发出的是什么信号？

莫德罗：关于这项构想方案的内容，我想引用几句话加以概括。目标是两德之间在欧洲框架内进行对话。接着还有一句话："要求四大国表明其立场，提出各自的问题，然后进行协调。"还有一段比较清晰的描述："民主德国和联邦德国在建立联邦的过程中保持军事上的中立。"在我发布的新闻声明中指出了欧洲裁军的前景以及更远的范畴。遗憾的是，这一机遇迄今都没有加以利用——扩充军备和武器出口已经达到了新的高度。

盖勒：您在任何时候与根舍谈到过您的这项计划吗？

莫德罗：没有。我与根舍从来没有进行过单独会谈。通常和他只是在委员会开会时谈话。有过一次约谈的计划，但是根舍推辞了，原因是我作了某些修改或者补充。这一点您可以随意表述。外交委员会还举行过一次晚餐会，他当时提到了核武器问题与和平解决方案。我的回答是："根舍先生，我对您十分尊重，包括对您的意见也十分尊重，但是我要请您思考一件事：如果苏联方面拒不坚持不使用核武器的立场，核战争就可能会发生。我们双方都无法拒绝对苏联的谢意，包括我们东德方面，因为没有苏联的立场就根本做不到这一点。"他似乎受到了一点儿触动，于是说："莫德罗同事先生，我不得不承认您的话有道理。"在根舍与我之间，一直到最后，始终存在着接触的可能性。在过去的几年内，我们常常在俄罗斯大使馆的招待会上见面，他的身份是退休老人。我们的接触始终没有失去相互之间的人情味，始终能够感受到相互尊重的情谊。

盖勒：您的计划究竟是在什么时间点产生的？是在科尔 1989 年 11 月 28 日提出"十点计划"的背景下，还是在此之前就已经有了德国中立的考量？

莫德罗：在埃里希·昂纳克 1987 年访问联邦德国之后，统一社会党领导层的立场就是：两个德国是德意志历史的两个部分。在 1989 年 11 月 17 日的政府声明中这样写道：两德统一并没有列入议事日程。据我所知就是这个立场。无论后来戈尔巴乔夫在 1989 年 12 月之前发表过什么声明，包括他与布什在马耳他会见时，他始终没有表达过任何相反的立场。他直至1989年12月7日还在苏共中央的一次会议上称民主德国是苏联最重要的盟友。转变想法的主要动因在于苏联所处的环境。华约已经失去了个性，经互会在转轨为市场经济时根本就没有任何构想方案。当时已经看得出来，无法保持民主德国的生存了，不得不探索统一的途径，不得不采取统一的步骤了。

盖勒：科尔的"十点建议"究竟产生了什么影响？您的计划是对科尔建议的回应？

莫德罗：两个战后德国实施统一的三阶段计划，直接起步始自1990年1月中旬。产生这个念头，就此进行交流和思考，则是始于法林与埃贡·克伦茨1989年11月21日在苏联驻柏林大使馆内的一次谈话中。当时法林没有透露一件事，即苏共中央联络部的一个顾问——波图加洛夫，已经到西德总理府外交顾问霍斯特·特尔切克的办公室内进行过有针对性的访问。但是法林明确表述说，条约共同体恐怕不会是最终的结局。他说，早在乌布利希时代就没有排除建立邦联的可能性。我们不应该过于仓促，但在思想上也不能故步自封。然而事实证明，波图加洛夫前往波恩就是在仓促行事。科尔的"十点建议"虽然不是直接动因，但是引起了高度关注。我们的计划，由副外长哈里·奥特领导具体工作。他曾经担任民主德国驻苏联大使和驻联合国代表很多年。我们之间的关系很好，我对他充满信任。与科契马索夫的磋商也通过他。我们在飞往莫斯科的途中还在作最后的内容改动。在莫斯科，我国大使格尔德·柯尼希就一直参与到最终定稿。

盖勒：在起草"莫德罗计划"时，也就是1990年1月—2月间，您曾经对奥特和阿诺尔德说，要将军事中立列为德国的最终级别。这里并没有提到奥斯卡·菲舍尔。他毕竟是外交部长呀！于是就产生了一系列问题：您与菲舍尔的关系怎么样？菲舍尔对您的计划持什么立场？为什么他没有参与计划的制订？同样的问题也适用于赫伯特·克罗利科夫斯基。前期工作为什么也没有与他进行商议？

莫德罗：这里面并没有任何恶意，只是由于时局的现实条件所限。我早在青年联盟时期就与奥斯卡·菲舍尔共事过，我们的关系一直十分密切。鉴于民主德国与苏联关系的重要性，两德统一进程中菲舍尔主持过两个谈话。一是 1989 年 12 月 20 日在莫斯科与外交部司长亚历山大·邦达连科 ①，二是 1990 年 1 月 20 日与爱德华·谢瓦尔德纳泽。他也参与了在渥太华举行的"二加四进程"开始阶段。但是，他的工作已经受到限制，1990 年 1 月底 2 月初起逐渐被克罗利科夫斯基和副部长取代。后来就没有再任命新的外交部长。克罗利科夫斯基表示不愿意真正代行部长职权，因此没有列入外长人选。他也失去了其他各位副部长的信任，无法长期代理外长。因此，我也不相信他会建设性地参与合作。哈里·奥特则随时愿意进行建设性的、充满信任的合作。

盖勒：您的计划在德国历史上具有什么重要意义？

莫德罗：这个计划直至今日还是被称为短命计划。不过如果仔细审视，这个计划迄今仍然在历史上占有一席之地。1990 年 1 月 30 日，我与戈尔巴乔夫商议过这个计划，他将此计划称为德国人对统一的有效自主决定。1 月 30 日的共同立场是：统一后的德国必须坚持军事上的中立。这一立场是我们

---

① 亚历山大·帕夫罗夫斯基·邦达连科于 1967—1971 年担任苏联驻波恩大使馆公使和副大使，并于 1971—1991 年担任苏联外交部第三欧洲司司长。

的基本原则，也属于我的分阶段计划的内容。然而，戈尔巴乔夫在1990年2月9日会见美国国务卿贝克时却放弃了这个立场，而在2月10日会见科尔时已经不再代表这一立场。[①] 西方的观点是：德国必须在北约中受到约束，从而不再对苏联构成敌对和危险的因素。我们当时的担心是，一个军事力量强大的德国，其权力和实力就拥有了在欧洲不断增长地要求领导权的活动余地。今天的事实证实了我们当年的担忧。时至2016年，西方三大战胜国就在德国联邦总理的办公桌旁与德国一起讨论对俄罗斯的制裁措施，讨论在俄罗斯边界旁举行军事演习的方案，而俄罗斯则是当年东方战胜国苏联的后身。于是，重新出现了冷战过渡为热战的危险。

迪科普：根据您的描述，您把1990年1月9/10日在索菲亚召开的经互会会议视为民主德国灭亡进程的开端。而在1990年2月10日，西德总理与苏联党和国家领导人在莫斯科会晤。其间，苏联承诺说，将不会对德国的重新统一构成障碍。当时已经成为不可逆转的时刻，未来将不再存在民主德国改革生存的任何余地了？对您而言，对此认定的时间要比公众舆论早一些？

莫德罗：您没有注意到美国国务卿詹姆斯·贝克的访问。贝克2月8/9日对莫斯科的访问原本是关键问题。当贝克飞往欧洲时，他已经接受了一项使命。一天之后，科尔就飞往莫斯科。贝克在机场向科尔传达了关于莫斯科谈话的一个指示，从而使其明确了与戈尔巴乔夫进一步谈判的基本立场。大多数描述中缺乏这一细节。正如我在上一个问题中谈到的那样，戈尔巴乔夫在

---

① 参阅第72号文献《戈尔巴乔夫1990年2月10日与联邦总理科尔的谈话（节选）》，收录于 Aleksandr Galkin、Anatolij Tschernjajew（发行人）的《米哈伊尔·戈尔巴乔夫与德国问题·苏联文献（1986—1991）》（《当代史来源与阐述》第83辑，发行人为 Helmut Altrichter、Horst Möller 和 Jürgen Zarusky，评论者为 Andreas Hilger），2011年出版于慕尼黑，第317—333页，此处为第319—320页。

2月9日与贝克会谈时放弃了德国中立的想法。各种描述中常常缺乏这一细节，因为当事人在处理这一情节的来源与渠道时十分谨慎。专门研究北约东扩问题的女学者玛丽·伊利斯·萨罗特[1]，是仔细调查了这一时刻的少数学者之一。她出版的一本书[2]谈到了类似的话题。我在柏林的威利·勃兰特论坛上见过她。2014年，她在德国找不到一家愿意出版她德文作品的出版社。我对她提了一个问题：你使用的数据来源是哪里？她的答复是："是的，您的提问有道理。由于有些数据来自特定的背景，所以我们不便透露来源。"这样一来，就始终存在着漏洞。她写道，戈尔巴乔夫说过他似乎"受到了诱骗"。萨罗特确信美国国务卿早在1990年2月就已经与北约谈判达成了妥协，也就是说，统一后的德国将不再中立，而是保留北约成员国资格，但在东德国土上不会部署西方盟国的军队。

盖勒：您居然使用了"谈判达成"的字样？

莫德罗：是的，因为我相信萨罗特的话有道理。

盖勒：或许我们可以说，大门已经打开了。

莫德罗：我认为您可以这样写。戈尔巴乔夫的失误在于：他没有让对方签字画押。无论他是不是传说中的或者当真与贝克国务卿和乔治·布什总统就北约问题交谈过，都没有留下过书面记录。否则，他日后可以证明北约东

---

[1] 参阅玛丽·伊利斯·萨罗特所著 *1989. The struggle to create post-Cold War Europe* 一书，2014年出版于普林斯顿，第215—229页。
[2] 参阅玛丽·伊利斯·萨罗特所著 *The Collapse. The Accidental Opening of the Berlin Wall* 一书，2014年出版于费城、纽约。

扩的行为违反了协议。于是，北约方面就可以一再强调从来没有过这样的约定。当然，这是统一以后的话题了。

迪科普：您在波茨坦与贝克谈了些什么？

莫德罗：我们一开始感到非常惊讶，因为美国方面居然会愿意与我们交谈。但是，这是美国的一位国务卿首次踏上民主德国的土地。不是在柏林，而是在波茨坦。当时对他们来说，东柏林并不是民主德国。

看上去贝克了解的情况并不充分，对此行应该去哪里没有十分把握。

迪科普：此行早于科尔访问德累斯顿，也就是 1989 年 12 月 12 日。

莫德罗：是的。我的印象是，贝克是想试探我，套我的话。我们则是想与美国的关系实现正常化。民主德国当时长年努力的目标是与各西方盟国直接对话和进行贸易。昂纳克访问过法国——密特朗则计划在 1989 年圣诞节之前实现回访。与英国也就互访事宜进行过商议。民主德国驻华盛顿的外交官自 20 世纪 80 年代中期开始就很活跃。于是此刻，我们认为贝克的访问是美方采取的下一个步骤。谈话主要围绕经济问题，因为我们当时真的是想与美国人开展贸易。为此，格哈德·拜尔确实做了出色的准备工作。

盖勒：您提到的时间顺序是正确的。正如您说的——戈尔巴乔夫此刻已经为安全政策的解决方案"打开了大门"，实际上是把美国人和西德人的利益完全把玩于手中。作为民主德国的代表，您当时是否已经感觉到自己被出卖了？

莫德罗：是的，问题还大得多呢。如今，就连俄罗斯人都把戈尔巴乔夫看作叛徒。在他们看来，指称他是叛徒说的有几分是实话。在我看来，问题在于叛变和无能之间，也就是说，他已经无力掌控自己呼唤出来的幽灵了。戈尔巴乔夫的言论中，包括着许多谎言和无稽之谈。

盖勒：在华盛顿、波恩、东柏林、莫斯科之间的四角关系、三角关系、多角关系中，有一点十分明显：1990 年 1 月时的戈尔巴乔夫，在某种财政意义上对西方十分依赖。我在特尔切克的日记中读到，当时向苏联提供了许多吨的肉食、牛奶、黄油等食品。农业部长伊格纳茨·基希勒①，以及财政部长特奥多尔·魏格尔②将此事当作总参谋部行动来执行，因为苏联实际上已经没有能力向本国民众提供足够的食品供应了。您于月底抵达那里，再次以民主德国的代表人物访问莫斯科，试图推销您的计划，与戈尔巴乔夫进行讨论，旨在为未来的发展找到一线机遇。关于中立计划，以及分阶段计划：如果民主德国融入全德进程，或许就意味着德国将成为不结盟、不加入任何集团的国家？或者不必放弃民主德国的自主性和独立性？

---

① 伊格纳茨·基希勒 1930 年 2 月 23 日出生于 Reinharts（Sankt Mang – Kempten），2003 年 12 月 2 日逝世于 Kempten（Allgäu）。基希勒于 1953 年加入基社盟，1971—1984 年担任基社盟农业工作小组主席。1980—1997 年，他是基社盟主席团成员。1969—1994 年，他是德国联邦议院议员。1983 年 3 月 30 日—1993 年 1 月 21 日，他担任联邦营养、农业与林业部长。1987 年，他在民主德国会见民德同行布鲁诺·利茨（1925 年 11 月 22 日出生于 Wormstedt，2005 年 5 月 11 日逝世；曾任民主德国农业、林业与食品部长，统一社会党党员，党中央委员，并于 1986—1990 年担任人民议院代表）。
② 特奥多尔·魏格尔 1939 年 4 月 22 日出生于 Oberrohr。他的昵称为特奥（Theo）。他于 1959 年起在慕尼黑学习法律和国家学，之后又转到维尔茨堡学习；1963 年完成了第一次国家司法考试，1967 年通过第二次国家考试，并获得法学博士学位。魏格尔 1960 年加入基社盟，1988 年 11 月—1999 年 1 月担任基社盟主席。1972—2002 年担任联邦财政部长。他与民主德国进行过货币、经济和社会联盟谈判。1998 年 10 月 26 日，魏格尔退出政府。2009 年 7 月 18 日，魏格尔被任命为基社盟名誉主席。

莫德罗：绝对是的。在这一进程开始时，我的内心考量是：民主德国处于一个特殊的环境，已经不仅仅取决于我们自己。我知道捷克人的动向，也知道波兰人的想法。苏联自身已经跟跟跄跄，它既无力维持联盟关系，也无法支撑像民主德国这样的单个国家。如果一个领率国家不得不放弃自己的领率作用，那么一切都完了。这是我1990年1月开始产生的感受。

盖勒：您从什么时候开始不再相信能够挽救民主德国了？您在1月底2月初第一次想到了德国统一的可能性？

莫德罗：是的。所以我在柏林的记者招待会上发出了倡议和声明，引用了民主德国国歌中的一句话："德国，统一的祖国。"① 这句话引起了许多国人的迷茫，因为这些人一直还以为能够维持和挽救民主德国呢。此时此刻，这已经是一种幻想了。但我当时并不知道的是：戈尔巴乔夫并没有坚持我们关于北约的立场，已经在这个问题上迎合美国去了。

盖勒：当时还看不出来？

莫德罗：看不出来。我认为，对北约不得扩大势力范围设定一个界线的做法是正确的。北约需要德国来增强其自身实力。苏联不可能对北约的强大感兴趣。所以我们必须划定一条明确的界线。西方认为整个德国必须留在北约内才能予以束缚的观点，我当时并不赞成。我根本就不信任北约。

---

① 参阅汉斯·莫德罗（沃尔夫冈·迈尔）所著《起点与终点》，1991年出版于柏林，第117—128页；关于莫德罗提出的《德国，统一的祖国》新方案，可参阅维尔纳·魏登费尔德所著《为了德国统一的外交政策——1989—1990关键年》（《德国统一史》第4卷），1998年出版于斯图加特，第228—230页。

盖勒：关于以北约的束缚来阻止一个侵略性大德国的观点，是密特朗说服戈尔巴乔夫的。安抚波兰人的观点则是："你们不必担心一个大德国！如果德国留在北约内，美国人、英国人和法国人就有能力阻止德国人偏离方向。"

莫德罗：是的。我可没有那么天真。我的立场是：如果启动这样的一个进程，就必须是欧洲进程，而不是北约进程。是为了欧洲的和平，而不是为了增强北约。

盖勒：如果成为一个不加入军事集团、不结盟的德国，德国将会有什么行动回旋余地？如果德国能够臣服于北约最高司令部的指挥，也就是说，如果北约能够掌握部队驻扎的可能性、监督的可能性、控制的可能性，德国将会真的被北约束缚？对北约而言，这样的德国真的能够比中立的德国更好控制？究竟什么力量能够实施指挥呢？

莫德罗：对北约来说，是能够控制的。

盖勒：但对苏联或后来的俄罗斯利益来说，这将产生长期的问题。

莫德罗：十分准确。这个问题，我们今天就看得很清楚。

盖勒：您对 1990 年的态势叙述得颇有道理。我们刚才谈到了汉斯－迪特里希·根舍，但是还没有深入地探讨他这个人物。我们知道，根舍与谢瓦尔德纳泽之间有过几次谈话，而波恩的联邦总理府对这些谈话内容并不知情。科尔与戈尔巴乔夫以及其他国际伙伴和国务政治家的谈话内容，大致都会通报西德外交部，然而，他们二人之间的谈话内容却没有通报总理府。这一点是霍斯特·特尔切克向我们叙述的。根舍的生活经历和政治背景与科尔不同，您如何评价根舍的作用？他不被视为亲美人物。

莫德罗：这个问题不太好回答。谢瓦尔德纳泽和根舍二人当时在外交舞台上的时间已经不长了。我接触根舍比较多的是在德国联邦议院的外交委员会内部。我是联邦议院的议员，根舍自1991年起坐在我的对面，我是这样了解他的。我接触的他是一位政治家，明显可以感觉到他并不是科尔的顾问，而是一个愿意以外交部长身份制定政策的人。他的个性与他的后任克劳斯·金克尔①不同。在金克尔上任之后，才存在着二人进行对比的可能性。我必须明确地说，根舍与金克尔相比"重要性高出三倍"。对我来说，有一个问题始终是一个谜：根舍始终知道在某些事情上应当与科尔的举止保持一个临界点。当斯洛文尼亚–克罗地亚问题引起激烈争议时，根舍辞去了他的外长职务。这是一个临界点，在之前的那个阶段难以破解这一难题。

至于他与谢瓦尔德纳泽相比：他们面临着相似的境地。谢瓦尔德纳泽从什么时候开始才真正地站在戈尔巴乔夫一边？谢瓦尔德纳泽从什么时候开始不再站在戈尔巴乔夫一边？他辞职的时候，戈尔巴乔夫还站在台前呢。亚历山大·别斯梅尔特内赫②是在戈尔巴乔夫时代成为他的后任。当1991年政变③发生时，谢瓦尔德纳泽已经辞职了，而别斯梅尔特内赫作为外长一下子不得不适应新形势，站到了政变实施者一边去，向驻外大使们发去指示："必须效

① 克劳斯·金克尔1936年12月17日出生于Metzingen。金克尔1991年加入自民党。其部分政治生涯是：1994—2002年担任德国联邦议院议员，1979—1982年担任联邦情报局局长，1982年10月晋升联邦司法部国务秘书，1991年1月18日出任联邦司法部长。1992年5月18日，金克尔出任联邦外交部长。1993年1月21日兼任联邦副总理。金克尔于1998年10月26日从联邦政府辞职。
② 亚历山大·亚历山德罗维奇·别斯梅尔特内赫1933年11月10日出生于阿尔泰边疆区的比斯克。大学毕业后，他又于1957年获得了法学博士学位。1970—1983年，他在苏联驻华盛顿大使馆担任一等秘书和副大使。1988年，别斯梅尔特内赫被任命为外交部第一副部长。1990年出任驻华盛顿大使。别斯梅尔特内赫于1991年1月15日—8月23日担任苏联外交部长。
③ 参阅本书第二卷第34章《戈尔巴乔夫，民主德国和苏联1990—1991年的终结》。

力于新的政权，对外代表其立场。"谢瓦尔德纳泽与根舍之间合作的时段很短，况且当时还发生了南斯拉夫和其他一些冲突。于是，当时驻西德的大使克维钦斯基不仅立即被换走了，而且很快又换回来了。

别斯梅尔特内赫的机构派出了一个特派员，他坐在波恩，与大使馆平行工作。此事发生在1991—1992年。这件事给我的感受是，与西德外交部的接触并没有中断。对根舍来说，克维钦斯基并不是陌生人。不仅在他担任大使期间，而且他任第一副外长时也参与了"二加四谈判"进程。如果您看一下签约时的照片，就可以看见克维钦斯基当时站在前面。此时他已经是一个非常重要的人物，因为谢瓦尔德纳泽当时已经处于困难时期。

盖勒：您会不会大胆地认为，根舍与谢瓦尔德纳泽当时有别于科尔与戈尔巴乔夫，有着独立的德国政策考量，试图摆脱戈尔巴乔夫与科尔的理念和设想，并且自行其是？

莫德罗：至少可以这样认为，即人们今天试图把事情设想得这么直截了当，而当年如果离开根舍和谢瓦尔德纳泽，对问题的考量就不会真正地一帆风顺。他们俩考虑到了更加灵活的解决方案，更多地顾及了对方的利益和共同的利益。但是，他们俩没有力量贯彻自己的意图。其中一人早早地就投降了，声明自己不想与政变者有瓜葛。戈尔巴乔夫的行为动摇不定，所以没有再采取任何行动。于是谢瓦尔德纳泽利用这一机会当上了格鲁吉亚的总统。如果他不及时跳槽的话，就永远也当不上总统了。

盖勒：根舍关于奥地利式的解决方案，对当时仍然存在的民主德国来说是着眼于未来态势的出发点，也就是说在德国和俄罗斯之间明确签署邻邦友好条约，亦即在原东德领土上，即现在所谓的"各联邦新州"，不得踏上和部署北约部队？这是根舍 1990 年初针对民主德国的奥地利式解决方案的后期成果和成就？真的可以走得那么远吗？

莫德罗：因为我没有掌握消息来源，也很难获得这类消息，所以只能简单地作出这样的观察：根本就没有进行过争论，也就谈不上以任何形式拒绝德国中立的建议。我们，也就是戈尔巴乔夫和我，在 1 月 30 日就分阶段计划达成了一致意见，同时也达成共识，先把 1 月 31 日这一天隔空，于 2 月 1日在柏林公开宣布协议内容。我想再强调一下为什么这样做：我的基本考虑有两点，而苏联方面也表示了同意。如果我们在 1 月 30 日的会谈中达成了某些协议，那么 1 月 31 日那一天法林部长与柯尼希大使之间还可以进行一次会谈，再一次进行沟通。然后将宣布协议的记者招待会放到柏林去，而不是莫斯科。我不排除一种可能性，即在此讨论期间要注意到谢瓦尔德纳泽的态度，因为根据戈尔巴乔夫的回忆，谢瓦尔德纳泽对这些会谈的内容有过其他的表述。谢瓦尔德纳泽说到过所谓的六点建议，而 1 月 30 日整个讨论的话题频谱显然与此对不上。因此无法确定的是，我们究竟了解了多少真相？苏联方面究竟保守了多少秘密？谢瓦尔德纳泽和根舍在这个阶段乃至这个时刻究竟起到了什么作用？民主德国的中立问题是一个有趣的话题，或许谁也不愿意放弃自己的立场。

盖勒：再回来谈一下 1 月 30 日。维也纳的《新闻报》刊登的标题是:《莫德罗计划，分阶段计划，德国的中立化（原文如此！）》。您的苏联谈话伙伴1 月 30 日对此是怎样反应的？

莫德罗：戈尔巴乔夫开始时允许媒体进来拍摄欢迎的场面。当然不允许记者进入会谈场所。戈尔巴乔夫利用这个条件在会谈时提到了"德国人必须自行决定"的话题。这是一个核心话题。我们起初感到十分惊讶，思考的时间有些太短了。记得当时我好像是这样表态的："你们给我们带来了一些意外，我们认可这一点。你们的意见是经过思考的，我们的行为必须与你们保持一致。你们所处的环境，是我们无法预见的。"当时必须适应这段历史。就这样的根本性问题向莫斯科寻求答案，对民主德国和柏林来说还是第一次。之所以会出现这样的情况，是因为苏联人没能跟上形势的发展，他们根本就没有什么方案。我们之所以不得不这样做，是因为我们面临着制定政策的压力，不能再失去立足之地了，至少要在国际政治舞台上保留一席之地。这一次是我们向苏联方面施加压力，而不是像以往那样恰恰相反！

　　在此过程中，苏联方面也有一点儿不光明正大的做法：苏联大使馆内有一个公使——伊戈尔·马克西姆切夫[①]。我与他的立场总是很对立。他试图取代科契马索夫大使，去玩一些高于自己职务的游戏。科契马索夫保持着与莫斯科的各种关系。马克西姆切夫则从不说明自己拥有哪些关系。令我反感的是：他对死者没有保持应有的尊重。柏林墙倒塌之后，科契马索夫还能够召集四大占领国大使于12月在原盟军监督委员会办公大楼内开会，就德国问题进行商议。但是三个西方国家大使发现，科契马索夫想在会谈中占有先机，于是之后就再也不肯参与这样的商议了。然而科契马索夫仍旧耿耿于怀，认为柏林墙边界的开放伤害了苏联的利益。西柏林是一块特殊的领土。民主德国与联邦德国之间的关系，从形式上看是两个主权国家。但是西柏林既不属于西德也不属于东德。关于西柏林的事务，西方明确要求必须四国一起参与议政，换言之，苏联人有着三个谈判伙伴。此外，西方要求西柏林市

---

① 伊戈尔·马克西姆切夫1932年11月1日出生于苏联Tachta-Basar。他曾获得政治学博士学位，自1956年开始其外交生涯。他于1976—1984年担任苏联驻波恩大使馆文化专员，1987—1992年担任苏联以及后来的俄罗斯驻柏林大使馆公使，并在1989年11月9/10日起成为苏联驻东柏林大使科契马索夫之后职位最高的外交官。

长瓦尔特·蒙佩尔也必须到会，因为他的职位处于特殊领土"西柏林"之上。这些原本是小事情，但是从国际法角度看，一下子就冒出来一个问题：四大战胜国对西柏林还有没有权益？如果没有采取任何行动倒也罢了，可是毕竟采取了一个行动。马克西姆切夫没有顾及这一点，居然一下子把科契马索夫给撇开了。我的印象是，这个做法不是来自谢瓦尔德纳泽的指示，而是由科契马索夫向莫斯科提议的。他获准举行此次会谈。

苏联原驻民主德国大使 W.科契马索夫及其夫人 20 世纪 90 年代在莫斯科接待私人朋友汉斯·莫德罗（中间为莫德罗）

25. 1990 年 2 月 13/14 日率领一个政府代表团访问波恩以及建立经济、货币和社会联盟的规划

迪科普：1990 年 2 月 13 日，您率领民族责任新政府的一个代表团访问波恩，目的是索要高达 150 亿西德马克的民主德国援助资金，并同科尔、特奥·魏格尔和霍斯特·特尔切克进行讨论。这个请求没有获得同意。[①] 那是一次没有希望的使命？

莫德罗：联邦德国方面十分重视圆桌会议的反对党代表是否参加代表团，显然是期待我们当着他们的面互相大骂。我们所有代表团成员在柏林开过一个会，政府与各个反对党——尽管当时已经开始竞选斗争——达成了一个共识，即在波恩共同维护民主德国公民的利益。在波恩，先是进行了二人单独交谈，接着开始大范围会谈。在德累斯顿是我主持的会谈，这一次轮到科尔来主持。首先由各位无任所部长发言。赖纳尔·埃佩尔曼强调了政府内的良好工作气氛，批评了西方媒体企图毒化气氛的报道。沃尔夫冈·乌尔曼提出了一个质问式的反问，即指责对方是不是想建立一个拥有帝国总理、头戴普鲁士军人尖顶头盔的"第四帝国"？马蒂亚斯·普拉策克则要求双方平等会谈，并为年轻一代提供希望的前景。

当乌尔曼发言时，科尔勃然大怒，做出一副冷嘲热讽的表情。当时的气氛很不好。在参加记者发布会时——有人说这是波恩出席人员最多的一次新闻发布会——科尔领着我走后院的楼梯进的大厅，他显然是想要给我一点儿屈辱的感受。对此我没有过于介意：我呼吁民主德国的同乡挺直腰杆，充满自信地走向统一。我们不允许别人贬低我们取得的成就。后来的几年内，我

---

① 参阅汉斯·莫德罗所著《我原本是要建设一个新德国》，1998 年出版于柏林，第 418—424 页。

有时会在联邦议院遇见科尔，因为我 1990—1994 年也是联邦议院的议员。我们没有成为朋友。在欧洲委员会讨论《马斯特里赫特条约》时，他认为这是仅次于基本法的最重要条约，但是我要求举行一次全民表决，因为基本法是由上层制定的，这一次理应征求一下公民们的意见。这位总理以惯常的傲慢口气声称，联邦议院是由人民选举产生的，因此议会具有足够民主的合法性，完全可以作出决定。他驳回了我的要求。

我也无法争取社民党的同事们来支持我的建议。他们的观点是：基本法里并没有规定采取全民表决的条款。他们给我"上了一堂辅导课"。

盖勒：如果科尔在联邦议院声称，关于《马斯特里赫特条约》的表决是最重要的事情或事件，是仅次于德国基本法的重要条约，那么他是不是忘记了德国统一这件大事？

莫德罗：此刻他可能已经认为德国统一不再那么重要了。民主德国已经按照基本法的第 23 款加入了联邦德国。这个话题已经了结了。

盖勒：对这位"统一总理"来说，他的态度实在令人感到惊讶。1990 年 2 月 14 日的一幅画面至今还留在记忆中：莫德罗率领一个团结的代表团前往波恩，作为请愿者去乞讨经费。他没有得到经费，十分失望。媒体信息的传输可以就这么简短，对吗？

莫德罗：我认为您说得有道理。我们要达到的目的有两点：稳定民主德国的经济和支撑货币比价的落差。我们引用了来自不来梅的教授阿尔诺·彼

在波恩新闻发布会前与科尔（右者）在一起。1990年 2 月 13 日，对民主德国来说已经太晚了

得斯[1]的观点，所以当时他也在场。他认为："民主德国承受了负担，而联邦德国却从未承受过这样的负担。如果你们愿意让我们共同努力以稳定的方式走向统一，那么 150 亿西德马克就不算太多。"我直至今日还是赞成这一观点。我们原本应当让民主德国内部经济达到更高程度的稳定。但是科尔并不愿意这样做。他不想见到一个稳定的民主德国，不想让民主德国在克服两德分立状态的谈判中以自信的姿态谋求与波恩平起平坐的地位。他希望见到一个虚弱的民主德国，然后由强大的联邦德国来承接它，也就是拯救它。因此，他们到处传播民主德国乞讨者的形象。这一切是波恩在此次会晤之后发出的政治宣传信息。

---

① 阿尔诺·彼得斯 1916 年 5 月 22 日出生于夏洛滕堡，2002 年 12 月 2 日逝世于不来梅。他是一位历史学家和绘图工程师。彼得斯在政治上明确地倾向于左派。1965 年起，他成为国际笔会俱乐部（PEN-Club）的成员。彼得斯从事经济性等值（Äquivalenzökonomie）经济体系的规划研究，他认为这一经济体系可以取代占据统治地位的资本主义生产关系：经济性等值体系是某种方式的社会主义，希望用（卡尔·马克思的）"有效劳动价值论"取代商品市场经济。

民主德国当时依然存在，我们并没有躺在地上，我们仍然与第三国在进行会谈，从事贸易，继续在签署贸易协议。

民主德国的造船厂直至1990年底还在向苏联提供舰船。我们仍然像以往一样向苏联国家铁路局出售铁路车厢等产品。只是俄国人不再向我们供货了。民主德国直到最后还有60亿西德马克的债权呢。后来的联邦总理格哈德·施罗德[①]大度地豁免了还债义务。

造船厂及其产品只是一个例子。我们在人民议院还开会讨论：如果苏联无力支付，不再增加订单了，我们的造船能力将寻找什么出路？几年之后，当时我还是联邦议院的议员呢，在北方某地的一个示威活动中有一个男子问我："莫德罗先生，我是否可以与您一起走一小段路？"我说："当然可以。有什么事吗？"男子说："我忍不住想向您倾诉一下。我原先在造船厂工作。船厂被西德康采恩接管以后，1991年借调我去汉堡短期帮忙。如今，我已经失业两年多了。我太太原先也在我们造船厂就业，现在也找不到工作了。我儿子今年16岁，正在应付高中毕业考试。我在他面前感到很惭愧。母亲和父亲闲坐在家里，他一个人每天早上出门去。莫德罗先生，您能理解我现在的心情吗？"

如今已有300万东德人抱着寻找工作的希望前往西德。而在民主德国存在的40年间，离开的人口也不过就是这么多。当年人们声称，出走者是为了寻找自由。过去和今日，我们东部也像西部一样成了资本主义领地。尽管

---

① 格哈德·(弗里茨·库尔特)·施罗德1944年4月7日出生于Mossenberg-Wöhren。他于1961年毕业于一个零售商学徒工种，1966年通过第二教育途径完成了高中毕业考试。施罗德于1963年成为德国社会民主党成员。其部分政治生涯是：1978—1980年担任社民党青年团主席，1990—1998年担任下萨克森州长，1998—2005年担任德意志联邦共和国总理。他于1999—2004年担任社民党主席。埃里希·昂纳克在1987年对联邦德国进行国事访问时会见了奥斯卡·拉方丹州长和下萨克森州反对党领导人格哈德·施罗德。注：关于施罗德儿童时代、教育程度、家庭、朋友、婚姻、党内生涯、州和联邦议员、州长和联邦总理时代、政治仕途、名誉职务以及政治职位和所受嘉奖等情况，发行人建议查阅其他文献。

如此，东德人还是在出走。我想说的是：无论过去还是现在，人们离开家乡并非主要出于政治原因，而是希望能够更好地生活。这是合理的。但是在冷战时期，这一切被说成政治原因，被当作了工具。

我们党内很多人直到今天还没有搞明白，在这几百万移民当中有着几十万左翼党的选民。我只要想一想自己家的情况就清楚了。

迪科普：在您 1990 年 2 月访问波恩之前，科尔和魏格尔是否知道那份关于民主德国正在走向经济崩溃的《许雷尔报告》①？联邦德国的最终结论所以是："因此我们不会再给莫德罗十几亿援助了？"

莫德罗：在谈《许雷尔报告》之前，我想先说一说联邦议院里发生的一件事。此事很可能发生在 1992 年。联邦情报局局长在一个议会委员会上作汇报，我恰好是这个委员会的成员。他提到了通过某种渠道获得的统一社会党政治局几次会议的信息，但是情报局送到联邦总理府的报告没有引起重视。我当时对此表示了理解，说东德国家安全部工作人员的遭遇也差不多：他们提供给埃里希·昂纳克的情报，他并不十分重视，他本人事后曾经在记者访谈时说出了原因，因为所有信息他已经从西方媒体上获悉了。

因为我担任政治局委员一共才三个星期，而联邦情报局对政治局的监视要早得多，所以我对联邦情报局的判断很感兴趣，究竟当时面临灭亡时的态

---

① 《许雷尔报告》是克伦茨 1989 年 10 月委托完成的。克伦茨在上台之后委托五六位专业人士进行分析，以便党中央领导了解民主国经济的实际情况。署名时间为 1989 年 10 月 27 日的所谓《许雷尔报告》指出："自第十二次党代会以来，非社会主义经济领域的债务已经高达民主国的偿还能力难以支付的程度。"报告的结论是，民主德国面临着在西方贷款提供者面前破产的危险。但是德国联邦银行 1999 年 8 月对前东德支付结算的报告却指出："国际金融市场并不认为其经济形势处于严峻状况。不仅在 1988 年，而且在 1989 年间，东德银行在外国收入的外汇始终在创造新的纪录。"参考网站：https://www.bundesbank.de/Redaktion/DE/Downloads/Veroeffentlichungen/Bundesbank/zahlungsbilanz_ddr.pdf?__blob=publicationFile（检索时间为 2018 年 3 月 6 日）。该报告的电子版和文字版保存于本书发行人处。

势确实像外界强调的那样，还是完全不同。他笑了一笑，保持沉默。

关于《许雷尔报告》：埃贡·克伦茨之所以委托许雷尔写这份报告，可能与昂纳克有关。对政府的工作来说，这份报告并不十分重要。这份报告的联合作者、外贸部长格哈德·拜尔始终对报告中有关民主德国支付能力的说法持争议态度。

他每天都在政府内证实民主德国拥有支付能力。这份报告当时在我们内部引起了灾难性的效应。作者们危险地挑起了情绪波动，导致局势的戏剧性激化，原本是想刺激决策者有所作为，结果反而产生了相反的效应。

迪科普：在希尔德斯海姆欧洲对话期间，我们问过霍斯特·特尔切克对《许雷尔报告》是否了解。他说，他在1990年2月时并不了解《许雷尔报告》的内容。

莫德罗：《许雷尔报告》对我们来说并不重要。格哈德·拜尔曾经一再对我说："汉斯，你可以放心好了，我们能够想办法保持住民主德国的贷款信誉。"

迪科普：联邦德国当时有没有人赞成给民主德国提供几十亿援助？

莫德罗：我没有听说过任何人持赞成态度。卡尔·奥托·珀尔①认为最好能够稳定民主德国。我相信，他更多的是担心不稳定会影响到联邦德国，而不是真的想帮助民主德国。至于此人或彼人对具体事件的立场究竟怎样，我

---

① 卡尔·奥托·珀尔1929年12月1日出生于汉诺威，2014年12月9日逝世于瑞士。珀尔于1948年加入社民党，自20世纪50年代初开始在哥廷根乔治·奥古斯特大学学习国民经济学。他于1972—1977年担任联邦财政部国务秘书，之后担任联邦银行副行长，1980年担任联邦银行行长。他于1991年辞去该职，或许是由于他与赫尔穆特·科尔关于两德经济统一以及确定西德马克引进民主德国时的比价确定问题上意见不一。

没法下断言。

迪科普：当时对民主德国来说究竟是否还有机会从其他国家获得援助资金？

莫德罗：没有，根本就没有。那些盟国自身都需要援助。其他的可能性根本就不存在。

迪科普：有没有人出于对民主德国前景选择的信任而削减债务或允许延期付款？

莫德罗：我相信不会有。没有。此外我们必须明确地加以区分。民主德国并没有破产，并不是缺钱发工资、发薪水、发养老金，并不是缺钱维持国家企业，就像如今希腊、葡萄牙或其他一些国家那样急需资金。我们需要的主要是如何在外国银行合理地偿还债务和支付利息。民主德国的纯外债大约相当于 200 亿欧元——也就是说，还不到今天柏林一个市所欠外债的 1/3。因此那种说法是很可笑的。不，我们需要的是空气和更大的活动空间，从而能够纾解改革挤压的事务，能够改组经济，重新组织社会生活。但是，这一切并不符合西德政治家和经济界的利益。他们希望排除来自东德的竞争。说白了就是这么回事。在戈尔巴乔夫的小圈子①于 1990 年 1 月 26 日作出了放任民主德国的决定之后，一切就按照这一战略展开了。

———

① 参阅第 66 号文献《1990 年 1 月 26 日在戈尔巴乔夫总书记顾问参谋部内关于德国问题的讨论》，收录于 Aleksandr Galkin、Anatolij Tschernjajew（发行人）《米哈伊尔·戈尔巴乔夫与德国问题·苏联文献（1986—1991）》（《当代史来源与阐述》第 83 辑，发行人为 Helmut Altrichter、Horst Möller 和 Jürgen Zarusky，评论者为 Andreas Hilger），2011 年出版于慕尼黑，第 286—291 页。

盖勒：货币联盟[①]到底具有什么意义？

莫德罗：关于货币联盟问题：卡尔·奥托·珀尔于1990年1月底与民主德国国家银行进行接触。他希望走一条平衡的道路，不愿意受到政治压力。克里斯塔·卢夫特与特奥·魏格尔已经进行过会谈。双方都了解到这一事务的复杂性。我们当时很清楚，货币问题同时也是国家主权问题。建立货币联盟意味着经济和民众社会状态的一个大的转折。东德地区至今也没有从这一事件中恢复过来。全面的生活条件仍然保持着不平等的关系，经济生产能力迄今还没有恢复到民主德国时期。

盖勒：当时民主德国还有可能得到拯救吗？您说过："我们当时生活在一种信仰中，即认为苏联的权力是不可动摇的。"时值1991年中期，几乎没有人相信苏联会不复存在，尽管华约已经开始解体了。准确地描述：民主德国的终结并非始自边界设施的开放，而是1990年间逐步开始走向沦亡？1990年2月的经济与货币联盟规划实际上是致命一击？

莫德罗：是的。

盖勒：或许可以做一下阶段性小结——标志着民主德国终结的事件，并不是1989年11月9日的柏林墙开放，也不是1990年3月18日的大选，而是1990年7月1日生效的经济与货币联盟！

---

① 货币、经济与社会联盟于1990年7月1日生效，自此西德马克作为支付手段引进民主德国。

1990 年，洛塔尔·德梅齐埃（左者）与汉斯·莫德罗在人民议院交谈

莫德罗：在这一点上，我与德特勒夫·罗韦德尔[①]有过争论，因为我们在人情性格上比较接近，而他正在从事此事。第一个步骤是 1990 年 6 月在人民议院修改托管法之举，这样一来西德的康采恩实际上就获得了排除竞争者的第一个法律权利。此举开了击毁民主德国经济的先河。这是一个非常不明智的决定。常常有人说，东德的裙带关系是从托管机构内开始发展的。在我看来，还有另外一条完全不同的途径。当我们成立托管机构时，东德自民党籍副总理彼得·莫雷特担任主席职务。他的任务当然是代表民主德国的经济，

[①] 德特勒夫·卡斯滕·罗韦德尔 1932 年 10 月 16 日出生于哥达，1991 年 4 月 1 日复活节星期一在杜塞尔多夫被左翼恐怖组织"红军派"枪杀。他于 1971 年加入社民党。1969—1978 年，罗韦德尔在波恩担任联邦经济部国务秘书。1990 年 7 月 3 日，民主德国部长会议投票决定任命罗韦德尔为托管机构主席。他于 1991 年 1 月 1 日出任托管机构主席一职。实际上他自 1990 年 8 月起就临时负责这一机构：他的任务是对民主德国国有企业的资产进行保障、重新改组和私有化。

着眼于经济的继续发展。但是在德梅齐埃出任总理后，立场就变了。莫雷特不得不挂冠离去。自1990年5月开始，西德经理人和特奥·魏格尔的人就掌握着所有责任。随着外贸结算改变为外汇基础之后，民主德国的公司就被挤出了东德市场。此外还坚持着"清算之前的私有化"原则。

托管理念并非自发产生的。1990年1月9/10日，经互会在索菲亚召开会议①，苏联总理尼古拉·雷日科夫声明未来的合作不再建立在可兑换卢布的基础上，而是实现自由外汇结算，也就是以美元结算。一下子就明白了，民主德国的经济将无法融入这一进程。古巴驻经互会的代表卡洛斯·拉斐拉·罗德里格斯②看出了新形势，对我说："古巴现在孤立了。"2月4日，各个新政党加入了"民族责任政府"的"圆桌会议"。沃尔夫冈·乌尔曼努力地协同克里斯塔·卢夫特进行一场有关托管途径的讨论。这两个时间段都属于关键时刻。

26. 民主德国成为欧洲共同体的第13个成员？ 1990年3月16日提交的全面加入申请

迪科普：我们在1989—1990年间还在谈论欧共体。对民主德国来说，欧共体在多大程度上是一个新的出发点？民主德国于1988年8月15日与布鲁塞尔建立了正式的外交关系。当时的目的究竟是什么？

---

① 参阅本书文献资料第5号附件：《民主德国部长会议主席汉斯·莫德罗博士1990年1月9日在索菲亚经互会第四十五次会议上的讲话》原文第527ff页。

② 卡洛斯·拉斐拉·罗德里格斯1913年5月23日出生于古巴西恩富戈斯，1997年12月8日逝世于哈瓦那。他曾任古巴部长会议副主席，是仅次于菲德尔·卡斯特罗的第二号强有力的人物。他自1932年起成为古巴共产党党员。罗德里格斯于1959年担任党中央机关报《今日新闻》(*Noticias de Hoy*) 社长。1962年，他以司法学者的身份担任猪湾侵略行动战俘案的起诉人。1966年，他进入中央委员会。1980年起，他负责监督外交部、外贸部、经济合作部以及国家银行。作为古巴党中央负责对外关系的负责人，他是卡斯特罗最重要的外交政策顾问。1987年10月23日，他与埃里希·昂纳克和海尔曼·阿克森进行了一次会谈。

莫德罗：两德之间的贸易关系始终扮演着一个特殊的角色。两个德国之间创立的各种规定，在《罗马条约》中以特殊条款的形式得到了确认。民主德国因此获得了一个特殊地位，可以在海关、增值税等方面得到优惠条件。民主德国方面在欧共体内并没有主动谈及两德内部贸易的有关规定。党内可能存在着批判的声音，但是并没有谋求作出决议。作为相互之间的贸易伙伴，各自的重要性有所区别。对联邦德国来说，民主德国的外贸占比只有1.5%，在外贸伙伴排名中只占第 15 位。而对民主德国而言，联邦德国是仅次于苏联的第二大贸易伙伴。1988 年 8 月 15 日与欧共体建交之举，旨在增强民主德国的主权地位，并且确认了两德分立的标记。

盖勒：是无声的外交行动？

莫德罗：是无声的外交行动！

盖勒：在进一步加强欧共体与民主德国双边关系问题上，昂纳克与您之间有着不同的判断？

莫德罗：没有。

盖勒：欧共体或许可以成为一个论坛和框架，从而可以摆脱对联邦德国过于强大的依赖性？

莫德罗：是的。原本有不同的路径可以走。1989 年初我在斯特拉斯堡与欧共体议员弗朗西斯·武尔茨^①会面，他是一位法国的共产党人。统一社会党德累斯顿专区组织与埃尔萨斯的共产党保持着伙伴关系。我们之间早就相识。他介绍我与欧洲议会秘书长^②进行了一次会谈。此外还发布了一项声明，由各个新闻社负责扩散。2月，统一社会党政治局讨论了德累斯顿专区的局势。霍斯特·辛德曼对那里的态势提出责备，认为我应当更多地关注自己的专区，而不应急着访问欧洲议会。议会的左派议会党团欢迎我们之间的接触——统一社会党领导层显然并不满意。

盖勒：让我们再回顾一下还有很多情节不太清楚的、十分吸引人的那个阶段——1989年12月—1990年1月：作为民主德国总理，您经历的欧共体委员会主席雅克·德洛尔^③是一个什么样的人物？他曾经以一个问题引发了争论："民主德国能不能成为欧共体的第13个成员国？"这个问题引起了认真的讨论，也成为媒体的一个话题。但是有些情况以外界不知情的方式记载在《罗马条约》的附加备忘录里了，即民主德国成为共同市场的秘密成员国。在您的感受中，德洛尔对两德关系转变进程持什么立场？时值1990年1月，统一进程还没有成为话题？或者已经开始谈及？

莫德罗：您要知道，我当时努力让每一个内阁成员都拥有一个分管的空

---

① 弗朗西斯·武尔茨1948年1月3日出生于斯特拉斯堡。他于1973年加入法国共产党，1979—2009年是欧洲议会的当选议员。在1999—2009年退出欧洲议会期间，他担任欧洲左翼党/北欧绿党左翼党联合阵线议会党团主席。

② 恩里科·芬奇1915年10月30日出生于意大利墨西拿，2002年5月22日逝世于墨西拿。他于1986—1997年担任欧洲议会秘书长。

③ 雅克·吕西安·让·德洛尔1925年7月20日出生于巴黎。他加入了法国社会党。1979—1981年担任欧洲议会议员，1981—1984年接任法国经济与财政部长一职，1985—1995年担任欧共体委员会主席。他在1989年对德国统一持支持态度。注：本书发行人建议参阅关于德洛尔的其他出版物，例如关于1985年内部市场的白皮书、统一欧洲档案、法律协调文件、德洛尔报告和《马斯特里赫特条约》及其各项职务和勋章。

间。我有权利这样认为，即他们在自己的领域中都比我懂得更多、水平更高。尤其是外贸部长格哈德·拜尔。我对他完全信任。洛塔尔·德梅齐埃对他的评价也很高。作为基民盟主席和律师，他是我不公开的顾问。格哈德·拜尔与奥地利保持着良好的关系，这些关系直到"转折"以后也没有中断，他在那里为一些大企业当顾问。在他去世之前，我们之间一直保持着友谊。

盖勒：您曾经指出，货币体系问题，也就是货币的可兑换性，其重要性可能超过了另一个问题，即"民主德国的支付能力究竟有多强？"多少年来，我们一直在谈论银行的作用，在谈论银行的比较稳定性和较少稳定性，以及银行对体制的比较重要性和较小重要性。有意思的是，历史学家几乎不可能接触到银行的档案，从而在书写历史时不得不面临着一个处于半阴暗或全阴暗状态的领域。西方各货币发行银行的行长对民主德国是否继续存在这个问题持什么立场？民主德国能否继续存在究竟在多大程度上取决于西方各发行银行以及这些银行的行长？再一次回到前面提到的那个问题：有一个时期考虑过民主德国成为欧共体第 13 个成员国的可能性。原本是可以某种形式对民主德国提供支持和资助的。支付信誉问题，也就是偿还能力问题，是不是关键性的问题？这个问题对民主德国是否具有清偿能力、是否确实有机会成为欧共体第 13 个成员国究竟有多么重要？应当怎样来综合地看待这个问题？内部市场委员马丁·班格曼[1] 曾经到访东柏林。雅克·德洛尔曾经于 1990 年 1 月就民主德国的未来问题表明过立场，认为双方有可能建立联系，但是

---

① 马丁·(安德里亚斯)·班格曼 1934 年 11 月 1 日出生于万茨莱本。他自 1963 年起成为自民党党员，1974—1975 年担任自民党秘书长。1985—1988 年，他出任该党联邦主席。他自 1973 年起成为联邦议院议员，1979—1984 年担任欧洲议会自民党议会党团主席。班格曼于 1984—1988 年担任联邦经济部长。他于 1989—1999 年担任欧盟委员：在 1993 年之前负责内部市场，1993 年后负责工业政策、信息技术和通信联络。针对其公务不端行为嫌疑的一宗案件（指责他转而使用西班牙通信集团的做法）于 2000 年初停止审理。

大多数人当时并不知道,《罗马条约》①附带有共同市场中有关两德内部贸易的附件部分。您记得这些情况吗?

莫德罗:笼统地说,由于两德之间的内部贸易,民主德国实际上是欧共体的非正式成员国,享受着免关税待遇。那些成员国与非成员国之间贸易往来中存在的外贸政策问题,对我们来说并不存在。至于具体情况,我无法回答您的问题,因为我在1989年11月之前是在另一个舞台上演戏。如果您想了解这方面更多的情况,必须去研究两个沙尔克调查委员会②的档案,去阅读沙尔克-戈洛德科夫斯基③或外贸部长格哈德·拜尔写的回忆录。

由于各种客观原因,民主德国成为欧共体完全成员国的可能性被排除了。民主德国是经互会和华沙条约组织的成员国,也就是东方经济与防务联盟的成员国。您是否能设想,属于欧共体与北约成员国的联邦德国,同时也加入经互会和华约?这些组织在冷战时期是作为敌对联盟成立的。人们显然已经忘记,这个冷战直至东方集团灭亡之前始终保持着毋庸掩饰的无情冷酷,尽管通过不同的协议和条约进行了表面的缓解。在经济、政治、军事和文化领域中的斗争始终存在。

---

① 《罗马条约》于1957年3月25日由比利时王国、德意志联邦共和国、法国、意大利、卢森堡大公国与荷兰在罗马签署。这一条约于1958年1月1日由欧洲经济共同体(EWG)和欧洲原子能联营(EURATOM)批准生效。该条约关于两德内部贸易的一项附加备忘录,使得民主德国实际上成为欧洲共同市场的一部分。

② 商务协调总局(KoKo)在第十二届德国联邦议院的一个调查委员会的框架内受到调查,该委员会的主席是基民盟议员弗里德里希·福格尔。自1994年起,调查结果以全面报告的方式予以提交。1992年,关于违反麻醉药法的调查因疑犯侵吞东德政府汇往外国的数十亿资金案而暂停了一年。1995年,该案又因卷入非法军火贸易而再次开始审理。1996年,沙尔克-戈洛德科夫斯基以违反当时在联邦法院依然有效的军事政府法第53条而被判处一年监禁。联邦最高法院驳回了沙尔克的上诉。但是刑罚改为缓期执行。1996年再次因违反出口禁令而被提起诉讼审理。1998年,沙尔克-戈洛德科夫斯基因患癌症被宣布无出庭审理能力。1998年内再次被判处16个月的监禁,但是再次被宣布缓期执行。

③ 亚历山大·沙尔克-戈洛德科夫斯基不仅曾是民主德国的"外汇创造者",而且也是维系两德关系的一个关键人物。

盖勒：尽管无法出示所有证明，但是有一点是比较明确的：德意志联邦共和国是用贿买和收买的方式达成了统一。这是显而易见的。他们实际上是使用其贸易、支付和货币权力挣来的统一——您可以这样来描述。无论如何，这种物资的观点扮演相当关键的角色。

莫德罗：当然如此。

盖勒：赫尔穆特·科尔的地位与您相比拥有巨大的特权和强势。时间的压力和当时的环境丝毫也没有缓解。在有一个问题上，事先既没有蓝图，也没有方案：一旦 X 日来临，你却束手无策时，那么将会有什么后果？从这个意义上讲，政治在解决问题时会制造新的问题。

为了帮助记忆：民主德国于 1988 年 8 月 15 日与当时的欧洲共同体建立了正式的外交关系。此事发生在德洛尔提交内部市场白皮书 ① 三年之后。当时，昂纳克还在位，并享受着尊严。发生这件事的背景是什么？关于您对苏联改革与公开化的评价：当时的事态表明，戈尔巴乔夫希望经互会与欧共体的关系实现正常化，并且签署一份合作协议。这一切发生在老东德时期。接着，您的政府时期开始着手研究。在人民议院大选——1990 年 3 月 18 日——短短几天前，民主德国提出了完全成员国的申请。这远远不只是一份贸易或联合会协议。民主德国显然是想成为成员国。当时的说法是：第 13 个成员国。您能否为我们描述一下建立外交关系的背景？民主德国在布鲁

---

① 《欧共体内部市场白皮书》系由雅克·德洛尔的委员会于 1985 年提交。其主要内容是创建"四大自由"：货物、人员、资本和服务。

塞尔派驻有大使英戈·厄泽尔[①]。在昂纳克看来，民主德国大使馆的角色是什么？代表的是他的政府，也就是后来您的政府？这种接近欧共体的行为究竟走得有多远？

莫德罗：对此我必须非常谨慎，因为这些问题十分专业，而且并非发生在我担任政府首脑期间。这些问题从来没有在内阁会议上讨论过。我并不排除在布鲁塞尔存在过这种接触，但是关于民主德国官方申请加入欧共体——而且是在1990年人民议院即将大选之前——的举措，我实在是回忆不起来。我认为这种做法不符合逻辑。我在2月初发表了"德国，统一的祖国"[②]的声明——之后我们再提出加入欧共体的申请？未免太荒唐了。出于许多原因，可以排除同时成为经互会和欧共体双重成员的可能性。民主德国从未考虑过退出经互会的问题。

盖勒：对当年的当事人来说，还有另一个问题：内部市场是一个构想，它明显超出了关税联盟的范畴。由于两德之间的贸易关系，民主德国早就介入了内部市场。欧共体内部市场委员马丁·班格曼曾经于1989年11月在东柏林逗留了两天半，此行事先与根舍进行过商议。班格曼会见了克伦茨和拜尔，之后在布鲁塞尔举行了新闻发布会。他认为民主德国在内部市场的条件下已经接近欧共体。正如刚才所说——就在1990年3月人民议院大选短短几天前——您的民主德国政府提出了全面加入欧共体的申请。其背景究竟是

[①] 英戈·厄泽尔1930年4月1日出生于汉堡，1998年逝世于柏林。厄泽尔于1969—1972年在民主德国外交部担任西欧司司长。1973—1979年，这位司法专家以大使头衔率领一个民主德国代表团在维也纳参加裁军谈判（MBFR），之后于1980—1983年在马德里参加欧安组织裁军谈判。自1988年8月15日起，厄泽尔成为民主德国驻布鲁塞尔欧共体的第一任，也是最后一任大使，直至大使馆于1990年关闭。

[②] 参阅本书文献资料第11B号附件：《汉斯·莫德罗1990年2月1日发表的关于德国走向统一道路的构想》。

什么？期间以某种方式与欧共体其他 11 国协调过立场，或者没有协调过立场？我有意识没有提到德意志联邦共和国。其他欧共体伙伴的反应是什么？民主德国在布鲁塞尔派驻有一位大使。民德在布鲁塞尔的大使馆在外交上代表民主德国，维护与所有欧共体国家的外交关系。欧共体并不是国际法主体，但是提出了一项巨大的规划，即建立拥有四大自由（服务、商品、人员和资本自由）的内部市场。当时显然有一个趋势，即探索这项规划的途径，从而通过这一途径找到延续民主德国生存的可能性——而不是确保民主德国生存的可能性。您对此持什么看法？

莫德罗：再说一遍，我认为这一切都是臆断。原经济部长（原文如此！）班格曼作为欧共体内部市场委员作出过努力，以提升民主德国搭乘联邦德国这部老爷车的身价——这是如今一种好心的诠释——我认为这种说法是可以设想的。但是，如果把他的目的说成在遵循将民主德国从东方联盟及其市场中强拉出来的战略，则对他并不公平。

27. 1990 年 3 月 18 日的全民选举，"为了德国联盟"获胜和有序过渡至德梅齐埃政府

迪科普：您在 1990 年 3 月 18 日 [1] 前有些什么期待？当时的民意测验得出的是什么信息？

莫德罗：那些预测纯粹都是臆断。您知道民意调查机构发布消息的可信度。当时我的感觉告诉我，社民党达不到希望的支持率。因此，我在 1990

---

[1]　参阅汉斯·莫德罗所著《我原本是要建设一个新德国》，1998 年出版于柏林，第 450—453 页。

年 3 月初在莱比锡博览会上对约翰内斯·劳说，社民党在战略上作出了一个错误的决策，即不允许接纳前统一社会党的党员。我认为，否则的话肯定会有 10 万—20 万同志更换党证。这样一来，社民党就可以在东部地区成为一支重要的力量。处理此事原本还可以更加大胆一些，即与民社党达成一个类似的协议，就像基民盟和基社盟 1949 年达成的那个协议一样——遗憾的是社民党没有这个勇气。

一旦达成协议，民社党只能在东德地区发展党员，而社民党在西德地区活动。这两个政党从而保留了自己的特点，但最终可以统一计算得票率，就像联盟党一样在议会中组建联合的议会党团。着眼于两党的发展态势，原本肯定会出现一种理智的、具有未来前景的可能性。然而现实中的场景却是：社民党在东德地区走向败落。民社党在向西德地区扩张时遭遇失败，并因与"选举替代——劳动与社会公正党"[①]联合组建左翼党而在东德地区也失去了一部分长年的选民。如今的左翼党主要由原先的社民党人、工会人士和西德地区的左派力量组成，但大都失去了与东德地区和昔日历史的联结。在许多东德人看来，"左翼党"不过是一个西德政党而已，与他们没有任何关联了。

迪科普：统一社会党前总书记埃里希·昂纳克承担了对民主德国危机的政治责任。他在多大程度上表达了他的这一责任意识或者说想承担责任？

莫德罗：赖纳尔·埃佩尔曼可以回答这个问题。他与昂纳克就这个问题谈过话。据我的记忆，埃佩尔曼对"选举骗局"这个词特别在意。昂纳克承

---

① 选举替代（WASG）是德国一个左翼政治倾向的政党，2004 年由那些对政府持批评立场的社民党成员和工会人士组建而成，初期名称为"劳动与社会公正选举替代注册协会"，2005 年组建为政党。该党主要代表民主社会主义党人、社会民主人和工会人士立场，而且在政治上的出发点是欧洲共产主义和其他左翼团组。2007 年，"选举替代——劳动与社会公正党"与民社党合并成立左翼党。

认自己对此负有责任。鉴于民主德国人民议院 1990 年 3 月 18 日就要重新大选，埃佩尔曼或许认为，昂纳克的这一明确表态可以给他的党"民主崛起"增加得分。

还有一个事件让埃佩尔曼牧师在另一个场合留下了印象。当他们党的主席沃尔夫冈·施努尔律师[①] 被揭发出国家安全部非正式工作人员（IM）的身份之后，他申请去医院看一次病。原本应该提供心灵帮助的牧师埃佩尔曼，居然不同意满足这个在人情上完全可以理解的请求。事后，施努尔希望见到我。我在同他的谈话中，以这种方式了解了埃佩尔曼的态度。在我们的谈话中，施努尔较少谈到过去的历史，而是希望得到对他家庭安全的一个保证。因为他的家庭已经受到了各种威胁。施努尔的愿望得到了满足。施努尔律师的悲惨命运，在我看来也是"东德加入西德历史"的一部分。

埃里希与玛尔戈特·昂纳克夫妇在 1989—1990 年间的个人命运，同样可以描述为悲惨命运，而且与错误决策相关联。我也参与了这些错误决策。当政治局委员们安全保卫居住区万德利茨被决定关闭，那里的住户必须搬至柏林时，昂纳克夫妇曾经受到威胁，而且得不到住处。教会为他们提供了住处，柏林市郊洛贝塔尔的牧师乌韦·霍尔默[②] 在曼弗雷德·施托尔佩 1990 年 1

[①] 沃尔夫冈·施努尔 1944 年 6 月 8 日出生于斯德丁，2016 年 1 月 16 日因患前列腺癌逝世于维也纳。他于 1973 年大学毕业，获得法学硕士学位。他是梅克伦堡福音新教教会主教会议成员、福音新教教会联盟（EKU）主教会议第二副主席、民主德国福音新教教会联合会主教会议成员。施努尔是民主崛起组织（DA）1989 年 10 月成立时的联合发起人，并成为该组织主席。之后他成为"中央圆桌会议"成员。由于民主崛起组织参与了"为了德国联盟"，施努尔因而获得了成为总理的可能性。在第一次自由选举之前的那一周内，他因斯塔西丑闻辞职，其政治生涯就此终结。1965—1989 年，国家安全部第二十总局将其列为非正式工作人员，代号为"托尔斯滕"以及"拉尔夫·席默尔博士"。1996 年，施努尔被以可能导致政治迫害的告密罪判处一年监禁，缓期执行。施努尔当年的委托人（记者）亚历山大·科比林斯基撰写了图书：《被出卖的叛变者：沃尔夫冈·施努尔——人权律师顶级间谍》，2015 年出版于哈勒。

[②] 乌韦·霍尔默 1929 年 2 月 6 日出生于维斯马。这位神学家和牧师在 1990 年 1 月 30 日—4 月 3 日为玛尔戈特和埃里希·昂纳克夫妇提供了一处藏身之所，并且给予了教堂避难权，以保护他们免受私刑迫害。他的家位于柏林东北方向 30 公里处的一个村庄洛贝塔尔。

月底提出调查之前收留了昂纳克夫妇。我曾经试图将他们夫妇安置在一个政府贵宾楼，但是在当地居民的强烈抗议下未能成功。直到苏联武装力量在贝利茨的一个疗养院收留他们达数月，之后又帮助他们流亡到莫斯科，这一毫无人性的局面才得到了解决。

迪科普：社会民主党人当时已经把自己视为大选胜利者了。他们打算在大联合政府中联合执政——直到提前终结。您是怎样经历的这个阶段？

莫德罗：施托尔佩安排了与西德联邦总统的一次会面。我在波茨坦尼古拉教堂会见了里夏德·冯·魏茨泽克①。他也曾与约翰内斯·劳进行谈话，他当时不仅是北威州长，而且也是一位教会人士。他在莱茵兰州主教会议担任成员长达几十年。我当时警告他，不要幻想社民党会在 3 月 18 日的选举中获胜。他们内部以为，即使不接纳那些过去的统一社会党党员，也能得到他们的选票。迄今为止一直投票支持统一社会党的那些人，如今理应会跟随社民党。结果他没有那么认真地对待我的规劝。其他西德社民党人都不了解民主德国社会的真实发展情况。结果基民盟得到了几乎 41% 的选票，社民党的支持率还不到 22%。而我们民社党得到了 16.4% 的选票，成为民主德国最后一届议会的第三大势力。在我看来，选票的分布情况值得关注，当时的政治态势特点一直保持到了今日德国。

---

① 里夏德·(卡尔男爵)·冯·魏茨泽克 1920 年 4 月 15 日出生于斯图加特，2015 年 1 月 31 日逝世于柏林。魏茨泽克于 1945 年开始在哥廷根大学学习法律学，1950 年通过第一次、1953 年通过第二次国家司法考试，1955 年 7 月获得法学博士学位。他于 1969—1981 年成为德国联邦议院议员，1981—1983 年担任基民盟柏林州主席。魏茨泽克于 1979—1981 年担任德国联邦议院副议长。他于 1981 年 6 月 11 日—1984 年 2 月 9 日担任柏林市长。1983 年 9 月，魏茨泽克成为第一个访问民主德国的柏林市长，并受到了国务委员会主席埃里希·昂纳克的接见。1984 年 7 月 1 日—1994 年 6 月 30 日，魏茨泽克担任德意志联邦共和国总统。

瓦尔特·龙贝格[①]是一位社民党人，基督教和平大会的成员，自 1990 年 2 月 5 日以来在我的政府内担任无任所部长。当基民盟向社民党提出建立大联合政府的建议之后，龙贝格曾经问我："汉斯，我们应该进入政府吗？"我劝他放弃这个念头：社民党要么委曲求全，但是会给下一次选举带来损失；要么通过反对基民盟的政策而尝试展示本党的形象，但是那样做可能会失去部长的职位。结局果然如此，具有基民盟党籍总理把财政部长龙贝格赶出了政府，起因是西德的联邦财政部长魏格尔（具有基社盟党籍）希望辞退龙贝格。龙贝格在代表民主德国利益时的态度十分强硬，魏格尔的国务秘书霍斯特·科勒[②]与他难以合作，所以要求将龙贝格解职，紧接着社民党就于 1990 年 8 月 19 日退出了联合政府。

为什么德梅齐埃总理当时会这样做，是不是迫于来自波恩的压力？关于这个原因，直至今日还在猜测。另外，尽管不太清楚具体细节，但是有一个问题是存疑的，那就是洛塔尔·德梅齐埃 1990 年夏天在奥地利美丽的度假地究竟与科尔干了些什么？说了些什么？

盖勒：您指的是 1990 年 8 月在沃尔夫冈湖畔圣·吉尔根？

---

① 瓦尔特·龙贝格 1928 年 12 月 27 日出生于什未林，2014 年 5 月 23 日逝世于泰尔托。他于 1954 年结束其数学硕士学业并开始攻读博士学位。龙贝格于 1988—1989 在基督教社会公正、和平与保护民主德国成就大会担任顾问。1989 年 10 月，龙贝格加入了东德社民党（SDP）。1990 年 2 月 5 日，他出任无任所部长。1990 年 4 月 12 日，他改任财政部长。作为财政部长，他属于部长会议主席团成员。他代表民主德国参加了与联邦德国就货币、经济和社会联盟进行的谈判。1990 年 5 月 18 日，他与联邦财政部长特奥·魏格尔一同签署了民主德国与联邦德国之间的国家协议。1990 年 8 月 19 日，龙贝格被解除财政部长职务。1994 年，他退出了政界。

② 霍斯特·科勒 1943 年 2 月 22 日出生于海登施泰因。他于 1969 年结束国民经济硕士学业，1977 年获得博士学位。他于 1976—1980 在联邦经济部工作。科勒于 1981 年加入基民盟，1990—1993 年担任联邦经济部国务秘书，并参与了两德货币、经济与社会联盟的设计。他于 1993—1998 年担任德国储蓄与结算联合会的主席，并在 2000 年前担任欧洲重建和发展银行（EBWE）的行长。2000—2004 年，他担任国际货币基金组织（IWF）的总裁。科勒于 2004 年 5 月 23 日当选德意志联邦共和国第 9 任联邦总统，并于 2004 年 7 月 1 日起开始任职，直至 2010 年 5 月 31 日辞去总统职位。

莫德罗：正是。科尔从"切尔尼档案"①中究竟了解到了哪些情况？

盖勒：您现在认为，德梅齐埃是一个很容易受到外界影响的人，或许更严重的说法是很容易被敲诈？

莫德罗：我相信，他们给了他很大压力。您不妨仔细观察，德梅齐埃没有鲜明的个人特性。您能给我指出来或者说出来任何事例，说明他在两德统一过程中展现过明确、显著的特点吗？在"二加四协议"签署时，他就在莫斯科。当时那是必须的，因为在他的社民党籍外交部长辞职（或许是被抛弃的）之后，他兼任了这一职务。

盖勒：有一次，德梅齐埃在谈到自己担任民主德国最后一任总理的作用时，用他几乎是典型的自嘲方式说："我们当时的任务是把自己搞成多余的。"

莫德罗：当我1990年2月1日在国际新闻发布会上宣布"德国，统一的祖国"时，我们并不想把自己搞成是多余的，也没有这样做。当两个战后成立的德意志国家于1973年同时加入联合国时，民主德国的理解是，国际法已经认可两个德国并存的事实。汉斯·艾斯勒的旋律依然存在，但是歌词已经不再吟唱。

我们在统一进程中仍然坚持代表民主德国公民的利益。我们在土地改革问题上也顾及欧洲的利益和《波茨坦协定》。后来的时代展示了统一走向的信号。瓦尔特·龙贝格（社民党籍）成为财政部长，但是并不肯俯首帖耳地遵循西德联邦政府的要求，于是被解职了。外交部长马尔库斯·梅克尔（社民

---

① 1990年底，媒体曝光德梅齐埃曾经以"切尔尼"（"Czerni"，也作"Czerny"）的化名与国家安全部进行合作。此事导致德梅齐埃辞去了"特殊任务部长"的职务。

党籍）表现出了迎合苏联的立场，于是无法保住职务。波恩决定着一切规矩，于是社民党必须退出民主德国政府。我永远也不会忘记彼得－米夏埃尔·迪斯特尔 1990 年 5 月飞往莫斯科后对我说的话："莫德罗先生，我必须让您知道：共产党人与社民党人打交道，要比共产党人与真正的保守党人还要困难。我还要告诉您：在莫斯科，最值得信任的是克格勃。如果与克格勃商定了什么事，就可以放心了，因为他们会信守诺言。"当时政界还能商定的事，已经不再牢靠。迪斯特尔是一只真正的老狐狸，他说的话颇有道理。在苏联侦查部门，当时承担责任的是叶夫根尼·普里马科夫，他说话始终是算数的。

迪科普：还想追问一下，德梅齐埃与科尔在沃尔夫冈湖畔的此次会面或许谈到了德梅齐埃的斯塔西档案？

莫德罗：对这个问题我无法回答。您可以去研究一下联邦斯塔西文件处理机构或其他档案，不过您在那里可能也会受到跟我一样的待遇。不久前我因为一个图书项目申请调阅档案，他们答应了。但是我看到的档案不多，而且都是些无关紧要的东西。因为有些往事我自己还记得，所以原本应该记载在这些卷宗当中，可是已经找不到了。很清楚：这些档案被顺手牵羊偷走了。谁偷的？什么时候偷走的？没有人知道。在其他档案卷宗中，可能也有此类现象。也就是说，究竟是不是还存在着与德梅齐埃有关联的非正式工作人员"切尔尼"的档案？究竟是不是有人利用档案作为施压手段？您应当去问他，而不是问我。

盖勒：档案里的内容也不一定完全真实。关于洛塔尔·德梅齐埃与赫尔穆特·科尔在沃尔夫冈湖畔会面的谈话备忘录，我们并没有见到。反正弗拉尼茨基似乎并不热衷于了解德梅齐埃与科尔在奥地利见面的内情。两个德国的交往并不特别喜欢在奥地利地盘上进行。

莫德罗：个人的回忆十分重要，但是如果能够得到文献来源的支撑就会十分有益。您不要忘记，主观的感受和对所谓感受的主观描述，常常对历史的描述构成很大的问题。无论哪一个档案还是口述，都无法肯定是反映了"真相"。因此，马克思在每一项科学工作开始时所抱的怀疑态度并非没有道理。

盖勒：您当时与奥斯卡·拉方丹也没有接触？

莫德罗：没有。我们在1982年第一次见面，时间很短。在民主德国时代还有两次约见没有成行。他当时的态度还不够开放。我们俩之间第一次深入的谈话是在20世纪90年代，当时我去萨尔州探访被捕的赖纳尔·鲁普①。鲁普曾经以"黄玉"为代号在布鲁塞尔为民主德国外国情报机构工作，因此而被判处12年监禁。鲁普在20世纪80年代初阻止了第三次世界大战的爆发。当时有40多名知名人士请求联邦总统赦免鲁普，其中包括埃贡·巴尔、弗兰克·卡斯托尔夫、登霍夫女伯爵、京特·高斯、京特·格拉斯、海因里希·汉诺威、英格和瓦尔特·延斯夫妇、彼得·吕姆科夫、奥托·桑德尔、多萝特·泽勒和马丁·瓦尔泽②。与拉方丹的此次谈话没有任何结果。他后来成为社民党主席，并于1998年在第一届红绿政府中出任财政部长，尽管时间十分

---

① 赖纳尔·沃尔夫冈·鲁普1945年9月21日出生于萨尔路易斯。他于1968年被民主德国国家安全部外国侦察总局招聘为特工人员。自1969年起，鲁普在布鲁塞尔北约总部为侦察总局工作。他自1979年起以"黄玉"为代号从北约内部向民主德国外国情报机构提供了12年情报。1993年7月31日，鲁普及其夫人在萨尔堡被捕，并以严重叛国罪被判处12年监禁。2000年7月27日，他被假释出狱。鲁普于1999年加入民社党，2003年退出该党。之后，他成为德国共产党（DKP）党员。
② 这是一位著名的德国外交官和作家。

短暂。

盖勒：拉方丹并不希望快速统一。他当时是在踩刹车。在这个情况下，他原本可以成为民社党/社民党联盟组合的战略伙伴，因此可以规劝他们："还是现实一点儿好。你们必须降低对自己的期待值。将会发生一个重大的转折，对所有人都会带来负担。"——结果 1990 年 3 月 18 日的选举反而成为加速统一的公民表决？

莫德罗：是的。

盖勒：在这个转型时期，洛塔尔·德梅齐埃是另一个重要的政治角色。您怎样看待德梅齐埃的总理角色？他在此之后扮演了什么角色？作为参加彼得斯堡对话的主席，他确实履行了与此有关的义务。您与德梅齐埃之间在 1990 年的后来阶段还有过联系吗？他是否向您请教过经验？在那么特殊困难的态势下，原本是应当这样做的。

莫德罗：洛塔尔·德梅齐埃自 2015 年起不再担任彼得斯堡对话会德国指导委员会主席的职务。他不得不给罗纳德·波法拉（基民盟）腾位子，因为他出于各种原因急着想卸去总理府部长的职务，离开那位女总理。我与德梅齐埃的交往从他担任基民盟主席开始。后来，我又在 1989 年把他拉进内阁。我当时有三位副总理：克里斯塔·卢夫特、彼得·莫雷特和他。作为我的副手，洛塔尔是十分随和的伙伴。我们一起筹备了"中央圆桌会议"，经常召开这样的联盟会议。在政府内，他是一位十分可靠的同事。他是一位锱铢必较的理财人，认真阅读各种法律文本，从司法角度对其进行审核。为此，他动员了自己与民主德国其他法律学者的关系，例如格雷戈尔·居西，他们俩是好朋友。居西于 1989 年 12 月担任我们党的主席，这个党从统一社会党改名为民主社会主义党。另一位同事是弗里德里希·沃尔夫，他一直在为昂纳克等人当代理律师，1992—1993 年在州级法院上为昂纳克进行辩护。上述三名法律学家相互之间关系很熟。我和他们之间的关系在 1990 年 3 月之前都没有问题。人民议院大选之后，我继续代理总理。作为我的后任，洛塔尔并没有干涉我的政府工作。他本人也参与了政府工作。实际上他正在为下届政府预作各项法律和各项草案的准备。所以，他不会像其他人惯常那样在交接之后抱怨：文件柜是空的，我什么也没有接管。

迪科普：洛塔尔·德梅齐埃也是这样表述的："汉斯·莫德罗的过渡非常规矩正派，有条不紊。"①

莫德罗：确实如此。过渡进程十分干净。我们没有要任何手段。他在他的政府声明中感谢了我本人："一切都在没有诉诸武力的前提下进展，对此我们也要感谢汉斯·莫德罗。"除此之外，我们之间谁也没有努力继续交往，于是我们之间不再有个人交往，有的只是人民议院中以及后来在联邦议院中的正式交往。一直到他不再担任基民盟副主席并且不再担任政治职务之后，我们之间的关系才重新活跃起来。有一段时间，当"东方出版社"成为一个股份公司时，也就是 20 世纪 90 年代后期进入新经济阶段后，洛塔尔、彼得·勃兰特②和我组成了监事会。

---

① 参阅洛塔尔·德梅齐埃所著《我想让我的孩子不必再撒谎——我在德国统一进程中的历史》，2012年出版于弗莱堡/布赖施高，第 170—171 页。
② 彼得·威利·勃兰特教授 1948 年 10 月 4 日出生于柏林。他是威利·勃兰特与 Carlote Thorkildsen 那段婚姻（1941—1948）的儿子。他是社民党人，也是工会成员。自 1990 年起，勃兰特在哈根大学担任近代史教授，主要负责 18—20 世纪德国与欧洲史。他自 2003—2017 年担任 Dimitris-Tsatsos 欧洲宪法函授学院名誉院长和 Hans-Boeckler 基金会社会利益与政治意愿形成历史博士院发言人。

之后，洛塔尔·德梅齐埃领导彼得斯堡对话会长达 10 年时间。在此期间，我们一直保持着联系。后来他被非常不公平地赶了出来。柏林希望在那里安置一条"强硬的狗"，因为要针对俄罗斯采取不理智的制裁措施，也就是说不需要一位多愁善感的音乐家。我曾经在这个机构里给他当顾问，这正是他所希望的。

盖勒：关于 1990 年两德统一的进展情况：据说科尔曾经以十分独特的方式提了一个问题："俄国人究竟想要多少钱？"克劳泽通过谈判谈出了几十亿的数额。德意志联邦银行的印钞机在短短几天内不得不高速运转，因为苏联人要求所有纸钞都是 50 马克的票面。他们来到法兰克福，用一架图波列夫运输机把装着钞票的集装箱统统拉走了。数额达到 20 亿西德马克。这一切发生在 1990 年 6 月建立货币、经济与社会联盟之前。此举使得两德统一已经无法逆转。几年以后，京特·克劳泽曾经对当年负责收钱的人非正式地问道，这个 20 亿马克究竟有多少进入了俄罗斯或者苏联的预算？据说苏联交通部长回答说：一分钱也没有进入。[①] 您知道这件事吗？

---

① 根据京特·克劳泽透露，俄罗斯军队从德国撤回总共耗费了 150 亿西德马克。为了达到这一目的，他曾经受联邦总理的委托于 1990 年 6 月 21/22 日前往克里姆林宫。苏联驻民主德国大使于 6 月 20 日给德梅齐埃总理写了一封信，声明苏联将自 1990 年 7 月 1 日开始拒绝引进西德马克。这一拒绝的理由是结束了对驻德苏军迄今为止一直享受的一系列补贴（基本食品、电能等），而这些补贴迄今为止是由民主德国及其公民支付的。苏联人自 7 月 1 日开始不能再以东德马克支付其进口商品，而是必须支付西德马克。莫斯科要求为这一改制支付 50 亿资金，而联邦德国却认为这样做存在着预算的技术性问题。在这样的紧急状态下，如果没有联邦议院的决议，西德政府最多只能作出支付 20 亿西德马克贷款的决定。在警卫人员陪同下的克劳泽，受委托与俄方进行谈判，希望将数额降低到 20 亿。苏方对此的条件是要求提供已经签名的现金支票，最终希望西德联邦国防军用专机将这些现金运往莫斯科。有关引进西德马克的合同协议签字仪式，希望在民主德国进行。不久（据克劳泽说是 6 月 23 日），苏联方面就用现金支票在法兰克福兑现了。此举得以阻止苏联在建立经济与货币联盟问题上行使否决权。克劳泽在几年后说过，俄罗斯交通部长称那 20 亿马克并没有在预算中出现。就此，本书发行人分别于 2016 年 2 月 25 日在勃兰登堡的哈维尔和 2016 年 6 月 9 日在希尔德斯海姆大学历史学院对京特·克劳泽进行了采访，采访的音译文本存于发行人处。

莫德罗：不知道，今天我是第一次听说。尽管我能够想象当年有很多事是跑偏的，但是仍然有些事早已来去无踪影了：请您原谅我的悲观——20亿不足以收买一个国家的立场，交通部长不会了解所有情况。

28. "转折"给失败者带来的个人结局和经历

迪科普：据我们所知，在您出任总理期间既没有发生过较大规模的谋杀事件、领导人员的自杀事件、示威者的暴力行为，也没有出现过人质劫持事件。您认为主要原因是什么？

莫德罗：必须仔细地回顾一下。是的，没有发生过殴打和袭击事件；但是官员自杀事件还是发生了几起，而且自杀的动机各不相同。有些人是被迫自杀，有些人却是因为看不见前途而自杀。建筑部长沃尔夫冈·容克尔于1990年4月9日开枪自杀。国家安全部德累斯顿专区局长霍斯特·伯姆将军 [1] 是用煤气毒死自己的。统一社会党的三个县委书记和国家安全部的另外两个将军是自愿离开人世的。莱比锡科学家在世纪转换之年就东德自杀情况所作的一项统计表明，1989—1991年，45—65岁的男人自杀率上升了10%。在所有自杀者当中，3%是政治人物。科学家指出了"自杀人数计时性地增多"的现象：1991年起东德地区男人因酒精原因的死亡率与同期的失业率同步提升，明显地超出西德地区的水平。因此我要说，有关情况绝不像您所说的那么积极。

---

[1]　霍斯特·伯姆1937年出生于茨维考，1990年3月自杀身亡。他于1954年加入统一社会党，1955年高中毕业后被招入国家安全部。他于1962—1967年通过在莱比锡卡尔·马克思大学的社会科学函授教育获得马列主义师范硕士学位。他于1966年出任卡尔·马克思城专区政府指导与督察工作小组副组长，1981—1989年底担任国家安全部特殊任务军官以及德累斯顿专区最后一任局长。伯姆于1982年晋升少将军衔。

但是有一点您说得对，即社会转型总体而言是以文明方式，也就是和平方式进行的。当然也有一些无关紧要的小插曲：1990年1月15日，我开车在诺曼能大街上慢速经过一个人群时，有人用拳头砸我的车顶："你这头红色的脏猪，滚出来！"记得还有一次，好像是1991年，我在午夜时分乘坐地铁回家，车厢里空空的，后来上来四五个年轻人，他们认出了我，围在我面前。他们显然喝过酒，头脑不太清晰。其中一个人说："你呀，不是还想为'泰坦尼克'号掌舵吗！"另一个没有多少醉意的年轻人补了一句："您幸运的是遇见了我们，否则别人或许会把您从行驶的列车上扔出去。您为什么半夜三更一个人乘车？您最好还是注意一些安全！"此类接触和对峙情况在1992年以后就几乎没有发生过。

迪科普：您在执政期间经历过任何危险吗？您的家庭成员受到过威胁吗？

莫德罗：没有。我是1989年11月13日接任总理职务的。大约4周之后，内阁决定为我配备贴身警卫人员。在此之前我没有保镖，也没有感觉到自己缺了些什么。警卫人员护送我回家，然后就走了。我更感兴趣的是那位司机，他在给我开车之前给库尔特·哈格尔开过专车。我们之间以"您"相称。大约4周以后，有一次他突然对我说："总理先生，给您开车是件美差。"我惊讶地问他为什么得出这个结论。他说："您看，我们现在停在十字路口，人们会对我们招手。我以前从来没有经历过行人打招呼的友善。"他接着又叙述道："以前，坐在副驾驶位置的是卫队长，我是司机。政治局委员从后门上车，我们等着听关门声，但是从来没有听到过一声问候，哪怕就是一句'早上好'。您总是问候我，而且还同我握手。"他的话对我触动很大。并不是因为我的原因，而是说明原先的气氛显然有多么的冷酷。

盖勒：两德关系的接近，德国统一的相互理解，所有这一切实际上是在比较和平的气氛中完成的，对此您认为是一个"小小的"奇迹吗？

莫德罗：奇迹？我认为或许这反映了民主德国社会文明的高水平。那些持有武器者每月动用武器，而且他们也没有选择站边，就像其他国家政权更迭时常常发生的那样，这就是文明的成果。迄今还有人没有认识到一点：民主德国之所以能够和平过渡，并不是由于静默示威者手中点燃的蜡烛，而是主要源于所有持枪者一致表示："我们不向人民开枪。"人民军和人民警察部队不仅是民主德国人民的一部分，而且他们担负着的是人道使命。我认为，他们迄今没有得到应有的尊严。

对我们历史上这一时段的评价是不公平的，那些消极的诠释距离现实十分遥远。国民经济并没有那么疲弱，外贸经济并没有过度欠债。德意志银行后来得出的结论是，债务数额低于 200 亿西德马克，大约相当于 100 亿欧元。仅仅柏林一地，几年来欠债始终高于 600 亿欧元。首都因此而破产了吗？不，正如一个好心情的柏林市长曾经描述的那样，柏林虽然穷，但是很性感。

我现在想起了发生在 1990 年 1 月 8 日的一件事。我当时在柏林舍内菲尔德机场，正要登上专机飞往索菲亚参加经互会会议。这时我接到一个电话，要求我这个总理立即出现在"中央圆桌会议"上。我没有听从这个通知。"中央圆桌会议"要求立即取消对物价的所有补贴，重新制定新的价格，使得新价格符合各种商品的真实价值。在过渡阶段，我们的价格政策带来了严重后果，以至于不得不动用军队来护送商品，将其从国家储备库运送到各个商店。为了避免商品销售一空，还采取了第二种手段，即在每个公民进入商场时必须出示身份证件。此举导致批评者指责我们是在引发仇视波兰人的情绪，因为我们的邻国民众比以前更加频繁地光顾我国商场。两周后，当商品物流趋于正常之后，我们就取消了监控身份的措施。为了避免恐慌性抢购和骚乱，必须确保商品的供应。我们根本就不能呼吁 LidL、Netto 或 Aldi 等西德连锁店：你们也接受一些顾客！我们必须依靠自己的力量保证供应。我们政府在 1990 年 1 月时并没有任何放弃民主德国的计划。那种计划是下任政府作出的，也就是 1990 年 3 月 18 日"为了德国联盟"当选后组成的政府。

在我执政期间，一直到 1990 年 4 月 12 日由德梅齐埃进行政府交接之前，我们的政府根本就没有得到西德的任何支持。我们始终依靠自己能够掌控的基础，将事态安抚下来，避免出现灾难性局面。我们从苏联方面也得不到任何支持。我于 1990 年 1 月 30 日飞往莫斯科，当时的目的是与戈尔巴乔夫谈一谈经济问题。他让我找雷日科夫总理谈经济，而雷日科夫的答案只是："汉斯，你不能提出那么高的要求。你今年内不可能得到通常的 1700 万吨石油了，对我们来说，就连 1500 万吨也太多了。我们自己也面临很多困难，无法按照你们的愿望提供那么多的帮助。"波恩支持了莫斯科，科尔提供了援助，并从戈尔巴乔夫那里得到了允许德国统一的承诺。科尔总理有一次对身边的工作人员透露，如果戈尔巴乔夫谈到东德和北约问题，那就是暗示"银子"[①]。

迪科普：您执政时没有一天是安宁的，您在此期间有没有过一刻想过放弃？

莫德罗：没有。我从来没有产生过放弃的念头。我从不考虑投降。或许这是天然秉性和政党纪律的一种混成。当我受命组成政府时，人们在潘可区给我提供一所住房，被我拒绝了。我要在中心区工作和居住，所以搬进了政

---

① 此处使用的是莱茵兰地区对钱的口语表述"Bimbes"。

府位于弗里德里希文化宫后面的"约翰内斯小院"招待所的一套公寓房。我在办公室里工作到将近 19 时，然后回到约翰内斯小院，饭后再回到办公室工作到午夜，阅读文件和会见工作人员或同事。将近 22 时的时候，我的办公室主任会送来第二天将要发表的各种报纸。第二天早晨 7:30，一切又周而复始。我当时有很棒的工作人员，例如哈里·默比斯，他每天只给我送来作为总理必须知道和必须决策的东西，也就是说，他把每天送到政府来的大量无关紧要的信息统统给我屏蔽掉了。他对所有文件进行分类和判断，将它们送到该去的办公桌上。他们没有给我增加过度的负荷，我也不允许他们给我增加过度的负荷。因此，我没有在信息浪潮中淹死，却能够将脑袋保持在水面之上。

迪科普：您从您的家庭和熟人以及朋友圈内得到了哪些支持？

莫德罗：我的好朋友都留在了德累斯顿。我不想把他们带到柏林来。我不赞成把这些亲近的人当作好友圈带着赴任。我是一个政治上的半路新人，我也会物色那些半路新人当作工作人员。例如我前面提起过的柏林日报社副总编辑卡尔－海因茨·阿诺尔德。此外，我保留了对我忠诚的所有人。就因为我这个新总理上任，就得对那些迄今为老总理施多夫工作的人进行人事更迭，我看不出有任何理由需要这样做。况且，在社会动荡的此时此刻将他们解职，将是十分愚蠢的举措。在涉水渡河的半途中不应该换马。我原本只想保留自己在德累斯顿的司机，但是他不愿意跟我来："汉斯，我为你开车 16 年了，不过我是个萨克森人，我愿意留在德累斯顿。柏林对我来说味道太臭。"

我从家庭得到了重要的支持，尽管我的太太安娜玛丽对我的健康状况十分担忧。我的两个女儿塔马拉和伊丽娜同样表示了理解，因为当时我们全家相聚的时间已经很少了。

29．民主德国的媒体和体育问题

迪科普：您当年是否观看卡尔－爱德华·冯·施尼茨勒[①]主持的"黑色频道"电视节目？您当时是怎样感受这个专门针对西德的宣传频道的？我本人就看过这个频道关于民主德国终结的节目，至今记忆犹新。

盖勒：我们全家也常常在星期一晚上观看这个节目，一方面可以消遣时间，另一方面我们对这个节目的态度也很认真，因为它的影响力不容低估……

莫德罗：我当然看"黑色频道"，而且这曾经属于我生活的一部分，因为我在 1973 年去德累斯顿担任"指挥官"之前一直在统一社会党中央委员会担任宣传部长，民主德国的电视工作也由我负责。卡尔－爱德华·冯·施尼茨勒当时拥有自由权限，他高度重视跟踪西德电视并作出评价。我们这些干部根本就没有时间做这件事，也不会去对他的工作说三道四。他拥有我的信任。他的处理手法或许在某些方面显得有些搞笑，他对西方发生的新闻加以评论并进行背景分析，从而揭露西德的各种问题，有时可以产生有利的夸张效果——正如我们对此节目所作的评语。在那个歌舞升平的年代，阶级矛盾

---

① 卡尔－爱德华·(里夏德·阿图尔)·冯·施尼茨勒 1918 年 4 月 28 日出生于柏林达勒姆区，2001 年 9 月 20 日逝世于措伊滕。他于 1947 年底搬进苏占区，1948 年加入统一社会党。他曾经在柏林电台和民主德国广播电台担任评论员，1952 年起担任国家电台委员会评论组长，后来担任民主德国电视台评论部主任。他自 1960 年 3 月 21 日起主持"黑色频道"节目。1989 年 10 月 30 日，民主德国电视台在"黑色频道"播出 1519 期之后停播该节目。1990 年 1 月，他退出统一社会党－民主社会主义党，成为德国共产党党员。他的艺名为"Sudel-Ede"。1988 年，他获得卡尔·马克思奖章。

似乎已经烟消云散了，因此这个节目原则上显得有几分不合时宜，会引发嘲讽或者抵触。有些人轻蔑地称之为"垃圾节目"。然而，爱德华是一个原则性很强的人，他出身上层贵族，是一位德国皇帝的重孙子。他是出于信仰而来到东部的。"转折"之后对他的诋毁，对1960—1989年多达1500多集的"黑色频道"节目的停播，是针对民主德国的讨伐运动的一部分。这是讨伐复仇最著名狰狞面目的一个侧面。

电视传媒界发生的另一个事件发生在经济节目领域，当事人是卡尔－海因茨·格斯特纳①，艺名为"查理"。他当时面临的压力远远大于施尼茨勒，因为他涉及的是内政的话题。负责经济工作的中央书记京特·米塔克不止一次大发雷霆。他要求我们"规劝查理严守规矩"。对施尼茨勒的要求是不应过于尖锐，而格斯特纳则必须小心翼翼。我总是设法保护格斯特纳，因为他是我们最棒的评论员之一。

盖勒：有没有做过"黑色频道"在东西德两国的受众调查和舆情报告？

莫德罗：针对西德受众的肯定没有做过。在东部，当时有一个"电台与电视社会问卷"小组，专门负责此类调查工作。

盖勒：当年民主德国民众对"黑色频道"节目的反响如何？

---

① 卡尔-海因茨·格斯特纳1912年11月15日出生于夏洛滕堡，2005年12月14日逝世于克莱恩马赫诺。其1945年后的主要生涯是：1948年—1989年5月担任《柏林日报》经济记者，并于1973年起担任该报主任编辑。该报自1953年之后作为统一社会党柏林地区的官方报纸。他自1957年起成为统一社会党党员。1955—1988年在民主德国电视一台星期日经济观察栏目中负责每周一次的评论。格斯特纳自1975年起为国家安全部担任非正式工作人员，代号是"骑士"。1965—1978年，他在"棱镜"电视节目中参与了对民主德国国情的批评。格斯特纳于1989年5月退休。

莫德罗：我的印象是，人们在 20 世纪 90 年代，也就是"转折"之后，对施尼茨勒的认可度远远大于 80 年代。我常常听到这样的评论：当年施尼茨勒向我们介绍的资本主义社会情况，我们曾经认为有些过度夸张，认为这不过是宣传而已，所以不太可信；如今我们亲身经历了资本主义，不能不得出结论：他的话并非不靠谱！

盖勒：施尼茨勒的主要工作是用自己的武器攻击西方。他对西德电视节目进行评论。他并非报道东德，而是从西德电视中攫取内容。他的节目选材精巧。当时流传过一个笑话，其效果总是如同一场小小的革命："东德公民需要有一点施尼茨（'碎片'的谐音——译者），省得跳台去看别的电视节目，省得去看老鹰（暗指西德国徽上的老鹰——译者）跳上电视天线。"在同一个最佳节目时间段——星期一晚间——民主德国电视便会同步播放汉斯·莫泽和泰奥·林根主演的老影片。这种片子肯定可以吸引观众跳台。

莫德罗：我冒昧地更正一下：不是同步播放，而是先后播放。在星期一影片之后才播放"黑色频道"。直到 1969 年之后才有第二套电视节目。您知道什么时候才开始播放民主德国第二台节目吗？是 10 月 3 日。

盖勒：在马格德堡附近，当年有过一个秘密电台，是土耳其人针对西德播出的节目。这个节目的台号是"Bizim Radyo"。经营这个电台的是从保加利亚招募来的土耳其人，实际上从事的是共产主义宣传，目的是向西德境内的外籍工人以及土耳其裔工人施加影响，使得他们能够接触到社会主义，对德意志联邦共和国的不稳定作出贡献。部分节目是土耳其情报机构制作的。[1] 我

---

① 参阅米歇尔·盖勒所著《德国 1945 年至今，从分裂到统一》，2010 年出版于维也纳、科隆、魏玛，第 194 页。

们现在都知道这一点。您当时知情吗？

莫德罗：不知道。我在这点上帮不了您。您确信这件事吗？事实是，在马格德堡附近一个古堡里设立了一个站点，而编辑部则设在柏林——利用中波频道向西德播放的两个发射台，为的是令人误以为是在西德领土上发出的信号，也就是所谓的"秘密电台"。这两个电台的名称分别为"904 自由电台"和"德国士兵电台"。这两个台错时播出，而且使用不同的频道。这种活动属于冷战的一部分——就像是那些阻止或干扰己方听众收听敌方节目的干扰电台。这种活动在 1972 年签署基本条约后就停止了。1968—1969 年也有过一个"Radio Vltava"（摩尔多瓦电台），是威尔斯德鲁夫在德累斯顿附近发射的。

盖勒：使用捷克语？

莫德罗：是的。这是民主德国对"布拉格之春"作出的贡献。我们的目的是扰乱反革命，进行启蒙宣传，并且散布"真理"。从胡萨克①领导层手里夺取布拉格的方向盘，这是原本的愿望，但是民主德国没有参与华约军事干预行动。

盖勒：我对另一个电台"民主德国之声"迄今记忆仍然十分深刻。我在意大利和西班牙露营度假时，夜里可以通过中波频道收听到。

莫德罗：是的，这个电台的发射距离很远。我们为此投了很多经费。这

---

① 古斯塔夫·胡萨克 1913 年 1 月 10 日出生于 Dúbravka（奥匈帝国），1991 年 11 月 18 日逝世于布拉迪斯拉法（捷克斯洛伐克）。他于 1969—1987 年担任捷克斯洛伐克共产党总书记，1975—1989 年任捷克斯洛伐克总统。胡萨克于 1971 年访问民主德国，与乌布利希和昂纳克等人会晤。

个电台可以与"德意志民主德国广播电台"媲美。民主德国的"柏林国际电台"（RBI）与联邦德国的"德意志之声"（Deutsche Welle）承担着同样的任务。

迪科普：现在谈一谈您执政时期的媒体变化吧：1990 年 2 月 5 日，人民议院支持民主德国无限制的言论自由、信息自由和媒体自由。电视台和德意志通讯社（ADN）不再隶属于政府。1990 年 2 月 26 日，西德报纸联合发行了一期东德专版。自 1990 年 3 月 5 日起，西德和西柏林的媒体——杂志和报纸——同样可以在东德发行。这种新闻自由对您和民众而言究竟有多重要？

莫德罗：西方媒体早在 1989 年 11 月 9 日起就对民主德国施加压力了。《明星》画刊等媒体发行了特刊，在 2 月份用大卡车方式运进民主德国，免费分发，从而意味着西方对竞选斗争加以强有力的干涉。如果这些媒体约定好一致发声，客观上就帮助了保守的"为了德国联盟"的竞选斗争。再回答您提出的新闻自由问题。这个问题对我来说十分重要——尽管我知道这不过是个幻想而已，而且与民主德国争论这个问题就是关乎生死存亡的命题。你们今天也没有新闻自由，因为"政党"凌驾于报纸之上，决定着印刷机器和信息政策。如今一些国家并没有什么变化，仍然推行着类似的媒体政策。然而，联邦德国的新闻自由也是相对的自由。所有出版社都屈从于市场规律，每一个记者都不能批评报业集团的资本主义财产拥有者或参股者，不能批评广告投资商和赞助者——总编辑和报社领导层就会对此进行把关。在资本主义体制中，所有东西都是商品：消息、信息以及散布这些消息和信息的媒体。当然找不到有关"观点提示"①的语言规范，但是实际上《明镜周刊》

①　党中央宣传部每个星期四都会向各个党媒的总编辑发出指示，第二天再向部长会议新闻局和各个民主党派媒体发出指示。媒体在言论分析和局势判断时必须顾及这些"观点提示"（Argumentationshinweise）。

《明星画刊》《时代周报》等所谓的主流媒体，决定着德国其他纸媒的报道内容。凡是汉堡记者忽视的话题，其他媒体也不会搭理。必须承认，因特网的兴起消除了这种现象。所有纸质媒体不仅要为发行量的下降感到焦心，而且还要担忧销售额与影响力的萎缩。问题的另一面是：媒体市场正在被肢解，其传播能力和重要意义正在边缘化。信息传播不受限制的自由，导致单个媒介重要性的下降，从而在客观上损失了媒介的可信度。没有"自由"的通胀，就不会产生"虚假新闻"。

盖勒：西方媒体对民主德国的选举产生了影响。但是，人民议院的选举原本应当在1990年5月6日举行，却被提前到3月18日。

莫德罗：正是。之所以提前举行大选，是因为（西德的）社民党以为自己能够赢得东德的同志。统一社会党-民社党受到了诋毁，这种沮丧情绪不会长期维持，所以必须尽早选举。民意测验似乎证明了社民党的企图是正确的。然而结果却证明这个判断是谬误。

迪科普：因为洛塔尔·德梅齐埃的想法是建立一个"为了德国的联盟"，而这个主意是在科尔的帮助下在西柏林策划出来的。

莫德罗：正确。西方媒体参与了这一切。我的工作人员卡尔-海因茨·阿诺尔德是《柏林日报》的一位记者，并且学习过法学学业，他一再告诫我："汉斯，凡是没有禁止的事，必须放任人家。因为，凡是已经禁止的事，就要有能力贯彻执行，否则就会失去你的权威。自从边界开放以来，我们已经不能禁止西方报纸。"

迪科普：您当年是否同意您的报纸、电台、电视台人员的报道？媒体对您来说有多重要？

莫德罗：媒体始终十分重要。但是我几乎不看媒体报道。即使是今天，媒体报道对我来说也是一风吹。时常有人问我："昨天你看那个报道了吗？"没有，我没有看。我很少看电视，甚至可以说基本不看。

盖勒：也没有纸质媒体对您进行分析的文章？

莫德罗：我没有看过。

盖勒：或许这也是调查的一个重要部分：媒体描述的究竟是什么画面？

莫德罗：对不起，我不得不让您失望了，我没法回答这个问题。

迪科普：您是否使用社会媒体：脸谱网、推特网、照片分享？

莫德罗：没有。我认为这样做浪费时间。

盖勒：我也同意您的观点。您的反应表明：您实际上是在用这种方式自我保护。您始终保持着真实的面目，从不问我怎样才能获得良好的媒体形象？

莫德罗：我不会在因特网上毫无目的地消费，从不像眼下时髦的那样上网浏览，而是目标明确地获取知识，为我的谈话、会见或接受采访预作准备。

迪科普：您在 1989 年之前、期间和之后与媒体打交道有过哪些不同的经验？

莫德罗：作为民主德国统一社会党中央宣传部的负责人，我在 20 世纪 70 年代开始对信息政策有着与后来不同的关系。作为专区党委第一书记，我不是一个积极的而是消极的媒体采访对象。作为民德总理，我则成为新闻报道的对象，也就是说新闻的目标。这种状况直至今日仍然如此，只是强度有所不同。

当我在党中央机关工作期间，工作的流程是怎样的？星期二政治局开会，星期三上午中央书记处开会，下午由维尔纳·兰姆贝茨向我们传达政治局和书记处的会议精神和决策内容。星期四，我把各家中央报纸的总编辑们召集过来，向他们介绍背景信息。在我的组织下，有时邀请一名部长到会，有时邀请一名专家参会。在我之后，海因茨·盖格尔①担任宣传部长，继续了这一实际做法。我们的关键性和导向性媒体是德意志通讯社（ADN），这是民主德国时期唯一一家为所有媒体——报刊、电台、电视台——服务的通信机构。在移交之后，所有东德记者都从领导岗位上消失了。

盖勒：1990 年之后就再也没有海因茨 – 弗洛里安·厄特尔②那样的体育名记了？

---

① 海因茨·盖格尔 1921 年 11 月 11 日出生于慕尼黑，2000 年 11 月 15 日逝世于柏林。他于 1948 年 3 月加入统一社会党，1971—1989 年担任党中央委员。1973 年出任中央宣传部长，并担任这一职务直至 1989 年转折时期。盖格尔于 1971—1990 年为民主德国记者联合会理事会成员。

② 海因茨 - 弗洛里安·厄特尔 1927 年 12 月 11 日出生于哥特布斯。他于 1946 年加入统一社会党，1949—1991 年在东德电台（DDR-Hörfunk）工作，并于 1955 年起也在德意志电视台工作。他于 1981 年获得莱比锡卡尔·马克思大学政治学博士学位。国家安全部将厄特尔列为社会安全工作人员（GMS），代号是"海因茨"。

莫德罗：没有了。所有知名记者都被开掉了。

迪科普：我在瓦尔讷明德见过一次艺名为"阿迪"的格哈德·阿道夫 [1]。他总是在星期日 10 时主持"动起来，学着做，做得更好"的儿童体育节目。他也在媒体中消失了……

盖勒：有些体育历史学家认为，体育领域也有一些现象反映了政治角色。1974 年，东西两德足球队在西德足球世界杯比赛中相遇，两队较量在汉堡举行，东德队以于尔根·施帕瓦塞尔的一粒进球赢得了比赛。由于这场胜利，东德晋级至一个比较困难的小组，不得不与巴西队和阿根廷队对垒，从而提前被淘汰出局。西德队进入一个比较弱的小组，通过半决赛战胜波兰队，最终幸运地战胜荷兰队获得冠军。当民主德国在"阶级敌人"的地盘汉堡战胜以泽普·迈尔、弗兰茨·贝肯鲍尔、格尔德·米勒等明星组成的强队时，您的感受如何？民主德国的民众和党员干部对这一次史无前例的胜利感到欢欣？您对此留下了什么回忆？

莫德罗：您说的这是一个非常非常神奇的一刻。与民主德国坚定联系的我们这一代人，在 1954 年瑞士世界杯匈牙利对西德决赛时，希望我们的匈牙利朋友能够在伯尔尼成为世界冠军。结果您是知道的。我们为这场失利感到痛心。20 年后民主德国在汉堡的这场胜利，不仅是一个补偿而已。但是，您所说的那个后果不容忽视，已经谈不上有什么喜悦了。当然，即使在民主德国，也有一些人把战胜西德视为失败之举。

---

① 格哈德·阿道夫 1937 年 9 月 20 日出生于哈勒（萨尔河畔）。他于 1960 年毕业于大学表演专业，1964—1991 年主持了 333 场"动起来，学着做，做得更好"的体育节目是民主德国 DFF 电视台的一个为时一小时的体育节目。

盖勒：您在德累斯顿对民主德国竞技体育中的兴奋剂问题了解多少？您今天怎样评价这个问题？

莫德罗：关于体育界的兴奋剂问题一直有着两面性。作为体育的一种手段，正在不断地超越人类的极限。因此我们可以公开地说，体育成绩可以带来盈利，所以被不断地提升其市场盈利效应。在我个人看来，人类在体育上的极限早就已经被超越了。

另一方面是政治因素，这种因素在1990年之前可以反映出社会体制的优势。"身穿训练服的外交官"的口号，当年掩盖了我们的许多问题。体育成绩与促进成绩的手段，听上去是一致的。作为局外人，有的多是预感，但并不能体会到政治层面的最终连带责任是无法回避的，而在我看来其中存在着合理因素。在现实的对比中，市场需求导致这种话题更加具有尖锐性。

迪科普：是否可以请您讲述几个您担任总理期间的兴奋剂案例？

莫德罗：当时根本就谈不上这个话题。当时我的关注点在别的领域：1989年秋天，民主德国的竞技运动员陷入了一波特权争议之中。在圣诞节前，我在柏林白湖畔主持了一场与最佳顶尖运动员的对话。与负责体育的国务秘书京特·埃尔巴赫一道，我们达成了一致意见，即减轻运动员的压力。直到1990年中期，兴奋剂话题才得到深化。各种奖牌被西德媒体质疑，错综复杂的剧情折射出各个截面：兴奋剂，医务人员，教练员，科学工作和器械发展。在20世纪90年代，位于克赖沙（Kreischa）的"修复中心与兴奋剂控制实验室中央研究所"和位于基恩鲍姆（Kienbaum）的竞技体育中心，引起了联邦德国的极大兴趣。有些运动员吞服提高竞技成绩的制剂，是在知情前提下进行的，但也有一些运动员并不知情。这是实情。

迪科普：您和东德民众当年阅读西德媒体的强度有多大？靠近边界地区收看西德电视节目是肯定的，但是也阅读报纸、画报和杂志吗？当时产生过哪些效应？

莫德罗：当时，印刷品的入境是普遍禁止的，只有一些媒体编辑部和机关可以例外。1978 年，在柏林开设了 5 年的西德《明镜》周刊办公室关门，从汉堡引进这本信息画刊的途径关闭。牵涉的订户大约 1000 户。但是，走私带进民主党的新闻产品并不少：奶奶在裙子底下给孙子捎带回 BRAVO 杂志，爷爷给女婿带回来《汽车画刊》，婶婶给外甥女带来《女朋友》画报，叔叔给堂弟带来《花花公子》。商品目录也很受欢迎。数百万人收看、收听电子媒体，不仅在边境地区，而且在全国范围内。易北河谷的德累斯顿则是一个例外，因此人们戏称那里是"信息比赛之谷"。

迪科普：民主德国时期是否存在西方媒体产品的黑市？

莫德罗：是否销售这种产品，我不知道。但是私下带进画报和商品目录则毫无问题。我本人自 20 世纪 50 年代从政以后一直阅读西方报纸，这在 1961 年以前是没有问题的。我毕竟必须了解信息，因为西柏林也生活有青年团员，而我是分管青年团工作的。1958 年，我当选（西）柏林议会的议员候选人。在柏林墙建立之后，专门的干部还可以接触西方媒体产品。作为德累斯顿专区党委第一书记，我不仅阅读《新德意志报》和《萨克森日报》，而且还看《法兰克福汇报》和《世界报》。

迪科普：其他社会主义兄弟国家及其"卫星国家"的媒体消费情况是怎样的？

莫德罗：这里有一个语言问题。我担任青年团干部时，读的是苏联《共青团真理报》，后来则读《真理报》和《消息报》。不过，当时是可以自由选择的。如今，如果不是因为职业原因或者因为出身于某个国家，谁还会去阅读其他国家的日报或者画报？我不相信民主德国对外国新闻产品的接受程度与其他国家或西德有根本性的区别。但是，西德的报刊，与民主德国600多种报刊使用的是同一种文字。

迪科普：赞成变革并为之奋斗的东德政治家，在新闻审查制度下而在媒体中得不到正面宣传。尤其是在漫画丑化方面大兴其风。您是否经历过和感受过这些？我本人就记得，查理边防检查站博物馆里挂着一幅示威者举过的埃贡·克伦茨漫画，将他以狼的造型躺在床上，下面写着一行字："外婆，为什么您长着那么大的牙齿呀？"

莫德罗：那是1989年的一幅漫画。在民主德国时期，并没有新闻审查制度，但是编辑们头脑里有一把剪子。这种自我审查形式并非民主德国的特权。早在战后，各个占领国就开始在东西德地区实施传统的新闻审查制度：在报刊印刷之前，有一个穿着军装的人拿着红笔阅读每一篇文章。在冷战的高峰时期，作者们用各种文字和图像攻击和诋毁各自的政治家，毫无羞耻感和疼痛节制。一直到70年代初缓和政策出台后，这种情况才有所变化。当时，至少在民主德国有一条原则：不向已经戴有皇冠的脑袋开枪！这就是说，不再用漫画形式攻击西方的现役政治家，更不允许丑化本国的政治家。在转折时期，东德境内对待政治家阶层的幻想已经没有任何界限，其不满情绪的宣泄如同脱缰之马。

迪科普：您有没有被以任何一种方式受到漫画类丑化？

莫德罗：至少我没有见过。当时，我不过只是外省政治家之一，并不拥有一举成为漫画对象或卡巴莱小品剧丑角演员的"荣幸"。

盖勒：因为一个改革派务实政治家难以用漫画来描绘？这可能是一个原因。这样的一个政治家类型，简要来说是一个中性人物，很难成为或者根本就无法成为攻击目标。

莫德罗：或许是吧。

30. 外交生涯以及外交官被解职问题

迪科普：1989 年，民主德国与 139 个国家保持着外交关系。在联邦德国一边，"哈尔斯坦主义"直到 1969 年始终规定所有东道国必须承认其是德国的唯一外交代表。在建立外交关系之前，民主德国在多个国家只拥有不同等级的代表机构（商务代表处、商务代表团、经贸代表团、总领事馆、外交使团等）。民主德国的各个大使馆究竟有多重要？哪些大使馆构成了最紧密的关系，原因何在？

莫德罗："哈尔斯坦主义"实际上终结于 1973 年 9 月，也就是两个德国被联合国接纳之时。我认为强调这一点十分重要，因为我常常遇到这样的观点，即联邦德国先于民主德国成为联合国成员国。同时加入在某种程度上意味着门第相当。不存在一等德国和二等德国，不存在法治国家和非法国家，而是德意志土地上两个合法、平等的国际法主体。在 20 年之后，朝韩两国问题也是这样解决的，两国同时被联合国接纳。

由西德国务秘书瓦尔特·哈尔斯坦命名的主义的消失，当然是与 1969 年的政府更迭、社民党与自民党联合执政政府推行的新东方政策有着几分关系，但也是保守党的西德联邦总理 1949 年以来推行的唯一代表德国这一诉求的强权政策失败的后果。欧洲的缓和政策，主要是构成大气候变化的一部分。北约与华约的主导国华盛顿与莫斯科，同意在两大集团之间建立一个军事战略的平衡。一场战争将不会给任何一方带来胜利。勃列日涅夫有过一个言简意赅、一语中的的表述："第一个开枪的人，第二个死。"由此而产生出协商、妥协达成一致的紧迫性，从而出现了和平共处的局面。在这样的背景下，当年的各大战胜国就柏林问题达成了一个四方协议。波恩与莫斯科、华沙、布拉格签署了确定战后边界的协议。而在此之前的西德阿登纳政府到基辛格政府，均曾质疑那条战后边界线。之后，联邦德国与民主德国谈判产生了原则协议，而在欧洲舞台上则产生了欧安会议（KSZE）。1975 年达成的欧安会议最终文件，得到了来自欧洲与加拿大 33 个国家元首与政府首脑以及美国总统福特的签字认可。民主德国是在这一背景下得到了 100 多个国家的国际法认可。

　　大使馆不过是国际合作的机构与工具。民主德国追求的并非在外国驻扎和交往尽可能多的外交官，而是希望参与所有领域中的国际事务分工。受到国际法认可这一点，永远不是自身目标，而只是这一道路上的重要一步。我们试图通过这一步骤增强内部的社会主义，进一步发展社会主义，与此同时改善我们更为有利的外部条件。

　　最重要的是经济问题。对我们而言，那些经济上最发达和最强大的国家当然吸引了我们的特殊兴趣。此类国家也拥有政治分量。在这方面，最重要的是西方三大战胜国美国、英国和法国。我们的北部邻国斯堪的纳维亚各国也并非不重要，我们希望与他们合作以确保波罗的海的和平。后来，我在任欧洲议员时见到一个瑞典人，他对当年民主德国主办的"波罗的海周"[1]的回

---

[1]　波罗的海周是民主德国在 1958—1975 年每年举办一次的活动，被视为一个国际节庆周。该活动大都是 7 月初安排在统一社会党专区罗斯托克，其口号是"波罗的海必须是一个和平之海"。

莫德罗（图中）在 2018 年 1 月 30 日的生日庆典中与韩国大使 Bum Goo Jong 博士（图右）和朝鲜大使朴南勇（图左）交谈

忆始终栩栩如生。

对我们来说，日本也很重要。我于 1972 年应日本社会党的邀请第一次访日，并肩负接触并建立外交关系的使命。我在东京的第一个谈话对象是苏联驻日大使奥列格·特罗杨诺夫斯基[1]。他的父亲亚历山大·特罗杨诺夫斯基[2]曾经在 1905 年的俄日战争中，在满洲里打过日本人，后于 1927—1933 年出任苏联驻日首任大使，之后又任苏联驻美国大使。他的儿子步其后尘。奥列

---

[1]　奥列格·特罗杨诺夫斯基 1919 年 11 月 24 日出生于莫斯科，2003 年 12 月 21 日逝世于莫斯科。其主要政治生涯是：1967 年 4 月 3 日—1976 年 4 月 17 日任苏联驻日本特命全权大使，1977 年 11 月—1986 年 3 月任苏联驻联合国常任代表，1986 年 3 月 11 日—1990 年 8 月 7 日任苏联驻中国特命全权大使。

[2]　亚历山大·安妥诺维奇·特罗杨诺夫斯基 1882 年 1 月 13 日出生于 Tule，1955 年 6 月 23 日逝世于莫斯科。其主要政治生涯是：1927 年 11 月 14 日—1933 年 1 月 24 日出任苏联驻日本大使，1933 年 11 月 20 日—1938 年 10 月 1 日任苏联驻美国大使，1947 年起任教授。

格说一口流利的日语，因为他从小在日本生活。他为我打开了通往东京的大门，带我深入了解了日本政治体制的各种特点。特罗杨诺夫斯基说，与议会进行对话十分重要，甚至比与自民党政府官员的交流更加重要。我与自民党负责国际事务的书记小坂善太郎①进行了交谈。据说他将于1976年出任外务大臣。在莫斯科，民主德国和日本大使就两国之间建立外交关系进行了谈判。

联邦德国自1953年起就在日本派驻有外交代表。两国之间因强烈的反共立场而关系密切。当日本首相吉田茂②于1954年访问西德时，他与阿登纳等人就禁止德国共产党问题进行了交谈，并表明了自己的世界观："西德与日本是自由世界的两个边界岗哨。"尽管民主德国作出了很大努力，但是我们与日本之间从来就没有签署过国家层面的任何协议。因此，20世纪50年代和60年代的接触重点起初只局限于文化、议会和工会领域，后来才增加了反对核武器的斗争内容。由于1945年在广岛和长崎投射了原子弹，所以日本内部对这种大规模杀伤性武器的反感程度特别高涨。在此次谈话的前期，波恩试图进行干预。自1971年起出任西德驻日本大使的威廉·格雷韦③造访了日本外务省。毫无效果。民主德国大使馆于1973年10月15日在东京

---

① 小坂善太郎1912年1月23日出生，2000年11月26日逝世。其主要政治生涯是：1976年9月15日—12月24日担任日本外务大臣。之前于1972年12月22日—1973年11月25日担任国务大臣和经济计划署长官。再之前于1960年12月8日—1962年7月18日曾经担任外务大臣，1953年5月21日—1954年6月16日担任劳动大臣。

② 吉田茂1878年9月22日出生于苅田（东京），1967年10月20日逝世。他于20世纪30年代出任日本驻意大利和英国大使，1946年5月22日—1947年5月24日担任日本第45届首相。之后，他曾三次重新当选：1949年2月16日、1952年10月30日、1953年5月21日。他于1954年12月10日辞职。

③ 威廉·格奥尔格·格雷韦1911年10月16日出生于汉堡，2000年1月11日逝世于波恩。格雷韦于1958年起担任德国大使：先是于1962年前驻华盛顿，之后在1971年前担任驻巴黎和布鲁塞尔北约理事会常任代表，再后于1979年前派驻东京。

开设。霍斯特·布里 [①] 应召成为首任民主德国驻日本大使。他于 1974 年 5 月 17 日向日本裕仁天皇 [②] 递交国书。1974 年 5 月 17 日，日本大使森木秀策 [③] 也在柏林国务委员会行使了同样的使命。我行使使命取得的成果在柏林以不同的方式得到了认可。为此，人民议院统一社会党党团推荐我担任了民主德国与日本友好协会的主席。由于这一职务，我后来常常访问日本。如果我的记录准确的话，迄今我已经至少 14 次到访这个"日出之国"。在这几十年内，我有过无数次交往与对话，大都是老友重逢。例如海部俊树 [④]。20 世纪 60 年代他以年轻议员的身份访问民主德国时，我就与他结识。我们的关系从未中断。

我出任总理后，他也以这个职务的身份邀请我正式访问日本。然而在我 1990 年 9 月 27 日登上飞机时，已经不再是总理。他托人告诉我，被邀请人仍然是汉斯·莫德罗。10 月 2 日，日本安全委员会主席邀请我出席一个主要由科学家参加的政府顾问委员会的晚宴。在二阶俊博 [⑤] 先生的安排下，桌子上摆放着民主德国与日本的国旗。这一举措使我十分感动。在宴会结束时，主人请餐厅所有仍然在座的客人给予谅解，因为他的客人是前民主德国总理，而第二天两个德国即将统一，民主德国将不复存在了。

[①] 霍斯特·布里 1923 年 2 月 1 日出生于柏林的卡尔斯霍斯特区，2014 年 3 月 26 日逝世。其主要政治生涯是：1958 年进入民主德国外交部任职，1958—1961 年在驻中国大使馆担任一等秘书，之后于 1961—1963 年担任外交部第一非欧洲司（远东）处长和副司长，1963—1964 年出任驻中国大使馆参赞和代办。之后，派驻朝鲜任大使（1964 年 9 月—1968 年 12 月）。1972 年，他以民主德国外贸协会工作人员的身份前往日本，实际上是担任建立外交关系筹备小组的组长。1974 年 4 月 22 日，布里正式出任民主德国驻日大使。1983 年 7 月 25 日—1990 年 9 月 19 日，布里担任驻希腊大使。
[②] 裕仁于 1901 年 4 月 29 日出生于东京，1989 年 1 月 7 日逝世于东京。他于 1926—1989 年担任日本天皇。
[③] 森木秀策 1951 年出任驻洛杉矶副领事，1965 年在汉堡任领事，1966 年在柏林选帝侯大街任总领事，1974 年 5 月 17 日—1975 年 10 月 28 日任驻民主德国大使，自 1977 年 4 月 21 日起任驻里斯本大使。
[④] 海部俊树 1931 年 1 月 2 日出生于名古屋。他是日本自民党党员，于 1989 年 8 月 9 日—1991 年 11 月担任第 48 届日本首相。
[⑤] 二阶俊博是自民党干事长。

10月3日，我从人民议院的代表变成了联邦议院的议员。大使威廉·哈斯①非常清楚，他的大多数客人也曾是原先民主德国大使馆招待会的客人。对他来说，我并非一个无名之辈。他想用邀请客人之举来强调其外交意识，即在东京释放出两德已经统一的信号。②

今天，大使为了尊重主宾，再次演奏了民主德国和日本的国歌。毫无例外，在场的所有50来人全都站起身来，并在国歌最后音节结束之后报以掌声。

当时我的感动是少有的。不仅仅因为非同寻常的局势，而且因为我恰恰在我所拥有了41年的国家在世的最后一天，在远隔家乡数千公里的异国他乡听到那极其悦耳的歌声："从废墟上站起来，走向未来……"

迪科普：在民主德国各个大使馆关闭之时，与莫德罗政府并无瓜葛，因为此时担任总理的已经是德梅齐埃，负责外交部的则是马尔库斯·梅克尔？

莫德罗：是的。自8月份开始，当社民党退出联合政府之后，德梅齐埃还兼任外交部长。但是历史的真相是：民主德国的驻外代表机构早已在西德的掌控下了。

迪科普：大使馆的解散给您带来的是什么感受？肯定也有一些受到牵连的大使？

莫德罗：什么叫作"受到牵连的大使"？我们的大使都是一些高素质的

---

① 威廉·哈斯1931年8月18日出生于柏林。他于1955年进入西德外交部。1959年在西德驻东京大使馆担任新闻官员，1984年出任"第三世界"政治司司长，1985年在以色列担任大使，1990年出任驻日本大使，1994—1996年担任驻荷兰大使。

② 参阅汉斯·莫德罗所著《我原本是要建设一个新德国》，1998年出版于柏林，第463—467页。

人士。与今日德国大使不同，我们当年没有一位不会驻在国语言的大使。我曾经以议会外交委员会成员的身份批评德国外交部长根舍，质问他为什么不认可、不留用由苏联国际关系学院培养出来的拥有硕士学位的民主德国外交官？这是一所具有很好国际名声的教育场所，所以他本人或撒切尔夫人在接受该学院名誉博士学位时并没有感到有什么问题。得到该学院硕士学位的法国或英国外交官会得到承认，但是只有民主德国的外交官不被承认。他对此的解释是：东德的外交官忠诚度不够高，无法受到继续留用。这就是说，其标准是意识形态，而不是专业技能。

31. 民主德国的革命与生存能力问题——历史回顾

迪科普：您会把 1989—1990 年的各个事件和局势发展称为革命吗？如果是的，那么在多大程度上算是革命？

莫德罗：这是一个有争议的问题。在我看来，这个问题不应该这样提。在民主德国发生的一切，而且不仅是在这里，也包括在苏联，自 1987 年起就能看得见、感受得到的，那是一场内部爆炸的过程。这个名词在外语词典中的解释是：通过一场内部爆炸而被毁灭。1989 年秋天发生的一切，在我看来正是这样的一个过程。那是一场内部塌陷，其过程令我的政府也无力回天。如果是为了增加认知，我们可以对其概念和内容继续进行争论。但是，这个概念中所包含的各种事实，是无法抹去的。

当时能够实现非武力，就是这样的一个事实。大规模示威活动初始提出的"我们是人民"的口号，继而变为"我们是一个民族"——这一转变并非源自参与圆桌会议的各方力量。1989 年秋天的外部势力，说白了就是西德的势力，究竟是怎样进行干预引导的？这个问题至今还是存疑。当时对民主诉求，要求的是人民获得权利，与当今德国联邦议院所在地，也就是帝国议会大厦旁示威者的诉求并无二致。但是，如今政界决策者对民主的容忍胆量，并不比那时多出几分。即使我不遵从眼下流行的所谓转轨理论，该理论似乎也比其他观察家的理论受到更多的关注，例如所谓"反革命"的说法。由于这个题目涉及欧盟而不是仅仅局限于德国，所以这样的学术观察在议事日程上被视为具有普遍的必要性。欧洲左派要求表述自身的立场。

盖勒：如果套用您的说法，也就是内部爆炸或内部坍塌的进程，那么您认为是否可以区分为不同的阶段？

莫德罗：如果谈到阶段问题，我认为可以区分为两个阶段。在我承担政府责任期间，不过是一个过渡阶段的努力，终结于1990年4月。之后则是将民主德国移交给联邦德国的阶段，可以称之为"加入阶段"。从这一事件的国际角度看，开始时是"四加二协议"，到后来变为"二加四协议"，期间苏联作为四大战胜国之一的影响力正在失去。

盖勒：当时一方面有着民主德国这个国家，另一方面则有着统一社会党这个政党。当时的统一社会党既是国家政党，同时也是统一的政党。如果我们对三个当事人——汉斯·莫德罗、埃贡·克伦茨和洛塔尔·德梅齐埃——进行观察和对比，那么他们与国家为一方面、政党为另一方面的关系如何？他们对二者的忠诚度、内政侧重点和优先顺序是如何把控的？或许国家政党，也就是统一党，已经将其混为一谈了？还是始终是有所区别的？您现在的说法却明确表明是有所区别的。您说您对不同的职能和权限有着非常明确的不同界定，例如您在埃贡·克伦茨面前的明确表述方法。或许可以简单形象地这样理解：克伦茨首先是一个政党领导人，然后才是国务委员会主席，只有这样才能行使国家职能？莫德罗作为总理则是一位国务政治家，当然同时也是一个政党人士，不过对您来说最重要的是把保持和维护国家作为第一要务，而不是把政党置于首位？您当时更多的着眼点聚焦于改革和维护国家，而不是聚焦于政党？或许从中也可以找到解答那个根本性问题答案的钥匙，即1989年10月—11月没有及时采取正确决策？在您担任总理之前，所有人的想法和做法都过于顾及党内的体制？党是"永远正确的"，必须毫无条件地保持党的领导，即使在人事中有所变动，但在国家政策的大政战略上却极少有所变动？这一切能不能作为一种解释？

莫德罗：对于您的这个问题，我只能以一个时代见证者的身份，尽可能尝试着作出有限的回答。但是我还有一个请求：请您去查有关的档案，因为只有档案中才会有客观的图像。在回顾历史的时候，我可以比当年说得更多一些：在一个以统一社会党为领导的大联合政府中，各个民主党派能够如此建设性地参与执政，在当时来看并非理所当然的事。以曼弗雷德·格拉赫为首的东德自由民主党，与以奥托·拉姆斯多夫为首的西德自民党之间有着十分密切的接触，其交往深度超出我们当时了解的程度。洛塔尔·德梅齐埃也在科尔的基民盟当中有着一些亲戚和朋友，并且始终保持着接触。当时，我对这些都无法看透。当人民议院选举了京特·马洛伊达而不是曼弗雷德·格拉赫当选主席时，等于释放了一个信号。马洛伊达任主席的民主农民党，当时与西德并没有接触。马洛伊达能够当选主席，对政府而言是一个幸运，因为我们拥有了一个认真履职的伙伴，他与政府的合作是建设性的，必要时才会持批评态度。

盖勒：您在1989年11月中旬至1990年4月期间担任东德总理，您当时的立场是否还有其他的选项？当时的事态很快就出现了剧烈变化，一个事件接着另一个事件。您在回顾历史时是否有过遗憾？

莫德罗：我认为，在当时的框架条件下，我们已经根据当时的意愿作出了建设性的适应。更多的可能性已经不复存在。我在 1990 年 2 月就清楚了，民主德国已经无法拯救。我当时能做的就是组织和平过渡。大门不应当大声地使劲关上，而应当轻柔地合上。社会主义的思想先驱者原本是想建设一个充满人性的和平社会。我们在建设社会主义时也是秉持着这一目标。如果由于我们工作的不完美而导致社会主义失败，那么我们就不应该以血腥的野蛮方式告别世界历史。否则就玷污了我们想用一种社会选项取代缺乏人性之资本主义的初衷。当然，整个过渡没有能够完全按照我们的设想进行，这一点对我本人而言迄今为止仍然是痛苦的。我们原本希望在过渡进程中给民主德国的德国人以更多的保护、更多的安全、更多的权利，并且也要求将其写入统一协议。人们现在都在谈论统一进程中所犯的错误。其实是我方失误和对方蓄意的混合产物。这种做法既不光明磊落，也不符合全体德国人的利益，那些当权者的行为只是为了西方的利益。

盖勒：在那动荡的几个月之前，民主德国就已经没有存活的机会了？在 1989 年 10 月—11 月至 1990 年 3 月的那个阶段，民众已经越来越多地发起倡议，走到政局前头去了。如今时过境迁，再来假想当然是天马行空的幻想，但是我不妨描述一下：如果当时有一个乐于改革和立场开放的政府——当然当时的政府并非如此——或许还有机会赢得大多数东德民众赞成民主德国的继续存在，也就是赞成建设第二个社会主义的或者社会民主主义的国家，赞成走一条中间道路或者"第三条道路"。如果当时存在这样的机会，或许并不是一件坏事。如果我们回顾一下 1990 年 3 月 18 日大选之前各个政党的竞选纲领，就可以找到很多相关的观点，也就是说原本是想保留与民主德国息息相关的许多东西：社会与福利国家性质，包括追求不结盟的政策。人们并不想让统一后的德国成为北约成员国。我认为，这些在 3 月 18 日之前并没有明朗，或者说并没有作出决定。但当时已经十分明确的是："我们是一个民族"以及对是否要建设一个更好的民主德国这个问题求得答案，但是并非务必要一个立即被西德"1∶1"吞并的东德。对东德未来有着积极前景的想法，从纲领上看来并没有放弃。对许多东德公民来说，这一点在1989年10月—12月是明确的，或许在1990年1月之前也是明确的。从发展潜力角度看，如果想要保留民主德国，当年原本应该好好地把握机遇，或者说必须好好把握机遇。因此我的结论是：民主德国的国家属性曾经拥有的潜在机遇——如果当年确实还有机会的话，实际上是1989年之前那最后几年内被昂纳克贻误了。

莫德罗：我问您，上街游行的政治决策原则上是从什么时候作出的？我不相信1989年秋至1990年春上街游行的大多数东德群众还拥有保留民主德国的选择权。当时在背后操控大轮子的是其他势力。您所说的那种潜力，已经不足以抵挡西方各大国的地缘战略利益。关于另一点：在德国，没有人需要第二个社会民主主义或资本主义共和国。当年的民主德国，就是因其有别于资本主义联邦德国的特性而得到了合法性。当德国东部拥有推动历史大轮子向后转，也就是重新恢复1945年之前的财产关系和土地关系的机会出现时，科尔之流立即伸出双手牢牢地抓住了。他们不是为了"解放东部的兄弟姐妹"，而是争夺10.8万平方公里的国土及其1600万消费者。

盖勒：我对科尔的看法并非如此。这种土地与财产关系源自民主德国时期的土地改革和剥夺财产权，西德人怎样看保留土地与财产关系的做法？

莫德罗：当时的大幅标题是：《莫德罗为他的同志们服务》。有一次，当我与夫人一起去马耳他度假时，有一位同胞走过来对我说，他想对我表示感谢——感谢那道莫德罗法律。因为这个法律，他得以用优惠的价格买下来自家的地产，从而能够保留住自己的住房。否则，他根本就没有能力支付后来越来越高的地价。

盖勒：很显然，如果想修正已经维持 40 年的体制，将会给两德融合带来最高级干扰因素，根本就不可能形成内部的统一。

莫德罗：当时他们得以实施"归还先于补偿"的原则。成千上万人被赶出了他们获得、维护、修葺了几十年的住房和乡间小木屋。那些原始房产的主人在战后放弃了房产或者出走西德之后，如今又返乡倒算或要求按照"市场时价"对他们的房产进行赔偿，而那些现在的住户往往根本就无力支付。于是出现了再次剥夺房产的现象。

盖勒：关于民主德国在冷战时期并非孤岛的提示，是一种理所当然的地缘战略观点。

莫德罗：1997 年，我作为贵宾出席了哈瓦那的世界青年与大学生艺术节。我在那里和一些人进行了许多谈话。其中有一位是古巴舰队的司令。我们用的是俄语，因为他在列宁格勒学习过，而我在莫斯科学习过。他问我——或许是因为古巴的局势："民主德国当时为什么没有进行自卫？"他指的当然是采取军事手段。他最终认为，古巴与民主德国的区别或许在于，孤岛是可以从外界进行攻击的。他指的是，当年能够将猪湾[①]入侵者赶出去。他认为，

---

① 猪湾入侵事件系指肯尼迪总统时期美军组织的古巴流亡者在猪湾发动的军事进攻行动。由美国中央情报局策动的此次"covered actions"行动，由大约 1300 名自 1959 年起逃离古巴的流亡者从危地马拉开始实施，目标是推翻以菲德尔·卡斯特罗为首的古巴革命政府。这一秘密行动使得美国在联合国大会上遭到批评，所有国家均拒绝参与。事后不久，肯尼迪不得不为此次失败的武力政变行动承担责任。出于对美国再度侵略行为的担忧，增强了古巴向苏联靠拢的尝试，从而导致 1962 年古巴导弹危机的升级，将世界推到了一场核大战的边缘，后经双方外交努力才得以避免。

左图为莫德罗于 20 世纪 80 年代在哈瓦那会见古巴党和国家领导人菲德尔·亚历杭德罗·卡斯特罗·鲁斯；右图为两位社会主义者在谈话：卡斯特罗和莫德罗，还有一位翻译人员

在古巴不可能由内部导致失败。我理解他的意思，但是就两国之间的区别作了以下提示：古巴的社会主义转折是从一场革命中诞生的，而德国是在大战后被军事占领，并在冷战中分裂的。在民主德国的领土上，驻扎有 35 万苏联军队。在我国地域上发生的任何军事冲突，都可能导致一次世界大战。因此，我们的斗争并不诉诸武力，最终着眼于争取人心。人们希望得到的是西德马克，而我们想要的是避免战争。

盖勒：这就是说，关于和平的观点，亦即人道主义的理念，在民主德国演变成了厄运？可以这么推理吧："我们为了和平。""我们不想要战争"，"我们也不想要一场为了自卫而必须实施的战争"。

莫德罗：是的。但是，我不想称其为"厄运"。

盖勒：这不仅是一个事实，而且是他们的命运。

莫德罗：我不相信命运。

盖勒：民主德国当时已经失去了支付能力？综合性的积重难返，实际上已经无可救药？

莫德罗：在那个时刻已经难以挽救，而且不可救药的不仅仅是我国一家——如果我们还能把民主德国视为国家的话。不过，如今我无法说究竟到什么时候为止还能够补救。或许这是一个与生俱来的错误，这个错误从生到死陪伴着我们。

盖勒：您对昂纳克的看法与乌布利希相比完全不同。从您的评价来看，您对昂纳克有几分失望，因为他不够灵活，视野也不如乌布利希长远？客观地看，如果早在1987年起就由汉斯·莫德罗担任总理，民主德国会有比较好的机会以某种方式渡过难关？

莫德罗：不。或许会有机会以不同的方式走向统一，如此而已。我们当时并非像古巴一样是个孤岛。我们是与苏联一道从废墟中站立起来的，也是与苏联一道被灭亡的。

盖勒：这就是说，民主德国的"命运"实际上是地缘政治？

莫德罗：不仅如此。

盖勒：是地缘经济？

莫德罗：也是地缘经济。民主德国的命运及其终结十分复杂。这是一个与苏联模式紧密相连的政治体制，根本就不存在发展的机遇；像乌布利希

1963 年启动的那种改革尝试，根本就得不到机会。莫斯科不允许偏离其路线。当时民主德国的生产力处于落后状态，其中原因之一是禁运与制裁的后果。我们被系统地与国际合作和借助巴统援助清单[①]实现科技进步的途径所隔绝。最终还因为西方，尤其是第二个德国，从一开始就采取一切手段——宣传、政治、经济、外交、情报等手段——对民主德国进行打击。苏联在军备竞赛的道路上不遗余力。苏联及其盟国因军备竞赛而致死性地奔跑不已。因此，民主德国并非由于外界常说的那样缺乏民主或缺失信息政策而走向沦亡，也就是说并非由于我们自身的错误和缺陷，而是由于外部和内部因素的综合作用。

盖勒：您本人从什么时候开始清楚地意识到已经没有机会保住民主德国了？如果您能够再次回首那个时期，也就是从 1989 年 11 月 17 日至 1990 年 3 月 18 日，您是从什么时候开始清楚地意识到，如今只能是在责任感伦理学角度作出努力，使得一切避免在混乱中终结，尽可能有序地跨越过去？

莫德罗：不是由于某一个时刻，不是由于某一个关键性的事件，而是一个过程。1989 年 12 月 3 日，我得到消息，国务秘书沙尔克 - 戈洛德科夫斯基突然从民主德国出走，目标不明。统一社会党的领导机构——党中央解散。12 月 4 日，我在莫斯科经历了华沙条约组织解体的开端。这一切都是末日黄昏的因素。

盖勒：在您看来，沙尔克是一个重要人物？

---

① 欧洲经合组织（OEEC）的多国出口统筹委员会（COCOM）提出了一个针对苏联及其盟国的重要战略物资禁运名单，这一清单在整个冷战时期都有效力。

莫德罗：在民主德国与联邦德国谈判时，他确实是一个重要人物。沙尔克通过律师沃尔夫冈·福格尔①给我送来了一封亲笔信。他在信中通知我，他将离开14天，但是并非前往任何北约国家。他没有撒谎：人们对他进行全球搜寻，他却逗留在西柏林。在西德联邦情报局的帮助下，他飞出了西柏林，并在一个秘密地点受到该情报局高强度的审讯。

盖勒：再回到地缘政治，也就是安全政策话题上来。据说密特朗是用这样的理由劝说戈尔巴乔夫同意统一后德国成为北约成员的："如果德国留在北约，我们就可以对德国进行最佳防范，可以实施对德国的监督。"这一理由也说服了波兰。顺便说一句：波兰政府代表原先并不赞成德国中立。这种可能性被排除了，而且波兰政府十分明确地阐明了它的立场。实际上根本性问题在于，是谁在这个项目上说服了各方？原本是需要拥有一个超级强大的苏联，并且有一个具有生存能力的民主德国，而民主德国原本必须仍然拥有边界控制和边防权限，必须仍然拥有柏林墙的。这是我的理论选项，而这种选项必须创造可以自由选举和着眼于长期撤军的绝对条件。在密特朗为德国统一提出三大条件时，作出了完全错误的判断：第一，他认为苏联不可能允许在民主德国实施自由选举。这是第一个错误判断。第二，在他看来，苏联不可能拥有从德国撤军的意愿。第三，他在1989年和1990年年初认为苏联不大可能同意统一后德国成为北约成员国。这些是他的设想，并且实际上导致了他对德国统一不可能实现的结论。我的问题是：在您1990年1月30日前往莫斯科与戈尔巴乔夫谈话之前，是否意识到局势现状会给此行结局带来风

① 沃尔夫冈·(海因里希)·福格尔1925年10月30日出生于Wilhelmsthal（下西里西亚地区的Habelschwerdt县），2008年8月21日逝世于施利尔塞（Schliersee）。他曾在民主德国担任律师，在冷战时期组织了间谍交换行动，是民主德国与联邦德国之间互相购买政治囚犯的谈判代表。他参与了从23个国家释放150名间谍的交易行动。沃尔夫冈·福格尔1990年被揭露出国家安全部斯塔西合作者的身份，1998年被联邦最高法院判处无罪释放。

险？对人民议院大选之前的政党纲领作一番分析是很有教育意义的：究竟有多少政党当时希望德国成为不结盟国家，希望德国不要成为北约国家？在人民议院大选前那短短的时间内，人们关注的大多是财产问题、急于夺取国家安全部档案问题以及基本法第218条问题。与这些议题相比，德国的北约归属问题是否能够成为外交政策和安全政策的议题？

莫德罗：没有外力强制，但是这些议题确实被淹没了。大多数东德人已经被西方的宣传冲昏了头脑，对民主德国过去多年的政策感到恼火。他们希望获得西德马克和两德统一。他们以为一切将朝这个方向发展，未来只会拥有硬通货币，毫无边界束缚和管控。大多数选民对其他所有问题根本就不感兴趣了。

迪科普：也就是说，人们首先想到的是物资条件？

莫德罗：是的，很遗憾，加上还有各种幻想。"我们会获得西德马克，而乘坐公交车、轻轨和地铁的费用一如既往仍然只需要20芬尼，买个小面包仍然只需要5芬尼，仍然可以享受低租金，每个月的租金只相当于净收入的不到10/100。"误以为就业岗位是保险的；即使失业，也会获得劳工局的补助。

32. 实施德国统一成为两德内部优先大事

盖勒：当年与西德内政部长沃尔夫冈·朔伊布勒进行统一谈判的是东德国务秘书京特·克劳泽。在那个阶段，您已经无法施加影响了。在签署统一协议之前，还签署过货币、经济与社会联盟。也就是说，德意志联邦共和国与民主德国之间一共有过两个国家协议。您当年对这些两德内部决定的效应有过多远的预见？接着又通过了"二加四谈判"的决议，并且与苏联、波兰和捷克斯洛伐克共和国签署了睦邻协议。这段前期历史是不是创造了一个使两德统一不可逆转的先例，尤其是"二加四"进程只能增加外部框架条件？后来在一些攻击性的出版物当中，克劳泽被斥责为"西方的内奸"和"叛徒"，指责这个决议是为东德并入西德打上了钢印。您如何评价他的角色？

莫德罗：克劳泽是一位来自维斯马的兼职教授，在此之前我并没有听说过他。为什么德梅齐埃会起用这个来自巴特多伯兰县的基民盟主席？这一点我不清楚。但是我可以猜测，西德方面可能要求德梅齐埃，东德的谈判代表必须至少是来自基民盟的。这个谈判者肯定不能指派东德的外交部长，因为他来自社民党。按照波恩的解释，"重新统一"并不是外交事务，而是两德内部问题。无论从任何角度看，这都是当时的政治背景。

33. 对原党和国家领导人及其夫人玛尔戈特和1990—1991年昂纳克案件的回忆

迪科普：您曾经长年担任德累斯顿专区统一社会党党委书记。昂纳克是怎样评价1945年德累斯顿遭受的严重轰炸？

莫德罗：他在1985年森佩尔歌剧院重新开放时——在被炸毁40年之后——这样说道，德国发起的战争，打回了德国。他的话形象地描述了德累斯顿遭受灭亡与摧毁的因果关系。面对埃里希·昂纳克的这番话，人们只能赞成。这番话明确阐述了因果关系。德国人发动了战争，结果招致战争的回击。在德累斯顿之前，也是在汉堡、维尔茨堡、马格德堡及其他城市被英国人轰炸之前，考文垂也已经成为火海，V–2 导弹也打到了伦敦。我们既不能怪罪英国人，也不能谴责德国曾经袭击的其他国家对德国使用了战争手段。

迪科普：那是昂纳克的基本立场？还是顾问建议他这样表态？

莫德罗：不，我认为这是昂纳克本人的认知。这一观点符合他的信念，尽管他 1985 年 2 月 13 日在皇宫与回廊之间的森佩尔歌剧院门前广场上演讲时有过言外之意。

迪科普：为什么这样认为？

莫德罗：他在此前一周给我打过电话，说是天气不太好，而且很冷，我们是不是放弃在室外召开会议的计划，将开幕仪式改在室内进行？我答复他说，无论天气怎样，德累斯顿人都会前来庆祝森佩尔歌剧院的重新开张。此外，这次集会还有一个信号，我们也将重新修建皇宫。

盖勒：1985 年 5 月 8 日，里夏德·冯·魏茨泽克曾经发表了他那著名的演讲《战后 40 年》，从而引发了一场新的讨论：战后 40 年与投降。

莫德罗：没有人想到，西德联邦总统三个月之后在联邦议院就这一话题发表了一个实在是十分重要的讲话。具有决定性意义的是，正如您刚才指出的那样，我也认为：在战争结束 40 年后，两个德国的国家元首都承认了德国法西斯们对战争应负的罪孽与责任。

盖勒：您的劝说增强了他在广场上演讲的决心？

莫德罗：是的。集会如期进行了。根据我的记忆，全国大主教约翰内斯·亨佩尔[1]也在场，在舞台上站在我的身边。他同时还兼任民主德国基督教教会联盟的教会领导大会主席。

盖勒：顺便提一个问题：令人惊讶的是，居然是民主德国领导人比联邦德国更早地发现和尝试着使用"德国历史"这个话题，例如1984年的路德纪念年，之后的普鲁士-俄国联盟历史，又如沙恩霍斯特[2]、格奈泽瑙[3]《陶罗根公约》[4]等。矗立在"菩提树下大街"的弗里德里希大帝的雕像也是一个证明。作为一名经历过战争以及战后时代的老人，您对这段历史回忆的时期有着什么样的感受和经历？这显然是向西德显示的东德战略？

莫德罗：您现在提出的这个问题，我认为在两德关系上具有十分重要的意义。德意志联邦共和国究竟是怎样书写历史的？我有三个孙辈——分别于1977年、1981年和1985年出生。他们的历史观是在1990年之后在中小学和大学里传授的。由此可以发现漏洞和差异。

或许这是在处理历史事件的传统做法上的原则性。从这个角度看，统一社会党依然保留着工人运动的传统。即始终把过去几代人的罪责扛在自己肩

---

[1]　约翰内斯·亨佩尔1929年3月23日出生于齐陶。他自1955年起在Gersdorf担任教士，1959年起在莱比锡圣保罗布道学校担任督学，并且获得了神学博士学位。1982—1986年担任民主德国基督教教会联盟（BEK）教会领导大会主席。1983年8月，亨佩尔成为基督教教会委员会（ÖRK）7名主席之一。

[2]　格哈德·约翰·达维德·冯·沙恩霍斯特1755年出生于Bordenau，1813年6月28日逝世于布拉格。他是普鲁士军队的中将。他在格奈泽瑙的领导下担任军事组织委员会主席，自1807年起成为普鲁士陆军改革的重要组织者。沙恩霍斯特是反对拿破仑解放战争时期最重要的军事改革者。

[3]　奥古斯特·威廉·安东尼乌斯·奈德哈特·冯·格奈泽瑙伯爵1760年10月27日出生于Schildau，1831年8月23日逝世于Posen。他是普鲁士军队的野战元帅和陆军改革者。作为布吕歇尔的参谋长，他在1815年滑铁卢战胜拿破仑的战争中扮演了决定性的角色。

[4]　《陶罗根公约》是1812年12月30日在原普鲁士与俄国边界签署的停战协议，签署双方为普鲁士军队的约翰·达维德·冯·约克中将和俄国军队的汉斯·卡尔·冯·迪比奇少将。

上，并且承担着一份为当下和未来引领方向的责任。然而更重要的是，历史并不是一系列偶然事件的汇合，而是由各个集团及其利益斗争中产生的结果。

无论过去还是现在，这种阶级斗争都存在着某种程度的规律性。认清这些规律的不仅仅是马克思和恩格斯。从这个原则视角下，推导出历史进程的意义及其感知。进步的工人以辩证唯物主义的历史观反对资产阶级理想主义的历史观。这就是为什么民主德国的历史拥有更加广阔视野的原因所在。当然，如果把这个国家描述为数百年阶级斗争的后果和高潮，进而将其合法化，首先就会产生某种狭隘性：将明策尔取代路德，将倍倍尔取代俾斯麦，将俄国十月革命取代德国十一月革命……在 20 世纪 70 年代和 80 年代，我们的视野变得更加宽阔了。

历史与政治的贴近，伴随着我的一生。例如，凡是经历过《波茨坦协定》签署过程的人，自然会了解极具多面性的普鲁士历史。德累斯顿和萨克森带来了一些新的印象。韦廷人给萨克森历史打上了烙印。当我在那里担任第一书记，我就曾经自问，我们应当怎样处理这些历史问题？我们在各个纪念日应当怎么做？我们应当如何解释各个博物馆内展示的那么多财富？对工人运动历史来说，柏林和军国主义的霍恩措伦不会成为问题，但是对于韦廷人来说，对那些记载着数千年历史的最古老德意志贵族后裔而言呢！负责文化和科学的党中央书记库尔特·哈格尔曾经在讲话中冒犯了韦廷人的尊严。我们在与博物馆研究人员和历史学家的一次会议上，产生了设立一个以"采矿与艺术"为主题的展览的想法。财富的来源和劳动的艰辛得到了展示，而不是将贵族后裔作为核心内容。我们用这种方法避免了来自柏林的批判性质问，从而为我们的关切创造了空间，即以完全宽阔的视野和多样性来展示萨克森的历史。

我的信条是："没有根基者，易被风摧之。"我常常对自己说：根基越深，挺立越坚。如果不舍得用描述奥古斯特的语言来为强盛者和韦廷人点赞，是无法重建回廊、森佩尔歌剧院、皇宫和宫廷教堂的。

盖勒：这一切根本就绕不开历史。

莫德罗：我的一切经历都证明了这一点。

盖勒：请允许我转换一个话题：您怎样评价玛尔戈特·昂纳克对其丈夫的影响？

莫德罗：她一直否认这一点。或许原因在于，他们俩都是独立的，他们互不依赖，各有各的区域——她是教育部长，他是总书记。她的智商可能比他高一些，但是如果说他在这场婚姻中有些怕老婆，我没有任何凭证。据猜测，赖莎·戈尔巴乔娃对丈夫有过影响力，但是玛尔戈特呢？我想，仅仅因为她意识到自己是总书记夫人这一点，就已经会让她有几分自命不凡。有些人希望通过她接近埃里希·昂纳克，但是据我所知不会奏效。当然她是不愿意充当信使的，因为她相当自负。

迪科普：这是真实的还是假设的玛尔戈特·昂纳克？

莫德罗：这就是她的特性。

盖勒：您认为埃里希·昂纳克更多的是一个理论家还是实干家？

莫德罗：实干家。作为理论家，他缺乏知识和素养。

迪科普：那么玛尔戈特·昂纳克呢？

莫德罗：玛尔戈特在莫斯科共青团高校学习过——与我一样。据我所知，这是她上过的唯一一所高等院校。但是她很聪明。我认为，玛尔戈特是在工作中不断地学习。有点儿像是某种形式的自学。

迪科普：您是什么时候在智利见到玛尔戈特·昂纳克的？在经历了时间和空间的距离之后，她怎样评判民主德国发生的一系列事件？

莫德罗：我是怎样见到她的？那是 1997 年，我在古巴出席世界青年与大学生艺术节时。格拉蒂丝·马林① 当时也在场。我同她进行了接触。她向古巴人打听我是不是还是左翼人士，能不能邀请我去智利。于是很明确：我得到了访问智利的邀请。我于 1998 年 10 月 27 日访问了智利。在那里，玛尔戈特受到了共产党的照料，而不是社会主义者。我获得了优先权，也就是说收到了与玛尔戈特会面的邀请。第一次会面是一次试探。谈话进程并不高度政治化。我们的话题没有多少尖锐性，例如只提到了"民主德国的叛徒"等类似问题。2004 年第二次拜访时的距离就小了一些，当时的组织者是罗莎·卢森堡基金会。此次会见在玛尔戈特的私人住家进行。一方面她在涉及民主德国终结问题时不再持批评和抵触态度，另一方面她也不再怀疑民主德国的"工农国家"性质。她没有找到自我批评的途径，但也不再沉浸在 1989—1990 年那一重要时段的情感当中。她不再把大多数东德民众视为暴民。玛尔

---

① 格拉蒂丝·(德尔·卡门)·马林·米莉 1941 年 7 月 16 日出生于库雷普托（智利），2005 年 3 月 6 日逝世于智利的圣地亚哥。2005 年 3 月 8 日举行了国葬仪式，参加葬礼的民众多达 100 万人。她曾任智利共产党总书记，进行过反对奥古斯托·皮诺切特的地下斗争。1998 年，她对奥古斯托·皮诺切特提出了第一次伤害人权的起诉。

戈特的举止使得她的人物特点有了几分令人同情。她原本可能对此采取更具批判性的态度，原本可以以更加恰当的方式面对历史的发展。如果她对事态的视角保持更大的情感距离，就能够显得更为高尚。

盖勒：您与她丈夫之间的关系曾有过节，您试图通过对玛尔戈特·昂纳克的访问达到修正关系的目的？

莫德罗：不。我对我的态度不作任何解释！

盖勒：您是否同意这样的评价：玛尔戈特·昂纳克与其丈夫相比是一位更加具有战斗性的社会主义者？

莫德罗：玛尔戈特·昂纳克与埃里希·昂纳克一样，很少具有战斗性。他们俩都是坚定的共产党人。

盖勒：我有意识使用了"战斗性"这个词，因为她有一次曾经公开表示应当使用武器，也就是说使用了社会主义应当用武器加以保卫或类似的话——如果我的记忆正确的话——但是昂纳克没有流传过这样的说法。

莫德罗：民主德国所有服兵役者，所有在武装机构内的军官和士兵，如果他认可法律，都必须在面对国旗宣誓时明确无误地表示："时刻准备着面对一切敌人保卫社会主义。"使用棍棒、传单或者蜡烛——就像西德联邦国防军和北约军队一样？这是冷战时期的喧嚣。

盖勒：昂纳克的表现更为收敛一些。迪科普先生曾经与您政府内的国防部长特奥多尔·霍夫曼进行了较长时间的交谈，他真实地认为，昂纳克对两德内部边界、占领区边界以及民主德国国家边界发生的许多事件表示过遗憾。他对这些事件非常上心。他对这些事件似乎感到了遗憾，而玛尔戈特是否也有同样的感受？

莫德罗：我必须明确表述：民主德国没有一个人欢迎国家边界发生枪击事件——那并不是占领区边界，而是北约与华约之间的前线。一旦发生人员死亡事件，都是极其遗憾的事件，并非因为其政治后果。每一个死者都有母亲、父亲和亲朋好友。大多数民主德国政治家都有孩子、家庭，他们都知道失去一个亲爱的家人会有多么痛苦。昂纳克在 20 世纪 80 年代失去了一个孙女。他的贴身保镖贝恩德·布吕克纳在回忆录中写到昂纳克当时受到了多大的打击，这个事件给他带来了多大的变化。无论昂纳克还是其他负责人，都不是"高级使命"麻木不仁、冷酷无情的执行者。您不妨读一下原边防军司令克劳斯－迪特尔·鲍姆加滕的回忆录，他被判刑 6 年半，而且服完了全部刑期。[1] 在此我想强调一下：自 1990 年以来，在奥德河与尼斯河畔，也就是德国与波兰的边界处，已经死亡了上百人，而在 1990 年之前——也就是被划定为民主德国边界河流之处——没有死过一人。在当今联邦德国的边界处，死人已经不是什么话题。政治含义已经隐去，不必再作司法追责了。由谁来承担责任？

---

[1] 参阅克劳斯·D. 鲍姆加滕：《回忆录——民主德国边防军司令的传记》，2008 年出版于柏林，第 150—151 页。文中写道："我知道，每一个边防者在执勤时都希望在自己的警戒区域内不要发生任何事件。只有任何事没有发生的情况下，他才能轻松地下岗回营。作为司令，每当电话响起刺耳铃声时，我都会画三个十字，因为这意味着发生了计划外的事件。此外，如果在这一时刻无法承受压力而未能使用射击武器时，我们并不惩罚任何人。尽管检察院连续多年试图寻找相关证据，但是没有找到一个边防战士因为没有开枪而被关进军事监狱的案例。"他在此处加了一句话："每一个死者……都是太多的一个亡灵。"莫德罗对此评论说："当时那是所有人的态度。"

盖勒：看起来，玛尔戈特·昂纳克几乎不近人情。用社会主义的标准来衡量，埃里希·昂纳克显然更加接近普通百姓以及他们的需求？

莫德罗：我看不出他们俩之间有什么区别。

盖勒：有人指责道：这对夫妇住在万德利茨，但是购物却去"精品内部商店"。玛尔戈特当然也会陪同埃里克出访。这些不必成为我们的话题。但是他们俩的生活方式是不同的。昂纳克夫妇的生活方式与汉斯·莫德罗是截然不同的。

莫德罗：在民主德国时期没有什么"精品内部商店"。那时有过并非所有人都能去的精品商店。也有一些内部商店，在那里只能使用外汇，而民德公民则必须用特种支票付款。东德过去确实有过几个特供点，例如在柏林和万德利茨。自1960年之后，所有政治局委员都住在万德利茨森林住宅区。领导人集中居住是根据莫斯科的建议实施的，其原因是基于1953年，尤其是1956年匈牙利的经验。在邻近的贝尔瑙地区，驻扎有苏联军队……除了23栋住宅楼以外，还有一个餐馆和一个室内游泳馆，但是这些设施几乎没有使用过。购物商店里实行特供，这是事实，但是只有几个政治局委员从目录单上选择商品，然后让人从西柏林直接取货。为了维护昂纳克夫妇的名誉，可以明确说明：他们二人并不属于这种商店的常客。从昂纳克的贴身卫士布吕克纳的回忆录中可以读到："玛尔戈特·昂纳克一年当中最多会去综合商店两三次，她曾经对我毫无疑义地明确表示，她并不喜欢这种商店。她认为设立这类商店不合适，在决策上是错误的。她的丈夫去商店的次数超过她，主要是买一些点心、化妆品和小商品。"同样由于上述原因，玛尔戈特·昂纳克并不喜欢从西柏林采购衣服上的"小饰物"。

盖勒：您对万德利茨还有什么要补充的？

莫德罗：万德利茨首先是一个时代的错误产物，违背了公平原则，因为那里拥有些许特权。如果把那些特权商品与西方的政治家、经济界大佬或银行家的特权相比，简直是微不足道。但是用我们自身的社会主义衡量标准来看，这些特权是有失公允的。劝人喝水，私下喝酒。其言行或许也可能被人变相效仿。有些"州官和乡官"会尝试着效仿这类特权和裙带关系。如今在我们这个国家里常见的一些挥霍之风和回扣做法，人们已经习以为常，说起来只能苦笑而已。然而，当年统一社会党党员和东德公民提出的批判是合理的，而且也是合法的，但是轮不到西德人来批判。当年适用的是民主德国标准，而不是联邦德国标准。此外，您知道那些德累斯顿老人是怎样称呼商场的吗？如今当然是超市，我和夫人有时也会去逛逛的那种商场，人们称之为"莫德罗商场"。

盖勒：在您担任总理期间，您曾经连续数周陪伴着昂纳克案件。当时面临的问题是：如今他已经没有职务，究竟应当怎样对待他？应当把他安置在哪里？应当怎样照料他？应当怎样保护他免受民愤的冲击？他被多次转移住处。您当时经历的昂纳克是什么样的？实际上他当时是在内部逃逸，必须对他进行保护。他在您的面前是怎样表现的？玛尔戈特·昂纳克在这个问题上的表态具有批判性，抱怨没有人关心他们。这是不是您的任务——从议事日程和面临大量挑战的角度看？您作为国家的新人，如果对昂纳克进行庇护，是否会有让您丧失颜面的危险？

莫德罗：万德利茨森林住宅区在 1989 年底就解散了。在当时的民主德国，不存在"自由公寓市场"，于是那些被推翻的、辞职的申请租房的政治局委员没有办法找到新的落脚之处。我们对他们负有责任。许雷尔、哈格尔、萨博夫斯基和海尔曼得到了新公寓。他们被指定住在"廊柱大街"附近的格罗提渥大街——如今又改回原名叫威廉大街。诺依曼和斯多夫则住在弗里德里希海恩区的里加大街。

我们刚才已经说过，对昂纳克夫妇来说还要考虑一个安全问题，因为媒体已经把他们描述为仇恨的对象，因而已经成为不受法律保护的人。我的考虑是把他们安置在位于林多的政府招待所，但是因地方的反对而未能如愿。后来，正如我前面说过的那样，我们在曼弗雷德·施托尔佩的帮助下把客观上已经无家可归的昂纳克夫妇暂时安置在洛贝塔尔的"牧师之家"。之后于1990年4月，二人又接受位于贝利茨的苏军庇护，不久就乘坐一架军用飞机出境前往莫斯科。

在那半年里与昂纳克夫妇的交往，受到外界批评性的看法：尽管有着充分的理由可以提供临时住处，但是我们原本可以更加倾向于坚持主权，而不应让教会单独承担人性和仁爱的责任。200万统一社会党党员当中，没有一个人表现出团结援助精神，没有一个人为昂纳克夫妇说一句好话。没有一个人站出来说：我有一所大房子或小木屋，你们可以搬进来住。不过，也可以谅解他们的做法：没有人知道未来的局势将如何发展。大多数人对未来充满恐惧，只能明哲保身。但是，这种历史纠结没有消失。当玛尔戈特·昂纳克在智利对我表现出忧愤时，我是能够理解的。

迪科普：为什么您多次在昂纳克夫妇那里自讨"耳光"？您的原则动机究竟是什么？昂纳克夫人在投票时反对您当选总理。您与埃里希·昂纳克的关系也不好。但是尽管如此，您还是在他身处窘境时似乎成为主要的对话伙伴、顾问和最亲密的朋友。尽管如此，您也没有得到赞扬。您当时肯定早就知道这一切，因为您多少年来早就了解他们俩的性格了。

莫德罗：我既没有自讨"耳光"，他们也没有打过我"耳光"。至于我究竟是不是"主要的对话伙伴、顾问和最亲密的朋友"，对此我表示怀疑。作为总理，我对所有民主德国的公民都负有责任，并非仅仅对昂纳克夫妇。况且我曾经是同路人，仍然是同志，尽管他们俩已经被开除出党。我们之间在40年的历史上有过共同的经历和记忆，我们拥有共同的政治信仰。无论面对多少批判，昂纳克与我的关系也比科尔亲近百倍！

盖勒：请允许我这样表述——昂纳克是否利用过他的反法西斯老资格？他在勃兰登堡监狱蹲过10年，是一位反法西斯者和纳粹独裁的牺牲者，而"你们这些年轻人跟在纳粹后面跑过"！他是否有过倚老卖老的做法？

莫德罗：没有过。没有人会这样表现。这是一个思想问题和信仰问题。正如当年世界青年歌曲中所唱的那样——我们拥有同样的思想、同样的勇气。无论一个人是来自法西斯监狱或流亡地，还是来自集中营或战俘营，都无关紧要。

盖勒：当时对流亡者有偏见吗？在奥地利曾经是一个问题。社会主义者布鲁诺·克赖斯基于20世纪50年代初从瑞典回国，当时人们原则上根本就不欢迎流亡者。流亡者曾经是一个很糟糕的名词。阿登纳在与勃兰特竞选时曾经反对"流亡者"弗拉姆，称其出生时的姓氏有着非婚生的联系。在民主德国或统一社会党内，这在多大程度上是一个话题？

莫德罗：流亡的话题只是在50年代初有过一些影响力，不过只局限于流亡者究竟来自苏联还是西方国家。在冷战的高峰时期，伴随着深挖间谍的歇斯底里，来自西方的流亡者曾经被视为潜在的间谍，于是莫斯科要求我们予以揭露和坚决打击。尤其是在乌布利希的阻止下，民主德国避免了像捷克斯洛伐克、匈牙利、保加利亚、罗马尼亚、波兰和苏联那样的行动。他巧妙地把一些代表人物从舞台前列摘选出去，从而避免使其成为射击的靶子。后来这个问题就不再敏感了。不过，在关于自由德国青年联盟究竟是何时何地成立的这一问题上，则多少有一点儿敏感。事实上，一些年轻的流亡者率先在布拉格成立了青年团组织，他们后来又在英国成立过这种组织，或许也在墨西哥成立过这样的组织。但是昂纳克坚持认为青年团是 1946 年 3 月 7 日在柏林创始的。他本人属于苏联军事管制机构委托下成立的跨党派青年组织的首批签约人。

盖勒：关于曾经流浪生活的昂纳克：在 1989 年 12 月至 1990 年 1 月间，是否考虑过将其安全地安置到奥地利？我还是想回到这个问题上来。

莫德罗：没有考虑过。

盖勒：在奥地利有过隐晦的报道简讯，称昂纳克有可能暂时到奥地利寻求流亡庇护。我与弗里茨·鲍尔大使 ① 谈过这件事，他当时正在波恩任职。但是他不想继续探讨这件事。他对此没有作出任何评论。反正在档案中查不到有关记录。然而，似乎有过这样的考虑。

莫德罗：我不排除有人考虑过奥地利的可能性。民主德国与奥地利之间当时没有任何问题，两国之间的贸易关系良好，奥地利联合钢铁公司

---

① 弗里德里希·鲍尔 1930 年出生于维也纳。他于 1958—1960 年出任奥地利驻贝尔格莱德大使，1963—1967 年担任驻特拉维夫大使，1973—1977 年在民主德国担任大使。1986—1990 年，他在波恩担任大使。1990—1995 年，他又出任驻苏联以及后来的俄罗斯大使。

（VOEST Alpine）刚刚在艾森许滕施塔特建立了欧洲最现代化的钢铁厂之一。昂纳克不会说外语，所以在一个说德语的国家会感到舒适。据我所知，接到过来自叙利亚和朝鲜接纳其避难的具体邀请，但是没有听说过奥地利。当时，其女儿索尼娅和两个孙辈已经在智利生活，所以昂纳克夫妇后来都去了南美洲。

盖勒：还有一位在维也纳任过职的民主德国大使，名叫克劳斯·沃尔夫 ①。遗憾的是查不到他的档案了。要想查这件事的来龙去脉，他是一个非常棒的来源，可惜根本就没有任何途径能够找到他。

迪科普：您在与昂纳克夫妇见面时，总是有福格尔律师在场还是单独会见？

莫德罗：我们在洛贝塔尔是单独见面的。昂纳克再次向我保证，他是一个正派和诚实的人，这一点对他而言十分重要。他可以提供所有证据。他的所有支出都有发票，包括租金、购物等类似支出。他说他在因公和因私支出方面从来都是非常认真地严格分开。我没有理由不相信他。

盖勒：对他来说，这种诚信要比思考未来更加重要？

莫德罗：这对他来说重要得多。他不想被贬低为小偷和撒谎者，并且留在人们的记忆中。诚信对他来说比未来更加重要。在这一点上，我很尊敬他。

---

① 克劳斯·沃尔夫 1934 年 11 月 17 日出生于莱比锡。他是统一社会党党员，自 1986—1990 年担任民主德国驻维也纳的最后一任大使。

盖勒：他能猜到未来的局势发展吗？他有没有问过您："汉斯，你对我有什么建议吗？"

莫德罗：没有，他不会这样做。对他来说，证明他是一个正派、规矩的人很重要。至于未来的前景：他在纳粹时代蹲过 10 年监狱，人在那种环境中迟早会放弃规划自己的未来。因为或许第二天就一命呜呼了。因此，他在 1990 年的时候几乎不再考虑自己未来的结局。

盖勒：他当时在您面前的表现如何？您说过，玛尔戈特后来曾经带着几分轻蔑地称您是"那个小汉斯"。他有没有从您的身上看到民主德国继续存在的希望？

莫德罗：我们应当把人格与政治分开。在人情上，我感觉我们之间当时没有多少距离，但是政治上我们的距离较大。这与他有一些脱离现实有关系。他坚信自己在生病之前建设了一个健康、强盛的民主德国。接着来了像我这样的人，把国家给摧毁了，实际上等于是把他的生命精品毁灭了。他把我们视为其作品的叛逆者，这种态度在他的余生数年中耿耿于怀——他于 1994 年 5 月病逝。

迪科普：为什么您在那个时期与他的关系比埃贡·克伦茨更近？

莫德罗：我想首先是因为我们的年龄相近，而且也有共同的记忆。

盖勒：昂纳克在您面前谈到过克伦茨吗？

莫德罗：没有，从来没有。

盖勒：真的没有？

莫德罗：没有，我们之间的信任程度没到那一步，所以他不会让我窥透他的内心。此外，我认为昂纳克有他的两面性。单独相处时给我留下的印象不同于在一个圈子里共处时。

我们在谈论昂纳克 1987 年西德之行时已经提及一个事例：1979 年底，昂纳克从一次非洲之行回国。因为天气不好，专机降落在德累斯顿克洛彻机场，而不是柏林的舍内菲尔德机场。我在那里见到了他。几天之前，西德的一张什么报纸刊登了我接受《纽约时报》记者采访的一篇评论。那位记者想从昂纳克与我之间挖掘出不一致之处。我立即提到了这篇报道。昂纳克看过了这张报纸，知道这篇评论的内容。他把手放在膝盖上，只说了一句："汉斯，别为此担忧。我相信你。"

短短几天后，负责媒体的党中央书记约阿希姆·海尔曼给我打来电话，要求我对这篇评论表达一下立场。无论当时还是现在，我都不相信是海尔曼自己提出的这个要求，但也不相信是昂纳克觉得有必要主动指使海尔曼这样做。肯定是有人向昂纳克进言：你有没有看到那篇文章？我们不能放任莫德罗这样下去。既然有人说起这件事了，他就可能对海尔曼说："你让汉斯解释一下吧。"

34. 戈尔巴乔夫，民主德国和苏联 1990—1991 年的终结

迪科普：关于戈尔巴乔夫的时代，我们想获得您的政治回忆和个人交流情况。您经历的戈尔巴乔夫是一个什么样的人？您是在何时何地与他第一次

相识的？您如何看待他的改革，尤其是透明度（言论与信息自由，透明性）、改革（改造）和加速（加速度）？

莫德罗：我第一次会见戈尔巴乔夫是以东德总理身份。当戈尔巴乔夫宣称改革和对苏联进行必要的改造时，我也认为这是一个纲领或——正如许多人一如既往的看法—— 一个改革的起步，当时我认为民主德国也急切地需要这样的改革。但是，我始终认为是一种模式的接纳。当改革开始之后，我进行了好奇的观望。对已经导入的变化之同情，在显然毫无方案的行动造成的后果显现之后逐渐消失。那根本就不是改革，不是改造，而是撕裂，是对各种体制的摧毁，却又没有代之以本应有的新体制。我在列宁格勒清楚地看到，局势非但没有得到把控，反而在经济界，在城市内，在供应方面出现了越来越严重的混乱。这种态势，我们在民主德国并不需要！我访问了一个当时拥有 3 万名就业者的基洛夫工厂。那里生产的是坦克、拖拉机以及其他重要的机械。居然让那些劳动者去选一个根本就不认识的厂长。我当时坚信，生产计划的完成不是靠民主选举领导者，而是靠良好实施与组织的劳动。喋喋不休地介绍的是选举过程、候选人、当选的新人等类似情况，而生产线却停止了运转。

克里姆林宫里的领导作风也呈现出类似的混乱现象，使得我心中的不安不断增强。戈尔巴乔夫在会见西方国家和党的领导人时展示他的魅力，展示他的口才。就连出席重要的首脑会晤——我的猜测多于知情，直到多年之后才得到了证实——他都如同去理发一样：毫不准备。1989 年 12 月 2/3 日，他在马耳他海岸前的一艘船上会见了美国总统乔治·H. W. 布什，并与他一道宣布冷战结束。在此之前，美国总统带着他的全体参谋部人员为会晤进行了充分的准备——不妨读一下菲利普·泽利科和康多莉扎·赖斯所著《明星时刻与外交——德国的统一与欧洲分裂的终结》[1]。但是，我们没有见到戈尔巴乔夫做过类似准备的报道。

政治磋商委员会（PBA）于 12 月 4 日在莫斯科开会。一天前，统一社会党中央包括政治局及其总书记宣布辞职，埃贡·克伦茨以国务委员会主席的身份陪同我，外交部长奥斯卡·菲舍尔也随访。由我担任代表团团长，身份是总理和工作委员会特使，这个委员会在特别党代会召开之前负责领导统一社会党并筹备这个特别党代会。

戈尔巴乔夫在我们面前表现出他已经极其超负荷的印象。他坐在对面，向我们介绍了他与布什的谈话内容。他完全没有准备。他的谈话毫无章法，只是在闲谈而已，信口开河。给我的印象是一种崩溃迹象，对所有在座者都明确地表露出来，即这个联盟已经群龙无首了。我在会谈中也讲了话。

是我在苏共中央负责国际关系的委员和戈尔巴乔夫顾问瓦连京·法林那里提出的申请，要求与他的领导安排一次会晤。这个"合影日程"最终安排在一次咖啡休息的间歇时间中。我之所以希望得到此次会见机会，因为我需要对外效应：戈尔巴乔夫毕竟在很多民主德国公民当中被视为能够带来福音的人。我坚信，与他的会晤可以增强民主德国现领导的权威。因此，《新德意志报》于 1989 年 12 月 5 日在头版以两栏的篇幅报道此次华沙条约国会晤：《莫德罗与戈尔巴乔夫和雷日科夫进行会谈》。德新社援引苏联通讯社塔斯社的消息，重申了戈尔巴乔夫的声明："苏联人民将民主德国视为可靠的朋友和盟国，是对欧洲和平与稳定的一个重要保障。戈尔巴乔夫指出，统一社会党和民主德国的朋友可以指望得到苏联共产党以及苏联全体人民的团结援助和

---

[1]　参阅菲利普·泽利科、康多莉扎·赖斯所著《明星时刻与外交》，2001 年出版于慕尼黑；参阅上述二人所撰写的《1989—1990 年的美国外交计划》一文，收录于 Mueller、Gehler、Suppan 合著的《革命》，第 283—306 页；也请参阅 Christian F. Ostermann 所撰写的 *The United States and German Unification* 一文，收录于米歇尔·盖勒、Maximilian Graf 合著的《欧洲与德国统一·观察，决策与后果》，2017 年出版于哥廷根，第 93—116 页。

支持。"我当时并不能表述，他究竟是否这样说过或暗示过。我们简短的谈话结束时，他委托法林说："瓦连京，你来照应一下……"接着他就消失了。法林与我一道商定了塔斯社新闻稿内容，戈尔巴乔夫并没有再审读一下。他对此没有兴趣。

迪科普：戈尔巴乔夫在1990年1月几乎完全潜入水中，在莫斯科的外交使团没有人能够企及他。

盖勒：您怎样回顾戈尔巴乔夫当时那种毫无计划的情势？德国问题在他的日程中究竟还有什么意义？德国问题在当时苏联内部究竟占据什么位置？

莫德罗：戈尔巴乔夫当时在苏共中央内部已经不占有多数支持。我1991年8月访问苏共中央时，法林在他以中央委员的身份与外国客人进行的最后一次谈话中坦言，戈尔巴乔夫的干部政策决定至少90%是错误的，他在国外获得的朋友已经越来越多地超过身边的近臣。

我回忆起后来与他的一次会面。当时他邀请了一些前政府首脑和政治家参加他此间成立的一个基金会。此事应当是在1992—1993年。我在那里第一次见到了兹德涅克·姆林纳①。

盖勒：他后来在因斯布鲁克大学担任教授。

---

① 兹德涅克·姆林纳1930年6月22日出生于上米托（捷克），1997年4月15日逝世于维也纳。姆林纳于1964年担任捷克共产党中央法律委员会书记。他属于亚历山大·杜布切克最亲密的顾问之一。1968年11月，他辞去所有职务。1970年，他被开除出捷克共产党。姆林纳是"77宪章"的发起人和撰稿人之一。自1989年至其逝世，他始终在因斯布鲁克大学政治学院担任教授。

莫德罗：是的，他是"布拉格之春"和"77宪章"①的主要活跃者。我们俩以前从来没有见过面，但是一见如故。他向我透露，他20世纪50年代初在莫斯科留学法学学业期间与戈尔巴乔夫是一个卧室的室友。我说，太好了，你现在可以在他那里获得私下见面的机会了。他去找了戈尔巴乔夫，回来后说，戈尔巴乔夫打算第二天与我们见面，但是当天没有时间。第二天他也没有时间，当时我在内心暗忖，他究竟有什么急事，以至于无法打理任何政治公务？他理应至少会见我们几分钟，但是却一再托词推迟。兹德涅克痛快地说，如果戈尔巴乔夫不再主动联系，我们就不去强迫他："我不过是个小小的持不同政见者，1970年被开除出捷克斯洛伐克共产党时戈尔巴乔夫正在开始党内的飞黄腾达——不过我与苏共中央前总书记的区别在于，我依然是一个坚定的社会主义者。"我们在莫斯科经历了关键事件之后，一直保持着密切的接触，可以说我们已经成为朋友。短短几年后，姆林纳66岁就因肺癌病逝了。

盖勒：戈尔巴乔夫提出过"建立一栋欧洲共同大厦"的想法。这个想法背后包藏的究竟是什么目的？那是一栋空中楼阁？居西当时是怎样理解这个"规划"的？统一社会党和民主德国领导层对此是怎样反应的？"欧洲共同大厦"原本可以成为起始方案？在戈尔巴乔夫的一些当代文章中，对此叙述了很多内容。他的设想是站在大楼顶上，从上而下而不是从下而上地考虑问题。您对这一方案的反应是什么？

---

① 一些作家、哲学家和艺术家（包括瓦茨拉夫·哈维尔、伊日·哈耶克和伊日·丁斯特比尔），也有一些工人、神职人员、前共产党人和前情报人员，于1976年组成了一个捷克人组织，引用欧安组织1975年8月1日签署的最终决议，以呼吁对人权伤害现状的关注，指责其触犯了捷克同样已经签字的最终决议。"77宪章"是捷克斯洛伐克的一个民权运动，活跃于1977—1992年，构成了反对共产党政府的反对派结晶核心。该组织的成立源自一份"77宪章"请愿书，这份请愿书抨击了无数触犯欧安组织精神的事例。

莫德罗："建立一栋拥有许多房间的欧洲大厦"的幻想，或许有些可取之处。这是一幅容易理解的画面。每一国人民都有自己的房间，组成了一个大厦共同体。居民之间互相帮助。如果出现大的问题，大家一同予以解决。但是，每一个住户的个性却被忽视了。每一个家庭有着自己的历史。邻里之间有过口角和无法遗忘和不愿宽恕的历史旧账。如果我抽象地从政治角度来看问题，阶级矛盾和阶级利益是无法通过在楼梯台阶上的一次轻松聊天就烟消云散的。然而，戈尔巴乔夫或许天真地以为：我们随便聊聊，一切都会冰释，可以化敌为友，变对手为密友。他真的这样认为吗？

迪科普：埃贡·克伦茨以及您的后任德梅齐埃与戈尔巴乔夫的关系怎么样？

莫德罗：我不知道，您应该去问他们自己。不过我认为，克伦茨在很长一段时间内是信任戈尔巴乔夫的，正如希望民主德国改变和更新的我们所有人一样。这也就可以解释为什么昂纳克会那么猜忌。对德梅齐埃来说，戈尔巴乔夫或许只是一个配角，因为最晚从1990年春季开始，德国政策就已经由华盛顿、莫斯科和波恩之间在确定，而不是1990年10月2日之前仍是德意志民主共和国首都的柏林。德梅齐埃在首次访问戈尔巴乔夫之后对我说过，他或许已经让戈氏弄明白了，"俄国人"不能再像以前对待我那样与他说话。对洛塔尔来说，以往我们都对苏共总书记言听计从，他以为我们对一切事务都只会低眉顺目地说："是的，遵命。"如今应当结束这一切了。他的想法是错误的；他以为作为总理可以扳动巨大的轮子，那也是错误的。我相信，他对自己有些高估了。

盖勒：您是怎样开始对戈尔巴乔夫产生抵触情绪的？

　　莫德罗：我前面已经说过，是因为两个事件使我作出判断的。1989 年 12 月 3 日，我在莫斯科第一次见到戈尔巴乔夫。在我们会见的房间里，还坐着罗马尼亚党和国家领导人尼古拉·齐奥塞斯库①，波兰领导人雅鲁泽尔斯基总统、议长拉科夫斯基和总理马佐维耶茨基②。陪同我的有埃贡·克伦茨，他在临行前辞去了党内职务，但是仍然代理国务委员会主席。

　　戈尔巴乔夫来谈话时，完全没有预作准备。他对各个盟国的局势表现出毫不知情的样子，几乎是毫无兴趣。此次谈话让我醒悟了，也进一步证实了我长久以来得到的印象。

　　在我前面谈到过的 1990 年 1 月 9 日在索菲亚举行的经互会峰会上，我听到了雷日科夫的谈话——我直至今日仍然对他给予很高的评价。他说："我们不能再指望着用可兑换卢布进行结算了。你们给我们供一些货，我们也给你们供一些货。我们用某种方式进行结算。我们的贸易必须建立在可兑换货币的基础上：西德马克或者美元。"这就是经互会的终结。因为，如果我必须支付西德马克或者美元，那我就可以去购买世界市场上最好的商品，而不必依据经互会协议和相互援助支持的义务。而我自己的商品也可以提供给世界市场而获取西德马克和美元。这就是说：只要使用了资本主义的货币，我们就可以基于资本主义的理念，就可以以民族利己主义为重。我臆测戈尔巴乔夫打的是这种算盘。鉴于这种情势的发展，我就两德邦联合作前景提出了

－－－－－－－－－－

①　尼古拉·齐奥塞斯库 1918 年 1 月 26 日出生于斯科尔尼切什蒂，1989 年 12 月 25 日逝世于特尔戈维什泰。齐奥塞斯库自 1950 年 1 月 9 日起担任了 4 年国防部副部长。他被晋升为步兵中将，并担任人民军总政治部主任。他于 1955 年 12 月进入政治局，1967 年 12 月 9 日接任国务委员会主席一职。齐奥塞斯库于 1968 年拒绝了罗马尼亚军队参与对"布拉格之春"实施军事镇压的行动。齐奥塞斯库于 1971 年获得德意志联邦共和国为国家元首颁发的勋章（特级大十字勋章）。1974 年 3 月 28 日，他就任罗马尼亚总统。齐奥塞斯库对戈尔巴乔夫的改革政策报以拒绝态度。1989 年 11 月，莫斯科提议他辞职。12 月 25 日，齐奥塞斯库及其夫人埃列娜被杀害。

②　塔德乌什·马佐维耶茨基 1927 年 4 月 18 日出生于普沃茨克，2013 年 10 月 28 日逝世于华沙。他于 1989 年 8 月 24 日被波兰议会选举为总理，于 1990 年 12 月 14 日辞去总理职务。他被称为"波兰自由之父""伟大的欧洲人和人道主义者"。

"三步走"的计划。此举导致不少同志谴责我是背叛行为。

盖勒：您描述了您对戈尔巴乔夫的巨大失望，因为您感受到他对民主德国命运的放任态度。您从什么时候开始了解苏联的一系列问题？

莫德罗：在民主德国，究竟从什么时候、以什么方式、通过什么途径真正了解苏联的问题，我真的已经难以判断了。通常这属于伙伴合作关系的范畴。埃里希·昂纳克在2月间认为我的看法过于受到列宁格勒事态的影响，他说此话的背景或许也是因为这一点。列宁格勒市的局势自1987年底开始不满情绪不断上升，这种事态后来甚至发展到了整个地区。这一切没有消除我对必要改革的态度，而且认为民主德国也有必要进行改革，但与此同时，我坚信戈尔巴乔夫并不是改革的指路人。关于我与苏联及苏联人的个人关系，我在这里不想重复。您的问题指向是戈尔巴乔夫，提到这个人我确实感到很失望。首先在对民主德国的关系问题上，然后是他所拥有的能力问题上，还有就是他只关注自己本人及其个人利益的秉性问题上。我们在1990年1月30日就两德统一的"三步走"计划和未来德国保持军事中立立场达成了一致意见。在短短10天时间里，先是美国国务卿贝克，接着是西德联邦总理科尔，都来到了莫斯科，于是决定了民主德国自由落体的政策，却违背了我们国家的自身利益。这一事件是十分痛苦的经历，但是直至今日还在被戈尔巴乔夫所利用。在当今俄罗斯，此事却被视为背叛行为。

迪科普：当1988年12月1日苏联宪法改变之后，苏联成立了人民代表大会，作为最高国家立法机构。在戈尔巴乔夫的建议下采取了改革步骤，苏联于1989年3月26日举行了一系列自由的议会选举，选出了人民代表大会。苏联人民代表大会包括2250名代表。当1990年3月14日进行宪法的进一步改动之后，引入了苏联总统一职。人民代表大会有权授予总统全权，也有权力剥夺其权力。当苏联在 1991 年 12 月 26 日寿终正寝时，人民代表大会随之解散。苏联人民代表大会的成立对民主德国产生了什么信号性效应？它是否对民德的各种决策、改革努力和战略考量产生了影响？

莫德罗：在与苏联的政策发生冲突的进程中，这些事件起初在我看来是一种进步，而且在民主德国民众当中赢得了赞同。因为同样执行苏联社会模式的民主德国，多年来同样出现了改革受阻的现象。但是在贴近观察戈尔巴乔夫的各个步骤之后，就能够证明他的举措往往没有考虑到最终结果。在这个案例上也是如此。人民代表大会的几乎 1/3 议席是指定的，戈尔巴乔夫本人根本就没有经过选举。他的名字印在苏共干部的名单上，这个名单是由苏共决定的。或许这是一件小事，但是考虑到国家的局势就不是小事了。统一社会党德累斯顿专区党委与苏联共产党列宁格勒地区党委有着伙伴关系。我的对等伙伴是政治局候补委员。列宁格勒第一书记尤里·索罗维约夫 [1]，他必须经过选举，结果落选了，未能进入人民代表大会。逻辑后果是：他不能够继续领导地区党组织了。我认为这不是一个好的主意，也不是民主德国应当进行选举效仿的好模式。请不要曲解我的意思：选举时既不应设法保留所有干部的职位，也不应让所有干部及其经验都一股脑地清除出去，那样的话就会造成权力真空现象。苏联最终就出现了权力真空现象。我再次强调：所谓的"戈氏改革"并不是改建，而是根本就没有经过深思熟虑的拆建。我在我所撰写的《我眼中的改革》[2]一书中这样写道：戈尔巴乔夫的那句名言"更多民主就是更多社会主义"，是苏联政治与社会体制开始复原的一个征兆。这

---

[1] 尤里·菲利波维奇·索罗维约夫出生于 1925 年，1985—1989 年担任列宁格勒地区党委第一书记。

[2] 参阅汉斯·莫德罗所著《我眼中的改革·对改变世界之十年的个人回忆与分析》一书，1998 年柏林第 2 版，第 194—203 页。

已经翻译成了许多外语。但是，说得不少，行动很少，根本就不存在什么具体方案。在此，我想引用一下已故匈牙利前党和国家领导人亚诺什·卡达尔[①]的一段话。他说过，共产党人必须经历两种考试。第一种考试是迫害、恐怖和谋杀——大多数人在法西斯年代勇敢地经受住了。但是大多数共产党人在第二种考试面前失败了，也就是权力的考验。这是主观方面。

迪科普：俄罗斯的苏维埃社会主义共和国联盟人民代表大会自1990年3月4日成立，1993年9月21日宣告解散，并于1993年10月4日—5日的夜间被暴力摧毁。根据1989年10月27日修改后的宪法，1990年3月4日举行了1917年以来俄罗斯联邦共和国历史上第一次相对自由的选举。您对俄联邦的人民代表大会留下的是什么印象？

莫德罗：如果您这么直接地提出这个问题，我的答复是：没有印象。与此次大事有关的一系列重要事件，在我的记忆中形成了叠加的印象。1990年3月5/6日，我与一个政府代表团正在莫斯科，也与戈尔巴乔夫进行了会谈。谈话中，既没有提及苏联人民代表大会的选举，也没有提到3月18日即将举行的民主德国人民议院选举。由于列车已经朝着两德统一的方向行驶，因此对戈尔巴乔夫来说——会谈备忘录上也是这样记载的——就是要保证"苏联坚定地着眼于将统一进程作为一个全球性的问题来对待"。此外，"尽管苏联面临着种种内部困难，但是苏联的实力不容低估。苏联非常清楚对民主德国和联邦德国公民所承担的责任"。这个意味醇厚的声明或者是立足于对真实态势的完全错误判断，或者只是为了取悦于我一个人的道义听觉。

---

① 亚诺什·卡达尔1912年5月26日出生于阜姆，原名亚诺什·齐尔毛纳克，1989年7月6日逝世于布达佩斯。他于1956—1988年担任匈牙利社会主义工人党第一书记以及后来的总书记。1956—1958年和1961—1965年，他担任匈牙利总理。卡达尔素以其简朴和勤俭的生活方式而著称。

1990年5月6日举行了地方选举。民主社会主义党获得的14%支持率，在莫斯科看来是一个好成绩。该党"在民主德国的政治生活中站稳了脚跟"。戈尔巴乔夫在贺电中邀请居西和我访问苏联。居西原本没有兴趣访苏，但是承诺将于6月14/15日前去与戈尔巴乔夫会晤。此次会面没有成行。据说戈尔巴乔夫染有微恙。雅科夫列夫替代了他的角色。我本人很愿意接受戈尔巴乔夫的邀请。在前往克里米亚的途中，我于7月24日经停莫斯科，与法林就我们两党未来的关系和民主社会主义进一步发展等问题进行商议，因为其第二十七次党代会已经取得了些许的成就。法林仔细地打量了我一下，接着说："好吧，苏联共产党将于秋天召集有兴趣的政党前来莫斯科开一个会议。"

会议于1990年11月14/15日召开，我们在党中央宾馆也就是今天的"总统饭店"聚会，但是并不允许任何人来探望。除了罗马尼亚只派来一位观察员外，其他所有"兄弟政党"都出席了此次会议。会议由副总书记伊瓦什科 [1] 主持开幕式，并转达了戈尔巴乔夫的贺词。会议桌旁坐着的都是40岁上下的年轻人，我这一辈人和20世纪70年代、80年代的那些政治同路人已经见不到任何代表。这些年轻的政党领导人给我的印象是十分认真和投入，他们能够承担其责任，即以批判性和现实性的态度对待历史和现实。但是他们都没有提及社会主义的改革问题。对此类问题作出决定的不是政党，而是生活。如今关系到前景，关系到未来。塔斯社对此次会议的报道更多的像是顺带播出的一条简讯。

尽管人们对戈尔巴乔夫的政策有着诸多不满情绪，但是人们在这个场合中还是尊重他的。他两次宣布他将出席，却又两次推迟，接着宣布他将在克

---

[1] 弗拉基米尔·安东诺维奇·伊瓦什科1932年10月28日出生于波尔塔瓦（乌克兰加盟共和国），1994年11月13日逝世于汉堡。他于1973年成为苏共哈尔科夫地区委员会成员，1978年起担任该地区党委书记。1986年当选乌克兰共产党中央委员，并出任负责意识形态工作的中央书记。1989年9月—1990年6月，他担任乌克兰共产党第一书记。他自1989年12月起担任苏共中央政治局委员。

里姆林宫内接见与会者，因为局势不允许总统离开他的工作岗位。我们不得不挤坐在几辆小车中，驶向红场。在克里姆林宫内，我们被引导到一个长条的大厅里。我们在没有摆放座位卡的椅子当中找到一个位置，刚刚坐下就见到戈尔巴乔夫从大厅的一端走了进来。他显得有些神经质，毫无准备，满脸迷茫，看上去他只见过居西和我二人，因为他离开自己的座位与我们俩交谈了几句友好的话。他放弃了逐个打招呼和握手的程序。

或许我的看法并不符合他当时的状况：我得到的印象绝对是——他特别想知道在座的那些陌生的政党领导人都是些谁，他们都会带来些什么冲动。他开门见山地问道："会议开得怎么样？"这句话有着一种反问式的功能。他毫不停顿地自己给出了答案："交换意见并非毫无益处。对欧洲文明和全人类进步来说，交流经验十分重要。"他把目光投向我们，说："我对科尔也说了，民主德国的经验并非毫无是处。"接着他立即转向了他最喜欢的话题：苏联的局势。他说，人类正面临着一个问题：是否要社会主义？显而易见，苏联人并不想背离社会主义。纪念十月革命胜利 73 周年的集会证明了这一点。

对戈尔巴乔夫的智慧发言表示感谢的任务落到了居西的肩上。他向苏联表达了在其生死存亡的斗争中给予团结援助的保证，因为我们同样面临着生死存亡的斗争，否则就可能脱离了现实。

我们在莫斯科再次握手道别，带着一种特殊的感觉回国，即此次会晤或许是此类形式会晤的最后一次。实际上，苏共在自身解体的进程中已经丧失了以任何形式组织会议的力量，后来，被俄罗斯总统叶利钦禁止集会。

迪科普：您在 1990 年 1 月底访问莫斯科之后对戈尔巴乔夫感到失望。您于 1990 年 3 月 5 日和 6 日对莫斯科进行了第二次也是最后一次以总理身份的访问，您如何评价此访的成果？当时德国政策真的已经一切尘埃落定？

莫德罗：3 月之行应当注意三件事。第一，我很清楚，莫德罗政府的过渡阶段已经结束。如果来自圆桌会议的政府新人与苏联负责人建立接触，只能是有益的事。无论赖纳尔·埃佩尔曼等人后来发生了什么事，这一点是肯定的。第二，我在与戈尔巴乔夫和雷日科夫单独会谈时都曾经试图说服他们，若想多了解目前的局势和态势，应当与我政府的各位部长进行磋商。我的提议没有被接受，苏联的新信任已经投向科尔及其政府。因此，尽管我们实际上已经回天乏术，但是在我看来，缺乏过渡对苏联的迅速终结形成了一种推动力。这一点我在 1991 年 8 月亲身经历过。第三，此次实际上已经成为一次告别访问。我在戈尔巴乔夫那里没有察觉到这一点，但是在雷日科夫那里却明显地感觉到。我们之间相互尊重，后来也时常互致问候，我们的友谊迄今堪称密切。

迪科普：在小布什之前，几乎没有一个美国总统不推出一种学说，或者不以他的名字命名一种学说。我们也常常听见或者读到勃列日涅夫学说这个概念。您认为是否有一种戈尔巴乔夫学说？您在 1989 年事变之前，也就是以民主德国总理与戈尔巴乔夫直接地进行个人接触之前，对戈尔巴乔夫的印象是什么？

莫德罗：戈尔巴乔夫当选时——他年轻，有活力——他关于改革方向的第一次讲话在大多数统一社会党党员和民主德国知识分子当中引发了期待。他似乎是要剪掉旧辫子，揭开苏联社会乃至兄弟国家社会中存在的旧疮疤。苏联社会模式迄今适用于所有兄弟国家，不容忍任何偏离行为。1968 年对捷克斯洛伐克的军事干预就表明了这一点。简而言之，这就是勃列日涅夫学说。它不仅叫停了捷克共产党，而且也阻止了民主德国的改革。在瓦尔特·乌布利希的领导下，在 1963 年的第六次党代会上开始提出"新经济体制"。这一路线在莫斯科的压力下同样被迫终止，并导致乌布利希1971年被推翻。这样一来就清楚了：如果想要成功，根本性的改变和改革必须在中央，也就是在领头羊国家内开始起步。戈尔巴乔夫看来似乎可以满足这一期待。

我同意许多专家的观点，即民主德国在很长一段时间以来始终停步不前，这种态势必须予以克服。于是苏联宣布的改革思想——您若愿意可以称之为"戈尔巴乔夫学说"——似乎可以成为开端，尽管我很清楚这条道路并不适合民主德国。不应当再次努力追随一种模式或一个榜样，民主德国面临同样的却也有别样的各种问题。但是，在我访问苏联之后，在我与列宁格勒的官员进行谈话和在马路上与普通行人接触之后——我的俄语还算是说得过去，因为我曾经在苏军战俘营度过了4年时光，也曾在莫斯科的共青团高校学习——很快就发现，戈氏改革不仅不能满足人们的高度期待，反而导致生活水平的不断下降。基本食品的供应和服务行业原本就不算好，如今明显地进一步恶化，民众情绪也随之恶化。我不会厌恶民主。再次强调，我从工人那里听到的一种说法是，这种改革不适宜擦拭我家的窗户。许多工厂已经停产，因为原料供应不上或者缺乏零配件。不过，如今工人却可以民主选举企业领导人了……

显而易见，戈尔巴乔夫的理论与国内的现实情况存在着巨大的矛盾。

盖勒：关于欧洲安全政策和戈尔巴乔夫：最后在他那里，包括在波兰人那里开始出现一种说法："如果德国扩大了、统一了，最好立即让全德国绑在北约内部才能最有利于安全。"据说这种观点说服了戈尔巴乔夫。如果他当初赞赏过保持德国中立的念头，那么戈尔巴乔夫在密特朗和撒切尔谈论欧洲邦联问题时不予支持，并试图赢得核心德国不结盟政策的想法就不是一个战略错误？那样的话就可以具有阻止美苏军队针锋相对的效应。密特朗和撒切尔当时也愿意这样争取吗？戈尔巴乔夫究竟有没有一个外交和安全政策的战略？

莫德罗：戈尔巴乔夫于 1990 年 10 月获得了诺贝尔和平奖，从而原本可以视为褒奖他对和平的战略影响。今天他抱怨说他当年是被骗了。此举揭示了一系列历史事件的真实走向，从而也证明了他本人的失败，而不是证明这是一个骗局，尽管很可能确实存在过这样的骗局。

盖勒：在 1955 年 7 月的国家协议生效之后，驻扎在奥地利的盟军部队必须在 90 天内撤离。当年的 10 月，盟军确实已经撤离。而在德国案例上，撤军肯定不会那么迅速，因为当时还有更多的问题需要澄清。根据您的说明，戈尔巴乔夫在 1989 年 11 月和 12 月的态度还没有确定下来。他根本就没有什么战略。倒是您给他提供了一份关于未来德国的计划！您的政府对中立政策的关切是否获得了共识？还是说在时间上根本就来不及了？顺便说一句：我赞成一种论点，即苏联 1952 年提出的协议方案原本是针对所有盟国的，从而有利于莫斯科的所有利益——无论是被接受还是被拒绝——逼迫西方作出巨大的让步。当年的谈判原本十分吸引眼球：如果这一协议并不针对以瓦尔特·乌布利希为首的民主德国，如果斯大林采取认真态度要求所有盟国全部撤军并建立一支德意志国家军队，其最终结果将是统一社会党的政权不得不退出舞台？

莫德罗：还是从戈尔巴乔夫说起吧。问题在于：我们现在谈的是一个阶段，即苏联仍然存活了两年的那个时期。这一点今天已经被淡忘了。有关"二加四协议"的所有谈判，都是主要在尤里·科维钦斯基的影响之下。科维钦斯基当时是驻波恩大使，他直至 1990 年 4 月才回到莫斯科，出任第一副外长。作为第一副外长，他仍然负责向政治局提交"二加四协议"的谈判方案。那是 1990 年 5 月。我与尤里关系很友好，我们早在 20 世纪 50 年代末就认识了，他当时是大使馆的一个年轻共青团员，而我是柏林的青年团中央书记。我并不经常会见陌生人，但是年轻时代结交的友情往往持续得很久。相互认识以后建立了信任关系。后来我与尤里·科维钦斯基之间有过一次激烈的争吵。科维钦斯基说："你的判断是错误的。你还在相信那些已经不复存在的东西呢。"他一再强调说："当我回到莫斯科，就发现一切都完了，我们已经没有力量了，我们根本就没有实力进行谈判了。"而我的观点始终是："请给我一个解释：在一个国家驻扎有 35 万军队的人，理应拥有谈判的实力。可是你们在谈判时根本就没有利用这种必要的实力。主导谈判者并不需要将《波茨坦协定》纳入和平协议，但是必须将其作为'二加四谈判'的基础！你们能够争取到的唯一成果，是奥德河 – 尼斯河边界^①仍然不变和附带一封根舍与德梅齐埃的信件表示对我们的支持而已。争取更多的成果，你们已经无能为力。"他再三对我说："你高估了我们的实力。"我的态度始终不变。在那个阶段，苏联终结的病根已经比较深入。苏联已经临近一个内患严重的时间点。"二加四协议"究竟是什么时候被莫斯科批准的？1991 年 3 月。法林要求我以联邦议院议员的身份前往莫斯科，目的是在我们之间再作一次磋

① 奥德河 - 尼斯河边界沿着奥德河一直伸展到劳西茨山的尼斯河出海口，后者也是与捷克的界河。此河最北端流经乡村地域，北部与乌瑟多姆岛相连。河界全长 460.4 公里。1945 年 8 月 2 日，苏联将奥德河和劳西茨尼斯河以东德国领土划归波兰管辖。波兰与民主德国两国政府于 1950 年 7 月 6 日签署了《格尔利茨条约》，将"奥德河 - 尼斯河线"最终确认为"德波国家边界"和"和平边界"。德意志联邦共和国于 1970 年 12 月 7 日在《华沙条约》中实际上确认"奥德河 - 尼斯河线"是波兰人民共和国"不可侵犯的"西部边界，但保留了在和平协议中予以更改的条件。奥德河 - 尼斯河边界的存在被写入"二加四协议"，并于 1990 年 11 月 14 日签署一项双边条约予以确认。随着该条约于 1992 年 1 月 16 日生效，德意志联邦共和国最终放弃了对德意志帝国东部所有边界的要求。此线以东区域自此在国际法上归属波兰。发行人建议通过以下链接参阅其他有关文献和信息：http://www.kas.de/71.8834/；http://potsdamer-konferenz.de/geschichte/oder-neisse-grenze.php；https://www.deutscheundpolen.de/themen/thema_jsp/key=oder_neisse_grenze.html（检索时间为 2017 年 2 月 5 日）。

时代见证人的聚会——中间为沃尔夫冈·莱昂哈特，右二为汉斯·莫德罗，右一为米沙·沃尔夫

商。当时的问题是，最高苏维埃并不愿意批准这份协议。军方的观点是："这份协议意味着我们在第二次世界大战中战败了。"

我们与法林对此进行了讨论，并在表决时提交了一份某种形式的声明，我们从中摘除了我们争论过的一句话："苏联最高苏维埃期待，民主德国公民的人权能得到尊重，任何人不得因政治信仰而受到迫害。"此举没有成为司法事件。当我向根舍表达我的保留态度时，他对我说："莫德罗先生，对最高苏维埃来说，此举在道义上具有高度重要性，但是在国际法上并不重要。"遗憾的是，他的话是有道理的。否则，如果在"二加四协议"中加入这一表述，在统一进程中就不可能发生针对昂纳克和其他人的案件。那样的话，争论的界限就会是：究竟这是罪行还是政治信仰。对北约与华约之间的边界进行共同保护，究竟是全体条约成员国的一个军事立场，还是民主德国的一国立场？这条边界线从波罗的海一直延伸到黑海。它们现在又回到了黑海。保加利亚如今建了一道篱笆墙，它比东西两德之间当年的边界墙还要高，为的是阻拦人们前往欧洲。我们生活在一个经常与旧时代碰撞和遭遇的新时代。我坚信，"二加四协议"无论在谈判还是成文阶段都是一种妥协，其结果直至今日仍然存在着各种问题。如今没有人对此提出批评，没有人再谈论这个问题。这是我与俄罗斯人之间至今还在进行的一场争论。

盖勒：您本人是怎样经历苏联的沦亡和解体的？

莫德罗：苏联是怎样真正亡国的？我在近距离经历过。1991年8月，我在克里米亚半岛休假。戈尔巴乔夫当时也在那里。我去度假的时候，恰逢戈尔巴乔夫的所有顾问都在克里米亚半岛上疗养。他本人于8月4日从莫斯科飞到他那被称为"霞光"的度假地。这是个巨大的设施，我只是从外面见过。政变发生于8月19日。

当我8月2日抵达莫斯科时，以联邦议员的身份会见了副总统根纳季·雅纳耶夫[1]。他试图对我解释未来的局势走向。我向雅纳耶夫问起埃里希·昂纳克和马尔库斯·沃尔夫被迫害的问题。他的答复是，我们俩无法解决这个问题。于是，他给克格勃主席弗拉基米尔·克柳奇科夫打了一个电话。当天下午晚些时候，我与克柳奇科夫见了面。我们谈到了昂纳克案件。当天

---

[1] 根纳季·伊万诺维奇·雅纳耶夫1937年8月26日出生于佩列沃兹，2010年9月24日因患癌症逝世于莫斯科。他于1986—1990年在全苏工会中央委员会工作，先后担任书记（至1989年）、副主席和主席。1990年7月14日—1991年8月24日，他担任党中央书记和政治局正式委员。1990年—1991年8月，他也担任苏联副总统。他是1991年8月试图推翻戈尔巴乔夫的政变发起人之一。他被关押至1993年，后因健康原因被免于监禁。

下午，我还会见了戈尔巴乔夫总书记的代表亚历山大·萨索乔夫 ①。他对我通报说：我们将召开一次党代会，然后于 8 月 11 日或 12 日在《真理报》上发表纲领草案。后来确实是这样做的。

戈尔巴乔夫当时带着家人在克里米亚度假。他批准了下一次党代会的纲领，并已经"签字画押"。苏联整个政治在他缺位的情况下照常进行。当在雅纳耶夫的办公室内谈话时，他们俩还通过电话。他还向我转达了问候。

事态继续进行着。8 月 20 日，原定将签署未来苏联各个国家联合体的协议，也就是独联体协议。先前抵达那里并策划政变的那伙人，认为戈尔巴乔夫已经没有意愿了，不愿意继续合作。这是一个事实。我也有同样的感觉。那些所谓的政变者认为，他们将能够拯救苏联。事实上，他们对苏联的灭亡起到了推波助澜的作用。戈尔巴乔夫原本是希望留任总统的，但是败给了叶利钦。

在 1994 年苏军撤离时，我来到了梅前州南部的雷希林。那里驻扎着苏军一个空军大队。我与这个大队的正副队长进行了一次谈话。我问到了政变的情况。这两位军人的答复是："那不是一场政变。他们坐在同一列火车里，火车越开越快，戈尔巴乔夫从火车上跳出去了。整件事情的胜利者是鲍里斯·叶利钦。"事情确实如此。胜利者是叶利钦。

8 月 20 日，有人在疗养院问我，1981 年波兰发生了什么。我说：波兰采取了十分清晰的措施，那位将军总统向每一个地点和每一个领域，以及地方和大规模经济企业都委派了军官，以确保所有安全，阻止武力事件。而莫斯科却笼罩着混乱，完全不清楚未来局势将如何发展。一位克格勃的将军写过

---

① 亚历山大·萨索乔夫是苏共中央政治局委员和中央书记。他在苏联解体后担任了短短几年南奥塞梯共和国的总统。

一本书，书名叫《莫斯科的轻歌剧》①，这本书描述了整个事件的过程。

35. 作为德国联邦议院民主社会主义党议员（1990—1994）和欧洲议会欧洲左翼党议员（1999—2004）

迪科普：在1990年10月2日—3日的夜里，也就是人民议院终结之时，与12月2日当选联邦议院议员期间，您的使命是什么？

莫德罗：当时我在日本。问题是：人民议院的每一个议会党团都可以自行决定各自在联邦议院的议席，真的会是这样吗？人民议院终止了，民主德国加入了联邦德国，其中一部分议员接受了在德意志联邦议院的议席。我被列入民社党进入联邦议院的名单。当时有一伙人反对把我列入名单。曾经有两次辩论，围绕着一个问题：第一个议题，是否将莫德罗除名？第二个议题是引入《莫德罗法典》，让所有代表都一一表决？结果达成共识，由议会党团保留其权力。居西在辩论中非常明确地代表了我的权益。最终拍板的是沃尔夫冈·乌尔曼：不搞《莫德罗法典》，每个党团自行决定人选。

迪科普：哪些人反对把您列入候选人名单？

莫德罗：我没法回答这个问题，因为我当时在日本。也就是说，我在东京逗留期间成为联邦议员。大使馆处于解散和移交的过渡期间。邀请了1000

---

① 弗拉迪斯拉夫·伊尔万多维奇·科沃科夫1924年出生于莫斯科。作为负责秘密联络的克格勃将军，他的任务是保持苏联领导人与德意志联邦共和国的直接接触。科沃科夫曾经是克格勃的特殊行动军官，即隶属于第二总局（反间谍）某局的中校，专门负责对生活在莫斯科的外国人进行监听、揭秘和整编工作。有关情况请参阅弗拉迪斯拉夫·科沃科夫撰写的《秘密渠道——莫斯科、克格勃与波恩的东方政策》，1995年出版于柏林。

多名客人。现场不应当出现侮辱性言行，西德大使威廉·哈斯认可这一点。他想以此表明，他是支持统一的，而且其行为拥有外交风度。因此，联邦议员汉斯·莫德罗和民主德国卸任公使一起出席了1990年10月3日的招待会。在这样的情势下，没有人愿意在日本闹出令人深思的事件来。人们见到的不是一位"前朝遗老"。再来回答您的问题：反对者或许来自民权组织和/或东部社民党。我不想点出他们的姓名。

盖勒：您在民主德国终结之后担任了一个任期的联邦议员。这段经历给您留下了什么回忆？

莫德罗：五花八门。我在几本出版物里已经讲述过。例如我在《从什未林到斯特拉斯堡》① 这本书中追忆了我在各个不同议会中度过的半个世纪议员生活——州议会、人民议院、联邦议院、欧洲议会——如烟往事的记忆流淌。或许可以说一下来自波恩的两件事：我在那里属于议会外事委员会，当时社民党的汉斯·科施尼克也是这个委员会的成员。这位不来梅市的前市长曾经邀请我去他的州代表处做客。我们的关系就此更加密切了。有一次，他甚至放弃了外委会的发言时间，把时间转让给我。当时的议题是关于东欧。他声明道："关于这个问题，莫德罗同事比我们所有人都更清楚，我想让他多说一些，所以撤回我的发言申请。"这并不是惯例。我们民社党议员的发言经常被打断，我们被视为"麻风病人"。

我与威利·勃兰特也见过几次面。他对我说，比约恩·恩格霍姆和其他曾经到德累斯顿见过我的社民党人都向他报告说，那里有一人在介绍民主德国时并不按照《新德意志报》社论的口径，同这个人可以进行交谈。我回答说，

---

① 参阅汉斯·莫德罗所著《从什未林到斯特拉斯堡》，2001年出版于柏林。

现在仍然可以与我交谈。

在全体会议上，我曾经不止一次遭到纯粹的仇恨和反共攻击，不过，遭受这种待遇的也有其他民社党议员。

盖勒：您是在民主德国终结之前的具体什么时候会见比约恩·恩格霍姆的？你们在德累斯顿谈了些什么？

莫德罗：比约恩·恩格霍姆通过他夫人的亲戚关系与德累斯顿的舞蹈学校女校长格莱塔·帕鲁卡保持着接触，这个舞校是以帕鲁卡校长命名的。因此在20世纪80年代的后半叶，我们时常会在年底利用其探亲的机会进行会晤。当然，恩格霍姆因其在社民党的地位也与柏林保持着官方接触。我们在德累斯顿的会谈，或许可以加深和完善他的印象。我们之间很合得来，但是我们的交流对社民党与统一社会党之间的政治关系并没有影响。后来的一些谈话，例如同埃贡·巴尔的谈话，则具有不一样的性质。

盖勒：还回到1990年那个时代：您在欧洲议会有过什么经历和印象？

莫德罗：在欧洲议会，我是民主德国的前总理，而不像在波恩那样是一个仇恨的对象。在那里，相互之间十分尊重，交往时充满敬意和礼貌，甚至包括与基民盟的埃尔马·布罗克。他从1980年起就是欧洲议员，迄今始终还在布鲁塞尔。期间他差不多是资历最老的欧洲议员了。我们俩经常见面，就这个或者那个问题交流看法。一位西班牙议员知道我对古巴抱有同情，就要求我在议会党团里担任南美问题协调员。我表示反对，因为我不会说西班牙语。"我看到你是怎么当的中东欧协调员。这个职务对你的素质要求更高，我是一个医学家和教授，我对这行一窍不通。"于是我们俩共同承担了这个

幻想着欧洲社会主义的未来？1992年，与法国共产党领导人乔治·马尔谢（左者）在一起

任务。在那段时间里，我曾到访六七个南美国家。有一次，社民党议会党团的一位西班牙议员来找我，用德语问我："汉斯，我们必须考虑一下能够为古巴做些什么？"于是我们的事务范畴就进一步扩大了。

我被选为一个混编委员会的副主席，负责捷克共和国加入欧盟的事务。主席是一位瑞典人。他在欢迎我时说："莫德罗同事，我是一个蓝色的人。"我猜测他是自民党人，便询问他。"不"，他笑着说，"我经常去参加自由德国青年联盟的波罗的海周活动。"（此处系指波罗的海的海水颜色，同时暗喻前东德青年团成员身穿的制式蓝色衬衣。——译者）

在这个层面，欧洲确实还存活着。那里不像联邦议院那样充满意识形态的舌战，而是主要围绕着客观问题进行讨论。

盖勒：谈一谈您担任总理期间的议会制：作为总理，您是不是感觉到是穿着一件紧身胸衣，受到环境、事由、时间的三重压力？您只有几个月的登台表演时间，然后您就经历了联邦议院的年代和欧洲层面的议会制，而在这些议会中两德关系已经不是话题了。如果对这些历史加以对比，可以形成鲜明的对比。是否可以这样说：作为波恩的议员和布鲁塞尔与斯特拉斯堡的欧洲议员，您可以较少在内外情势和压力下发挥自己的政治能力？

莫德罗：在某种程度上来说是的。不过我必须谨慎地说明，我在民主德国担任议员期间并非仅仅在情势和压力下进行表演。民主德国的议会工作当然不是您所说的那种方式，而且也不具备可对比性。今天的议会民主是代表制，其政治效果显而易见。其效应体现在议员的演说能力上。与此紧密相连的是媒体的感知度。其靓丽的外表常常因时而异。昂纳克在身边人的谄媚下误以为自己是一位伟大的国务政治家。如今，记者们试图把议员奉为楷模。他们在断章取义的工作中通过引用其言论的数量来突出其政治意义。在欧洲议会中，我与本党的一位同事产生过争议，此人后来担任过勃兰登堡州的司法部长。他在议会中像强暴斗士一样，为了争取每一分钟的演讲时间而奋斗。我试图提醒他，外界没有人会对他的演讲时间长一分钟或短一分钟感兴趣，关键的是演讲内容和能够促进真正的改变。

议会工作的核心是：由选民选出来的议员，究竟能在多大程度上真正地为世界多一点和平、公正、生态、友好作出贡献？库尔特·图肖尔斯基写过的一句话值得关注："他们以为自己已经掌握了权力，实际上他们不过只是接近了政府而已。"

盖勒：您在谈及欧洲议会制的范畴时提到了组建新左翼党的三位重要的创始人。我也研究了一下欧洲历史和欧洲议会制中基督教民主党派与保守党的跨国政党合作情况。在我看来，上述平台以及这种组织的建立在欧洲议会中起到了一定的作用，从历史角度看同样颇有意思。但是，遗憾的是很少能找到有关文献或研究报告。您是否能够谈一谈欧洲左翼党的成立以及三个重要人物——您是三人中的一人——及其相互关系？能不能介绍一下另外两位人物的性格特点？

莫德罗：欧洲左翼党直至 20 世纪 80 年代初才在欧洲议会中组建了一个具有工作能力的议会党团。弗朗西斯·武尔茨在那里代表的是法国共产党（KPF），在世纪之交前后，只有保守党、绿党、自由党和社会党找到了欧洲联合形式。左翼党也展开了讨论，是否有必要在各国组织范围之外组建一个跨越国界的左翼党。在这个问题上没有达成一致意见。尤其是希腊人的分歧意见特别大。在议会党团中，拥有来自希腊三个政党的代表。共产党坚决反对：我们在欧盟中的任务就是向欧盟进行斗争，我们只是为了这个目的而进入欧洲议会。欧盟必须解散！其他政党的观点是：我们必须参与塑造和陪伴着一个社会公益的、和平的欧洲进程，而不是拒绝这个进程。从意大利共产党①中分裂出来的意大利重建共产党（Rifondazione）的福斯托·贝尔蒂诺②、法国共产党的弗朗西斯·武尔茨与我一起进行讨论，是否适宜成立一个欧洲左翼党。如果适宜，由各个国家的独立政党联合组成的欧洲左翼党将成为一个什么样的党？我们最终的考虑结果是：我们建立一个欧洲左翼党，我们的各国左翼政党都在欧洲左翼党内派有代表。这些政党以外的其他左翼团组，都可以加入这个欧洲左翼党。

———————————

① 意大利共产党是从意大利社会主义党分裂而来。该党是西欧影响力最大的共产党，从一个革命的干部党发展成一个以斯大林主义为指向的群众党。该党曾经坚定地反抗意大利法西斯主义和北部意大利的德国占领军，并参与制定了意大利共和国国家宪法。在东西方冲突时代，该党于 1947—1991 年改名期间是议会席位最多的在野党，并于执政期间在各个地区和乡镇中发挥了积极的作用。
② 福斯托·贝尔蒂诺 1940 年 3 月 22 日出生于米兰。他于 1994—2006 年担任意大利重建共产党的全国书记。他于 2007 年 11 月之前担任欧洲左翼党主席。他曾任欧洲议会议员。2006 年 5 月—2008 年 4 月，他担任意大利众议院议长。

莫德罗（左者）1995年在塞浦路斯与劳动人民进步党总书记赫里斯托菲亚斯（右者）就该党加入欧洲左翼党进行谈判

在这场讨论中，一个重要的问题是如何对待我们自己的历史。我们是否认可我们的历史以及我们的错点与失误？尤其是捷克同志希望解脱对"布拉格之春"的回忆及其痛苦的结局。但是，他们希望继续保留波希米亚和摩拉维亚共产党的名称，因为没有更好的称谓了。法国人也认为，我们是法国共产党。

2004年5月8日，15个欧洲政党在罗马组成欧洲左翼党。迄今已有25个政党属于该党，党员总数达到50万人。在德语区，总共有德国的"左翼党"、奥地利共产党、瑞士劳动党和卢森堡的左派党。这些政党的目标是发展一个"有别于资本主义的社会与政治模式选项"，它们的行动是"反对不断增长的军国主义和战争"以及致力于"环境保护和尊重人权"。自2016年12月以来，格雷戈尔·居西担任欧洲左翼党主席。

盖勒：您、弗朗西斯·武尔茨和福斯托·贝尔蒂诺无论如何都属于欧洲左

1999 年 7 月 21 日，在斯特拉斯堡欧洲议会举行第一次会谈——与埃里克·麦耶尔（中）和弗朗西斯·武尔茨（左）在一起

翼党的创始人。

莫德罗：我们产生了这个念头并予以推动，接着各个政党接受了这个理念。

迪科普：在各个政党内，存在着各种派别和思潮。左翼党过去和现在的情况如何？您同哪些派别亲一些、疏一些？

莫德罗：1990 年 1 月，我党的主席团成立了"老人委员会"，大约有 30 名成员。1990 年 2 月至 2007 年，我担任民社党的名誉主席。在成立左翼党之后，改用了"元老委员会"的名称，并在埃尔富特党代会上将这个委员会写入了党的章程。我党主席团任命我为元老委员会主席。

我在统一社会党经历过一个政党的民主集中制，因此在成立民社党时我认为多元化是一个相当重要的因素。这一立场也在党章的基本原则中得到了反映。"元老委员会"的任务是向党的主席团提供咨询，并参与公开的讨论。因此，我们不是什么派别，也不属于任何派别。现在经常发生的一些事情，在我看来与多元化毫无关系。不存在什么对话，也没有展开批判性分析的诚意，而这种批判精神是急迫需要的。相反，刚愎自用和争夺席位的现象越来越严重。联邦议院的所有政党都存在着这种现象，但是左翼党不应当同流合污。对此，我在元老委员会中作出了很多努力，而且大多数努力是针对元老委员会内部的。

36. 关于政治往事、统一社会党财产和法律纷争的争议

迪科普：关键词"废墟99"——为德累斯顿被摧毁而每年一度举办的纪念活动。您为应对此次活动所采取的应急处置措施，在多大程度上可以与1989年10月大使馆难民途经火车站时的冲突事件相提并论？

莫德罗：在民主德国时期并不存在这个概念。原本是在埋葬有许多人的荒原墓地悼念亡灵并敬献花圈。后来改到圣女教堂旁的传统，则是教会与国家经过共同考虑后作出的决定并不断发展了纪念规模。如今在德累斯顿发生的新纳粹事件，与此有着天壤之别。

根据我的经历，1989年10月4日—5日的事件无论在内容上还是在行动力量的指挥上都与"废墟99"毫无相同之处。当年被称为"共和国难民"的几列火车，只有在柏林、波恩、布拉格达成一致协商之后才可能通过德累斯顿。至于当年究竟达成了什么协议，至今也没有公之于世。柏林的政治考量很清楚：这是一些难民，已经不是民主德国的公民了，因此几列火车上都载有西德的官员。对我们德累斯顿来说，如果有人试图阻拦这些列车，就有发生伤亡事件的危险。如果必须进行比较的话——我们希望阻止暴力，但是为了避免伤亡事故，我们不得不采取一些行动，而这些行动因不可能在任何情况下都处置得当而遭受了批判。迄今为止，并没有人对此次事件及其来龙去脉真正进行过分析。

迪科普：您对那个统一社会党独裁清理基金会怎样评价？

莫德罗：这个联邦基金会由不同态度和观点的人组成。乌尔里希·梅勒特博士[1]以当代历史学家的身份在那里工作，他说过一句振聋发聩的话：那些人各自向不同的方向拉车。在我看来，他在基金会内属于尝试着忠实于历史的人，他的研究方式是依据仍然留存的资料，而不是根据宣传的需要诠释历史。他和其他一些人明白，历史学家在处理历史问题时最好不要根据那种原则，即你问什么我就提供什么观点。在历史学家的领域中，只有摆脱了时代精神的束缚，天长日久才能获得业内的认可。要想达到这种境界，那些时下十分红火的学者需要走的路可长可短，有些人直至生命的终点也到达不了这种境界。

自1998年开始，这个联邦基金会的任务是："为全面清理德国苏联占领区和东德独裁的原因、历史和后果作出贡献并给予支持，从而不忘记曾经发生的不公平事件，缅怀那些牺牲者，达成社会上的反集权共识，促进和巩固德国的民主与内部统一。"这段话清晰地证明和勾画出了成立这个机构的目的，也就是对曾经发生的不公正事件和牺牲者牢记不忘。如果用1945—1990年的西德标准来做评判，你还能够指望这个机构吗？那么肯定就会立即产生一个借口，即无法将那些历史加以对比，因为当时处于两种不同的政治体制下。是的。但是，两种政治体制下都同样主张公正却又存在过不公正。不仅在东德有过牺牲者。在基金会理事会的5名兼职委员中，除了两位是西德学者外，占主导地位的是东德的牺牲者。他们向我提出了各种批判性的问题，我愿意对这些问题作出答复，但是他们必须也要承受批判性的答案。

---

[1] 乌尔里希·梅勒特1968年6月19日出生于Neckarsulm。他是当代历史学者，并以《1945/1946年至1949年的统一社会党群众组织》的论文获得博士学位。1999年11月1日，梅勒特转入统一社会党独裁清理基金会，身份是学术研究员。梅勒特自1984年起成为社民党成员。他曾经以联合发行人的身份出版了一系列共产主义档案，并自2007年起担任《共产主义历史研究年鉴》的主要发行人。

盖勒：我们能够承受这些答案，因为也可以从批判中获取认知。观点的尖锐化不一定总是会带来学术上的伤害。——或许还要提一个批判性的问题：常常有人批判您在民主德国时期过于胆小。究竟为什么？

莫德罗：说我没有足够胆量站在其他人身前，所以让别人去堵枪眼。我知道这种说法的来源和版权人，实在是不敢恭维他们的人格特点。其中一人很可能是当年的德累斯顿市长沃尔夫冈·贝格霍费尔。他配合曼弗雷德·维尔克做过一个采访录，刊登在 2007 年的《共产主义历史研究年鉴》上——维尔克在去世之前一直是柏林自由大学统一社会党－国家研究联合会双主席之一，也是柏林基民盟主席团成员之一、统一社会党独裁清算基金会的理事会成员之一。我不是随意提一下这个情况，而是以此说明这个直接隶属于联邦政府的、具有公开法律地位的基金会有着什么样的盘根错节背景，而他们所使用的是联邦资金，也就是纳税人的钱。

盖勒：这里面存在着一种矛盾的现象：德国的分裂倒是维持了"兄弟姐妹"之间的血肉关系，但是统一后反而开始真正暴露出了更多的矛盾对立或不同的社会化进程与个人体验……

莫德罗：正是如此。民主德国在终结时的人口不足 1700 万。在建国以后，大约 300 万人背离了这个国家。欧洲战后导致 1400 万人的迁徙，这是有史以来最大规模的民族迁徙，他们大多数来自东欧和中欧。有些人先是在苏占区定居下来，之后又移居西方。再后来各个家庭逐步团聚。许多人离开了民主德国，因为他们希望在西德能够生活得更好。这些人在今天而言就是"经济难民"。然而在西德的宣传中，把他们称作"用脚来投票反对社会主义"。在 1990 年之前，总共出走的是 300 万人。如今，又有这么多人从东部去了西部。他们不是出于政治原因，但是根本就无所谓——也就是说，并不是因为反对社会主义而"用脚投票"。他们原本是愿意留在东部，留在家乡生活，但是他们在东部无法生活。他们找不到工作。我可以举出很多人名，他们都来自我的周边，有些人甚至是党和国家高级官员的孩子，但是在20世纪90年代纷纷"去那边了"，因为他们在东部看不到自己和家庭的前途机遇。我的小女儿伊丽娜——可惜她已经于2017年病逝——就是一个例子。她是一位拥有博士学位的女科学工作者。有一次巧合，我在从科隆－波恩机场飞往柏林的途中身旁坐着一位友好的先生，是西德人，如今在柏林洪堡大学当教授。作为评审委员会成员，他了解伊丽娜·莫德罗博士的命运。"我可以非常坦率地告诉您，以她的能力完全拥有联邦德国高等院校的任教水平。但是她有一个错误的姓氏。如果她姓米勒、迈尔或者舒尔茨，就不会有任何问题。但是姓莫德罗就是一个问题。"

一部分人是因为姓氏，另一部分人是因为"学历太高"，第三种人则是因为缺乏工作岗位……数以百万计的人中断了职业生涯，改变了生活道路，或者终止了生活道路。究竟有多少东德人因为"转折"以后生计迷茫而自杀身亡？根本就没有一个统计数字。1990年以后由于政治条件而被干预了个人命运的无数东德人，如果把谴责的对象定位为东德岂不是笑话？我的女友的儿子——我的夫人安娜玛丽在我们的金婚纪念日之后已经逝世——参与了"一条管道"的建设，也就是类似苏联的输油和输气管道。"转折"之后，他想以工程师的身份继续工作，但是并不顺利。如今他已经50多岁了，在斯图加特附近当一名钳工。他至今仍然为自己在民主德国时期建设过管道而感到自豪，他们顶着严寒和酷暑，在泥泞和偏远地区作出过贡献。这一切不容抹杀，不容贬低。您可以猜三次，他最后作出了什么选择？他始终保留着他那位于耶拿附近的小木屋，因为这是他的家。只要时间允许，他就常常回到那里。如今他仍然这样，经常回去。他们在西部有工作，但是他们的家仍然在东部。

迪科普：1990 年 2 月 8 日，"民族责任政府"发表声明，愿意代表所有德意志人民承担法西斯罪行的责任，尤其是针对那些犹太人民。[①] 德梅齐埃政府后来再次强调了这一点。您表明了愿意为纳粹独裁的牺牲者支付赔偿金的意愿。为什么没有发生在乌布利希以及昂纳克时代？

莫德罗：这里必须要更加准确地表述。民主德国在任何时期都对受到法西斯主义迫害者进行特殊方式赔偿表示支持。但是根据我的理解，不允许对"反法西斯战士"和"法西斯主义的牺牲者"二者加以区别。我们的支持对象当然也包括原有的犹太人团体，但是也有一个例外原则：我们不支持以色列这个国家。我们在 20 世纪 80 年代小心翼翼地进行了关于相互给予外交承认的商谈：以色列于 1951 年向两个德国公开提出赔偿要求。对联邦德国的要求是提供 10 亿美元，对民主德国的要求则因国家较小而只有一半数额。无论过去还是现在，我们对此既没有支付能力也没有支付意愿，但是这与反犹太主义毫无关联。并不是拒绝重修关系：怎么可能在大规模屠杀犹太人之后"重修关系"？对以色列这个国家给予物资支持——而不是给予犹太人：在这里必须十分准确地定义！以色列一再把阿拉伯邻国拖进战争，拒绝与巴勒斯坦签署一项两国解决方案，我们的做法有可能对我国与阿拉伯世界的良好关系带来难以弥补的伤害。

也就是说，我们处于一种困境：对我们来说，一方面以色列国家的生存权不存在疑问，另一方面巴勒斯坦人建立一个自己国家的要求同样是合法的。当基民盟所主导的"为了德国联盟"接管了过渡政府事务后，这已经不

---

① 1990 年 2 月 8 日，莫德罗在美国与犹太人组织进行会谈之后，并在着眼于与以色列建交这一利益时发表声明称，民主德国承认"全体德意志人民对过去承担有责任"，并且有责任"为当年受到纳粹政权迫害的犹太籍人提供精神与物资支持"。参阅 Heike Amos、Tim Geiger（修订）所著《统一·联邦德国外交部、民主德国外交部与二加四进程》一书，2015 年出版于哥廷根，第 278 页。

再是话题了：民主德国从困境中摆脱出来了，因为它已经融入联邦德国。我的政府声明只是要发出一个信号，即我们看到了会谈的需要并予以推动。

盖勒：令我感觉到有几分像是奥地利的处境。布鲁诺·克赖斯基是犹太裔总理，从而——我认为——看上去不可冒犯。他培养了奥地利的牺牲者形象，并说——尽管他本人与犹太民族保持切割，是一个众所周知的不可知论者——"我们与此完全没有关系。"括弧："让西德人去处理吧。"

实际上他与民主德国差不多，是在把奥地利打造成牺牲者。这是一个令人可以接受的理由，不过必须予以区分：民主德国是在德意志土地上建立的一个国家，在1945年之前从事过非法行为，尽管其行为主体不是民主德国政府：以明确的方式表明是纳粹体制。

奥地利比较巧妙地"虚构出来"了上述理由，并把自己隐藏在盟国的描述中："我们是希特勒侵略的第一个牺牲者。"至于奥地利曾经以绝大多数赞成纳粹帝国国防军进军、奥地利人直到战争最后一天还紧随纳粹统治的事实，则闭口不提了。东德的做法难道不是很相似吗？您担任民主德国政府首脑期间阐述那样的观点时并不轻松吧？在反法西斯主义的山墙背后，难道不存在反犹太主义、德意志民族主义和国家主义——这些思潮一度冻结并储藏起来，如今却又在德国选择党和"反对西方伊斯兰化的爱国主义欧洲人"组织中以某种形式再度显现？

莫德罗：与您一样，我也对所谓的奥地利牺牲者角色抱有看法。奥地利并不是其来自因河畔布劳瑙的同胞阿道夫·希特勒的第一个牺牲者，而是自愿"回到帝国家乡"，并为自己能够成为德意志帝国的东部疆域而感到自豪。维也纳曾经在1942年宣布"没有犹太人"了，也就是说，18万人被赶出了这个城市或予以流放。顺便说一句，奥地利人被优先派遣为集中营和屠杀营当保安人员。我的这些描述是为了叙述周全，而不是为了减轻德国人的任何罪责。

您说得很对，民主德国作为一个国家并没有参与法西斯独裁的罪行，但并不能免除作为一个国家所理应担负的责任。德意志联邦共和国则并不一样。保守党人要求联邦宪法法院判定联邦德国与民主德国之间的基础条约的非法性。联邦宪法法院于1973年7月31日发表的声明至今仍然有效："基本法——这不仅是一个国际法学说与国家法学说论点——认为，德意志帝国经受住了1945年的崩溃，既没有因投降也没有因各个占领国对德国实施外国统治权而沦亡……德意志帝国依然存在。……德意志联邦共和国的成立，并非建立一个西德国家，而是重新组织德国的一部分。……因此，德意志联邦共和国并非德意志帝国的'合法后身'。而是等同于德意志帝国这个国家，但是它要求对其疆域扩大给予'部分等同'，从而致使其等同性并非局限于现有疆域。"我在此不想指出德国最高法院作出的这一毫无变更依然有效的判决的各种牵连，而是只想指出持续遭到自我指责乃至于由此产生的各种责任。

不过，他们当然是有理的：在民主德国也有一些在1945年之前就生活在那里的人。这些人至少可以被称为纳粹的反对者和抵抗战士。作为国家，或许可以步履轻盈地解脱自己，但是作为人民却不一样。有一部分人受到过反法西斯启蒙和教育——例如我这样在战俘营的反法西斯学校中受到了启蒙和教育：继续反对法西斯意识形态、反犹太主义、民族仇恨、民族主义和排外情绪。另一部分人则少了这一课，他们对人们及其后代的担忧、贫困和心灵创伤有着更加强烈的敏感性，这一切都拜我们的祖先所赐。

然而，我必须完全原则性地驳回您刚才使用的"反法西斯山墙"这个词汇。在民主德国，反法西斯不是自我保护的"山墙"，而是国策原则和教育使命。

盖勒：我也想对"同乡"希特勒这个称谓作一点小小的指正：他是厌恶

奥地利和维也纳的。他于 20 世纪 20 年代被驱逐出奥地利，禁止他在这个国家逗留。他不再有奥地利国籍，直到他在德国不伦瑞克入籍之前一直是无国籍者。关于"奥地利人"希特勒的问题我就说到这里。再回到我们的话题：在民主德国政府和统一社会党内部，也曾有一系列受到纳粹政权"牵连"的各级官员——不是战犯性质，但曾经是国家社会主义工人党以及冲锋队的成员，曾经是纳粹体制和政党的成员，后来或多或少地接受了社会主义，成为统一社会党党员。这里也有一个延续性的问题，原本也值得理论一番。或许您认为这样做是错误的？

莫德罗：您的看法是错误的。事实上，有牵连的人员不会获得任用，而是根据其个人的责任受到判处。民主德国直到终结之前始终对法西斯主义犯罪者进行追捕。有一些人因在帝国国防军所犯下的罪责而受到了处罚。不少人在"自由德国民族委员会"里发展成为纳粹帝国的敌人，他们积极地参与了民主德国武装力量的组建。但是与联邦德国不同的是，这些人逐步离开了现职重要岗位。最晚到 20 世纪 60 年代，民主德国领导层或国家机关就已经不存在当年现职的纳粹人士。不久前，刚刚出版了一本几乎厚达 500 页的书，题目是《以人民的名义——对纳粹罪犯与战犯的侦查与诉讼程序》①。这本书客观反映了人事延续性的议题，证明民主德国在人事问题上与纳粹思想的决裂。

盖勒：联邦德国给民主德国编造的画面，反过来民主德国给联邦德国定制的画面，均十分独特，展现了"冷战剧本"的特点。民主德国说：波恩政府里坐着"法西斯分子""帝国主义分子""资本家""纳粹分子"。这些人盘踞在波恩，观望着东柏林说："那些都是共产党人。那个根本就不是一个国

---

① 书名为 *Im Namen des Volkes. Ermittlungs- und Gerichtsverfahren in der DDR gegen Nazi- und Kriegsverbrecher*。

家。我们不承认这个国家。那里只是一个'占领区',那里只有德国内部边界,而不是民主德国的国家边界。我们也不承认他们的国籍。"

西德历史学家在对历史进行描述时,指责东德有意识地不对历史作出反省反思,没有进行补偿,不像那些"了不起的"西德人。他们指称,东德正因为如此,所以与以色列之间存在着问题,所以没有像西德那样承认以色列。在冷战时期,他们实际上是把东德定位为亲苏维埃和反犹太复国主义。如果把这所有辞藻都排除掉之后,就会比较接近事实的核心了:德意志联邦共和国是出于各种政治原因而提供补偿的,从而能够得到以色列和美国的认可,在所谓的重新武装与融入西方一体化等方面获益。那是一种特殊的关系,波恩主要出于政治战略的原因而予以精心维护。事后证明,阿登纳曾经十分担忧得不到美国的犹太人院外集团的认可,从而无法与美利坚合众国建立联盟关系。民主德国的立场十分清楚:亲苏维埃,反以色列,因为以色列在冷战期间是近东地区的前沿国家。这些是不是事实?

莫德罗:事实的成分较少,更多的是宣传与偏见:难道您不认可西德曾经是、现在依然是资本主义这个事实?研究是否表明波恩的许多政府部门都是由第三帝国的专家建立起来并实施领导的?但政府的灰色阁下是汉斯·格洛布克。他是纽伦堡种族法案的共同撰稿人和执行者,曾经在西德联邦总理府内实施指挥到1963年。当他想以退休者的身份定居瑞士时,瑞士联邦政府颁发了一道禁止入境令,将其宣布为不受欢迎的外国人。纳粹帝国的情报首领赖因哈德·盖伦,也曾作为联邦情报局的局长继续留用,专门针对东德展开情报工作。2008年公布的一份关于联邦宪法局的调查报告指出:"司法部门、宪法保卫部门和联邦情报局等机构,在成立之初乃至后面的20年内,几乎百分百地由当年的纳粹党党员和党卫军成员组成。"我们要不要现在把所有部门都筛一遍?

在我看来，民主德国与联邦德国之间在处理纳粹灰色历史方面存在着巨大差别。如今，在民主德国不复存在的情况下，您刚才所列举的情况都一再被当作宣传谈资，通过自身批判与自我批判的方式确认其对民主德国形象的准确性。我在其他场合已经强调过，民主德国的反法西斯主义在国家统一后至少在这个领域中产生了积极的影响。

盖勒：我先搁置一下这个话题。我想回到1990年2月8日发表那个声明时的动机问题上来：您描述说，德梅齐埃与犹太人团体的关系扮演了某种角色。我们从奥地利方面当年了解到，世界犹太人大会（World Jewish Congress）曾经对反对瓦尔德海姆运动施加了强有力的影响。① 这个组织对当时仍然存在的民主德国起到过多大影响？在昂纳克时代，埃德加·布龙夫曼至少访问过民主德国。如今在1989—1990年间，似乎打开了一扇历史的窗户，因为莫德罗政府或德梅齐埃政府不再是反犹太复国主义。这样的判断贴切吗？

莫德罗：不正确。昂纳克既不是反犹太复国主义者，也不是反犹太主义者。我们根本就看不出来犹太人世界大会曾经作出利用民主德国的努力，无论出于任何目的也没有过。我们当时想与所有对我不持敌对立场的国家和组织保持理智的关系。我想给您讲述一个历史范例：在20世纪60年代，汉堡曾经有一个针对一位纳粹罪犯的案件审理，从此案中获知，有一位来自华沙犹太人居住区的杀人犯生活在民主德国，名叫布勒舍。在来自犹太人居住区的一张著名照片上，可以看到此人的模样：一个小个子年轻人把双手举过头顶，他的身后站着一个党卫军男子，面带奸笑，手持冲锋枪，此人就是布勒

---

① 参阅米歇尔·盖勒所撰写的 *Die Affäre Waldheim. Eine Fallstudie zur Instrumentalisierung der NS-Vergangenheit zur politischen Vorteilsverschaffung 1986-1988*，收录于 *Geschichte in Wissenschaft und Unterricht*，第69卷，第1/2册，第67—85页。

舍。汉堡法院知道这位罪犯在民主德国未被发现，但是并不通报民德机构，借口是担心民德方面会判处此人死刑。他们强调的理由是与民主德国没有签署司法协助等形式上的协议。为什么没有签署呢？您知道吗，民主德国尽管如此还是抓住了布勒舍并给予公正的判处。因为反法西斯主义者、曾经在柏林法西斯牺牲者委员会（ODf-Ausschuss）结识昂纳克并与之以"你"昵称的德国犹太人中央委员会主席海因茨·加林斯基，把汉堡档案的影印件转给了昂纳克。交接文件的程序有如侦探故事：加林斯基的一个委托人将法院文件转交给民主德国国家安全部的一个同志，而该部门的职责是侦查纳粹分子。

盖勒：您于1990年2月8日发表了那项声明，是指望民主德国得到以色列的承认？

莫德罗：外交承认必须是双向的。我们提出了建立关系正常化的建议。以色列并非一定要以外交承认的方式来予以答复。政治运作方式不是这样的。

盖勒：以色列和犹太人方面作出了什么反应？

莫德罗：我没有记录下来。这个问题您可以问我的后任洛塔尔·德梅齐埃。

迪科普：根据人民议院的决议，民主德国各个政党的财产于1990年6月1日交由托管机构管理。这是为什么？

莫德罗：根据民主德国的法律法规，党员的每月党费属于该党的资产。而西德联邦政府认为，民主德国公民并非自愿缴纳党费，而是在压力下被迫缴纳。因此，民主德国各政党的资产是非法获得的财产。在这些资产的运作下，也在国外建立了各种企业，从而掩盖了统一社会党的资产。为了避免让党员的钱从西德的黑色渠道中消失，统一社会党 – 民社党于 1990 年 2 月 4 日作出决议，将 30 多亿东德马克交纳给民主德国国家财政，并将一些房产，例如马恩广场旁的党中央办公大楼，转让给了人民议院。如今这所房产已经属于联邦德国外交部。

1990 年 6 月初，民社党主席居西在维也纳的一个记者招待会上公布了该党的现有资产为大约 10 亿东德马克以及 2000 万西德马克加上一些房产。我党此时还有党员大约 35 万人。

迪科普：在不同的组织内，尤其是在统一社会党内，但也包括其他政党以及部分已经解散的群众组织内，不同级别的一些官员试图绕过法律"保住"资金或为了私人目的而侵吞资金。仅仅在统一社会党内，"转折"后查明的资产就达到 11.6 亿欧元。此外，根据苏黎世州高级法院尚未具有法律效力的判决称："前东德的贸易公司 Novum 及其子公司 Transcarbon 于 1992 年毫无痕迹地消失了 1.28 亿欧元。这两个公司的唯一合伙人是奥地利女士鲁道菲娜·施泰因德林，人称'红色菲妮'。她于 1991 年让奥地利银行（Bank Austria）支付了现金。作为该银行的法人后身奥地利联合贷款银行（UniCredit–Bank Austria），必须向德意志联邦共和国赔偿损失。另一个事例是所谓的'普特尼克交易'[①]，民社党企图将其前身统一社会党的资产转移到

----

① 此案被称为"普特尼克交易"（Putnik-Deal）"普特尼克丑闻"（Putnik-Affäre）或"普特尼克行动"（Operation Putnik），系指民社党试图将原统一社会党的资产转移至外国，以避免被联邦共和国采取国家干预行动。根据虚构的拖欠莫斯科普特尼克公司的款项，转账支付了高达 1.07 亿西德马克的欠款。资料来源见：Patrick Moreau、Jürgen P. Lang 所著《民社党——独裁的遗产》，1994 年出版于格林瓦尔德；Hubertus Knabe 所著《作案人就在我们中间——统一社会党独裁的粉饰语言》，2008 年出版于柏林，第 37—41 页；Hansgeorg Bräutigam 所撰写的《统一社会党资产的面纱》一文，收录于《德国档案》2010 年第 4 期，第 628—634 页。

外国。"您对这些资产问题怎么解释？

莫德罗：据我所知，并不存在被未经许可者侵吞和可能被"私有化"的此类款额。对统一社会党数百万巨额追踪多年的所谓案件，没有任何证据，但是将统一社会党以及民社党指称为刑事犯罪组织的手法却成为"温水煮青蛙"的话题。关于赫尔穆特·科尔的黑金案，关于各种虚构的献金、犹太人的各种捐赠，以及政治生态中惯有的奇闻逸事，我在这里并不想相提并论。

曾经有两件令人无法窥透的案例，其中第一件与民社党根本就毫无干系。2012年逝世于特拉维夫的那位奥地利女士鲁道菲娜·施泰因德林，自20世纪70年代以来不仅为奥地利共产党也为统一社会党托管和存放过资金。在90年代，曾经对她侦查了4年之久，但是丝毫找不到司法追诉价值。在此期间，她从瑞士的一个公司账户上取走了4.5亿西德马克，这笔款的去向至今仍然没有搞清楚。由于民社党期间早已放弃了所有外国资产，所以与这一案件毫无关联。于是，联邦德国向奥地利银行求助。2010年3月，一家瑞士法院判决银行支付2.45亿欧洲损失费，上诉法院终止这一判决，打回原审法院。该法院于2013年驳回起诉，前诉判决产生效力。奥地利银行必须向德意志联邦共和国支付1.28亿欧元，并且附加自1994年以来每年5%的利息。这一案例相当于一节教学课：2014年，柏林联邦统一事务特别检察院（BvS）作为民主德国资产的托管者向苏黎世地方法院提出申诉，状告瑞士Julius Bär & Co银行公司须因高达1.35亿欧元的民主德国国家资产消失一案进行赔偿。这笔款项指称经过Novum公司经手鲁道菲娜·施泰因德林转移到了瑞士账户。据称，施泰因德林取出这笔款后存入了银行保险库，而此款的最终下落迄今无人知晓。这一案件还没有判决……但是很清楚，谁在过去和现在始终在紧盯着它的去向，对吗？

另一宗案件确实与本党有一点儿关联。由于担心本党受到取缔并导致党产剥夺，几位同志打算通过可能非法的动作把本党的资金转移到安全的地方。1990 年 9 月和 10 月，他们把 1.7 亿西德马克分两笔转账到莫斯科的一个账户上去。之后，警方出动大批警力对本党总部进行了两次搜查。居西对本党发出呼吁："我们要成为一个民主的政党，而不是一个密谋组织。"党的副主席兼司库沃尔夫冈·波尔和党内财务主任沃尔夫冈·朗尼史克被逮捕。党的主席团接着作出决议，与 80% 现有党产，尤其是房产进行切割，从而重新擦干净了桌子。从此之后，剩下的只有流言蜚语。关于沃尔夫冈·波尔的命运，我不想再提供进一步的信息，只想强调一点：我们俩之间的友谊丝毫没有改变。

至于与我有关的部分：1990 年 2 月转到民主德国财政的 30 亿，我们曾经用于社会项目和各个医院。我们尚未支出的部分，由后任政府接管了，但是他们从未对资金使用情况发布报告。托管机构后来对我的政府和我本人就此款的处置方式进行了严格的审核，所有手续都无懈可击，十分干净。没有一个马克失踪。

盖勒：如今您怎样看民主德国当年那些民主党派的党产清理工作？

莫德罗：这个问题直至今日确实仍然缺乏透明度，所以难以准确、客观地回答这个问题。早在莫德罗政府时期，民社党/统一社会党将大约 30 亿东德马克转账给政府。由于时间短促，只有大约 15 亿马克已经用于社会目的，尤其是用于各个医院。至于德梅齐埃政府如何使用了剩余的资金和沙尔克-戈洛德科夫斯基储藏的黄金储备，从来就没有公布过。据我所知，统一社会党的资产当中有一部分作为社民党的原始资产而划给该党，而德国共产党的房址如今依然是左翼党主席团的所在地。由于民主德国的其他"老党"都已经与原联邦德国的政党合并，那些党产早已合二为一。但是有必要关注一件事。在 1989 年 11 月之前，国家的资金通过统一社会党的账户转到各个友好党派，而 12 月之后则由政府直接支付。

迪科普：负责审查各政党和群众组织资产商务协调（KoKo）的独立委员会于 2006 年结束了审查工作，结论是："统一社会党/民社党遵循的是一项掩盖资产的战略。"[1] 您如何评价该委员会的这一认知？

莫德罗：2006 年才得出了这样的一个结论——经过了 16 年紧张的查寻？这就是他们找出来的所有情况。究竟是因为我们做得太好还是太坏，以至于他们啥也找不出来？

如果对托管机构 20 世纪 90 年代的行为进行一次彻底的调查，其结果可能更加惊心动魄和成果丰富。但是这些行为至今仍然讳莫如深。究竟有多少数以千万的资产和用于促进东部清理骨干企业的资金等被西部隐秘侵吞了？流向东部的资金——数十亿巨资——中的 85% 被以这样或那样的方式回流到了西部。

迪科普：您在接受法院调查时，您的家庭是否站在您的身边？例如，您的兄弟弗兰茨的态度怎么样？

莫德罗：当我 20 世纪 90 年代站在法庭上的时候，他以我兄弟姊妹的唯一代表示威性地站在我的身边。他是我真正的兄弟，而不是像西德政治家在星期日演讲中谄媚地称呼东德人是"兄弟姐妹"那样。弗兰茨是一位无党派海员，他对我说过一席令我动容的话："汉斯，我们海员都是真正的共产党

---

[1] 参阅 http://dip21.bundestag.de/dip21/btd/16/024/1602466.pdf（检索时间为 2018 年 7 月 25 日）。

人。如果有人遇到困境，我们就会出手帮助。如果要去救一个人，我们不会问他的政治信仰是什么，我们也不会对他的肤色感兴趣。我们会毫不犹豫地团结援助！"

我想说的是："铁幕"不会总是把家庭割裂。请不要以为我是在用玩世不恭的口吻——政治上的分野常常能够把家庭凝聚到一起。西德人常常过境来访，从车上卸下各种礼物和包裹，让他们的东德亲戚感叹他们的漂亮汽车。然而在柏林墙倒塌之后，双方的兴趣一下子就熄灭了。根据我的观察，1990年以后破裂的家庭数量超过了之前。我们已经不再是"兄弟姐妹"，而是成为"东德佬"和"西德佬"。二者有着根本性的差别。迄今为止仍然如此。或许这种现状还会继续下去。

37. 被联邦情报局监视和提起申诉

盖勒：您不仅受到了本国的国家安全部监视，而且受到西德的联邦情报局和宪法保卫局的监控。联邦内政部长在短短几年前曾经告诉您，联邦情报局和宪法保卫局如今已经终止了自1950年以来对您实施的监视。您看过关于您的档案吗？

莫德罗：没有。我获知，我属于——至少——受到西德情报机构监视的71500名东德公民中的一员。而且这种监视居然仍然继续到民主德国终结之后的很长一段时间，也就是说在我担任联邦议员和欧洲议员时仍在继续。不仅德国女总理受到美国联邦调查局的监听，而且民主德国的原总理也成为情报机构的监视焦点。我建议我党同志在联邦议院向联邦政府提出质询动议，西德情报机构究竟在多大强度上、以何种方式对东德人实施了监视？其中也提到了我的姓名。于是我被告知，我自20世纪50年代到2013年始终受到监视。于是我就有理由要求阅读关于我的档案。结果不出所料，一切手续都十分烦琐，没有律师相助根本就无法满足大部分要求。

盖勒：联邦情报局档案话题在联邦议院产生了一定的影响？

莫德罗：曾经在德国联邦议院提出了一个小的提案，十分聚焦于我本人。要求了解的是西德情报机构是怎样在东德发挥作用和工作的。您不要小看这个提案。对这一提案的答复中明确指出："自1951年至2013年3月，在联邦德国情报机构始终有着一部有关我的档案。"这个档案的内容之一是，在昂纳克被解职的阶段有过一次辩论，究竟是否应当以叛国罪起诉我。我于1989年9月访问过联邦德国，而在10月3日昂纳克对统一社会党各专区书记的一次谈话中指责我在访问西德时没有代表民主德国的利益。这一措辞的背后隐藏着什么动机？有消息说，联邦情报局不仅了解我的一般性信息，而且还包括某些人物口头报告的内容。在民主德国时期，我的身边能够有些什么人提供情报信息？而且居然一直持续到2013年，也就是说整整20多年！在我的身边，究竟什么人当时一直在提供情报？我要求看一下档案，但是始终没有如愿。[1]

盖勒：也就是说，您没有接触到关于您的档案，也没有通过第三者进行调阅？

---

[1] 系指2018年2月28日位于莱比锡的联邦行政法院作出的判决。莫德罗的申诉遭到联邦情报局对部分档案拒绝提供的决定，有关此情可以参阅行政法规第106章。莱比锡的联邦行政法院第六法庭确认了莫德罗阅读档案的权利，但是前提条件是只能调阅超过30年的档案，并且不得损害公共利益，不得伤害来源保护的原则。

2018 年 2 月 28 日，在莱比锡的联邦行政法院上审理联邦情报局档案的调阅与解密案

莫德罗：没有。我不知道联邦德国掌握了我什么情况，我也不确切地知道民主德国掌握了我的什么情况。根据相关人士提供的情况，国家安全部也有一份档案，我不了解其中内容，但是这份档案已经被销毁了。

盖勒：兼听则明——也应该听一听另一边的意见。两德历史的观察显然存在着差异。实际上，我们现在能够在很大程度上接触到原东德的档案，但是联邦德国 20 世纪 70 年代和 80 年代的密封档案长期无法调阅，如今也只是部分地能够企及。究竟是什么原因导致这些机构阻止您调阅那些档案？难道他们对您封锁这些档案的担忧是危及德国的存在和国家的安全？

莫德罗：如今对德国而言究竟还有什么安全上的重要性，只有和只能由德国的情报部门来解答这个问题。在我看来，他们担心会成为一种教材，导致每一个联邦公民都可以根据联邦宪法第 15 条款和联邦情报局法律第 22 条款要求调阅有关自己的档案。情报机构之所以不愿意让别人看他们手中的底牌，我认为至少有两个观点十分重要：一是这样一来众所周知，西德情报机构在东德的活动十分活跃。他们从事间谍活动，物色线人，采取"积极措施"，侦查和监视目标人物，等等。无论以前还是现在，这些都是情报机构的职业手段，而当时正处于冷战时期。如果这一切暴露在光天化日之下，联邦德国就会失去他们所谓的"无辜"形象，就会使民主德国抵御西方情报手段的努力获得合理性、正义性和合法性。简而言之，我们对历史的观察就获得了另一个角度。历史的画面将不再是西德无辜的"白色"和东德阴暗的"黑色"。二是希望隐瞒某些人名和背景，以免这些情况公开后可能会损及某些人物的形象和思想。即使做过技术处理，也可能导致人们得出某些结论，而这种结论是当局者不愿意见到的。

当我要求调阅自己的档案时，并不是出于个人好奇：我知道自己做了些什么，但是我想以这种方式为恢复历史的现实面貌作出一点儿贡献。1945—1990年，在分裂的德国究竟发生了什么事情？无论好人还是坏人，在有一点问题上没有争议，即更好的人可以成为胜利者。自1990年以来，政府公开地试图愚弄人们和学校的孩童们，但是历史的走向并不会按照他们的意愿。

我要纠正一些事情：我在20世纪50年代曾经担任大柏林地区的青年团第一书记。在这个岗位上，我也是统一社会党专区领导办公室的一员。我那负责柏林西部的伙伴是反法西斯主义者布鲁诺·鲍姆①，他曾因犹太人和共产党人的身份而被纳粹隔离在集中营内。我还认识共产党人、犹太人、奥斯

---

① 布鲁诺·鲍姆1910年2月13日出生于柏林，1971年12月13日逝世于波茨坦。作为民主德国的党员干部，他参与了柏林斯大林大街的建设计划。鲍姆1957—1963年担任人民议院代表，1964年成为统一社会党中央委员并在逝世之前始终属于中央委员会。1959年3月—1960年6月，他担任外贸部两德内部贸易总局局长。1960年7月起，他成为统一社会党波茨坦专区委员会成员，并担任负责经济事务的书记和工业与建筑办公室主任。

莱比锡法庭

维辛和布痕瓦尔德集中营的幸存者海因茨·勃兰特[①]，他作为统一社会党专区领导层的工作人员，于1953年6月17日后卷入了党内清洗运动，并与社民党的东部办公室建立了联系。就连埃贡·巴尔后来都认为，这是一张"间谍网"。勃兰特于1958年逃到西德，后被国家安全部引诱到西柏林，并在那里被绑架。他于1962年被以"严重的间谍罪和危及国家的宣传与鼓动等多项罪名"判处13年监禁。他在鲍岑监狱服刑两年后被驱逐到西德。作为独立的马克思主义者，勃兰特是绿党的创始成员之一，但是他很快就退党了。他

---

① 海因茨·勃兰特1909年8月16日出生于波森，1986年1月8日逝世于美因河畔法兰克福。勃兰特于1945年1月被关进布痕瓦尔德集中营，在那里一直幸存至解放。1945年底，他成为德国共产党以及合并后统一社会党的新闻工作部长。1949—1950年间，他在卡尔·马克思高级党校学习，之后担任统一社会党柏林专区书记，负责宣传教育以及后来的宣传鼓动工作。勃兰特于1958年逃往西德。1961年6月16日，他被绑架并劫持至民主德国，被判处13年监禁，并于1964年重新释放。勃兰特与他的好友鲁迪·杜奇克于1979年参与了绿党的成立过程。

2018 年 2 月 28 日，汉斯·莫德罗正在整理他的记录，以免出现任何偶然事件

于 1986 年逝世，享年 77 岁。他的曲折一生是由两个德国的分裂及其两德情报部门酿就的。那些公开的档案——此方与彼方——看上去若明若暗、莫衷一是。

或者还有一个例子：1958 年，我在西柏林议会担任议员候选人。在东柏林，社民党与共产党合并之后，四个占领国允许社民党在西柏林占领区与统一社会党唱对台戏。尽管我没有当选议员，但是我引起了西方情报机构的兴趣。他们当时究竟记录了什么内容，迄今我仍然感兴趣：在柏林墙建立之前，可以对柏林这个分裂城市的政治生活作出一些推理。

盖勒：也许您当时就已经成为引起联邦情报局关注的一个重要的政治人物。他们之所以不愿意披露细节情况，或许是因为他们不想抬高您的身价？恰恰就在您担任联邦议员和欧洲议员期间？如果把与您有关的每一个细节都梳理出来，西德情报部门会感到很不舒服？在西柏林和西德，是否有一些人与您保持着接触，他们或许对您富有同情，您可以在整个德国问题上与之进行合作？这种关系与苏联驻东柏林代表处有关系吗？您与德意志联邦共和国之间有没有一些接触引起了昂纳克的不爽？是否有一些人至今还在世，或许属于社民党阵营？您与西德的德国共产党保持了多密切的关系？您与东亚的关系如何？所有这一切不过是一些理论上的想法和坊间流传的考虑。正是因为实践上的保密规定，才会导致各种幻想的大行其道。或许所有这些题目对德国而言都具有戏剧性的政治爆炸性。

莫德罗：在政治人物当中，当然没有人会对抬高我这个人的身价感兴趣。我在1993年被德意志联邦共和国以"唆使篡改选举结果"罪被判决。因为无法证明我直接参与了篡改选举结果，当时我根本就没有时间——就在1989年5月7日地方选举时也没有时间——介入选举进程并干预向柏林报送选举结果，所以我被"加以警告，保留刑事惩罚权力"，后来又于1995年的上诉案审中被判处9个月缓刑。这个判罚在第二年又被加刑，与另一项罪名"综合计刑"：德累斯顿州级法院于1996年判处我10个月缓刑，理由是我1992年在萨克森"统一社会党统治下滥用职权特别调查委员会"面前"作了伪证"。

不必十分详细地追究细节，作为统一社会党专区第一书记，我同时也担任专区行动指挥部的主席一职，其职责包括专区所有保卫和安全机构的领导。专区行动指挥部可以理解为战争状态下的地区指挥参谋部，与如今各州政府的指挥部相类似。我在特别委员会面前声明，最后一次正式会议是在1989年9月召开的。但是法庭却认为，专区行动指挥部仅仅在10月间就召开了6次会议，而最后一次会议是在1989年11月4日召开的。是的，确实与人民警察、国家安全局、工人战斗队、国家人民军和其他有关机构的代表召开过一系列政治行动会议，很多见证者可以证明这一点——但是专区行动指挥部既没有召开过会议，也没有作出过决议。州级法院不这么看，或许他们也不允许这么看。

再回到刚才那个问题：在德累斯顿发生的事，也就是几列从布拉格开往西德的火车，是三个国家政府层面达成协议的结果，但是我们必须在德累斯顿独自承受这杯苦酒。这一事实从来没有以此种方式成为话题，尽管有关那个时期的文章著述已经堆满了图书馆的书架。如果关于我的情报档案公之于世，有可能不得不改写一些眼下流行的历史画面，尤其是可能会对某些光环造成些许的伤害。因此，盖上盖子，让史实穿上黑色的毡靴……

眼下的流言在一定程度上符合我生平的另一些层面。我在前面已经说过，由于职业的原因，我与西柏林和西德有过很多接触，其中包括那里被西方取缔组织的一些干部，主要是非法的自由德国青年联盟和德国共产党。情报机构对这些接触当然很感兴趣。如今对这些事件不感兴趣的只有那些历史学家，尽管西德在冷战高峰时期对持不同政见者的政治迫害理应赢得更多的关注。在这个角度上，他们更愿意对民主德国指指点点。

关于此类接触，我想再作一下梳理：自1973年起，我在德累斯顿专区担任统一社会党组织的领导。我们当时与西德巴符州的德国共产党保持着伙伴关系。自1982年起，我与时任萨尔布吕肯市长和社民党萨尔州主席奥斯卡·拉方丹保持着接触。他当时第一次访问了德累斯顿。1985年，格哈德·施罗德第一次来到萨克森州首府"易北河上的佛罗伦萨"，他当时是联邦议院议员，自1990年起代理下萨克森州长，1998—2005年担任联邦总理。我在20世纪80年代还会见过比约恩·恩格霍姆和乌尔里希·毛雷尔等社民党顶尖政治家，也曾应巴符州社民党的邀请，于1989年9月访问过施瓦本，在那里举行了一系列有趣的谈话，其中包括当时的戴姆勒老板埃查德·罗伊特和基民盟州主席洛塔尔·施佩特。据说宪法保卫局没有将这桩正常交往的谈话内容提供专门的卷宗。

我为什么那么急于要求公布档案？我想弄清楚，对我和数十万民主德国公民进行监视的法律依据是什么。我不是因为个人尊严受到伤害而提出问题，基本法原本规定每个人的尊严是不受侵犯的："所有国家武力必须尊重和保护人的尊严。"这一原则显然不适用于民主德国公民，尽管法律公开宣称联邦政府有义务保护民主德国公民——正因为如此，才在民主德国终结之前始终提出唯一代表德国的要求。不，我提出这一问题也是根据法律的基础，并且代表了所有联邦德国公民的利益。众所周知，有一部联邦情报局法律（BNDG），这部法律直到 1990 年起才调整了联邦情报局 – 外国情报机构的组织、任务和权限。宪法保卫局的工作则受到半打法律的限定，其中包括限制信件、邮件和电信秘密的法规（基本法第 10 章第 10 款）。2001 年，以这种形式作出了决议，并一再加以补充修正。最终将其根植于 1968 年制定的紧急状态法，此法至今仍然有效。

您已经看到，在我对档案全力追踪时，经过认真观察就可以察觉到，即联邦德国对这些事讳莫如深，至少想用保守秘密的外衣来予以掩盖。

盖勒：另外一种观点也可以起到某种作用：只要那些机构不肯公布他们的档案，有关那些档案背后的传言和猜测就会越来越多。利奥波德·冯·兰克这样说过梵蒂冈的档案。所以，最好还是公开档案。另一种猜测是：您在 1989 年赞成对民主德国的社会主义进行改革，而且得到了不少的追随和支持，但是时值 1989 年 12 月局势剧变，接着在 1990 年 1 月，依然存在的民主德国的发展前景已经十分糟糕了。您当时是一位上升的政治家——这一点在西德得到了日益增高的认知。"汉斯·莫德罗——希望的承载者"更多的是西方的描述，而不是统一社会党 / 民社党的口号。很可能在东德也有一些人持这一看法。尽管您已经离开总理职位，但是作为一个名人，仍然引起了大家的兴趣。人们不禁要问，您是否认为民社党有可能与社民党合并，并在新德国当中实现社会主义的改革。早在 1989 年之前，统一社会党就与社民党进行过积极的讨论。您对此持什么立场？

莫德罗：首先要更正一下：当我——正如您对西德的正确观察——被视为"希望的承载者"时，还不存在民社党呢。当民社党于 1989—1990 年更替时刻从统一社会党剥离出来时，民主德国的希望已经十分渺茫，或者说已经没有希望了。在那样的情势下，如果本党把党内的任何一个人当作社会主义改革希望的承载者挂在招牌上，那就是不合时宜的做法。我们已经讨论过这个问题：这种定性的始作俑者大概是瓦连京·科普泰尔采夫，他于 1986 年卸任驻柏林大使馆公使，回到莫斯科的苏共中央担任民主德国处处长。我们早就认识，有时会相互见面。离任时，他在柏林被《明镜》杂志记者问到一个问题，即戈尔巴乔夫会把谁视为昂纳克的接班人。1985 年担任苏共中央总书记的戈尔巴乔夫，当时被视为激进改革者。科普泰尔采夫的回答是：莫德罗。如果他沉默不语，他就仍然是一个聪明人。我只能这样说，因为自此以后昂纳克与我之间的原本就比较紧张的关系进一步雪上加霜。我在不同的场合感觉到了。克里姆林宫里传播着我的姓名，情报部门也不会守口如瓶。在联邦情报局短短几页的文件中，莫德罗的名字与"希望承载者"绑在一起出现了 6 次——这份文件的影印件给了我。

如果进行逻辑思维和政治思考，就会认为：看吧，莫德罗在莫斯科可以进入宫廷对话。如果像情报机构那样思维，则可能引导出其他的结论。也就是说，怎样才能将一个人淘汰出局？就应该对他进行赞扬，把他说成君主的潜在接班人。其他的结论就不言自明了。在我的这个事例上，或许就是这样的程序，不过也可能并非如此。戈尔巴乔夫在他的回忆录中写道，他当时不得不一再伸出双手对我进行保护。或许真的如此，但是并非绝对如此。

在这个案例上，我相信当时写下的档案。从这些档案中可以得出结论，并且就波恩与民主德国的交往政策获得证据，就其与民主德国的政治家们的交往，或许还有各个情报机构之间的横向联系等获得证据。如果里面没有什么实质性的内容，他们就不会在公布档案时这样扭扭捏捏。再说一遍：这些档案中必然有猫腻，除此之外无法解释。

迪科普：您是否知道其他政治活跃者或同路人也在要求联邦情报局或宪法保卫局公开档案？或者有人在提出起诉、要求调阅和公布其档案后取得了成功的事例？

莫德罗：遗憾的是，还没有这样的事例。我曾经对不同的人说起此事，但是我没有听说有人走上了起诉的道路。不过我听几个人说过，他们找过联邦情报局和宪法保卫局，但是迄今为止，对方一直拖着不答复。

38. 民主德国的遗产及其在德国历史中的地位

迪科普：您如何理解"国家忠诚"这个词？

莫德罗："国家忠诚"这个概念对我来说是陌生的。它的含义是什么？对此，我只能用古斯塔夫·海涅曼的话来作回答。他在被问及"热爱祖国"这个词时回答道："我爱我的太太。"我在民主德国曾经两次宣誓，就像您所指的意思。第一次是20世纪50年代，当时我们政治官员都要学习中国的榜样，每个月去武装力量接受一天的学军生活。第二次是在人民议院，在我被任命为政府首脑之后。我要为人民和祖国服务。就是这么一句话。

盖勒：祖国和人民？

莫德罗：是的，祖国和人民。

盖勒：也就是说，不是国家。

莫德罗：就是国家！完整的表达方式是：我要为德意志民主共和国服务。这就是我们的国家。根据我们的理解，民主德国是与联邦德国不同的另一个国体。如果你问的是"国家忠诚"，就会产生完全不同的歧义，您明白吗？

盖勒：昂纳克时代的遗产是拥有超过1000万的不可知论者和无神论者。对您来说，宗教占据什么地位？民主德国的主要特点是新教，也就是福音路德派。造成德国分裂的宗教因素究竟有多少？一方面在西南德国、西德和南德地区的宗教体制中是以天主教为主，另一方面在图林根、萨克森等地区则以新教－福音－路德教为主。对莫德罗这个人来说，宗教和信仰究竟扮演的是什么角色？对您来说，社会主义是一种新的信仰理念或者甚至是一种替代宗教？天主教、新教和一般性的宗教概念在您看来具有什么意义？

莫德罗：这是两个不同的问题组合。一个是对宗教在社会主义中的理解和把政党看成某种宗教的问题，另一个是基督教信仰在民主德国究竟有什么影响力。我的一个熟人说过，东德人内心中信仰的路德超过昂纳克。他的话并非没有一点儿道理。路德福音教的行为举止反映了普鲁士基本品德的顶峰：勤奋、可靠、精确性、奴仆般忠诚、听话、承受痛苦的能力、纪律……在东德地区，构成了路德新教的核心地区，天主教只是星星点点地散布于艾希斯菲尔德山区和下劳西茨地区。因此，东德人集中体现了上述那些行为特征。这一切如同根植于他们的遗传密码当中。天主教徒是在忏悔中寻求宽恕，而基督新教徒则身体力行道德的严肃主义。每当别人放情喜悦时，他们却在冥思苦想。由倍倍尔和李卜克内西领导的早期社民党，拥有新教的特征。这个特点直至今天还能察觉得到。以天主教为特征的联盟党，在庆祝竞选胜利时十分奔放。但是在同样的情势下，尽管社民党近年来已经很少遇到这样的情况，他们作为竞选胜利者却会再三扪心自问：为什么会胜利？我们真的无愧于这场胜利吗？为什么会取得这场胜利？社民党的同志们不是在欢呼庆祝，而是在冥思、分析和怀疑。

我过去或现在究竟有多么"虔诚"？我相信，我是接受过洗礼的。我们生活在亚森尼茨，今天叫亚谢尼察，住在"城堡"里。那里原本是修道院的房产，是波希米亚乡镇为多子女家庭提供的廉租金住所。我前面已经说过，我们家总共有4个孩子。当时最大的孩子10岁，其余的在6—8岁。庄园里还有一个教堂。我们这些孩子用脚踏吹风器为管风琴吹气，并且帮着敲钟，每次可以得到10芬尼或者20芬尼报酬。因此说，教堂作为一栋建筑对我来说是一个自然的场所，因为我的成长伴随着教堂。

当我1949年离开战俘营，回到波茨坦开始政治生涯时，教堂向我索要格罗申[①]，要我缴纳教堂税。我拒绝了，因为我是一个无神论者，我感觉自己不属于教堂这个机构。我为自由德国青年联盟作宣传，并突然感觉与教区的年轻人相对立，把他们视为思想迷茫的青年人，正在疏离我们，产生了反对社会主义的反动、落后思想。我们不仅在德国统一问题上，而且在青年团统一问题上进行争议。柏林－勃兰登堡州的大主教奥托·迪贝柳斯[②]是当时的一

---

① 奥地利硬币。

② 弗里德里希·卡尔·奥托·迪贝柳斯1880年5月15日出生于柏林，1967年1月31日逝世于柏林。他是德国基督教神学家，1925年起在旧普鲁士教堂联盟库尔马克任总教区主席，1933年8月因与纳粹产生冲突而辞职。在1945年之前，为争取教堂的信徒而作出积极的努力。他于1945年获得大主教头衔，并于1961—1966年任柏林－勃兰登堡州基督教会主席。1949—1961年任德国基督教会委员会主席。迪贝柳斯因其在纳粹时期对犹太人的态度逐渐陷入解释困境，遂于1964年发表声明称其确实回避过犹太人："虽非抱有敌对思想，但是内心确有陌路感。"他被誉为20世纪最重要的基督教教会人士。他的遗体安葬于图恩广场里希特费尔德公墓内。

个头面人物和代言人。

在我们眼中，他是一个反共分子，是半个纳粹分子。对我们这些青年干部来说，迪贝柳斯是一个可恨的对象，是一个喜欢招惹是非的政治对手，他呼吁人们与共产主义进行斗争。他不是一个无名之辈，而是德国基督教教会委员会（EKD）主席。当时这个国家在政治上是分裂的，只有宗教上没有边界，其行政技术区划一如1945年之前。作为最高宗教领袖，迪贝柳斯对民主德国的教会及其教徒有着影响力。天主教教会已经摆脱了一切束缚。小小的犹太教团体与我们保持着比较近的距离。这个教区的教徒得以在纳粹独裁下存活下来，但数百万犹太教徒却在国家反犹太主义统治下付出了生命的代价。也就是说，犹太人与共产党人客观上有着同样的敌人，而且在共产党人中间也有不少犹太人：例如，海尔曼·阿克森是奥斯威辛集中营的生还者，阿尔贝特·诺登是一个犹太教经师的儿子。事实上，对我们构成问题的是，基督教教会的一些代表人物过于激进的反动态度。与他们进行的争论，被称为"教会斗争"。这是一个不确切的称谓。自由青年联盟和统一社会党不是在与"教会"斗争，而是试图限制或消除其政治影响力。民主德国自认为是一个政教分离的世俗国体，要求教会不干预国家事务，只需关心其教会事务。当然我不讳言：各个大学的神学教育是由国家支付费用的，教会的场所和幼儿园也得到了政府资助。民主德国也承担了其他教会费用。对我们来说，《圣经》中讲述的耶稣与法利赛人的那个故事仍然有效。法利赛人向耶稣递交了一个银币，问他这个银币理应属于谁，谁必须为之赋税。耶稣机智地反问道，银币上刻有什么画面？法利赛人回答说：是罗马恺撒的肖像。根据路德的翻译，耶稣对此的答复是："那就把恺撒的归恺撒，把上帝的归上帝吧。"这就是民主德国对教会的态度。

在20世纪60年代，在柏林墙建立和西方教会的客观影响下降之后，教会与国家的紧张关系开始松弛。60年代中期，党和国家领导人乌布利希在瓦尔特堡会见了图林根州大主教莫里茨·米岑海姆①。后者战后始终担任此职，并是德国人民代表会议②的代表。他反对重建军备，赞成走一条"图林根道路"，并在基督教和平大会中发挥作用。与德国其他各州教会不同的是，米岑海姆领导的图林根教会忠实于民主德国。他反驳自身队伍中的批评者称："别人称我是'红色主教'，他们说对了。因为也有一个'红十字会'，它给人们带来救援！"在路德曾经工作过的场所——这位"荣客·约克"（马丁·路德的化名——译者）在瓦尔特堡将《圣经》翻译成了德语——进行了此次会晤之后，就剪断了与西德教会之间的脐带。1969年，在民主德国成立了福音教联盟，下属有8个州教会。由此，在组织上切断了与德国基督教联盟的关系，而这是在1957年签署西德军中牧师协议之后就对民主德国提出的一贯要求。在这一新组织成立两年之后，主教阿尔贝特·舍恩赫尔于1971年发表声明："我们的教会与社会主义的关系，不是站在它的旁边，不是站在它的对面，而是站在它的中间。"正是在这一基础之上，民主德国的国家与基督教会一直友好相处至最后时刻。

我与教会法律工作者曼弗雷德·施托尔佩相识的时间比较早，对他很赞赏。他在1990年之后担任过勃兰登堡州长。在德累斯顿，我也结识了主教约翰内斯·亨佩尔。我们每年都会见面一两次，就我们专区发生的一些问题进行交谈。我与德累斯顿州教会局局长库尔特·多姆施③的关系也丝毫不差。在这段时间，亨佩尔主教与我之间发展了一定程度的信任关系。他代表的是

---

① 哈特穆特·莫里茨·米岑海姆1891年8月17日出生于Hildburgh-ausen，1977年8月4日逝世于Eisenach。他于1943—1945年担任图林根路德教联合体主席，1945—1970年担任图林根州福音路德教大主教。
② 德国人民代表会议（Der Deutsche Volkskongress）是在统一社会党的推动下，在"反法西斯民主同盟"各群众组织和政党的共同参与下，因1947年11月—12月伦敦外长会议失败而成立的。其核心关切是组建德国中央政府。统一社会党对全德提出了要求，并总共召集了三次人民会议。
③ 库尔特·多姆施1928年出生于萨克森的诺伊施塔特，1999年逝世。这位神学家和牧师曾经担任德累斯顿教会局局长，并参与了1978年3月6日的高峰谈话。

社会民主党立场。我们的关系从来没有中断过。在2016年庆祝曼弗雷德·施托尔佩80岁生日时，我们曾经重逢。亨佩尔在那个场合中再次强调："您当时是有权的人，而我是无权之人。"我纠正了他的说法："亨佩尔博士，您的话错了。您于1987年在德累斯顿大花园举行了教会日活动。那里聚集了10万人，您对他们进行了演讲。您无论过去还是今天都很清楚，那是多么大的一种权力。我们当时是在执政——但是权力却在人民手中。不仅仅在教会信徒手中。"

迪科普：每当观光客来到柏林，就有可能听到汉斯·莫德罗的声音。您为旅游者录了一段语音讲解词①。"战争废墟，挖土机，吊车，整个城市充斥着这样的画面……"简介小册子里写着，"您在两小时游览的收听过程中始终能够见到大板楼建筑风格。前民主德国的总理汉斯·莫德罗将为您介绍他在斯大林大街上生活的回忆。您可以结识民主德国时期流行的家具样式。"这段语音文件是您解说的，人们可以免费下载。来访者可以随着您指引的道路走向卡尔·马克思大街。当您1989年从德累斯顿搬到柏林之后，您一直住在那条街上。卡尔·马克思大街对您来说意味着什么？

莫德罗：20世纪90年代我一直住在法兰克福门旁，那里连接着卡尔·马克思大街。之后我搬到了一公里以外的施特劳斯贝格广场附近。当那些楼房被卖掉了，而我又得不到廉租房之后，我搬到了帕利扎登大街20世纪70年代建造的一所新公寓里。从那里，我又可以透过窗户观望卡尔·马克思大街了。如今，据说要在内城"密集地建房"，在那些平地上建筑高层楼房。这些是提供廉租公寓的必要措施，我也认为这很重要，但是必须顾及民主德国

---

① www.stadt-im-ohr.de (Ruben Kurschat/Berlin)（检索时间为2018年3月6日）。

当年城市建设的各种规划。我们当年讲究的是综合性住宅建设，即考虑到居民集中居住区所需要的所有要件。我们的公寓楼是总共四方形矗立的四栋楼中间的一栋。中央的内院十分大气，包含了种有一些大树的半个花园，还有一个儿童游乐场所和几条休闲木凳。如今要让这一切都消失，就地盖几栋高层大楼。于是，这里将变得阴暗，就像皇帝时代的后宫庭院。我们住宅楼的4个人组成了一个公民倡议小组，试图阻止这个建高楼的计划。

迪科普：卡尔·马克思大街每隔 50—100 米都设置了纪念板、说明书和语音解说器的语音密码。民主德国历史中的许多纪念和回忆场所，现在都能够游历。民主德国当年自身是怎样对待这些场所的？您本人执政期间有没有把这些场所作为重点，给予清理、修葺，从而使之能够保留下来？

莫德罗：在我短短的执政时期，并不存在这个话题。当时仍然没有关注到这个问题，是因为还有其他紧迫的事情。但是，原则上我赞成一种理智的回忆文化，应该能够尊重前辈们所做出的成就。从这个角度看，必须对今天在实际操作上主要以意识形态为动机的回忆文化给予批判。曾经有过将卡尔·马克思大街列入联合国世界文化遗产名单的努力，但是于 2014 年遭到各州文教部长例行会议的拒绝。与此同时，它却在达姆施塔特的马缇尔登高地艺术家聚居区得到了提名……

对我而言，回忆文化起始于小学里的历史课。在民主德国时期，每一个小学生至少要参观一个能够让人回忆起纳粹恐怖的纪念场所。当年的反法西斯抵抗战士亲身讲述其斗争经历。当时也有各种电影、书籍、展览、艺术品，令人回忆起这段历史。或许可以原谅我们的宣传失之于单向性，因为我们忽略了历史的另一个切面，而我并不想否定那个切面。然而，宁可失之于单向性，也不应存在随意性和愚昧。如今在联邦德国，反法西斯主义和大屠杀历史的敏感性动辄引发公众的关注，这种现象刚刚开始于最近几年内。1944年7月20日的那些男人，在很长一段时间内被视为叛徒，被视为帝国国防军的逃兵。世纪之交前后，关于纳粹帝国国防军罪行的两个巡回展览在社会上引发的骚乱和大规模抗议声浪，至今我依然历历在目。如今终于达成了共识，即希特勒从一开始就是罪恶的独裁。之所以能够达成这一共识，民主德国的坚定反法西斯立场作出了贡献。尽管有人将之贬低为"行政命令"，但是历史已经无法开倒车，已经建成的纪念场所无法关闭或者受到忽视。拉文斯布吕克、萨克森豪森、布痕瓦尔德以及其他场所，必须予以保留，包括那些安葬着苏军阵亡战士的墓地和墓穴，而联邦德国曾经在协议中承诺了对此的义务。这种情势导致在西部曾经受到"后妈"待遇的场所也应引起关注，也应要求获得经费。也就是说，这里存在着辩证的关联性。

迪科普：对纪念场所的维护与保留，可以与民主德国定义的维护相提并论吗？是某种形式的"怀念东德时代"？

莫德罗：不。第一，我拒绝"怀念东德时代"这个概念，这是一种刁难性的标签。第二，如今对民主德国时期设立的纪念场所进行维护，与民主德国的定义并无关联，但是可能与德国的历史相关。民主德国如今已经成为一个无法解决的问题，作为德国历史的一部分，她必须得到关注并被接纳。民主德国并不是企业事故，并不是历史的特殊事件，而是岁月的逻辑结果。联邦德国的历史如果不包含民主德国的历史就会难以理解，同理，民主德国的历史如果不包含联邦德国的历史也会难以解释。我认为西德历史学中先入为主的偏见是错误的。如今的联邦德国自视为1000多年德意志历史的传承者，从查理大帝超越汉巴赫和凡尔赛直至阿登纳和科尔一条笔直的道路乃至不断上升之历史的传承者。而这一条道路的另一边，则与不断追求德意志完美的努力毫无相干。

简而言之，只有把民主德国的历史（不仅如此）也一并纳入德意志历史——并非将其作为异类或麻风，而是作为对某种社会选项进行过自然的、合法的尝试，才能谈得到统一的完美。因为，只有如此才能体现出真正的平等，而迄今为止所谓的平等只是停留在口头上，根本就没有体现在存在上。

盖勒：您是从什么时候开始增强那种意识，即资本主义的德意志联邦共和国拥有高效率的经济体制，并向苏联提供了数十亿西德马克和食品供应，由此决定了民主德国的命运乃至苏联的命运？时值 1989—1990 年，人们不会料到苏联将无法于 1991 年 12 月继续生存下去。对一位社会主义者来说，难道这不是一个令人震撼的、痛苦的认知——只有高效的、拥有金融资金的资本主义体制才能真正实现德国的统一？还是说我们的看法是错误的？

莫德罗：不，不，您的看法是正确的。从您的角度看，民主德国或苏联并非唯一造成我们资本太少、经济效率太低的原因。尽管您的分析切中了要害，但是失败的并非社会主义思想，而是苏联模式，而当时所有结盟的社会主义国家都必须照搬苏联模式。所有改革尝试——例如乌布利希 1963 年推出的计划与指导的"新经济体制"（NÖS），又如捷克 1968 年的尝试——都被我们的"大哥"或多或少采取武力终结了。真正的社会主义经济的目的，并不像资本主义那样为的是创造利润，而是生产商品以满足人类的基本需求，不仅是个体的需求，而且是社会的需求。这是理论。实践中可以看出，社会主义国家，包括民主德国在内，都被排除在国际分工之外，受到了禁运和制裁，受到了冷战和荒唐的武备竞赛的喧嚣。美国的战略是让苏联在竞赛中跑步至死，这一战略奏效了。

我们当年生活在我们的环境中。也就是说，我们从未生活在公平的体制竞争条件下，因而无法展示体制的优质和优势。难道说，一个建立在剥削和压迫基础上的社会制度会是人类未来的模式？那金色的 10 亿人——生活在资本主义工业国的大约 15% 的人——的生活牺牲了其他大多数人的自然资源和土地宝藏。我们不仅败在现实的对手面前，而且败在自身的失误之上。如果想客观地作出判断，必须看到上述两个方面。就这点而言，我认为我们的体制与小资产阶级 – 资本主义体制无法进行对比。拿香蕉与苹果是无法对比的。

我认为我们没有犯什么错误。我们已经谈过了这方面的事例：我们当年很普遍的做法是，统一社会党各个专区的第一书记每个月要给总书记昂纳克写一封信，信中要报告本专区的情况。当时的干部对上级往往讳言批判性的问题，因为这些批判会像回飞镖一样飞回来伤及自身。统一社会党的干部们有理由存在这样的担心，所以他们就不去写那些真相，而是写一些自己能够承受得了的问题。1989 年 1 月，我不再遵守并没有明文规定的惯例，让我党的第一把手了解到，德累斯顿专区的经济已经无法完成指标。我们也无法跟上首都建房义务的步伐。这一现实的判断带来的结果是，政治局内负责经济工作的中央书记京特·米塔克声称，莫德罗已经控制不了"他的商店"。像惯常那样，这一消息的报告者被指称为失利情况的始作俑者。于是，大约 100 名"经济审查者"在米塔克的领导下来到德累斯顿专区，以审查并提供证据，证明米塔克的判断是有依据的。2 月，我奉命去柏林，必须在政治局面前对 90 页的调查报告作出解释。原因似乎很清楚，因为我是在德累斯顿任职时间最久的第一书记。昂纳克似乎很清楚，如果他把我解职，就会让我成为"政治烈士"。西方媒体把我说成"希望承载者"。许多人把我视为改革追随者。于是，他保留了我的职务。但是，那 90 页调查报告是对所有专区第一书记提出警告：不要产生莫德罗那样的想法……

一张罕见的照片——莫德罗与埃贡·克伦茨同框出现在新德意志报报社的主席台上

盖勒：这种做法会让您对社会主义产生怀疑？

莫德罗：不，但是会让一些人物产生怀疑。不过，我的这种怀疑已经存活多年了。戈尔巴乔夫当时已经不再是我心目中的希望承载者了。昂纳克早就已经不是了。他早在 1973 年就把我放逐到边疆去了。

我没有按照领导的要求做自我批评。我仍然坚信，社会主义体制必须进行改革，但是戈尔巴乔夫的模式帮不上什么忙。我们必须在不同的地区寻找自己的道路，社会主义必须继续存在，也将继续存在。

迪科普：您会继续与埃贡·克伦茨和洛塔尔·德梅齐埃同台讨论问题吗？

莫德罗：对我来说没有问题。

迪科普：他们同样没有问题？您知道吗？

莫德罗：洛塔尔大概没有问题。至于埃贡·克伦茨嘛，不知道。尽管我们对民主德国的看法不一样，但是他大概也不会有问题。20世纪90年代末，埃贡·克伦茨、西格弗里德·洛伦茨和我一起同台坐过4个小时。我们之间进行了争论。我们二人当时显然是在两个不同的国家生活过。

迪科普：讨论内容公开了吗？

莫德罗：没有，那是一次内部争论。从那以后我们都清楚了，我们之间应当怎样打交道。应当友好、客观、得体。我们之间不会再产生爱情了。但是如果需要进行合作，我们也不会拒绝合作。例如2013年他出版了一本乌布利希文集。[①] 我们在乌布利希百年诞辰日进行了互相探访。

盖勒：或许我们可以综合得出结论：您与乌布利希的关系近一些，而克伦茨与昂纳克近一些？

莫德罗：这是很明显的。我们尽管只相差10岁左右，但是分属于不同代的政治家。因此，我们各自有着自己的熟人圈和不同的关系。

39. 展望：德国、俄罗斯、乌克兰与"阿拉伯之春"的后果

盖勒：能不能请您谈一谈现实的国际问题。您如何评价乌克兰东部冲突

---

① 参阅埃贡·克伦茨所发行的《瓦尔特·乌布利希》，2013年出版于柏林。

问题？

莫德罗：我认为，这与当年是否接纳民主德国有着某种关联。乌克兰原本是苏联的一个加盟共和国，也是西方逼迫俄罗斯战略的一个要素。西北部的各个波罗的海共和国，已经成为北约成员，波兰、匈牙利、保加利亚、希腊、土耳其同样是北约国家……黑海实际上已经成为北约的内海，在这一点上，基辅为西方联盟作出了贡献。人们早在 2007 年就有了这个计划。然而，2010 年出现了一个亲俄的乌克兰政府掌权，该政权拒绝与欧盟签署联合协议。之后，亚努科维奇在 2014 年 2 月通过政变获得了政权。此举再度导致乌克兰东部和克里米亚半岛与俄罗斯关系密切的民众以各种形式——文化、经济、精神思想、亲戚关系——产生回归计划。他们反对国家政变行为，呼吁在乌克兰东部建立合法共和国，结果导致中央政权的武力镇压行为。绝大多数为俄罗斯族人的克里米亚半岛上的一次全民公决，激励了要求加入俄罗斯的呼声，莫斯科也认可了这一趋势。之后，西方对俄罗斯进行制裁，加大对乌克兰支持的力度。

克里米亚半岛原本属于俄罗斯，是赫鲁晓夫于 1954 年赠送给乌克兰的。尽管此举既损害了俄罗斯宪法也损害了乌克兰宪法，因为根本就没有得到议会的批准，但是，作为苏共中央第一书记的赫鲁晓夫本身就是乌克兰人，他完全以一种大地主的方式作出了这一决定。如今我倒是可以为了挽救他的尊严插一句话：他当时的出发点是基于苏联能够继续存在下去，因而克里米亚究竟隶属乌克兰还是俄罗斯并无实际意义。然而在基辅局势的发展下，一个问题开始显现，即莫斯科在克里米亚半岛的塞瓦斯托波尔保留了一个军事基地。那里驻扎着整个俄罗斯黑海舰队。尽管莫斯科与基辅之间签署过租借协议，而且也延长了 25 年期限，但是这个协议在到期之后究竟是否能够确信继续延长？于是，莫斯科为了谨慎起见，认可了克里米亚半岛的公民表决结果——莫斯科对此次公决行为并非完全没有参与——用法律形式予以确认。西方对此暴跳如雷，大加鞭挞，同时也表现出了假仁假义的嘴脸。

2008年，塞尔维亚南部省份科索沃，也就是一个地区的议会，宣布独立于塞尔维亚，成立一个共和国。美国居然在第二天就承认了这个"国家"，德国也在两天之后（！）宣布承认，而海牙国际法庭则宣布这一脱离行为合法。

这一系列举措证明了西方评判形式上的"双重标准"，同时也表明外交政策的利益导引有多么强势。拥有200万人口的科索沃，作为一个国家是无法独立生存的。但是此举可以削弱巴尔干地区的斯拉夫国家塞尔维亚，因为这个国家与俄罗斯的关系密切，而且不属于北约和欧盟。因此，西方在这一件事情上认可和支持了分裂势力。然而，克里米亚半岛的"分裂势力"试图摆脱乌克兰，以更正60年前的一个错误决定，西方却要惩罚认可这一决定的莫斯科。此外，1990年的"二加四协议"也改变了1945年在雅尔塔和波茨坦划定的欧洲边界。

盖勒：这一切对东部乌克兰和俄罗斯意味着什么？

莫德罗：必须共同找到一个和平解决方案，也就是达成一个共识。在白俄罗斯的历次会谈就展示了这个方向，人们以"明斯克Ⅰ"和"明斯克Ⅱ"来冠名那些协议。通过双方交替参与的方式表明，解决方案是可以期待的。

盖勒：您如何评价安吉拉·默克尔在此次冲突中所采取的政策？

莫德罗：尽管她不属于强硬批评者，但是无论她过去还是现在的做法，在我看来都不聪明。她表达了坚持"明斯克Ⅱ"协议的立场，但是她一如既往地支持基辅政权，而该政权的腐败现象丝毫不亚于 1991 年独立以来的历届政府。她总是强烈支持对俄罗斯的制裁，导致谈判陷入僵局，而且注定还会一再陷入僵局。她在这个问题上实际上成了美国的执行助理，是在贯彻美国人的利益，导致俄罗斯与西欧关系中间的楔子越来越深。她的政策损害了德国和欧盟，只有美国能够从中渔利。

盖勒：我赞成一种观点，即安吉拉·默克尔 2015 年在乌克兰问题上采取的是某种中立政策。她尽可能从事着调解事务。她明确地反对美国向乌克兰提供武器。她这样做就接近了一个恰当的位置，从而可以在东西方之间充当调停者角色。在我看来，她与普京之间的关系也是如此。如果她愿意，就可以与普京交替地使用德语和俄语进行交谈。可以这样认为，那就是她正在游走于北约政策的边缘。在格鲁吉亚问题上，默克尔的立场比较谨慎。在利比亚问题上，德国作为非正式安理会成员国投了保留票。格哈德·施罗德早在 2003 年就开始采取这一立场了，他当时曾经明确表示："我们不会跟着打击伊拉克，就这么定了！"这是一种自我解放的进程，尽管不应当过分解读，但是值得关注。如今已经是另外一种氛围。看上去柏林共和国——有别于波恩共和国——不得不更多地关注俄罗斯的利益。如今对德国出口的利益也大于当年冷战时期的波恩共和国。难道您不这样看？默克尔在举棋不定时总是靠近美国人而不是俄国人。这一点毫无疑问，但是她也尝试在两者之间采取一种理智和调解的立场。作为外交部长，弗兰克－瓦尔特·施泰因迈尔的立场就更加明显。或许这也是一种角色分工？

莫德罗：当然是的。我的印象是，默克尔女士完全遵循德国资本的利益。她想表明，德国在北约联盟中是第二号角色，在欧盟中是第一号。通过调停这一角色，她在调停过程中展示德国的这一实力。德国是一个强国，它

2015 年，汉斯·莫德罗（左）与发行人奥利佛·迪科普在一起

的话别人必须听。那不是军事实力，而是一种经济实力，却可以假充政治实力，进而对经济产生积极的反作用。能够成为出口世界冠军，包括武器出口国，仅仅依靠市场规则是不够的。

我反对将政策个人化，因为作出外交政策或内政决策的绝不是个别政治家的个人行为，绝不是不受其他因素的影响。但是决策人总是站在某个圈子和集团一边。默克尔也不例外——不妨看一下她在面对近东和非洲难民潮时。德国接受了大批难民，从而加剧了社会冲突，增强了仇外以及沙文主义运动。其后果显而易见：德国选择党获得了成功。默克尔说，要打击难民产生的根源。但是，她及其同僚并没有就此进行民主商议和民主解决，而是采取了严格限制的措施。她们向利比亚和其他国家出钱，希望他们不让难民从海上偷渡。有一个难民根源倒是他们愿意打击的，那就是各种内战带来的贫困与不幸。近东与北非的内战大部分被归罪于"阿拉伯革命",西方策动这些内战达到更替政权的目的。利比亚的卡扎菲消失了,他们也想让叙利亚的阿萨德下台,还有突尼斯、伊拉克、也门⋯⋯没有停止提供武器,从而至少可以让已经爆发的冲突枯竭而止,反而持续支持"反对派"。为了打击在阿富汗的苏联人,所谓的伊斯兰武装战士在 20 世纪 80 年代得到了美国及其西方国家的大量武器援助。自从苏军 1990 年从阿富汗撤军后,美国及其一伙反过来打击伊斯兰武装战士,打击基地组织、"伊斯兰国"和其他恐怖主义组织,而这些势力若无他们的支持,原本或许根本就不存在。所以说,究竟怎样才能有效打击难民根源?不应当干预那些有效执政的各个国家的内政,不应当推翻那些不愿意按照华盛顿哨音跳舞的政府!

盖勒:1989—1990 年后发生了一系列可怕的事件,例如我们可以回顾一下巴尔干战争。今天我们面临的态势和威胁,与您 1989 年 11 月到 1990 年 4 月间所经历的局势相比,显得比较温和;即使在观察德国及其欧盟成员国面临的局势时,与当今欧洲其他邻国和中近东局势相比,也显得比较温和。当我们回顾 1989 年的革命性事件时,如今中欧的整体形势就显得比较平和,没有发生武力冲突。安吉拉·默克尔与 28 个欧盟国家面对的是一个完全不同的欧洲与全球形势发展。相反,当年科尔需要解决的是更加明显的问题。当年的政治家可能更加愿意面对当今政治家的处境。

带着这一视角,我们将结束与您就这么多话题的对话,并且感谢您抽出这么多的时间,就我们提出的这么多问题进行谈论,并给出答案。

专业文献索引

Amos，Heike/Geiger，Tim（修订），《统一·联邦德国外交部、民主德国外交部和二加四进程》（*Die Einheit. Das Auswärtige Amt, das DDR-Außenministerium und der Zwei-Plus-Vier-Prozess* ），受慕尼黑 – 柏林当代史研究所委托，由 Horst Möller、Ilse Dorothee Pautsch、Gregor Schöllgen、Hermann Wentker 和 Andreas Wirsching 发行，2015 年出版于哥廷根。

Badstübner，Rolf/Loth，Wilfried（发行人），《威廉·皮克——德国政治猎影（1945—1953）》（*Wilhelm Pieck-Aufzeichnungen zur Deutschlandpolitik 1945-1953* ），1994 年出版于柏林。

Bennewitz，Inge/Potratz，Rainer，《强制移民至两德内部边界》（*Zwangsaussiedlungen an der innerdeutschen Grenze* ），2002 年出版于柏林。

Besier，Gerhard，《统一社会党国家与教会·逐步磨合的道路》(*Der SED-Staat und die Kirche. Der Weg in die Anpassung*)，1993 年出版于慕尼黑。

Brait，Andrea/Gehler，Michael（发行人），《1989 年打开边界·对奥地利而言的内外前景和后果》(*Grenzöffnung 1989. Innen-und Außenperspektiven und die Folgen für* Österreich)，萨尔茨堡维尔弗里德·哈斯劳尔博士政治史研究所出版丛书第 49 卷 (Schriftenreihe des Forschungs-institutes für politisch-historische Studien der Dr.-Wilfried-Haslauer-Bibliothek Salzburg 49)，2014 年出版于维也纳、科隆、魏玛。

Buchstab，Günter/Kleinmann，Hans-Otto（修订），《赫尔穆特·科尔，1989—1998 年形势报告·德国联邦总理和基民盟联邦主席团主席》(*Helmut Kohl, Berichte zur Lage 1989-1998. Der Kanzler und Parteivorsitzende im Bundesvorstand der CDU Deutschlands*)，《当代史研究与来源》第 64 卷 (*Forschungen und Quellen zur Zeitgeschichte* 64)，2012 年出版于杜塞尔多夫。

Corsten，Michael/Gehler，Michael/Kneuer，Marianne（发行人），《世界历史重大转折（1989—2001—2011）》(*Welthistorische Zäsuren. 1989-2001-2011*)，希尔德斯海姆大学丛书第 31 卷 (Hildesheimer Universitätsschriften 31)，2016 年出版于希尔德斯海姆、苏黎世、纽约。

Diedrich，Torsten/Wenzke，Rüdiger，《伪装的军队·民主德国驻营人民警察部队的历史（1952—1956）》(*Die getarnte Armee. Geschichte der Kasernierten Volkspolizei der DDR 1952-1956*)，2001 年出版于柏林。

《内窥·民主德国的统治与反抗》（*Einsichten. Diktatur und Widerstand in der DDR*），发行者为德意志联邦共和国历史之家基金会，莱比锡当代史论坛（Der Stiftung Haus der Geschichte der Bundesrepublik Deutschland, Zeitgeschichtliches Forum Leipzig），2001 年出版于莱比锡。

Fricke，Karl–Wilhelm/Engelmann，Roger，《"集中打击"·民主德国国家安全行动和政治案件（1953—1956）》（*"Konzentrierte Schläge". Staatssicherheits-aktionen und politische Prozesse in der DDR 1953-1956*），1998 年出版于柏林。

Galkin，Aleksandr/Tschernjajew，Anatolij（发行人），《米哈伊尔·戈尔巴乔夫与德国问题·苏联文献（1986—1991）》（*Michail Gorbatschow und die deutsche Frage. Sowjetische Dokumente 1986-1991*），《当代史来源与阐述》第83 辑，发行人为 Helmut Altrichter、Horst Möller 和 Jürgen Zarusky，评论者为 Andreas Hilger，2011 年出版于慕尼黑。

Gehler，Michael，《德国·1945 年至今的分离与统一》（*Deutschland. Von der Teilung zur Einigung 1945 bis heute*），2010 年出版于维也纳、科隆、魏玛。

Gehler，Michael，《德国的样板？采用国家条约与中立模式的奥地利解决方案（1945—1955）》（*Modellfall für Deutschland? Die Österreichlösung mit Staatsvertrag und Neutralität 1945-1955*），2015 年出版于因斯布鲁克、维也纳、波岑。

Gehler，Michael/Steininger，Rolf，《1953 年 6 月 17 日·被镇压的人民起义·其

前因后果》（ *17. Juni 1953. Der unterdrueckte Volksaufstand. Seine Vor-und Nach-geschichte* ），2018 年出版于 Reinbek。

Gehler，Michael/Graf，Maximilian（发行人），《欧洲与德国统一·观察，决策与后果》（ *Europa und die deutsche Einheit. Beobachtungen, Entscheidungen und Folgen* ），2017 年出版于哥廷根。

Gehler，Michael/Brait，Andrea（发行人），《剧变时代的事件现场·1989 年前后政界与外交生涯回忆录》（ *Am Ort des Geschehens in Zeiten des Umbruchs. Lebensgeschichtliche Erinnerungen aus Politik und Ballhausplatzdiplomatievor und nach 1989* ），《欧洲历史研究》第 17 卷第 3 分卷（ *Historische Europa-Studien* 17/Teilband 3），2017 年出版于希尔德斯海姆、苏黎世、纽约。

Gehler，Michael/Graf，Maximilian（发行人与修订者为 Philipp Greilinger、Sarah Knoll 和 Sophie Bitter– Smirnov），《奥地利与德国问题（1987—1990）·从昂纳克访问波恩到统一》（ *Österreich und die deutsche Frage 1987-1990. Vom Honecker-Besuch in Bonn zur Einheit* ），2018 年出版于哥廷根。

Gieseke，Jens，《米尔克康采恩·斯塔西历史（1945—1990）》（ *Mielke-Konzern. Die Geschichte der Stasi 1945-1990* ），2001 年出版于斯图加特、慕尼黑。

Henke，Klaus–Dietmar/Steinbach，Peter/Tuchel，Johannes（发行人），《民主德国的反抗与反对派》（ *Widerstand und Opposition in der DDR* ），1999 年出版于科隆、魏玛、维也纳。

Hertle，Hans-Hermann，《柏林墙倒塌·统一社会党国家无意间的自我解体》（ *Der Fall der Mauer. Die unbeabsichtigte Selbstauflösung des SED-Staates* ），1999年出版于奥普拉登、威斯巴登。

Hertle，Hans-Hermann/Stephan，Gerd-Rüdiger（发行人），《统一社会党的终结·中央委员会的最后几天》（ *Das Ende der SED. Die letzten Tage des Zentralkomitees* ），1999年出版于柏林。

Hilger，Andreas（发行人），《德国统一的外交·联邦德国外交部关于德苏关系的文献（1989—1990）》（ *Diplomatie für die deutsche Einheit. Dokumente des Auswärtigen Amts zu den deutsch-sowjetischen Beziehungen 1989/90* ），当代史季度系列丛书第103卷（ Schriftenreihe der Vierteljahrshefte für Zeitgeschichte 103 ），2011年出版于慕尼黑。

Hoffmann，Dierk/Schmidt，Karl-Heinz/Skyba，Peter（发行人），《柏林墙倒塌之前的民主德国·另一个德意志国家的历史文献（1946—1961）》（ *Die DDR vor dem Mauerbau. Dokumente zur Geschichte des anderen deutschen Staates 1949-1961* ），1993年出版于慕尼黑、苏黎世。

Ihme-Tuchel，Beate，《民主德国》（ *Die DDR* ），2002年出版于达姆施塔特。

Judt，Matthias（发行人），《民主德国——文献、决议、内部资料与日常生活见证者所叙述的历史》（ *DDR-Geschichte in Dokumenten, Beschlüsse, Berichte, interne Materialien und Alltagszeugnisse* ），1998年出版于波恩。

Jung，Christian，《失败者的历史·1989 年后统一社会党高级官员的历史反思》(*Geschichte der Verlierer. Historische Selbstreflexion von hochrangigen Mitgliedern der SED nach 1989*)，2007 年出版于海德堡。

Knabe，Hubertus，《肇事者就在我们中间·论统一社会党专制体制下的阿谀奉承》(*Die Täter sind unter uns. Über das Schönreden der SED-Diktatur*)，2007 年出版于柏林。

Knabe，Hubertus，《关于左翼党的真相》(*Die Wahrheit über Die Linke*)，2010 年出版于柏林。

Küsters，Hanns Jürgen（发行人），《苏维埃帝国的解体和德国的重新统一》(*Der Zerfall des Sowjetimperiums und Deutschlands Wiedervereinigung. The Decline of the Soviet Empire and Germany's Reunification*)，2016 年出版于科隆、魏玛、维也纳。

Küsters，Hanns Jürgen/Hofmann，Daniel（修订），《德国统一·来自联邦德国总理府档案的特别出版物（1989—1990）》(*Deutsche Einheit. Sonderedition aus den Akten des Bundeskanzleramtes 1989/90*)，1998 年出版于慕尼黑。

Kurth，Eberhard/Buck，Hannsjörg 等（发行人），《现实社会主义的终结·盘点 20 世纪 80 年代民主德国现实的文集》(*Am Ende des realen Sozialismus. Beiträge zu einer Bestandsaufnahme der DDR-Wirklichkeit in den 80er Jahren*)，第 1 卷《统一社会党的统治及其崩溃》(Band 1: *Die SED-Herrschaft und ihr Zusammenbruch*)，第 2 卷《民主德国 20 世纪 80 年代的经济与生态形势》

（Band 2: *Die wirtschaftliche und ökologische Situation der DDR in den achtziger Jahren*），第 3 卷《20 世纪 70 年代至统一社会党统治崩溃时民主德国的反对派》（Band 3: *Opposition in der DDR in den 70er Jahren bis zum Zusammenbruch derSED-Herrschaft*），第 4 卷《民主德国经济的终结时刻·对经济、社会与环境政策的分析》（Band 4: *Die Endzeit der DDR-Wirtschaft. Analysen zur Wirtschafts-, Sozial- und Umweltpolitik*），1996—1999 年出版于奥普拉登。

Lappenküper, Ulrich，《密特朗与德国·破解狮身人面像之谜》（*Mitterrand und Deutschland. Die enträtselte Sphinx*），2011 年出版于慕尼黑。

Lehmann，Ines，《从外部解读德国统一·外国媒体中流露的恐惧、顾虑和期待》（*Die deutsche Vereinigung von außen gelesen. Angst, Bedenken und Erwartungen in der ausländischen Presse*），共 4 卷，第 1 卷《美国、英国和法国的媒体》（Band 1: *Die Presse der Vereinigten Staaten, Großbritanniens und Frankreichs*），第 2 卷《丹麦、荷兰、卢森堡、奥地利、瑞士、意大利、葡萄牙、西班牙的媒体和犹太人的反应》（Band 2: *Die Presse Dänemarks, der Niederlande, Belgiens, Luxemburgs, Österreichs, der Schweiz, Italiens, Portugals und Spaniens und jüdische Reaktionen*），第 3 卷《苏联的政策、媒体和公众舆论》（Band 3: *Die Politik, die Medien und die öffentliche Meinung der Sowjetunion*），第 4 卷《波兰和捷克斯洛伐克》（Band 4: *Polen und die Tschechoslowakei*），1996 年出版于美因河畔法兰克福等地。

Lehmann, Ines，《民主德国外交政策（1989—1990）·用文献加以追述》（*Die Außenpolitik der DDR 1989/1990. Eine dokumentierte Rekonstruktion*），2010 年出版于巴登－巴登。

Lemke，Michael，《统一或者社会主义？统一社会党的德国政策（1946—1961）》（*Einheit oder Sozialismus? Die Deutschlandpolitik der SED 1949-1961*），2001 年出版于科隆、魏玛、维也纳。

Loth，Wilfried，《斯大林不喜欢的孩子·为什么莫斯科当年不想要民主德国》（*Stalins ungeliebtes Kind. Warum Moskau die DDR nicht wollte*），1994 年出版于柏林。

Malycha，Andreas，《统一社会党·其斯大林化的历史（1946—1953）》（*Die SED. Geschichte ihrer Stalinisierung 1946-1953*），2000 年出版于帕德博恩。

Mählert，Ulrich，《民主德国小史》（*Kleine Geschichte der DDR*），1998 年出版于慕尼黑，2001 年发行第 3 版。

Mitter，Armin/Wolle，Stefan（发行人），《"我可是爱着你们所有人的！"1989 年 1 月至 11 月国家安全部的各项命令与形势报告》（„*Ich liebe euch doch alle!" Befehle und Lageberichte des MfS. Januar - November 1989*），1990 年出版于柏林。

Mitter，Armin/Wolle，Stefan，《分期沦亡·民主德国历史中不被人知的篇章》（*Untergang auf Raten. Unbekannte Kapitel der DDR–Geschichte*），1993 年出版于慕尼黑。

Mueller，Wolfgang/Gehler，Michael/Suppan，Arnold（合编），《1989 年的革命·手册》（*The Revolutions of 1989. A Handbook*），奥地利科学院近现代

史、国际历史、国际历史 II 研究所哲学史班编写（Österreichische Akademie der Wissenschaften/Philosophische Historische Klasse/Institut für Neuzeit- und Zeitgeschichtsforschung/Internationale Geschichte/International History 2），2015 年出版于维也纳。

Neubert，Ehrhart，《民主德国反对派的历史（1949—1989）》（*Geschichte der Opposition in der DDR 1949-1989*），2000 年波恩第 2 版。

Overmann，Marcus，《民主德国经济政策和柏林墙倒塌·莫德罗政府维持体制的信号》（*DDR-Wirtschaftspolitik und der Mauerfall-Die Regierung Modrowim Zeichen des Systemerhalts*），波恩大学哲学讨论文集，参阅 http://hss.ulb.uni-bonn.de/2001/0237/0237.pdf（最近一次检索时间为 2018 年 3 月 17 日）。

Schroeder，Klaus，《统一社会党国家·民主德国的历史和体制》（*Der SED-Staat. Geschichte und Strukturen der DDR*），1999 年慕尼黑第 2 版。

Schwan，Heribert/Steininger，Rolf，《我的 1989 年 11 月 9 日》（*Mein 9. November 1989*），2009 年出版于杜塞尔多夫。

Schwarz，Hans-Peter，《赫尔穆特·科尔政治回忆录》（*Helmut Kohl. Eine politische Biographie*），2012 年出版于斯图加特。

Spittmann，Ilse，《传奇故事的演变》（*Der Wandel der Legenden*），收录于《德国档案》第 17 卷〔*Deutschland Archiv* 17（1984）〕。

Staritz，Dietrich，《民主德国历史（1945—1985）》（*Geschichte der DDR 1945-1985*），1987 年出版于美因河畔法兰克福。

Steininger，Rolf，《柏林墙倒塌·柏林危机中的西方各国与阿登纳（1958—1963）》（*Der Mauerbau. Die Westmächte und Adenauer in der Berlinkrise 1958-1963*），2001 年出版于慕尼黑。

Steininger，Rolf，《1945 年至今的德国历史》（*Deutsche Geschichte 1945 bis zur Gegenwart*），文章和文献编为 4 卷，2002 年出版于美因河畔法兰克福。

Steininger，Rolf，《冷战》（*Der Kalte Krieg*），2003 年出版于美因河畔法兰克福。

Timmermann，Heiner（发行人），《民主德国——对一个沦亡国家的回忆》（*Die DDR - Erinnerung an einen untergegangenen Staat*），1999 年出版于柏林。

汉斯·莫德罗出版物索引

Modrow，Hans/Gysi，Gregor，《东德化或归化·居西与莫德罗的争论对话》（*Ostdeutsch oder angepasst. Gysi und Modrow im Streit-Gespräch*），2013 年出版于柏林。

Modrow，Hans（mit Gabriele Oertel），《汉斯·莫德罗说出实情》（*Hans Modrow, sagen, was ist*），2010 年出版于柏林，第 7—122 页。

Modrow，Hans/Hermsdorf，Volker，《铁砧或铁锤·关于古巴的对话》（*Amboss oder Hammer. Gespräche über Kuba*），2015 年出版于柏林和 Böklund。

Modrow，Hans（发行人），《大楼之外·与民主德国权力中央打交道的经验》（*Das große Haus von außen. Erfahrungen im Umgang mit der Machtzentrale der DDR*），1996 年出版于柏林。

Modrow, Hans（发行人），《大楼·知情人来自统一社会党中央的报告》（*Das große Haus. Insider berichten aus dem ZK der SED*），1995 年出版于柏林。

Modrow，Hans（发行人），《1945 年 5 月 8 日·解放之日还是战败之日》（*Der 8. Mai 1945. Tag der Befreiung oder der Niederlage*），作者为：Alfred Dellheim、Stefan Doernberg、Dietrich Eichholtz、Gerhard Fischer、Peter Florin、Erich Hocke、Theodor Hoffmann、Hans Joachim Krusch、Gerhard Leo、Fritz Minow、Hans Modrow、Manfred Müller、Bernd Müllender、Gregor Schirmet、Erich Selbmann、Wolfgang Wünsche，1995 年出版于柏林。

Modrow, Hans（发行人），《我们的标志是太阳·曾经的生活与见闻》（*Unser Zeichen war die Sonne. Gelebtes und Erlebtes*），作者为：Jupp Angenfort、Hans Bentzien、Hans Coppi、Alfred Dellheim、Heinrich Fink、Klaus Herde、Gerhard Holtz–Baumert、Gerhard Kirner、Eberhard Schröder、Hans–Dieter Schütt、Helmut H. Schulz、Hans Joachim Willerding、Hans Modrow，1996 年出版于柏林。

Modrow，Hans（von Karl–Heinz Arnold），《第一个 100 天》（*Die ersten 100 Tage*），1990 年出版于柏林。（中文翻译本《百日总理莫德罗》由世界知识出版社 1991 年出版。——译者）

Modrow，Hans，《为了一个比民主德国和联邦德国更好的新德国》（*Für ein neues Deutschland, besser als DDR und BRD*），1990 年出版于柏林。

Modrow，Hans（Meyer，Wolfgang），《起点与终点》（*Aufbruch und Ende*），1991 年出版于柏林。（中文翻译本《起点与终点》由军事科学出版社 1994 年

印刷内部参考版，2002 年发行公开版。——译者）

Modrow，Hans（mit Hans-Dieter Schütt），《我原本是要建设一个新德国》（*Ich wollte ein neues Deutschland*），1998 年出版于柏林。

Modrow，Hans（mit Manfred Sohn），《在大跃进之前？对日本共产党政策的展望》（*Vor dem großen Sprung? Überblick uber die Politik der Japanischen Kommunistischen Partei*），2000 年出版于施科伊迪茨。

Modrow，Hans，《从什未林到斯特拉斯堡·对半个世纪议会工作的回忆》（*Von Schwerin bis Strasbourg. Erinnerungen an ein halbes Jahrhundert Parlamentsarbeit*），2001 年出版于柏林。

Modrow，Hans，《共产主义遗产的包袱·对共产主义历史性失败的思考》（*Zur Hypothek des kommunistischen Erbes. Überlegungen zur historischen Niederlage des Kommunismus*），会议发言稿，2003 年出版于柏林。

Modrow，Hans/Watzek，Hans（发行人），《农民手中的容克土地·德国土地改革及其后果》（*Junkerland in Bauernhand. Die deutsche Bodenreform und ihre Folgen*），2005 年出版于柏林。

Modrow，Hans/Maurer，Ulrich（发行人），《从左侧超越·左翼党能干什么，想干什么，应干什么？》（Überholt wird links. Was kann, was will, was soll die Linkspartei），2005 年出版于柏林。

Modrow，Hans/Maurer，Ulrich（发行人），《保持左翼还是瘫痪？纠结于使命与顺应之间的新政党》（*Links oder lahm? Die neue Partei zwischen Auftrag und Anpassung*），2006 年出版于柏林。

Modrow，Hans，《关于汉斯·莫德罗的情况·1990 年 3 月 20 日的谈话》（*Zur Sache Hans Modrow: Gespräch vom 20. März 1990*），收录于 Günter Gaus 所编著的《六个问答对话》（*Sechs Gespräche in Frage und Antwort*），1990 年出版于柏林，第 115—140 页。

Modrow，Hans/Aischmann，Hans，《致汉斯·莫德罗的信》（*Briefe an Hans Modrow*），1990 年出版于柏林。

Modrow，Hans，为 Ulrich Maurer/Hans Modrow，Hans（发行人）《从左侧超越·左翼党能干什么，想干什么，应干什么？》（*Überholt wird links. Was kann, was will, was soll die Linkspartei*）一书撰写的前言，2005 年出版于柏林，第 7—14 页。

Modrow，Hans，《关于统一社会党历史的整理》（*Zur Aufarbei-tung der Geschichte der SED*），收录于 Marx–Engels–Stiftung（发行人）《关于 1945—1949 年德国的新起步》（*Zum deutschen Neuanfang 1945-49*），1993 年出版于波恩，第 100—117 页。

Modrow，Hans，《我们必须承担社会的左翼压力·采访汉斯·莫德罗》（*„Wir müssen von links Druck in die Gesellschaft hineintragen". Interview mit Hans Modrow*），收录于《社会主义》第 30 卷〔*Sozialismus* 30(2003), 7/8〕，第 33—38 页。

Modrow，Hans，《永远的密写方式》（*Der ewige Geheimtip*），收录于 Margarita Mathiopoulos（发行人）的《波恩共和国的终结·一个欧洲女子的观察》（*Das Ende der Bonner Republik. Beobachtungen einer Europäerin*），1993 年出版于斯图加特，第 189—212 页。

Modrow，Hans，《我眼中的改革·对改变世界之十年的个人回忆与分析》（*Die Perestroika, wie ich sie sehe. Persönliche Erinnerungen und Analysen eines Jahrzehnts, das die Welt veränderte*），1998 年柏林第 2 版。（中文翻译版《我眼中的改革》由中央编译出版社 2012 年发行——译者）

Modrow，Hans，《1989—1990 年民主德国的政治转折及其加入联邦德国》（*Die politische Wende in der DDR 1989/90 und ihr Anschluß andie BRD*），收录于 Gerhard Fischer、Hans Joachim Krusch、Hans Modrow、Wolfgang Richter、Robert Steigerwald（发行人）的《与时代精神相悖·历史上的两个德意志国家》（*Gegen den Zeitgeist. Zwei deutsche Staaten in der Geschichte*），1999 年出版于施科伊迪茨，第 293—308 页。

Modrow，Hans，《1989—2004 年在德国的社会主义左翼·民社党与德共马恩基金会关于德国工人运动史研究的马克思主义工作委员会》（*Die sozialistische Linke in Deutschland 1989–2004. Kolloquium des marxistischen Arbeitskreises zur Geschichte der deutschen Arbeiterbewegung bei der PDS und der Marx-Engels-Stiftung der DKP*），2005 年出版于施科伊迪茨。

Modrow，Hans，《托管机构·理想与现实》（*Die Treuhand. Idee und Wirklichkeit*），收录于《IPM 报告集》（*IPW-Berichte*）（1991 年第 7/8 集），

1991 年出版于汉堡，第 39—42 页。

Modrow，Hans，《统一社会党特别党代会工作委员会的成立与工作，进而组建民社党》(*Entstehung und Tätigkeit des Arbeitsausschusses zur Vorbereitung des Außerordentlichen SED-Parteitages, der zur Bildung der PDS führte*)，收录于 Detlev Nakath、Gerd Rüdiger Stephan（发行人）所著《或者走向民主化——或者不复存在·Klaus Hopcke 70 岁生日纪念工作小组》(*Entweder geht es demokratisch– oder es geht nicht. Klaus Höpcke-Kolloquium anlässlich seines 70. Geburtstages*)，2004 年出版于施科伊迪茨，第 74—78 页。

Modrow，Hans，《收买的？敲诈的？蒙骗的？十年前的民主德国到底发生了什么？采访汉斯·莫德罗》(*Gekauft? Erpresst? Erschlichen? Was geschah vor zehn Jahren in der DDR? Interview mit Hans Modrow*)，收录于《一目了然：政治与文化杂志》（1999 年第 11 期）(*Konkret: Magazin für Politik und Kultur 11/1999*)，第 26—27 页。

Modrow，Hans，《正在讨论中：马斯特里赫特·与汉斯·莫德罗对话》(*In der Diskussion: Maastricht. Ein Gespräch mit Hans Modrow*)，对话者为 Georg Schirmet，出版人为联邦议院民社党 / 左翼阵营，1993 年发行于波恩。

Modrow，Hans，《统一社会党机构的权力与无能为力》(*Macht und Ohnmacht des SED-Apparates*)，收录于 Lothar Bisky、Uwe–Jens Heuer、Michael Schumann（发行人）所著《回顾·民主德国历史的政治与司法视角》(*Rücksichten. Politische und juristische Aspekte der DDR-Geschichte*)，1993 年出版于波恩，第 97—106 页。

Modrow，Hans，《理智与体面·为八十寿辰而作》（*Mit Vernunft und Anstand. Zum Achtzigsten*），发行者为 Daniel Kuchenmeister、Detlef Nakath、Gerd-Rüdiger Stephan，2008 年出版于柏林。

Modrow，Hans（发行人），《时代与重大转折·纪念 Stefan Doernberg 85 寿辰》（*Zeiten und Zäsuren. Stefan Doernberg zum 85. Geburtstag*），2009 年出版于柏林。

Modrow，Hans，《1989 年 11 月 17 日的政府声明》（*Regierungs-erklärung vom 17. November 1989*），收录于《德国档案》杂志"统一德国专刊"（*Deutschland Archiv*. Zeitschrift für das vereinigte Deutschland）1990 年第 1 册，第 122—124 页。

Modrow，Hans，《胜利者的司法？德国统一后的政治形势迫害》（*Siegerjustiz? Die politische Strafverfolgung infolge der Deutschen Einheit*），发行者为 GRH e. V.，收录了 Hans Bauer 等人的文章，汉斯·莫德罗撰写了序言，导言由 Arnold Schötzel 所写，编后语由 Siegfried Mechler 所写，2003 年出版于柏林。

Modrow，Hans，《两个德国·最后一年》（*Two German states. The final years*），收录于《国际事务》第 46 集（*International Affairs* 46）（2000 年第 1 集），第 201—208 页。

Modrow，Hans，《前言》（*Vorwort*），收录于 Ralph Hartmann 所著《清理人·帝国特派员与重新赢得的祖国》（*Die Liquidatoren. Der Reichskommissar und das wieder gewonnene Vaterland*），1997 年出版于柏林。

Modrow，Hans，《青年监督队应该怎样工作！》(*Wie eine Jugendkontrollbrigade arbeiten soll!*)，1952 年出版于柏林。

Modrow，Hans，《自由青年联盟在争取民主德国社会主义胜利而斗争时担负着哪些任务？》(*Welche Aufgaben hat die FDJ beim Kampf für den Sieg des Sozialismusin der DDR?*)，1959 年出版于柏林。

Modrow，Hans，以一个创作团队队长的身份出版的《民主德国与日本》(*Die DDR und Japan*) 一书，1983 年发行于柏林。

Modrow，Hans/Arnold，Karl-Heinz，《从德累斯顿经达沃斯到波恩·三次两德会晤及其政治环境》(*Von Dresden über Davos nach Bonn. Dreideutschdeutsche Begegnungen und ihr politisches Umfeld*)，收录于 Detlef Nakath（发行人）所出版的《民主德国的德国政治家回忆录》(*Deutschlandpolitiker der DDR erinnern sich*)，1995 年发行于柏林，第 39—60 页。

Modrow，Hans/Dieterich，Heinz/Steinitz，Klaus（发行人），《21 世纪的社会主义·昔日，今日——对未来的设想》(*Sozialismus im 21. Jahrhundert. Erfahrungen aus Vergangenem und Gegenwärtigem– Vorstellungen für die Zukunft*)，2007 年出版于柏林。

Modrow，Hans，《历史使命·以德国政治家的身份正在路上》(*In historischer Mission. Als deutscher Politiker unterwegs*)，2007 年出版于柏林。

Modrow，Hans/Schulz，Dietmar（发行人），《拉丁美洲，一个新时代？》

（*Lateinamerika, eine neue Ära?*），2008 年出版于柏林。

Modrow，Hans/Steinitz，Klaus，《为了一个比民主德国和联邦德国更好的新德国·民社党主席团为了经济振兴和社会安定的工作纲领》（*Für ein neues Deutschland, besser als DDR und BRD. Für Arbeit, wirtschaftlichen Aufschwung und soziale Sicherheit, Parteivorstand PDS*），1990 年出版于柏林。

汉斯·莫德罗——在历史大环境中的生活大事记

由奥利佛·迪科普制作
（编者注：汉斯·莫德罗的生平年代用"粗体字"标示，以求醒目。）

1927 年 1 月 27 日 汉斯·格奥尔格·莫德罗出生于亚森尼茨（Jasenitz, Kreis Randow/Ueckermünde），现雅谢尼察（波兰）。这个村庄位于奥得河通往斯德丁湾的出海口，距离什切青（斯德丁）大约 20 公里。莫德罗接受了洗礼。他于 1949 年退出教会。他是无神论者。

家庭记事：

父母：

弗兰茨·莫德罗当过海员（1900—1918），之后成为独立面包师，于 1932—1945 年成为德国国家社会主义工人党（纳粹党）党员。他出生于 1886 年 11 月 30 日，逝世于

1958 年 6 月 4 日。

阿格内斯·莫德罗，娘家姓克劳泽，是家庭妇女，没有加入政治组织。她出生于 1899 年 12 月 19 日，逝世于 1989 年 5 月 9 日。

弗兰茨和阿格内斯·莫德罗夫妇的子女：

弗兰茨·莫德罗（海员）
1924 年 12 月 1 日出生，1994 年 4 月 16 日逝世。
埃伦·舍费，娘家姓莫德罗
1919 年 10 月 8 日出生，1986 年 10 月 17 日逝世。
英格·莫德罗
1931 年 4 月 8 日出生，1989 年 2 月 17 日逝世。

汉斯·莫德罗的妻子：

安娜玛丽，娘家姓施特劳宾[①]，1926 年 4 月 25 日出生于 Arnstadt，2003 年 10 月 2 日逝世于 Neustrelitz。

汉斯和安娜玛丽·莫德罗的子女：

1951 年：一个儿子出生（因早产而夭折）。

———————————

① 安娜玛丽·莫德罗出生于 1926 年。她起初在图林根州工人青年团主席团担任秘书，后在罗斯托克专区领导办公室担任秘书。她曾经是人民议院议员、自由德国青年组织成员，后在德累斯顿专区担任教师（其中包括专区高级党校）。她是社会科学硕士，并是统一社会党、自由德国工会、德苏友好协会、德国民主妇女联盟、KG、VS 的成员。安娜玛丽·莫德罗 2003 年 10 月因中风逝世于柏林。

1953 年：一对双胞胎出生（均因早产而夭折，次子取名克劳斯）。

塔玛拉·辛格，娘家姓莫德罗，1955 年 10 月 10 日出生，现在克莱恩马赫诺担任幼儿园老师。曾是统一社会党、自由德国工会组织和德苏友好协会的成员。她已婚，与其家庭（三个子女）生活于柏林。

伊丽娜·莫德罗，1962 年 4 月 6 日出生，是历史学博士，并曾在民主德国科学院担任学术研究员。她曾是统一社会党、自由德国工会组织、德苏友好协会和自由德国青年联盟的成员。她于 2017 年 1 月 29 日因肺血栓逝世于柏林弗里德里希海恩医院。

1934—1942 年 在亚森尼茨大众学校读书。

1938—1942 年 在德国青年团（DJ）担任小队长（Oberhordenfüh-rer），之前是童子军（Pimpfen）。

1942 年 6 月—1945 年 1 月 在"希特勒青年团"（Hitler-Jugend）[①]的消防队内担任护卫队长（Gefolgschaftsführer），军衔为 Scharführer，主要任务是负责领导 15 名年轻的消防队员。

1942 年 6 月 8 日—1944 年 12 月 接受钳工学徒训练。由于战争需求，结业时接受了位于斯德丁－珀利茨的氢化厂的一次应急考试。

1945 年 4 月 2 日—5 月 6 日 在战争即将结束时应征加入"人民冲锋队"，担任班长和排长。

---

① 莫德罗不属于"高射炮兵助手"（即所谓的"高射炮兵助手一代"）。

1945 年 2 月 4 日—11 日　英国、苏联和美国在克里木半岛的雅尔塔皇宫内举行国家元首与政府首脑会议。

1945 年 5 月 8 日—9 日　德意志帝国投降，欧洲的军事作战行动终止。

1945 年 5 月—1949 年 1 月 13 日　关押在莫斯科郊区的第 33 号和 56 号苏军战俘营，担任农牧业工人和建筑工人。莫德罗于 1946 年加入反法西斯阵营委员会。

1945 年 7 月 17 日—8 月 2 日　英国、苏联和美国在波茨坦召开国家元首与政府首脑会议。

1946 年 4 月 21 日　德国社会民主党（SPD）和德国共产党（KPD）被迫在柏林组成一个新的联合政党，即统一社会党（SED）。西柏林的社民党拒绝加入这个联合党，因此只在苏占区成立了统一社会党。

1946 年 7 月 26 日—10 月 15 日　各联盟国和联合国成员国与保加利亚、意大利、芬兰、匈牙利和罗马尼亚 5 个战败国在巴黎召开和平会议。

1946 年 12 月 15 日—1948 年 1 月 5 日　莫德罗在距离莫斯科 250 公里的 Rjasan "第 2040 反法西斯学校" 以培训班学员参加学习。

1948 年 5 月 1 日—1949 年 1 月 9 日　莫德罗在里加郊区奥格雷反法西斯学校担任助教，并成为该校墙报编辑。在那里，莫德罗与他的老师、上尉军医弗里茨·林克（Fritz Rink）建立了 "父子般" 的特殊关系。他在莫斯科度过了该市 800 周年庆典。

1949 年 1 月 15 日　莫德罗返回德国，在位于亨尼希斯多夫（Hennigs-dorf）的"汉斯·拜姆勒"火车头制造电子技术联合企业（LEW）担任钳工至 1949 年 6 月 1 日。莫德罗因其俄文水平、战俘身份和对苏联及苏联人的好感而被工厂同事称为"俄罗斯人"。

1949 年 1 月　加入统一社会党（SED）。

1949 年 1 月 18 日　在莫斯科签署一个组建经济互助委员会（经互会）的成立联合公报，参与国为苏联、波兰、保加利亚、匈牙利和捷克斯洛伐克。此举是对美国国务卿乔治·C. 马歇尔于 1947 年 6 月 5 日为西欧制定的《欧洲复兴计划》并成立欧洲合作组织（OEEC）的反应。经互会是以苏联为首的社会主义国家组建的国际组织，其成立联合公报公布于 1949 年 1 月 25 日。

1949 年 1 月 23 日　加入自由德国青年联盟（FDJ）。

1949 年 3 月 1 日　加入自由德国工会联盟（FDGB），定期率领柏林青年联盟的一个青年与大学生代表团参加在华沙、莫斯科和维也纳等地举办的世界艺术节活动。

1949 年 4 月 4 日　在华盛顿成立北大西洋公约组织。德意志联邦共和国于 1955 年 5 月 6 日加入北约。

1949年5月23日 德意志联邦共和国（联邦德国）发表基本法。

1949年10月7日 人民议院通过德意志民主共和国（民主德国）宪法决议。

1949年6月1日 担任勃兰登堡州自由青年联盟主席团负责大中学校工作的书记兼劳动与社会部长。

1950年4月21日—6月29日 开姆尼茨州级法院刑事法庭审理瓦尔德海姆案件：快速审理，没有证人，几乎没有辩护律师，以战争罪和纳粹罪判处3442名罪犯。3442名被告大多判处15—25年监禁。有1327个案例的罪名为反人类罪。审理了1317人的上述诉讼之后，有32人于1950年7月被判定死刑者得到赦免，其他2人已在执刑前死亡，23人于1950年11月4日被执行死刑。执法者为军官职衔的人民警察，采用了绞刑。

1949年7月—12月 担任亨尼希斯多夫"汉斯·拜姆勒"火车头制造电子技术联合企业（LEW）的部门主任。

1950年—1951年4月 先后担任勃兰登堡州自由青年联盟主席团负责大学生问题的书记、负责宣传鼓动工作的书记，后担任州团委第二书记。

1950年7月6日 （波兰）约瑟夫·西伦凯维奇总理[①] 和（民主德国）奥

---

① 约瑟夫·西伦凯维奇1911年4月23日出生于波兰的塔尔努夫（当年奥匈帝国的加利西亚），1989年1月20日逝世于华沙。西伦凯维奇曾经两度出任波兰总理，分别是1947—1952年和1954—1970年。1948—1971年，他还是中央委员和政治局委员。1952—1954年，他担任副总理。1956年，他无条件赞成镇压波兰人民起义。1970年12月瓦迪斯瓦夫·哥穆尔卡被免去总书记职务后，西伦凯维奇也被解职，并被解除国务委员会主席职务两年。后来，他始终担任全波和平委员会主席。

托·格罗提渥于 1950 年 7 月 6 日在 Zgorzelec（格尔利茨）签署《格尔利茨边界条约》。该条约将民主德国与波兰人民共和国之间的奥得河 – 尼斯河边界线称为"和平"的国家界线。

1950 年 7 月　莫德罗访问哥德堡，这是他第一次来到一个西方国家：出席斯堪的纳维亚青年联合会国际度假营 / 帐篷营活动。他在那里结识了安娜玛丽·施特劳宾。

1950 年 9 月 29 日　民主德国加入经互会。

1950 年 12 月 23 日　莫德罗与安娜玛丽·施特劳宾在阿恩施塔特市政厅举行结婚仪式，这是他妻子的出生地。

1951 年 4 月—1952 年　担任梅克伦堡州自由青年联盟第一书记和州议会议员。

1951 年 4 月 18 日　欧洲煤钢联合体（EGKS 及 Montanunion）作为西欧一体化联合体在巴黎签署协议，这是欧盟的前身。该组织给所有成员国免关税进出口煤与钢的待遇。该协议于 1952 年 7 月 23 日正式生效，该组织的成立是由法国外长罗伯特·舒曼提议的。协议有效期为 50 年，于 2002 年 7 月 23 日到期。后续各个联盟协议陆续作出修改：（1965 年）布鲁塞尔的合并条约，（1970 年和 1975 年）改变某些金融规定的修改条约，（1984 年）格陵兰条约，（1986 年）欧洲统一行动，（1992 年）马斯特里赫特条约，（1997 年）阿姆斯特丹，（2001 年）尼扎，（2007 年）里斯本以及（1972 年、1979 年、1981 年、1985 年、1994 年、2004 年、2007 年、2013 年）成员国加入条约。

1951 年　率领一个自由青年联盟代表团在东柏林参加世界青年与大学生艺术节（世界青年艺术节）。这是莫德罗在东德时期唯一一次来到位于诺曼能大街的国家安全部柏林总部——参加自由青年联盟组织的一个招待会。

1951 年 5 月 17 日　莫德罗在什未林议会亮相并呼吁"所有占领国部队立即从整个德国撤军！"1990 年 2 月 1 日，他又以民主德国总理身份重申了他对"德国，统一祖国"的设想。他的倡议中包括德国的军事中立和占领国部队撤军。

1952—1961 年　担任自由青年联盟中央委员会委员。

1952 年　成为"德苏友好协会"（DSF）和民主德国"德国体操与体育联合会"（DTSB）的成员。

1952 年 3 月 10 日　苏联副外长安德烈·葛罗米柯在莫斯科向三个西方大国（法国、美国、英国）递交了一份关于解决德国问题的外交照会（"斯大林照会"），建议交战各方与德国签订一项和平条约，结束对纳粹影响的肃清工作，建立一支德国国家军队，实现德国的重新统一，与此同时，所有武装力量撤出德国。西方各国拒绝了这一建议。

1952 年 4 月 9 日　约瑟夫·斯大林在第二份照会中认可了以自由选举方式作为全德政府的基础，确定奥得河－尼斯河边界，要求德国不加入任何对其他国家采取攻击性政策的联盟。西方各国再次拒绝。

1952 年 5 月 24 日　斯大林在第三份照会中批评西方各国拖延有关德国

和平条约的谈判进程。

1952 年 7 月　统一社会党第二次代表大会，总书记瓦尔特·乌布利希在党代会上未经人民协商作出决议，将民主德国的联邦州体制由 6 个州行政区划改编为 15 个专区委员会（15 个统一社会党专区领导机构）。这些机构在 1989 年底时大约拥有 44000 名工作人员。

1952 年 8 月 23 日　斯大林在第四份照会中拒绝了建立国际选举审查委员会的要求。该要求称，两个德国应当建立一个权力平等的委员会。针对斯大林的照会和西方照会中提出的反措施，观察家、政治家乃至历史学家们事后都认为，1952 年 3 月和 4 月错失了审视德国统一的机遇。

1952 年 9 月—1953 年 7 月　莫德罗毕业于莫斯科共青团高等学校，重点学科为：经济学、马克思列宁主义、苏联历史、共青团工作、苏联政治、地理、俄罗斯文学和语言。毕业证书的签署日期为 1953 年 8 月 1 日。[1]

1953 年　莫德罗夫妇的双胞胎孩子病故。由于校方的休假禁令，汉斯·莫德罗未能回国参加葬礼。

1953 年 3 月 5 日　斯大林逝世。莫德罗在莫斯科经历了之后的追悼会。

1953 年 6 月 16 日—17 日　民主德国发生工人暴乱和群众暴动，要求降低劳动标准、释放政治犯、乌布利希政府下台、自由选举和德国统一。为达

---

[1]　见联邦档案：BArch N 2541/20。

到上述目标，东德全境都有民众参加示威活动。6月17日下午，苏联出动坦克镇压暴动，导致100多人死亡和许多人受伤以及大规模逮捕的后果。莫德罗在遥远的莫斯科获知这一消息。

1953 年 7 月—1971 年 莫德罗在柏林通过增选进入市议员大会。[①]

1953 年 7 月—1961 年 2 月 莫德罗担任自由青年联盟柏林专区第一书记。

1953 年 7 月—1955 年 5 月 莫德罗担任自由青年联盟中央委员会书记。

1959 年 5 月—1961 年 2 月 莫德罗再次出任青年联盟中央委员会书记。

1954 年 9 月 28 日—10 月 3 日 九个国家在伦敦会商联邦德国加入西方一体化进程。

1954—1971 年 在民主德国的体制中，凡是担任自由青年联盟专区第一书记者，自然进入统一社会党专区党委班子。莫德罗在统一社会党专区代表大会上当选专区党委成员。

1954—1957 年 毕业于位于柏林中心区 Runge 大街的统一社会党中

[①] 柏林市议员大会（Stadtverordnetenversammlung）自 1809 年 7 月 6 日起就是柏林地方议会。1951 年，柏林州（Land）成为直辖市（Stadtstaat）。柏林市议员大会的后身一分为二，柏林议会（Abgeordnetenhaus）成为州议会，柏林专区议会大会（Bezirksverordneten-Versammlung）成为专区议会。但是，在民主国时期，柏林市议员大会依然存在。选举在统一参选名单基础上进行，候选人全部由"民族阵线"（Die Nationale Front）提出，因此市议员大会的作用微小。

央 ① "卡尔·马克思"高级党校三年制函授课程。1957 年 12 月 18 日获得社会科学硕士学位。

1955 年 5 月 7 日—9 日 在巴黎召开北约部长委员会会议,接纳德意志联邦共和国为北约成员。

1955 年 5 月 11 日—14 日 在波兰首都召开华沙条约组织成立大会。

1955 年 5 月 14 日 华沙条约组织(WVO)是苏联领导下的军事联盟,作为"友谊、合作与相互支援联盟"而成立,成为冷战时期抗衡北约联盟的对立面。

1955 年 率领一个自由青年联盟的代表团参加华沙世界青年与大学生艺术节("世界青年艺术节")。

1955 年 5 月 15 日 四大国与奥地利签署国家条约。

1956 年 3 月 1 日 国家人民军(NVA)② 具备作战能力,从此以后在形式上成为民主德国的军事组织。它始建于 1952 年 7 月 10 日,但是依据法律组建于 1956 年 1 月 18 日。其解散时间为 1990 年 10 月 2 日。

1956 年 10 月 23 日—11 月 5 日 匈牙利爆发反对共产党政府和苏联占领国的群众暴动。镇压这一活动的战斗,在布达佩斯持续了一周多时间,在

---

① 中央委员会(Zentralkomitee),简称中央(ZK)。
② 国家人民军(Nationale Volksarmee),简称 NVA。

个别地区持续了数周时间，而在边远地区持续至 1957 年底。这一"自由斗争"被镇压后，数百位暴动者被处死，数万人被关押或隔离。17 万匈牙利人为逃避独裁而经过奥地利前往西方。

1957 年 5 月 11 日 获得荣誉奖章，载入自由青年联盟中央委员会荣誉名录。

1957 年 12 月—1990 年 10 月 担任人民议院代表。
莫德罗于 1958—1963 年为宪法委员会成员；1958—1967 年为青年委员会成员，部分时间担任领导职务；1967—1981 年为文化委员会成员。

1958—1961 年 担任民主德国人民议院自由青年联盟议会党团主席。

1958—1967 年 担任统一社会党中央候补委员。在第五次统一社会党代表大会上当选，直至第七次党代会结束。

1959 年 莫德罗在奥地利参加了一次艺术节。

1959 年 1 月—1961 年 3 月 在位于柏林的卡尔斯霍斯特的"布鲁诺·洛伊施纳"经济学院工业经济系走读。毕业时通过国家考试（1961 年 3 月 17 日），获得国民经济学硕士学位。其硕士论文题为《经济官员在青年人争夺科技最高水平时的责任》，篇幅为 55 页。

1959 年 10 月 7 日 获得铜质"爱国勋章"。这一勋章与每年一度的退休金奖金相绑定（250 马克）。后来在昂纳克时代改变为一次性奖金发放。金质勋章逝世后必须交还组织。莫德罗从未在公众场合佩戴过任何勋章。

1959 年 11 月—12 月　莫德罗率领一个自由青年联盟代表团访问中华人民共和国。他会见了中国共青团中央第一书记、日后的中共中央总书记胡耀邦。

1960 年　莫德罗当选统一社会党西柏林区委组织代表大会主席团成员。

1960 年 4 月 23 日　获得金质"自由青年联盟阿图尔 – 贝克尔奖章"[①]。

1960 年 7 月 16 日　获得"恩斯特 – 莫里茨 – 阿恩特奖章"。

1961 年 8 月 13 日　东柏林四国占领区边界开始设置障碍物和建筑柏林墙。

1961 年 9 月—1967 年　担任统一社会党柏林市科佩尼克区委第一书记。

1962 年 10 月 7 日　获得"工人阶级战斗队"勋章。

1963 年 6 月 1 日　获颁自由青年联盟中央委员会名誉证书。

1963 年 7 月 15 日　柏林市长威利·勃兰特（由市政府新闻局长埃贡·巴尔预作准备）在施塔恩贝格湖畔的图青基督教科学院介绍其"通过接触促进转变"的方案，以期推动已经起步的德国政策。

---

① 以共产党青年干部阿图尔·贝克尔命名，是青年联盟最高奖励。

1963 年 9 月 1 日—1965 年　被罗斯托克大学当代史系录取为计划外科学研究生。卡尔·海因茨·扬克[1]指导维尔纳·兰贝茨的研究论文为民主青年世界联盟，指导莫德罗研究统一社会党的青年工作。二人均没有完成计划内的博士论文。莫德罗于 1965 年转学至东柏林的洪堡大学。

1964 年 10 月 7 日　在民主德国建国 15 周年之际，获颁"在伟大的社会主义人民运动中出色工作"的荣誉证书。

1965 年 4 月 1 日—1966 年 5 月 31 日　被柏林洪堡大学录取为政治经济学专业的计划外科学研究生。

1965 年 5 月 8 日　获颁"民主德国功勋奖章"以及金质"德苏友好协会荣誉奖章"。

1965 年 7 月 1 日　获颁德国人民警察勋章。

1965 年 9 月 4 日　获颁司法机关荣誉奖章。

1966 年 1 月 20 日　作为科佩尼克区委第一书记，莫德罗成为柏林第一联盟足球俱乐部（1. FC Union Berlin）的发起人。该俱乐部成为继迪纳莫俱乐

---

[1]　卡尔·海因茨·扬克 1934 年 8 月 24 日出生于罗斯托克，2009 年 9 月 14 日逝世于罗斯托克。他是德国历史学家，主要在罗斯托克大学担任近代史和当代史教师。1969 年 2 月，扬克在罗斯托克大学改变专业，担任德国工人运动史讲师。其间，他也是统一社会党历史系基层组织的书记。1973 年 9 月起，他成为"德国工人运动史"正式教授。1980—1984 年担任历史系主任。1982 年获得民主德国二级国家奖（民主德国科技与艺术领域的最高奖——译者）。1985—1989 年，他担任罗斯托克青年运动史研究小组组长。

部（BFC Dynamo）和前进俱乐部（DSF Vorwärts）之后柏林第三个俱乐部组织。迪纳莫俱乐部是警察和国家安全部的体育组织，前进俱乐部则是军队的体育组织。其目的是将体育与劳动者结合在一起，并促进柏林的民间体育发展。

1966 年 6 月 30 日　被柏林洪堡大学经济学系授予经济学博士学位，博士论文是关于经济领导工作中的社会学问题。莫德罗与赖纳·法尔克一起研究的课题是：《社会主义工业领导岗位后备干部的发现、遴选与培养——以高压器和电缆联合企业这一大型企业为例》。

1966 年 7 月 11 日　获得自由青年联盟长期成员证书。

1967 年 3 月—1971 年 7 月　担任统一社会党柏林专区党委负责宣传鼓动工作的书记。

1967 年 11 月 13 日—23 日　在"南斯拉夫社会主义联邦共和国"与南共联盟中央进行经验交流。

1967—1989 年　担任统一社会党中央委员会委员。

1967 年—1989 年 4 月 28 日　担任议会民主德国 – 日本友好小组主席。

1968 年 8 月 21 日　捷克斯洛伐克的改革派共产党人发动的"布拉格之春"，被华沙条约进驻的部队镇压。来自苏联、波兰、匈牙利和罗马尼亚的大约 50 万名士兵，在短短几个小时内进军捷克斯洛伐克，占领了该国所有战略要点。这是战后欧洲最大规模的军事行动。在进军途中，98 名捷克和斯洛伐克人死亡，干预部队大约 50 名士兵阵亡。瓦尔特·乌布利希力图派遣东德国家人民军参战，但遭到苏联拒绝，因此只有几支侦察分队参与了行动。

1969 年 10 月 7 日 获颁银质"爱国勋章"。

1970 年 7 月 莫德罗访问古巴。他在哈瓦那与总统奥斯瓦尔多·多尔蒂克斯进行了会谈，并于 7 月 26 日参加了武装革命运动周年纪念庆典。

1971 年 7 月—1973 年 10 月 莫德罗担任统一社会党中央宣传与鼓动部长，从而成为维尔纳·兰姆贝茨的后任。

1971 年 9 月 3 日 四大国就柏林问题达成协议，成为冷战开始后第一个联盟国政府协定：柏林的责任和权力依然由四大国掌握；这一城市地位的任何改变，只有四大国全部同意才有可能；将进行过境途径的协调，以确保西柏林与联邦德国之间的特殊联系。

1971 年 12 月 17 日 联邦德国与民主德国之间，就联邦德国与西柏林之间的民间人员与货物交通达成两国政府协定，分别由两国国务秘书埃贡·巴尔（联邦德国）与米夏埃尔·科尔（民主德国）在波恩进行谈判并签署。这个所谓的过境协定于 1972 年 6 月 3 日开始生效。

1972 年 3 月 作为代表团成员，应苏联共产党中央委员会邀请访问莫斯科。就两党意识形态方面存在的问题进行交流。

1972 年 3 月 10 日—11 日 莫德罗访问波兰波兹南，就宣传鼓动工作交流经验。

1972 年 3 月 16 日—19 日　在柏林参加保加利亚共产党与统一社会党之间的经验交流活动。

1972 年 5 月 8 日—19 日　莫德罗应日本社会党邀请访问日本，与日本自民党田中角荣就建立外交关系进行会谈，并与日本共产党的同志们进行了会晤，此外还会见了日本众议院议长船田中。此次出访的是统一社会党中央的一个代表团。访问结束后，鲁茨·克莱纳特与莫德罗叙述了此访的印象和各个谈话的内容。[①]

1972 年 6 月 27 日—29 日　捷克斯洛伐克社会主义共和国共产党中央与统一社会党得以在柏林交流经验。

1972 年 12 月 21 日　联邦德国与民主德国关系基础条约在东柏林签署，签约双方为国务秘书埃贡·巴尔（联邦德国）和米夏埃尔·科尔（民主德国）。这一所谓的《基础条约》由 10 条组成（节选）：第 1 条确定两国在平等基础上发展友好睦邻关系；第 2 条确认两国根据联合国原则相互承认；第 4 条，两国均不得在国际上代表另一国。

1973 年 1 月 15 日—20 日　莫德罗访问波兰人民共和国。统一社会党与波兰统一工人党在宣传领域进行会谈。

[①] 参阅《每周邮报》1972 年第 27 期，第 12 页 ff。文章题为《来自日本的快讯》。参见联邦档案：BArch N 2541/39。

1973 年 3 月 21 日—29 日　率领一个统一社会党中央宣传部代表团访问苏联，与苏共中央交流经验。

1973 年 6 月 18 日—25 日　莫德罗应联邦德国"德国的共产党"（DKP）的邀请访问联邦德国，与该党代表会晤。此外还曾于 1982 年 3 月、1988 年 9 月和 1989 年 9 月访问该党。

1973 年 8 月 31 日—9 月 9 日　莫德罗出席柏林第二十九届国际无线电展览会。

1973 年 10 月 1 日　射击武器使用规定[1] 出笼，包含可以射杀妇女和儿童的内容。位于柏林霍恩舍恩豪森区的斯塔西牺牲者纪念馆馆长胡贝图斯·克纳贝，后来称这份 1973 年的文件是"杀人专利书"。[2]

1973 年 10 月 3 日—1989 年 11 月 15 日　担任统一社会党德累斯顿专区党委第一书记。莫德罗从而在这个易北河城市成为维尔纳·克罗利可夫斯基的后任。

1973—1989 年　担任德累斯顿专区议会代表。

1974 年 1 月 1 日　获颁统一社会党"忠诚于党的工作 25 年以上者"荣誉证书。

---

① 见 BStU，ZA，AIM 713/76，BI. 2 f.

② 参阅 https://berndpulch.files.wordpress.com/2012/02/schiessbefehl_mfs.pdf（检索时间为 2017 年 9 月 15 日）。

1974 年 7 月 1 日 获颁金质"内务部机构"勋章。

1974 年 10 月 1 日 获颁"自由德国工会联盟 25 周年"嘉奖证书。

1974 年 11 月 月初，前往保加利亚人民共和国访问三天。

1975 年 2 月 8 日 获得"民主德国国家安全部 25 周年"荣誉纪念章。

1975 年 3 月—4 月 作为人民议院代表团成员，莫德罗随访日本，会见了参议院议长河野谦三。代表团团长由人民议院主席格哈德·格廷担任。访问的高潮是在福冈举办的"75 Expo"博览会。此外还与首相和外长进行了会谈。[①]

1975 年 5 月 24 日 前往马其顿出席 6 月初的党代会。

1975 年 7 月 在罗马尼亚以"党际休假团"成员身份休假。

1975 年 7 月 30 日—8 月 1 日 欧洲安全与合作会议在赫尔辛基召开。作为欧洲国家跨联盟会议，与加拿大和美国一同签署了《赫尔辛基最后文件》。埃里希·昂纳克代表民主德国，赫尔穆特·施密特代表联邦德国，一起签了名。文件包括十点原则，例如：主权平等，尊重主权权利；放弃使用或威胁使用武力；边界的不可侵犯性；国家的领土完整；和平调解争端；尊重人权和包括思想、知识、宗教和信仰等在内的基本自由。后续会议分别于 1977—1979 年在贝尔格莱德和 1980—1983 年在马德里召开，并于 1990 年在

---

① 参阅《每周邮报》1975 年第 23+24 期。见联邦档案：BArch N 2541/39。

巴黎以宪章形式结束了会议。

1975 年 8 月 28 日—9 月 14 日　前往佛罗伦萨出席《团结报》举办的新闻节，并访问"意大利共产党中央机关报"。

1976 年 9 月　率团访问法国。

1976 年 10 月 7 日　获颁金质"爱国勋章"。莫德罗曾于 1959 年 10 月 7 日获颁该项铜质勋章。

1977 年 8 月 28 日　获颁金质"海关管理"勋章。

1977 年 9 月　前往秘鲁和厄瓜多尔进行考察访问。

1977 年 10 月 20 日—27 日　前往瑞典访问左翼党（原共产党）。

1977 年 11 月 14 日—21 日　率领一个考察团访问意大利。

1978 年 1 月 27 日　莫德罗 50 岁生日获颁"卡尔·马克思勋章"。

1978 年 5 月 17 日—25 日　莫德罗以议会德日友好小组主席身份，率领一个人民议院代表团访问东京、奈良和京都。访问日程中也包括前往富士山。

其他成员包括：克劳斯·埃尔斯纳博士（德国农民党）、弗里德里希·普法芬巴赫（国家民主党）和翻译鲁茨·克莱纳特。代表团与参议院和众议院的议员以及在野党公明党进行了会谈。莫德罗还与自民党干事长大平正芳和代理首相铃木善信进行了会谈。

1978 年 10 月 7 日　获颁"工人战斗队"金质勋章。

1979 年 10 月 18 日—25 日　率团访问斯特拉斯堡。

1979 年 10 月 31 日—11 月 4 日　莫德罗率领一个社会党中央代表团访问秘鲁。随访人员为党中央的局长、首任驻秘鲁大使埃德加·弗莱斯以及女翻译伊尔明佳德·莱姆克。代表团在利马出席了秘鲁共产党第七届党代会。[①]

1980 年 3 月—4 月　率团访问日本。

1980 年 10 月 4 日—11 日　统一社会党德累斯顿专区党委代表团前往意大利佛罗伦萨就所有左翼力量统一行动交换经验。

1980 年 10 月 13 日　在统一社会党格拉专区党员积极分子大会上，昂纳克以民主德国领导层的名义向联邦德国提出四点要求：1."书面确定"易北河中心航道为边界。2.解散位于萨尔茨吉特的州司法管理局的证据手段与文献资料站。3.尊重民主德国公民身份。4.将双方常驻代表处转变为大使馆。埃贡·巴尔于 1984 年申明，前三点要求是可以接受的。但是以基民盟 / 基社盟 – 自民党主导的联邦政府拒绝了所有要求。事后，民主德国并没有在实施要求方面施加压力。

---

① 参阅《每周邮报》1980 年第 1 期。见联邦档案：BArch N 2541/39。

1981 年 5 月 22 日 获颁金质"民主德国文化联合会约翰内斯·R. 贝歇尔奖章"①。

1981 年 8 月 7 日 获颁金质"恩斯特·施内勒尔奖章荣誉胸针"②。

1981 年 10 月 10 日—11 月 4 日 乘坐"国际友谊"号游轮作黑海和地中海之行。

1982 年 莫德罗与西柏林市长西夏德·冯·魏茨泽克会谈。魏茨泽克每次访问民主德国都会受到国家安全部人员的暗中监视。③

1982 年 3 月 29 日—4 月 3 日 率团对联邦德国进行"友好访问"。

1982 年 8 月 莫德罗率人民议院代表团访问东亚岛国日本。

克里斯蒂娜·维因克（东德基民盟）、克劳斯·霍维茨教授（农民党）随行。三人与铃木善信首相、众议院议长福田一和参议院议长德永正利等人进行了会谈。还访问了有田和长崎等地。④埃里希·昂纳克曾经于 1981 年 5 月访问日本。

1982 年 9 月 1 日—20 日 率"党际休假团"访问意大利。

---

① 约翰内斯·R. 贝歇尔曾任民主德国文化部长、文化联盟主席和民主德国国歌歌词作者。
② 恩斯特·施内勒尔曾任萨克森州议会共产党议员和帝国议会议员，1944 年死于萨克森豪森集中营。
③ 见 https://www.welt.de/politik/deutschland/article9074080/Wie-die-Stasi-Richard-von-Weizsaecker-ueberwachte.html（检索时间为 2018 年 2 月 28 日）。
④ 参阅《每周邮报》1982 年第 30 期。见联邦档案：BArch N 2541/39。

1982 年 12 月 1 日—13 日　率团前往意大利托斯卡纳参加"民主德国日"活动。

1983 年 7 月 18 日—8 月 6 日　前往保加利亚人民共和国度假旅行。

1983 年 11 月 1 日—9 日　莫德罗以代表团团长身份访问斯特拉斯堡。

1984 年 10 月 7 日　获颁"工人旗手一级奖章"。

1984 年 10 月 28 日—11 月 7 日　莫德罗应朝鲜工人党总书记和国家主席金日成的邀请访问朝鲜人民民主共和国。除了在朝鲜各地进行一系列会谈外，还会见了金日成主席。二人谈到了战争事件、38 度线国家分裂现状以及和平实现两国统一的必要性。陪同莫德罗访朝的是统一社会党中央局长于尔根·范·茨沃尔和博尔滕国营农场总经理克劳斯·魏迪希[1]。[2]

1984 年 10 月 10 日—15 日　莫德罗前往列宁格勒出席"德累斯顿日"活动。

1985 年 1 月 8 日　获颁"民主德国国家安全部 35 周年"纪念章。

1985 年 1 月 11 日　获颁波兰人民共和国勋章。

---

[1]　克劳斯·魏迪希 / 国营农场（VEG）：国营农场原本应当成为模范农场，主要经营畜牧业、植物栽培、种子培养等任务，但是国营农场并没有在民主德国农业中起到其特殊作用。作为稀缺的法人形式，国营农场一直存在至民主德国终结。参阅 www.ddr-wissen.de。

[2]　参阅《每周邮报》1980 年第 50 期。见联邦档案：BArch N 2541/39。

1985年3月11日 米哈伊尔·S.戈尔巴乔夫当选苏联共产党中央委员会总书记。他1988—1990年担任国家元首。1990年3月—1991年12月25日担任苏联总统。他于1990年获得诺贝尔和平奖。

1985年6月 联邦德国下萨克森州长格哈德·施罗德与联邦议院议员彼得·施特鲁克与莫德罗在德累斯顿专区进行会谈，并参观重新修建的森佩尔歌剧院（Semperoper）。

1985年7月—8月 率团访问法国。

1986年 莫德罗与民主德国国民教育部长玛尔戈特·昂纳克在德累斯顿专区进行会谈，并参观Robetron国营电子企业。

1986年6月10日—11日 华约布达佩斯峰会举行。

1986年8月14日—9月3日 率"党际休假团"访问匈牙利人民共和国。

1986年10月 科尔在接受美国杂志《新闻周刊》采访时，令人误解地将戈尔巴乔夫上台与纳粹宣传部长戈培尔相提并论，引发波恩与莫斯科关系陷入低谷。

1986年10月11日—12日 戈尔巴乔夫与美国总统罗纳德·里根在冰岛雷克雅未克举行美苏峰会。两国外长乔治·舒尔茨和爱德华·谢瓦尔德纳泽也在场。

1987 年　莫斯科考虑以莫德罗取代埃里希·昂纳克。

1987 年 3 月 23 日—28 日　莫德罗随人民议院主席霍斯特·辛德曼访问日本。代表团成员还包括洛塔尔·布克哈特、埃尔娜·贝格、乌尔里希·法尔、阿明·贝伦特、埃伯哈德·卡伦巴赫教授。代表团与众议院议长远健三郎、参议院议长藤田正明、首相中曾根康弘和外相仓成正进行了会谈。[①]

1987 年 4 月 29 日　获颁"日本神圣宝藏勋章"，即所谓的"天皇勋章"。[②]

1987 年 5 月 17 日—29 日　华约在东柏林举行峰会。

1987 年 9 月 1 日—15 日　应泛希腊社会主义运动（PASOK）邀请访问希腊。

1987 年 9 月 7 日—11 日　埃里希·昂纳克访问德意志联邦共和国（波恩、诺因基希、慕尼黑等地）。经过事先激烈谈判之后，昂纳克此行定位为一位拥有行政权力的国家元首的工作访问。德意志联邦共和国此举实际上已经在礼宾荣誉上承认昂纳克为一位国家元首。

1988 年 1 月 27 日　莫德罗 60 岁生日之际，获颁"劳动英雄"称号、金质"德国和平奖章"[③] 和"恩斯特·台尔曼奖章"。

[①]　参阅《每周邮报》1987 年第 24 期。见联邦档案：BArch N 2541/39。

[②]　根据莫德罗 2018 年 2 月 5 日的谈话内容，他将这一勋章视为一生中所获所有褒奖勋章中最重要和最珍贵的一枚。

[③]　汉斯·莫德罗一生中第二重要的荣誉。根据莫德罗 2018 年 2 月 5 日的谈话，排在第三位的是"体育冠军"奖章。

1988年2月2日　欧洲理事会欧洲自由贸易联盟（EFTA）在布鲁塞尔召开贸易部长会议。

1988年5月底　莫德罗应中国共产党中央委员会的邀请访问中华人民共和国。昂纳克之前于1986年访问中国。

1988年8月15日　民主德国与欧盟之间通过交换照会建立关系。自此，东德以国家地位在布鲁塞尔建立外交代表处，代表为曼弗雷德·厄泽尔。

1988年9月10日　莫德罗在汉堡参观德国共产党原主席恩斯特·台尔曼纪念馆。

1988年11月21日　获颁"苏联武装力量70周年（1918—1988）"奖章。

1989年1月15日　欧洲安全与合作会议维也纳后续会议发表最后文件。

1989年2月5日　克里斯·格弗罗伊在从柏林特雷普区向西柏林逃逸时被东德边防警察击毙。他是柏林墙边最后一名牺牲者，他想在西方自由世界生活的愿望导致他付出了生命的代价。在东德国家边界和两德内部边界旁的牺牲者，缺乏绝对可靠的数字：柏林查理检查站柏林墙展览馆的工作团队提供的资料表明，1945—1990年德国分裂期间共有1347名牺牲者，包括被劫持的人员和被投诚者杀害的苏联士兵。萨尔茨吉特调查站公布了1961—1989年的510名牺牲者。这个数字中还缺乏越境时溺亡于波罗的海以及在华约边界的 200 多名东德公民。①

1989 年 4 月 3 日 统一社会党总书记昂纳克撤销了民主德国国家边界和两德内部边界的射击命令，此命令尽管从未正式承认过，但是实际上存在过。时任国家人民军总参谋长和国家国防委员会秘书弗里茨·施特雷利茨上将向人民军高级将领通报称，昂纳克已经非正式下达了撤销射击命令的指示。东德边防部队得到这一命令时是以绝密方式口头传达的。②

1989 年 5 月 7 日 在民主德国举行地区选举，首次出现反对篡改选票的公开示威活动。这是根据"国家阵线"统一名单进行的最后一次选举。选举委员会主席是埃贡·克伦茨。他在民德电视台上宣读了选举结果。根据《选举资料法》，选票将于一周内销毁。"转折"后作出了司法鉴定：对沃尔夫冈·贝格霍费尔（德累斯顿市长）、维尔纳·莫克（统一社会党德累斯顿市委书记）和汉斯·莫德罗（时任统一社会党德累斯顿专区党委第一书记）等人给予剥夺自由缓刑处罚和罚款处理。针对埃贡·克伦茨的篡改选举结果的审理程序，于 1997 年 11 月 26 日停止，因为与即将宣判的射击命令案件预期所获刑期相比，此案并无特殊重要性可言。

1989 年 5 月 29 日—30 日 北约委员会在布鲁塞尔召开国家元首与政府首脑峰会。

---

① 德特勒夫·施米兴-阿克曼在一个调查项目中搜集了不含柏林地区的 1095 起嫌疑案件。位于波茨坦的历史研究中心在发表的一份死亡报告中列举了柏林墙边的 136 名死者。汉斯-海尔曼·赫特勒指出，还有一些人，尤其是老年人，在接受护照检查后发生过心肌梗死、中风、突然感到乏力而死亡。在任何名单中都未包括这些人的数字。
② 参阅《在与国防部长商议撤销射击命令后所作的记录》（证据/来源：BStU，ZA，HA I 5753，2—5 页），http://www.bstu.bund.de/DE/Wissen/DDRGeschichte/Revolutionskalender/April-1989/ Dokumentenseiten/03-April/03_apr_text.html?nn=1932224（检索时间为 2017 年 8 月 15 日）。

1989 年 5 月 30 日—6 月 23 日 欧安组织在巴黎举行第一次人权维度会晤。

1989 年 6 月 1 日 获得自由德国工会联盟颁发的"工会成员服务届满 40 周年"荣誉证书。

1989 年 6 月 12 日—15 日 戈尔巴乔夫对联邦德国进行国事访问。向媒体散发的《共同声明》[①]，强调了各国人民的自主权利。

此举被西德理解为一个成就，因为这是苏联方面第一次释放这样的信号。

1989 年 6 月 26 日—27 日 欧洲理事会召开马德里会议。欧洲共同体一年前在汉诺威达成的"经济与货币联盟"构想，得到了进一步的塑造。

1989 年 6 月 7 日—22 日 莫德罗对中华人民共和国进行党际考察访问。

1989 年 6 月 27 日 匈牙利外长久洛·霍恩与奥地利外长阿洛伊斯·莫克，于匈奥边界肖普朗 / 克林根巴赫，在国际电视媒体的高度关注下剪除了"铁幕"的残障。

1989 年 7 月 7 日—8 日 华约在布达佩斯召开政治磋商委员会会议，摒弃了"勃列日涅夫主义"，对军事联盟进行防御性设计。

[①] 见 http://www.kas.de/wf/de/191.1023/ 和 http://www.kas.de/upload/ACDP/Gem_Erklaerung.pdf 以及联邦政府新闻与信息局新闻公报 1989 年 6 月 15 日，第 543 页（2018 年 3 月 7 日获得）。

1989 年 7 月 14 日—16 日　巴黎世界经济峰会。

1989 年 8 月 19 日　661 名东德公民利用在奥匈边界城市肖普朗（即 Ödenburg）举办"泛欧野炊"活动的机会逃往德意志联邦共和国。边界哨卡象征性地开放了三小时。

匈牙利边防战士没有按照命令行事（封锁小路，告诫鸣枪，必要时瞄准射击），放任出逃者不受干扰地出境。[①]

1989 年 9 月 22 日—29 日　莫德罗访问联邦德国。他的日程中，包括在斯图加特与乌尔里希·毛雷尔、迪特尔·施珀利、埃哈德·埃普勒尔、洛塔尔·施佩特、埃查德·罗伊特会谈，和在曼海姆与赫塔尔·多伊布勒－格梅林会谈等。莫德罗接受了记者采访，并公开露面。西德媒体报道了这些活动，但是东德没有报道。昂纳克于 1989 年 10 月 3 日指责莫德罗没有恰如其分地代表那个统一社会党国家。

1989 年 9 月 30 日　联邦外长汉斯－迪特里希·根舍晚间在西德驻布拉格大使馆洛布科维茨宫的阳台上宣布，逗留在大使馆内的近 4000 名东德逃亡者将允许出境。公开的说法是出于人道原因将其"驱赶出境"，因为大使馆内的医疗条件已经难以为继。这一出境许可，是在苏联、东德、捷克斯洛伐克、波兰和西德外长在纽约联合国全体大会期间谈判的结果。

1989 年 10 月 1 日　来自华沙和布拉格的第一批专列，载有大约 6800 名东德逃亡者穿越民主德国。希望离开东德的公民们试图跳上这些专列。

---

① 见 http://de.paneuropa.org/index.php/pan/geschichte（检索时间为 2017 年 9 月 5 日）。

1989 年 10 月 1 日—3 日　在布拉格大使馆前再次聚集了大约 7600 人，尽管捷克斯洛伐克警察试图加以阻止。10 月 3 日，东德政府表示批准他们出境。

1989 年 10 月 2 日　在莱比锡，2 万人上街游行，要求东德改革。这场迄今为止规模最大的示威活动，被东德安全机构以武力驱散。

1989 年 10 月 4 日　在昂纳克的明确要求下，经过与西德协商，西德国家铁路局的专列装载着大约 7600 名潜入布拉格和华沙大使馆的东德逃亡者，经过东德领土前往西德。在来自布拉格的列车上，也坐镇着波恩的官员。

过境途中的车站和站台均被封锁，以阻止人群跳上列车。在德累斯顿火车总站，希望出境者和示威人群与安全部队之间发生了激烈冲突。这是这个易北河都市 1953 年 6 月 17 日以来最严重的斗争行动。

作为德累斯顿专区党委针对德累斯顿火车总站示威活动的危机处理指挥部主席，莫德罗面临着来自东柏林的强大压力，即必须为民主德国建国 40 周年庆典创造条件。超过 5000 人包围了德累斯顿火车总站，并诉诸暴力，造成巨大损毁。自此，专列不再经由德累斯顿专区，其他 5 列专车绕道巴德布拉姆巴赫和捷克共和国的沃伊塔诺夫。

1989 年 10 月 6 日—7 日　在民主德国建国 40 周年庆典之际，昂纳克在东柏林舍内菲尔德机场跑道区等候即将抵达的国宾时，对一位采访记者的提问作出答复："传说已死的人，反而活得更长！"东德成立日的庆典伴以阅兵仪式和游行队伍。在经历了胆囊手术之后，这位东德党和国家领导人重新恢复公务活动，亲自欢迎亚西尔·阿拉法特（巴勒斯坦）、尼古拉·齐奥塞斯库（罗马尼亚）、米哈伊尔·戈尔巴乔夫（苏联）、沃伊切赫·雅鲁泽尔斯基（波兰）和丹尼尔·奥尔特加（尼加拉瓜）等贵宾。在共和国宫内进行庆祝活动时，大街上出现示威人群，遂引起警察武力干预。客人们听见了"戈尔比，戈尔比"（戈尔巴乔夫的昵称——译者）的口号声。许多人提前离开了招待会。昂纳克在发表祝词时，错过了公开宣布实施必要改革的时机，而这是群众所普遍期待的举措。一份他预先准备的带有改革意向的讲演稿，事先发给了德新社注册记者，但是他在当晚并没有念这份稿子。昂纳克拒绝公开发表这份"改革演讲稿"。将近 3000 名示威者呼喊道："戈尔比帮助我们！""不要使用武力！""我们是人民！"因为一些客人正在抵达，加之现场有许多西方媒体，警察起初并没有采取行动。及至戈尔巴乔夫车队驶向舍内菲尔德机场方向后，斯塔西部队和自由青年联盟的治安分队才作出了反应。干预行动导致许多人受伤和 100 多人被捕。

莫德罗尽管收到了前往东柏林的请帖，但是他没有去参加庆典，而是留在了德累斯顿专区。

1989 年 10 月 7 日 10 月 4 日夜间，布拉格大使馆逃亡者第二次乘火车途经普劳恩。在共和国生日当天，普劳恩的格罗提渥广场聚集了将近 2 万人。这是一个东德城市第一次超过半数市民走上街头。警察、消防和工人战斗队武装人员粗暴地殴打示威人群，派出了高压水龙警车和直升机。警察局长托马斯·居特勒在警察部队与示威群众之间进行调和。这一天被捕 61 人。后来竖立的一块纪念碑称这一事件为"民主日"。在德累斯顿专区的布拉格大街上，和平无暴力地选出了"20 人小组"。

1989 年 10 月 8 日 东柏林再次发生示威活动。

1989 年 10 月 9 日 在莱比锡，首次出现超过 7 万人规模的示威活动，人们要求东德实施改革。在一次散发传单行动中，总共向干预部队和示威人群散发了大约 25000 张传单,其中的诉求包括:"我们是人民。""武力将给我们留下永久的血腥伤疤。""放弃任何形式的武力。""党和政府必须为严峻的形势承担主要责任。"

1989 年 10 月 13 日 昂纳克在国家人民军 NVA 9/89 号命令中发出他的最后一道指示,在针对莱比锡安全与秩序保障措施的这一命令中,第 5 条指示是:"……在处置可能发生的示威活动时,原则上禁止使用射击武器。"根据昂纳克的决定,克伦茨、米塔克、瓦格纳、赫格尔和施特雷利茨一起于 10 月 13 日飞往莱比锡,以便现场指导安全机构的工作。17 时后,克伦茨与施特雷利茨(时任国防部副部长兼总参谋长——译者)在柏林向昂纳克汇报情况。昂纳克在事先拟定的命令上签了字。在之后的 NVA 10/89 号命令(11 月 1 日)和 NVA 11/89 号命令(11 月 3 日)中,国家安全委员会主席克伦茨一字不改地重申了放弃武力的指示。

1989 年 10 月 16 日 德累斯顿市长沃尔夫冈·贝格霍费尔和莫德罗一起,与示威者和"20 人小组"的代表进行了对话。"20 人小组"是在 1989 年 10 月 8 日示威游行时由大约 20 名德累斯顿市民组成的小组,该小组第二天与德累斯顿专区地方部门就其政治诉求进行了谈判。该小组的最初成员是勒内·巴赫曼、安德里亚斯·巴尔奇、乌尔里希·鲍姆加特、弗里德里希·博尔茨、迪特尔·布兰德斯、卡尔-海因茨·登克特、乌韦·格洛辛斯基、勒内·格吕特纳、马尔库斯·金舍尔、安德里亚斯·洛伊施纳、扎比内·林克、亨利·马特海斯、迈克·米尔施、贝亚特·米哈伊、克劳斯·明希、弗兰克·诺伊贝特、科斯廷·尼古劳斯、埃伯哈德·奥斯特、马里奥·彼得里、海科·普斯特龙、弗兰克·里希特、施特凡·里希特、彼得·罗森贝格、奥利维亚·施瓦茨、玛丽亚·施多伊特纳和布尔吉·特鲁默尔。

1989 年 10 月 18 日　在统一社会党中央委员会第九次会议上，埃里希·昂纳克"出于本人愿望"辞去所有职务。直至今日仍然没有弄清楚，当时究竟是发生了政变，还是确属昂纳克主动辞职。他建议由埃贡·克伦茨担任他的接班人。同时失去政治局和中央书记处职务的还有京特·米塔克。克伦茨成为统一社会党新的总书记。在媒体转播的讲话中，克伦茨称呼东德人民为"同志们"，并且详细表扬了昂纳克在任期间作出的贡献。克伦茨承认，统一社会党最近几个月错误地判断了现实局势。他说，统一社会党将在他的领导下进入一个"转折"，但不会中止"德意志国土上的社会主义"的性质。他的演讲未能赢得该党周围广大人民群众的信任和赞同。

1989 年 10 月 20 日　自 1988 年 11 月 19 日起在民主德国禁止发行的苏联杂志《人造卫星》(*Sputnik*)，获准重新发行。

1989 年 10 月 23 日　在克伦茨当选国务委员会主席的前一天晚上，30 余万人示威游行反对"新的集权"。克伦茨已经担任统一社会党中央总书记和政治局领导，还将出任国务委员会主席和国防委员会主席。

1989 年 10 月 24 日　人民议院选举克伦茨——26 票反对——出任国务委员会主席以及国防委员会主席。这一选举导致职务叠加现象。东德所有最高职务重新集于一人之身。在克伦茨的委托下，沙尔克－戈罗德科夫斯基前往波恩，在会见总理府部长鲁道夫·赛特斯和内政部长朔伊布勒时要求提供 5 亿西德马克。

所谓的理由是西德联邦铁路局在东德的"额外开销"。民主德国常驻代表处提出，如果进一步商议旅行规定，波恩必须资助 200 亿西德马克。

1989 年 10 月 26 日　克伦茨与科尔之间第一次通电话。

1989 年 10 月 27 日　华约在华沙召开外长会议。

1989 年 10 月 30 日　东德电视台评论员卡尔 – 爱德华·冯·施尼茨勒主持的"黑色频道"节目专栏，在播放了几乎 30 年之后从星期一晚间节目中撤销。

1989 年 11 月 1 日　东德自民党主席曼弗雷德·格拉赫会晤欧共体委员会副主席、欧共体负责内部市场和东柏林事务的专员（1989—1993）马丁·班格曼（西德自民党）。克伦茨与戈尔巴乔夫在莫斯科会晤。

1989 年 11 月 2 日　克伦茨与班格曼在东柏林会晤。玛尔戈特·昂纳克辞去国民教育部长职务。哈里·蒂施辞去自由德国工会联盟主席职务，其后任为安内利斯·基梅尔女士。

1989 年 11 月 4 日　在东柏林亚历山大广场的一次集会上，聚集了 50 多万要求民主改革、反对统一社会党权力垄断的人群。西方与东方的电视台都直播了集会活动。

20 名发言者代表着知识分子、文学家和政治家，其中包括施特凡·海姆、克里斯多夫·海恩、克里斯塔·沃尔夫、格雷戈尔·居西、马尔库斯·沃尔夫和京特·萨博夫斯基。在沃尔夫，尤其是萨博夫斯基发言时，听众持续地、毫不留情地发出嘘声。在顾问的建议下，克伦茨没有出席此次集会，从而被评价为软弱和尴尬的展示。

1989 年 11 月 7 日　威利·施多夫总理率整个东德政府（部长会议）总

辞职。

1989 年 11 月 8 日　在统一社会党第十次党代会上，政治局辞职。紧接着选举产生一个较小范围的政治局，克伦茨继续担任总书记。

以贝贝尔·博莱为首的具有改革取向、对政府持批评立场的反对派组织"新论坛"，获准进入政治局。

汉斯·莫德罗当选统一社会党中央委员会政治局委员，其任期直至 1989 年 12 月 3 日。

1989 年 11 月 9 日　统一社会党第十次党代会继续召开。

克伦茨在党中央会议间歇时间与约翰内斯·劳进行了会谈（15 时）。

在一次国际新闻发布会上，政治局委员京特·萨博夫斯基于 18：57 时回答记者关于出境规定的问题，顺带通知了部长会议的一个决议，这个决议是克伦茨会前刚刚递给他的："申请因私出国不再设置前提条件（提出出境旅游原因，证明境外亲戚关系）。审判程序将十分简便。"当记者追问此规定生效时间，萨博夫斯基答称，根据他的理解，"立即生效，毫不拖延……"实际上原本计划翌日凌晨 4 时通过广播电台公布这一消息，而生效时间为 10 时，况且只有在提交申请书的前提下才可以办理。当萨博夫斯基发生口误之后，当晚在通往西柏林的占领区边界哨卡聚集了数千东柏林人。午夜时分——大约在 23：00 与 23：30 之间——柏林墙边打开了第一根哨卡拦木。在 Bornholmer 大街的哨卡处，当班领导哈拉尔德·耶格尔中校史无前例地作出了决定："现在你得自己决策了……让大家过去吧！"

1989 年 11 月 10 日　边界哨卡打开后，数百万东德公民访问了西德和西柏林。出现了许多热烈的友好场面：陌生人互相拥抱，大家唱歌、跳舞、欢呼。联邦总理科尔中止了波兰访问，当天晚上来到西柏林舍内贝格市政厅门前，与威利·勃兰特和西柏林市长瓦尔特·蒙佩尔一起参加一个集会并讲话，期间也收到了嘘声。当天，洛塔尔·德梅齐埃当选东德结盟党基民盟的主席。

1989年11月11日　科尔与克伦茨第二次通电话。他们谈到了加强合作的愿望，并计划二人会晤，但在戈尔巴乔夫的"劝阻"下始终没有会面。

1989年11月13日—14日　西欧联盟部长理事会在布鲁塞尔开会。

1989年11月13日　迄今为止始终担任人民议院主席的霍斯特·辛德曼辞职。其后任为德国民主农民党主席京特·马洛伊达。

汉斯·莫德罗在民主德国人民议院当选新任民主德国部长会议主席，接替威利·施多夫。在选举时，只有玛尔戈特·昂纳克一人投了反对票。他的任职一直持续到1990年4月12日。

1989年11月17日　在人民议院第十二次大会期间，瘦身后的莫德罗政府的28位部长（上届是44位）集体亮相。莫德罗在政府声明中宣布，将进行政治体制改革、经济改革、教育改革和行政管理改革。目标是建立一个"社会主义新社会"。他建议与联邦德国的关系扩展为"条约共同体"。莫德罗对两德"重新统一"的想法明确表示否定。

1989年11月18日　"国家安全部"改编为"国家安全局"。局长由沃尔夫冈·施万尼茨中将担任。人民议院设立"滥用职权"调查委员会，对统一社会党官员的特权进行调查。之后，莫德罗内阁所有部长在人民议院宣誓就职。洛塔尔·德梅齐埃成为民主德国部长会议副主席，并在莫德罗政府中兼任宗教部长。

当天，欧洲理事会在巴黎召开特别会议。

1989 年 11 月 20 日　西德联邦总理府部长鲁道夫·赛特斯与克伦茨、莫德罗会谈。

1989 年 11 月 22 日　统一社会党政治局表示，愿意与"中央圆桌会议"进行合作。

1989 年 11 月 23 日　民主德国部长会议作出决议，对其他国家来访者购买的东德产品进行海关检查。对东德经济困境负有责任的京特·米塔克被开除出统一社会党。

1989 年 11 月 24 日　奥地利联邦总理弗兰茨·弗拉尼茨基来到东柏林访问莫德罗总理，并会见东德民权人士。瓦连京·法林在东柏林与克伦茨和莫德罗会谈："条约共同体"应向邦联方向继续发展。西德外长奥斯卡·菲舍尔曾在莫斯科提及这一邦联想法。在戈尔巴乔夫知情的情况下，尼古拉·波图加洛夫在波恩与霍斯特·特尔切克进行会谈。

1989 年 11 月 26 日　一些著名知识分子和改革者站出来，呼吁"为了我们的国家"保持民主德国的独立自主，从而提供一个"有别于联邦德国的社会主义选项"。这一呼吁书的起草者是作家施特凡·海姆。

1989 年 11 月 27 日　莫德罗会见自由德国工会联盟新任主席基梅尔女士，后者称工会联盟拟留在人民议院中。同一天，欧共体部长理事会在布鲁塞尔会晤。

1989年11月28日 "为了我们的国家"呼吁书在东柏林的一个记者招待会上公开发表。首批签署者是31名东德公民。这一想法起源于以往荷兰一个反对引进和部署中子弹的示威活动。在最初几个星期内，这份呼吁书的签署者人数超过了20万。克伦茨、莫德罗和德梅齐埃都是签署者。及至1990年，支持这份呼吁书的人数已经达到大约117万人，而反对者只有9000多人。在联邦德国，也有人支持这一行动。

联邦总理科尔在西德联邦议院发表了他旨在解决德国与欧洲分裂的"十点计划"。其最终目标是德国统一。这一计划未经本党和联合执政党自民党的协调和认可就发表了。各个联盟国事先并未得到通报——只有美国例外，但是通报时间有些迟到。计划中没有确定波兰的西部边界。

1989年12月1日 在第十三次人民议院大会上，从民主德国宪法中删除了统一社会党的领导权力。科尔的"十点计划"在西德联邦议院获得通过，但是没有得到社民党和绿党的支持票。

1989年12月2日—3日 美苏在马耳他海域举行"布什－戈尔巴乔夫"峰会。

1989年12月3日 在统一社会党第十二届中央的一次特别会议上，以克伦茨为首的政治局和中央委员会辞职。埃里希·昂纳克、京特·米塔克、哈里·蒂施、赫伯特·齐根哈恩、格哈德·米勒、汉斯·阿尔布莱希特、威利·施多夫、埃里希·米尔克、亚历山大·沙尔克－戈罗德科夫斯基和其他领导干部被开除出统一社会党。原政治局委员京特·米塔克和哈里·蒂施因"给人民财产和国民经济带来严重损害"的罪名而被逮捕。外汇搜集者、前外贸部国务秘书沙尔克－戈罗德科夫斯基，则因"侵吞人民财产"的罪名受到通缉。他于 12 月 7 日在西柏林自首后被拘留。1990 年 1 月，他被释放。之后，他多次在位于普拉赫的西德联邦情报局接受谈话，其谈话内容始终处于保密状态。

1989 年 12 月 4 日　在莱比锡，公民们冲进国家安全机构的建筑物，以阻止销毁斯塔西档案的行为。在埃尔福特也发生了类似事件。在莫斯科的一次会晤中，戈尔巴乔夫向莫德罗、克伦茨和菲舍尔通报了马耳他美苏峰会等情况。在飞往莫斯科的途中，克伦茨与莫德罗谈论了 1989 年 12 月 19 日在德累斯顿接待科尔来访的事宜。按照计划，克伦茨将在德累斯顿专区政府的贵宾接待楼与科尔会谈。其实，克伦茨此时已经知道自己将在两天后辞职，但是他在飞行过程中并没有向莫德罗透露他的计划。克伦茨在克里姆林宫才宣布自己辞去国务委员会主席和国防委员会主席职务。据莫德罗说，是他和其他政党主席一起要求克伦茨辞职的。于是，莫德罗成为代表团团长。

北约部长理事会在布鲁塞尔召开国家元首与政府首脑级别会议，华约在莫斯科召开峰会。

1989 年 12 月 5 日　东德宣布，自 1990 年 1 月 1 日起，取消西德公民来访兑换外汇最低标准的法规和签证义务。莫德罗在东柏林会见西德联邦部长赛特斯，确定了自 1990 年起对西德公民入境东德时取消强制兑换外汇和签证义务的决定。

1989 年 12 月 6 日　克伦茨辞去国务委员会主席职务，由东德自民党代理主席曼弗雷德·格拉赫接任。克伦茨辞去国防委员会主席职务。根据国务委员会决议，国防委员会所有成员全部被解职。在人民议院选举之前，国防委员会的任务由国务委员会承担。1992年，柏林州级法院因多宗柏林墙死亡案件对国防委员会成员进行法庭审理。

1989年12月7日　东德原先五个联盟政党和七个反对派组织的代表，第一次在东柏林召开"中央圆桌会议"。会议作出决议，解散"国家安全局"，并于1990年5月6日举行第一次自由选举。

1989年12月8日—9日　在东柏林举行的统一社会党特别党代会上，拒绝了一项解散该党的倡议，以阻止民主德国的灭亡。[①]当代历史学家曼弗雷德·维尔克估计，在柏林霍恩舍内豪森区迪纳莫体育馆内，2147位代表中"25%"的代表"被授权对解散该党投赞成票"。

41岁的格雷戈尔·居西当选为新任党主席。他象征性地得到一把"扫帚"，以示该党新的开端，并扫除老的负担。副主席分别为：汉斯·莫德罗（任期至1990年2月），前德累斯顿市长沃尔夫冈·贝格霍费尔，以及沃尔夫冈·波尔。之后又作出了撤销统一社会党中央委员会和政治局的决议。

在斯特拉斯堡欧洲理事会峰会上，尽管朱利奥·安德烈奥蒂、吕德·吕贝尔斯、弗朗索瓦·密特朗和玛格丽特·撒切尔明确持拒绝和保留态度，但是各国国家元首和政府首脑还是就中东欧局势演变中德意志人对统一的权利发表了原则性的基础声明。

1989年12月10日　莫德罗会见巴登－符滕堡州长洛塔尔·施佩特。

---

① 汉斯·莫德罗在会后向代表们说（节选）："如果对我们国家的攻击激化到这个国家不再拥有执政能力，因为我这个德意志民主共和国的总理身后没有一个政党，那么当这个国家灭亡时，我们所有人都必须对此承担责任。"莫德罗的这个讲话有着录音带记录稿。

1989 年 12 月 11 日　期间已经成为惯例的东德星期一群众集会,第一次出现了要求"重新统一"的呼声:"我们是人民——我们是一个民族。"在西柏林,自 1971 年以来首次召开四大占领国会议。根据苏联大使的倡议,四国大使在柏林联盟国监督委员会大楼内会晤。

1989 年 12 月 12 日　莫德罗在波茨坦国际酒店(Interhotel)会见美国国务卿詹姆斯·贝克。美国国务卿首次踏上东德领土:民主德国代表希望获得最惠国待遇。匈牙利早在几年前就已经与美国达成最惠国协议了。贝克对此表示开放的态度。由于"四大占领国地位",此次会晤没有在柏林进行,而是选择了波茨坦。对莫德罗来说,会谈的顺序很清楚:首先是苏联,然后是美国,再后是法国,最后是英国。

1989 年 12 月 13 日　莫德罗在西柏林会见西柏林市长瓦尔特·蒙佩尔(社民党),谈及民主德国的现实态势。他希望民主德国获得援助,并希望组建一个地区委员会。

在西德联邦总理府部长赛特斯的办公室副主任阿克塞尔·哈特曼口无遮拦地表态后,玛格丽特·撒切尔在斯特拉斯堡欧洲峰会上当面对科尔说:"我们打了你们两次,可是现在你们又来了!"朱利奥·安德烈奥蒂也表态称:"我对德国太喜欢了,所以最好还是存在两个德国。"

1989 年 12 月 14 日—15 日　北约部长理事会在布鲁塞尔会晤。

1989 年 12 月 16 日—17 日　在统一社会党第二次特别党代会上,作出了"统一社会党"(SED)改名为"民主社会主义党"(PDS)的决议。在1990 年 2 月 4 日之前,暂时更名为"统一社会党 – 民社党"(SED-PDS)。除了人事和内容改变之后，党名也更改为"民主社会主义党"。2005年7月，党名再度改为"左翼党／民社党"。在与"劳动与社会公正党"（WASG）合并之后，该党于2007年6月16日启用新名"左翼党"。

通过了保护党产措施的决议。成立了一个党产小组。其原因基于各种担忧：官员中饱私囊，政党被取缔以及党产被没收。

1989年12月17日 在耶稣降临节第三天，莫德罗、格拉赫和德梅齐埃（东德基民盟）在波茨坦尼古拉教堂会见了德意志联邦共和国总统里夏德·冯·魏茨泽克。"中央圆桌会议"没有代表在场。其他人包括西德在东柏林常设代表处的代表弗兰茨·贝尔特勒和迪特马尔·博伊歇尔。

1989年12月18日—19日 欧共体外长会议就与东德签署贸易与合作协议进行原则性磋商。与东德的谈判方式，将等同于与任何第三国，并且应对其经济和政治改革进程提供物资支持。

1989年12月18日 "中央圆桌会议"召开第二次会议，"新论坛"要求拥有对"中央圆桌会议"的否决权，并要求公开所有政府事务。"新论坛"对莫德罗政府提出的不信任提案在"中央圆桌会议"受挫。

1989年12月19日—20日 联邦总理赫尔穆特·科尔以及诺贝特·布吕姆和鲁道夫·赛特斯，在德累斯顿专区与莫德罗总理晤谈。两国政府首脑就建立"两德条约共同体"进行谈判达成一致意见。科尔当晚在圣母教堂的废墟前受到大约2万人的欢呼。此外，他还在德累斯顿专区与教会代表和反对派组织进行了谈话。莫德罗与科尔还就重新打开柏林勃兰登堡门通道达成协议。

1989 年 12 月 20 日—22 日　法国总统弗朗索瓦·密特朗对民主德国进行国事访问。他在东柏林皇宫饭店（Palasthotel）会见了莫德罗总理。他指出，德国人的统一是德国人自己的事，只有自由、民主的选举才能证明两德的德国人究竟要的是什么。

在皇宫饭店的 8 楼，密特朗与菲舍尔、莫德罗、阿尔弗雷德·马尔特（东德驻法国大使）、维尔纳·弗莱克、于尔根·西蒙（翻译）会谈，法方在场的有罗朗·杜马（法国外长）和乔尔·蒂姆西特（法国驻民主德国大使）。中午，密特朗来到莱比锡，在卡尔·马克思大学作了演讲，会见了库尔特·马苏尔和记者，访问了尼古拉教堂和托马斯教堂。晚间，签署了各项协议：经济与文化合作、环境保护、文化等。还出席了曼弗雷德·格拉赫举行的千人招待会。12 月 22 日，密特朗与国务委员会主席格拉赫会谈，在场的有莫德罗、菲舍尔、沃尔夫冈·迈尔、阿尔弗雷德·马尔特、维尔纳·弗莱克、于尔根·西蒙（翻译）及皮埃尔·约克斯（法国内政部长）、乔尔·蒂姆西特。[1]

1989 年 12 月 21 日—22 日　欧共体经济部长在其理事会上批准了欧共体委员会与民主德国谈判授权。

1989 年 12 月 21 日　莫德罗政府颁布 101/89 号命令：边防战士只有在自身或其他公民生命受到攻击时方可使用射击武器。

1989 年 12 月 22 日　在柏林，勃兰登堡门暂时仅对行人开放通道。莫德罗与科尔一道走过开放的门洞。这张图片成为德国统一的象征，之后也成为欧洲统一的象征。

---

[1]　国事访问行程表见联邦档案：BArch N 2541/224。

1989 年 12 月 24 日　西德公民和西柏林人首次能够无须签证和不必强制兑换货币前往东德旅行。在罗马尼亚，尼古拉·齐奥塞斯库总统及其夫人埃列娜被击毙。

1989 年 12 月 26 日　美国杂志《时代》将戈尔巴乔夫选为"十年人物"。

1989 年 12 月 28 日　"布拉格之春"的象征性人物亚历山大·杜布切克当选议会主席。一天后，作家瓦茨拉夫·哈维尔当选捷克斯洛伐克新任总统。

1990 年 1 月 9 日　前党和国家领导人克伦茨卸任人民议院议员，交出其最后一个政治职务。

1990 年 1 月 9 日—10 日　经济互助委员会（经互会）第四十五次会议在索菲亚发表公报。莫德罗参加会议并发表了一个讲话。[1]

1990 年 1 月 11 日　在民主德国人民议院第十四次会议上，莫德罗发表了一个政府声明，选出新任部长，修改法律，例如合资企业中外国参股比例上限为 49%。

1990 年 1 月 12 日　莫德罗在东柏林会见西德联邦财政部长、基社盟主席特奥·魏格尔。联邦经济部长赫尔穆特·豪斯曼也参加了会见。

1990 年 1 月 13 日　莫德罗在东柏林会见西德社民党主席汉斯－约亨·福

---

[1]　莫德罗 1990 年 1 月 9 日在索菲亚经互会上的讲话见联邦档案：BArch N 2541/61。

格尔。

1990 年 1 月 14 日 莫德罗与经济部长克里斯塔·卢夫特女士会见西门子康采恩代表和戴姆勒 – 奔驰公司总裁爱德华·罗伊特。

1990 年 1 月 15 日 最高检察长对埃里希·昂纳克和埃里希·米尔克的起诉范围扩大到叛逆罪（自 1989 年 12 月 8 日起就因滥用职权和腐败罪予以起诉）。根据最高检察长的指示，1990 年 1 月 28 日 21：30 时，在柏林沙利泰医院对昂纳克实施了逮捕。他被送进柏林 Rummelburg 监狱医院，之后因健康原因不适于监禁而被释放。莫德罗第一次参加民主德国"中央圆桌会议"的一个会议。他建议公民组织参与政府决策。这是政府工作历史上的一个新生事物。决策的议题是内部安全和解散国家安全局。"中央圆桌会议"的参会者将在解散国家安全局时承担监督机构责任，同时，他们也将参与选举法和媒体法的制定。莫德罗认为，他的职位是对人民负责，而不是对政党负责。

在前国家安全部大楼前聚集了 5 万人。与"中央圆桌会议"代表协调之后，汉斯·莫德罗到现场与他们进行对话，阻止了局势升级。他的出面经媒体转播后获得大部分群众的好评。但是，仍然有大约 2000 人冲进了位于东柏林诺曼能大街的前国家安全部大楼。迄今仍然存疑的是，西方情报机构是否获得了档案文件。

在埃尔福特，出现了东德第一张独立日报《图林根汇报》。此举结束了统一社会党对媒体的垄断状况。

1990 年 1 月 16 日 莫德罗在西柏林会见了市长瓦尔特·蒙佩尔。

1990 年 1 月 17 日 克伦茨和萨博夫斯基在民主德国人民议院调查委员

会接受审讯。

1990 年 1 月 20 日　欧共体在都柏林召开特别会议。

1990 年 1 月 21 日　大多数统一社会党－民社党主席团成员投票反对解散该党，但是赞成删除"统一社会党"的党名和现在的党名。与此同时，大多数前统一社会党领导人被开除出党，例如伯梅、多卢斯、哈格尔、海尔曼、克伦茨、朗格、米肯贝格尔、萨博夫斯基、许雷尔和瓦尔德。某些当事人则主动退出统一社会党－民社党，其中包括沃尔夫冈·贝格霍费尔及其他 39 名党员。

莫德罗参加了圆桌会议，要求圆桌会议代表参与政府合作。

1990 年 1 月 22 日　克伦茨和前统一社会党中央安全部长赫格尔，在接受"中央圆桌会议"质询时宣读了一份声明。

1990 年 1 月 22 日—24 日　英国外交大臣道格拉斯·赫德对民主德国进行正式访问。其主人是民主德国同行、外交部长奥斯卡·菲舍尔。在同时任国务委员会主席格拉赫、人民议院主席马洛伊达、总理莫德罗和外长菲舍尔分别进行的会谈中，达成了扩大各领域合作的共识。

1990 年 1 月 23 日　莫德罗与西德经济部长豪斯曼在柏林举行两德经济委员会的第一次会议。

在东柏林的前党中央办公大楼前，正在拆除"统一社会党标志物"。

1990 年 1 月 25 日　负责特殊任务的西德联邦部长赛特斯，与莫德罗就民主德国代表团即将于 1990 年 2 月 13 日访问波恩之行预作准备。

1990 年 1 月 26 日　莫德罗率一个政府代表团访问奥地利，在维也纳会见了联邦总理弗兰茨·弗拉尼茨基。双方商定互免签证逗留三个月的待遇。

1990 年 1 月 28 日　在西德萨尔州议会选举中，社民党将其绝对多数扩大到 54.4%。在这一竞选成就的激励下，奥斯卡·拉方丹州长在本党当选联邦总理候选人。

在东德群众不断增长的压力下，人民议院的选举日期从 1990 年 5 月 6 日提前至 1990 年 3 月 18 日。

"中央圆桌会议"进行谈判，与莫德罗总理达成协议：反对派组织进入"承担民族责任的政府"，即所谓的民主德国"政党中立的过渡政府"。

1990 年 1 月 29 日　前党和国家领导人昂纳克被柏林沙利泰医院赶出，立即被捕。一天后因"健康原因不适于监禁"而被释放。

1990 年 1 月 30 日　莫德罗前往苏联进行工作访问，在莫斯科会见了戈尔巴乔夫总统。欧共体委员班格曼认为，民主德国与欧共体尽快签署一项协议是现实的。

1990 年 2 月 1 日—7 日　达沃斯世界经济年会召开，各东欧政府代表于 1990 年 2 月 3 日登上了讲台。

1990 年 2 月 1 日　莫德罗提交了一份题为《为了德国，统一祖国》的方案。这一分阶段计划提出了以下步骤：建立条约共同体，建立邦联，将主权过渡给邦联政府，但同时必须顾及德国的中立立场（不结盟）。

他与"中央圆桌会议"的代表一道组成"担负民族责任的政府"。莫德罗政府向欧共体委员会提交了一份关于民主德国实施经济改革的备忘录，以发出通过开放促进变革意愿的信号。

1990 年 2 月 2 日　莫德罗在柏林会见巴符州长施佩特。

1990 年 2 月 4 日　莫德罗在瑞士达沃斯世界经济年会期间会见科尔，以交换意见。

1990 年 2 月 5 日　人民议院批准"承担民族责任的政府"增加 8 名来自反对党 / 组织的"无任所部长"。

1990 年 2 月 8 日　莫德罗在一个声明中首次代表民主德国承认全体德意志人民对纳粹政权迫害犹太人民负有责任，并且表达了愿意对国家社会主义迫害下犹太牺牲者给予赔偿的诚意。

1990 年 2 月 12 日—28 日　渥太华开放天空会议召开。

1990 年 2 月 13 日—14 日　莫德罗与科尔在波恩达成协议，派遣一个共同组成的委员会筹备以经济改革为基础的货币联盟。但是，在联邦德国政府为了帮助民主德国经济稳定而提供"150 亿西德马克（团结援助）"的问题上，和在统一后德国的联盟归属问题上，二人没有达成一致意见。

2 月 13 日晚上，莫德罗在波恩与威利·勃兰特会谈，以建立信任关系。这位社民党政治家警告称："与消除人际偏见相比，更紧要的是排除那些混凝土脑袋。"①

1990 年 2 月 16 日 莫德罗前往波兰华沙进行工作访问，与波兰总统沃伊切赫·雅鲁泽尔斯基、波兰政府副发言人 Henryk Wozniakowski 以及波兰同行塔德乌什·马佐维耶茨基总理进行了会谈，议题包括承认奥得河 – 尼斯河边界以及东西两德实现统一的先决条件等。随访的各位部长赖纳·艾佩尔曼、马蒂亚斯·普拉策克、瓦尔特·隆姆贝格和库尔特·辛胡贝尔也就进一步扩大德波两国合作进行了专业会谈。

1990 年 2 月 20 日 民主德国出台一部人民议院新选举法。根据此法，未来议院的议员人数将从目前的 500 人削减至 400 人。这些议员必须经过自由、平等、直接、秘密投票选举产生。莫德罗在人民议院汇报了自己的西德访问之行。

都柏林欧共体部长会晤。

1990 年 2 月 21 日 人民议院通过一部有关政党和其他政治组织以及集会自由的法律。

1990 年 2 月 23 日 莫德罗应汉堡市长亨尼希·福舍劳的邀请访问汉堡，宣传其"德意志进程中迈出明智一步"的主张。

1990 年 2 月 24 日—25 日 在东柏林召开的民社党第一次党代会上，赞成在民主德国的平等地位得到保障、社会水平得以保持的前提下实现两德统

---

① 源自莫德罗 1990 年 12 月 20 日回忆其 1990 年 2 月 13 日在波恩与老总理威利·勃兰特谈话的内容，参阅汉斯·莫德罗所著《起点与终点》，2013 年出版于柏林，第 139 页。

一。在闭幕式示威集会上，大约5万名民社党支持者声张民主德国的主权。

1990年2月25日 莫德罗获得民社党名誉主席的殊荣（任职时间至2007年6月），并当选3月大选的民社党首席候选人。

1990年3月1日 民主德国部长会议声明，1945—1949年苏联驻德军事管制机构（SMAD）的决议依然有效并继续有效。部长会议要求戈尔巴乔夫和科尔在两德统一进程中遵循相关原则。

民主德国部长会议作出决议，所有联合企业和国有企业（VEB）全部转制为股份公司，并且建立国有资产的托管机构（托管局）。民主德国部长会议副主席、东德自民党成员彼得·莫雷特，将在1990年3月1日—7月14日担任托管局局长，并在1990年3月15日—7月15日担任董事会主席。在波恩，"为了德国联盟"公布了竞选口号：根据基本法第23款，民主德国应当加入联邦德国。这一选举联盟是原东德联合执政党东德基民盟、德国社会联盟（DSU）以及民主觉醒（DA）为了人民议院大选而于1990年2月5日成立的。其竞选口号是："自由和富裕——永远不再要社会主义。"

1990年3月5日—6日 莫德罗与"承担民族责任的政府"成员，与戈尔巴乔夫在莫斯科会晤。莫德罗由12名部长陪同访问。在苏联逗留期间，他与戈尔巴乔夫、总理尼古拉·雷日科夫以及最高苏维埃议员们进行了会谈。

1990年3月7日 莫德罗在人民议院第十八次会议上就莫斯科之行的成果作出了解释。

"莫德罗法律"出台：对地产的处理方式，以土地改革法重新加以协调。有关土地改革－田地处理的所有限制统统予以取消。自1990年3月16日此法律生效之日起，每一块田地产的拥有者均享受同等正常地产条件："凡是涉及土地改革中获得的占有、使用和拥有的地块的权利，1975 年 6 月 19 日颁布的德意志民主共和国民事法中包含的地产拥有限制条款统统予以取消。"另一项法律规定：民主德国公民可以将其在国有土地上建造的自住房，在时代转折之后按照东部正常建筑用地的价格予以购买。批评者指责称，这一购买价往往只相当于流通价值的几分之一。

1990 年 3 月 8 日 民主德国部长会议作出决议，前国家安全部所拥有的 10.9 万"非正式"雇员，可以正式接触其各项义务——包括其缄默义务等。

1990 年 3 月 11 日 莫德罗为莱比锡博览会开幕式揭幕。

1990 年 3 月 12 日 "中央圆桌会议"在其最后一次的第十六次会议上，拒绝了联邦德国基本法第 23 款中规定的民主德国必须接纳联邦德国基本法的原则。

1990 年 3 月 14 日 中立与不结盟（"Neutral and Nonaligned"）国家外交部长会议在马耳他召开。

1990 年 3 月 16 日 在民主德国人民议院大选前两天，民主德国代表厄泽尔在布鲁塞尔向欧共体委员会递交了一份照会，照会建议欧共体就民主德国可能正式地全面加入欧共体之可能性展开调查性对话。然而，欧共体委员会及其成员国的利益状况与此相悖。

1990 年 3 月 17 日 华约外交部长会议在布拉格召开。

1990年3月18日 在人民议院第一次也是唯一一次自由选举中，保守的基督教民主"为了德国联盟"（基民盟、德国民主联盟、民主党醒）获得48.15%选票，取得令人惊讶的巨大胜利。社民党获得21.84%，民社党获16.33%，自民党获5.28%选票。"联盟90"得到2.91%选票。参选率为93.38%，合格选民总人数为12412798人。在此次民主德国第十届人民议院选举中，具有以下特点：不存在任何禁止参选条款；东德共分为15个选区；在更换政党时，议员将失去席位。这种可能性自1990年7月20日起才出现过。内政部长彼得-米歇尔·迪斯特尔从德国民主联盟转向基民盟时，保留了他的席位。作家施特凡·海姆在选举之夜预测道："民主德国将不再存在。在世界历史上，她将仅仅成为一个注解。"

1990年3月19日—4月11日 欧洲经济合作会议（KWZE）在波恩召开。

1990年3月23日 西欧联盟在卢森堡基希贝格召开议会大会的特别会议。

1990年3月23日—24日 欧洲委员会部长理事会在里斯本召开会议。

1990年3月28日 西德内政部长沃尔夫冈·朔伊布勒同意对斯塔西进行特赦。

1990年4月 莫德罗对记者讲述了他对未来的设想：（1）新国名为德国民主共和国（DRD），从而向邻国人民发出一个重要的信号。此国名DRD是一个建议，因为国体事关一个各州联盟，其特殊标志是民主。（2）国歌采用贝歇尔和艾斯勒创作的歌曲，对西德公民而言将是一个勇气的考验。（3）建议将新国家 DRD 的国庆日定为 5 月 8 日。[①] 但在政治论坛上，并没有提及这些设想。

1990 年 4 月 12 日　洛塔尔·德梅齐埃成为民主德国新任总理，其内阁人选得到确认。落选总理莫德罗向当选后任移交总理事务。莫德罗以议员身份留在人民议院。自此，他成为德国统一委员会的正式成员，并且担任民社党外交、安全与德国政策工作委员会的成员。

1990 年 4 月 18 日　为准备都柏林欧共体峰会，科尔和密特朗向欧洲委员会提交建议，在此次政府会议上再次推动欧洲货币联盟以及此类的一个政治联盟。

1990 年 4 月 19 日　欧洲委员会通过了《共同体与德国统一》文件，作为都柏林会议的基础。此文件中包含了根据基本法第 23 款实施德国统一的主张，因为这一程序将比按照基本法第 146 款实施统一简便得多，否则必须预先制定一部适用于整体德国的新宪法。德梅齐埃总理在人民议院宣读了他的第一份政府声明。

1990 年 4 月 20 日—21 日　欧洲政治合作部长会议在都柏林召开。

1990 年 4 月 25 日—26 日　联邦德国与法国在巴黎进行政府磋商。

---

① 见莫德罗 2018 年 2 月 9 日在柏林与发行人的谈话。在联邦档案馆收藏有莫德罗此次在 Bad Liebenstein 讲话的书面文稿。

1990 年 4 月 28 日 欧洲理事会在都柏林作出决议，接纳东德必须以其不加入欧共体、不改变条约内容为原则。欧共体峰会"最热烈地"欢迎德国统一：这符合德意志人民自由表达的愿望，是欧洲发展普遍意义上的、欧共体发展特殊意义上的一个积极要素。尤其重要的是，德国统一是在欧洲屋顶下推进，是在依据过渡时期有关规定的道路上，将东德这个国体顺利、和谐地编入共同体之举。

1990 年 5 月 3 日 北约部长理事会在布鲁塞尔召开特别会议。

1990 年 5 月 4 日 科尔在波恩与苏联外长谢瓦尔德纳泽举行会谈，议题中包括向苏联提供一项高达数十亿的贷款。

1990 年 5 月 6 日 在东德举行第一次、最终也是最后一次地方选举中，参选率为 75%。官方最终得票统计数字是：基民盟 30.4%，社民党 21%，民社党 14%，自由民主联盟（BFD）6.3%，德国社会联盟（DSU）3.4%，"新论坛"（NF）2.4%。其他小党总共得票 24.9%。统计表明：在人民议院注册的全东德政党和组织为 62 个。"共和党人"和"民族选择"两个组织被拒绝参选。总共选出 7787 名议员，其中 2016 名议员来自县级议会 / 小城市选区，615 名来自小城市的议员大会，6945 名来自大中城市的议员大会 / 乡镇代表，11 名来自东柏林市各区级议员大会。共有 258501 名候选人竞选 119652 个席位。共设有 20247 个投票选区。与人民议院大选出现 599705 张作废选票不同的是，此次地方选举的废票"只有"63177 张。政治官员的责任是将那些原先从来没有政治经验的选民动员纠集起来。

1990 年 5 月 18 日 德意志联邦共和国与德意志民主共和国在波恩联邦

总理府绍姆堡宫（Palais Schaumburg）签署了一项建立货币、经济和社会联盟（WWSU）的协议，双方签字者分别是西德联邦财政部长特奥·魏格尔和东德财政部长瓦尔特·隆姆贝格。这份条约的篇幅为 33 页，共分 6 章。其中节选内容：（1）在设立一个统一货币区的条件下建立货币联盟。（2）西德马克将成为共同货币。（3）民主德国应转变对西德马克的义务和需求。（4）社会市场经济将成为共同的经济制度。（5）私有财产、业绩竞争、自由价格形成机制，劳务、资本、物流和服务的自由流通将成为特殊要素。（6）社会联盟的前提条件是符合劳动法规、遵循效益公正和社会平衡的原则。科尔与德梅齐埃一起面对 100 多名媒体记者。科尔说："国家条约的签署，对德国人乃至欧洲人来说都是一个值得纪念的事件。我们现在所经历的，是在全世界人们见证下，一个自由、统一的德国之诞生的时刻。"……德梅齐埃对签约评价道："这一条约的精神完全符合民主德国人们对自由、富裕和社会公正的目标和愿望。在这里进行谈判的，不是在陌生国家之间，而是在同胞与朋友之间。国家条约的签署，不可能一劳永逸地万事遂愿。没有人会比现在的日子更加难过，恰恰相反。东欧哪个国家能够拥有我们签署这一条约所带来的大好出发态势？……"

1990 年 5 月 31 日—6 月 3 日 美国和苏联首脑在华盛顿和戴维营会晤。

1990 年 6 月 5 日—29 日 欧安会在哥本哈根召开关于人权议题的第二次会议。

1990 年 6 月 7 日 华沙组织政治磋商委员会在莫斯科召开会议。

1990 年 6 月 7 日—8 日 北约部长理事会在英国特恩贝里召开会议。

1990 年 6 月 15 日　两德政府就悬而未决的财产问题协调发表共同声明。1945—1949 年土地改革的结果不得撤销。1949 年 10 月 7 日民主德国成立以后没收的财产，应当给予赔偿。

1990 年 6 月 17 日　民主德国人民议院通过《民主德国国有财产私有化和重组法》（托管法）。

1990 年 6 月 25 日—26 日　欧洲理事会在都柏林召开会议。

1990 年 7 月 1 日　德意志联邦共和国与民主德国之间的货币、经济与社会联盟开始生效。

1990 年 7 月 4 日　德特勒夫·罗韦德尔被任命为托管局管理委员会主席。G24 外交部长会议在布鲁塞尔召开。

1990 年 7 月 5 日—6 日　北约理事会在伦敦召开国家元首和政府首脑级别会议。

1990 年 7 月 9 日—11 日　世界经济峰会在休斯敦召开。

1990 年 7 月 15 日　赖纳·玛丽亚·戈尔克出任托管局局长职务。

1990 年 7 月 24 日　东德自民党退出德梅齐埃政府。

1990 年 8 月 20 日　社民党决定退出民主德国大联合政府。外交部长马尔库斯·梅克尔（社民党）失去职位。洛塔尔·德梅齐埃在 1990 年 10 月 2 日之前兼任东德外长职务。罗韦德尔接任托管局局长。戈尔克辞职。

1990 年 8 月 29 日　延斯·奥德瓦尔德出任托管局管委会主席。

1990 年 9 月 9 日　美国和苏联在赫尔辛基进行首脑会晤。

1990 年 9 月 10 日　北约部长理事会在布鲁塞尔召开特别会议。

1990 年 9 月 12 日　各国外交部长在莫斯科就"二加四条约"达成《最后解决德国问题的国际条约》。条约签字国为德意志联邦共和国（根舍）、德意志民主共和国（德梅齐埃）以及第二次世界大战四大战胜国——美国（贝克）、苏联（谢瓦尔德纳泽）、英国（道格拉斯·赫德）、法国（欧兰·杜马）。其条件包括统一后德国不得提出领土要求，德国武装力量兵力上限为 37 万人，不得用于核生化武器，苏联部队在 1994 年前从东德地区撤出，等等。

1990 年 9 月 17 日　欧共体部长理事会在布鲁塞尔会晤。

1990 年 9 月 29 日—10 月 7 日　莫德罗应日本首相海部俊树的邀请访问东京。他分别会见参议院议长土屋义彦、干事长二阶俊博、前外务大臣小坂善太郎、经济组织联合会主席斋藤英太郎、日本社会主义党女总裁土井多贺子、外务大臣中山太郎等人。

1990 年 10 月 1 日—2 日　欧安会国家外长会议在纽约召开。

1990年10月3日 柏林墙倒塌将近一年后，德国重新统一，民主德国不复存在。1990年8月31日签署的统一条约，为民主德国根据1949年5月23日制定的基本法第23款之规定加入联邦德国提供了法律基础。1990年9月12日签署的"二加四条约"，最终为两个德意志国家的统一提供了外交承认的依据。

莫德罗在离开德国的情况下当选德国联邦议院议员，并在联邦德国驻日本大使馆内参加了国务招待会。

1990年11月3日 华约外长委员会会议在布达佩斯召开。

1990年11月14日 德国外长汉斯–迪特里希·根舍与波兰外长克里斯多夫·斯库比谢夫斯基在华沙签署了德波边界协议。这份国际法协议将两国之间现有边界——奥得河与尼斯河——确定为不可侵犯的永久性边界。

1990年11月19日—21日 欧安会国家元首与政府首脑会议在巴黎召开。

1990年12月2日 在德国统一的气氛中，第十二届德国联邦议院大选举行。主要争议焦点是德国统一的财政问题。科尔拒绝提高税收，声称"形势一片大好"。萨尔州社民党籍州长、联邦总理候选人奥斯卡·拉方丹则认为提高税收是无法回避的问题。（根据联邦统计局的数字）选举结果是：联盟党得票43.8%，社民党33.5%，自民党11.0%，绿党3.8%，民社党2.4%，其他政党4.2%。参选率为77.8%。选举的限制性"门槛"为5%：东德和西德地区分别计算。只要在东西两地之一越过5%的"门槛"，就可以入主联邦议院。自民党和民社党得以从这一规定中获益。

1990 年 12 月 4 日 欧共体部长理事会在布鲁塞尔会晤。

1990 年 12 月—1994 年 10 月 根据民社党联邦司库提供的数据，莫德罗总共捐款 55000 德国马克（重要的项目为 2002 年捐款 11760 欧元，2003 年捐款 12090 欧元）。

1990 年 12 月—1994 年 11 月 莫德罗在联邦议院大选后成为第十二届联邦议院民社党议员，并担任议会外交政策委员会成员和欧共体委员会成员。此外，他还是"民社党/左翼联盟"联邦议院小组外交政策发言人、外交与和平政策工作团队的主席，并自 1993 年 3 月起担任"柏林政策"工作团队的主席。

1994 年 9 月 7 日，莫德罗在联邦议院作了告别演讲。

1991 年 3 月 15 日 "二加四条约"获得最后一项批准证书，之后举办了一个正式仪式，条约开始生效。批准证书的时间依次是：1990 年 10 月 13 日统一后的德国，1990 年 10 月 25 日美利坚合众国，1990 年 11 月 16 日联合王国，1991 年 2 月 4 日法国，1991 年 3 月 15 日苏联。

1991 年 4 月 1 日 在复活节星期一，托管局领导德特勒夫·罗韦德尔在杜塞尔多夫的家中被红军派恐怖分子枪杀。

1991 年 6 月 19 日—20 日 欧安会外长理事会在柏林会晤。

1991 年 7 月 1 日 德国首次缴纳税率高达 7.5% 的团结税，作为所得税、资本收益税和法人单位所得税的补充税种。税收所得交给联邦。提高税负的理由是海湾战争、支持中东欧和南欧国家。也包括支持德国各联邦新州。自 1995 年开始，"团结税"作为德国统一税种的理由才公布出来。自 1998 年起，该税种的额度为 5.5%。《斯图加特日报》报道称："税务政策在 2020 年前几乎不会改变。根据计划，在 2021 大选年才会削减一半团结税。"[1]2015 年的"团结税"收入为 159.3 亿欧元，2016 年达到 168.5 亿欧元。[2]

1991 年 8 月 莫德罗应苏共中央邀请前往克里姆林宫休假。戈尔巴乔夫已经在克里木半岛福罗斯他的夏宫度假。莫德罗在莫斯科与根纳季·伊万诺维奇·亚纳耶夫和弗拉基米尔·亚历山德罗维奇·克留奇科夫（亚纳耶夫时任苏联副总统，克留奇科夫时任克格勃领导人，二人均是策动"八一九"政变的主要人物。——译者）进行了谈话。他请求苏联就联邦德国对埃里希·昂纳克进行政治司法迫害之事提供团结声援。

1991 年 9 月 10 日—10 月 4 日 欧安会在莫斯科召开关于人权话题的第四次会议。

1992 年 1 月 30 日—31 日 欧安会外长理事会在布拉格会晤。

1992 年 3 月 11 日 莫德罗在波恩与中国外交部长钱其琛进行会谈。

1992 年 3 月 24 日—7 月 10 日 欧安会在赫尔辛基召开第四次续会。

---

[1] 见 http://www.stuttgarter-zeitung.de/inhalt.plaene-der-groko-abschied-vom-steuerversprechen.8833a5e5-7863-41eb-a54d-3acd20f2d2e.html（检索时间为 2018 年 2 月 1 日）
[2] 参阅 www.statista.de 网站 2017 年发表的关于团结税收入的文章（检索时间为 2018 年 2 月 1 日）。

1992 年 3 月 25 日—4 月 6 日 莫德罗以民社党名誉主席身份偕贝恩德·亨访问中国。他在 5 个大城市进行了 17 场正式会谈。[①]

1992 年 10 月 19 日—24 日 莫德罗出席日本千叶大学国际研讨会，作了题为《东欧局势的新发展与欧洲一体化》的演讲。他于 1992 年 10 月 12 日与日本共产党副主席立木进行了会谈。

1992 年 11 月 26 日 莫德罗在波恩会见以越南共产党政治局委员陶维松为团长的一个越共代表团。

1992 年 12 月 15 日—17 日 莫德罗在莫斯科出席"更大的欧洲：理想，现实与展望"国际会议。他的演讲题目是：《欧洲——分裂还是一体化？》。他于 12 月 10 日会见了苏联前驻波恩大使尤里·科维钦斯基。

1993 年 4 月 20 日 莫德罗遭到起诉，罪名是 1989 年 5 月 7 日地方选举中"唆使篡改选举结果"。总共安排 7 个审理日。

1993 年 5 月 27 日 德累斯顿州级法院第三大刑事法庭判处莫德罗在三个案例中罪名成立：发出指示操纵选举。莫德罗受到司法警告，并处罚款——80 天收入的罚金，每天 300 德国马克。

1993 年 8 月 莫德罗以德国联邦议院议员的身份访问古巴，会见了古巴共产党第一书记、部长会议主席和国务委员会主席菲德尔·卡斯特罗。之后

---

① 访华报告见联邦档案：BArch N 2541/36。

他曾于 2000 年 10 月—11 月间以及 2006 年 3 月访问古巴，并曾于 2008 年 2 月 10 日—24 日偕同居女友加布里埃莱·林德纳访问古巴。

1993 年 8 月 19 日　莫德罗在莫斯科会见俄罗斯联邦共产党主席根纳季·安德烈耶维奇·久加诺夫及其副主席维克多·索尔卡泽夫。

1994 年　莫德罗给联邦总统里夏德·冯·魏茨泽克写信，请求他赦免代号为"托帕斯"的间谍赖纳·鲁普（前东德派驻北约潜伏 25 年的超级间谍，1993 年被发现并逮捕。——译者），但没有效果。①

1994 年 2 月　德国联邦议院取消莫德罗的议员豁免权，以便对其进行司法追诉。

1994 年 3 月　以在前东德萨克森州级法院"调查滥用职权"特别委员会询问时发伪誓的罪名起诉莫德罗。

联邦议院女议长丽塔·聚斯穆特决定，将莫德罗开除出议会代表团，从而使其不能作为大选观察员前往南非随访。基民盟／基社盟议会党团负责人于尔根·吕特格斯认为，莫德罗的随行意图是"完全不能接受的"。

莫德罗前往莫斯科访问俄罗斯联邦国家杜马，进行了一系列谈话。

1994 年 11 月 4 日　联邦最高法院第三刑事合议庭撤销检察院复审判决，驳回德累斯顿州级法院。

---

① 这是一次团结声援行动。莫德罗 2018 年 2 月 5 日称，赖纳·鲁普迄今仍对莫德罗十分感谢。

1994 年 12 月　莫德罗参加了东京大主教大学研讨会，演讲题目是《对德国统一的反思——劳动、自由和新纳粹》。他于 1994 年 12 月 13 日在东京会见了日本共产党主席不破哲三及其副主席立木。

1995 年　莫德罗前往塞浦路斯进行多场会谈，包括经济形势和东德加入西德等议题。之后他曾分别于 1996 年、1999 年和 2001 年访问塞浦路斯。

1995 年 3 月　莫德罗在基辅出席乌克兰共产党党代会。后来他又参加过 1997 年 10 月的一次党代会。

1995 年 8 月 9 日　德累斯顿州级法院第四大刑事法庭以"在四宗案件中涉嫌唆使篡改选举结果"的罪名判处莫德罗 9 个月缓刑监禁。

"转折"之后，一共起诉篡改选举结果的案件 50 多起，部分案件因缺乏法律保障而告失败，另一些案件以判处罚金或监禁而告终，有一宗案件居然没有判处缓刑。[①]

1995 年 9 月 24 日—10 月 5 日　从莫斯科前往日本访问，并在札幌、山方、富山和长野作报告。

1995 年 11 月 16 日　莫德罗与保加利亚社会党（BSP）副主席、议会党团主席科拉斯米尔·皮列斯米诺夫进行会谈。

1996 年 2 月 3 日—7 日　代表民社党访问保加利亚，与保加利亚社会党

---

① 参阅 http://www.zeit.de/1994/04/die-ddr-vor-gericht/ Komplettansicht（检索时间为 2018 年 2 月 1 日）。

名誉主席 A. Lilow、社会党副主席 I. Stoilov、高级理事会成员兼司库 K. Shelew 和民主左翼议会党团主席 K. Premjanow 等人进行了会谈。

1996 年 2 月—3 月　莫德罗前往越南进行了一系列会谈。之后又于 2009 年 9 月访问越南。

1996 年 4 月　莫德罗以民社党名誉主席的身份，应塞浦路斯劳动人民进步党（AKEL）的邀请访问该国。他在会见总统格拉夫科斯·克莱里季斯时谈到了这个分裂岛国的形势。

1996 年 11 月　莫德罗在日本出席了"96 畅游琦玉活动"（96 Sai-No-Kuni-Saitama），并发表演讲《世界和平与国际经济的未来》。他在演讲中表述了自己对全球化后果、和平红利、军火出口、人口爆炸和世界经济的看法。

1996 年 12 月 16 日　德累斯顿州级法院宣判，因莫德罗于 1992 年 4 月 22 日作为证人出庭时"因疏忽而发伪誓"之罪，综合考虑其 1995 年 8 月已经受到的判决，最终判处其总共 10 个月的缓刑监禁。（档案号为 4 KLs 823 Js 3021/92）。

1996 年 12 月 18 日—22 日　在巴黎参加法国共产党（KPF）第二十九次代表大会。

1997 年 3 月 3 日—6 日　莫德罗偕克里斯塔·卢夫特前往莫斯科，在那里就局势和俄德关系进行了交谈。

之后，莫德罗分别于 1999 年 10 月、2002 年 10 月 [1]、2003 年 8 月 [2]、2009 年 10 月和 2010 年 12 月前往莫斯科进行会谈、交流信息、作报告、接受嘉奖、参观考察或调阅档案。

1997 年 10 月 2 日—5 日　莫德罗访问维也纳和布拉格。

1997 年 10 月 10 日—14 日　在基辅参加乌克兰共产党第三次代表大会。

1997 年 11 月 14 日—19 日　汉斯·莫德罗在索菲亚与保加利亚议会副主席、科学院院士布拉格韦斯特·森多夫会谈。

1998—2005 年　莫德罗担任"社会分析与政治教育协会"董事会成员。自 1999 年，更名为"罗莎·卢森堡社会分析与政治教育协会"。

1998 年　出版了自传体《我原本是要建设一个新德国》以及著作《我眼中的改革》。

1998 年 10 月 27 日　莫德罗应智利共产党总书记格拉迪斯·马林女士的邀请访问智利。他会见了议员、工会人士，就现实存在的社会主义终结以后欧洲左翼力量进行了交谈。莫德罗也会见了玛尔戈特·昂纳克，她一直过着流亡生活，受到智利社会主义者的照料。

1999—2004 年　莫德罗当选欧洲议员后，成为欧洲左翼党议会党团的

---

[1]　参见联邦档案：BArch N 2541/251。
[2]　参见联邦档案：BArch N 2541/251。

成员。

1999 年 6 月 13 日　在欧洲大选中，民社党首次获得越过 5% 的选票。莫德罗作为民社党 6 位议员代表之一，进入欧洲议会。莫德罗决心在这个议会内前往斯特拉斯堡和布鲁塞尔，是因为他"首先坚信自己几十年与东欧的联系可以有助于欧洲一体化进程"[①]。

莫德罗成为发展与合作委员会委员，预算监督委员会副委员，以及"欧盟 – 车臣共和国"议员混委会副主席。

1999 年 12 月 4 日—5 日　在日贾尔（Zdar）参加波希米亚和摩拉维亚共产党（KSCM）第五次代表大会。

2000 年初　莫德罗在柏林哈肯费尔德监狱探视克伦茨。[②]

2001 年 6 月　来自盖尔森基兴的马库斯·奥佛曼在波恩莱茵 – 弗里德里希 – 威廉大学哲学系关于莫德罗政府的博士论文答辩，考试者是汉斯 – 赫尔穆特·克尼特教授博士和海因里希·菲施教授博士，论文题目是《东德经济政策和柏林墙倒塌——莫德罗政府试图维持制度的征兆》。[③]

---

① 见汉斯·莫德罗所著《从什未林到斯特拉斯堡》一书序言，2001 年出版于柏林，第 12 页。

② 莫德罗 2018 年 2 月 5 日在发行人提出的监狱探视动机的问题时答道："我在哈肯费尔德探视了埃贡·克伦茨：我与被迫害者克伦茨完全没有距离，尽管我们以前并非在所有问题上持同样的意见。我就这样去看他了。不是他邀请我，而是我自己的倡议。具体的动机是，我站在民主德国一边，我要亲眼见证被关押者，从而以这种团结声援行为证明，凡是受到迫害的人，我都要去看望。作为当年的民主德国总理，表明这一原则意味着是一个挑战。这一原则也适用于其他人，例如我在泰戈尔监狱看望了阿尔布雷希特、施特雷利茨、凯斯勒，在里希特费尔德监狱看望了边防军司令 D. 鲍姆加滕。"

③ 参阅 http://hss.ulb.uni-bonn.de/2001/0237.pdf（最后一次检索时间为 2018 年 3 月 17 日）。

2001 年 12 月　莫德罗访问墨西哥。

2002 年 10 月　莫德罗访问摩尔多瓦。之后他曾于 2006 年 3 月再次访问。

2002 年 11 月　莫德罗访问委内瑞拉。

2002 年 12 月 2 日—4 日　莫德罗以欧洲议会议员身份在危地马拉出席"第十一届圣保罗论坛"，就欧盟与拉美关系作了演讲。

2003 年 5 月 23 日　汉斯·莫德罗在索菲亚与保加利亚议会副主席布拉格韦斯特·森多夫进行会谈。

2003 年 9 月 12 日　在厄瓜多尔基多大学作报告《关于欧盟的发展、欧盟在世界的位置及其与拉美的关系》。①

2004 年初　以欧洲议会议员身份，在议会发言支持塞浦路斯加入欧盟。莫德罗第二次，也是最后一次在智利会见玛尔戈特·昂纳克。

2004 年 5 月 8 日—9 日　联合的"欧洲左翼党"（EL）在罗马召开成立大会。莫德罗在会上作了发言，成为欧洲左翼党的共同发起人和共同创建者。②

① 参见联邦档案：BArch N 2541/24。
② 参阅 http://archiv2007.sozialisten.de/politik/publika-tion/dispu/view_html?zid=20023&bs=1&n=8（检索时间为 2018 年 3 月 17 日）。

2004 年 5 月 15 日—16 日　在捷克 Budejovice 参加波希米亚和摩拉维亚共产党第六次代表大会。

2004 年 10 月 30 日—31 日　莫德罗当选欧洲左翼党第一次代表大会代表。

2005 年 3 月 14 日　莫德罗在伦敦卡尔·马克思墓前作纪念其逝世 122 周年讲话。[①]

2005 年 5 月　莫德罗在日本作演讲《欧洲扩大——问题与前景》以及《欧盟宪法——欧洲外交与安全政策和维护和平》。

2005 年 6 月 7 日　莫德罗获颁"1941—1945 伟大胜利"奖章。

2005 年 6 月 24 日　莫德罗在柏林会见俄罗斯"祖国党"主席、俄联邦国家杜马副主席德米特里·罗戈津。

2005 年 12 月 2 日—4 日　莫德罗在柏林出席"拉美崛起——各种选择的反抗与成长"大会，并作了开幕演讲。[②]

2006 年 3 月 4 日　莫德罗前往布拉格，在波希米亚和摩拉维亚共产党代表大会[③]上作了演讲。

[①]　参见联邦档案：BArch N 2541/251。
[②]　参见联邦档案：BArch N 2541/251。
[③]　参见联邦档案：BArch N 2541/251。

2006 年 12 月　莫德罗前往华沙，在那里作了一次演讲。[①]

2007 年 11 月 23 日—25 日　莫德罗在布拉格出席欧洲左翼党第二次党代会。

2007 年 12 月　莫德罗出任左翼党元老委员会主席。左翼党联邦干事长迪特马尔·巴尔奇提议莫德罗为诺贝尔和平奖候选人。莫德罗在乌拉圭首都蒙特维的亚作演讲。[②]

2008 年 2 月　莫德罗率领一个代表团前往古巴，会见了德国大使克劳德·罗伯特·埃尔纳[③]等人，并在图书博览会上推介了他的著作。

2008 年 5 月 21 日—25 日　莫德罗在乌拉圭蒙特维的亚出席"圣保罗论坛"。[④]

2010 年 5 月　获颁"保护公民权利与人类尊严协会（GBM）"纪念德意志人民从法西斯主义统治下解放 65 周年的纪念证书。

2010 年 11 月 23 日　获颁俄罗斯老战士委员会"伟大胜利 65 周年"奖章。

---

① 参见联邦档案：BArch N 2541/251。
② 参见联邦档案：BArch N 2541/251。
③ 克劳德·罗伯特·埃尔纳 1949 年 8 月 18 日出生于施韦因富特。他于 1981 年进入外交界。1992—1996 年，他出任德国驻克罗地亚大使馆常设代表。1999—2004 年，他担任德国驻巴格达大使馆馆长。2004—2007 年任德国驻危地马拉大使馆大使。之后在古巴任大使至 2010 年。埃尔纳于 2014 年退休。
④ 参见联邦档案：BArch N 2541/251。

2011 年 5 月 27 日 《莫德罗案件》电影首演。这是一部记录汉斯·莫德罗刑事案件的影片，在德累斯顿 Königsbrücker Straße 大街 55 号 Schauburg 电影院首演。制片人和编剧为 Rosemarie Will，其助理为 Karoline Kleinert。这部影片是人道主义联盟联手古斯塔夫·海涅曼倡议组织赞助的项目，得到了勃兰登堡州政治教育中心和罗莎·卢森堡基金会的支持。[①]

2013 年 3 月 1 日 德国联邦情报局（BND）确认，该局自 1958 年起，联邦宪法局（BfV）自 1965 年起，均对莫德罗进行系统的、有针对性的监视观察。联邦宪法局现在已停止监视观察。

2014 年 莫德罗获准阅读联邦档案局的第一批 240 个文件夹。重点是通过 "invenio online" 可以检索到的有关莫德罗在 1989 年 11 月—1990 年 4 月担任民主德国总理期间的文件。此外还包括 1945—2013 年间莫德罗几乎所有生活阶段的现有文件。他在联邦议院、欧盟议会担任议员以及担任民社党名誉主席期间的工作，也都有文件存档。

2014 年 4 月 12 日 莫德罗向古巴人民友好协会赠送了德裔女革命家塔玛拉·邦克[②]的一套制服、照片、信件、文件和一个笔记本以及其他个人遗物。

[①] 参阅 http://www.humanistische-union.de/aktuelles/veranstaltungen/terminedetail/back/aktuelles/article/premiere-der-fall-modrow-ein-film-ueber-die-strafprozesse-gegen-hans-modrow/（最后一次检索时间为 2018 年 3 月 17 日）。

[②] 塔马拉·邦克 1937 年出生于阿根廷首都布宜诺斯艾利斯，因为其父母为逃避纳粹迫害而逃亡到那里。战后，全家回到东德。1963 年，女儿塔玛拉又从 Eisenhüttenstadt 返回南美，但是并非回到阿根廷，而是前往古巴。资料来源：http://www.berliner-zeitung.de/2960986 Jahr 2017. 作为古巴革命领导人埃内斯托·格瓦拉（别名"切"）的助手，她于 1967 年被玻利维亚地下抵抗者枪杀。她的尸体被从 Rio Grande 捞出，运到东德安葬。至少有 242 所学校、幼儿园和青年突击队以邦克的姓氏，或以 Tania、la Guerrillera 的名字命名。其遗骨现在安葬在古巴 Santa Clara 的一个纪念堂内。参阅：http://www.berliner-zeitung.de/2960986（最后一次检索时间为 2018 年 3 月 15 日）。

2015 年 1 月 15 日 莫德罗所著《铁砧或铁锤·关于古巴的对话》一书在柏林青年世界出版社举办首发式。

2015 年 9 月 应哈萨克斯坦外交部的邀请访问该国。在会见外交与经济部副部长时，谈到了德国与哈萨克斯坦的关系。左翼党议会党团在德国联邦议院就两国之间的关系提出了咨询。

2016 年 6 月 26 日 首都记者迪特尔·翁卡邀请前汉堡市长奥勒·冯·博伊斯特和汉斯·莫德罗对话。[1]

2016 年 9 月 莫德罗应中国国际战略学会的邀请访问中国。在返程途中，他访问了韩国首都首尔，与外交部副部长、统一部副部长以及议会的议员们进行了会谈。莫德罗此次访问由弗里茨·施特雷利茨陪同。[2]

2017 年 1 月 29 日 女儿伊丽娜·莫德罗博士因肺癌去世。其遗物可以在柏林市里希特费尔德区联邦档案馆按照 N2762 编号查阅。

2017 年 5 月 24 日 在与原国家安全部退役上校、苏联克格勃非正式工作人员保罗·博尔曼谈话时得知，此人从退役上校温弗里德·林克处听说，林克曾将关于莫德罗个人档案的三本斯塔西案卷藏匿在毛衣底下，从位于 Bautzener 大街的国家安全部偷偷转移到德累斯顿位于 Angelika 大街的克格勃

---

[1] 此次访谈录刊登于《希尔德思海默汇报》，篇幅为第 4、5 两个整版。该报社向发行人提供了样报。
[2] 柏林《青年世界》出版社向发行人提供了有关报道的修改稿件和图片资料。

情报站去了。①

律师奥托·耶克尔通过俄罗斯驻柏林大使向俄罗斯外交部递交书面询问，得到的答复不能令人满意——"不知道存在这样的案卷"。

2017 年 11 月 4 日—7 日　在彼得堡和莫斯科参加"十月革命 100 周年"庆典。11 月 4 日在彼得堡，11 月 5 日乘坐夜间火车前往莫斯科，6 日—7 日与海因茨·比尔鲍姆一同出席莫斯科的庆祝活动。参加庆典的还有俄罗斯共产党以及其他 103 个政党。埃贡·克伦茨也参加了庆典。

2017 年 11 月 27 日　在莫斯科获得俄罗斯总统弗拉基米尔·普京颁发的"友谊勋章"。这一勋章颁发对象是在科学、文化、经济与和平领域中为促进与俄罗斯友谊与合作作出贡献的人士。2017 年获得这一奖项的还有 Erwin Sellering，Matthias Platzeck，Lutz Pape。之前获颁的有德梅齐埃博士（2010 年）和乌尔夫·梅尔博尔德（1995 年）。

2018 年 1 月 1 日　建立"莫德罗基金会"。②

2018 年 1 月 23 日　罗伯特·阿勒茨所著《我想索要我的案卷！》出版，书中揭露了西德情报机构刺探东德人的方式，并且叙述了莫德罗向（西德）联邦宪法保卫局索要档案、调阅档案的尝试。

2018 年 1 月　德国东部联邦各州从原统一社会党资产中获得总共 2.525

---

① 参阅罗伯特·阿勒茨所著《我想索要我的案卷！》，书中披露了西德情报部门是怎样盯梢东德人的。2018 年出版于柏林，第 132 页。
② 托管人是罗莎·卢森堡基金会。其中也包括伊丽娜·莫德罗博士的遗产。

亿欧元，从瑞士获得 1.85 亿欧元，从联邦财政部获得 6750 万欧元，作为预留税金、律师费、法院审议费、人事费用以及不可预知的风险等。其中，瑞士 AKB 银行向德国联邦政府转汇的 1.28 亿欧元款额及其利息，来自统一社会党的 Novum 公司。

2018 年 1 月 28 日　莫德罗在传统风味浓厚的 "Café Sibylle" 咖啡馆（地址是柏林卡尔·马克思大街，邮政编码 10243）庆祝其 90 岁生日。[①] 这家咖啡馆既是聚会场所，也是展览馆、餐馆。这一纪念日的媒体报道充满了国家级乃至国际级的色彩。莫德罗的讲话伴随着痛苦的怀念："未来，我的每一个生日都将回忆起我女儿伊丽娜的离世。"

2018 年 1 月 31 日　在柏林卡尔·李卜克内西大楼（民社党总部大楼——译者）为莫德罗举办了生日招待会。朝鲜和韩国驻柏林大使在招待会上见面，并就两国未来关系进行了交谈。3 月初，韩国总统文在寅与朝鲜领导人金正恩商定 4 月 27 日举行峰会以密切关系。此举被视为发出和平信号的历史机遇。几天之后，美国总统特朗普也表示愿意与金正恩于 6 月间在一个中立地点会晤。会谈题目包括核武器计划。但是平壤期待着安全保障。

2018 年 2 月 28 日　向位于莱比锡的联邦行政法院提出 "莫德罗状告德意志联邦共和国" 案件：莫德罗通过起诉索要联邦情报局案卷，并且要求取消《§5 Abs.8 BArchG》案卷的受法律保护期限。自 1951 年起，联邦情报局的前身盖伦组织、联邦情报局本身和联邦宪法保卫局，都将汉斯·莫德罗作

---

① 在场的有：加布里埃莱·林德纳，家庭成员如女儿 Tamara Steiner 及其丈夫和三个孙辈和三个重孙辈，朋友和熟人，以及当今的和昔日的政治同路人如西格弗里德·洛伦茨、迪特马尔·巴尔奇和格西纳·勒奇。关于生日庆典的其他信息参阅 www.cafe-sibylle.de（最后一次检索时间为 2018 年 2 月 13 日）。

为监视目标，直至 2012 年。[①]

莫德罗在位于莱比锡邮编号为 04107 的萨克森罗莎·卢森堡基金会朗读了《我想索要我的案卷！》段落，并讨论了这本书。[②]

2018 年 3 月 2 日 莫德罗在莱比锡中部德意志电视台的 *Riverboat* 节目中出场，介绍其起诉联邦情报局的案件。[③]

2018 年 3 月 15 日—18 日 莫德罗在莱比锡图书博览会推介《我想索要我的案卷！》一书，并回答媒体问题。

2018 年 5 月 5 日 德国哲学家卡尔·马克思诞辰 200 周年。他是著名的思想家、经济学家、社会理论家、政治记者以及资产阶级社会和宗教的批评者。马克思 1818 年 5 月 5 日出生于特里尔，1883 年 3 月 14 日逝世于伦敦。

---

① 在联邦行政法院第六合议庭首席法官的主持下，及其法官同事 Thomas Heitz、记者 Knut Möller 等人，与在场的各党代表一致同意进行法庭调解：（1）联邦情报局在答复咨询时必须"确保透明"。（2）送达有关其 50 年代中期至 1961 年作为中央候补委员在西柏林议会受到监视的信息。（3）送达有关莫德罗是否成为昂纳克潜在接班人、已经掌握哪些国家安全部准备就泄罪追究等问题上的信息。（4）送达联邦情报局已经获得的有关莫德罗在 1989 年底前访问外国并接触高级政府成员的信息。上述情况必须在 2 个月内送达莫德罗处。此外，对相关案卷的 30 年保密期限必须在下一年 1 月前"尽快"解除。莫德罗的律师 Otto Jäckel 以及莫德罗本人对此次法庭调解十分满意。关于此次起诉的开端，已向发行人处提供了书面材料以及图片资料。莫德罗未能在法庭宣读其一份篇幅为 5 页的声明，但是此声明被列入法庭文件。此声明目前存于发行人处。
② 莫德罗案卷的调解结果，得以成为前东德公民司法追诉的"司法先例"。莫德罗预计针对联邦情报局的询问 / 起诉多达数百宗。关于莱比锡一案的报道，发行人处存有书面修改材料和图片资料。
③ 可在视听资料馆检索（提醒：时限至 2019 年 3 月 3 日）。见 http://www.ardmediathek.de/tv/Riverboat/MDR-Fernsehen/Video?=50541026（最后一次检索时间为 2018 年 3 月 5 日）。

文献资料

文献资料第 1 号附件：汉斯·莫德罗 1989 年 11 月 17 日在东柏林发表的政府声明

主席先生，尊敬的各位代表！

诸位于 11 月 13 日选举我出任部长会议主席，委托我组建民主德国的政府。我感谢诸位的信任，尤其是要感谢诸位以各种方式支持新政府。在与诸位所代表的各个政党——统一社会党、基督教民主联盟、民主农民党、自由民主党、国家民主党——事先经过磋商以后，我即将提名的这届政府是一个联合政府，是一个有着崭新理念、创新精神的政治联盟；各个政党的立场文件已经表明了这一点。新政府将竭尽全力，使得整个公共生活中已经开始的民主革新进程厚植根基，不断夯实。新政府将尽快实现经济的必要稳定，理性地重新扩大社会生产。为此，不仅需要民族阵线各个政党与组织的鼎力合作，而且欢迎教会和不同利益组合的献计献策。我们也期待我国少数民族索布公民的参与。

革新——一个形式多样、充满矛盾与纷争的进程

民主革新是一个形式多样同时也充满矛盾与纷争的进程，它是由成千上万民众发起的，他们真诚、自发地走上街头。数百万公民怀抱着革新社会主义社会、革新自身国家的意愿，从而获得了政治权力，各个政党和社会团组得以自信地挺身而出。民主德国的人民希望建设良好的社会主义，本届政府对此承担着义务。

我们的工作为的是全体人民，为的是让每一个人拥有稳定的住所，为的是让他们始终能够拥有购买能力——这一切已经意味着不凡的成就，但我们的目标还不止这些。一个更加美好的社会主义，意味着必须为所有人创造机会，使得他们的生活丰富多彩、充满个性却又同舟共济，而不是尔虞我诈、相互倾轧。我认为，这意味着必须尊重个性，包括必不可少的政治上和意识形态上的个性。这样的社会主义只有通过全体公民的劳动成就才能达成，这样的社会主义理应有能力根据其经济成果确保全体公民的社会安全。我们需要预先得到那些志同道合者的信任。我知道这个要求已经相当过分，所以我想在这里发表声明：本届政府只会承诺自己真正能够兑现的诺言。所以我们要求每一个劳动者多快好省地展开工作。我们的使命是为此创造框架条件。

艰苦劳动获得的成就不允许被贬毁

我们承认，劳动者在过去的几十年里取得了各种成就。最近几天内，人们一再表明了一种意愿，那就是保护好通过艰苦劳动取得的成就，而不能轻言放弃，绝不允许将那些艰苦岁月中的辛劳说得一文不值。相反，我们要把

广大人民在工业以及其他经济领域中获得的雄厚资本和巨大成就利用起来，发挥其更大的作用。将民主德国的经济从危机中加以挽救，维护经济的稳定，刺激经济的发展，乃是本届政府当前最重要的任务。我们应在权限范围内努力完成这些任务，要对人民议院负责，要向人民议院报告工作。我们的理解是，向人民议院报告就是向人民报告。凡是愿意在此项工作中帮助我们的每一个人，我们都表示欢迎。凡是了解一种有效经济之极端重要性的每一个人，凡是不一定了解其重要性的每一个人，都可以在行动中证明这一点。只有一个经济强盛的国家，才能为公民提供很多福祉。只有一个具有经济潜力的国家，才能达成生态环境的进步。只有拥有经济效率，才能首先保住生活水平，然后——如果我们作出必要的成就——才能提高生活水平。

这些似乎理所当然的因果关系，恰恰是本届政府的施政根基，因为我们在十分重视经济的同时也认真地重视民主。我们要明确摆脱迄今为止政府工作受到的各种限制，摆脱以往的管束，摆脱统一社会党中央政治局前委员京特·米塔克对经济无端命令导致经济伤害的痼疾。根据人民议院议会党团的委托，根据人民议院作出的决议，对以往所谓的党和国家领导层滥用职权的行为进行调查。我欢迎这一决议。应当以此发出信号。

事实很清楚，以往的国民经济计划没有得出正派的结算，部分企业集体的竞争目标不切实际，工会参政权的民主性质被剥夺。

由于从上至下强行制定投资政策，金融业与供给业之间的比例失调现象日益扩大，福利基金的状况明显恶化。1986—1990 年的生产成就远远低于各项指标，国家预算的收入状况也大不如期。

为消费和社会政策所制定的规模指标已经达到极限甚至超出指标，从而导致购买力与不断下降的商品储备之间的关系日益恶化。

由于不断吸纳资本主义国家银行的贷款，超出了民主德国的平衡关系，从而导致过于严重的外贸压力，反过来也对内部市场和投资可能性产生了负面影响。

经常地、过多地隐瞒真实情况

媒体不允许也不能够报道这些数据和背景情况，因为记者们得到的只是经过美化、篡改的数据，或者根本就得不到能够加以分析的数据。试图报道部分真相的努力，往往无法成功或者被阻止。就连人民代表也经常地、过多地被隐瞒真实情况。

正是由于以上事实，本届政府将遵循不同的行动准则，即受到人民称赞的道德标准：公开，诚实，有规矩，合法行为，谦虚，节俭，以专业技能取代口号或华丽辞藻。凡是企业中对每个劳动者提出的要求，也是对政府的要求：工作质量。凡是不能达到标准的地方，公民们都不仅可以提出质疑，而且可以断然、公开地予以批判。

大多数公民已经展示出清醒的或者逐渐清醒的自信度

尊敬的各位代表！

我们大家在最近几天内经历了令人神往的真实事件：大多数公民在最大程度上开始关心政治，展示出了清醒的，或者逐渐清醒的自信度。成千上万甚至数百万人对新的旅行许可加以利用，前往西德和西柏林探亲访友，或者仅仅是去观望一下——绝大多数人理所当然地回到了家乡，兴奋地、大都积极地逗留在、生活在、工作在民主德国。边界的开放吸引了全世界的目光。发生在社会主义民主德国的这种不可逆转的变迁，已经成为无法辩驳的证明。凡是看不到这一事实的人，要么是盲人，要么是别有用心。

1989 年 10 月 7 日以后发生的民主化和名副其实的大众化变革，其势已经不可逆转——人民将扫除那些胆敢尝试重建旧制度的每一个人。但愿他们——在任何情况下——停止异想天开地走回头路。我们当前面临两个问题。一是许多劳动岗位缺乏劳动者。他们利用了旅行自由，却没有顾及我国依然毫不间断地可靠地创造物资基础的必要性。最初的满腔热情是可以理解的。但是我们现在比以往任何时候都不能承受停工带来的日益严重的经济问题，这些问题将伤及我们所有人。

公民出走潮至今还没有结束。出走潮早已超出了一些国计民生重要部门所能承受的缺员最高极限。我们将阻止缺口的过大，找到解决的方案，并且向留在民主德国的全体公民发出紧急呼吁，希望大家不要因为轻率决定而危及经济命脉和公共勤务的有效运转。

民主德国的稳定是中部欧洲稳定的一个前提条件

第二个问题是，民主德国边界的开放不应当对经济和货币政策产生长期的失血效应。要想对 11 月 9 日开始的变化进行必要的彻底分析，目前还为时过早。但是我强调：民主德国的稳定是中部欧洲乃至全欧洲稳定的一个前提条件，因此至少基于民主德国所有邻国的利益考量，也不应仅仅对我国的出走潮报以善心旁观，而应在政治和经济上给予帮助。有鉴于此，我对国务委员会主席埃贡·克伦茨与联邦总理赫尔穆特·科尔之间商定的会晤表示欢迎，并且补充一句话：民主德国政府愿意就其职责范围的所有问题进行对话，而本届政府将会拥有全部职责。

这一建议也适用于联邦德国乃至其他欧洲国家的政治家和经济决策人。例如，他们可以热心关注民主德国的经济。希望他们考虑一下是否可以有所作为或者有所建议。

我想对你们说，尤其是想对民主德国的公民们说：我国的经济存在着问题，目前我们的物资资源有限，其状态必须得到明显改善，许多领域的基本条件必须得到现代化改进。但是，我们这个社会主义国家的国民经济储备当前足够有力，在可预见的未来拥有维持稳定的承受能力，从而能够在更好的基础上转入上升期。我们也想请求那些希望回国的前民主德国公民，希望放弃那些不必要的顾虑，不要因为担心"过去的同事和邻居将会怎样评论我们"而羞于返乡。凡是希望在新形势下回到昔日家乡重新起步的所有人，都会受到欢迎，都会被视为同胞战友。每个人都应在家乡挽起袖子—— 一起努力正当其时。

建立在广泛政治联盟基础上的本届政府，想对民主德国的劳动者们重复一句话，也就是那些模范的工人们近日来经常说过的那句话：加入我们这支愿意贡献并正在奉献的队伍吧。现在不是待在自己家里微火炖清汤的时候。凡是想向前迈进的人，就应当相互声援共同迈进——只有这样，我们才能为自家的汤锅添加最棒的作料。

女士们，先生们！

本届政府的市政规划中，包含着各个政党和其他社会力量，以及许多公民所建议、所要求、所绘制过蓝图的改革措施。

改革——刻不容缓，但不操之过急

现在，我概要指出已经确认的必要重点，并强调一个原则，即我国所有政治力量的一致共识：刻不容缓，但又不能操之过急，要经过有序的分析和讨论，而且要经过公开讨论。下面我列举几个重点：

第一是政治改革。与此相结合，要加强立法步骤、法治国家建设和法律保障。其中尤其是制定一项选举法、一项部长会议法和一项媒体法。刑罚的修改建议将较快出笼。在经过讨论之后，将提交旅行法，也可能称作护照法。

第二是经济改革。其目标是，确立各经济单位的自我责任制，从而大大提高其劳动效益，在必要的明智尺度下减少中央的指导与计划，以及——或许这是最复杂的任务——逐步贯彻效益原则。我建议，经济改革及其内容和阶段，要经过人民议院专门委员会对专家学者的专业咨询。在这个框架内，要将补贴与物价政策的谨慎客观审查作为一项特殊任务。

第三是有必要进行教育改革。除了科学概念以外，应当鼓励中小学生和大学生：不要害怕，大胆地说出你们的意见！在我看来，我国那些最优秀的师范实践者早已在各自的工作领域中迈出了改革的第一步。

第四，我们需要制定一项经济与生态相协调的长期规划，应当逐年加以贯彻，重新进行审核。在此我想补充一句：民主德国在这个方面做得并不错，超出了表面的假象——实际上没有必要对此讳言。未来，任何人不得删除或拖延计划中的环保措施。我们急切地需要制定新的能源方案，以减少传统能源物资，降低能源消耗。

第五是行政改革。目标是对国家指导和管理的方式加以民主化，增进行政工作的透明度，并在财政和人事上大大缩减行政支出。当然，此后必须十分注意遏制费用的增长。为此，必须减轻国家机关工作人员的其他任务。在完全尊重劳动法的前提下，应当根据各人的素质，并且尽可能地根据各人的倾向性意见进行人事安排。人事变动的程序不应在短短数月内启动并实施。削减管理人员的原则同样适用于经济界以及各个组织与机构。应当考虑为此成立一个政府委员会。迄今为止勤奋敬业履职的工作人员，应当鼓励其接受可以胜任的工作。众所周知，民主德国并不缺乏适当的职业岗位。

新的部长会议将在各个政府部门秉持集体讨论与个人负责相结合的原则。从全局看，每个部门将确保对当前形势作一个实事求是的新分析，以此作为具体决策的出发点，并在成员规划的基础上开张工作，期间当然要吸纳公认的专家人士的意见。

重新确定部长会议的任务和工作方式

计划对部长会议的任务和工作方式进行重新确定。此间建议的政府成员人数将从目前的 44 人缩减至 28 人。此举将增加工作的透明度，简化决策协调，削减领导和行政支出。当然，政府理应首先作出模范榜样。

请允许我简要介绍各个领域的工作，从而明确政府工作的特殊重点。由于我们的经济领域具有特殊重要性，所以本届政府将把稳定经济的措施作为优先责任。

把控各种问题，包括非常规性手段

第一是要稳定物资生产。当务之急是为各个企业创造较好的生产条件，因为企业的生产线常常因为缺乏物资、合作受阻和零部件短缺而停产。我们也要请所有劳动者在各自企业中，协同工会领导和企业领导把握各种问题，争取自我解决，并且可以采取非常规性手段。必须力争取得经济成就，从而为持续生产创造决定性的初始条件。

要想解决紧迫的零配件供应问题，就必须提高配件供应工业的效率。应当在精神上和物资上给予更好的激励。对经济运行具有关键作用的是行云流水的运输任务，这就需要铁路工人和交通业的其他工人的鼎力协作。刚才有人告诉我，目前当然也面临旅游交通的巨大压力。每一个人都能够看出其中的关联因素。我们请求交通业的所有劳动者完成好这些任务。所有劳动部门都要为冬季条件下的持续生产创造必要的前提条件。

政府各部的工作人员应当走到基层去，集中全力保障好持续生产。政府将设法刻不容缓地作出必要决策，以改善各生产领域的物资与技术供应。在这个方面，众多职员、社会组织的工作人员，而且包括军队、保卫和安全机构的广大官兵在现地协助国民经济生产任务作出了贡献，对此我们表示感谢和赞许。诚然，行政管理部门所拥有的力量还没有完全发挥出来。每个企业的所有劳动者都应当明确：只有根据已经签订的合同完成 1989 年度的国民经济指标，才能为明年创造最佳基础条件。

1990 年度的计划草案目前还没有拟就

1990 年的国民经济计划也必须体现出稳定精神。据国家计划委员会报告，目前还不可能提出计划草案，主要原因在于与非社会主义经济领域的关系问题。目前，国家计委和各部的任务是修改 1990 年计划草案中物资条件的数据变动。这些变动来自人民议院第十一次大会，是根据各个议会党团的建议修订的。国家计委和各部应当在短期内向各个联合企业、企业、机构和地方提出国民经济指标要求，作为国家的定向数值。企业领导集体与工会领导应当进行会商，如何能够适应国民经济的指标要求，并且尽可能高于它们今年 8 月已经提出的建议指标。在目前的情势下，每一个倡议、每一个好的点子和目标明确的行动，都具有双倍乃至三倍的价值。在充分考虑到当前情势的基础上，政府将向人民议院提交 1990 年度经济计划的方案。我们要求一切工作都要遵循最高标准，只有这样才能推进经济改革。

第二是要制定民众供应的稳定措施。尤其是要迅速地采取提高消费品生产的有效措施，重点是日常必需的各种商品。必须挖掘扩大物资与服务供应的渠道，渠道之一是促进手工业企业与中小型工商企业的发展。

我们提倡社会主义企业精神

我们提倡社会主义企业精神。这不仅局限于社会主义经济体系中的企业厂长和联合企业总经理，而且也包括所有私有企业、手工业者乃至零售商和小餐馆。我们认为，消费品生产领域的私有企业可以接管一些小企业，而且不仅局限于这一领域。至于这类企业究竟应当限定于多大规模，这一点还需要进一步考量。应当在供需双方的经济效益和相对自由的定价权方面给予更多的政策空间。早就有证据表明，手工业者和工商业者的首创精神遭到了各种阻挠。手工业联合会和我们政府联合执政的各个政党应当进行考虑，在哪些方面可以尽快作出改变，而不应让人们长期等待我们的决策出笼。整个税法应当修改，以便提高产能、保障税务公正和对广大公民的透明度。应当考量外汇管理方面的各种外汇权限可能性。

为了保障民众的食品供应和原材料的管理，合作社农民和农牧、食品业工人的贡献十分重要和可靠。我们赞同民主农民党、国有农场和其他企业的许多建议，即应当更好地利用现有的可能性。始终不渝地提高农业产品的质量，并提供丰富多彩的产品种类，二者同样十分重要。正如健康大会十分强调的那样，增加食品消费会对人民健康产生十分有利的作用。在这个意义上，我们应当优先改善蔬菜与水果的供应。

农业和食品业发展的物资和技术基础也处于落后状态，尤其是畜牧业和肉食、奶制品、冷藏业。为了实现这一领域的有比例发展，避免资源浪费，有必要加快农业机械和食品业机械的发展，并确保冷藏技术的发展。为了稳定国内市场，还要采取适当的措施阻止某些外国旅游者和投机倒把者大批量采购商品，尤其是那些政府补贴的商品。

必须采取措施保护外国的货币

在实施新旅行规定的同时，有必要采取措施保护外国的货币，制止投机者倒卖外国的货币和商品。已经派出一个工作小组，这个小组正在为部长会议起草采取相关决策的建议。

对这个工作小组的工作要求是，建议和措施不应对民主德国公民产生负面影响，而是仅仅为了阻止那些利用现有物价和货币兑换差价的投机行为。计划采取的引进效益工资的下一个步骤，不应当继续导致普遍涨工资的现象，而是为了在工资基金的框架内激励更高的产能。我们将给各个企业的厂长授权，在计划工资基金范围内为劳动者制定效益工资。劳动者不仅指工人，也包括科技部门的人员和师傅。效益工资的决定必须经过与企业工会领导机构的协调。凡是以较少的员工达成计划指标或者更高的效益，就可以在工资基金的结余部分中划拨奖金予以激励。我们将根据法律规定，与工会进行协商后予以调节。我们也将为农业生产合作社、园艺生产合作社以及农牧食品业的企业制定相关的调节规定。所有公民储存账户上的存款，新政府将给予资金保障。

第三是采取稳定国家财政的措施，以保证经济的健康发展。根据财政部长的评估，目前还不能提交 1990 年度国家预算计划。现在的财政收入逆差是 150 亿马克。财政部迄今还不能提出足以平衡的建议。因此，新政府当前面临着严峻的任务，即从收入和支出两端重新计算国家预算。态势很明显，主要原因是经济的发展效益不够充分，财政收入过于微薄。但这不是唯一的原因。与研究成果的实际利用相比，有些研究工作的成本过高；许多投资过于昂贵，却不能得到足够经济的利用。许多地方的生产成本上升，而且往往不是由于客观原因。亏本经营的企业给国民经济的账户带来了负担，过高的库存量也在导致价值荒废。浪费现象，过高的行政管理开支，以及荒唐的补贴——为的是花瓶作用或报纸广告效应——导致消费与产能之间的比例失调。要想揭开这个混乱的线团，需要专门知识和长远目光，同时也要对浪费国家资金和行政管理支出过高的现象加以研究把控。

第四是必须采取步骤稳定我国的外贸关系。对民主德国的整体经济而言，外贸经济的稳定是一个重大问题，也就是关乎生死存亡的问题。为了适应形势的要求，必须在已经变化了的条件基础上调整我们的工业和外贸政策。

与苏联的合作是我国国民经济发展的保障

既要关注苏联和其他社会主义国家，也要做好经互会共同市场以及世界其他地区的筹备工作。与苏联的合作是对我国国民经济发展的一个决定性保障。因此，必须集中精力维护与苏联的贸易与合作，首要问题是要信守合同。

民主德国致力于在经济互惠的基础上拓展和深化与社会主义国家的外贸关系。与此同时，我们必须适应经济改革带来的各种新的条件。在与非社会主义经济领域的贸易关系方面，我们必须坚持互惠原则。我们愿意扩大进出口贸易，我们愿意拓展与各个资本主义公司之间各种形式的合作。民主德国愿意倾听迄今为止与我们保持着贸易关系或者联络失灵的那些资本主义伙伴的各种建议。合资企业、投资参股、利润转移、环境保护的样板项目，凡此种种已经不再是陌生词汇了。换言之，民主德国政府愿意提高我国经济的生产效率，愿意促进与西方工业国家公司的合作，从而为外贸和内部市场提供更多、更好的产品。我们知道，这一成果必须符合双方的利益。

我们立足于建设性的合作，以便在短时间内充分利用我国外贸经济的所有条件。我们将改善各个层级上的接触和信息沟通——从企业到经济主导机关。目前暂时还不能满足进口的需要、旅游业的需求,尤其是难以满足我国公民在新的旅行法实施后产生的需求规模。只有通过提高出口能力,只有在出口顺差的前提下,才有可能逐步改善这种现状。因此,当务之急是应履行所有出口合同,并急迫地签署 1990 年度的其他出口合同,从而为进口原材料、消费品、机床与装备等生存必需品创造前提条件。

尊敬的各位代表!

此时此刻,不适于奢谈 20 世纪 90 年代经济战略的大话。但是,我们欢迎所有政党和组织提出的倡议,也欢迎未来继续提出建议。对我们来说,这些建议对拟定民主德国未来几年经济与社会发展的规划十分珍贵。无疑,这是一项复杂的任务。为了找到解决的方案,我们需要许多智慧头脑的建议。这里涉及的有结构性政策、社会政策的新规定,涉及经济与生态的统一,涉及国际经济一体化以及许多其他课题。

与公民们一起实施城市建设政策

毫无疑问,城市建设政策也是本届政府必须关注的一项主要任务,只有在直接接触我国公民的前提下才能实质性地加以贯彻。我们应当根据建议在政府内组建一个社会规划与城市发展工作小组,委托该小组制定这一领域切实有效的步骤。建筑师和城市建设者早就跳出了一些城建理念,我们应当加以利用。在此我只列举几个重点:各个专区和县市必须拥有更大的权限。必须将住房建设、维护保养、住宅管理和住宅分配紧密结合起来。应当允许居民购买国有资产中的公寓房和独栋住宅楼,面积较大的住宅楼可以采取合作社管理方式。

应当考虑组建一个有效国家机构的必要性,专门负责妇女政策、家庭政策和社会政策工作。该机构应当在系统分析的基础上有前瞻性地开展工作。

改善退休者生活状态的工作也很重要。应当制定未来退休金改革的选项。对那些需要护理的所有年龄层病人，应当扩大帮助范畴。此举也适用于残疾人。为此，应当听取目前已经形成的残疾人代表组织的宝贵建议并给予支持。应在现有家庭发展条件的基础上增加更多的选项，从而使得妇女和男子能够更好地承担责任。新政府将尊重妇女的追求，支持性别平等的质量，提高妇女在政治上、国家内和经济界的代表比例，从而与现代化社会主义相适应。

我国社会在文化上面临巨大落差的是妇女地位实际上的不平等——尽管民主德国已经在这个领域取得了可观的成就。为了改变这种现状，有必要采取多种措施，包括综合考虑男女比例的组合，未来还可能考虑人民议院和部长会议的性别比例。在地方范围内，社会政策的考量主要围绕着民生问题。人民代表机构应当与广大公民就资金和设施的使用共同作出决定，并就创建新机构措施作出决议。关于经济改革问题，再补充一点：我们的建议已经过人民议院的特别讨论，一旦政府提交可行的建议之后，将公布具体各步骤的时间表。

经济改革并不意味着废除计划

本届政府联合执政各党的立场文件一致认为，经济改革并非意味着废除计划。然而，新政府在经济改革过程中将清晰地表明，将把反映着单纯货款关系的市场因素作为社会主义计划经济的一个有机组成部分。

既不是没有市场的计划，也不是以市场经济取代计划经济。生活的经验表明，社会主义经济体制必须将计划与市场相结合，从而使得国民经济的所有环节都能够在摆脱中央计划官僚主义的前提下发挥效率，从而使得我们的生产能够满足广大公民对国民经济的需求，并且能够满足外贸经济的需求。

由此，我们的社会主义社会才能拥有坚实的基础，才能为国家预算带来必要的收入。

首要一点是应给予企业和联合企业以自主运营的空间。这些企业需要更加独立、更加自主的决策权限，需要分期支付基本经费和发展再生产经费的使用权限。不仅如此，还需要更大程度的经费自主权，以掌握落实决策的物质基础。资金与物资的使用必须保持一致性，因为众所周知，光靠金钱也办不了多少事。

衡量一个企业对社会的贡献，要看它的产品能不能在内部市场和国际市场上销售出去，也就是说能不能为国民总收入的增长作出贡献。经济改革必须推动社会主义计划经济的根本性革新，推动计划的民主化。这就要求企业在经济体制中重新定位，也就是说，企业作为社会主义商品的生产者必须充分发挥自身作用，能够全面承担在市场中的责任，能够全面贯彻经济核算。作为经济组织的重要形式，联合企业的作用也要适应形势重新定位。

企业内部的合理化手段建设必须充分依据国民经济的效益标准。国民经济发展的前提是科学技术的进步，因而要求生产与科学以崭新的方式加以结合。计划的民主化要求切实在企业内开始计划的构思。计划必须着眼于社会的需求，应能反映国民经济的定向规模和国家的使命要求，尤其是要反映在企业签订的经济合同和贸易合同当中。生产计划与销售计划必须建立在各种合同的基础之上。

应根据生态条件制定战略

经济改革意味着从下至上重新塑造经济结构。这就要赋予中央计划以新的性质和新的角色。其作用集中在国民经济的比例平衡和紧密结合，在进一步强调劳动分工的条件下促进国民经济生产结构的效率，制定符合生态条件的经济与社会发展长期战略，保障原材料和能源物资的供应，以及在采购基金与供货总量之间比例平衡基础上稳定的国家财政。结算体制必须排除行政干预功能，重新由经营单位自主核算，从而探索、筹备和支持各经营地位根据合同内容找到平衡、理智的解决方案。

为了重新理解经营单位自主负责的关系，中央的指导和计划工作必须集中于重新协调资金、金融和贷款关系以及价格构成。物价必须反映出国民经济产生的费用，并构成降低成本的压力。纯利润必须更多地发挥"磅秤上的指针"的关键作用，对效率和成本核算产生导向。

我们将在经济改革的进程中努力为农业和食品业的发展创造经济、物资和技术条件，以保障农业产品的稳定生产和高效加工。要进一步发挥合作社所有制的力量，尤其是合作社的民主与分配方式。应当通过农业合作社的生产组织、合作与协同的有效形式，使农民们掌握广泛的自主权。应当以这样的方式进一步扩大合作社的自主管理，使之拥有对劳动成果的完全自主权，使之能够在完成经济指标的基础上按照效率原则自主决定积累和消费额度。农业与食品业的乡镇委员会应当摆脱对县政委员会的依赖性，应当成为农业生产合作社、园艺生产合作社和国营农场以及农业与食品业其他企业和单位的机构。政府在所有经济领域中的作用应当是局限于主要成果的国家任务，注重提升经济合同的作用，加强对经济指标的落实，规划长期投资等。必须提升地方人民代表机构的责任，以及它们在当地对综合经济和社会发展的咨询作用。它们应当对本地国民经济计划确定的整体基金拥有自主权利，尤其是应当让它们自我掌控收入来源。

经济改革不是一蹴而就的行为，拟定改革规划是一项全面的整体工程。各个政党、科学家和经济学家都提出了许多建议。我们需要一个具有灵活的、可持续更新能力的经济体制。必须公开地说明：制定这样的改革规划从一开始就无法排除错误和缺点。因此，恰恰因为这一原因，改革必须交给公众讨论——包括建设性意见和批判性意见。

承担责任者必须能够承担责任

十分明确的变动必须立即实施，从而削减那些过多的计划指标和过度的繁文缛节，废除那些研究者和研发者必须填写的太多表格，因为这些图表占用了他们勇于创造性工作的大块时间。未来，理应请那些企业的厂长或联合企业的总经理自己决定，究竟需要什么样的专业副厂长或副总经理。承担责任者必须能够承担责任，这一点必须成为基本原则。

社会主义社会的改革进程，要求政治体制实施改革。在这一点上，各个政党、群众组织、教会和新成立的公民倡议组织取得了共识。基本关切是建立新的社会主义社会，公民们可以在这个新社会中实现自主决定的期望。他们有权期待社会主义国家不是对公民进行管理，而是为公民服务。

这个国家必须促进已经开端的民主化改革，同时应当保障和平共处，确保劳动不受干扰，保护公民的权利与尊严。本届政府愿意在职权范围内欢迎所有愿意承担责任、接受社会主义的有识之士。这也是政府联合执政各方所秉持的初衷。我们将提供国家法律保障，以促进我国社会主义的革新，使之无法逆转。必须提高所有国家工作的质量，为广大公民、各个政党和社会组织的自主责任和决定提供空间。必须建立普遍的良好工作作风，即相互之间坦诚交往，从不同意见甚至相反意见的争论中找到解决问题的选项，从而做出透明的、实事求是的、有利于人民的决策。

部长会议及其成员应当向人民议院履行报告义务，并且帮助其实现意图。议会与政府之间积极的角色转换，必须能够产生政治上的生产力——但不应模糊其各自的职权。政府现在是，未来仍将是人民议院的一个机构。

国家机构和经济机构的民主化

根据所有政党的建议，我们认为同样应当实施全面的行政管理改革。其基本重点是国家机构与经济机构的民主化，即提高其专业能力和有效性，高额的领导与管理成本会大大降低生产与服务民众的效益。国家机构的体制和工作方式必须让广大公民能够看得明白，谁负责什么工作，谁对什么事务有决策权。

行政管理改革要从部长会议开始。第一步是改变部长会议以及其他中央国家机构的任务与内容。之后要重新确定体制和工作方式，但是必须阻止行政管理机构的膨胀。

尔后是地方政府的改革。在下一次选举中，将减少市政委员会专职人员的数量，以提高领导效率。在行政管理改革的进程中，还必须大大削减规划、监督、核算的支出，从而为国家机关领导和公务人员腾出更多的时间用于决策过程和亲民工作。部长会议的工作有必要集中于根本性问题，明确地将地方发展责任交给地方国家机关。此举可以严格降低地方权限与基金中包含的各项指标和规定数额。地方人民代表机构和市政委员会，未来将对当地城建和维修工作乃至物资管理方面大大增加自主权。

根据诸多相关建议，我们也将削减为数众多的中央和地方监督机构。应当加强人民代表机构和市政委员会的自我监督。可以理解，新的工作方式也可以给媒体带来新的可能性，也就是让公民能够直接监督国家的工作。随着行政管理改革的展开，目前各县乡、城区、市镇的国家机关体制的政策有效性也提上了议事日程。

必须在国家结构中提升城市与乡镇，尤其是大中城市的地位和功能。它们必须发挥公民社会联合体的作用。必须逐步实现地方的自我管理。因此，城市议会、乡镇人民代表机构以及市政委员会需要地方资产和物资、财政储备的可靠拥有权。它们未来将掌握地方资产，作为社会主义所有制的一种新的形式，不断增加并用于公民福利。目前主要归属县市乃至专区领导的各个企业和设施，未来将主要为所在城市或乡镇的广大公民创造效益，因此将重新划归城市和乡镇领导。

在此，请允许本届政府衷心感谢地方和中央的国家机关近日来极富责任心的出色工作。

凡是没有明文禁止的事，公民都有自由权利

建设社会主义法治国家列在政治改革的榜首。此举并不是为迄今的现状改贴标签，而是要根本提升法律在社会生活中的价值。

我们希望建设的法治国家中，应当保障基本人权，并在法律的基础上塑造社会关系。我们决定，国家机构将严格遵循所有公民在法律面前人人平等的精神。这就取决于我们工作的可信度。

本届政府对法治国家的理解是，凡是没有明文禁止的事，公民都有自由权利；而国家则只能在法律允许的范围内行事。作为建设法治国家的进一步举措，部长会议有必要在完善已经开始起草的立法程序的同时，筹备一项结社自由的法律和一项集会自由的法律。我们的看法是，还应在法律上调整替代役法和行政管理程序法规。同样有必要采取立法措施保障经济改革和行政管理改革。

联合执政各党在讨论和建议中提出了合理的要求，即准确规定立法、行政与司法的作用，并且加以严格界定。此举也是制止滥用权力和职务的保障。因此，政府将向人民议院提交重新制定法院组织法的建议。部长会议赞成在建设法治国家的指导思想下组建一个宪法法院，并采取必要措施修改和补充民主德国的宪法。部长会议将在近期内就各项紧急要务向人民议院提出

立法计划，供议会讨论和作出决议。

国家安全与公共秩序是我国社会革新的基础条件。为此，广大公民及其组织，包括新组建的各个群众组织，应与保卫和安全机关共同承担责任。最近，安全合作机构也在复杂的情势下走上了革新的道路。凡是安全机构依然有效的地方，暴力活动就没有机会。侦查并挫败危及和平的计划和确保国家安全，一如既往仍然是一项重要的关切和任务。

部长会议毫无保留地赞同这一基础原则：一旦违法，无论涉及何人何组织，必须予以侦查和警告；在法律面前人人平等，无论他是穿制服者还是平民百姓。

我们鼓励教会作出独特的贡献

事关公共秩序和国家安全问题，必须在法律上和行政层面贯彻新的思想。包括组建一个国家安全局，以取代国家安全部，并与削减开支相结合。

各位尊敬的代表！

本届政府明确地高度评价教会代表在争取我国社会革新方面所发挥的建设性影响。教会在严峻形势下采取的有所克制的影响，赢得了关注和尊敬。民主德国部长会议强调，愿与教会保持建设性的、客观的、充满信任的关系。我们鼓励教会为民主德国未来的社会主义社会建设中作出独特的贡献。社会主义革新需要从学前教育到高等教育的教育领域的改革。政府愿意在广泛的公开讨论的基础上制定一项新的教育法，并提交人民议院审议。我们也想在高等教育领域已经展开变革的基础上，进一步推动高校教育和专业教育的深入改革。

年轻人喜欢争论——必须给他们争论空间

几十年来社会主义国民教育中的所有积极因素，我们将在新的改革发展中小心翼翼地加以提升。但是，年轻人不应当继续被培养成为唯唯诺诺的应声虫或者语焉不详的两面人。无论我们现在属于哪个年龄组，我相信每个人都会回忆起自己的青年时代。可以这么说，年轻人喜欢争论，喜欢通过争论确信立场。必须给他们这样的空间。我们的设想是，教师应当在一种良好的教学氛围中，引进一种新的教育文化，挖掘学生的所有个性，促进其个性发展和才能展示，从而为建设一个人道的、创新的社会主义，为未来几代人的素质和教育所担忧，促使他们对自己的生活赢得更多的自我设计的自由。国民教育的设置必须激励和促进效能。在统一定向的框架内，究竟在多大程度上提升各个院校的自主权和特色，这一点仍然需要加以审核。

这一切要求教育途径的灵活性，需要有不同的教育文凭，包括从普通综合性中学提前转入职业教育的可能性，允许各个教育层次之间合理、公平的转轨过渡，改变高等教育预科体制，并为所有公民提供继续教育的可能性。

国家公民教育的设置，应当确保所有人在我国宪法的基础上获得同等接受各种政治、世界观、宗教思潮的可能性，应当适应年轻人接受并争取在我国社会主义社会中共同参政权的追求。

教育系统要大力削减官方监督

要保障所有人毫无限制地接受教育的平等机会，完全不取决于各人的世界观、宗教、性别、社会出身和国籍。

要在新的教学计划基础上提高职业教育的素质。要提高职业教育理论与实践的水平，以适应对专业工人不断增长的要求。在现代化社会主义社会纲领中，包括高校政策在内的科学政策应当首先制订计划。必须由科学家们自己来重新考虑整体的科学战略。这也包括充分利用社会科学，为制定社会战略做好前期研究。要通过重新制定结构政策为增强科学的尖端成就奠定物质基础。科学政策必须适应国际化进程，为民主德国在"共同大厦"中谋取未来的地位，并且大力加强与苏联以及其他社会主义国家的密切合作，同时也要与资本主义工业国家尤其是联邦德国的科学机构加强合作。

高等院校改革的目标是贯彻教学与科研以及二者之间结合的更高要求。应当由科学家、大学生和实践伙伴共同制定并实施改革方案。基本关切是尽可能提高教学质量，在利用科研成果的基础上不断更新教学内容，着眼于教学进程的灵活性和多样性，进一步提高我国大学生的精神境界。

未来，整个教育领域都要统一地大幅削减官方监督。在文化政策方面，要把文化生活国家化和决策中央化的做法作为社会主义文化发展的主要障碍予以废除。政府必须为促进文化发展创造条件。部长会议有必要制订逐步扩建文化基础设施的计划，并大力实现诸如经费使用等决策的非中央化。责任应当主要由地方承担。在国家促进艺术、体育和其他创新性活动等方面，也适用这一原则。

本届政府赞同民主德国的德意志文化，它吸纳了国际人文遗产，接受了生动活泼的社会主义内容。这种社会主义文化政策应当促进群体文化的多样性。必须尊重生活在我国的所有民族、社会、地区、专业群体的文化特性，因为只有文化的多样性才能有利于发展我国社会迄今为止几乎还没有开发出来的、富有创新性的、重要的繁荣能力。国家应当支持文化繁荣。一种冷漠拒绝的艺术政策创造不出任何艺术。必须为促进艺术的发展而创造有利于自由地、毫无障碍地发展艺术的条件。本着这一精神，政府愿意听取和吸纳艺术科学院、艺术家联合会、我国所有艺术力量的意见和建议。

对健康事业给予最高关注

本届政府上任之初在健康领域也无法给予承诺，因为尚不能在财政上保障诺言的兑现。但是我们关注到，由于局势的紧张，主要的担忧在于护理人员的缺乏、医疗必需物资供应的不稳定（尽管近期已经有了些许改善）、许多健康与社会机构的装备和建设状况十分糟糕。在综合考虑所有社会利益之后，必须作出决策：未来国民收入分配时应当给健康事业以多大份额。在提升整体生活品质的同时，给予健康事业最高关注，特别是要增强人们对健康的个人生活方式的自我责任意识，从而在改善医疗照料和预防的基础上提升平均预期寿命。本届政府赞同一些医学领头人的要求，应当对所有民主德国的卫生机构进行统一的管理。

政府的职责集中于健康事业的战略问题。应当确保各个医疗机构的高度自我负责制，确保各个地区的地方负责制。政府将促进健康的生活方式，采取针对性的措施保障广大公民业余时间的体育设施，提升我国青年一代的竞技体育水平。

根据宪法第 6 条精神和联合国宪章的基本原则与目标，本届政府将制定有利于社会主义、和平、全民共识和安全的外交与安全政策行动准则与指导方针。

民主德国将向全世界开放

民主德国将继续遵守和履行在各个国际组织签署的公约和协议。为了尊重达到法定年龄、拥有自主行为能力之公民的意愿，推进我国社会的全面民主化，推进我国社会的整体革新，我们将为制定一种具有可信度的外交政策奠定新的基础。

民主德国将向全世界开放。在这个世界上，各国之间的相互依赖型已经更加清晰，与东西南北各国建立合作关系的必要性和能力是关乎生存的突出问题。我们赞成国家关系中的现实主义、可预测性和真诚度，赞成对不同利益的尊重，赞成平等合作和理智妥协的意愿。我国的外交与安全政策理应经过民主讨论、议会辩论并受到议会监督。

外交与安全政策必须保障人类的和平与发展。我国社会内部的和谐相处——可以理解为在塑造我国改革过程中的和平共议——可以确保外部的可信度。对外的和平与可信度则又有助于内部的革新。

强调这些原则绝不意味着忽视国际局势发展的负面和危险的倾向性。我们必须非常清醒地意识到，军备竞赛仍在继续，对峙的理念没有消除，军国主义没有放弃其目标。联邦德国新纳粹主义的复活也给世界带来了不安。

只有通过真正的裁军才能带来没有战争的时代

本届联合政府的目标是，采取一切手段保持民主德国适应新形势的要求，即以社会主义德意志国家的定位成为维护欧洲安全与稳定的因素。

民主德国政府将积极签署维也纳关于常规武装力量谈判以及欧洲增强信任与安全措施。在依赖于谈判成果的同时，我们愿意坚持平等与同等安全的原则，愿意进一步削减国家人民军，目标是在人力、物力和财力上削减国防支出。

革新中的社会主义为几十年来持续发展的和平与裁军政策带来了强有力的新希望，即通过真正裁减军备的途径达成没有战争的时代。民主德国将继承一贯的和平传统，以新的方式在华约和北约发挥作用，以尽可能降低相互进攻和毁灭的能力，从而不再存在危及生存的威胁。为此，我们必须重新定义我国的军事条令。本政府内所有政治力量已经对此达成了共识。

本届政府将国防视为全体人民的事业，将在组织国防时以保卫社会主义秩序和公民和平生活为目标。政府将竭尽全力确保国防能力保持在一个充分的水平之上，确保能够履行我国在华约中的联盟义务，承担我国在和平政策方面的责任。本届政府认为，有必要重新撰写兵役法，并且通过法律形式引进民役法规。

继续确保国家边界的可靠性

国家边界将由边防部队继续确保可靠性。在实施新的旅行规定的条件下，我们感谢边防部队审慎的、极富责任心的履职。

民主德国政府希望，12 月初苏美两国首脑会晤将为解决国际问题带来新的动力。与苏联和其他社会主义国家保持紧密联盟关系，依然是我国的坚强支撑。我们将在拓展和深化丰富多样的国际关系，尤其是对苏关系方面提升新的质量。这一原则同样适用于我国的直接邻国捷克斯洛伐克和波兰人民共和国。

民主德国继续履行其各项华约义务

民主德国继续履行其华约义务。她将在集体活动中作出自己的贡献，在提高欧洲稳定的保障方面扮演自身角色。本届政府将在经互会中继续发挥自己的作用，并就未来在经互会内和与其他社会主义经济体开展合作方面向人民议院提出建设性的、现实可行的设想。我们希望此举有助于描述共同任务，并逐步加以落实。本届政府还有一个特殊的关切，即提高我国在欧洲和平秩序中的自身贡献。未来的"欧洲大厦"必须是一个共同安全的"大厦"。在这一方面，我们完全可以认可——依据对西欧的现实设想——合作安全的概念：在遏制军事因素的同时，以政治、经济、生态、人道方式综合编织安全。在这个意义上，为共同克服问题而进行东西方合作乃是我国欧洲政策的出发点。

欧共体内部市场——既是挑战也是机遇

从政治上看，这是持续对话、不同政治体制间创造合作以及领导人之间的定期交往；从经济上看，所有国家与民族之间的平等互利合作，旨在最终实现全欧经济区的目标；从科技角度看，是用相互交流、合作分工取代工艺技术壕沟的加深；从生态角度看，是谋求全欧解决方案和机构，以促进这一领域的合作；在文化层面，可以保留传统文化，并在维持所有文化原创性和价值观的基础上促进欧洲文化的新进步；在人道层面，可以保障人权和人类尊严。

本着这一精神，民主德国未来将在欧洲安全进程中发挥作用。我们也将本着这一精神克服欧洲的分裂现状，但是并不意味着消除不同的社会制度。民主德国依然对所有国家之间保持政治对话和互利合作抱有最高兴趣。

这也决定了我们对业已形成的欧共体内部市场的态度。对我们来说，这是一个巨大的挑战，但我们也把它理解为一个机遇。我们谋求尽快与欧洲共同体建立合作关系。

为了维护欧洲的稳定与和平，根本性的前提条件中包括两个德意志国家之间建立稳定的、可预测的关系，以及两德关系建设性的继续发展。在这个意义上，民主德国开放边界和实施自由旅行往来的做法是受到全世界欢迎和支持的一大成就。随着政治体制改革的追求与展开，民主德国人民自决进程的启动与实施道路，已经奠定了新的基础。由此，民主德国作为社会主义国家、主权德意志国家的合法性重新得到了确认。关于两德重新统一之类不切实际的、危险的谣传，已经得到明确的否认，这种否认不是通过口头声明，而是通过民主德国新的生活现实。

两个德意志国家尽管有着完全不同的社会制度，但是拥有数百年共同的历史。双方都应当抓住当今的机遇，使得两德创立友好睦邻关系的新高度。

民主德国与联邦德国能够创立合作共处的珍贵典范

两个德意志国家应当毫不节制地相互尊重，从而创立合作共处的珍贵典范。民主德国政府愿意全面扩大与联邦德国的合作，并将两德关系提升到一个新的台阶。合作内容涵盖所有领域：和平保障、裁军、经济、科技、环保、交通、邮电与通信、文化、旅游和广泛的人道领域。

我们愿意在两德责任共同体的基础上建立条约共同体，其范畴远远超过基础条约和两德之间迄今已经签署的各种条约和协议。本届政府随时愿意展开对话。

两个德意志国家由此可以成为建设与塑造欧洲共同大厦的一根主要支柱。

民主德国也愿意在未来与亚洲、非洲、拉丁美洲各国团结互助，继续保持可靠的伙伴关系。民主德国将支持上述国家的各种合理建议，致力于解决其本国社会问题，支持其和平调停冲突的努力。

民主德国明确赞成和平公正地解决近东问题，支持确保巴勒斯坦人民的自决权以及以色列国家在安全边界内的生存权。此外，民主德国愿意与本地区所有国家保持正常关系。当民主德国专注于欧洲大陆时，并不意味着放弃对解决全球性问题作出更大的贡献。民主德国同样愿意参与国际关系的民主化，愿意参与国际安全体制的建立，这一体制理应包括政治、军事、经济、生态和人文领域。民主德国仍然坚持不懈地保持与联合国及其各个组织的建设性合作。

各位尊敬的代表！

请允许我在结尾处强调：本届政府将是一个人民的政府和工作的政府，是一个和平的、社会主义的政府。我们把争取并赢得人民的信任视为根本使命。我以部长会议全体成员的名义请求诸位给予信任，并对此份政府声明给予通过。

来源：《新德意志报》1989 年 11 月 18/19 日

文献资料第 2 号附件：汉斯·莫德罗 1989 年 12 月 8/9 日在东柏林召开的统一社会党特别代表大会上的专题报告《主权民主德国必须成为欧洲大厦的一块坚实基石》

亲爱的同志们！

如果让我来谈一谈国内的局势，当然首先也是为了我们的党，也是对我们的党所说的一番话。为了此次特别党代会，各位当选的代表从我们共和国的各个地区聚集到这里。我们是在经过激烈讨论，常常也是公开的争论之后当选的。这一异常痛苦的过程是与过去进行清算的开端，我们难以忘记过去，也不应当忘记过去。此次党代会代表们的当选，非常明确地表达了一种希望，甚至是一种意愿：让我们来拯救因卡尔·马克思和弗里德里希·恩格斯、威廉·李卜克内西和奥古斯特·倍倍尔、罗莎·卢森堡和卡尔·李卜克内西、恩斯特·台尔曼和鲁道夫·布赖特沙伊德、威廉·皮克和奥托·格罗提渥而著名的这个党，不要让她分化，不要让她沉沦，而是让她变得干净和坚强！

让她干净，从而使得每一个同志都能够直视每一个公民的眼睛！让她坚强，从而使得她能够为我国社会的发展出力，对我而言就是为人民服务。这是一个信号，是一个开端，首先应当选举一个新的领导班子，然后应当就所有严重的问题进行会商，这些问题正在牵动着我们的心，正在要求我们为了我们的国家继续进行革命性变革。

这是我们作为代表所面临的责任。我们肩负着党的委托，我们将决定党的命运。但是不仅如此。这里关系到我们国家，关系到我们所生活的这个德意志国家。我们的首要任务是保护这个国家，我们应当而且必须把国家命运置于一切之上。为此，我们要维护我们国家的生存与和平，而近些日子以来的态势表明，这两点正在受到威胁。因此说，首要问题是我们共和国的内部局势。为了这个国家，我们中间大多数人奋斗了那么多年，我们要大声疾呼对这个国家的治理。

第一，有必要也有能力恢复各地的秩序，维护法律和法治。为此，政府必须在近日内制定一系列措施。其中包括对所谓的前党和国家领导人的违法、滥权和腐败行为证据的确定。

作为总理，我现在对所有代表乃至所有公民声明：本届联合政府将竭尽全力揭露非法行为，但是与此同时必须维护法治与秩序。在揭露滥用权力和贿赂行为时，不得使用非法手段，不得对人身和财产采用暴力，不得容忍滥用职权，国家治安机构必须履行其义务。如今，治安机构恰恰需要得到支持。我们期待得到工会、政治组织的参与，也期待与"中央圆桌会议"达成协议。他们应当施加影响，使得国家机构的工作不会受到干扰，大力制止无政府现象，并且对各个城市和乡村日常生活的正常运行发挥作用。那些因为属于统一社会党而受到极端分子诋毁侮辱的公民，理应受到保护。我们不应该忘记，统一社会党的所有党员都问心无愧，大多数人是我们的同志。我们完全可以理直气壮地说，我们就是人民！

第二，对恢复公共秩序具有特殊重要乃至关系到生死存亡的一点，是井然有序、卓然有效的工作。应当衷心感谢为此付出辛劳的数百万各行各业的工人、工程师和职员。每一个人都值得我们脱帽致敬，他们有益行动的价值远远超过那些华丽辞藻。（掌声）我认为，我党每一个党员的首要责任是：通过模范的工作施惠于人民，也有利于自己——贝尔托特·布莱希特的这句话此时此刻赋予了栩栩如生的精彩内涵。今天模范工作的人，不是为那些特权领导的"打猎之家"提供资金，而是为了我们自己的住房，为了儿童，为了家庭，为了让退休者不必担忧明天会陷入困境。

与此同时我们有理由感到担忧，明天，我将同那些联合企业的总经理进行商议：我们的船帆上应当从哪里获得东风？必须找到正确的风源，包括外国的资本。只要有必要，就让西风来吹吧。理所当然，那些想用新技术、工艺知识和资金灵活性来施惠于我们的人，自己也想得到好处。关于其他国家保护资本的法律规定，还没有提交给人民议院，但是将会有条不紊地进行。我想对所有对此感兴趣的人强调，当前不应该浪费时间，而应抓紧帮助国民经济中合法注册的那些国有联合企业与工厂的总经理和厂长做好谈判签约的准备工作。

本届政府保证，将干干净净地履行那些干干净净签署的合同，争取使我国工业的固定资产能够得到更好的担保，而不必担忧工人的勤奋和能力。目前我不得不指出，我国工业在11月30日之前虽然已经百分之百完成了等值的商品生产计划，但是却有51个联合企业，尤其是在机床制造业，还有150亿马克的缺口。十分确切的真相可以看出，11月底的合同缺口为290亿马克，而10月底为220亿马克。这是一个事实，既不是价值评估，也不是债款分派。重要的是，每个人都知道原因所在，我国工业在11月每个工作日的产值降到了15.77亿马克的最低水平。这一现象也出现在建筑业。也有一点可以感到安慰的是：在所有工业领域中，为民众生产的制成品销售指标已经完成……

如果我们目光投向民主德国以外——我们应当经常性地这样做——可以用一句话来概括：这个国家在外交政策方面还没有丢颜面。要想长远不丢颜面，就需要我们所有诚实的公民共同地致力于内政稳定，关注国人的体面，尤其是关注经济的稳定，因为只有经济稳定才能提升经济景气。

各个社会主义伙伴都在期待着我们，所有力量都期待着我们建立一个革新的社会主义社会，期待这个国家的稳定并拥有完整主权，也就是说不希望把一切都出卖给联邦德国。我们的各个盟国与我的政府都强调，两个德意志国家统一为一个国家的话题并没有提上议事日程。准确地说，根本就没有提到过重新统一的问题，因为这是一个错误的时代话题，有理由引起别人对大德意志沙文主义的恐惧。

以苏联为首的各个盟国，也包括那些直接的邻国和其他所有伙伴国家，都希望德意志民主共和国是一个主权独立的社会主义国家，我国的外交政策构成了欧洲稳定的一个前提条件。如果我们呼吁所有力量团结一致，为了主权民主德国的存在，为了我们国家的命运，并且为了我国不被搬上所谓重新统一的祭坛成为贡品，那么我们的做法就符合了我们盟国的期待。请允许我再补充一句：其他一些国家，例如法国和英国，都明确表明其兴趣，同样希望两个德意志国家的并存。据我所知，布什总统在与米哈伊尔·谢尔盖耶维奇·戈尔巴乔夫会面时也强调说，美国坚持赞成保留现有边界，保留两德并存，保留战后的现状，而且根据我的正确解读，美国并不想把民主德国大力推向重新统一的方向。

世界上普遍存在着一种共识，即两个德意志国家并存并保持良好关系构成了世界政治的重要问题乃至首要问题。出于对这一事实所承担的责任，民主德国政府提出了两个德意志国家建立条约共同体的建议；我在我的政府声明中已经提到。如果联邦德国总理赫尔穆特·科尔愿意接受这一想法，并发出启动邦联步骤的信号，在我看来就是对双边会商迈出了有力的一步，而民主德国对 1990 年以及未来几年采取具体步骤抱有兴趣。首先应当扩大合作；如果有人认为这将意味着建立邦联的一个步骤，我不会对任何人表示异议。

我们一定要努力善始善终，就像联邦德国许多重量级的人物，尤其是经济界人士所希望的那样。作为欧洲中央的国家，作为社会主义国家，我们只有在顺应大势走上克服欧洲分裂现象的道路才能拥有机遇。

在长期对峙的岁月中，民主德国始终起到了一个稳定的作用，成为欧洲和平的一个重要因素。今天，我们站在一个新时代的起点，正在建设另一个欧洲。在这栋"欧洲大厦"中，已经没有门禁插销；民主德国在这栋"欧洲共同大楼"中拥有一席之地，发挥着一块坚实基石的作用。在这栋"大楼"中，不同政治制度和社会体制的主权国家应当平等自由、大度宽容地同心协力。只有一个新的民主德国才适应于这个欧洲，因为新的欧洲将拥有理智塑造的一个非军事化、民主、人道、生态的前景。

这一切表明，两个德意志国家之间的长远关系前景，仍需听由未来安排。它取决于整个欧洲局势的发展。民主德国与联邦德国的统一不是现实政策的一个问题。凡是衷心希望局势健康、和平发展的人，都不应当人为地加以推动，甚或将之当作竞选的弹药。我非常迫切地告诫这一点。（掌声）

我们首先不应忘记，两个德国可以对中部欧洲的非军事化作出贡献，从而可以再次强调，两个德意志国家之间高质量的协议合作肯定能够对新体制的形成、对欧洲的未来创造一些有益的要素。

亲爱的同志们，当我们在这里谈论德意志民主共和国有关的内政与外交政策框架时，我认为我们已经看清，形势要求我党必须采取哪些举措、哪些行动、哪些政策的步骤。请允许我用一句话来简要概括一下：我们今天必须为我党制定新纲领、为民主德国社会主义根本性革新凝聚新力量而做好准备工作。我们必须能够胜任这些任务，能够自我革新并赢得信任。我避免使用创新赢得信任的措辞。只有这样，才能创造性地接受潮水般愤怒开启的十月风暴。真相是，我党作为整体在这一进程中既没有显示分量也没有展示声音，因为一贯自诩永远正确的最高领导层面临困境，无法承担落在肩头的罪责，面对突如其来的情势麻木不仁，大多数同志也束手无策。真相是，同志们开始参与对话，但是整个党却没有挽回颜面或者发出坚强的声音。为此，需要我们挺身而出。我们要向人民展示一张清晰的面孔，要推动社会主义的列车，要为所有公民的人权履行责任。我们需要发出坚定的声音，阐明我们已经确定的原则和目标，并且在政治意见争论中加以辩护。请允许我再补充一点：一个作风正派、诚实、工作尽职的同志，今天不应因为他的领导瘫痪而闭口不语、容忍管束、顺从操控，只是在内心发发牢骚而已。我们应当为了改革社会主义，也就是为了建立一个新的社会主义挺身而出。我们中的每一个人今天就应该准备参与辩论、发言和行动，而不应被动等待新的党纲出台。（掌声）

一切都等待上级开绿灯的时代已经一去不复返了，每一个党的组织都要明确这一点。共同讨论，提出倡议，尤其是勇于担当地行动起来——这是我们此时此刻的要求。共同讨论意味着：同志们聚在一起，通过对话交流建设性的想法，并同愿意维持民主德国生存的其他人一起合作。我们团结所有这些力量，就可以自我检验，就可以审视我们的立场，检验我们的工作。我们必须学会倾听。这是一门艺术，我们目前显然还没有掌握这门艺术，而许多政治组织却已经能够表现自己和炫耀自己。因为，有时候一个人以慷慨激昂的方式可以更多地赢得别人的注意，而一个热心勤奋的工人却不会那么急于夸夸其谈，但是他们在内心是赞成社会主义的。我认为，一个诚实的同志没有理由退缩不前。谦虚谨慎，出色工作和自信地为了崇高的事业挺身而出，是我党愿意改革的同志应有的态度……

来源：《新德意志报》1989 年 12 月 9/10 日；《德国档案》第 23 卷（1990 年 2 月），第 2 册，第 293—296 页

文献资料第 3 号附件：政府首脑赫尔穆特·科尔与汉斯·莫德罗 1989 年 12 月 19 日在德累斯顿发表的联合通报

德累斯顿（德通社） 应德意志民主共和国部长会议主席汉斯·莫德罗的邀请，德意志联邦共和国联邦总理赫尔穆特·科尔于 1989 年 12 月 19 日和 20 日对德意志民主共和国进行工作访问。会谈在德累斯顿进行。二人就德意志民主共和国与德意志联邦共和国之间关系的现状和发展可能性以及当前的国际问题广泛交换了意见。

他们一致认为，两德关系与东西方关系密不可分，必须融入整个欧洲进程。实现自由、人权和民主的欧洲改革进程，必须着眼于欧洲的持续稳定。两个国家的德国人对谨慎、耐心的有机发展负有特殊责任，而这一发展关系到所有参与国的目标和利益。

莫德罗总理和科尔总理一致认为对和平与条约共同体担负的共同责任，两国现有的友好睦邻关系对欧洲的稳定具有重要意义，可以为欧洲新的建筑设计作出贡献。他们的观点是，迄今发生的变化有理由激励对克服欧洲分裂的希望，符合赫尔辛基最后决议以及欧安组织其他文件对欧洲和平秩序的目标设定，应当毫无限制地尊重国际法基本原则和标准，尤其是各民族的自决权和人权。他们毫无保留地一致承认欧安组织谈判进程中达成的所有义务，并发表声明，两国政府致力于模范地实现欧安组织确定的原则和规定，包括人权与人道领域。

莫德罗总理和科尔总理一致赞成，裁军与军控必须与政治发展同步，从而持续推进欧洲进程。在这个意义上，双方欢迎戈尔巴乔夫总书记与布什总统进行的首脑会晤。双方强调了各自的意愿，即为实现 1990 年关于削减欧洲常规武装力量以及全球禁止化学武器的协议作出重要贡献。双方将尽快就参与信任与安全措施达成协议。

双方主管层级的双边磋商可以支持裁军与军控进程。同样方式也适用于欧安组织问题和其他国际话题的对话。应当定期进行这类磋商。科尔总理向莫德罗总理通报了欧共体的发展情况。对德意志联邦共和国而言，这是建设欧洲新建筑的基石，也是——在该国的开放意愿中——未来欧洲力量均衡的可靠一极。他还通报说，共同体及其成员国愿意在积极开展政治对话的基础上，与愿意走上民主改革道路的中东欧各国发展全面、紧密的关系，在所有领域中增强合作。德意志联邦共和国将支持欧共体与德意志民主共和国之间尽快签订一项贸易与合作协议。

莫德罗总理向科尔总理通报了德意志民主共和国民主改革继续发展的计划部署。他特别阐述了由他主导的联合政府的执政纲领，并且强调，德意志民主共和国内展开的激烈改革进程已经不可逆转，其内容包括在制定一项新的民主选举法的基础上进行自由、普遍、平等、秘密的选举。将追求经济政策的根本性变革，并展开以市场条件为导向的经济改革。

莫德罗总理还阐述了修改宪法和进行刑法改革的计划，其目的是全面接受国际契约中确定的义务以及欧安组织的各项规定。

科尔总理对此表述了希望解除政治性质刑事法律并释放政治刑犯的期待。莫德罗总理宣布将在近期——如果有可能，将在圣诞节前——释放所有相关人员出狱。科尔总理强调，如果民主德国的改革步骤就相关事务创造前提条件后，联邦德国将可能解散设在萨尔茨基特的调查站。莫德罗总理此外还强调了最近几个月民主德国离境出走者的问题，希望找到符合所有相关人员利益的解决方案。

莫德罗总理与科尔总理一致认为，欧洲发生的积极变化已经使两德关系问题处于一个新的维度。

双方一致认为，基于 1972 年 12 月 21 日签署的两德关系基本条约，应当扩大德意志民主共和国与德意志联邦共和国之间的全面合作，将双边关系提升到一个新的高度，从而有助于双边关系更加密切和长远。鉴于两德之间关系的特殊历史条件，有必要在各个层级签署一揽子密集的协议，其涵盖范围应根据四大战胜国的协议原则包括柏林（西）。除了现有的一系列协议之外，应当发展一种条约共同体，下设处理社会生活中共同问题的各个机构。

条约共同体的核心要素是经济。莫德罗总理和科尔总理声明指出，双方因此将持续加强经济合作。

双方在详尽讨论经济局势之后一致认为，经济体制的根本性改革是持续拓展民主德国经济能力增长效益的重要前提条件，而这一改革的目的应是将民主德国的国民经济融入国际分工合作。

副总理卢夫特及拜尔部长和联邦部长豪斯曼于1989年12月14日的会谈中商定，双方一致同意组建一个旨在加深经济关系的联合委员会。该委员会应在现有各项协议和规定的基础上尽快组成。柏林（西）将完全纳入这一合作。为促进经济和工业合作，已经达成一项合作协议。双方愿意为消除贸易关系中的各种障碍作出贡献。民主德国政府声明，在此框架内将允许各个联合企业与工厂建立直接接触和自由选择代理人。计划将向联合企业和工厂移交外贸权限。联邦德国政府将进一步削减诸多贸易限制，以简化企业合作的程序。

双方一致认为，直接投资和合资企业对积极发展民主德国经济具有重要意义。民主德国将为此尽可能快速地创造必要的法律前提条件。将在遵守法律规定的前提下开始投资保护协议的谈判。

为促进各企业和工厂间经济合作的加速发展，联邦德国政府将在现有规划的框架内提供更多资金。此外，还将为向民主德国供货提高担保额度。

双方强调，有必要增强民主德国手工业、贸易、工业和服务业内私有企业和工厂的角色，改善这些领域中的合作前提条件。

应当扩大旅游交通业。将为此成立一个"旅游"专业小组。

将派出一个专家小组，其使命是澄清不明财产问题。

为此，将协商相关措施，目的是消除财产支配权的限制规定。

莫德罗总理和科尔总理欢迎现有的工业与商业界以及主管机构之间的积极接触，并愿意继续扩大此类接触。其中优先扩大能源领域，测量、控制与调节技术领域，生产自动化以及整体贸易与销售领域的合作。还要优先扩大标准化与检验以及质量保障和行业法律保护领域的合作。

应在部长赖歇尔特和联邦部长特普费尔之间 1989 年 12 月 14 日会谈的基础上，增强环境保护领域的合作。1989 年 7 月谈判期间商定的展示与样板项目，将畅通无阻地继续推进。双方已经提到的其他各个项目的审批程序，应当尽快完成。

关于韦拉河区域钾盐开采问题的谈判，应当继续推进，目标是尽快找到双方都能接受的解决方案。

两国主管环保的部长将密切交换环境指标，制订生态行动计划，并确定迫切需要采取环保措施的领域，确定双方亟须共同采取补救措施的领域。

在环保领域，将组建一个联合委员会。两国主管部长将就具体细节达成协议。双方将在亟须实施 1989 年 9 月 8 日达成的射线保护协议以外，加强和扩大和平利用核能源和射线保护框架内核技术安全合作，深化安全伙伴关系。为达此目的，将在近期出台一项共同构想方案。

莫德罗总理和科尔总理欢迎部长沃尔夫与联邦部长施瓦茨－席林之间 1989 年 12 月 12 日会晤中达成的立即改善双向邮政与通信往来的措施，尤其是连接更多的电话线路。为了进一步扩大邮政与通信关系，将组建一个由两国主管部长为首的委员会。双方都认为有急切的必要扩建民主德国的通信网络。为此，需要为现代化经济提供必要的数据传输服务。

科尔总理对此表示，愿意将迄今为止每年 2 亿西德马克的邮政援助总额自 1990 年起再增加 1 亿西德马克，并要求整个数额立即用于扩建民主德国的邮政与通信基础设施。

双方讨论了在欧洲框架内建立一个紧密的跨边界通信网络的话题。两国主管部长将受委托与相关国家进行合作，就美因河畔法兰克福经柏林、华沙直至莫斯科建立一条高功率数据传输通道的项目拟定一个设想方案。

莫德罗总理和科尔总理确认了1989年12月5日达成的关于旅游交通问题的协议，确认设立一项用于旅游支付手段的基金，1990和1991年度的额度为每一方29亿西德马克。莫德罗总理就此宣布，来自联邦德国的旅行者自1990年1月1日起兑换货币的比价为1西德马克∶3东德马克。双向实现旅行自由的决定，成为两国民众和国家关系中的一大进步。双方一致认为，为满足旅游交通的新规模，应当提出一些特殊需要。

为了规划跨境交通通道，应设立一个"交通通道"委员会，主要负责改善交通网以及中长期公路与铁路交通通道的计划工作。第一次委员会会议已经在1月9日召开。与开放新的过境关卡和改善柏林过境交通有关的问题，将由交通委员会以及过境委员会负责处理。

莫德罗总理和科尔总理协商同意，定于1990年1月8日开始的关于修建汉诺威至柏林的快速铁路通道的谈判将继续进行。二人确认，途经施滕达耳的线路走向继续保留。民主德国原则同意，由德意志联邦共和国的一个企业作为该项目的总建筑方。民主德国的诸公司将参与项目的实施。柏林（西）段的建筑施工由该市市政厅负责分配。

莫德罗总理和科尔总理赞成两国间就航空交通问题进行对话。谈话伙伴在探讨所有参与方的利益时一致认为，有必要制定一项关于空运走廊以外有兴趣飞往西柏林泰戈尔机场的其他航空公司的规定。莫德罗总理和科尔总理欢迎两国交通部长达成的谅解，即尽快就内陆水上航道客运游轮事务进行谈判，未来将在交通安全领域内开展密切合作。

双方赞成就有关人员的利益展开建设性的、排除行政阻碍的相互间司法协助和行政协助。本着这一精神，应当继续进行司法协助谈判。为了协调司法协助往来和法律保护方面的现实问题，尤其是在两国间旅行往来规模增长的现状下，将派出一个专家委员会。

为了推进双边在地区和乡镇级别的合作，正如柏林与相邻专区已经展开的磋商模式，可以组建各个地区委员会，可在两国政府级别成立一个共同委员会，对此项工作进行协调。

莫德罗总理和科尔总理赞成两国乡镇一级在自主职权下开展伙伴关系。

不久将就制定一项在自然灾害情况下展开相互救助的协议展开谈判。

两国主管部门近期将就实际警务合作展开对话，尤其是关于打击毒品刑事犯罪、阻止和侦查严重刑事犯罪以及其他重要刑事犯罪等方面。

在访问期间，德意志民主共和国与德意志联邦共和国政府根据 1986 年 5 月 6 日签署的文化合作协议之第 12 条精神，签署了一项工作计划。莫德罗总理和科尔总理欢迎不断增加的多方面文化接触和文化活动。为了协调和深化文化合作，将组建一个文化委员会。

莫德罗总理和科尔总理强调了通过报纸、杂志、图书、广播、电视手段自由、全面地传播信息的重要意义。他们一致认为，双方可以推销和订购报纸杂志，并促进广播与电视节目的推广。期间出现的技术与商业问题，将由一个专家小组进行处理。

双方将在必要时委托各自议会提供必要资金，以筹备本通报中所预见的各项措施。

莫德罗总理和科尔总理一致赞成相互间保持定期接触。

来源：《新德意志报》1989 年 12 月 20 日

文献资料第4号附件：拟于1990年春季缔结的协议——1989年12月19日在德累斯顿签署的意向声明

德累斯顿（德通社） 民主德国与联邦德国的政府首脑通过一项意向声明。全文如下："德意志民主共和国部长会议主席汉斯·莫德罗和德意志联邦共和国联邦总理赫尔穆特·科尔于1989年12月19日在德累斯顿会晤时表示将全面发展双边关系并拟定协议规定。他们一致同意，在双方商定的德意志民主共和国和德意志联邦共和国建立条约共同体的基础上签订一项合作与友好邻邦的共同条约。

"汉斯·莫德罗和赫尔穆特·科尔一致同意，两国政府的代表应当立即就这样一项条约的文本进行谈判。预计将于1990年春季时段内签署此项条约。"

来源：《新德意志报》1990年12月20日；《德国档案》第23卷（1990年2月），第2册，第317—321页

文献资料第5号附件：民主德国部长会议主席汉斯·莫德罗博士1990年1月9日在索菲亚经互会第四十五次会议上的讲话

尊敬的主席先生！

尊敬的各位代表团团长！

女士们，先生们！

民主德国的社会生活，如同经互会其他国家一样，正在经历深刻的变化。一股广泛的民主群众运动，正以史无前例的规模迸发出来。其原因在于一场经济和政治的危机，而旧的党和国家领导层没有察觉这场危机，却以虚

假的描述文过饰非。

由人民议院新近选出的联合政府，各部部长由所有议会政党的代表担任，正在展开一场政治体制、经济、教育和行政管理的激烈改革。所有政党和群众组织的代表参加了圆桌会议，谋求更多的民主和法治，从而提供这一进程不可逆转的保障条件。计划于今年内向民主德国公民提出一份新的宪法草案供表决。

1990 年 5 月 6 日将举行人民议院的自由、秘密投票的普选。

我们正在致力于重建经济架构的平衡，包括稳定生产，保障民众供应，恢复国家财政活力，保障对资本主义国家的支付能力。其间的困难之多——加之通往联邦德国的边界已经打开——可以从一个现象作出衡量，即 1989 年 11 月—12 月间的工业生产首次出现下降。我们将在推进民主德国经济根本性改革的同时，采取一系列稳定国民经济的措施。经济改革的首要步骤是形成并进一步发展一个有效的内部市场，不仅着眼于消费品市场，而且构成生产要素。为此，企业在自主经济手段的基础上获得完全自主权，而政府则为企业创造必要的社会框架条件。各个层级的计划将实现民主化。集中制定国民经济体制的规划，并主要通过经济手段予以贯彻。未来将由此发展数量指标和效益指标，并在国家决算的基础上进行资源分配，与此同时完成外贸经济的义务——包括与经互会各个成员国之间的义务——继续确保我们称之为国家合同的履行。

在生产资料社会所有制占主宰地位的前提下，也可获得发展其他所有制形式的足够渠道。我们继续立足于我们拥有巨大产能的联合企业，同时激励中小企业的形成，尤其是在消费品生产领域、配件供应产业和科学技术领域。

民主德国政府将拟定一项纲领，目标是在更大程度上促进经济与生态的和谐。当务之急是制定一项能源方案，从而降低传统能源载体和能源使用的消费量。

我们正在开放我国经济在东西方国际分工中的份额，促进所有合作形式，包括外国资本在民主德国企业中的参与程度。我国的经济战略是逐步放宽国际市场对民主德国国民经济的准入，包括逐步创造条件推动自由商品交换、提高效益、增加其他生产要素，以及适应国际价格标准。我们也要创造民主德国马克的可兑换性。

人民议院和政府都已宣布，民主德国将一如既往地成为欧洲安全、对话、裁军和国际安全与合作中一个可靠的、可预测的因素。我们坚定地遵循华沙条约，积极地参与集体努力，提升我国在保障欧洲稳定方面的政治作用。

应当巩固与扩大与苏联和其他社会主义国家的联盟关系。我们将为加强经互会经济合作和提升全面合作经验交流新质量作出贡献。我们希望对罗马尼亚人民表达我们的团结意愿，并表达在新的基础上发展相互合作的坚定决心。

民主德国将为提升和平秩序和创建超越社会制度的合作架构作出贡献。

我们愿意发展平等互利的经济和科技合作，目标是最终实现全欧经济区，并且克服工艺技术的隔绝现状；我们在生态领域也致力于全欧解决方案。

这一原则立场也适用于我国对欧共体及其未来内部市场的行为。对我国而言，这是一个巨大的挑战，但是也意味着赋予国民经济工艺新水平的可能性。

我在去年12月与联邦德国总理赫尔穆特·科尔的会谈中一致认为，两国之间以和平与条约共同体为共同责任的友好睦邻关系，对欧洲稳定具有重要意义，并可为欧洲新建筑架构作出贡献。我们应当承受来自不同联盟义务的现实，并秉持一种基本立场，即不对欧洲现行边界，尤其是奥德河－尼斯河边界提出疑问。

应当在 1972 年 12 月签署的基础条约的基础上提升民主德国与联邦德国关系至一个新的高度，并制定一揽子各种协议。

尊敬的各位代表团团长！我们此次会议的各项报告中指出了经济与科技合作的现状，对此我们也深表担忧。

我们认为有必要对经互会现在的局势进行一次深入分析，揭示各个原因，尤其是外贸关系的持续停滞、与发达资本主义国家在科技领域和现代化生产与出口体制构成中的落后状态。也应对生产专业化程度不够的问题进行深入分析，尤其是在科技含量要求高的行业内。

目前的状况急迫地要求经互会根本性地改变和改善内部合作。我们的观点是，在深化经互会内部合作的过程中，经互会各成员国也必须积极地参与世界范围内的国际分工。

在上述领域的合作中取得进步，有助于稳定我们这些国家的经济。为此，我们愿意严格执行各项双边与多边协议，并且正确地履行合同规定的供货与效益指标。对我们所有国家而言，这样做可以构成稳定各国关系的一个重要出发点。

近期发生在各欧洲成员国的转变进程，为合作机制化的剧烈转化提供了一个全新的出发点。对民主德国来说毫无二致。

我们支持发展一种经济关系互助新体制的建议，主要应当建立在各个独立经济组织的直接关系基础之上。我们赞成经互会国家间的合作条件应当与世界市场的条件相一致。考虑到将会对我们每个国家和经济互助关系带来广泛的经济后果，所以我们认为采取逐步推进的方式比较恰当。

因此，经互会价格构成周期自 1991 年起最好从 5 年缩短到 3 年，作为朝这一方向发展的一个步骤。

毫无疑问，商品的货币结算方式和使用经济手段调解各国之间的经济关系，可以构成全新的比重。

我们赞成深入评估可兑换卢布作为我们各国之间结算单位的作用。我们赞成过渡至经互会成员国之间以可自由兑换货币进行结算的做法，支持苏联方面的建议，即在双边协议的基础上分阶段地实施。

我们愿意协调计划各项针对1991—1995年的相关决议。

我们的特殊关注力聚焦于进一步实施互惠有效的进出口方针以及扩大专业化与合作，尤其是在金属加工业。

鉴于我们各国配件供应业的各个行业都处于困难境地，我们认为在这一领域加强分工合作具有急迫的必要性。

我们认为，为了稳定我们之间的相互关系，有必要于1990年度在迄今取得成就的基础上加强计划协调，尤其是在原材料和燃油料以及其他关乎国民经济的基本货物供应方面作出协调。

我们有兴趣继续将越南、古巴和蒙古纳入经互会的劳动分工。我们继续支持这些国家的国民经济，并着眼于提高它们的出口潜力。这将对相互之间的经济关系产生益处。

尊敬的各位！

有关实现科学技术进步的综合规划的上述报告表明：在科学、技术和生产领域占据领先地位的目标没有达成。其主要原因显然在于我们各国生产能力与积累能力的缺乏。

我们认为还有一个原因，即中央行政束缚限制了各个企业和机构的积极性。在研究、发展，尤其是生产和交流方面的劳动分工程度，仍然没有具备我们各国参与世界劳动分工所必需的要求和能力。

这种现象也存在于综合规划的其他重要领域，例如微电子和核能源。

我们民主德国已经开始重新思考我们的政策，尤其是在发展微电子技术方面。毫无疑问，我们已经在过去几年内取得了一系列引人注目的成就。但是尽管如此，我们未能跟上世界范围内迅猛发展的步伐。经济战略单方面定向于微电子技术，出现了型材过多、生产批量太小的弊端，从而限制了民主德国的经济潜力。我们估计，其他成员国也面临同样的困境。

因此，我们对经互会内部合作的主要关切在于统一制定措施，最佳利用经互会各成员国已经具有的科技与生产能力。同样应当发展可供商品的专业化，以及在研发新工艺和装备方面合理进行劳动分工。

民主德国将继续在缩微平版印刷装备、照相模板生产装备以及光学和光学分析控制设备方面实现专业化。我们愿意在此次会议上签署有关延长微电子技术领域合作总协议的备忘录。我们同时也要指出，我们在近期内没有能力完全满足经互会各国的所有需求。

从我们面前有关核能源领域合作的报告中可以看出，在现有核电设施的运营方面和建立新的核电厂方面存在一些问题。民主德国也对建立核电厂问题持犹豫态度。

因此，我们不得不从资本主义国家进口相当规模的核能源。我国完成在建容量的保障，是关于相互提供核电厂装备的多边协议得到坚决的、严格按期的实施。

经互会国家亟须克服在核能源使用的安全与国民经济效益方面距离世界水平的巨大落后状态。我们认为，应当加快审核我们各国与核电厂建设工艺领先的西方公司进行合作的可能性。

在评估迄今为止综合规划实施方面的经验时，我们建议采取以下步骤：

（1）在制定各国科学战略时，应当相互全面交流信息，并对未来劳动分工的出发点加以协调。与此同时，我们各国之间的合作应当有机融入世界范围的国际劳动分工，尤其是融入全欧工艺技术的发展。凡是在专业技术良好合作的领域，尤其需要注重吸收西方国家企业开展多边合作的可能性。在有些领域是可以设想的，例如改良金属原材料的电子射线工艺，例如生物探测器和人类药物，以及某些科学仪器制造的领域。

在通信技术、数据网络建设、自动化机床控制和软件领域，有必要制定具有全欧兼容性的共同规划。民主德国愿意在这一要求的基础上拓展对联邦德国的关系，并将在经互会常设机构内提出相关的各种建议。

（2）在双边与多边合作领域中，必须达到更高的研究效益。在科技合作方面，各国企业与机构原则上可以根据其经济利益建立直接的关系。它们必须自主决定合作的启动、形式和条件。这就需要审定各国伙伴间的合同机制。

（3）国家有必要对此类研究与发展计划实施影响，从而确立未来市场结构和由此产生的劳动分工的优先重点。

与此同时，应在国家关系框架内创造促进科技与经济合作的框架条件。例如，设立共同基金、拟定协议和调解争议。

（4）产品的研发与生产必须符合世界标准，尤其是西欧标准。在审核与认证新产品的过程中，尤其应当关注西欧的同类追求。

此次磋商会议上提交的改变经互会内部标准化劳动规定的各项决议，得到了我国的全力支持。

尊敬的各位与会者！

鉴于经互会各国加快融入世界范围劳动分工的必要性，鉴于各国正在经济改革，应当重新确定经互会的角色和任务，并简化经互会的结构。

在这个意义上，我们认为有必要重新起草经互会章程。我们将以此间商定的意见交换方式提交我们的建议。

最后请允许我感谢我们的保加利亚朋友为此次会议提供的出色条件。

亲爱的阿塔纳索夫同志，我们祝愿您和全体保加利亚人民取得社会革新和民主化改革的巨大成就。

来源：联邦档案 BArch N 2541/61

文献资料第 6 号附件：民主德国部长会议主席汉斯·莫德罗在 1990 年 1 月 15 日圆桌会议上发表的声明

尊敬的女士们，先生们！

我很难拒绝诸位的邀请，但又不得不在大约一小时后离开诸位，前去参加外交使团的新年团拜活动。

我今天来这里，是想表示我的良好祝愿——下面我还要提出一个新的建议——更重要的是想表示对内政局势的巨大担忧。

我在最近的政府声明中谈到了国内的不安定状况。这就需要进一步发展民主，同时又必须保持理智和审视——二者并不矛盾。只有这样，民主德国才能从混乱中摆脱出来。一旦导致分崩离析——有些人确实希望如此——民主共和国乃至联邦共和国的公民和欧洲的政治稳定都将受到可以想象到的最坏的影响，将成为一个黑色的日子。

我们大家都有责任阻止这种局面的发生。因此，我呼吁民主德国公民保持镇定。我再次要求德意志联邦共和国的一大批政治家和新闻界，不要把民主德国当成他们随意干涉内政的儿童游戏场所。我请求圆桌会议各政党和组织的代表们，不要让总理及其政府与政务分割开来，而应帮助他们进行必要的工作。

负有政治责任的第一号人物，可能会遇到一个问题，即在全民福利和一党利益之间作出抉择。我自从担任本职务以来，即已决定为全体公民的利益而奋斗。如果肯定我的抉择，便是出于公允；如果帮助我作此奋斗，便是施益于民德公民。

我希望，对今天讨论的那些现实问题，将由政府代表们作出令人满意的回答。对 1 月 8 日的批评，我承担责任。科赫先生被解除其担任的负责解散国家安全机构工作的政府专员职务。

我利用这个机会向福音新教和天主教的代表以及基督教教会的工作小组表示感谢，感谢他们为圆桌会议和民德内部和平作出的巨大努力。

我 1 月 11 日在人民议院发表的声明中，已经强调了圆桌会议为民主改革作出的重要的、不可或缺的工作。我再一次强调：

政府需要并谋求圆桌会议各参加党和组织出谋划策。民主化和经济的稳定与改革需要各个有责任感的政党齐心协力。这种齐心协力只有通过争论才能取得，因为它不仅是圆桌会议政治多元化的产物，尤其是民德复杂局势中的产物。无论过去还是现在，我对圆桌会议的理解都是如此，别无其他。

我向诸位提出以下三点请求：

第一，我们应当共同关心国内局势的进一步发展，确保其和平进程。在 10 月份开始的革命中，"不使用武力"的人道主义口号迄今仍然有效。这就要求我们对公民的生命和健康负责。同样，我们对世界也负有责任。

第二，我请诸位给予协助，使所有经济领域的工作不受干扰，取得尽可能好的经济效益，从而确保日常生活在正常轨道中的运行，确保改革进程的继续。我认为，这也是促使德意志联邦共和国实现其所许诺的连带责任援助的必要前提。

第三，我请诸位施加各自的政治影响，使民主德国的公民留在自己的家乡。任何人不能指望一个政府在 8 周工作后即取得奇迹。但我向民主德国所有公民保证：我们的国家确实拥有机会，通过自身的努力和外界的帮助在今年内取得物质生产和供应的稳定，从而为繁荣创造条件。留在民主德国是值得的。

请允许我在上述请求的基础上，强调和补充本届政府对圆桌会议所提出的各项建议。主要是以下几点：

——由富有经验的人士直接参与政府工作并担负责任。

——在政府及其机构的各个委员会、工作小组和其他特设委员会（包括经济委员会）中发挥作用。

——对我即将与西德联邦总理举行的会谈提出具体的设想，尤其是关于建立条约关系的内容。

——由圆桌会议代表组成一个小组，参加与西德总理的会谈。

——参与各项法律法令和其他部长会议决议的准备工作，旨在提高政府工作的效率。我这里指的是 5 月 6 日之前应当进行的必要改革方面的工作，以及民主德国在经互会中的工作，同时更重要的是参与决策，如何将即将解放或已经解放了的力量重新投入，应作哪些调整，采取什么有效方法？

关于解散国家安全机构和曾经计划建立的那两个机构的问题，我将在下一次人民议院例会中详细阐述。今后，在 5 月 6 日之前不再设立新的机构。政府将公布进一步解散国家安全机构的情况。政府代表今天就会依据部长会议的决议向诸位介绍有关细节。我再次请求诸位在解散国家安全机构时给予民间监督方面的合作。

我们十分重视的是，所有参与者都应毫不迟疑地推进政党法和选举法的工作。

根据政府上述请求和圆桌会议的建议，政府将继续指派授有全权的主管代表进行合作。

鉴于目前存在问题的严重性和紧迫性，我建议，副总理卢夫特和莫莱特，部长会议的其他成员菲舍尔、迈尔和温舍尔，以及我本人将在1月22日的圆桌会议上听取诸位的见解，并阐述我们的意见，回答大家的问题。

请允许我重复一遍：我由衷地请求诸位对政府给予帮助，使其能够继续工作。

女士们，先生们!

根据日程，现在将由内政部长阿伦特先生向诸位作关于内政安全的政府报告，以及关于解散国家安全机构的中期报告。此外，部长会议秘书处副处长曼弗雷德·绍尔先生将受我的委托讲话。请允许我对下面的报告作以下声明：

（1）即将给诸位发放的材料，均是经过多次会议，包括部长会议在周末召开的历次会议讨论的决议。我国公民都将通过新闻媒介获悉这些材料。主要原因是，在起草那份中期报告时，充分考虑到了所有合理的批评意见，即不仅是圆桌会议，而且包括人民议院内提出的关于对事态不够公开透明的意见。这就是说，我们坚决地对这项工作进行了积极、彻底的检查和清理，从而为有效、迅速地解散国家安全机构、废除前国家安全部旧体制的进程创造重要的先决条件。

（2）与此同时，政府委员会重新改组，任命一名新的主任，并增加一些有经验的工作人员。通过这些措施，并在确定准确日程的情况下，确保解散国家安全机构后续阶段的顺利进行，使这项工作比原先的计划提前完成。当然，我们将不断地向圆桌会议和我国公民通报这方面的情况。

（3）我想在此再次强调本届联合政府的合作意愿。不仅政府专员与圆桌会议安全工作小组之间要密切地合作，我想再说一次，而且希望圆桌会议的参加者立即发挥对解散国家安全机构工作的民间监督作用。如果需要，我们也愿意指派政府专业人士支持圆桌会议安全小组。

最后，我希望政府与圆桌会议密切合作。不仅因为我们要在这个方面修正过去，而且更重要的是要一举消除产生恐惧的根源，从而建立相互信任。没有相互信任就不可能在民主改革道路上迈开步子。只有这样，不仅圆桌会议，而且全国范围内才能和睦相处——这也是我最为迫切的愿望。

来源：联邦档案 BArch，Vorlass Hans Modrow，N 2541/61

文献资料第 7 号附件：汉斯·莫德罗 1990 年 1 月 28 日在东柏林第十五次人民议院大会上的讲话

女士们，先生们，请允许我首先阐述一下我们国内的形势，同时说明一下今天在所有报纸上刊登的那篇出版物。消息说，人民议院已经就 3 月 18 日进行大选达成了一致意见。很清楚，这件事人民议院本身就可以作出决定。因此我先简述一下原因和建议，然后请各位以本届议会的代表身份完全自主地作出表决。这些建议可以给德意志民主共和国所有公民提供自由决定的可能性，如何改善、如何平息、如何稳定我国的局势。

请允许我特别指出下列问题：正如诸位所知，目前的联合执政政府已经日益显示出脆弱之相。社会上的经济和社会紧张态势不断严峻，已经影响到了许多人的日常生活。要求提高工资和薪金，要求延长休假和提高退休金，要求进一步改善社会福利的呼声越来越高。

仅仅满足迄今已知的这些要求，就需要高达 400 亿马克的经费。这将相当于民主德国所有零售消费额的大约 1/3。我们从这一比较中已经可以看出，那些要求远远超出了国家的能力。如果屈从于那些要求，将危及民主德国的生存。在这个背景下我还要指出，目前的国家预算已经有着 170 亿马克的亏空。诸位在议会讨论中已经了解了这一态势。采取如此全面的薪资措施和其他社会保障的前提，只能是提高经济效益。

然而，经济形势的恶化令人担忧，因为罢工、限期停工、磨洋工以及其他各种干扰导致产量大幅下降。这一落差对许多企业产生了连锁效应，对民众的供应以及健康照料产生了后果。由此加剧了社会紧张态势，导致目前的政治体制越来越难以控制局势。在一些县市，当地的人民代表机构近乎解散，或者已经失去决策能力。仍然存在的一些地方人民代表机构，也无法在任何情况下反映当地现有的政治利益，就连部分议员也不再认可这些机构。对去年地方选举中出现的操纵选举现象进行调查的行动，加速了地方人民代表机构的解体进程。这个趋势也导致整个国家机构的不稳定。法制与法治秩序已经越来越成为问题。不同的利益团组或个别公民粗暴地伤害了现行法规。已经无法全面保障对公民的保护。我想在此感谢和赞赏那些为维持秩序作出努力的人民警察所有官兵。

他们以行动赢得了所有正直的公民、所有政党和政治组织的支持。我想对我国10月间开始发生混乱时泰然应变的所有人表示衷心的感谢，对教会、对所有审慎定向的人表示衷心的感谢，而我国所有公民都期待着理智审慎。民主德国政治舞台上的极端化现象是对各个企业、地方议会、公共设施和住宅楼发出的一系列匿名爆炸威胁。一所儿童医院或一个周末度假村的必要清场行动，只是极端主义威胁性带来的诸多信号中的一个而已。也发生过针对公民的真实袭击。摧毁居民楼设施，摧毁社会财产，从而在民众当中引发不安全感。出境浪潮毫无退潮。政府的所有措施和呼吁迄今没有止住这种失血现象，而这种趋势给经济产能带来了异乎寻常的损害，更严重的是出境潮引发的极其严重的社会灾难。以上只是对我国形势的一点简单介绍，而且我相信在座的各位尊敬的代表肯定也有亲身体验、切身体会，肯定能够补充更多的事例，能够提出分析观点并加以确认。我相信，我的这番话丝毫没有戏剧性夸张，而是努力把我们面临的现实态势简要地在我们的眼前再现一下。出于对当前形势和责任所在的认知，我作为总理征得诸位的同意之后，邀请组成圆桌会议的所有政党和政治组织的代表，于昨天开会商议至午夜。经过7个小时激烈的讨论之后，期间两次中断，召开了特别会议，最终达成了我们大家都认为比较恰当的共识。根据参会者和我本人的评估，应当达成政治形势的平息和逐步稳定。

达成的共识如下：

（1）将建议人民议院把人民议院的选举提前到3月18日。

（2）将建议所有城市和乡镇人民代表机构于5月6日举行选举。在这样的情况下，有几位代表提问是否应当包括县级议会的选举，因为许多县的形势要求诸位考虑这种可能性。

（3）应当建立一个民族责任政府。达成这一目的的方法是，将圆桌会议中迄今尚未参与政府的各党和政治组织各派一名代表进入政府，担任无任所部长，从而获得在部长会议中的席位和表决权，并以适当的形式继续积极地参与部长会议的工作，尤其是在筹备作出重要的根本性决定时参与决策。

（4）政府将向圆桌会议派出一名部长级常设代表，以这种方式深化合作。我请求有关政党和政治组织在下周三之前提出人事建议。只要人民议院同意，我将在下次议会会议上提出名单供选择，然后请他们以部长身份补充到我的政府中，由此组成在我国当今命运多舛形势下承担民族责任的政府。

尊敬的各位代表，现在请诸位对这些建议发表意见。我请求诸位在作出决定时务必意识到，全国公民正在注视着诸位，那些公民期待着我们所有人恢复民主德国的秩序，保障法制，不再把日常生活当作负担，每个人能够重新赢得对未来的信心。

也请诸位谨记，民主德国的局势发展吸引着全欧洲乃至欧洲以外地区的极大关注。欧洲各国期待着民主德国的民主发展能够推动欧洲统一进程。如果我们塑造一个稳定的民主德国并为此作出努力，就会有助于更重要的民族利益，就可以为两个德意志国家之间建立条约共同体和进一步靠拢创造前提条件，同时可以证明我们能够承担起欧洲的责任。

此时此刻，我们所有人都承担着我国公民赋予的责任，我们应当证明自己能够共同承担这一责任。

来源：德新社 1990 年 1 月 29 日消息；《德国档案》第 23 卷（1990 年 3 月），第 3 册，第 466—468 页

文献资料第 8 号附件：戈尔巴乔夫 1990 年 1 月 30 日在与柏林广播电台谈话时发表的声明

记者："……在表示欢迎之后，请允许我利用这一机会向戈尔巴乔夫询问一下苏联的德国方案。"（……）戈尔巴乔夫："……在我看来，不仅东西部的德国人，包括四大国的代表，都达成了某种理解，即从未有任何人原则上怀疑过德国人的统一。我们一再说（……），历史决定事物的走向。如果提到实际的德国问题时，未来也将如此。

"在我看来，必须仔细考虑（……）当前事态的过程。事态显然大大地加速了。在欧洲政治和世界政治中，我们在民主德国、联邦德国的所有人，在所有欧洲国家首都的所有人，当然还有四大国的所有人，现在必须采取负责任的行动。（……）

"这个问题既关系到民主德国德意志人的命运，也关系到联邦德国德意志人的命运。必须富有责任地对这个问题进行讨论。站在大街上是解决不了问题的。

"在我看来出发点是很清楚的。（……）关系到两个德意志国家，关系到四大国，关系到欧洲进程，而欧洲进程的速度同样十分迅猛。这一切必须协调一致地向前推进。这才符合我们所有人的共同利益。（……）

"无论如何不允许限制德国人的利益，因为我赞成推动一个务实的进程。如果我们说让历史来决定事态，而且我也多次作过这样的表态，那么就可以任其发展下去，而且我相信，历史已经在开始改变轨迹。"

来源：美国占领区电台RIAS视频勤务，1990年1月30日；《德国档案》第23卷（1990年3月），第3册，第468页

文献资料第9号附件：莫德罗与戈尔巴乔夫1990年1月30日在莫斯科的谈话

莫斯科消息　今天（1月30日）米哈伊尔·戈尔巴乔夫、尼古拉·雷日科夫、爱德华·谢瓦尔德纳泽会见了应苏联政府邀请来莫斯科作工作访问的民主德国部长会议主席汉斯·莫德罗。

交换意见的重点是苏联与民主德国之间基于两个联盟国家社会政治局势发展以及全欧进程的一系列最重要的问题。

汉斯·莫德罗详尽分析了本国正在发生的变化，谈到了本国局势复杂、矛盾的特点。他说，由他主导的联合政府正在坚定地推进改革，其路线是愿意与该国所有政治势力进行建设性对话与合作，致力于社会的民主化和社会进步，愿意竭尽全力恢复稳定、法制和法治秩序。

他说，目前的首要任务是将国家从社会政治和经济危机中拯救出来，克服因数十万劳动年龄者出境所导致的生产落后状况，提高劳动效率和国民经济效益，加快实施经济改革。这一切首先需要社会的稳定。

民主德国政府首脑强调了对苏联联盟关系的重大意义。他表示将不折不扣地完成相互间接受的各项义务，例如在经济领域内。汉斯·莫德罗声称，苏联方面提供的团结援助十分重要，对愿意走上民主德国更新道路的所有力量都十分珍贵。

米哈伊尔·戈尔巴乔夫强调，苏联认为民主德国的变革是大力增强民主、人道价值观、将东欧从行政命令体制中解放出来，从而得以生存的一个内在组成部分。事实证明，阻挡这一进程的危险敌人是虚无主义因素、大面积独裁、社会与意识形态复仇主义的尝试。

谈话伙伴表达了对民主德国新纳粹现象的担忧，担忧极右势力试图在共和国挑唆和煽动新纳粹情绪。双方认为，鉴于曾经的历史经验，低估类似的现象是一种危险的短视行为。

双方谈到了一些势力对民主德国事务的干预，他们试图制造紧张气氛，动摇宪法体制，削弱政府的执政能力。双方认为，民主德国局势的动荡伴随着对全欧地区无法预料的后果，尤其是对德国人自身。对一个主权国家政治生活的强行干预，与友好睦邻原则和负责任地承担各项义务的原则相悖。

米哈伊尔·戈尔巴乔夫和汉斯·莫德罗表示，苏联与民主德国之间将在国际问题上进一步扩大合作。他们强调了在尊重现行政治与领土现实的基础上积极推动全欧进程的必要性。双方赞成在欧洲安全体系中展开一场高质量的改革，从而有助于永远消除军事对峙的可能性，并达成华约与北约大幅削减军事潜力的目标。

汉斯·莫德罗表述了有关两个德意志国家互相接近并建立新关系和新型伙伴关系的几点想法。希望通过建立条约共同体关系，作为走向邦联关系的务实步骤，旨在对德意志人民乃至欧洲各国人民承担其共同责任，从而有利于本地区的稳定和相互信任。苏联方面对这些新的设想给予了应有的关注，并强调了在商议这些问题时邀请所有相关方参与的必要性。

米哈伊尔·戈尔巴乔夫声明,苏联理解民主德国和联邦德国深化相互交流与合作的合法利益。与德意志人一样,苏联人民也坚定地希望和平生活不受干扰,且为此曾经付出高昂代价。只有对保障和平生活的共同财富富有责任心,才有可能制定正确的决策,并采取所有可行的手段加以贯彻。

谈话伙伴商议了双边关系中的几个关键性问题。一致认为重要的是应采取所有可能的方式维护与扩大双边关系中存在的和潜在的积极因素。

双方认为,苏联和民主德国正在进行的改革有助于对双边关系产生广泛有利的综合影响。苏联和民主德国企业更大的自主权可以为进入外部市场创造广泛的可能性,并对经济合作的效益产生积极影响,而这种效益已经在两个国家内形成了血肉交融形式。

未来也将展示苏联、民主德国与第三方国家之间展开多边合作的可能性,不仅在经互会范围内,而且可以扩大至更大的国际规模。

汉斯·莫德罗向苏联最高苏维埃主席米哈伊尔·戈尔巴乔夫和苏联部长会议主席尼古拉·雷日科夫发出了近期访问德意志民主共和国的邀请。二人以谢意接受了邀请。会谈是在客观友好的气氛中进行的。

来源:塔斯社 1990 年 1 月 30 日消息;《德国档案》第 23 卷(1990 年 3 月),第 3 册,第 469—470 页

文献资料第 10 号附件:莫德罗 1990 年 1 月 30 日在莫斯科记者招待会上发表讲话

民主德国与苏联共同强调了全面承担欧洲各国人民和平、稳定与卓有成效合作之责任的坚定意图。民主德国总理汉斯·莫德罗于星期二在莫斯科与

米哈伊尔·戈尔巴乔夫会谈之后对国际媒体发表了这一声明。

他强调，全欧进程为此提供了恰当的、业经考验的框架。"包括目标明确地扩大两个德意志国家之间的关系，在责任共同体的基础上建立条约共同体，从而继续推动民主德国与联邦德国走向邦联道路。"

他说，双方一致表达了担忧，认为煽动纳粹情绪会导致局势失控，并在两个德国的邻国当中引起恐惧情绪的上升。

正如汉斯·莫德罗宣称的那样，会谈反映了谈话伙伴的坚定意愿，即在两国合作已经取得成就的基础上赋予新的质量，削减醒目、直观的表面形式，把绝对优先目标放在客观的、着眼于具体成果的合作层面。

"我们的指导思想是，与苏联的联盟关系对民主德国具有优先意义。这不仅是一个安全政策问题。两国之间经济合作的范畴和国民经济紧密交织的程度表明，与苏联的关系对民主德国及其人民具有生死攸关的意义。"他指出，这一关系远远超出双边范围，对欧洲关系乃至欧洲以外地区具有重要意义。

汉斯·莫德罗指出，他在会谈中明确表示了民主德国人民对改革的无限支持，认为改革为民主德国的转型提供了可能性，没有改革就无法设想民主德国未来的革新与民主化。

莫德罗在回答记者提问时通报说，与米哈伊尔·戈尔巴乔夫就两德统一问题进行了商议。他的原话是："出于民主德国公民的意愿，也包括联邦德国公民的意愿，应在实现德意志人民自主权的基础上讨论两德统一问题。"他认为，应在欧洲进程的框架内观察统一问题，应当根据历史、社会和经济现实条件分阶段地推动这一进程，从而符合两国德意志人的利益。

总理在谈到四大国对两个德意志国家所承担的义务时说，这不是一个理论问题。四大国显然对两个德国和柏林（西）的局势抱有共同的兴趣。他说，他在与戈尔巴乔夫会谈时并没有忽视这一点。

莫德罗介绍说，他向苏联国家元首表述了关于统一之可能路径和阶段的设想与考虑，而此举当然会触动四大国的利益。他说，苏联方面以巨大的关注度听取了他的考量。

莫德罗在被问及可能的统一各阶段时说，统一是欧洲进程整体内的一件事务。"我认为实际上有必要坚定地面对统一的德意志祖国问题或近期出现的其他各个概念。"

他指出，他于11月发表的政府声明旨在建立条约共同体。其中包括逐步走向邦联的步骤。他认为，今天只关注一个阶段，而其他的各个阶段有可能接纳邦联的性质。"与此同时，我们依然应当全面承担欧洲利益的责任，所有举措都必须有利于接近进程，有利于纳入充满和平的'欧洲大厦'，而不是对这一进程产生损害。"莫德罗强调指出："统一的前景摆在我们面前。"他认为，目前还不能回答时间表问题。他说，戈尔巴乔夫并不排除这种长远的前景。

民主德国总理坚决反对使用"重新统一"这一概念。他认为，凡是谈论重新统一话题的人，眼中盯的是1937年的边界。民主德国的立场是，民主德国与波兰之间的奥德河与尼斯河边界已经在《格尔利茨条约》中明文确定，这是不可触动的原则。

来源：德通社1990年1月30日消息；《德国档案》第23卷（1990年3月），第3册，第471—472页

文献资料第11A号附件：汉斯·莫德罗总理在1990年2月1日记者招待会上《关于〈德国统一〉方案的声明》

女士们，先生们！

最近几天和几周内，欧洲各国人民一致注视着两个德意志国家。民主德

国民主改革的曲折进程和民主德国与联邦德国之间的未来关系，将对今日乃至本世纪内的欧洲产生巨大影响。欧洲大陆的和平、安全与稳定，比以往任何时候都更加取决于德意志人如何解决德国问题。有鉴于此，我特提出一个方案。

德国应当重新成为德意志民族所有公民的统一祖国。德国统一不应再危及其邻国的生命和财产，德意志民族必须负有责任感，持有谨慎态度，时刻意识到自身行为的可行性以及欧洲对自身行为的可承受性。

只有把两德关系坚决纳入全欧发展进程，才能确保上述目标的达成。民主德国和联邦德国所追求的新型合作和进一步加强共同发展，应理解为造福于两国人民，而非使之受到损害，而非以其共同前途作为代价。

因此，有必要针对两国大部分居民中可以理解的急切心理给予一个心理平衡，从而使局势发展和平进行，使人们看清两个德意志国家统一的理智时间界限。这一时间界限取决于必要步骤的完成情况。民主德国在过去已经多次提出重建德国统一的具体建议，包括建立德意志邦联的计划。但是，这些建议当时并未得到应有的回音。不允许再次坐失两德关系彻底改变的当今良机，不允许以不恰当、不合法的要求来封锁这条切实可行的通途。

根据逻辑和内在意义，德意志统一的进程将同营建全欧大厦和欧洲邦联紧密相连。在这栋全欧大厦中，不容存在强权政治的一席之地。因此，两个德意志国家在邦联阶段即应逐步解脱各自对第三国所负有的联盟义务，逐步达到军事中立的地位。民主德国和联邦德国之间的边界，将中止其作为两大军事集团分界线的现状，终止一切由此产生的后果。

我想在此提出的《德国统一》方案，预示了一条能为欧洲各国人民所了解和理解的两德分阶段统一道路。这一进程不得有悖于克服欧洲分裂之现状，不得造成新的危险。现有的全欧体制以及欧安会进程，应构成德国统一的范围。

本方案包括以下建议，即如何在欧洲和平秩序中克服德意志民族的分裂现状。此举为欧洲乃至超逾欧洲范围内裁军展现全新的前景。德国，不仅仅是德国，拥有摆脱大规模毁灭性武器的现实机会。

女士们，先生们！

现附上本方案。我认为，本方案与两个德意志国家的许多政治家和无数公民抱有同样的希望，即由德意志人通过自由的自决达成祖国的统一，并使这一进程始终伴随一个精神：为建设一个和平与合作的欧洲而共同努力。

请允许我现在提交我的方案。

来源：德国档案 BArch N 2541/61

文献资料第 11B 号附件：汉斯·莫德罗 1990 年 2 月 1 日发表的关于德国走向统一道路的构想

欧洲进入了一个发展新阶段。战后的篇章正在结束。各国人民和平睦邻般合作的条件正在形成。两个德意志国家的统一问题已经被推上议事日程。

德意志人民将在建立和平新秩序的过程中找到他们的位置。在这一过程中，欧洲分裂为敌对阵营和德意志民族分裂的现状最终将被消除。为第二次世界大战画上句号和签订一个德意志和平条约的时机已经到来。这一和平条约的签订，将使希特勒德国的侵略和第三帝国的灭亡所带来的一切问题得到解决。

德意志问题的最终解决，只有在四大国的合作下，在考虑到所有欧洲国家利益的前提下，通过两国德意志人的自由自决才能实现。这一进程必须促进全欧进程，使我们的欧洲一举摆脱军事危险。两个德意志国家的接近及其今后的统一，不得使任何人感到威胁。

本着这一精神，我建议进行一次负责任的民族对话。对话的目的是确定德国统一的具体步骤，使德国的统一成为欧洲稳定、信任与和平的一个新因素。

民主德国和联邦德国的代表，可以通过这样的一个对话和平等的谈判对德意志民族未来的问题找到最佳的答案。

德意志统一道路似应采取以下步骤：

——签订一项合作和睦邻条约，建立一种业已包括重要邦联因素的条约关系，如建立经济、货币和交通联盟和法律的一致性。

——组建一个民主德国和联邦德国的邦联，下设联合的组织和机构，如议会委员会、各州议会、某些部门的联合行政机关等。

——两国主权转交邦联的权力机构。

——通过邦联两部分的选举组成一个统一的德意志国家，形式可为德意志联邦或德意志联盟，设统一的议会，制定统一的宪法，组成统一的政府，政府驻地设在柏林。

上述发展的必要前提是：

——两德任何一国在德国统一的每一步骤中均负有对其他国家或国家集团的义务，应采取必要的改革和变革达成一致。此外，民主德国应过渡到州制。维护内部的稳定和法制同样是必不可少的前提，并须严格执行民德和西德间早已签订的协议，包括互不干涉对方内政等。

——维护四大国的利益和权利以及欧洲各国人民对和平、主权和边界安全的利益。四大国应阐明其观点，两德统一后应结束所有第二次世界大战期间和战后阶段存在的问题，包括外国军队撤出德国领土，结束两德对军事联盟的所属。

——民德和西德在邦联发展过程中的军事中立化。

这一德国统一进程应在民主德国和联邦德国政府一致同意的基础上进行。各方均应公开表明其以民主和非武力方式进行政治斗争的意愿，从而创造包括民意测验在内的必要保障条件。

——本方案赞成民主、爱国、进步的思想和组织，拥护德意志民族在共同的历史和最新的现实基础上统一起来，尊重德意志人民的人道主义和反法西斯主义传统。

本方案求助于民主德国和联邦德国公民的支持，求助于欧洲各国和人民的支持，求助于世界舆论的支持。

来源：《萨克森报．政治、经济与文化日报》第 45 年第 28 期，1990 年 2 月 2 日

文献资料第 12 号附件：联邦德国总理科尔 1990 年 2 月 10 日在莫斯科发表的正式通报

2 月 10 日，M. S. 戈尔巴乔夫在克里姆林宫会见了德意志联邦共和国总理赫尔穆特·科尔。尽管此次会晤处于另一种形势之下，但是与此前在莫斯科和波恩会晤时达成的成果保持着直接关联。会谈的基础毫无例外符合去年

6月签署的苏联与西德联合声明中作出的各种原则规定，无论从政治还是个人关系角度看都保持了以往会谈中取得的相互间深刻理解与信任的气氛。戈尔巴乔夫指出，在目前的形势下，必须始终保持接触。他赞同科尔总理的观点，即把哪些应当做、哪些必须做的所有事情，原原本本、白纸黑字地写入联合声明。"这是一次坦率的、内容丰富的谈话，对当前的责任和决策的意义表达了充分的理解，应当在沟通想法、评估目前形势走向的基础上作出决策。"

应当根据两个不可分割的客观进程，通过两个管道进行探讨。"我们将把德国问题与全欧进展放在同等水平上通盘考虑，不仅要考虑到各个邻国的安全与利益，而且要考虑到欧洲和世界其他各国的安全与利益。"

戈尔巴乔夫强调指出——科尔总理同意他的观点——目前苏联与联邦德国和民主德国之间没有意见分歧，即德意志民族的统一问题应当由德国人自己解决，并由其自主决定选择什么国家政体、选择什么时间点、以什么速度、在什么条件下实现统一。其间，戈尔巴乔夫援引了近期与民主德国部长会议主席莫德罗的会谈内容。他特别强调，所有德国人，无论是东部还是西部的德国人，肯定都清楚苏联的这一立场。

他们在解决其民族问题时，则应考虑到现实情况：历史上有过一场战争，战争即使在战后也留下了遗产。如今我们所有人都要思考这一点。我们已经脱离了对峙，欧洲进程正在展开。两德接近不允许在整体上损害如今已经取得的积极成果和东西方关系，不应当干扰欧洲的平衡。戈尔巴乔夫强调，相反，两德接近的走向可以而且必须对全欧发展作出建设性的贡献。因此，只有一项顾及所有现实和可能后果的政策才是可以接受的：必须顾及德国人和其他各国，尤其是参加过战争的各个国家在内政和外交上、在经济上，当然还有心理上的反应。

德国问题的解决，无法与欧洲裁军谈判相分离，无法与两大军事政治联盟的转变相分离，无法与外国军队驻扎在欧洲各国领土上的事实相分离。

科尔确认了德国人的坚定信心：再也不会有战争爆发自德意志国土上。他甚至以这样的方式强调道："德意志国土上只能输出和平。"

戈尔巴乔夫指出，德国统一的建立，德国人在欧洲和世界体制中获得一个新的位置，必须时刻意识到新时代的基本现实。"我早就说过，从历史中可以找到德国问题的解决方案。历史正在以令人惊讶的速度起草这个答案。我们必须采取十分平衡的行动，必须顾及真正的历史规范。"

"在新的形势下，必须加强合作，避免摧毁国家层面已经取得的相互理解，避免伤害德国人民和苏联人民之间的新型关系，而是进一步发展和丰富这一关系。"谈话伙伴一致认为，二人之间内容广泛、坦率真诚、成果丰富的，长达两个小时的单独会谈，未来应当继续下去，而且还应邀请其他感兴趣各方加入对话，尤其是美国、英国和法国。事态的激烈程度特别需要进行这样的对话。

在会谈的主要部分结束时，科尔总理说："我们在波恩已经达成共识，要把我们之间的关系打开一个新的篇章。如今已经很清楚，恰恰是在这种指导思想下进行合作的必要性不是小了，而是更大了。"戈尔巴乔夫同意他的说法，即在责任重大的现阶段，提升合作水平至关重要，必须扩大信任，坚定执行已经达成的协议，在形势需要时刻不容缓地保持沟通。

单独会谈之后举行了大范围会谈，谢瓦尔德纳泽和根舍也参与了会谈，根舍汇报了平行进行的磋商内容。双方总结了会谈成果，认为此访十分及时和有益。苏联与联邦德国对德国事务、欧洲和世界政治的关键问题保持完全清晰立场，具有重要意义。

来源：塔斯社 1990 年 2 月 10 日消息；《德国档案》第 23 卷（1990 年 3 月），第 3 册，第 473—474 页

文献资料第 13 号附件：联邦德国总理科尔 1990 年 2 月 10 日在莫斯科发表的新闻声明

女士们，先生们！

今天晚上我要向全体德国人宣布唯一的一条信息。戈尔巴乔夫总书记与我达成一致意见，德意志人民拥有单独决定的权利，可以决定未来是否愿意在一个国家内生活。

戈尔巴乔夫总书记毫无疑义地对我承诺，苏联将尊重德国人在一个国家内生活的决定，统一的时间点和途径是德国人自己的事，可以自行决定。

戈尔巴乔夫总书记与我同样达成一致意见，即德国问题只有基于现实才能得到解决。这就是说，必须纳入全欧构架和东西方关系的整体进程。

我们必须顾及我们邻国和我们在欧洲、在世界上的朋友和伙伴的合法利益。

对我们联邦德国和民主德国的德意志人来说，以高瞻远瞩和坚定决心走上这条共同道路的时刻到了。戈尔巴乔夫总书记与我就此进行了详尽的磋商，认为德国统一道路对欧洲安全具有突出的意义。我们愿意就两国归属于不同联盟的问题进行密切协调，包括与我们在华盛顿、巴黎和伦敦的朋友们进行小心翼翼的商议。我坚信，我们会找到一个共同的解决方案。

我要感谢戈尔巴乔夫总书记，他使这一历史性的事件成为可能。

来源：联邦政府新闻与信息局新闻公报 24/1990 号；《德国档案》第 23 卷（1990 年 3 月），第 3 册，第 474 页

文献资料第 14 号附件：民主德国总理汉斯·莫德罗 1990 年 2 月 13 日在波恩国际新闻招待会上发表的声明

联邦总理先生！

女士们，先生们！

首先我要感谢媒体几个月来对民主德国局势发展的持续关注。通过媒体，向全世界展示了一个历史性的进程，从而在德意志历史上展开了一个新的篇章。这是一个由人民推动的摆脱僵化形式和不当内容的进程，当然还远远没有结束。

我必须在此提醒各位，德国的统一正在逼近。但愿人们永远不要忘记，民主德国人民带进统一的不仅是现实社会主义的痛苦失败，还有那句自豪的话"我们是人民！"我由衷地希望这句话及其政治内容不要走失。

但愿人们永远不要忘记，民主德国给未来的德国带来了价值，精神上和文化上的价值，这些价值在几十年内历尽风波依然得到了发展。还有物资上的价值，工人和工程师们，农民和手工业者们，还有所谓的小职员们，在这些价值面前根本就不需要感到羞愧。

凡是今天喜欢毫不迟疑地谈论民主德国**缺乏稳定（增补）**的人，必须扪心自问，他是否想把统一的代价转嫁为人民的负担。

我的政府对民主德国的资产相当清楚。我要告诉各位，这是一个令人充满希望的基础——勤奋的人，有能力的人，事实将越来越清楚地证明完全是富有创新精神的人；此外还有巨额的固定资产，尽管或许还需要得到外来投资，但是绝对不是陈旧不堪。我举一组数字：民主德国的国民纯资产为 1.4 万亿马克，其中国家资产有 9800 亿马克和 620 万公顷不含有害物质的农业可耕地。

女士们，先生们，我的政府自从开始执政（11 月 13 日）以来确实还没有取得以下决定性的**成就（增补）**：从外部获得援助以阻止工业和农业生产的倒退，改善居民的供应，遏制数十万人继续出走的浪潮。

联邦德国政府原本拥有这个机遇甚至是道德上的义务。但是实际上他们什么也没有做。（**这句话被删除了**）。如果我能够指望得到国家层面以及地方伙伴的可贵支持——*事实可能……*（**原文如此**）

去年 12 月在德累斯顿谈到了团结援助。我在与联邦德国总理进行的第一次会晤中已经提出了所需数目，并且提出了详细需求之处的清单。我当时提出的总额度为 150 亿马克，完全是现实可行的数字，联邦德国的权威政治家也认可了这一点。但是，之后并没有提供任何财政援助。相反，却不断地要求民主德国进一步改革。

如今我已执政 92 天。我问自己，在这段时间内究竟还能展开哪些改革？人民议院和我的政府在这个季度里制定了大量法律和法令，创造了某种纪录。但是财政援助根本就没有提供。如果民主德国的民众对此表示不满意，并不值得惊讶。

我认为**我的政府和参与圆桌会议的各个民主力量**（**增补**）下一步的义务是竭尽全力避免伤害民主德国公民，确保他们得到尽可能高度的社会安全。

众所周知，我在达沃斯会见了联邦德国总理。当时他直截了当地问我，民主德国在当前形势下的需要是什么。我再次提出**团结**（**增补**）援助的必要性。迄今为止也无法指望得到这种援助。相反，联邦德国政府在筹备今天这次工作会晤时采取了一种引人注目的、完全不是国际惯常的方式。

第一，我是从媒体上获悉将要与民主德国进行建立一个货币联盟，也就是引进西德马克的谈判。一个货币联盟，不久前财政专家**刚刚还**（**增补**）拒绝过，今天仍然还是有争议的话题。

于是，民主德国政府被非正式地、实际上是在一夜之间告知了这个全新的谈判题目，而在德累斯顿**早就**（**这个词被删掉了**）商定的条约共同体却一字不提。然而在我抵达波恩之前，联邦德国政府却没有提出可以让民主德国方面预作准备的具体建议。事关货币联盟这一复杂领域，当然需要进行详尽的客观讨论，更何况此举可能意味着民主德国将失去货币主权，因而只能由即将选举产生的新议会才能作出决定。再说，建立货币联盟的想法早就包含在我提交的条约共同体建议当中。

因此，我的政府今天提出了召开专家会谈的倡议。不过人们不禁会问，为什么以这样最后通牒的方式公布了这个全新的谈判项目，而这类谈判的复杂性是明摆着的。**圆桌会议提出了他们的要求，而且没有授权在 3 月 18 日之前仓促作出决定**（增补）。

第二，更加令人瞩目的是，此次波恩工作会晤的所谓背景信息是由政府圈内准备的，然而完全属于起草国的版权。遗憾的是，这是一份版权水平**不成熟的起草文本**（删除了几个词汇）。

按照联邦德国总理府的说法，民主德国将在几天内失去支付能力。这一点完全不是事实。此外还说，人民议院的选举还没有决定进一步提前。这也不是事实，因为在技术上根本就不可能。为什么要散布这些谣言呢？凡是为上述言论负责的人，理应也要为继续出走的成千上万民主德国公民负责，因为他们进一步感觉到了不安全。

我认为，我们迄今为止在与联邦德国政府进行谈判的前期已经习惯了客观性，所以希望未来能够保持这种客观程度，正如有人期间对我承诺过的那样。在民主德国公民面前制造谣言和不安全感，不应当成为政治风格，从而影响相向互动。

女士们，先生们，这是几句坦率的话。我只是想清晰地表述我眼中的事实。各位理应理解，为什么我不得不利用这个机会，因为这可能是我最后一次在这么大范围内与媒体见面了。

女士们，先生们！

2月1日，我提交了一份关于两个德意志国家统一的分阶段计划。在此之前的1月30日，米哈伊尔·戈尔巴乔夫与我达成一致意见，即统一是德国人的权利，可以提上议事日程了。与此同时必须顾及整个国际环境，这一点是众所周知的。

应当欢迎联邦德国总理之后在莫斯科磋商了两德统一的设想，并且接受了已知的苏联立场。现在实际上是进入了规划和导入具体步骤的时刻。只要有可能，我的政府将继续参与这一进程。因此，我对那些在德累斯顿作出的所有承诺是否能够兑现给予特殊重视。

联邦总理先生，根据您在莫斯科会谈后所发表的声明内容，我的理解是，您完全认同奥德河－尼斯河是未来德国的边界。

请允许我最后这样断言：在两国政府之间最近三个月内的协调下，相互接近和务实合作已经超过了民主德国与联邦德国在过去几十年内达到的程度。如今在波恩可以得出这样的积极定论。在这个意义上，双方应当继续加强努力，从而为两国的结合创造有利的前提条件。

谢谢各位的关注。

来源：联邦档案 BArch N 2541/61。提示：文中斜体字系在原稿上手写增补或删除的内容

文献资料第 15 号附件：联邦德国总理科尔 1990 年 2 月 14 日在波恩发表的声明

女士们，先生们！

如此不同寻常规模出席记者招待会的盛况，就说明今天这个日子有多么

重要。这是德意志联邦共和国与民主德国政府之间今年的第一次会晤。

我们所有人在参加此次会谈时都意识到我们所承担的民族责任，这个责任是由我们的共同历史所赋予的。

此刻我回忆起，45 年前的今天德累斯顿遭受了大规模的空袭。这个日子标志着我们本国人民的苦难。因此我有足够的理由——为了明确我们承担的共同责任——在我们今天会谈开始时指出这一点。

莫德罗总理先生的访问展示了一个短短几天前无人能够料到的兆头。

我们德国人现在掌握了历史的机遇，以自由自决的方式完成我们祖国的统一。如今终于可能实现统一了。如今是否敢于立即果断地把握机遇，首先取决于我们德国人。

通往德国统一目标的道路，是上周末戈尔巴乔夫打开的绿灯。这一步骤赢得了我们的尊敬和谢意。

请允许我援引苏联通讯社塔斯社关于我在莫斯科会谈的报道：

> M. S. 戈尔巴乔夫强调指出——科尔总理同意他的观点——目前苏联与联邦德国和民主德国之间没有意见分歧，即德意志民族的统一问题应当由德国人自己解决，并由其自主决定选择什么国家政体、选择什么时间点、以什么速度、在什么条件下实现统一。

我在这里强调声明，苏联的这一新立场，并不意味着一个民族单独行动的特许证。德国的统一必须融入全欧架构和西方与东方关系的全部进程。没有人比我们德国人对此有着更大的兴趣。

我们愿意尊重我们邻国和欧洲乃至世界朋友的合法利益。以这种方式解决德国问题，对整个欧洲而言决定性地意味着赢得更多的稳定与安全。

我刚才与根舍同事通了电话——他现在渥太华出席外交部长会议。我相信，此间的外长会议能够取得积极的成果——这就是说，四大国，即苏联、美国、英国和法国，即将与德国的两个国家进行会谈，就我刚才宣布的事宜达成一致意见。

在实现德国统一之前，我们面前还有一段艰难的路程。我们走的不是一条未知的道路，因为隧道尽头的光亮今天已经清晰可见。我们毫无疑问地面临着一场巨大的挑战。但是我坚信我们能够战胜挑战。

女士们，先生们，与莫德罗总理及其代表团的会谈是在客观、坦率的气氛中进行的，总体上看承载着双方的愿望，也为民主德国的人们发出了希望的信号。

各位面对的是一种态势的背景，这种态势在持续的大规模移民浪潮影响下明显地尖锐化了：1989年度移民总数高达34万人，今年初以来又增加了85000人。因此我在今天的会谈中清楚地表明了两点：

第一，我们一再申明过意愿，在人道原因下急迫需要在必要之处提供短期的援助。相关的支持措施包括1990年度的追加预算。我重点指出的是旅行外汇基金，主要以中小型企业为目标的欧洲复兴计划贷款计划，债务和工艺技术转让，以及环保和改善交通道路等项目。

用于医疗器材和装备的预算，我们已经准备了3亿多西德马克。所有用于民主德国的资金总额为50多亿西德马克。

此举在于明白无误地表明：我们愿意为民主德国的人们作出全面的努力，使得他们留在自己的家乡，能够在那里参与经济的重新启动。

第二，我们还迈出了关键的一步：我向莫德罗总理提出了立即开始建立一个货币与经济共同体的倡议。

为达此目的，应当组建一个联合委员会，该委员会应当刻不容缓地立即开始对话。这一倡议究竟意味着什么呢？这一倡议的核心内容有两点：

（1）东德马克将从一个基准日开始被西德马克取代，作为货币统一后法定的支付手段。

（2）与此同时，民主德国必须为引进社会市场经济创造法律先决条件。

联邦政府认为，上述两个要素具有不可分割的联系。

我补充一句：联邦政府的上述建议在政治上和经济上意味着我们方面已经做好准备，对民主德国发生的非同寻常的乃至革命性的事件和挑战给予非同寻常的乃至革命性的回应。

因为有一点是毋庸置疑的：在一个政治与经济的正常态势下，将可能走另一条道路，即循序渐进的改革和适应，而共同货币则是较晚时刻采取的一个步骤。

在这样的背景下，专家与行家的批判声音就显得比较突出。

然而，民主德国局势的危机性尖锐化要求作出大幅度果敢的回应。

政治与社会的根本性变革，导致政治上的时间地平线戏剧性地缩短，从而在业务基础上失去了通常定义上的、在论证经济可行性后制订阶段性计划的可能性。

在这样的形势下，关系到的不仅仅是经济问题。现在必须给民主德国的人们发出一个明确的、不容误解的希望与鼓励的信号。由于这个原因，仅仅由于这个原因，我们实际上作出了以上所说的历史性决策，即建议民主德国立即建立一个货币与经济共同体。对德意志联邦共和国来说，意味着我们在这个建议中带来了我们最强有力的经济资产项目——西德马克。我们以此与民主德国的同胞们一同直接分享德意志联邦共和国公民在过去几十年来通过坚韧不拔劳动所建设和创造的成果。

因为西德马克——世界上最坚硬、最稳定、受到普遍认可的一种货币——是我们的繁荣与我们的经济效力的坚实基础。

但是，只有在民主德国毫不迟疑地全面引进市场经济改革的前提下，建立一个货币联盟才有意义。具体说来有以下几个要点：

——全面盘点各项财政数据与事实；

——确保将德意志联邦共和国业经考验的稳定政策涵盖整个货币区域；

——坚定、顺畅地实施已经宣布的经济改革，重点是经营自由权、财产清理、竞争秩序、环境保护、市场经济模式的价格与工资体系以及外贸自由；

——重组国家财政，包括税制和捐税法；

——对此次改革做好必要的翼侧保护，例如引入失业保险和调整养老金制度。

我强调：对联邦政府来说，正是这项改革政策的社会与生态保障具有核心意义。在我们看来，如果没有这些保障措施，民主德国的经济新定向是不可能成功的。因此，目前遇到的经济困难，只能通过市场经济并伴随着社会与生态改型来加以克服。只有这样才能吸引私人资本的引进，只有这样才能创造前途光明的新企业和就业岗位。

毫无疑问，这条道路要求付出巨大的调整和努力。但是，坚定行动带来的机遇肯定大于风险。之所以作出这样的判断，是因为德意志联邦共和国的经济形势从许多角度看来具有非同寻常的有利之处。

但是，从民主德国的角度看，我们的外贸经济高顺差具有新的意义。为了更加准确地加以说明：如果可行，可以把我们1300亿西德马克的贸易顺差中的一小部分转到民主德国；如果可行，可以把我们每年1000亿西马克出口投资中的一小部分用于民主德国——于是，就可以提供一个足够强有力的经济推动力。

简而言之，民主德国经济重新起步所需要的物资和资本，原则上并不缺乏。根据我的判断，同样具有积极意义的是我国经济对民主德国的投入有着巨大意愿。我从多次谈话中得知，如今短期内尽可以落实一系列具体投资与合作的计划。

我补充一句：与此有关联的决定性作用是民主德国的经济框架条件——这些条件只能取决于那里，而不是取决于我们——这一点显而易见。

女士们，先生们，未来几个月的格言是：民族团结援助。此时此刻，团结援助当然是我们义不容辞的人道主义和民族义务。这是一项伟大的共同事业，我们将确保给我们这个迄今为止分裂的祖国带来一个在自由的、统一的欧洲内的幸福未来——满怀着期待成为统一欧洲中平等的一员和对世界和平的贡献。

请允许我以德意志联邦共和国的名义声明：

我们愿意承担这一责任。我再次强调，此次会谈秉持着这一责任感，尽管在会晤中可以理解存在着一系列不同的观点。因此我强调：这不是最后一次会谈。我们将不得不继续我们之间的会晤——但是理所应当的是在人民议院选举之后，在民主德国新政府上任之后。

来源：联邦德国媒体与新闻局新闻公报 25/1990 号；《德国档案》第 23 卷（1990 年 3 月），第 3 册，第 475—477 页

文献资料第 16 号附件：民主德国新闻发言人迈尔 1990 年 2 月 15 日在东柏林就莫德罗访问发表的消息

（1）与联邦德国总统、联邦总理及其政府其他成员、联邦议院议长、西德经济界人士和联邦议院中所有政党的议会党团主席均进行了会谈，所有会谈都在坦率、客观的气氛中进行。在不同的会谈中表述了许多建设性的想法

和饶有兴趣的建议。

（2）会谈表明，莫德罗 / 科尔德累斯顿会晤之后在不同的领域中取得了某些进展，从长远看协调了两个德意志国家之间的合作关系。波恩的会谈对某些事务有所继续推动。其中达成某些将成为两国关系融合的重要因素。

（3）在联邦德国部长布吕姆与民主德国部长埃佩尔曼之间的会谈中承诺了 3000 万马克用于人道目的，主要用于残疾儿童与成人的轮椅——这一消息已经被媒体披露过。除此之外，两国政府在波恩会谈中作出决定，将组建一个负责建立货币与经济共同体事务的专家委员会。该委员会应在下周开始工作。两国政府一致认为，此类问题具有复杂特性，必须谨慎彻底地加以审视。双方还一致同意，必须在逐步统一的逐步进程中保障民主德国公民的社会安全。民主德国政府认为，尽管时间紧迫，仍需以高度负责的精神审慎行事。

（4）此外还达成了一致共识，即两个德意志国家的统一进程可以融入欧洲统一的进程，并且完全尊重东西方邻国和本大洲所有国家，尤其是苏联的安全利益。然而在民主德国和联邦德国乃至统一后德国的军事中立化问题上，科尔总理表达了拒绝的态度，而且不愿意明文确认奥德河－尼斯河边界是波兰共和国的西部边界，而民主德国早在几十年前就已经在《格尔利茨条约》中确认了这一边界。他的立场表明，双方在如此重要问题上的立场差距究竟有多大，前进道路上必须排除什么样的障碍物，才能不仅承担其对本民族的责任，而且还要特别强调的是承担起对欧洲各国人民的完全责任。

（5）不同乃至对立的立场也反映在团结援助的额度上。汉斯·莫德罗早在德累斯顿就已经提出了 100 亿—150 亿马克的额度，这是圆桌会议要求立即提供的合适额度。有关这一紧急立场的一个相关清单，早在 11 月 25 日就已经提交给联邦总理府部长赛特斯了，其中主要用于稳定供应形势的消费品、健康领域的具体措施、确保各个城市与乡镇功能的地方措施。

联邦德国政府对这个问题并没有作出回应，尽管他们口口声声地声称要采取团结援助措施支持民主德国的稳定进程。关于建立货币和经济共同体的建议，无法被视为紧急措施。凡是有人试图把未能在波恩立即签约建立这样的货币联盟和经济共同体的责任怪罪于莫德罗政府和圆桌会议，就是想欺骗公众舆论，因为第一，波恩直到星期二会谈之前始终没有正式提出谈判的建议；第二，如果事先没有对所有相关问题作周密的审查和磋商，并且达成双方都能接受的必要共识，其结果将会是不幸的，将会导致民主德国在最关键的领域内自我放弃国家主权。如果民主德国政府在行为方式上力求客观、审慎、理智，力求便于公民参透理解，那就绝不是意图减速降速，而是负责任的担当。采取这样的原则性行为，为的是避免制造惊慌和过度戏剧性，避免有人实际上显然想把这个国家搞成破产者资产的企图得逞。

（6）本国公民10月间走上大街，争取的是自由、人权和自主权。无论当时还是现在，难道他们是想并入西德，无条件地把这个国家拱手交给西德，放弃正在争取的自主权？即便这个回答似乎已经清晰了，但是真正的答案至少要到3月18日的大选才会给出。政府的做法是，政府代表在波恩强调指出，必须确保民主德国公民的自主权，不能够是加入方式。我想重复一下汉斯·莫德罗在与科尔总理会谈结束时说过的一句话：若想理智行事，就不能屈从于时间压力。两国政府的行为必须始终是透明的，这样才能对本民族、对欧洲各国、对全世界、对和平承担责任。这就是说，当今的民族问题与国际问题有着密不可分的关联。

（7）部长会议的工会常驻观察员最后还想表述对代表团的谢意。工会干部感觉到，代表团在波恩很好地代表了工会的立场。代表团的举止有助于审慎行事。工会干部从代表团各位成员的举止中赢得了自信。

最后还有第8点要说的，即民主德国代表团在波恩的工作及其举止今天已经得到了部长会议的总体认可。

来源：德通社 1990 年 2 月 15 日消息；《德国档案》第 23 卷（1990 年 3 月），第 3 册，第 479—480 页

译者的话

在全球抗击新冠肺炎疫情的居家隔离期间，终于完成了此书的翻译任务。

《重任在肩——汉斯·莫德罗与 1989—1990 年德国剧变》一书于 2018 年 10 月在奥地利出版。

早在新书出版之前，时年 90 岁的莫德罗老总理就给我发来了全书的德文电子版。德文全书 580 多页，5 号小字，翻译成中文可能超过 70 万字。我知道，他希望我把这本书翻译成中文。

经过速览和长考，我决定接受此书的翻译任务。主要原因有三：第一，此书涵盖两德 20 世纪 50 年代分立至 90 年代统一的全过程，莫德罗回答了发行人提出的 500 个问题，此书是我迄今所见有关柏林墙倒塌、东德沦亡历史的最具内幕性和权威性的叙事巨著。第二，此书实际上是发行人为莫德罗 90 岁生日献礼的一部作品，对于这位政治老人来说似乎具有盖棺论定的非凡意义。第三，我曾经于 1987—1990 年在柏林亲历了柏林墙倒塌与两德统一的历史时刻，后来又于1998—2003年和2009—2013年两度在驻德国大使馆任职，期间与莫德罗建立了基于社会主义理想的忘年交。回国之后，我又于2016年以来先后三次在华接待莫德罗来访，深知他对社会主义理想的坚定信念和对中国特色社会主义的认知历程和深切期望。

2013年1月28日，出席德国左翼党在柏林党中央大楼为该党元老委员会主席莫德罗博士举办的85周年生日招待会

从2018年6月初开始动笔，到2020年3月底竣工，此书的翻译历经整整22个月。其间，莫德罗曾经分别于2018年9月和2019年11月访华，我们朝夕相处差不多5个星期，我得以向他请教书中提到的一系列历史细节，从而尽量保证对历史事件及其主要观点的准确把握。整个翻译进程，是对政治老人莫德罗将近一个世纪生活足迹和思想轨迹的体察过程，我常常掩卷唏

2002 年公开发行的《起点与终点》中文翻译版

嘘，感慨良多。

《重任在肩——汉斯·莫德罗与 1989—1990 年德国剧变》是我翻译的莫德罗第三部著作。

莫德罗在两德统一后写的第一本政治回忆录《起点与终点》，就是我翻译成中文的。1994 年，该书中文版由军事科学出版社内部印发，印数仅 150 册，属于大字版内部参考资料，阅读范围十分严格。2002 年，军事科学出版社在时隔 8 年之后终于发行了公开版。

2016 年 3 月，我又把莫德罗老总理和前民主德国人民军总参谋长施特雷利茨上将等人合著的《古巴——起步还是止步？》一书翻译成中文，由社科

2016年公开发行的《古巴——起步还是止步?》中文翻译版

2016年在上海,时年88岁的莫德罗老总理(左者)和90岁的总参谋长施特雷利茨上将(右者)

文献出版社公开发行,及时配合了二人2016年9月应中国国际战略学会邀请对中国的访问。

在本书中文版发行过程中,得到了中国社会科学院马克思主义研究院、世界社会主义研究中心、当代中国出版社的指导与推动,得到了中国国际战略学会的支持与帮助,在此一并致谢。

中国国际战略学会高级顾问　王建政

2020年4月于北京黄寺大院